Walter Kreck · Grundfragen der Dogmatik

WALTER KRECK

GRUNDFRAGEN DER DOGMATIK

CHR. KAISER VERLAG MÜNCHEN

1977

Einführung in die evangelische Theologie
Band 3

2. erweiterte Auflage 1977
ISBN 3-459-00597-1

 – Umschlag von Jan Buchholz.
Gesamtherstellung: Georg Wagner, Nördlingen.
Printed in Germany

VORWORT

Die vorliegende Schrift ist kein vollständiger Grundriß der Dogmatik, der alle traditionellen Loci in gleicher Weise abhandelt, sondern sie kreist um die Frage nach dem Verständnis des Wortes Gottes und der ihm entsprechenden Antwort des Menschen. Unter diesem Aspekt kommen in den beiden Teilen (A. *Der Freispruch Gottes*, B. *Die Freiheit des Menschen*) die wichtigsten dogmatischen Grundfragen je an ihrem Ort zur Sprache. Die angefügten *Exkurse* (C) versuchen, die in Teil A und B aufgeworfenen Probleme in Auseinandersetzung mit bestimmten Richtungen theologischen Denkens zu präzisieren und Abgrenzungen zu vollziehen. Dabei konnte natürlich in keiner Weise Vollständigkeit erstrebt werden, wie diese Arbeit überhaupt nicht den Anspruch erhebt, einen erschöpfenden Überblick über den Stand des dogmatischen Gesprächs in der Gegenwart zu geben. Sie vertritt bewußt eine Position, die wohl vielen zu dem, was heute als modern und zugkräftig gilt, quer zu stehen scheint. Sie möchte dazu mithelfen, daß angesichts einer oft drückenden Unsicherheit und Zerstrittenheit in Theologie und Kirche die Frage nach der Sachgemäßheit der Verkündigung, nach der claritas scripturae und in alledem nach dem Sinn des Christusbekenntnisses immer neu gestellt wird und man sich um eine Antwort bemüht, die gleich weit von der Diktatur einer Normaldogmatik wie von der Kurzatmigkeit einer am Effekt orientierten Gebrauchstheologie entfernt ist.

Die Voraussetzung, von der diese Arbeit ausgeht, ist schlicht die, daß Kirche und Theologie es mit dem Wort zu tun haben, das vor unserem Suchen nach der Wahrheit in Jesus Christus ergangen ist und im Zeugnis der heiligen Schrift zu uns reden will und das uns erst recht fragen lehrt. Daß wir nur als Menschen unserer Zeit dies Wort vernehmen können und es in unserer Sprache sagen müssen, heißt nicht, daß wir ihm den Verstehenshorizont vorschreiben dürften, indem wir es unseren Fragestellungen unterwerfen. Nicht daß wir uns dies Wort konform machen, sondern daß dies Wort uns sich konform macht, wie Luther gern betont, ist entscheidend. Das gilt gerade für das fleischgewordene Wort, das unser Menschsein angenommen hat, nicht um uns, so wie wir sind, zu bestätigen, sondern um uns durch seinen Zuspruch im Widerspruch zu wahren Menschen zu machen. Als der unabhängig von unserem Fragen und gegen unser Wollen gefällte Freispruch ist das Evangelium das Wort, das uns in die Freiheit stellt.

Wie sehr ich mich mit meinem theologischen Bemühen der Theologie Karl Barths dankbar verpflichtet weiß und daß ich gewisse Grundentscheidungen seiner Dogmatik keineswegs für überholt, sondern für zukunftsträchtiger halte als vieles, was sich dafür ausgibt, wird dem Kundigen ebenso deutlich sein wie die implizit oder bisweilen auch explizit an ihn gestellten Fragen. Am stärksten bewegt mich – und zwar zunehmend im Blick auf den älteren Barth – das Problem, wieweit seine große theologische Konzeption in Kontinuität mit oder in Spannung zu reformatorischer Theologie steht. In dieser Darstellung versuche ich, zwischen den reformatorischen Erkenntnissen und denen der Theologie Barths einen engen Zusammenhang zu sehen, ohne mir im unklaren darüber zu sein, daß in dieser Hinsicht noch lange nicht das letzte Wort gesprochen ist.

Für die Hilfe bei der Anfertigung des Registers habe ich Herrn Ernst Toenges zu danken.

Bonn, im Juni 1970 W. Kreck

VORWORT ZUR 2. AUFLAGE

Für diese 2. Auflage wurde der Text durchgesehen und Teil C (Exkurse) erweitert. Dem mehrfach an mich herangetragenen Wunsch, den mit Gottes Freispruch verbundenen Anspruch auf unser ganzes Leben ausführlicher zu entfalten, versuchte ich durch die Herausgabe meiner »Grundfragen christlicher Ethik«, 1975, zu entsprechen. Eine ebenfalls vermißte Ekklesiologie hoffe ich in absehbarer Zeit gesondert vorlegen zu können.

Den Charakter dieses Buches, das nicht eigentlich als Kompendium gedacht war, sondern in knapper Form zur Konzentration auf die »Sache« der Dogmatik anleiten sollte, zu ändern, sah ich mich nicht veranlaßt.

Bonn, im Januar 1977 W. Kreck

INHALT

A. Der Freispruch Gottes

B. Die Freiheit des Menschen

C. Exkurse

A. DER FREISPRUCH GOTTES

I. DAS VERKÜNDIGTE WORT GOTTES

a) Der Wahrheitsanspruch des Wortes

Wenn der sonntägliche Gottesdienst mit den Worten »Im Namen des Vaters und des Sohnes und des heiligen Geistes« beginnt, wird damit ein einzigartiger Anspruch für das erhoben, was hier erwartet wird: Daß Gott seine Verheißung erfüllt und durch menschliches Wort zu uns redet. Wo immer man sich auf den Namen dieses Gottes beruft, nicht nur im Gottesdienst am Sonntag, sondern ebenso im Wort- und Tatzeugnis der Gemeinde im Alltag, kann es zu Recht nur geschehen in der Gewißheit dieser Verheißung und im Vertrauen auf ihre Erfüllung. Wenn es aber »Wort Gottes« ist, was sich hier ereignet, dann handelt es sich nicht um eine der bedingten Wahrheiten, die nur relative Geltung beanspruchen können, sondern dann geht es um letzte Wahrheit, auf die man sich unbedingt verlassen kann und soll. Wo Wort Gottes ergeht, steht der Mensch unausweichlich vor seinem Herrn. Ihm begegnet die Autorität, der gegenüber es keine Appellation an eine andere Instanz geben kann.

Diese Gültigkeit und Autorität eignet nicht den menschlichen Zeugen als solchen, nicht einem kultischen Akt, nicht dem Prediger, nicht dem verlesenen Bibelwort, sofern es als damals gesprochenes oder geschriebenes Wort der Propheten, Evangelisten und Apostel durch Zeit, Ort und Persönlichkeit der Verfasser bedingt ist. Diesen Anspruch kann nur das durch sie zu Gehör kommende Wort Gottes selbst erheben, d. h. der durch ihr menschliches Reden und Handeln sich bezeugende Herr, auf dessen Namen man sich dabei beruft. Die biblischen Zeugen wollen nichts aus sich selbst sein, sondern sie wissen sich als Boten eines anderen, der durch ihr Wort sich mit Vollmacht bezeugt. Weil zwischen dem, was sie »im Namen Gottes« verkündigen, und ihren Worten und Schriften, die uns überliefert sind, *unter*schieden werden muß, weil das ihrer eigenen Intention entspricht, darum gibt es in der Theologie legitimer Weise eine kritische Schriftforschung. Erst recht können die Zeugnisse der Kirchengeschichte, die Glaubensbekenntnisse, die wir im Gottesdienst sprechen, die Worte und Taten der Väter, die uns voranleuchten, als solche nicht beanspruchen, letzte Wahrheit zu sein, sondern sie weisen, gebunden an das biblische Zeugnis, auf diese Wahrheit hin. Die Erforschung der Kirchen- und Dogmengeschichte hat die Aufgabe, sie als Ausleger der heiligen Schrift zu hören, kritisch zu prüfen und so an ihren Ort zu stellen. Ebenso verfügen die Zeugen des Evangeliums heute nicht über das Wort Gottes, sondern sie können nur seine Diener sein. Weil das Reden der Kirche und ihrer Boten mit dem Reden Gottes nicht einfach zusammenfällt, weil man unter nomineller Berufung auf die Bibel ein falscher Zeuge sein kann, der – vielleicht besten Willens – statt Wahrheit Irrtum verkündet, darum bedarf es der Theologie zur steten Prüfung der Legitimität christlicher Rede und kirchlichen Handelns. Speziell die Dogmatik hat diese kritische Funktion. Sie darf dabei selbst nicht autoritär verfahren, d. h. sie hat nicht ein System unwiderruflicher Lehrsätze zu liefern, sondern alles Verkündigen, Lehren und Handeln der Kirche mit dem im biblischen Zeugnis verkündeten Wort Gottes zu konfrontieren und dessen Urteil auszusetzen.

Das Wort Gottes selbst aber erhebt Anspruch auf unbedingte Autorität. Doch was heißt das: Wort Gottes? Wir hören doch nur Worte vergangener oder gegenwärtiger Menschen in all ihrer Bedingtheit und Fragwürdigkeit. Was ist hier unbedingte Wahrheit? Es sind doch dieselben Worte, die wir auch sonst hören, dieselben Begriffe, die man auch sonst gebraucht. Selbst wenn es im prophetischen Wort heißt: »So spricht der Herr«, so ist doch die Legitimation dieses Anspruchs umstritten. Aber alles kommt doch darauf an, daß man sich diesem Wort nicht nur in blinder Unterwerfung beugt, sondern es will geglaubt und erkannt werden als die Wahrheit. Kein Wunder, daß man immer wieder versucht hat, die Existenz des hier redenden Gottes durch einen Rückschluß von der erkennbaren und erfahrbaren Wirklichkeit dieser Welt zu beweisen. Wenn unser Schöpfer und Herr hier zu uns spricht, wenn er nicht wie ein Eroberer in ein fremdes Territorium eindringt, sondern in sein Eigentum kommt, wie sollte zwischen ihm und uns nicht eine Entsprechung vorausgesetzt werden? Muß nicht unsre Vernunft Gott erkennen können, muß nicht die Wirklichkeit dieser Welt als seine Schöpfung ihm, dem Schöpfer, ähnlich sein?

Durch Jahrhunderte hindurch erschien es den größten Geistern der abendländischen Geschichte möglich, die Existenz eines höchsten Wesens, Gottes, unter Beweis zu stellen, und die Theologie identifizierte diesen Gott, dies ens perfectissimum und necessarium, mit dem Gott, der im Evangelium zu uns redet. Es war für sie ein unfaßlicher Gedanke, daß zwischen dem Wort Gottes und der Vernunft, zwischen Glauben und Denken ein Abgrund klaffen sollte. Wir sollten es uns nicht zu leicht mit der Kritik an ihnen machen, denn es könnte sich in ihrem heißen Bemühen um Klärung der Frage nach der Existenz Gottes eine Erkenntnis verbergen, die uns verloren gegangen ist. Sie wußten am Ende darum, daß der

Mensch und die Welt Gott gehören, daß sein unsichtbares Wesen, seine ewige Kraft und Gottheit, wie Paulus Röm. 1,18ff. bezeugt, an den Werken seiner Schöpfung erkennbar sind. Sie fanden sich nicht damit ab, daß Gottesleugnung »normal« sei. Wenn es uns heute fast zur Selbstverständlichkeit geworden ist, diese Gottesbeweise als Metaphysik unter Verdikt zu stellen, dann müssen wir uns zum mindesten fragen lassen, ob wir das im Namen einer anderen Metaphysik, unter der Voraussetzung einer in sich ruhenden Endlichkeit, tun. Und wenn die Theologie der Neuzeit sich mit Leidenschaft wehrt gegen die Rede vom Sein Gottes, muß geprüft werden, ob das nur deshalb geschieht, weil ihr ruhender Pol das menschliche Selbstbewußtsein ist. Der Cartesianismus einer modernen Theologie, die analog dem Cogito, ergo sum spricht: Ich glaube, darum bist du, Gott!, ist mindestens so problematisch wie diese rationalen Gottesbeweise, ja, er entspringt wohl einer gemeinsamen Wurzel. Nur daß er überhaupt keine Möglichkeit mehr hat, ein Wort Gottes, das in Autorität zu uns redet, anzuerkennen. In letzter Konsequenz hat Ludwig Feuerbach diese Verwandlung der Theologie in Anthropologie vollzogen und Gott lediglich als Projektion unsres Bewußtseins an den Himmel erklärt.

Dennoch muß den Versuchen, Gott rational zu beweisen, gerade im Namen des Wortes Gottes widersprochen werden. Es ist doch nur scheinbar Ehrfurcht vor dem christlichen Glauben, wenn man den in Christus sich offenbarenden Gott durch Rückschluß aus Vernunft und Welt als existent beweisen zu können meinte. Dies vollkommene Wesen, dies Absolute in seiner Unkörperlichkeit, Überweltlichkeit, Unveränderlichkeit, dieser Ursprung aller Dinge oder deren Ziel, dies höchste Sein und höchste Gute schien wohl in mancher Hinsicht an das zu erinnern, was die Bibel von Gott sagt, wenn sie ihn ewig, heilig, unsichtbar und allmächtig nennt, wenn sie von ihm als Geist spricht oder ihn als Schöpfer aller Dinge bekennt. Aber nicht nur, daß philosophische Einwände gegen diese Beweise zu erheben sind, sondern die Theologie muß hier Einspruch erheben, wenn man solchen Gottesbegriff mit dem Vater Jesu Christi identifizierte. Solch ein Gottesbegriff konnte geradezu das trojanische Pferd sein, mit dem sich der Fremdkörper einer Metaphysik in das Innerste des christlichen Glaubens einschlich. Wenn es heute in vielen Varianten heißt: Gott ist tot! – wenn anstatt einer theistischen Weltanschauung eine atheistische auftritt, dann ist zu fragen, wieweit sich dieser Protest gegen den im Evangelium zu uns redenden Gott richtet. Es könnte sein, daß dieser Gott hier überhaupt nicht ins Blickfeld trat, sondern nur jener Gottesbegriff. Wenn das Wort Gottes offenbart, daß Gott »ist«, so ist die Bedeutung dieses Seins jedenfalls nicht zu bestimmen nach Maßgabe des Seins einer Idee oder der

Dinge in dieser Welt. Der Vater Jesu Christi, der Gott Abrahams, Isaaks und Jakobs, ist im Unterschied zu dem »Gott der Philosophen« (Pascal) kein von uns beweisbarer Gott, sondern er ist als der Herr aller Dinge auch der Herr unsres Erkennens (s. Exkurs 1: Gottesbeweise).

Gottesbeweise setzen voraus, daß eine von uns erkennbare, aufdeckbare Entsprechung zwischen Schöpfer und Schöpfung, zwischen Wort Gottes und Weltwirklichkeit, wie wir sie deuten, besteht. Sie rechnen damit, daß die »Weisheit dieser Welt« für die Wahrheit Gottes aufgeschlossen ist. Das aber ist zu bestreiten. Das Wort Gottes oder das Wort vom Kreuz, wie Paulus es 1. Kor. 1 nennt, ist keine Wahrheit, über deren Erkenntnis wir verfügen. Seine Autorität, sein unerhörter Anspruch, geht Hand in Hand mit einer offenkundigen Ohnmacht und Anstößigkeit in den Augen der Welt. Man kann es als Wort *Gottes* bestreiten, ihm blind gegenüberstehen. Diese Verblendung ist sogar die gewohnte Haltung, auf die es bei allen zunächst stößt. Unser »Wissen und Verstand« ist mit Finsternis umhüllt, es widerspricht dem Wort Gottes, leugnet die Rechtmäßigkeit seines Anspruchs.

Diese unerbittliche Feststellung, an der nichts abzumarkten ist, darf nicht fatalistisch verstanden werden im Sinne eines prinzipiellen Gegensatzes zwischen Gott und Welt oder eines gnostischen Dualismus in Gott selbst. Sie besagt nicht, daß das Wort Gottes »unvernünftig« oder gar widervernünftig sei. Wie könnte es die Wahrheit sein, die uns betreffende Wahrheit, wenn es als solche nicht für uns erkennbar wäre! Wenn wir das Wort Gottes hören, sollen wir gerade »zur Vernunft kommen«. Indem uns Gott, der Schöpfer und Herr, zu sich ruft, bringt er uns auch zu uns selbst. Er sollte uns kein Unbekannter sein. Aber wir geben diesem in seinen Werken erkennbaren Gott, wie Paulus Röm. 1 fortfährt, nicht die Ehre, die ihm gebührt. Wir hängen unser Herz an die Geschöpfe und stellen sie an die Stelle des Schöpfers. Darum ist unser Herz verfinstert und unser Auge für Gottes Herrlichkeit blind. Diese Verblendung können wir nicht rückgängig machen. So gewiß also gilt, daß sich Gott auch heute in Natur und Geschichte, in allen seinen Werken bezeugt, so wenig bedeutet das, daß wir ihn da noch vernehmen und begreifen. Denn indem wir dem Schöpfer die Ehre verweigern und ihn nicht als Herrn anerkennen, sondern selbst Gott sein wollen, können wir auch die Kreatur nicht mehr als Schöpfung verstehen. Wir verstellen uns mit unseren eigenwilligen Deutungen, mit unseren Weltanschauungen und Weltbildern, welche die Projektion unsrer Gedanken und Sehnsüchte an den Himmel sind, den Zugang zu Gott. Zwar vermag der Mensch die Höhen und Tiefen der Natur und Geschichte zu durchforschen und er versucht immer wieder, die Fülle der

Phänomene in ihrem Zusammenhang, nach ihrem Grund und Ziel, zu verstehen, aber weil und sofern er dies alles gegen Gott, seinen Schöpfer, gleichsam abgeblendet hat, darum kann er die wahre Wirklichkeit dieser Schöpfung nicht mehr erkennen. Die Welt hat, wie Paulus 1. Kor. 1,21 sagt, in ihrer Weisheit Gott in seiner Weisheit nicht erkannt.

Darum, so fährt der Apostel fort, hat es Gott gefallen, durch »törichte« Verkündigung zu uns zu reden. Töricht heißt dies Wort, weil es sich vor der Weisheit dieser Welt, vor dem eigenmächtigen Gebrauch unsrer Vernunft, nicht legitimieren kann und will. Nicht als ob damit gesagt wäre, das Wort Gottes bewege sich in einem transzendenten oder irrationalen Bereich, so daß es diese Welt und Geschichte gar nicht tangierte. Die Welt bleibt Gottes Schöpfung und Gott der Herr der Geschichte, und das Wort ward Fleisch, geht ein in diese Welt, bedient sich unsrer Worte und Begriffe. Es ist keine Geheimlehre für religiös veranlagte Menschen, für Sonderlinge, die einen sechsten Sinn haben. Wenn ich das recht verkündigte Evangelium höre, kann ich mich nicht damit entschuldigen, es sei schlechterdings unverständlich, es rede von Dingen, die mich nicht betreffen. Und dennoch stimmt es, daß dies Wort Gottes mit seinem unbedingten Wahrheitsanspruch Anstoß erregt, ja, erregen muß. Denn unsere Vernunft vermag bei all ihren großen Leistungen aus sich heraus dies Eine gerade nicht: Sie kann den Anspruch des Wortes Gottes nicht aus sich heraus legitimieren. Die theoretische Vernunft, die in der Erforschung der gegenständlichen Welt Gewaltiges zu leisten vermag, aber auch die praktische Vernunft, die zum Begriff des unbedingten Sollens vordringt und die Frage nach dem Guten stellt, sind nicht in der Lage, das Wort Gottes als wahr zu erweisen. Zwar kann die Vernunft auch das Gegenteil nicht: Sie kann den Anspruch dieses Wortes nicht widerlegen. Aber das erscheint uns zu wenig. Denn hier, wo es um letzte Wahrheit geht, möchten wir keine offenen Fragen, sondern fordern mit Recht absolute Gewißheit. Es ist zutiefst demütigend für den Menschen, daß ausgerechnet da, wo unbedingte Gültigkeit und Zuverlässigkeit beansprucht wird, im Blick auf das Wort Gottes, ihm die Kompetenz bestritten wird, die Verifikation dieser Wahrheit Gottes mittels der Wahrheiten, die wir kennen, vollziehen zu können. (s. Exkurs 1a: Die Verborgenheit des Schöpfers)

Ja, mehr noch: Das Evangelium verbittet sich ausdrücklich den Versuch solcher eigenmächtigen Beglaubigung durch uns. Dasselbe Wort, das die Wahrheit zu sein beansprucht, drängt sich uns nicht durch rationalen Schluß auf. Es läßt sich nicht bezwingen durch eine Argumentation, die uns gewaltsam zur Anerkennung nötigt. Das Wort Gottes geht wehrlos durch diese Welt und verschmäht die Schützenhilfe, die Fleisch und Blut leisten wollen. Es nimmt das Odium auf sich, einen unerhörten Anspruch zu erheben, für den wir keine Deckung besitzen. Die Wahrheit Gottes tritt in einer kontingenten Gestalt auf, die sie von dem Hörer als bloße Meinung und unverbindliche Ansicht mißverstehen läßt. Sie will nicht bewiesene Wahrheit sein, sondern »Weisheit im Verborgenen«.

Darum verbietet sich jede sog. natürliche Theologie, die es sich zur Aufgabe macht, über die Wahrheit oder die Erkennbarkeit des Wortes Gottes auf Grund des mitgebrachten Welt- und Selbstverständnisses zu entscheiden. So wenig wir wissen, wer Gott ist – trotz oder wegen unsrer Gottesbegriffe –, so wenig wissen wir in Wahrheit, wer der Mensch, was die Welt ist – trotz oder wegen unsrer Menschen- und Weltbilder. Gottes Offenbarung setzt nicht eine allgemeine Offenbarheit voraus, die Grund und Norm unsrer Gotteserkenntnis sein möchte und sie ihren Kriterien unterstellt. Nicht von dem her, was wir unter »Offenbarung überhaupt« verstehen, erschließt sich uns, was Offenbarung Gottes in Jesus Christus ist, sondern erst im Licht des uns hier treffenden Wortes erkennen wir, was Offenbarung heißt, d. h. erst mit ihrer Wirklichkeit erschließt sich uns die Erkenntnis ihrer Möglichkeit. Aber der Kampf gegen den Optimismus einer natürlichen Theologie darf nicht im Namen einer pessimistischen, negativen natürlichen Theologie geführt werden. Die Erkenntnis, daß Gott uns verborgen ist, ist keine allgemeine, jederzeit beweisbare Wahrheit, sondern sie ist nicht weniger Glaubenserkenntnis als der Satz von der Offenbarung Gottes. Die Verborgenheit Gottes kann nur der recht bekennen, der den offenbaren Gott kennt. Die Blindheit des Menschen gegen Gottes Wort prinzipiell zu behaupten, hieße, sie schicksalhaft verstehen, hieße leugnen, daß wir keine Entschuldigung haben. So wie der Theismus einer Zeit, die meinte, Gottes Existenz wissenschaftlich beweisen zu können, uns den Zugang zur Offenbarung Gottes nicht erschließt, so ist der Atheismus der Moderne, die vom Tode Gottes redet, für das Wort Gottes keine unüberwindbare Barriere. Wie der Satz: Gott ist! nur als Bekenntnis zu dem in Christus offenbaren Gott unumstößlich ist, so ist auch die Rede vom Tode Gottes, sofern sie theologisch sinnvoll ist, nicht der Ausdruck eines unentrinnbaren modernen Immanenzdenkens oder einer an der Theodizeefrage scheiternden Welterfahrung, sondern Bekenntnis zu dem Gekreuzigten, das aber immer zugleich Bekenntnis zum Auferstandenen ist. Wir vermögen also weder positiv noch negativ von uns aus die Bedingungen der Möglichkeit, Gottes Wort zu erkennen, festzulegen, sondern dies Wort wählt sich selbst seinen Weg – nicht beflügelt durch unsre Gottesbeweise, aber auch nicht gelähmt durch unsre Gottesleugnung (s. Exkurs 2: Gottesleugnung).

Welcher Art ist dies Wort, das in solch herausfordernder Weise Hoheit und Niedrigkeit, Autorität und Ohnmacht miteinander verbindet? So viel ist gewiß: Es muß vernehmbar, ja, auch in gewissem Sinn verstehbar sein, ist also kein mirakulöses Geschehen. Aber es ist keine unserem Geist eingeborene Wahrheit, die nur verdunkelt ist und durch Erinnerung wieder ins Bewußtsein gerufen werden will. Es ist keine Idee, sondern eine Botschaft, aber zugleich kein Tatsachenbericht, der nur zur Kenntnis genommen werden will. Es erhebt Anspruch auf Gültigkeit und Evidenz, und dennoch kann ihm, ja, muß ihm von dem »natürlichen« Menschen widersprochen werden. Will man sich die Eigenart dieses Wortes verdeutlichen, so liegt es wohl am nächsten, juridische Kategorien heranzuziehen, wie es auch die heilige Schrift – nicht ausschließlich, aber mit Vorliebe – tut, und von einem Urteilsspruch zu reden, der hier gefällt und proklamiert wird. Ein richterlicher Spruch ist nicht Mitteilung allgemeiner Wahrheit, kein bloßer Appell an meine Einsicht, geschweige denn nur Nachricht von einem vergangenen Geschehen (obwohl dies mitschwingt), sondern er proklamiert eine Entscheidung und offenbart und setzt damit zugleich Wirklichkeit, die mich betrifft und – obschon von sich aus gültig – Anerkennung erwartet. Einem solchen Rechtsspruch ist die Verkündigung des Wortes Gottes in mancher Hinsicht vergleichbar. Darum ist es wohl nicht zufällig, daß der Begriff Gerechtigkeit im Alten und im Neuen Testament eine entscheidende Bedeutung hat, wie er bei Paulus geradezu als Inbegriff des Evangeliums gelten kann. Gott proklamiert in seinem Wort sein Recht auf uns und richtet es damit zugleich auf.

Es muß freilich sofort hinzugefügt werden: Dies Urteil Gottes unterscheidet sich grundlegend von allem, was wir als menschliches Gerichtsurteil kennen. Irdischer Richterspruch betrifft bestimmte Taten, ist fehlbar und u. U. revisionsfähig und -bedürftig. Gottes Urteil ist total, entscheidet über alle Menschen, trifft meine Existenz im Ganzen und ist unfehlbar und endgültig. Vor allem: Weltliche Gerechtigkeit teilt Lohn und Strafe aus nach Verdienst und Würdigkeit, sie ist eine justitia distributiva. Gottes Gerechtigkeit ist zwar auch richtende Gerechtigkeit insofern, als hier das Nein zur Sünde und Gottlosigkeit in aller Schärfe ergeht, aber sie ist ihrem Kern und Ziel nach rettende, schenkende, vergebende und neuschaffende Tat Gottes. Deshalb können schon im Alten Testament die Begriffe Gerechtigkeit und Gnade oder Barmherzigkeit wechseln und fallen bei Paulus vollends zusammen. Gottes Urteil ist seinem Wesen nach Freispruch und sozusagen zur Linken nur Gericht. Menschliche Gerichtsurteile fordern im Fall der Schuld Sühne oder Strafe. Gottes Urteil ist bereits im Tode Jesu Christi vollstreckt und wird in der Verkündigung als Freispruch für den Sünder proklamiert. Auch hier gilt also: Von Gottes Handeln her fällt Licht auf menschliches Handeln, von seinem Urteil her läßt sich erst recht verstehen, was menschliches Urteil ist oder doch sein sollte. Auch im Blick auf diese unsere Rede von Gottes Wort als seinem gnädigen Urteilsspruch trifft Luthers Regel für die theologische Indienstnahme aller menschlichen Begriffe zu: Alle Worte werden neu! Sie werden, wie er auch sagen kann, »zu Bade geführt«, d. h. getauft.

Unter Beachtung dieses besonderen Charakters des Begriffs Gerechtigkeit in der Schrift läßt sich sagen: Gott richtet in Christus sein Recht auf und proklamiert es in der Verkündigung des Wortes Gottes. Daß die Aufrichtung des göttlichen Rechtes ganz anders geschieht als die Durchsetzung menschlichen Rechtes, sofern höchste Autorität und tiefste Verborgenheit, unbedingte Wahrheit und scheinbare Fragwürdigkeit hier Hand in Hand gehen, das ändert nichts daran, daß uns hier das Urteil gesprochen wird, an dem alles hängt. In Gestalt dieses einen Menschen Jesus, der einmal gelebt hat, gestorben ist und eine Größe der Vergangenheit zu sein scheint, in Gestalt einer Verkündigung, die mit anderen Religionen und Weltanschauungen in Konkurrenz zu stehen scheint, weil wir nicht über ihren Wahrheitsbeweis verfügen, in Gestalt einer Kirche, die in sich zerspalten und fragwürdig genug in jeder Hinsicht dasteht, kommt Gottes Urteil zu uns. Wie kann man dessen gewiß werden? Wie können wir von der Evidenz dieses Wortes reden?

Wenn wir von der unbewiesenen Wahrheit des Wortes Gottes reden, dann heißt das: Wir haben keinen Schlüssel in der Hand, mit dem wir die Tür zu ihr aufschließen können. Unserem menschlichen Zugriff entzieht sich die Botschaft mit ihrer aufreizenden Anstößigkeit und ihrer Unverrechenbarkeit. Die hier behauptete Einheit von Hoheit und Niedrigkeit, von Vollmacht und Ohnmacht wehrt sich dagegen, von uns plausibel gemacht zu werden. Sie ist nicht einleuchtend im Sinne einer von uns entworfenen Welt- und Lebensanschauung. »Selbstverständlich« ist sie für uns, wie wir sind, gerade nicht, sondern nur in dem Sinn, daß sie sich selbst erschließt und uns sich einleuchtend macht.

Diese Selbstevidenz des Wortes Gottes, über die wir in keiner Weise verfügen, meint die heilige Schrift, wenn sie dem Wirken des heiligen Geistes allein die Kraft zuschreibt, uns die Augen für ihre Wahrheit zu öffnen. Man darf, wenn man vom heiligen Geist hört, hier nicht sofort an solche seltsamen Erscheinungen denken, wie sie nach dem Zeugnis des Neuen Testaments allerdings mit seinem Wirken verbunden sein können. Wenn wir vom heiligen Geist reden als dem, der das Wort Gottes überzeugend und wirksam macht, d. h. die ihm eigene Evidenz zur Entfaltung bringt, dann handelt es sich nicht um merkwürdige psychische oder gar magische Kräfte, nicht um Vorgänge jenseits unsres bewußten Denkens und Wollens. Es geht vielmehr darum, daß Gottes Urteilsspruch in Jesus Christus, den uns das Evangelium verkündigt, als wahr begriffen und als schöpferisch-wirksam anerkannt wird. Die Wahrheit des Wortes Gottes hat nichts mit geheimnisvollen supranaturalen Sphären zu tun, sie ist keineswegs grundsätzlich unfaßlich. Unverständlich ist das Wort Gottes lediglich dem verblendeten Menschen, der Gott mit den Maßstäben seines verkehrten Herzens mißt und sich nicht vorstellen kann, daß der Allmächtige in der Gestalt der Ohnmacht, der Wahrhaftige und Gerechte als der Gekreuzigte und Verfluchte zu uns kommt und so gerade sein Recht aufrichtet.

Was uns anstößig und unbegreiflich daran erscheint, wäre klar und überzeugend, wenn wir es als das entgegennehmen könnten, als was es sich darbietet: als Offenbarung der unverdienten, alle menschlichen Vorstellungen übertreffenden und alle menschlichen Möglichkeiten in den Schatten stellenden Liebe Gottes. Der eigentliche Grund unsres Nichtverstehens ist nicht ein intellektueller Mangel, sondern der Protest unsrer ganzen Existenz gegen die Möglichkeit und Wirklichkeit dieser Liebe. Der Mensch, der nicht aufhören kann, sich selbst zu erhöhen und der sein will wie Gott, wird nur überwunden durch den Gott, der sich selbst erniedrigt und in der Gestalt des elenden, ausgestoßenen Menschen ihm begegnet. Wie könnte solche Liebe, die alle Trennung überbrückt, alle Schuld vergibt und das Äußerste erträgt, anders als durch sich selbst beglaubigt werden! Wie könnte man sie legitimieren an dem Denken, Fühlen und Wollen des Menschen, der solche Liebe gerade nicht kennt und für unmöglich hält! Diese Botschaft vom Kreuz leuchtet im eigenen Glanz. Nur wo diese Liebe als die treibende Kraft sich selbst erschließt, werden die scheinbar unerträglichen Gegensätze begreiflich und sinnvoll. Nur da geht der Blick auf für die Wahrheit des paulinischen Wortes: »Die göttliche Torheit ist weiser als die Menschen und die göttliche Schwachheit ist stärker als die Menschen« (1. Kor. 1,25) (s. Exkurs 3: Analogia fidei).

b) Der Anredecharakter des Wortes

Gottes Urteil steht in Kraft, auch wenn alle Welt es ablehnte. Es wäre nicht Gottes Urteil, wenn es nicht in sich gerecht und gültig wäre. Es ist nicht darauf angewiesen, durch unsre Gegenzeichnung erst ratifiziert zu werden. Und dennoch kommt die Botschaft von der Versöhnung der Welt in Christus zu uns in Gestalt der Bitte: »Laßt euch versöhnen mit Gott« (2. Kor. 5,20). Das scheint ein Widerspruch zu sein. Warum bittet der, welcher seine Entscheidung gefällt hat, um unsre Einstimmung? Bringt sich nicht dadurch das Wort Gottes in den Verdacht der Fragwürdigkeit?

Es liegt nahe, solchen Einwand mit dem Hinweis auf Gottes Allmacht, Freiheit und Souveränität zu erschlagen. In der Tat redet die hl. Schrift immer wieder von Gott als dem, der des Menschen und der Welt nicht zu seinem Gottsein bedürfte. Wer hätte ihn zwingen können, diese seine Schöpfung ins Leben zu rufen? Wer könnte ihn nötigen, mit dem schuldigen, gottfeindlichen Menschen Geduld zu haben, ihm zu vergeben und Zukunft zu eröffnen? »Gott kann Abraham aus diesen Steinen Kinder erwecken«, sagt Johannes der Täufer den Juden, die auf ihre Abrahamskindschaft pochen (Matth. 3,9). Gnade wäre nicht Gnade, freie und ungeschuldete Gnade, wenn Gott unter einem Gesetz stünde, das ihn in Fesseln schlüge. Nicht wir haben über sein Wort zu richten, sondern sein Wort urteilt über uns.

Dennoch wäre es gefährlich, auf dieser Linie ungebrochen zu denken. Unter der Hand unterstellen wir damit Gott einem Gottesbegriff – der absoluten Freiheit und Allmacht –, der mit dem in Christus sich offenbarenden Gott wenig zu tun hat. Der im Evangelium zu uns redende Gott will uns nicht überfahren und zwingen, er handelt personhaft und geschichtlich mit uns. Er respektiert den Menschen als das Geschöpf, das nach seinem Bilde geschaffen ist, er läßt ihm sein Eigensein, macht ihn nicht zum toten Stoff oder willenlosen Werkzeug. Es wäre eine sehr verkehrte Vorstellung von Gottes Allmacht, sie im Sinne eines plumpen Alleskönnens sich zu denken, demgegenüber der Mensch zu einem Nichts würde. Gott will den Menschen nicht als Objekt, sondern als Gegenüber, als Hörer seines Wortes, als Adressat seines Redens. Man darf es also nicht als eine ungenaue, primitive Auffassung abtun, wenn es in der Bibel immer wieder heißt, daß Gott sein Volk sucht, um es wirbt, den ganzen Tage die Hände nach ihm ausstreckt. Gott will nicht ohne uns Gott sein.

So steht also fest: Gott will seine Sache nicht durchführen, ohne daß wir zur Erkenntnis seines Willens kommen und einstimmen in sein Wort. Das Urteil Gottes, das gültig ist, sein Wille, der heilig ist, auch ohne daß wir ihn heiligen, geht nicht wie eine Naturgewalt über uns hin. Darum läßt er sein Wort verkündigen und ruft uns zum Glauben. Gott will die Trennung zwischen ihm und uns so überwinden, daß wir unser freies Ja dazu sagen. Er, der die Macht hat, sein Recht rücksichtslos durchzusetzen, erniedrigt und demütigt sich in Jesus Christus und in der Verkündigung seines Evangeliums so tief, daß er als Bittender und Werbender vor unsrer

Tür steht. Darum kann diese Verkündigung, die den unabdingbaren Anspruch Gottes proklamiert und nicht durch uns erst verifiziert wird, dennoch nicht dekretieren und diktieren, sondern scheinbar hilflos ruft und fragt sie nach der einstimmenden Antwort des Hörers. An Jesu Worten in den Evangelien fällt uns bereits dies eigentümliche Zugleich von Hoheit und Demut auf. Hier ergeht eine autoritative Ansage und Zusage, mit Vollmacht wird die hereinbrechende Herrschaft Gottes verkündigt und zur Umkehr gerufen. Aber dieser Ruf ergeht zugleich in verhaltener, indirekt auffordernder Weise, nicht pressend und zwingend. So heißt es etwa: »Wer sein Leben erhalten will, der wird es verlieren« (Matth. 16,25). »Wer seinem Bruder zürnet, der ist des Gerichts schuldig« (Matth. 5,22). »Wer ein Weib ansieht, sie zu begehren, der hat schon mit ihr die Ehe gebrochen« (Matth. 5,28). Hier wird der Ort aufgewiesen, an dem wir stehen, aber wir werden nicht gewaltsam dorthin gedrängt, sondern wir werden mit dieser indirekten Redeweise gefragt, ob wir uns nicht an diesen Ort stellen lassen wollen und das hier ergehende Urteil anerkennen müssen.

Dies Urteil recht hören und gelten lassen, heißt aber, dem Wort konform werden, statt es bloß zur Kenntnis zu nehmen. Das Evangelium konfrontiert uns nicht mit einem neutral zu betrachtenden Sachverhalt, mit einem konstatierbaren Gegenstand, dem man gegenübertreten kann wie einem Objekt oder Vorgang, der sich naturwissenschaftlicher Beobachtung oder historischer Betrachtung erschließt. Dies »Objektive« ist zugleich das Allersubjektivste, sofern es mir begegnet als Beschlagnahmung meiner Existenz. Erkennen heißt hier anerkennen, umdenken, ja, es bedeutet eine neue Geburt, ein Sterben und Auferstehen, das zwar nicht mein Werk ist, aber doch auch nicht oberhalb meines Ichs sich vollzieht. Es heißt ja nicht: Der heilige Geist glaubt statt meiner, sondern ich glaube. Das freisprechende Urteil Gottes, das mir als iustitia externa begegnet, qualifiziert mich. Im Wort der Verkündigung wird der Mensch angeredet, es klärt mich nicht über Tatbestände auf, sondern der, der hier zu mir redet, erschließt sich mir und will mich für sich erschließen.

Das Wort Gottes tritt also nicht nur als unbewiesene Wahrheit und in scheinbar zufälliger geschichtlicher Gestalt auf, sondern es erniedrigt sich noch viel tiefer, indem es um die Einstimmung des Hörers wirbt und bittet. So wie ein Richter, der sein Urteil gefällt hat, sich nicht damit abfindet, dem Recht Genüge getan zu haben, Sühne oder Freispruch verkündet zu haben, sondern sich zu dem Angeklagten hinbegibt und sich bemüht, ihn dahin zu bringen, daß er nicht nur gezwungen sondern freiwillig, mit voller Überzeugung dem Urteil zustimmt – so handelt Gott.

Aber im Bereich des irdischen Rechtes ist ein solches Verhalten ziemlich ungewöhnlich, obwohl doch auch hier der tiefste Sinn eines Urteils sein dürfte, die zerbrochene Gemeinschaft des Rechtes wiederherzustellen, also den Schuldigen bzw. Angeklagten wieder in sie einzugliedern. Hier zeigt sich die Grenze des Vergleichs, d. h. das Unangemessene auch der juridischen Begrifflichkeit. Nur in kritischem Bezug darauf kann deutlich gemacht werden, wie das Evangelium redet. Es gehört zu dem Erstaunlichsten in der Verkündigung des Wortes Gottes, an dem sich auch seine Boten in der heiligen Schrift immer wieder zu stoßen drohten, daß die Proklamation der Königsherrschaft Gottes in solch ohnmächtiger, bittender Gestalt durch die Welt geht und die gültige Entscheidung vor uns hintritt mit der Frage, ob wir dies Urteil anerkennen und gelten lassen wollen (s. Exkurs 4: Das »Pro me«).

Daß es sich bei der Verkündigung des Wortes Gottes nicht nur um Mitteilung eines historischen Sachverhaltes, um einen Bericht über vergangene »Heilstatsachen« handeln kann, aber auch nicht um allgemeine Wahrheiten, die anzuerkennen uns unsre Vernunft zwingt, sondern daß dies Wort uns anredet, ist unbestreitbar. Aber die Beachtung dieses Anredecharakters darf nicht dazu führen, das Pro me zum ausschlaggebenden dogmatischen Prinzip zu machen. Das aber würde dann geschehen, wenn das menschliche Selbstbewußtsein als solches zum Nenner aller theologischen Aussagen gemacht würde, wenn von Gott lediglich als dem bestimmenden Woher des schlechthinnigen Abhängigkeitsgefühls zu sprechen wäre und Jesus von Nazareth seine Einzigartigkeit darin hätte, daß er das vollkommene Selbstbewußtsein, d. h. ein schlechthin kräftiges, ungehemmtes Gottesbewußtsein hatte (Schleiermacher). Daß Gottesbewußtsein immer zugleich Selbstbewußtsein ist, kann nicht heißen, daß in der Analyse dieses Selbstbewußtseins die Bedingungen der Möglichkeit für die Erkenntnis Gottes zu finden seien.

Das Anliegen Schleiermachers scheint man aufzunehmen, aber zugleich seinen Gefahren zu entgehen, wenn man statt von Selbstbewußtsein von Selbstverständnis spricht (Bultmann). Die christliche Botschaft wird hier ein Entscheidungsruf genannt, d. h. ein Ruf, der mit dem Namen des historischen Jesus, mit dem Ereignis seines Kreuzes, paradoxer Weise verbunden ist, aber in seiner Geltung historisch nicht ausweisbar und legitimierbar ist. Er erweist seine Vollmacht darin, daß er uns zu einem neuen Verständnis unsrer selbst aufruft und ermächtigt. Hier ist deutlich erkannt, daß man dies Wort nur versteht, wenn man existentiell von ihm getroffen ist, also in einem Umdenken, bei dem die Selbstbehauptung des alten Menschen preisgegeben wird und man sich als von Gott geliebt erkennt. An das Kreuz glauben, heißt, es als eigenes übernehmen. Menschliche Existenz in ihrer Geschichtlichkeit, d. h. als solche, die immer nach ihrer Eigentlichkeit fragt und sucht, sie aber in ihrem Sorgen und Rühmen immer wieder verfehlt, kommt hier, im Hören und Gehorchen gegenüber dem Ruf des Evangeliums, wahrhaft zu sich selbst. Hier wird mit Nachdruck geltend gemacht, daß der Glaube nicht in einem unbeteiligten Feststellen und Fürwahrhalten historischer Fakten oder in blinder Annahme mythischer Vorstellungen besteht.

So berechtigt das ist, so muß man doch fragen, ob der Begriff des Wortes Gottes im Rahmen dessen, was wir als menschliches Selbstverständnis kennen und voraussetzen, erschöpfend erfaßt werden kann. Beanspruchte dieser Ansatz prinzipielle Gültigkeit, so wäre von Wort Gottes ausschließlich im Horizont menschlicher Existenz zu reden, d. h. aber Theologie nur als Anthropologie zu treiben. Voraussetzung wäre dann doch, daß darüber, was Menschsein überhaupt – und damit auch: was Gott überhaupt – bedeutet, unabhängig vom Hören dieses Wortes Gottes ontologisch gültige Aussagen gemacht werden könnten. So gewiß das Hören des Wortes Gottes zu einem neuen Selbstverständnis führt, so kann doch unser Selbstverständnis nicht der Generalnenner sein, auf den ich auch das Wort Gottes bringe, sondern erst vom Worte Gottes erfahre ich, wer der Mensch überhaupt ist.

Ähnlich steht es mit einem personalen Denken, das vom menschlichen Gegenüber von Du und Ich ausgeht und im Wort Gottes die Erfüllung dessen sieht, was solche mitmenschliche Beziehung immer schon tendiert. Wir stehen hier allerdings vor einem Phänomen, das für die theologische Rede von großer Bedeutung ist. Unser Menschsein ist ohne diese mitmenschliche Beziehung nicht denkbar, es gibt kein einsames Ich. Von allen Worten, die wir kennen, ist dies das Bedeutsamste, in dem sich ein Mensch dem andern erschließt in Liebe oder Freundschaft und ihm so zu seinem eigentlichen Menschsein hilft. Das Evangelium weist uns ohne Frage an den Nächsten. Ja, das Wort Gottes kommt selbst als ein Zuspruch zu mir, in dem Gott sich durch Menschenwort mir erschließt. Und dies Wort zielt nicht auf Vollendung und Durchbildung einer autonomen Persönlichkeit, sondern es ruft uns zur Mitmenschlichkeit. Ein Verständnis von Wort und Sprache, in dem dies personhafte Sich-empfangen von einem andern her und Sich-gehen an einen andern konstitutiv ist, legt sich also in der Tat hier nahe.

Dennoch ist Vorsicht geboten, wenn ein solcher Person- oder Sprachbegriff als theologischer Schlüssel zu allen Schlössern empfohlen wird. Kein menschliches Du als solches kann mir so begegnen, daß es meine Existenz schlechthin konstituiert. Kein menschliches Wort als solches – und wäre es das des treusten Freundes oder Liebenden – ist in dem Sinn schöpferisch und gibt sich in solcher Reinheit, wie es das Wort Gottes tut. Alle menschliche Beziehung untereinander beruht auf einer Korrelation, einem sich mehr oder weniger entsprechenden gegenseitigen Geben und Nehmen. Keine menschliche Liebe ist ganz rein und frei, d. h. fähig und bereit, das völlig Unwürdige ohne Aufhören zu lieben. Was Personsein und Hingabe heißt, was ein vollmächtiges freisprechendes Wort ist, das geht uns in Wahrheit erst auf, wenn uns das Evangelium begegnet. Ein Subjekt, das aller Dinge mächtig und souveräner Herr ist und das dennoch sich ganz an uns hingibt, ohne sich zu verlieren, eine Allmacht, die für uns zur Ohnmacht wird und gerade so ihre Vollmacht erweist und uns im Innersten überwindet – dies alles kennen wir wohl nicht einmal dem Begriff nach, geschweige denn in Wirklichkeit, ehe uns das Wort Gottes dessen überführt.

Wir halten also fest: So wie es keinen Allgemeinbegriff von Gott gibt, der uns in abstracto das Offenbarungsgeschehen begreiflich macht, so gibt es keinen Allgemeinbegriff von Person, Existenz oder Sprache, der als solcher bereits erschöpfend die Verstehensbedingungen für das, was Wort Gottes heißt, zu liefern vermöchte. Wir haben dadurch, daß wir uns die Kategorie des Personalen oder des Existenz-begründenden Redens deutlich machen, noch nicht das Genus gefunden, dem sich die Species Wort Gottes reibungslos einfügte. Das Wort Gottes als das Evangelium von Jesus Christus ist vielmehr ein einzigartiges Geschehen, ein Wort sui generis, von dem her wir auch erst wahrhaft begreifen, was Person und Wort im menschlichen Bereich bedeuten oder bedeuten könnten. Wenn kein Wort sonst außer diesem Wort Gottes meine Existenz in der Wurzel konstituiert, wenn alle anderen Worte mehr oder weniger gelungene Versuche sind, das Wie der Existenz zu bestimmen, dann ist darauf zu achten, daß die notwendige und hilfreiche phänomenologische Analyse von Existenz und Sprache nicht unter der Hand ontologisch zwingenden Charakter bekommt. Daß das Wort Gottes ohne Zweifel mich anredet und in Frage stellt, heißt nicht, daß es zu definieren wäre als Antwort auf die Frage, die unsere Existenz allgemein aufweisbar stellt (s. Exkurs 5: Existentiale Theologie).

Wenn das Wort Gottes uns begegnet, so wirbt das hier unwiderruflich als gültig proklamierte Urteil um Anerkennung, es möchte, wie Luther sagt, daß wir ihm konform werden. Aber wie ist das möglich, wenn es zugleich das Wort ist, das den Menschen für blind und taub, für verschlossen und unfähig dazu erklärt? Es ruft den Menschen zum Glauben, der aus sich heraus zum Glauben untauglich ist. Der unfreie Wille wird zur freien Einstimmung aufgefordert. Indem mir dies Wort jede Möglichkeit, mich für Gott zu entscheiden, abspricht, indem es mich vor Gott nicht nur für krank, sondern für tot erklärt, fordert es mich auf, zu Gott Ja zu sagen. Diesem Wort und Urteil Gottes zustimmen kann man nur, indem man zugleich anerkennt, daß man sich nicht für Gott entscheiden kann, daß unser Wollen und Laufen hier am Ende ist. Das Wort Gottes scheint an ein Vermögen zu appellieren, das uns nicht zu Gebote steht. Es ist wie die Aufforderung an einen Lahmen, zu gehen, oder gar an einen Toten, aufzustehen. Was ich hier geben soll, das kann ich nur von Gott empfangen, und selbst die Bereitschaft, dies zu empfangen, steht nicht in meiner Macht.

Wir rühren hier an eine bereits in der reformatorischen Theologie heftig umstrittene und auch heute noch uns bedrängende Frage: Wie kann mit dem »allein aus Gnaden«, mit der radikalen Unfreiheit des menschlichen Willens vor Gott, die für Luther und für Calvin ehern feststand, wie kann aber auch mit der darin konsequenter Weise beschlossenen Unfähigkeit des Erkennens ernst gemacht werden, ohne den Menschen zum Klotz und Stein zu degradieren? Kann man vom Anredecharakter des Wortes Gottes reden, ohne von der Anredbarkeit des Menschen zu sprechen? Andernfalls würde – so scheint es – dies Wort zu einem innergöttlichen Monolog oder auch Dialog. Es scheint ein unausweichliches Dilemma zu entstehen: Entweder wird an der Souveränität des Wortes Gottes etwas abgebrochen, indem es durch den menschlichen Adressaten entscheidend definiert wird, oder der Mensch wird zum bloßen Objekt. In der Tat sind nach beiden Seiten hin unzählige Möglichkeiten durchdacht und erprobt worden. Von Melanchthon bis in die Gegenwart reißen die Versuche nicht ab, dem Menschen eine gewisse Willensfreiheit in der Entscheidung für Gott zuzusprechen, eine ihm verbliebene Wortmächtigkeit, an die das Evangelium anknüpfen kann, während Luthers radikale These vom servum arbitrium, die er Erasmus entgegenschleuderte, in den Kirchen der Reformation bald abgeschwächt wurde. Nichts erscheint selbstverständlicher und einleuchtender als die Behauptung, daß der vom Wort Gottes aufgerufene Mensch in der Lage sein müsse, ihm zuzustimmen, daß er eine Verstehens- und Entscheidungsmöglichkeit dafür haben müsse, wenn dieser Appell nicht sinnlos sein solle. Auch hier scheint gelten zu müssen: Du kannst, denn du sollst!

Oder aber wir verfallen ins andre Extrem und fassen das Wort Gottes als ein in Jesus Christus immer schon uns und alle Menschen umgreifendes Geschehen auf, so daß wir immer schon ontologisch in es einbezogen sind.

Wenn Gott hier ein für allemal gehandelt hat, wenn wir hier immer schon erreicht sind – vor unserm Verstehen und Ergreifen –, wenn in der Verkündigung und im Glauben allenfalls noch das Wissen darum vermittelt wird, daß wir längst unwiderruflich zu Gott gehören, dann würde der dringliche Appell der apostolischen Predigt: »Lasset euch versöhnen mit Gott!« womöglich ebenfalls an ein uns immer schon kraft der Menschwerdung Christi zukommendes Vermögen sich wenden, ja, sich am Ende auf eine rein noetische Funktion beschränken. Es entstünde also das Dilemma: Entweder Werkgerechtigkeit oder Automatismus der Gnade.

Doch das ist eine falsche Alternative. Der Ruf des Wortes Gottes lautet in der Tat: Sei, was du durch das dir zugesprochene und verheißende Wort bereits bist! Es ist als Christusbotschaft schöpferisches Wort in der Kraft des verheißenen Geistes. Man könnte geradezu sagen: Die vom Worte Gottes geforderte »Entscheidung« für Gott impliziert gerade die Erkenntnis und das Eingeständnis, daß wir uns nicht für Gott entscheiden können, sondern er sich für uns entschieden hat. Gottes Gnade in seinem Wort und unsere Freiheit schließen sich also gerade nicht aus, sondern sein Wort stellt uns in die Freiheit. Darum kann der Imperativ »Schaffet, daß ihr selig werdet mit Furcht und Zittern« geradezu begründet werden in der Zusage: »denn Gott ist es, der in euch wirkt das Wollen und das Vollbringen nach seinem Wohlgefallen« (Phil. 2,12f.). Darum schlägt jeder Versuch der Definition des Glaubens – entsprechend Luthers Erklärung des 3. Glaubensartikels – notwendig um in das Bekenntnis zum Wirken des heiligen Geistes. In der Anrede Gottes an uns in seinem Wort wird unser Personsein erst wahrhaft konstituiert. Das rechte Subjektsein wurzelt gerade in dieser völligen Externität. Der wahrhaft Glaubende ist darum der in seiner Verzweiflung an sich selbst an das Wort Gottes sich klammernde Mensch, der selbst diesen seinen Glauben nur als reines Geschenk verstehen, also nur glauben kann.

Soviel also steht fest: Wir können das Wort Gottes nicht »auf den Begriff bringen«, so wenig wir dies mit Gott selbst tun können. Wir können dem Geschehen des Wortes Gottes nur zustimmend nach-denken, indem unsre Existenz selbst mitsamt allen ihr möglichen Selbst- und Weltverständnissen diesem tötenden und lebendigmachenden, diesem richtenden und rettenden Wort ausgesetzt und konform gemacht wird. Aber wie könnte es anders sein, wenn es wirklich das Wort *Gottes* ist? Es ist ja das Wort dessen, der Herr ist und sich zugleich erniedrigt, der befiehlt und zugleich bittet, der alles hat und alles hingibt, der das Leben selbst ist und sich dem Sterben ausliefert und sich in alledem gerade als der Herr erweist. Ich kann meinen Glauben, ich kann mich selbst als Hörer und

Empfänger des Wortes Gottes niemals auf Grund einer Analyse meines Bewußtseins oder in Erforschung der Strukturen meiner Existenz als solcher begreifen, sondern nur im Licht dieses Wortes, das mich zu alledem ermächtigt. Wenn aber dies Wort Gottes die Botschaft von dem gekreuzigten und auferstandenen Christus ist, – wie sollte ich mir selbst mit der Begegnung mit diesem Wort nicht zum Rätsel werden und dennoch so gerade mich in Wahrheit finden?

Was also dem reflektierenden Denken des bloßen Zuschauers immer wieder unbegreiflich erscheint, der scheinbare Widerspruch, daß dies Wort als gültiges Urteil verkündigt wird und zugleich mich aufruft, ihm rechtzugeben, daß es in einem Atemzug mir alles abspricht und alles zuspricht – das ist sinnvoll und eindeutig, wenn ich es begreife in der Weise, wie es sich selbst legitimiert. Es ist die Offenbarung der Liebe Gottes, die herrscht, indem sie dient, die richtet, indem sie sich auf die Seite des Angeklagten stellt, die urteilt, indem sie mich zugleich freiwillig überführt. Das scheinbare Widereinander von Hoheit und Niedrigkeit, von Vollmacht und Ohnmacht des Wortes Gottes ist doch zutiefst konsequent und logisch, wenn es Gott darum geht, den gottlosen Menschen nicht zu entschuldigen, aber auch nicht zu vernichten, sondern ihn von Grund auf zu erneuern. Weil Gott, der keines Geschöpfs zu seinem Gottsein bedurfte, nicht Gott sein will ohne den Menschen, den von ihm abgewandten Menschen, der – wie Luther sagt – nicht mehr wollen kann, daß Gott Gott ist, darum tritt sein Wort nicht als diktatorischer Spruch vor uns hin, sondern bittend und fragend, ob wir nicht, durch sein Wort dazu ermächtigt, Ja dazu sagen. Denn Gott will nicht nur gegen uns rechtbehalten, sondern er möchte, daß wir ihm rechtgeben – nicht weil er dessen bedarf, sondern weil nur so der Mensch das wird, was er nach Gottes Willen sein soll, der in Freiheit Gott Liebende, d. h. aber der wahrhaft Lebende (s. Exkurs 6: Gotteserkenntnis nach K. Barth).

c) Der Verheißungscharakter des Wortes

Das Wort Gottes ist keine allgemeine Wahrheit im Sinne einer Idee, so hörten wir, sondern es kommt als eine besondere, mit anderen Worten konkurrierende Botschaft zu uns. Dies Urteil wird als ein Ereignis der Geschichte verkündigt, das zu bestimmter Zeit und an bestimmtem Ort gefällt wurde und zugleich als endgültig proklamiert wird. Wie verträgt es sich mit der Autorität dieses göttlichen Urteils, daß es uns in solcher Zufälligkeit begegnet? Kaum eine andere Frage hat die Theologie in der Neuzeit so in Spannung gehalten wie dies Problem und damit das Thema

»Offenbarung und Geschichte«. Hier schien sich die Unbegreiflichkeit des Wortes Gottes für den modernen Menschen unausweichlich zu dokumentieren. Es schien sich die Alternative aufzudrängen: Entweder ist es nicht das Endgültige, das Eschaton – oder es kann kein Ereignis der Geschichte sein, die doch ein rastloser Strom mit steten Wandlungen ist.

Man kann dem Dilemma nicht dadurch entgehen, daß man an der Endgültigkeit des Wortes Gottes zweifelt. Daran kann kein Zweifel sein: Wo Jesus Christus als das Wort Gottes verkündigt wird, da haben wir es mit dem Letzten, der unüberholbaren Offenbarung Gottes, zu tun. Er wird darum als der Richter im jüngsten Gericht bezeichnet. Schon im Alten Bund tritt Jahwes Wort nicht als die Stimme eines Stammes- oder Landesgottes auf, dessen Bereich begrenzt ist, sondern es erhebt einen Anspruch, der alle Völker angeht. Hier wird der große kommende Tag Jahwes angekündigt, der über alle Welt als Gerichtstag hereinbrechen wird, wo der ganze Erdkreis sein Urteil empfängt. Indem Jesus den Ruf ergehen läßt: »Tut Buße, denn das Reich Gottes ist nahe herbeigekommen«, wird dieser Jüngste Tag als unmittelbar bevorstehend angekündigt. In der Botschaft von Jesus Christus, seinem Tod und seiner Auferstehung, wird das Urteil Gottes über die Welt offenbart, ja, hier ist die Entscheidung bereits gefallen. Wartet die Gemeinde auch noch auf die Offenbarung Jesu Christi in Herrlichkeit, steht sie noch im Glauben und nicht im Schauen, sind die gottfeindlichen Mächte noch nicht ausgeschaltet, so ist doch der Sieg entschieden und Jesus wird bereits als der Kyrios bekannt. Weil und insofern das letzte Wort bereits gesprochen ist in unwiderruflicher Gültigkeit, darum ist das Eschaton bereits Ereignis.

Die christliche Gemeinde hat sich von Anfang an mit aller Kraft dagegen gewehrt, ihre Botschaft als eine vorläufige, bedingte, nur relativ gültige anzusehen. Weil Jesus Christus für sie gestern und heute und in Ewigkeit derselbe war, Anfang und Ende, darum konnte sie ihn nicht einordnen in ein Pantheon. Nicht zuletzt deshalb, weil sie an diesem Punkt unerbittlich war, geriet sie in Konflikt mit dem römischen Reich. Daß die christliche Kirche, in der Welt zur Herrschaft gelangt, ihren unbedingten Anspruch nur zu oft mit Gewalt durchsetzte, daß die Verfolgte alsbald zur Verfolgerin wurde, war zwar eine furchtbare Verkehrung ihrer eschatologischen Sendung. Aber der notwendige Kampf gegen jede Ausübung von Gewissenszwang seitens der Kirche und der Ruf nach Abbau autoritärer Strukturen gerade in ihrem Bereich darf den Anspruch, den die Botschaft des Evangeliums selbst erhebt, nicht übersehen. Ein christlicher Glaube, der sich etwa darauf beschränkte, Wahrheit nur für unseren Kulturkreis zu sein, eine Kirche, die sich damit abfände, daß sie eine Religion neben anderen Religionen zu vertreten habe, anstatt ernst damit zu machen, daß ihre Botschaft das Ende der Religionen bedeutet, eine christliche Mission, die ungeachtet aller Mißerfolge darauf verzichtete, für ihre Botschaft den Wahrheitsanspruch zu erheben, wären ein Widerspruch in sich selbst. Wo immer das Evangelium der Welt verkündigt wird, da ist letzte Stunde.

Wie aber ist das denkbar: Das Ende aller Dinge inmitten dieser Zeit? Das Jüngste Gericht mitten in der Zufälligkeit dieser Geschichte? Wie kann ein Wort, das erst nach Jahrtausenden menschlicher Geschichte in Palästina laut wird, unbedingte Gültigkeit für alle Zeiten beanspruchen? Begreiflich wäre das noch, wenn es sich um das Aufleuchten einer Idee handelte, nicht aber um ein Reden und Handeln in der Geschichte, das mit bestimmten Namen und Ereignissen unlöslich verbunden ist. Kein Wunder, daß man immer wieder versucht hat, das Evangelium um dieser Allgemeingültigkeit willen als eine Wahrheit zu verstehen, die zwar zu bestimmter geschichtlicher Stunde erstmalig voll erfaßt und verkündet wurde, die aber in uns allen angelegt ist und früher oder später ohnehin ans Licht getreten wäre. Offenbarung wäre dann – wie bei Lessing – nur eine Art beschleunigter Erziehung des Menschengeschlechtes, das seinen Weg auch sonst, wenn auch langsamer, gefunden hätte. Wie kann die Wahrheit aufgehängt sein an dem Faden eines einmaligen Ereignisses, das nicht isolierbar erscheint? Die Geschichte ist ein unaufhaltsam fließender Strom, und man steigt nicht zweimal in dasselbe Wasser. Man kann das Vergangene nicht wieder zum Leben erwecken, den Gang der Zeit nicht aufhalten, stillegen oder gar umkehren. Mit der Behauptung, Gott habe in der Geschichte, in Israel, in Jesus von Nazareth, endgültig und für alle Zeiten verbindlich gesprochen, scheint man sich deshalb, noch bevor auf den Inhalt dieser Offenbarung eingegangen ist, in einen hoffnungslosen Widerspruch zu verwickeln. Denn Gottes Wort läßt sich mit dem Begriff der Zufälligkeit oder Willkür, der sich hier aufdrängt, schwerlich vereinen. Dieser Einwand steckt hinter der bekannten These von D. F. Strauß, daß es der Idee nicht eigentümlich sei, ihre ganze Fülle in ein Individuum auszuschütten.

Daß das in der Kirche verkündigte Wort Gottes nicht lösbar ist von dem Namen Jesus, ist unverkennbar. Schon im Alten Testament ergeht das »Wort des Herrn« als ein kontingentes Geschehen, das auf die Taten Gottes in der Geschichte zurückverweist und die Verheißung neuer Taten ausspricht. »Der Ort, an dem Gott sein Persongeheimnis offenbart, ist die Geschichte« (G. v. Rad, Theologie des Alten Testaments II, 1968, S. 349). Was hier von Gottes Worten und Taten in Bewegung gesetzt wird, findet nach der Auffassung des Neuen Testaments sein Ziel in der Erscheinung Christi, dessen Identität mit dem geschichtlichen Jesus von Nazareth bezeugt wird. Auf das einmalige Ereignis seines Kommens, seines Todes und seiner Auferstehung wird der Zuspruch des Heils gegründet. An diesen biblischen Zeugnissen, die als geschichtliche Texte wie jede andere Überlieferung der historischen Kritik ausgesetzt sind, hängt die Kirche und ihre Botschaft. Welcher Art ist deren Vollmacht, wenn sie Hand in Hand gehen kann mit solcher Ohnmacht? Ist ihr Anspruch damit nicht der Zweideutigkeit aller menschlichen Geschichte ausgeliefert? Es scheint doch so, als sei die Wahrheit dieser Botschaft dadurch aufs stärkste diskreditiert. Wäre diese Gewißheit, die sie zu geben verspricht, nicht zerstört, wenn sie auf Legitimation durch die Geschichtsforschung angewiesen wäre? Hier ist aber offenbar gemeint: Das Ewige kann zeitlich, das Endgültige in kontingenter Gestalt, die Offenbarung in der Geschichte begegnen, ohne darin auf- oder unterzugehen, sondern um sich gerade so als Wahrheit zu bewähren und zu offenbaren (s. Exkurs 7: Zum Problem des Historischen).

Wenn das Wort Gottes nicht im Sinne einer historisch ausweisbaren und verifizierbaren Wahrheit verstanden werden kann, also nie eine Größe der Vergangenheit ist, obwohl es Geschehenes verkündigt – dann liegt es nahe, es unter einen Geschichtsbegriff zu stellen, der ganz von der Zukunft her bestimmt ist. Wort Gottes ist danach nicht so sehr Mitteilung von Geschehenem, sondern Ankündigung und Verheißung künftigen Geschehens. In der Tat ist das in der Schrift ergehende Wort Gottes nicht bloß rückblickende, feststellende Rede, sondern in die Zukunft weisendes, ja, solche Zukunft heraufführendes Wort. Von ihm gilt die Verheißung: »Mein Wort soll nicht leer zurückkommen, sondern tun, was mir gefällt, und soll ihm gelingen, wozu ich es sende« (Jes. 55,11). Gerade im Alten Testament ist bereits deutlich, daß Gottes Rede nicht nur bezogen ist auf frühere Taten der Rettung, sondern Ankündigung künftigen Heilshandelns wie auch seines Gerichts ist. Als Drohung wie vor allem als Verheißung gnädiger Hilfe und Erlösung nimmt es in gewissem Sinn das Kommende vorweg und greift damit bereits bindend und befreiend in den Lauf der Dinge. Es verheißt Leben und Segen, aber es enthält auch die Androhung von Fluch und Tod allem, was sich ihm widersetzt. Das alles greift weit hinaus über das, was Israel in seiner Geschichte erlebte, es kündigt ein Kommen Jahwes an, das alles Bisherige in den Schatten stellt. Ja, erforscht nicht Israel deshalb die Geschichte der Väter und interpretiert sie in der jeweiligen geschichtlichen Situation von neuem, weil es auf künftige, neue Taten dieses seines Gottes wartet?

Aber auch im Neuen Testament, wo es heißt: »Die Zeit ist erfüllt«, fehlt dieser eschatologische Horizont nicht. Nicht nur Jesu Verkündigung, die das Heil bereits gegenwärtig zuspricht, ist doch zugleich Ankündigung der hereinbrechenden Gottesherrschaft, sondern auch das urchristliche Kerygma, das unüberhörbar die Gegenwart des Eschaton in Jesu Tod und Auferstehung proklamiert, ist zugleich Verheißung des Kommens Jesu Christi in Herrlichkeit. Die geschehene Versöhnung impliziert die künftige Erlösung, aber diese ist damit nicht vorweggenommen, so daß Wort und Wirklichkeit (sowie sie uns als erfahrene Wirklichkeit in der Anfechtung begegnet) bereits zur Deckung gekommen wären. Beides kann gesagt werden: »Wir sind nun Gottes Söhne« und »Es ist noch nicht erschienen, was wir sein werden« (1. Joh. 3,2). So gewiß der Sieg Jesu Christi noch nicht unwidersprechlich allen offenbar ist, so gewiß der Tod und alle gottfeindlichen Mächte noch nicht ausgeschaltet sind, sondern weiter herrschen oder doch zu herrschen scheinen, ist die Verkündigung immer zugleich Ankündigung, der Glaube Hoffnung. Wenn diese »Todesgeschichte«, wie es offenkundig ist, für diese Verheißung des Evangeliums keine Deckung liefert, wenn Gottes Offenbarung nicht verrechenbar ist als feststellbares Faktum dieser Zeit, dann liegt es nahe, von »eschatologischer Geschichte« zu reden und das verkündigte Wort nicht als Mitteilung vergangener Tatsachen, sondern als Ansage dieses kommenden Eschaton zu verstehen. Man spricht dann von der Zukunft als der »Seinsbeschaffenheit« des hier redenden Gottes. Er ist nicht der Ewig-seiende, geschweige der Vergangene, sondern der, der sein wird (Ich bin, der ich sein werde!).

Wenn die Differenz zwischen der erfahrenen Wirklichkeit der Geschichte und der verheißenen Zukunft nicht beachtet wird, ist es in der Tat unvermeidlich, daß die Verkündigung des Wortes Gottes zur Rechtfertigung des Bestehenden wird. Dann wird das Reich Gottes zu einer innerlichen oder jenseitigen Größe, die die Herrschaftsverhältnisse in dieser Geschichte nicht entscheidend tangiert. Die Botschaft von der Auferweckung des gekreuzigten Jesus und seiner Einsetzung zum Kyrios proklamiert aber eine Herrschaft Gottes, die ihr Recht aufrichtet über alle Welt und ihre Macht offenbaren will an der ganzen Schöpfung. Die Verkündigung dieses geschehenen Ereignisses erfordert, weil es übergreift über alle Geschichte, nicht nur perfektische und präsentische, sondern auch futurische Kategorien. Denn die unbestreitbare Erkenntnis dieser endgültig gefallenen Entscheidung für alle Welt und ihre universale Durchsetzung steht noch aus. Nur weil die Verkündigung zugleich in diesem Sinn Ankündigung und Verheißung ist, ist sie revolutionärer Angriff auf die »Todesgeschichte« dieser Welt.

Aber dieser unverkennbare eschatologische Charakter der christlichen Botschaft darf doch nicht dahin mißverstanden werden, als ob sie nur Ansage eines Kommenden wäre. Wenn Luther vom Evangelium als promissio redet, so meint er damit nicht nur eine Ansage oder Voraussage, sondern eine Zusage, die jetzt und hier in eine neue Situation versetzt. Das Wort Gottes tut, was es sagt! Die Verkündigung der Rechtfertigung ist für ihn der Freispruch Gottes, der in Kraft steht und unbedingtes Vertrauen verdient. Das entspricht den Worten des Apostels (2. Kor. 2,15f.), wonach sein Dienst den einen ein Geruch des Todes zum Tode, den andern ein Geruch des Lebens zum Leben ist. Darum kann Paulus auch von der neuen Schöpfung sprechen, die wir im Glauben bereits sind (2. Kor. 5,17), ungeachtet dessen, daß wir »durch Hoffnung« gerettet sind (Röm. 8,24). Das Wort Gottes ist nicht nur Buchstabe, sondern Geist, d. h. es gibt den Geist und wirkt die neue Geburt. Wo die Feindschaft und Trennung zwischen Gott und Mensch aufgehoben ist, wo Friede zwischen Gott und Mensch herrscht, wo Vergebung der Sünden ist, da ist – wie Luther sagen kann – bereits Leben und Seligkeit. Die »Gerechtigkeit Gottes« ist für Paulus gegenwärtige Wirklichkeit. Ja, er kann in diesem Sinn nicht nur von der Berufung und Rechtfertigung, sondern sogar von der Verherrlichung im Perfektum reden (Röm. 8,30). Insofern ist in der Tat von der Gegenwart des Eschaton inmitten der Geschichte zu reden.

So wenig die Verkündigung des Evangeliums also nur eine Berichterstattung über vergangene Tatsachen oder eine Aufklärung über ein Immerseiendes ist, so wenig ist sie lediglich Ankündigung eines Künftigen. Sie ist gültige Zusage – nicht kraft einer dem Verkündiger eignenden Vollmacht, sondern kraft der Treue, mit der Gott zu dem Christuszeugnis nach seiner Verheißung steht. In diesem Sinn gilt: »Wer euch hört, hört mich« (Luk. 10,16). Und: »Welchen ihr die Sünden erlasset, denen sind sie erlassen; und welchen ihr sie behaltet, denen sind sie behalten« (Joh. 20,24). Wo der gekreuzigte und auferstandene Christus in der Verkündigung des Evangeliums selbst gegenwärtig ist, kann dies Wort nicht nur »Vorwort« sein, sondern es ist Gottes eschatologisches, d. h. letztes Wort, das nicht überholbar ist, auch wenn der Glaube noch der Erlösung harrt (s. Exkurs 8: »Eschatologische Geschichte«).

Offenbar ist beides streng festzuhalten: Gottes Wort beansprucht Endgültigkeit und Geschichtsmächtigkeit, es tritt auf als ein unbestechlicher Richter und ein absoluter König, dessen Urteil keine Revision zuläßt und dessen Vollmacht durch keine Gewalt begrenzt werden kann. Und dennoch begibt sich dies Wort als geschichtlich kontingentes in den Bereich der Zufälligkeit und offenkundigen Unwirksamkeit, es nimmt Mißdeutbarkeit und scheinbare Kraftlosigkeit in Kauf. Es gilt zu sehen, daß beides mit Bedacht geschieht, beides gleich ernst gemeint ist und darum jeder Versuch, dies Zugleich von Geschichtsmächtigkeit und geschichtlicher Ohnmacht nach dieser oder jener Seite hin aufzulösen, scheitern muß. Es ist begreiflich, daß gerade diese christliche Botschaft die Frage nach dem rechten Verständnis von Geschichte in so beunruhigender Weise aufgeworfen und damit den Anstoß zur Geschichtsphilosophie im abendländischen Sinn gegeben hat. Aber es ist auch zu verstehen, daß gerade diese Botschaft sich wehrt gegen eine geschichtsphilosophische Umklammerung, bei der man das erwartete geschichtliche Endziel zu kennen meint und mit dem historischen Verlauf in eindeutig aufweisbaren Zusammenhang zu bringen versucht.

Darum hat die Theologie Grund, Karl Löwith (Weltgeschichte und Heilsgeschehen, 1953, S. 175) zuzustimmen, wenn er sagt: »Das Problem der Geschichte ist innerhalb ihres eigenen Bereiches nicht zu lösen ... Die Geschichte hat kein letztes Ergebnis.« Die historischen Fakten als solche sind »dumm« (Nietzsche), und die sogenannten Tatsachen, denen man Rechnung tragen will, sind immer zugleich gedeutete Tatsachen. Es ist mit Händen zu greifen, daß eine historische Betrachtung (im Sinne Troeltschs) weltanschauliche Prämissen hat. Die Erforschung vergangener Geschehnisse und ihrer Zusammenhänge möchte zwar im Unterschied zu der nach immer gültigen »Gesetzen« fragenden Naturwissenschaft das Individuelle und Einmalige in den Blick bekommen, aber doch zugleich das einzelne Geschehen in seiner unauflöslichen Korrelation mit allem anderen sehen und nach Analogie dessen deuten, was uns heute denkbar und möglich erscheint. Der Fluß der Geschichte wird gleichsam »fest«-gestellt und der Mensch von heute zieht die Weltgeschichte vor den Richterstuhl seines Gerichts. Warum sollte das nicht – hypothetisch – möglich und nützlich sein, ja, im Interesse unseres eigenen Verstehens unumgänglich? Auch die christliche Botschaft liefert sich, sofern sie immer auch Mitteilung eines Geschehens ist, solchem historischen Befragen und Verstehenwollen aus. Das Wort Gottes gibt sich in der Menschen Hände.

Aber das befragte geschichtliche Wort wird zugleich zum fragenden. Ein Hinhören auf geschichtliche Ereignisse, bei dem ich mich nicht mehr selbst in Frage stellen lasse samt meinen Denkvoraussetzungen, wäre letztlich ein Selbstgespräch. Ich schriebe dem gehörten Wort vor, was es mir zu sagen hätte. Ich verwechselte mein vorläufiges und relatives Urteil mit dem Urteil des Jüngsten Gerichts. Der Historiker muß sich dessen bewußt sein, daß er nicht von einem letzten, festen Standort aus zu urteilen vermag, sondern gleichsam aus einem fahrenden Zug zurückblickt und alles mit einer Perspektive erfaßt, die nicht endgültig ist. Alles, was er deutend sagt – und er deutet immer, auch wenn er scheinbar nur rubriziert –, sein Geschichtsverständnis im ganzen, muß der kritischen Rückfrage unterworfen werden. Darum können historische Urteile als solche nie eschatologische Urteile sein.

Das gilt implizit für alle Geschichtsbetrachtung, wird aber explizit bei Begegnung mit solcher Geschichte, die verbotenus eschatologischen Anspruch erhebt wie die christliche Botschaft. Wenn in aller historischen Bedingtheit hier ein Wort ergeht, das unbedingten Anspruch erhebt, wenn mitten in der Geschichte das Eschaton sich zu Wort meldet, dann erhebt sich bedrängend die Frage nach der Legitimation solchen Redens. Zweierlei steht nach allem Bisherigen fest: Es kann historisch (im oben genannten Sinn des Wortes) nicht legitimiert werden. Historische Forschung kann nicht aufweisen, daß in der Geschichte ihr Ende bereits gekommen ist, daß dies scheinbar zufällige Christusgeschehen mit Recht schlechthinnige Einzigartigkeit und Gültigkeit beansprucht, daß das Eschaton in Jesus Christus für jedermann unwidersprechlich konstatierbar da sei. Das zu betonen, ist keine resignierte Kapitulation vor einem Postulat historischer Geschichtsbetrachtung, sondern daran hat die Theologie in eigenem Interesse mit Nachdruck festzuhalten, auch und gerade angesichts positiver Ergebnisse der biblischen Forschung. Niemals kann historische Forschung den Nachweis liefern, daß ich mich auf dies Wort im Leben und Sterben als unbedingt zuverlässiges Fundament verlassen kann. Andererseits aber gilt ebenso: Niemals kann historische Forschung als solche die Gültigkeit des Anspruchs, der hier ergeht, bestreiten, ohne ihre Möglichkeiten zu überschreiten. Sie muß sich vielmehr angesichts des notwendig hypothetischen Charakters ihrer Prämissen, d. h. im Bewußtsein der bei aller geschichtlichen Deutung mit im Spiel befindlichen weltanschaulichen und weltbildlichen Voraussetzungen der Frage stellen, wieweit hier, angesichts dieses in der Geschichte ihr begegnenden, eschatologischen Anspruch erhebenden Wortes, ihre Kompetenz reicht. Das heißt nicht, es ließen sich bestimmte Teile dieser Botschaft quantitativ herausschneiden und dem historischen Zugriff entziehen (etwa das Zeugnis von der Auferstehung Jesu Christi in den neutestamentlichen Texten). Wohl aber muß alle hier ansetzende historische Kritik sich ihres notwendig abstrahierenden Charakters bewußt sein, d. h. sie darf ihre an der »Todesgeschichte« gewonnene Betrachtungsweise nicht zum letzten Maßstab dessen machen, was gerade die Überwindung dieser Todesgeschichte zum Inhalt hat.

Die positive Aufgabe historischer Fragestellung und Forschung gegenüber der biblischen Botschaft ist also gerade die Herausarbeitung dieses unerhörten, anstößigen Wortes, das unter Indienstnahme menschlicher Worte aber ihren festgelegten Bedeutungsgehalt immer wieder sprengend hier ergeht. Sie kann durchaus aufzeigen, daß hier ein Geschehen in der Geschichte behauptet wird, das doch alle unsere mitgebrachten Vorstellungen von Geschichte immer wieder in Frage stellt, ohne freilich historisch die Wahrheit dieses Anspruchs, die Wirklichkeit dieses Geschehens erweisen zu können. Denn hier ist in der Geschichte in der Tat ein ganz Neues und damit zugleich das Ende der Geschichte aufgebrochen. Das ist mit keinem – unabhängig von diesem Geschehen erkennbaren, uns von vornherein zur Verfügung stehenden – abstrakten Geschichtsbegriff zu fassen. Insofern ist die biblische Botschaft nicht nur die Krisis aller Metaphysik, sondern auch die aller Geschichtsphilosophie, sofern sie diesen Griff nach dem Ganzen tut. Das Wort, das Jesus nicht nur redet, sondern mit seiner ganzen Existenz ist, das also mit ihm getötet wird und mit seiner Hinrichtung zu einem Vergangenen geworden zu sein scheint, bezeugt sich im auferstandenen Christus, in der Osterbotschaft, als ein im Unterliegen siegendes, darum in aller Zufälligkeit und Preisgegebenheit an den Tod endgültiges und vollmächtiges Wort. Alles kommt darauf an, daß wir erkennen: Es ist kein Mißgeschick, was Jesus Christus und entsprechend dem Wort, das ihn verkündigt, geschieht, sondern das ist gewollt und notwendig. Dies Unverrechenbare des Wortes Gottes als geschichtliche Botschaft eignet ihm wesentlich. Gott will ausgerechnet in dieser anfechtbaren, historisch nicht dingfest zu machenden, unserem Zugriff preisgegebenen Gestalt Jesu, in der bestreitbaren christlichen Botschaft zu uns reden.

Die im historischen Problem der Theologie gestellte Frage ist zwar in der Moderne erst in Schärfe zugespitzt worden, aber sie ist im Grunde bereits in der Urchristenheit virulent. Schon das Neue Testament zeigt uns in den mannigfachen Ausprägungen der Botschaft je nach Situation und Frontstellung dies unauflösliche Ineinander von göttlichem Wort und geschichtlichem Reden. Die alte Kirche, aber auch das wegen seiner Einheit gerühmte Mittelalter sind vergeblich bemüht, das Unbedingte aus dem Bedingten, die ewige Wahrheit aus der geschichtlichen Gebundenheit unwandelbar herauszuschälen, so daß die Einheit doch letztlich nur durch Zwang ertrotzt werden konnte. Vollends die Zerrissenheit der Christenheit heute lehrt uns, wie wehrlos die Wahrheit des Wortes Gottes in der geschichtlichen Wandelbarkeit steht. Offenbar *muß* das so sein. Die Grenzlinie zwischen Wahrheit und Irrtum muß immer neu gefunden werden. Die Orthodoxie von gestern kann die Häresie von heute werden. Keine einmal gefällte geschichtliche Entscheidung, keine autoritäre kirchliche Instanz kann uns dieser notvollen Aufgabe entheben und das Letztgültige ohne zeitgebundenes Gewand ein für allemal herausschälen, wie die Nuß aus der Schale. Daß Gottes im Evangelium ergangenes Urteil in seiner zufälligen und bestreitbaren geschichtlichen Gestalt Wahrheit ist und Wirklichkeit setzt, daß es Recht hat und Recht behält, das zu erkennen, ist Werk des heiligen Geistes. Und das wird unbestritten erst offenbar, wenn der Glaube vom Schauen abgelöst wird und Wort und erfahrbare Wirklichkeit vor aller Augen zur Deckung kommen (s. Exkurs 9: Offenbarung und Geschichte).

Daß das Wort Gottes – wie wir sahen – ontologisch, geschichts- oder existenzphilosophisch nicht verifiziert werden kann, daß es also wehrlos auf den Plan tritt und sich nur kraft eigener Vollmacht im heiligen Geist als wahr erweist, heißt nicht, daß es in den Wolken schwebte und diese unsere geschichtliche Wirklichkeit nicht tangierte. Das ist vielmehr gerade das Merkwürdige: Dies scheinbar ohnmächtige Wort, das auf alle welthafte Legitimation verzichtet, ist die weltverändernde Macht. Die Kreuzesbotschaft ist, wie Paulus (1. Kor. 1,25) sagt, weiser und stärker als die Menschen sind. Indem sie nicht nötigt und zwingt, sondern bittet: »Laßt euch versöhnen mit Gott!«, trifft sie den Menschen im Zentrum seiner Existenz, überführt ihn seiner Schuld, macht ihn der Vergebung gewiß und bindet ihn in Freiheit. Das Wort Gottes schafft neue Menschen. Es bewirkt eine Umkehr um 180 Grad, so daß sie verbrennen, was sie bisher angebetet haben, und anbeten, was sie bisher verachteten. Indem das Wort Gottes das Nein Gottes zur Sünde und sein Ja zum Sünder proklamiert, erweist es sich als schöpferisches Wort, das tut, was es sagt. Es richtet und rettet, es tötet und macht lebendig.

Die grundlegende Änderung, die das Wort Gottes bei dem hörenden Menschen bewirkt, betrifft seine Stellung zu Gott. Indem ihm das gnädige Urteil Gottes, das in Jesus Christus gefällt ist, verkündigt wird und Anerkennung bei ihm wirkt, indem also die zerstörte Relation zwischen Gott und Mensch »in Ordnung« kommt, wird er eine neue Kreatur. Denn der Mensch ist, was er ist, nicht primär im Verhältnis zu sich selbst oder zu seiner Umwelt, geschweige denn in seinem aufweisbaren physischen oder psychischen Bestand, sondern entscheidend für sein Menschsein ist sein Verhältnis zu Gott bzw. Gottes Verhältnis zu ihm. Es geht also in der Neugeburt des Menschen nicht um eine psychologisch feststellbare Wandlung, nicht um moralische Qualitäten als solche, sondern um sein Stehen vor einer Instanz außerhalb seiner selbst (extra se), um die Prädizierung seiner Existenz durch Gottes Urteil und dessen Anerkennung. Der Glaube als Werk des heiligen Geistes ist nicht mit einem Bewußtseinsvorgang, einem Erlebnis, einem Willensakt oder einem Werk zu verwechseln. Aber das ändert nichts daran, daß die ganze menschliche Existenz im Hören und Anerkennen des Wortes Gottes betroffen und beschlagnahmt ist, daß also das Denken, Fühlen, Wollen und Tun des Menschen in Anspruch genommen wird. Der Glaubende erkennt, was er vorher nicht erkannte. Er sagt Ja, wo er bisher Nein sagte. Er trifft Entscheidungen und handelt. Er ist kein Stock oder Stein, kein willenloser Stoff, über den verfügt wird, sondern er ist als vom Worte Gottes bestimmter Mensch aufs höchste beteiligt. Zwar kann keine Funktion als solche zum Organ des Hörens des Wortes Gottes erklärt, d. h. kein bestimmter Ort menschlicher Erfahrung von sich aus als wortmächtig betrachtet werden – z. B. das Gewissen, der Wille, das Gefühl –, um andere – etwa das Erkennen – entsprechend abzuwerten. Der ganze Mensch ist beteiligt, beansprucht und auch befähigt zum Gehorsam gegen dies Wort, obwohl er von sich aus ganz und gar unfähig dazu ist.

Das Wort Gottes betrifft nicht nur das Innere des Menschen, es bewirkt nicht nur eine Sinnesänderung in der verborgenen Tiefe des Herzens, sondern es führt zu konkreten Entscheidungen, die sichtbar und spürbar in unser Leben eingreifen können. Nicht nur sein Geist, sondern auch und gerade seine Leiblichkeit ist davon betroffen (vgl. Röm. 12,1: Gebt eure Leiber zum Opfer . . .!). Der Ruf Jesu in seine Nachfolge bedeutet für die Jünger einschneidende Änderung ihres gesamten Lebens. Er kann das Zerschneiden der Bande des Berufs, der Familie, die Aufgabe aller bisherigen Lebensgewohnheiten verlangen. Daß in alledem der Ruf des Wortes Gottes befolgt wird, ist zwar an dem betreffenden Akt der Nachfolge nicht eindeutig ablesbar. Es gibt kein feststehendes Modell, dem der glaubende Mensch zu entsprechen hätte oder an dem er irgend gemessen werden könnte. Dem einen kann geboten sein, was dem andern in seiner Lebenssituation gerade nicht angemessen wäre, so daß es keinen sicheren Rückschluß vom Verhalten, von den Werken auf den Glauben gibt. Der Glaube allein rechtfertigt, aber er ist nicht allein (Luther). Er setzt den Menschen in Bewegung, er macht alles neu.

Diese Wirkung des Wortes Gottes beschränkt sich nicht auf das individuelle Leben, sondern erstreckt sich darüber hinaus auch auf soziale und gesellschaftliche Verhältnisse. Der einzelne ist keine Monade, sondern er steht in mitmenschlichen Beziehungen, die von bestimmten Strukturen geprägt sind. Wenn Menschen im Kern ihrer Existenz vom Wort Gottes getroffen sind, so kann das nicht ohne Folgen für den sozialen und politischen Bereich bleiben, in dem sie leben. Die Aufhebung rassischer Gegensätze, die Gleichberechtigung der Frau in der Gemeinde, die Teilnahme von Sklaven an der Feier des heiligen Abendmahls – dies alles enthielt bereits in der Urchristenheit sozialen Sprengstoff in sich, auch wenn es lange gedauert hat, bis sich das in gesellschaftlichen Veränderungen niederschlug. Die Verweigerung des Militärdienstes, die Ablehnung des Kaiserkultes waren im römischen Reich ohne Zweifel ein politisches Faktum. Ebenso hatte die Predigt von der Rechtfertigung allein aus Gnaden in der Reformationszeit tiefgreifende Wirkungen für das Verhältnis von Staat und Kirche, für die Auffassung des Berufs, für das Bildungswesen usw. Daß Jesus Christus als Zuspruch der Vergebung der Sünden zugleich der kräftige Anspruch auf unser ganzes Leben ist (vgl. Barmen, These II), wurde im Kampf der Bekennenden Kirche neu erkannt und bekannt, wenn auch in den Konsequenzen nur ansatzweise bedacht. Mit alledem ist bestätigt, daß das Wort Gottes, wenn es Glauben und Gehorsam findet, verändernd in diese Welt eingreift.

Das aber kann dazu führen, daß Menschen unter der Einwirkung des Wortes Gottes auf Wandlung der sozialen Verhältnisse drängen, weil überkommene gesellschaftliche und wirtschaftliche Strukturen Lebensrecht und Freiheit des von Gott geliebten Menschen in unerträglicher Weise einschränken. So wenig es nach Jak. 2,16 genügt, den Frierenden oder Hungernden zuzurufen: »Gott berate euch, wärmt und sättigt euch!«, ohne ihnen zu geben, was ihnen fehlt, so wenig kann die Menschenliebe Gottes im Evangelium verkündigt werden ohne das Bemühen, für ein Leben in Gerechtigkeit und Freiheit die notwendigen Bedingungen zu schaffen. Die Verkündigung des Evangeliums ist niemals politisch und gesellschaftlich irrelevant. Sie wird immer direkt oder indirekt das Bestehende bestätigen, also gerade durch eine angeblich unpolitische Art des Redens und Handelns konservativ wirken oder aber durch kritische Stellungnahmen auf Neugestaltung und Änderung hindrängen. So wie das Erstere in einer bestimmten Situation geboten sein kann, so auch das Letztere in einer anderen Lage. Eine Änderung bestehender Verhältnisse kann aber oft nur durch radikale Eingriffe, notfalls auch durch Pressionen oder revolutionäres Handeln geschehen. Das Wort Gottes wird zwar nie von Menschen mit Gewalt durchgesetzt werden können und dürfen. Das schließt aber nicht aus, daß die Verkündigung genötigt sein kann, in bestimmten Fragen des gesellschaftlichen und politischen Lebens konkret Stellung zu beziehen. Im Gehorsam gegenüber dem gehörten Wort können Menschen sich verpflichtet sehen, im weltlichen Raum Partei zu ergreifen und – nicht zu einer christlichen oder kirchlichen Selbstbehauptung, wohl aber zur Herbeiführung vernünftiger menschlicher Lebensbedingungen – am politischen Kampf, auch an revolutionären Bewegungen, teilzunehmen (s. Exkurs 10: »Theologie der Revolution«).

Daß das Wort Gottes darauf zielt, den Menschen zu ändern, und auch die Gestaltung menschlicher Verhältnisse beeinflußt, darf freilich nicht zu dem Schluß führen, an der weltverändernden Wirkung des Evangeliums sei seine Wahrheit abzulesen. Daß das Wort nicht leer zurückkommt, daß es schöpferisches Wort ist und, wie Luther gern betont, tut, was es sagt, erlaubt nicht den eindeutigen Rückschluß von erkennbaren Wandlungen des einzelnen wie von sozialen Wirkungen auf das Wort Gottes als die verursachende Kraft. Selbst Jesu Wirken war dem Verdacht ausgesetzt, nicht in Gottes, sondern in des Teufels Namen zu geschehen. Und nicht nur die rechten Boten Christi können Zeichen tun, sondern auch falsche Propheten. Obwohl es Matth. 7,10 heißt: »An ihren Früchten sollt ihr sie erkennen«, wird doch zu solchen, die in Jesu Namen viele Taten getan haben, »an jenem Tage«, d. h. im Endgericht, gesagt: »Ich habe euch noch nie erkannt« (Matth. 7,23). Auch wenn man alle seine Habe den Armen gäbe und seinen Leib brennen ließe, d. h. dabei zum Märtyrer würde, könnte man dennoch unter Gottes richtendes Urteil fallen, weil es ohne wahre Liebe geschehen sein kann (1. Kor. 13,3). Gott wirkt in der Geschichte als der Verborgene, dessen Fußspuren man nicht eindeutig aufweisen und nachzeichnen kann.

Das Evangelium wendet sich gegen jede Vergötzung bestehender Verhältnisse, und es macht frei zur vorurteilslosen Prüfung neuer Perspektiven. Aber die Wandlungen der Geschichte sind nicht mit dem Kommen des Reiches Gottes zu identifizieren, das nicht Produkt menschlicher Aktivität ist, sondern das Gott selbst aufzurichten verheißt. Das Evangelium verspricht uns nicht einen Zustand ungetrübter Harmonie in dieser Menschheitsgeschichte oder auch nur ein unaufhörliches erkennbares Fortschreiten auf dies Ziel hin. Daß Gottes Wort mit der sichtbaren Wirklichkeit zur Deckung kommt, d. h. daß wir vom Glauben zum Schauen übergehen, ist nicht das Resultat menschlicher Bemühungen, sondern Gottes erwartete Erlösungstat. Die berechtigte Kritik an einem individualistischen Verstehenshorizont des Wortes Gottes, der einzig und allein um die Frage kreist, wie die persönliche Existenz zu ihrer Eigentlichkeit kommt, darf also nicht dazu führen, an seiner Stelle den gesellschaftspolitischen Bezug zum allein maßgeblichen theologischen Prinzip zu machen, d. h. letztlich Theologie in Soziologie zu verwandeln.

Aber damit ist nichts von dem zurückgenommen, was wir über den weltverändernden Charakter dieses Wortes sagten. Allzu oft haben Theologie und Kirche restaurativ gewirkt, auf die Erhaltung des Bestehenden bedacht, den Herrschenden gegenüber gefügig und den Herausforderungen einer neuen geschichtlichen Situation gegenüber taub. Der Pessimismus, mit dem die Christenheit – in vermeintlicher Treue gegenüber der Schrift – unter Berufung auf die Verderbtheit des erbsündigen Menschen bereitwillig Krieg, Todesstrafe wie überhaupt Anwendung von Gewalt und Zwang rechtfertigte und den Ruf nach Freiheit, Gleichheit und Brüderlichkeit als schwärmerisch diskreditierte, hat keinen Grund im Evangelium. Es wäre sehr kurzsichtig und würde jeden energischen Einsatz lähmen, wenn der Entwurf einer künftigen besseren Gestaltung menschlichen Zusammenlebens unbesehen unter das Verdikt einer utopischen Ideologie gestellt würde. Das Wort Gottes macht uns vielmehr gerade Mut, solche vorläufigen Zielsetzungen, ohne die geschichtlich wirksames Handeln nicht möglich ist, zu wagen und uns für ihre Verwirklichung einzusetzen. Insofern ist das Evangelium auch durchaus eine sozialrevolutionäre Kraft.

Die Aufgabe der Kirche ist, die Botschaft von der Versöhnung zu verkündigen. Die Versöhnung Gottes mit der Welt aber hat unmittelbare Konsequenzen für die Versöhnung der Menschen miteinander, für den Frieden auf Erden, für eine humane Gestaltung der sozialen und politischen Verhältnisse. Eine Verkündigung und ein Handeln der Kirche, die das außer acht ließen, wären unglaubwürdig. In einer Zeit, in der das Ringen um Befreiung des Menschen von Ausbeutung, um Beseitigung von Hunger und Krieg, um gleiche Bildungschancen, um ein nicht von Profitgier beherrschtes Wirtschaftssystem und gerechtere Verteilung des Sozialproduktes unumgänglich geworden sind, ruft uns das Wort Gottes zu verantwortlichem Einsatz. Es lähmt nicht unsern Willen zum Kampf um menschenwürdigere Verhältnisse, sondern es ermutigt uns, um des Letzten willen im Bereich des Vorletzten entschlossene Schritte zu tun (s. Exkurs 11: Zur Beurteilung der »Theologie der Revolution«).

Wir sahen: Das verkündigte Wort beansprucht Autorität, es behauptet die Wahrheit des von ihm Proklamierten – und verzichtet doch bewußt auf einen Beweis im Sinne der Legitimation der christlichen Botschaft an einem vorausgesetzten allgemeinen Begriff von Wirklichkeit. Hier ergeht eine Urteilsverkündung, die Anspruch auf Gültigkeit erhebt, und sie bittet und wirbt dennoch um Zustimmung seitens des Hörers. Diese Verkündigung bezieht sich auf Geschehenes und Erwartetes, sie trägt den Stempel des scheinbar Zufälligen und verheißt doch Endgültiges, das Ziel und Ende aller Geschichte. Wir versuchten zu zeigen, daß dies Wort sich nicht einfügt in unsre vorgefaßten Denkschemata. Es läßt sich nicht definieren im Sinne einer Metaphysik, einer Existenz- oder Geschichtsphilosophie, die ihm den Verstehenshorizont vorschreiben, in dem es sich zu bewegen hat. Seine Eigenart, seine Autorität und seine Selbstevidenz werden angetastet, wenn man es Verstehensbedingungen unterwirft, die ihm nicht gemäß sind. Ein »Wort Gottes«, das sich als Sonderfall eines Allgemeinen, eines ohne Rücksicht auf diesen »Gegenstand« entworfenen Universalbegriffs, verstehen ließe, wäre ein Widerspruch in sich selbst.

Es kam uns also zunächst darauf an, die Fesseln aufzuzeigen, in die das Wort Gottes eingefangen zu werden droht, wenn man seine Denknotwendigkeit oder auch nur seine Denkmöglichkeit eigenmächtig zu begründen versucht. Es geht um die Freiheit der Verkündigung und Theologie, die an der ihnen aufgetragenen »Sache« gemessen werden wollen und nicht an einem ihnen übergeordneten, wesensfremden Prinzip. Alle notwendigen Bemühungen der Kirche, ihre Botschaft der jeweiligen geschichtlichen Situation entsprechend und für den heutigen Hörer verstehbar zu interpretieren, dürfen nicht zur Preisgabe der Frage nach der Auftragsgemäßheit führen. Derselbe Apostel Paulus, der den Juden ein Jude und den Griechen ein Grieche wurde, kann doch zugleich davor warnen, der Menschen Knecht zu werden. Was er vom geistlichen Menschen (1. Kor. 2,15) sagt, kann man auch auf das Wort Gottes selbst beziehen: »Es beurteilt alles und wird von niemand beurteilt.« (s. Exkurs 11a: Zum Problem der natürlichen Theologie)

II. DAS GESCHRIEBENE WORT GOTTES

Die Fragestellung: Wort Gottes und heilige Schrift

Wenn das verkündigte Wort nicht mittels eines allgemeinen Begriffs von Sein, Existenz oder Geschichte verifiziert werden kann, wenn sich seine Wahrheit nicht aus einem übergeordneten Verstehenszusammenhang ableiten und einsichtig machen läßt, dann muß die Frage nach dem Recht dieser Rede aufbrechen. Wie kann ein Mensch es wagen, diese Botschaft als gültige Wahrheit auszugeben, wo doch nichts leichter zu sein scheint als die Bestreitung ihres Anspruchs? Bleibt der Kirche und dem Verkündiger nichts als ein trotziges Dennoch, womöglich sogar im Sinne des Credo, quia absurdum? Zum mindesten muß der Prediger Rechenschaft darüber ablegen können, wie er zu dieser Botschaft kommt. Er muß zeigen, daß er sie sich nicht aus den Fingern gesogen hat, sondern einem Auftrag gehorcht. Wo findet sich diese Legitimation?

Hier genügt es nicht, auf die Kirche und ihre Tradition hinzuweisen. Denn wenn auch rechte Verkündigung des Evangeliums den Anspruch erhebt, nicht nur persönliches Wort des betreffenden Zeugen zu sein, sondern Botschaft der Kirche, so fragt sich doch, wo die wahre Kirche ist. Die Vielheit der Kirchen und die Unterschiedenheit, ja, Gegensätzlichkeit der Verkündigung innerhalb einer Kirche drängen uns geradezu die Frage nach der Instanz auf, die über die Rechtmäßigkeit der Verkündigung und also darüber, wo wahre Kirche ist, zu urteilen hat. Die reformatorische Antwort auf diese Frage lautete: Die heilige Schrift, das uns in ihren Büchern begegnende prophetische und apostolische Zeugnis, ist der maßgebliche Richter, die kritische Norm, die aller Verkündigung der Kirche begründend und dirigierend gegenübersteht. Gewiß betonten auch die Reformatoren, daß Gott in Jesus Christus selbst Herr und Haupt der Kirche sei und damit der eigentliche Richter all ihres Tuns, aber Gottes Offenbarung begegnet uns nicht unmittelbar, sondern in Gestalt dieses biblischen Wortes. Daß die heilige Schrift uns den Predigttext gibt, daß die Proklamation des freisprechenden Urteils Gottes, von dem wir sprachen, also nicht in eigener Vollmacht und Spontaneität erfolgt, sondern in Auslegung eines biblischen Textes – wenigstens normaler Weise –, das ist der stärkste Hinweis auf die ausgezeichnete Sonderstellung dieses Buches in der Kirche. An diesem biblischen Zeugnis soll die Verkündigung wie alles Handeln der Kirche gemessen werden, ihm ist zu folgen und zu entsprechen. Rechtmäßig ist das Handeln der Kirche, wenn es dem Evangelium entspricht, wie es in der heiligen Schrift bezeugt ist, d. h. wenn es schriftgemäß ist.

Die Autorität der heiligen Schrift besteht nach evangelischer Tradition darin, daß sie als authentisches Zeugnis von Gottes Offenbarung in der Kirche Gehör und Gehorsam beansprucht. In ihr begegnet uns die Stimme des personhaft mit uns redenden Gottes (Calvin: Dei loquentis persona). So wie die Propheten des Alten Testaments innerhalb des Volkes Israel ihm doch gegenüberstanden mit einer nicht vom Volk erhaltenen Autorität, so wie der Apostel im Neuen Testament in der Gemeinde und doch zugleich ihr gegenüberstand in der Autorität Jesu Christi, so ist die heilige Schrift innerhalb der Kirche entstehend und stehend doch zugleich das konkrete Gegenüber der Kirche. Die Kirche ist also nicht mit sich allein, sich selbst überlassen, ihr eigener Herr. Nach der Rechtmäßigkeit ihres Zeugnisses gefragt, verweist sie nicht auf ihren guten Willen oder ihre eigene Weisheit, sie appelliert auch nicht an einen abstrakten heiligen Geist, sondern sie beruft sich auf die Schrift. Nicht die Schrift ist der Kirche unterworfen, sondern die Kirche ist der Schrift unterworfen. Nicht die Schrift wird durch die Kirche legitimiert, sondern ihr Reden und Handeln ist an der Schrift zu prüfen. Und zwar kommt der heiligen Schrift nach evangelischem Verständnis exklusive Autorität zu, sie verbittet sich jede Konkurrenz. Im Zeugnis der Propheten und Apostel hat die Autorität des Herrn der Kirche konkrete Gestalt gewonnen, sie ist hier gegenwärtig und faßbar. Von diesem Zeugnis der heiligen Schrift behaupten die Reformatoren, daß es »klar«, d. h. erkennbar und aussagbar sei, also der Sache nach eindeutig. Die Autorität des Wortes Gottes, d. h. des in Jesus Christus ergehenden gnädigen Urteils Gottes, und die Autorität der Bibel stehen also für die reformatorische Theologie in einem unauflöslichen Zusammenhang.

Aber wie ist das zu verstehen? Erscheint diese Zusammenschau von Wort Gottes und Bibel nicht als ein Akt höchster Willkür, wenn einem Bündel von Schriften, dessen menschliche Verfasserschaft, dessen Situationsgebundenheit und Disparatheit uns so deutlich vor Augen steht, solche Autorität zugesprochen wird? Sammlung, Auswahl und Herausstellung dieser Texte war doch ein Akt der alten Kirche selber. Von den diesbezüglichen Fragen und Einwänden sahen sich bereits die Reformatoren bedrängt, längst ehe es die moderne historisch-kritische Forschung gab. Was war von der so hoch gepriesenen Klarheit der Schrift zu halten, wenn man nicht nur mit den römisch-katholischen Gegnern, sondern bald auch in den eigenen Reihen über ihre Auslegung in solche Kontroversen geriet? Aber auch wenn man sich über die Substanz des biblischen Zeugnisses einigte, könnte dessen Geltung doch nicht durch Berufung auf die formale Autorität der Schrift glaubhaft gemacht werden. Hieße das nicht, einen papierenen Papst aufrichten und damit nichts andres tun als die römisch-katholische Kirche mit ihrem Unfehlbarkeitsdogma? Das stünde in krassem Widerspruch zu der von uns behaupteten Selbstevidenz des göttlichen Wortes, das keine Legitimation durch eine andere Instanz auf Erden duldet und benötigt.

Die Schriftlehre der protestantischen Orthodoxie, die der Bibel einzigartige Würde und Autorität zuerkannte, wollte die reformatorische Hochschätzung der Schrift festhalten und gegen alle Anwürfe verteidigen, drohte sie aber gerade unglaubhaft zu machen durch die Konsequenzen, die sie zog. Weder die Menschlichkeit der Bibel, ihre historische Fallibilität, kann bestritten werden, noch darf der Glaube an eine formale Schriftautorität dem Glauben an Gottes rettendes Wort vor- oder übergeordnet werden. Daß Gott durch den Mund der Propheten und Apostel zu uns redet und daß wir in ihrer Stimme Gottes Stimme begegnen, die allem Glauben vorausgeht und ihn begründet, d. h. die Überzeugung von der Inspiration der heiligen Schrift kann nicht im Sinne einer Inspiriertheit des Bibeltextes verstanden werden, die ihn zum Götzen macht. Wenn die Kirche die Bibel Gottes Wort nennt, so bekennt sie damit, durch die Rede der biblischen Zeugen Gottes eigenes Wort, für das es keine menschliche Begründung gibt, in verbindlicher Weise gehört zu haben, und sie gibt der Erwartung Ausdruck, daß Gott im neuen Hören auf diese Zeugen sich wieder offenbaren wird. Die recht verstandene Lehre von der heiligen Schrift tritt nicht in Konkurrenz zum Glauben an Jesus Christus, will ihn nicht garantieren oder verfügbar machen, sondern sie weist die Kirche von allem eigenmächtigen Verfügenwollen weg an diesen Ort des Hörens, der sich ihr bewährt hat und von dem sie glaubt, daß er sich wieder bewähren wird (s. Exkurs 12: Zum Schriftverständnis in Reformation und Orthodoxie).

Spricht man von der heiligen Schrift als von Gottes Wort, so muß solche Rede sofort geschützt werden gegen eine Mißdeutung, die Offenbarung und heilige Schrift zur Deckung bringt und die Menschlichkeit dieser Texte leugnet. Die Autorität der Bibel beruht nicht auf der Irrtumslosigkeit ihrer Verfasser. Ihnen eignet bei der Konzeption ihrer Gedanken und der Niederschrift dieser Texte keineswegs eine Infallibilität, die es erlaubte oder gar geböte, an ihre Worte zu glauben. In der Bibel die grundlegende

Bezeugung der Offenbarung Gottes zu sehen, schließt nicht aus, sondern erfordert geradezu, zwischen Wort Gottes und den menschlichen Worten der biblischen Zeugen zu unterscheiden. Darum ist es geboten, nicht nur beiläufige historische oder naturwissenschaftliche Feststellungen der Schrift, nicht nur Fragen, die sich am Rande der zentralen theologischen Aussagen bewegen, sondern diese Schriften in ihrer Gesamtheit einschließlich der Theologie der Verfasser, Überlieferer und Redaktoren der kritischen Befragung auszusetzen, ohne willkürliche Zäune aufzurichten. Der Anspruch der biblischen Schriftsteller, im Auftrag Gottes zu reden, bedeutet nicht, daß sie für sich selbst Unfehlbarkeit behaupteten, sondern ruft dazu auf, durch ihre zeitgebundene Sprache, Begrifflichkeit und Vorstellungswelt hindurch nach dem Gemeinten in dem Gesagten zu fragen.

Man kann verstehen, wie die altprotestantische Theologie zu ihrer falschen Identifikation von Gotteswort und Schriftwort kam. Aus Furcht, das ganze Gebäude zum Einsturz zu bringen, wenn sich ein Stein hier löste, glaubte sie keinerlei Irrtumsfähigkeit der Schrift eingestehen zu sollen. Weil die Glaubwürdigkeit des Evangeliums, als dessen authentische Urkunde die Schrift verstanden wurde, auf dem Spiele stand, wehrte sie sich gegen jede Spur von Zweifel und Kritik wie ein Erbe, der nicht dulden will, daß im Testament des Erblassers Fehler und Widersprüche aufgedeckt werden. Der Glaube drohte ins Wanken zu geraten, wenn dies Buch nicht in jeder Hinsicht vertrauenswürdig erschien. Nur wenn es gelingt, diese Sorge als grundlos zu erweisen und die aus der Angst geborenen Sicherungsversuche nicht als Zeichen der Gewißheit des Glaubens, sondern seiner Schwäche zu erkennen, wird das bis heute nicht erstorbene Mißtrauen mancher Kreise der Gemeinde gegenüber jeder kritischen Arbeit am Alten und Neuen Testament überwunden.

Es genügt also nicht, auf den faktischen Siegeszug kritischer Forschung – trotz aller Irrtümer und Rückschläge – hinzuweisen. Die Kirche sollte sich nicht widerstrebend das Eingeständnis abringen lassen, daß die Bibel ein menschliches und darum kritisch zu lesendes Buch ist. Es ist vielmehr anzuerkennen, daß die kritische Erforschung der Schrift ungeachtet aller dabei unterlaufenden Eigenwilligkeiten und Voreingenommenheiten ihr sachliches Recht hat, ja, gerade dem Charakter dieser Zeugnisse entspricht. Nicht in Verleugnung des im Zeugnis der Schrift erhobenen Anspruchs, sondern in Beachtung dessen und daraus die Konsequenzen ziehend gestehen wir ihre Menschlichkeit ein. Denn die heilige Schrift bezeugt das Wort, das in Jesus Christus Fleisch wurde, sich also in die Schwachheit und Ohnmacht, in die Mißverständlichkeit und Vieldeutigkeit unsres geschichtlichen Lebens hineinbegibt, so daß es dem Unglauben als Ärgernis und

Torheit erscheinen muß. Wenn Jesus Christus sich wehrlos in die Hände seiner Feinde gab, wenn die Jünger wie Schafe mitten unter die Wölfe gesandt werden, wenn der Apostel Paulus seine Schwachheit gerade als seine Stärke ausgibt und bewußt darauf verzichtet, ein imponierender Apostel zu sein – wie sollte es den biblischen Schriften anders ergehen! Zur Knechtsgestalt des Wortes Gottes gehört nicht nur der Verzicht auf gewaltsame Durchsetzung, sondern vor allem auch das Fehlen einer Beweiskraft und Infallibilität, die jedem Leser sofort in die Augen springt, so daß er mit logischer Stringenz oder auch nur mit historischer Sicherheit zur Anerkennung des Gesagten genötigt würde. So wie man Jesus von Nazareth mit »sehenden Augen« womöglich nicht wirklich sah, nämlich als den, der er in Wahrheit ist, so wie die Urteile über ihn höchst gegensätzlich waren, obwohl man dieselben Worte hörte und die gleichen Taten sah, so kann man bei aller exegetischen Akribie für den Offenbarungscharakter der Bibel mit Blindheit geschlagen sein. Dem Versuch, die Autorität der Bibel mit einer Inspirationslehre zu sichern, die die Fehlbarkeit der biblischen Schriftsteller leugnet, ist ebenso energisch zu widerstehen, wie Jesus dem gegen sein Leiden protestierenden Petrus geradezu als einem satanischen Versucher widersprach.

Wenn also zwischen Gottes Wort und heiliger Schrift zu *unter*scheiden ist, so ist dabei nicht nur daran zu denken, daß (nach Luther) das eigentliche Wort Gottes das verkündigte Wort, die viva vox evangelii ist. Auch ist damit nicht nur daran erinnert, daß der heilige Geist dies Wort nur je und je wirksam machen kann. Die volle Menschlichkeit der biblischen Zeugen, ihre Unterschiedenheit von dem Herrn, den sie bezeugen, schließt ihre Fehlbarkeit ein. Das gnädige Urteil Gottes, das in Christus ergangen ist, wird hier durch Texte bezeugt, deren Verfasser in ihrem Welt- und Menschenverständnis zeitgebunden sind. Ihre Berichte sind auf die Tatsächlichkeit des Bezeugten hin befragbar, zumal die Grenze zwischen dem, was wir heute historisch oder legendär nennen, für damalige Auffassung anders verlief als für uns. Daß die biblischen Vorstellungen und Denkweisen mit den mannigfachen geschichtlichen Strömungen der damaligen Zeit innig verwoben sind, daß sich hier ein Prozeß der Aufnahme und Abstoßung vollzog, hat die religionsgeschichtliche Forschung tausendfach gezeigt. Text- und Literarkritik, formgeschichtliche, traditions- und redaktionsgeschichtliche Analysen lassen uns in einen komplizierten Werdegang der biblischen Texte und Schriften hineinschauen, der uns die Antwort auf die Frage nach dem Wort in den Worten nicht leicht macht. Wir sehen heute viel deutlicher als die Reformatoren, daß die Schrift keine homogene Theologie bietet, sondern sehr verschiedene und auch gegensätzliche Lehrausprägungen. Die sich hier ergebenden Spannungen und Differenzen betreffen keineswegs nur periphere Fragen, sondern stellen uns vor große Probleme hinsichtlich des zentralen Offenbarungsgeschehens. Wir haben bei alledem mit der Möglichkeit zu rechnen, daß nicht nur Abschreiber und Redaktoren, sondern auch Verfasser und Schreiber nicht nur gute und treue, sondern auch weniger gute und treue Zeugen sein konnten. Selbst ein Paulus unterscheidet trotz seiner Inanspruchnahme apostolischer Autorität zwischen seinem Wort und dem des Herrn (1. Kor. 7,12), und er ist, obwohl er sich keiner Schuld bewußt ist, darauf gefaßt, daß das letzte und endgültige Urteil auch über seinen Dienst, das keine menschliche Instanz vorwegnehmen darf und kann, vom Herrn selbst im Endgericht gefällt wird (1. Kor. 4,4).

Die Unterscheidung von Wort Gottes und heiliger Schrift ist also keine moderne Erfindung, sondern folgt notwendig aus dem Verständnis der Offenbarung und ihrer Bezeugung. Es ist kein Zeichen wirklichen Respektes vor der Offenbarung, wenn man die Menschlichkeit der biblischen Zeugen verkennt und sie unkritisch liest. Es gilt (in übertragenem Sinn) auch von der Schrift, was Paulus von sich als Apostel sagt: daß wir den Schatz in irdenen Gefäßen nur haben und daß es so gerade dem Willen Gottes entspricht, der Herr seiner Offenbarung bleibt (s. Exkurs 13: Zur Auflösung des orthodoxen Schriftprinzips).

Wenn man nach der Unterschiedenheit und Einheit von Wort Gottes und heiliger Schrift fragt, so liegt nichts näher als die Versuchung, mit einem sachfremden Kriterium eigenwillig zu differenzieren und zu verbinden und sich damit bei scheinbarer Berufung auf die Schrift zu ihrem Herrn aufzuwerfen. So beruht etwa die seit alters in der Kirche geübte allegorische Auslegung, die den Wortsinn kühn transzendiert bzw. überspringt, auf einer dualistischen Wirklichkeitsauffassung. Dem richtigen Gespür, daß die Auslegung der Bibel nicht am buchstäblichen Sinn haften bleiben kann, wollte man Rechnung tragen, wenn man dem äußeren Wort nur zeichenhafte Bedeutung zuschrieb. Das verbum externum wird dann zum mehr oder weniger zufälligen Bild für einen ganz anderen Sachverhalt, es wird als Sprungbrett für eigene Gedanken benutzt, als Signum für eine Sache, die letztlich dieses Vehikels nicht mehr bedarf. Oder man setzte das Wort Gottes mit einer Idee gleich, deren ewige Wahrheit in dem Text bzw. in dem hier bezeugten geschichtlichen Ereignis ihren zeitlichen Ausdruck fand. Die Berufung auf den »gesunden Menschenverstand«, auf ein allen einsichtiges Humanum, als Auslegungskriterium, was zur Folge hat, daß die Bibel letztlich als entbehrlich für den Gebildeten, aber nützlich für das auf anschauliches Erfassen angewiesene unwissende Volk erschien, mußte ihre Autorität in Frage stellen. Eine Unterscheidung von Form und Inhalt – und dementsprechend eine Überordnung eines sog. Materialprinzips des Glaubens über ein Formalprinzip – ist problematisch. Was Form und Inhalt hier heißt und wie sich beide zueinander verhalten, darüber war dann doch am Ende vorher entschieden, und die Auslegung der Schrift hatte sich dieser Prämisse zu beugen. Aber auch die vielzitierte Regel Luthers, die auf die Frage nach dem Wort Gottes in den Worten der Schrift kurzweg antwortet: »Was Christum treibet«, kann – so richtig sie ist – über das hier vorliegende Problem hinwegtäuschen. Ähnliches gilt erst recht, wenn man eine bestimmte zentrale Aussage des Schriftzeugnisses – etwa im Sinne der Rechtfertigungslehre – zum Kanon im Kanon erklärt.

Denn was heißt »Rechtfertigung« oder »Was Christum treibet«? Damit kann ja nicht ein von uns zu handhabendes Prinzip gemeint sein, das wir an die Schrift herantragen oder auch als Dogma aus der Schrift erheben, um es dann seinerseits zum dogmatischen Grundsatz zu machen, der die Schrift meistert. Was damit gesagt sein soll, das erfahre ich immer wieder durch eben dies Zeugnis der Schrift selbst. Deshalb konnten die Reformatoren – entgegen aller Vorordnung der Kirche, ihrer Dogmen, ihrer Tradition – die Bibel als letzte und oberste Entscheidungsinstanz deklarieren, ohne ihr ein – von ihr lösbares und an ihr nicht mehr neu zu kontrollierendes – Kriterium überzuordnen. Deshalb hieß es: Die Schrift ist ihr eigener Ausleger. Aus der Schrift selbst ist – und zwar immer wieder neu – zu entnehmen, wie sie zu hören ist, das Bezeugte ist aus den Zeugnissen zu erheben. Das heißt nicht, es sei mit dem Hinweis auf einige explizite Bibelstellen (wie 2. Tim. 3,14–17 oder 2. Petr. 1,19–21) getan, in denen *über* die Schrift – und zwar das Alte Testament! – geredet wird. Weder solche eklektisch-biblizistische Argumentation noch auch die Berufung auf einzelne biblische Begriffe (wie z. B. martys, didache usw.) führen als solche weiter. Man muß vielmehr im Hören auf den Inhalt des Zeugnisses den Charakter dieser Bezeugung zu bestimmen versuchen. »Was Christum treibet«, das sagt mir das Zeugnis der Schrift, freilich auch umgekehrt gilt: Was heilige Schrift ist, das kann ich nur in der Erkenntnis Christi erkennen. Ein unauflöslicher Zirkel zwischen Wort Gottes und heiliger Schrift, den man nicht von außen gewaltsam aufbrechen kann! Wir können Christum nur durch die Bibel kennen (M. Kähler), aber wir können auch der Bibel nur vertrauen um des hier verkündigten Christus willen. Es gilt also, nicht ein abstraktes Schriftprinzip zu entfalten, sondern dieser Entsprechung von Zeugnis und Bezeugtem, von heiliger Schrift und Wort Gottes nachzudenken. (s. Exkurs 13a: Zum Kanonsproblem)

Die Eigenart der heiligen Schrift, ihre Hoheit und ihre Niedrigkeit, ihre Autorität und Relativität, ihre Gültigkeit und ihre Unverbindlichkeit können wir also nur recht begreifen, wenn wir dies alles im Licht der von ihr bezeugten »Sache« verstehen. In dem Maße, wie sie rechtes Zeugnis ist, müßte ihr Reden ja in Entsprechung zu dem stehen, was sie bezeugt. Wenn aber, wie wir hier bereits zu betonen, wenn auch später erst zu entfalten haben, Jesus Christus selbst diese »Sache«, dies Wort Gottes ist – direkt im Neuen Testament und indirekt, im Licht des Neuen Testaments, auch schon im Alten –, dann wäre es hoffnungslos, sich über den Charakter dieser Schrift zu verständigen, ohne diesen Jesus Christus selbst vor Augen zu haben. Alles, was wir über Vollmacht und Ohnmacht der Verkündigung sagten und entsprechend über diesen Doppelcharakter der heiligen Schrift, kann nur Hinweis sein auf die Vollmacht und Ohnmacht, die Hoheit und Niedrigkeit, die uns in Jesus Christus selbst begegnet.

Allerdings hat diese Entsprechung zwischen Schriftlehre und Christologie ihre Grenze, so gewiß Jesus Christus als das Wort Gottes auch den ersten Zeugen als Herr gegenübersteht. Jesus Christus ist das Wort Gottes in schlechthinniger Identität mit ihm, die Schrift nur als antwortendes Zeugnis. Zwar ist auch von Jesus Christus zu sagen, daß seine Identität mit dem Wort Gottes nur vom Glauben erkannt wird. Aber das Wort der biblischen Zeugen ist darüber hinaus das Wort fehlsamer Menschen. Ist die heilige Schrift also Wort Gottes, weil und sofern Jesus Christus selbst hier zu Wort kommt, ist unsre Verkündigung es nur deshalb, weil und sofern sie hörend auf das Zeugnis der Schrift Jesus Christus selbst hört und bezeugt, so ist Christus selbst dies Wort nicht um der Schrift oder unsres Zeugnisses willen, wenn er sich auch dessen bedienen will. Weil sich also eine Bewegung der Auslegung von den biblischen Texten zu der von ihnen bezeugten »Sache« und wieder hin zu unseren eigenen Worten vollzieht, darum kann die Bindung an die Bibel keine buchstäbliche sein. Das Wort Gottes selbst hat seine Vollmacht nicht an die Bibel abgetreten oder auch nur delegiert, wie noch viel weniger an ein kirchliches Lehramt oder unsre Predigt, sondern deren Autorität besteht darin, daß sie uns in jene Bewegung hineinziehen wollen, die nicht an Menschenworte, sondern an Christus selbst bindet.

Der Satz: Die Bibel ist Gottes Wort! ist also kein für sich zu erkennendes und zu bejahendes Axiom. Die Lehre von der Inspiration der Schrift kann nicht ein in sich offenbarungsmächtiges Phänomen Bibel bezeichnen, sondern damit ist gesagt, daß Gott sich diese Schriften bzw. die hier redenden Zeugen zu seiner Bezeugung ausgewählt hat, daß die Kirche dies in der Vergangenheit erfahren hat und daß wir sie lesen sollen in der Erwartung, daß Gottes Verheißung auch heute und hier bei uns ihre Kraft erweisen will. Das Bekenntnis zur einzigartigen Autorität der Bibel gibt der Gewißheit des Glaubens Ausdruck, daß hier Gottes Wort verbindlich vernommen worden ist und in Weitergabe dieses Zeugnisses sich wieder zu Gehör bringen will. Es gibt keinen neutralen Ort, keine überlegene Position, von der aus man das vorlaufend begründen und beweisen könnte. Diese Tür der heiligen Schrift öffnet sich nur von innen (K. Barth). Das ist nicht im Sinne einer vagen Potentialität gemeint, auch nicht ein Freischein, um sich der hermeneutischen Besinnung und Rechenschaft zu entziehen. Aber es besagt, daß Zutrauen zur Schrift in dem Vertrauen gründet, daß Gott zu seiner hier ausgesprochenen Verheißung steht (s. Exkurs 14: Zur hermeneutischen Frage).

a) Offenbarung und Verhüllung

Wenn auch, ja gerade von der heiligen Schrift gilt, daß ich das Gemeinte im Gesagten erfassen muß, um recht zu verstehen, und daß ein Einvernehmen in dieser »Sache«, die gemeint ist, nötig ist bzw. zustandekommen muß, dann wird die hermeneutische Frage hier besonders dringlich. Denn was heißt hier Einvernehmen, wenn die »Sache« im Falle der Bibel das Wort Gottes ist, nicht naturwissenschaftlich oder historisch feststellbare Fakten als solche, nicht nur Lebensäußerungen irgendwelcher Menschen? Kann man einen Lebensbezug oder ein Kontinuum mit dieser Sache bei uns voraussetzen, wenn es mit dem Wort Gottes so steht, wie wir im 1. Kapitel zu zeigen versuchten? Beansprucht nicht dies Wort in seiner Unbeweisbarkeit und Selbstevidenz, mit seinem eschatologischen Charakter mitten in der Relativität der Geschichte, in seinem unbedingten Geltungsanspruch ohne nachweisbare Deckung eine Sonderstellung? Es ist verständlich, daß eine Theologie, die die Unverrechenbarkeit und Fremdheit des Wortes Gottes gegenüber einer neuprotestantischen Identifikation von Glaube und religiöser Erfahrung wieder zum Bewußtsein bringen wollte, methodisch in höchste Verlegenheit geriet und zunächst nur dialektisch umschreiben konnte, Gott sei erkennbar und verborgen zugleich.

Aber eine dialektische Rede vom Worte Gottes, von seiner Offenbarung in der Verhüllung, wäre, so nützlich sie sein kann, um ein einliniges Denken zu erschüttern, noch keine ausreichende Antwort auf die Frage nach der rechten Schriftauslegung. Die Theologie ist genötigt, genauer zu differenzieren und zu sagen, inwiefern hier von Offenbarung und von Verhüllung zu reden ist.

Mit der Verborgenheit der in der Schrift bezeugten Offenbarung ist keineswegs nur die historische Abständigkeit der biblischen Texte gemeint, die wie alle Dokumente der Vergangenheit übersetzt, d. h. in die Sprache und Vorstellungswelt von heute zu übertragen sind. Nicht die Konfrontation zwischen antikem und modernem Weltbild und Menschenverständnis ist das eigentliche Problem der Schriftauslegung. Diese Konfrontation interessiert die Theologie nicht als solche, sondern im Hinblick auf die hier verhandelte Sache, d. h. das Wort Gottes, das weder mit einem alten noch einem neuen Welt- und Menschenbild identisch ist, obwohl es sich in Auseinandersetzung damit jeweils artikulieren muß. Das Problem der Auslegung erschöpft sich nicht darin, daß wir uns klarmachen, welche Differenz zwischen den damaligen direkten Adressaten des Wortes und uns besteht, so beachtenswert das ist. Es gilt vielmehr zu sehen, daß schon den damaligen Hörern und Zeugen des Wortes Gottes die Offenbarung in Verhüllung begegnete, d. h. daß sie in keiner Weise über dies Wort verfügten. Das bedeutet nicht nur, daß sie das Ergehen des Wortes Gottes an sie nicht erzwingen konnten, d. h. daß ihnen wider Erwarten oder gar wider Willen Erwählung und Berufung widerfuhr. Es heißt auch, daß sie als berufene Zeugen nicht Herren des Wortes wurden, sondern auf Gottes Selbstoffenbarung angewiesen blieben, also dies Wort nicht in eigene Regie nehmen konnten. So kann es einerseits gelten: »Das Wort ist dir nahe, in deinem Munde und in deinem Herzen« (Röm. 10,8 – nach 5. Mose 30,14), so daß nichts selbstverständlicher erscheinen könnte als das Verstehen und Annehmen dieser Botschaft. Denn hier begegnet dem Menschen sein Herr, dem er alles verdankt und alles schuldet. »Er kam in sein Eigentum« (Joh. 1,11), also nicht als Eroberer in ein fremdes Gebiet, sondern als legitimer Herr redet Gott in seinem Wort mit uns. Aber unmittelbar weiter heißt es: »die Seinen nahmen ihn nicht auf.« Und die gesamte Schrift Alten und Neuen Testaments bringt Beispiele die Fülle, daß dies Wort gerade nicht angenommen wurde. Im Blick auf Israel heißt es: »Den ganzen Tag habe ich meine Hände ausgestreckt zu dem Volk, das sich nicht sagen läßt und widerspricht« (Röm. 10,2 – nach Jes. 65,2). Das Kreuz Jesu ist der durchschlagendste Beweis für diese Verborgenheit der Offenbarung, kann doch das Wort vom Kreuz nicht nur zur Gotteskraft, sondern auch zum Ärgernis und zur Torheit werden (1. Kor. 2,6ff.). Kommt es zur Erkenntnis dieses Wortes, dann nicht auf Grund einer dem Hörer eignenden Fähigkeit, sondern es ist souveräner und schöpferischer Akt dieses Wortes selbst. Solche Erkenntnis des Wortes Gottes – Luther spricht hier von der claritas interna der Schrift – ist methodisch überhaupt nicht zu regulieren, sondern ist immer freies Geschenk des heiligen Geistes.

Aber das schließt nicht aus, daß zugleich von einer Erkenntnismöglichkeit des Wortes Gottes geredet werden muß, die mit der Fleischwerdung des Wortes Gottes eröffnet und durch das Zeugnis der ersten Zeugen vermittelt ist. Inwiefern kann man hier von einem Lebensbezug bzw. einem Kontinuum reden, das doch zum Verstehen nötig ist, wenn es sich nicht um einen mechanischen Vorgang, sondern ein wirkliches Erkennen handelt? Dies Kontinuum bzw. das hier Vermittelnde kann angesichts dieser »Sache« nicht allgemein in einem historischen Bewußtsein oder der Menschennatur, nicht in bestimmten Vernunftprinzipien oder existentialen Strukturen, die abstrakt aufzudecken wären, gesehen werden. Denn der Mensch ist zwar nach dem biblischen Zeugnis Geschöpf Gottes und nach seinem Bilde geschaffen. Aber ebenso gewiß ist, daß er sich in seinem Wollen und Denken, mit seiner ganzen Existenz von Gott abgewandt hat und – was seine Gottesbeziehung anlangt – nicht nur schwerkrank, sondern »tot« ist. Da ist keiner, der nach Gott frage! Das Vermittelnde ist also nicht vom Menschen, wie er sich selbst versteht, her zu entdecken, es ist keine ihm eignende Möglichkeit, sondern wird ihm erst durch die Offenbarung eröffnet. Im Menschen Jesus hat Gott unser Menschsein angenommen und sich uns verstehbar gemacht. An Stelle jeder von uns zu entdeckenden, am menschlichen Bedürfnis orientierten Vermittlung, die stets das Wort Gottes zu einem Prädikat des Menschen machen würde, also gerade das Wort Gottes verfehlte, tritt der Mittler, in dem sich Gott offenbart. In der heiligen Schrift, die das bezeugt, ist uns die »objektive Möglichkeit« der Gotteserkenntnis eröffnet, auf die hin wir bereits geschaffen sind, die von uns aus aber nicht mehr verfügbar ist. Im Zeugnis der heiligen Schrift ist Gottes Wort erkennbar, freilich so, daß diese »objektive Möglichkeit« nur im heiligen Geist, durch den Glauben, zur »subjektiven Möglichkeit« wird, weil auch der offenbare Gott insofern der Verborgene bleibt, als er stets Herr seiner Offenbarung ist.

Das bedeutet also für die hermeneutische Problematik angesichts der Bibel: Nicht eine von uns herangetragene, auf Grund eines von uns entdeckten Humanums entworfene Fragestellung ist der hermeneutische Schlüssel zur Schrift, sondern diese Texte stellen uns ihre Frage, und zwar in Auseinandersetzung mit und in Korrektur von unseren Fragestellungen, die radikal aufs Spiel zu setzen sind. Im biblischen Zeugnis ergeht ein Urteil, das mich in eine total neue Situation stellt. Das Hören dieses Urteils setzt nicht voraus, daß ich bereits vorher eine dem Text entsprechende Fragestellung habe und sie hier anwende. Der zum Verstehen hier notwendige Lebensbezug ist nicht im Rückgriff auf eine dem sündigen Menschen verbliebene, wenn auch noch so formal zu umschreibende Potenz zu sehen, sondern das hier vorauszusetzende Kontinuum besteht in dem Übergriff Gottes, den er in Christus vollzogen hat und im Evangelium erkennen läßt. Die Theologie hat es – auch in ihrer hermeneutischen Besinnung – vom ersten Satz an nicht mit einem abstrakten Menschen und seinem Verstehen zu tun, sondern mit dem Menschen, der mit diesem Wort Gottes konfrontiert ist.

Es muß aber hier noch ein weiterer Schritt getan werden. Man könnte das Gesagte mißverstehen im Sinne einer theologischen oder christologischen Ontologie, die, so wie dem »natürlichen« Menschen jede Möglichkeit der Gotteserkenntnis abgesprochen wird, zugleich um Christi willen sie allen zuspricht, aber den Vorgang des Verstehens überspringt bzw. hier nur die Berufung auf den heiligen Geist bringt. Statt nun pauschal die Verstehbarkeit des biblischen Zeugnisses als Wort Gottes um dieses Übergriffs Gottes in Christus willen zu behaupten und den Menschen doch hilflos vor dem Text stehen zu lassen, müßte die hermeneutische Besinnung deutlich machen, daß er, der nichtglaubende Mensch, hier gemeint und zum Glauben gerufen ist. Das in Christus gefällte gnädige Urteil Gottes, um das es im biblischen Zeugnis geht, wird mir ja nicht einfach mitgeteilt bzw. übergestülpt, sondern es wird proklamiert, damit ich in es einstimme. Es geht also in der Begegnung mit Gottes Wort nicht eigentlich um eine creatio e nihilo, sondern um »mehr«: um Aufdeckung meiner Feindschaft gegen Gott und um Zuspruch der Versöhnung. Gotteserkenntnis schließt also immer eine Selbsterkenntnis ein, die auf mein immer schon vorhandenes ungläubiges Selbstverständnis bezogen ist, es aufdeckt, es verurteilt und zugleich Gottes gnädigem Urteil rechtgibt. Daß ich faktisch im Glauben in dies Urteil einstimme, entzieht sich jeder hermeneutischen Bemühung. Aber daß im Zeugnis der Schrift ein solches Urteil proklamiert wird und Geltung für alle, also auch für mich, beansprucht – das ist in der Tat erkennbar für mein Verstehen. Deshalb kann Luther von einer claritas externa der Schrift sprechen, die nicht vom Glauben abhängig ist (s. Exkurs 15: Zur Hermeneutik K. Barths und R. Bultmanns).

b) Evangelium und Gesetz

Das Wort Gottes, die in dem Zeugnis der heiligen Schrift gemeinte »Sache«, begegnet uns in der Gestalt eines Zuspruchs und eines Widerspruchs. M. Luther vor allem hat unablässig gefordert, man müsse bei diesem offenbarten, klaren Wort der Schrift zwischen Gesetz und Evangelium unterscheiden und daß sich nur so – bei Beachtung dieser Differenz – die Bibel erschließe. In der heiligen Schrift wird uns nicht ein historischer Tatbestand mitgeteilt oder eine allgemeine Wahrheit enthüllt, sondern es wird ein Urteil proklamiert, und zwar ein doppeltes Urteil: ein richtendes im Gesetz und ein freisprechendes im Evangelium. Beide Urteile stehen nicht beziehungslos nebeneinander, sondern das eine steht im Dienst des andern: als Angeklagte, ja, als Gerichtete, als solche, die ihre Verurteilung verdient haben, werden wir freigesprochen. Es könnte auf den ersten Blick so scheinen, als werde hier ein völlig anderer Schlüssel zum Verständnis der Bibel angeboten: nicht die Unterscheidung von Gotteswort und Menschenwort bzw. von Offenbarung und Verhüllung scheint hier ausschlaggebend, sondern diese Unterscheidung zwischen einem uns widersprechenden und richtenden Wort einerseits und dem Zuspruch der Gnade andererseits. Deshalb standen oder stehen manche Lutheraner verlegen vor der ersten Barmer These, die von Jesus Christus als dem einen Wort Gottes spricht, weil sie eben hier in der grundlegenden Bestimmung des Wortes Gottes die entscheidende hermeneutische Differenzierung vermissen, mit der das Verständnis der Schrift steht und fällt.

In der Tat redet die Bibel in verschiedener Weise, je nachdem ob es heißt: Tue das, und du wirst leben! oder: Dir sind deine Sünden vergeben! Wenn man diesen Unterschied nicht beachtet, wie es Erasmus von Luther vorgeworfen wird, droht alles zum Gesetz zu werden, d. h. aber zu einem Appell an das Vermögen des Menschen, an dem er scheitern muß oder zum Pharisäer wird, oder aber es wird eine »billige« Gnade verkündigt, die niemand mehr bewegt. Die Unterscheidung von Evangelium und Gesetz – oder wie wir um der Vieldeutigkeit des Begriffs Gesetz willen besser sagen: von Zuspruch und Widerspruch – weist einerseits darauf hin, daß das Evangelium die rettende Tat Gottes verkündigt, die in Gott selbst gefallene, in Christus vollzogene Entscheidung, statt Aufklärung über einen Gottesbegriff zu bringen. Sie macht damit zugleich deutlich, daß der Hörer dieses Wortes in eine Krisis gerät. Hier im hermeneutischen Zusammenhang interessiert uns vor allem die Frage, wieweit diese Unterscheidung dazu dienen kann, den Wandel im Selbstverständnis des hörenden Menschen zu explizieren.

Man kann nicht leugnen, daß uns das Wort Gottes im Zeugnis der Schrift, sofern es uns als »Gesetz« anredet, d. h. uns widerspricht, auf das hin fragt und stellt, was wir als Sünder immer schon sind, ohne es schon zu erkennen, während es uns als Zuspruch des Evangeliums ein neues Sein zusagt, das wir von uns aus gerade nicht haben. Es ist nicht dasselbe, ob mir das eine oder das andere gesagt wird, d. h. ob mir aufgedeckt wird, wer ich bin (von mir aus), oder ob mir verheißen wird, wer ich um Christi willen sein darf. Schulderkenntnis und Buße ist nur möglich, wenn ich bei dem behaftet werde, was ich getan habe bzw. wer ich immer schon bin. Insofern setzt die biblische Botschaft eine – wenn auch von uns pervertierte, ja, radikal aufgekündigte und insofern uns auch nicht mehr erkennbare – Gottesbeziehung voraus. Die Frage nach der Kontinuität unsres Selbst vor und im Glauben wird ja gerade deshalb gestellt, um die völlige Diskontinuität zwischen altem und neuem Menschen zu artikulieren. Wie nur im Licht des Neuen das Alte erkannt werden kann, so kann doch auch nur mit Bezug auf das Alte das Neue ausgesagt werden. Als Schuldige werden wir freigesprochen, und nur in Anerkennung meiner Sünde kann ich den Freispruch als unverdient annehmen. Die in der Schrift bezeugte Offenbarung stößt also nicht auf einen Menschen, der tabula rasa ist, sondern sie deckt meinen Widerspruch auf, ja, sie provoziert ihn zugleich, indem sie ihn voraussetzt und überwindet.

Hier legt sich nun die Frage nahe, ob diese notwendige Unterscheidung von »Gesetz und Evangelium«, die das im vorigen Abschnitt entfaltete Verständnis von Offenbarung näher interpretiert, ein Verstehensprinzip liefern kann, das wir gerade dadurch ausgeschlossen hatten, daß wir zugleich von Verhüllung dieser Offenbarung sprachen. Bietet sich hier am Ende ein Kontinuum zwischen »Sache« und Hörer an, das nicht mehr christologisch begründet ist, sondern am Selbstverständnis der Existenz aufweisbar ist? Es könnte so scheinen, als ob Luther selbst dazu verleite, wenn er seine Unterscheidung von Gesetz und Evangelium am Verhältnis von Person und Werk demonstrieren kann. Der Christ weiß, daß erst die Person gut sein muß, um gute Werke zu vollbringen, der Nichtglaubende aber will sein Personsein durch seine Werke konstituieren. Der Unterschied zwischen Unglaube und Glaube kann also von ihm existential umschrieben werden mit Hilfe der falschen bzw. rechten Zuordnung von Person und Werk – entsprechend der falschen Vermischung oder der echten Unterscheidung von Gesetz und Evangelium. Ist nicht tatsächlich jeder Mensch von der Frage nach der Behauptung oder Gewinnung seines eigentlichen Selbst umgetrieben und sucht er dies Selbst, dies Personsein, nicht durch seine Werke und Leistung zu sichern? Kann man ihn nicht darauf anreden und so die Verstehensbedingung für die Botschaft von der Rechtfertigung ohne des Gesetzes Werke aufweisen? Bietet sich also nicht in dieser Frage nach dem Verhältnis von Person und Werk, mag sie auch falsch beantwortet sein, ein durchhaltendes Kontinuum an, das als hermeneutischer Schlüssel dienen kann?

Dazu ist zu sagen: Es mag ein unbestreitbares Phänomen menschlicher

Existenz sein, daß sie auf der Suche nach ihrer Eigentlichkeit ist und also diese Frage nach dem Verhältnis von Person und Werk immer schon gestellt – und beantwortet – hat, aber diese Frage ist nicht einfach gleichzusetzen mit der Frage, vor die uns das Wort Gottes stellt. Die phänomenologische Betrachtung darf nicht ohne weiteres ontologischen Rang bekommen und damit das hermeneutische Kriterium festlegen. Nicht nur, daß das Wort Gottes eine von uns immer schon gestellte Frage anders beantwortet, sondern auch die Fragestellung selbst ist im Horizont der Schrift, angesichts der geschehenen Offenbarung, nicht einfach dieselbe wie die, die ich im Rahmen meines Selbstverständnisses immer schon stellte. Nicht nur die Zuordnung von Person und Werk, sondern das Verständnis dessen, was mit Person und mit Werk gemeint ist, bleibt nicht dasselbe. Im Rahmen einer abstrakten existentialen Analyse kann nur von einem Verhältnis des Menschen zu sich selbst oder zu einem postulierten Außerhalb seiner selbst geredet werden, das mit dem in der Offenbarung gemeinten Bezugspunkt keineswegs zu verwechseln ist. Man kann nachträglich wohl dies Phänomen der Existenz zu deuten versuchen, nicht aber ausgehend von der Analyse der Existenz die Verstehenskriterien für das Wort Gottes gewinnen. Der unauflösliche Zirkel von Gotteserkenntnis bzw. Christuserkenntnis und Selbsterkenntnis darf auch mit der Unterscheidung von Gesetz und Evangelium nicht aufgebrochen, sondern nur genauer entfaltet werden.

Gerade der Begriff Gesetz, der immer schon ein bestimmtes Verständnis auch des Evangeliums impliziert, ist oft als Einfallstor der natürlichen Theologie benützt worden. Daß der Mensch faktisch immer schon unter dem Gesetz steht, wird dann mit einer – im Ansatz jedenfalls – bereits sachgemäßen theologischen Erkenntnis des Gesetzes verwechselt. Was Gottes Forderung und sein Widerspruch gegen den Übertreter eigentlich besagt, das ergibt sich erst im Licht des Gnadenzuspruchs, wie auch umgekehrt die Gnade nur bezogen auf Gottes Gebot recht verstanden werden kann. Die Gnade aber ist immer die »Gnade Jesu Christi«, also nicht als Modus unsrer Existenz an sich angemessen zu umschreiben – ohne Bezug auf dies Ereignis. Der Nomos ist dem Logos untergeordnet und nur von ihm her als seinem Telos zu begreifen. Der Logos aber ist in der heiligen Schrift Jesus Christus selbst, das im Alten Testament verheißene und im Neuen Testament als offenbar bezeugte Wort Gottes (s. Exkurs 16: Zur hermeneutischen Funktion des Gesetzes).

c) Verheißung und Erfüllung

Zum Verständnis der heiligen Schrift ist es nötig, sich nicht nur über das Verhältnis Offenbarung und Verhüllung wie über die Relation Gesetz und Evangelium klarzuwerden, sondern – unabtrennbar davon – auch über die Beziehung Verheißung–Erfüllung. Unverkennbar redet die Schrift von einem Handeln und Reden Gottes in der Geschichte, das nicht nur punktuell sich ereignet, auch nicht nur in einem bestimmten Nacheinander geschieht, sondern auch im Sinne dieses Verhältnisses Verheißung-Erfüllung aufeinander bezogen ist. Das Alte Testament spricht von der Geschichte Gottes mit Israel, ja, mit den Völkern, von einer mit der Erschaffung der Welt beginnenden und in einem künftigen Heilshandeln Gottes sich vollendenden Geschichtshandeln Gottes. Das Neue Testament nimmt auf die alttestamentliche Offenbarung Gottes als auf eine Verheißungsgeschichte Bezug, die sich in Christus erfüllt. Aber auch die neutestamentliche Verkündigung ist ihrerseits wieder nicht nur Botschaft von dem gekommenen Heil, sondern zugleich Verheißung des Kommenden. Am deutlichsten ist eine heilsgeschichtliche Konzeption etwa im deuteronomischen Geschichtswerk erkennbar, aber auch im lukanischen Werk, in den eschatologischen Texten des Neuen Testaments oder in Röm. 9–11. Kein Wunder, daß eine heilsgeschichtliche Theologie immer wieder den Versuch gemacht hat, die Bibel im Sinne eines weitgespannten göttlichen Heilsplans zu deuten, der jeweils über Verheißung zur Erfüllung führt, oder gar die gesamte Weltgeschichte entsprechend zu verstehen. Bietet sich in diesem Begriffspaar Verheißung–Erfüllung am Ende der hermeneutische Schlüssel zum rechten Verständnis der Bibel an?

Es gilt also, dem Sinn dieser unzweifelhaft in der Schrift auftretenden Unterscheidung nachzudenken. Wie ist es zu verstehen, daß nach der Bibel Gottes Offenbarung nicht nur als Vertikale einmal die Horizontale der Geschichte in einem gleichsam mathematischen Punkt schneidet, sondern daß diese eine Offenbarung in Jesus Christus sich in der Geschichte Jesu Christi, insonderheit seinem Sterben und Auferstehen, ereignet, aber auch eine Vorgeschichte im Alten Bund hat wie eine Nachgeschichte in der Kirche? Und wie verhält sich der im Zeugnis der Schrift ergehende Zuspruch und Widerspruch, von dem wir sprachen, zu dieser Relation Verheißung–Erfüllung? Wenn es sich auch hier um einen charakteristischen Zug biblischer Verkündigung handelt, der dem göttlichen Reden und Handeln, das sie bezeugt, entspricht, dann muß offenbar das Wort Gottes in der Bibel nicht nur als kontingentes, selbstevidentes Geschehen angesehen werden, auch nicht nur als ein Wort, das freispricht und richtet, sondern mit alledem zugleich als ein Wort, das in eigentümlicher Weise zeitlich übergreift, Geschichte schafft und begleitet, das verkündigt, indem es zugleich ankündigt und auf künftige Bestätigung verweist. Es ist also keine Idee, hat auch nicht nur individuelle Bedeutung, sondern es hat und setzt umgreifende Realität, es betrifft diese Welt und Geschichte in universalem Sinn. Dies Wort Gottes wird sich so durchsetzen, daß Wort und erfahrbare Wirklichkeit einst zur vollen Deckung kommen. »Gottes Gaben und Berufung können ihn nicht gereuen« (Röm. 11,29). Zwar ist schon im Alten Testament Gottes Reden und Handeln mit Israel nicht als einlinig kontinuierliches Geschehen aufweisbar, sondern diese Geschichte enthält stärkste Spannungen und Widersprüche. Gottes Wort und Tat werden nicht einfach tradiert, es wird nicht stereotyp eins ans andere gereiht, sondern Früheres wird in einer anderen geschichtlichen Situation neu interpretiert, und alles bleibt offen für eine erwartete Zukunft. Vollends ist das Christusgeschehen, das im Neuen Testament als Erfüllung der alttestamentlichen Verheißung bezeichnet wird, keineswegs eine geradlinige Fortsetzung einer im Alten Testament begonnenen Linie, sondern es steht zugleich in Spannung und Widerspruch dazu. Aber das alles ändert nichts daran, daß der zu verschiedener Stunde so andersartig redende Gott sich hier als der erweist, der sich selbst und seiner Verheißung treu bleibt und darum unbedingt vertrauenswürdig ist.

Gerade diese Unterscheidung von Verheißung und Erfüllung, die oft so anstößige Inkongruenz von beiden im Blick auf die bereits erfahrene Geschichte und zugleich der bleibende Ausstand der Erfüllung, die unwiderleglich und offenkundig alle Verheißung Gottes verifiziert, hilft dazu, das Überwältigende des Wortes Gottes in den Blick zu bekommen. Ohne diese Sicht der Offenbarung, ohne diesen ihren Bezug auf die Geschichte wie auch diesen alle geschichtliche Erfahrung transzendierenden Erwartungshorizont, würde auch das, was wir über Offenbarung und Verhüllung wie über Gesetz und Evangelium sagten, letztlich dunkel bleiben. Diese spezielle, partikulare Offenbarung in Israel und in Jesus von Nazareth, die inmitten eines Meers von Verborgenheit Gottes in der Geschichte zu stehen scheint, ist nicht Selbstzweck, bedeutet nicht Verzicht Gottes auf seine Welt und Schöpfung, sondern sie geschieht um des universalen Telos willen. Und das richtende Nein, das die rettende Gnadenzusage wie ein Schatten begleitet, ist das bereits immer in Christus schon überholte und darum uns nicht mehr tötende Wort, so daß hier kein statischer Dualismus walten kann, sondern das peccator in re auf das iustus in spe zielt. Wenn es wirklich Gott ist, der zu Israel geredet und der sich in Jesus Christus geoffenbart hat, dann kann es nicht bei dem bleiben, was wir jetzt von ihm erfahren, sondern dies Wort verheißt Gottes umfassende neuschaffende Tat. Der Zuspruch der Gnade impliziert diese Verheißung der neuen Schöpfung, in der sich Gott an aller Kreatur verherrlichen wird, und im Licht dieser Verheißung wird dieser Gott bereits als Herr der Geschichte bekannt und bezeugt, obwohl so unendlich Vieles dagegen zu sprechen scheint.

Aber dies Bekenntnis zu Gott als dem Herrn der Geschichte darf nicht dazu verleiten, in der Bibel einen Heilsplan Gottes mit der Welt im Sinne eines aufweisbaren linearen Verlaufs aufzeigen und also sein Handeln in der Geschichte im Sinne eines erkennbaren teleologischen Prozesses verrechnen zu wollen. Daß im Alten Testament ein späteres Reden und Handeln Gottes einem früheren im Sinne der Relation von Erfüllung und Verheißung entspricht, ist nicht historisch konstatierbar. Vollends kann die Behauptung der christlichen Gemeinde, daß in Jesus Christus die alttestamentliche Verheißung erfüllt sei, nicht aus dem Geschehen selbst einfach abgelesen werden, wie ihre Bestreitung durch die Synagoge beweist. Ebenso kann nicht aus der bisher geschehenen oder in Zukunft erwarteten geschichtlichen Wirkung der christlichen Verkündigung ihre Wahrheit gefolgert werden. Diese könnte in den Augen eines unerbittlichen Kritikers auch zu der These vom Elend des Christentums und seinem bevorstehenden Niedergang führen. Die heilige Schrift liefert uns nicht einen Geschichtsbegriff, der uns den Sinn der Weltgeschichte aufschließt im Sinne einer christlichen Geschichtsphilosophie. Daß Gott der Herr der Geschichte ist und nicht nur meine persönliche Existenz angeht, kann nicht aus dem Gang der Geschichte, auch nicht einer biblisch konzipierten Geschichte, abgelesen werden, sondern nur in existentieller Begegnung, in Buße und Glauben, erkannt werden. Die Entsprechungen zwischen Gottes Reden und Handeln, wie sie innerhalb der einzelnen Traditionen im Alten Testament aufgezeigt werden, wie sie aber auch die christliche Gemeinde zwischen der alttestamentlichen und der neutestamentlichen Verkündigung bezeugt, darf nicht über die Diskontinuität hinwegtäuschen, die hier ebenfalls zu konstatieren ist. Die Geschichte als solche ist niemals die Offenbarung. Eine Sinnstruktur der Geschichte aus der Bibel zu entnehmen und sie als den hermeneutischen Schlüssel zur Schrift zu benutzen, werden wir uns deshalb versagen (s. Exkurs 17: Zum Problem »Heilsgeschichte«).

Wir halten also fest: Das in der Bibel bezeugte Wort Gottes läßt sich nicht auf einen allgemeinen Begriff bringen, der abstrakt als *das* hermeneutische Prinzip für die Auslegung der Schrift gelten könnte. Die Schrift spricht allerdings von einem Reden Gottes, seinem Handeln in der Geschichte und menschlichem Hören und Verstehen all dessen, und sie redet dabei nicht in einer Geheimsprache, sondern in Worten, für die wir ein Vorverständnis mitbringen (das freilich im Hören auf dies Wort in eine Krisis gerät). Weil es das fleischgewordene Wort ist, das die Schrift bezeugt, gibt es durchaus ein »äußeres« Verstehen dieser Botschaft, und für dies Verstehen können wir in der Theologie hermeneutische Hilfe geben, wie wir es hier versuchten mit den genannten drei grundlegenden Relationsbestimmungen (Offenbarung–Verhüllung, Zuspruch–Widerspruch, Verheißung–Erfüllung). Es läßt sich auch zeigen, daß diese Relationen nicht willkürlich gewählt sind, sondern dem Reden der Schrift entsprechen und auch untereinander sachlich zusammenhängen. So läßt sich Anleitung geben, um die in der Schrift an uns gerichtete Frage ins Blickfeld zu bekommen. Aber daß dies wirklich geschieht, d. h. daß dies »äußere« Verstehen dazu führt, das in der Schrift Bezeugte als das Wort *Gottes* zu vernehmen, als das schlechthin gültige und vollmächtige Wort, das hat keine Methode in der Hand. Sobald wir die hermeneutische Überlegung dazu benützen, um auf diese Weise *das* Verstehensprinzip zu gewinnen, das uns »Gewalt über den Text« verleiht, d. h. das im Text Gemeinte, das Wort Gottes als solches, in den Griff zu bekommen, überschreiten wir unsere Grenze, d. h. wir werden gerade diesen Texten nicht gerecht, die keinen Zweifel darüber lassen, daß das von ihnen Bezeugte sich selbst verifizieren muß. Wir würden damit gerade die Freiheit dieses fleischgewordenen Wortes antasten, seine Offenheit für den Menschen und seine universale Geltung, wenn wir seinen in Jesus Christus und dem biblischen Zeugnis von ihm gewählten Weg zu uns mit einem Verstehens*prinzip* kanalisieren wollten. Es gehört zu den unaufgebbaren Erkenntnissen der Reformation, daß die heilige Schrift keiner Vermittlung in diesem Sinn bedarf, keines unabänderlichen Dogmas, keines unfehlbaren Lehramtes, aber auch keines prinzipiell festgelegten Kanons im Kanon oder über dem Kanon, der das Verstehen reguliert. Alle hermeneutische Besinnung kann nur den Sinn haben, den Weg für dies Selbstreden des Wortes Gottes im Zeugnis der Schrift offen zu halten und das von Gott selbst zwischen Sache, Text und Hörer gesetzte und verheißene Kontinuum nicht durch unsre notwendigen methodischen Überlegungen einzufangen, einzugrenzen oder zu überbieten. Darum ist rechte hermeneutische Bemühung und exegetische Arbeit zwar nicht zu ersetzen durch die Berufung auf den heiligen Geist, aber sie will angesichts dieser Texte und der von ihr bezeugten »Sache«, konfrontiert mit der hier möglichen claritas externa der Schrift, gerade dazu führen, um die von diesen Zeugnissen tendierte claritas interna, die der heilige Geist nur zu geben vermag, zu bitten.

Das Verhältnis Altes und Neues Testament

Ist bereits im Blick auf das Neue Testament nicht von einer unproblematischen Einheit zu sprechen, so gilt dies erst recht für den Kanon im ganzen, dessen größerer Teil, das Alte Testament, überhaupt kein explizites Zeugnis von Christus enthält. Die Frage nach dem Verhältnis der beiden Testamente zueinander ist geradezu eine Stichprobe für das Schriftverständnis überhaupt. Seit den Tagen Marcions hat es nicht an Versuchen gefehlt, das Alte Testament prinzipiell oder doch faktisch aus dem Leben der Kirche auszuscheiden. Allerdings ist es nie gelungen, die Kirche zur grundsätzlichen Aufgabe des Alten Testaments zu bewegen. Ist das – wie Harnack meinte – ein Versäumnis von Theologie und Kirche oder wäre im Gegenteil die Preisgabe des Alten Testaments auch die Gefährdung des Verständnisses des Neuen Testaments, wie die Kirche im Kampf gegen die Deutschen Christen mit Nachdruck geltend machte? Wir haben uns Rechenschaft darüber zu geben, inwiefern die neutestamentliche Christusbotschaft des alttestamentlichen Zeugnisses bedarf und wie das Verhältnis Altes–Neues Testament dogmatisch zu bestimmen ist.

Wenn die Kirche behauptet, das Neue Testament bedürfe des Alten als des notwendigen Kontextes, so ist das nicht nur aus historischen Gründen unbestreitbar. Daß im Neuen Testament unzählige Male auf das Alte Testament Bezug genommen wird, daß weite Teile des Neuen Testaments ohne die Sprache und Begrifflichkeit, die im Alten Testament bereitgestellt ist, nicht zu verstehen sind, ist doch nur Hinweis darauf, daß ein sachlicher Bezug vorliegt. Im Alten Testament wird nach Auffassung der neutestamentlichen Verfasser das Reden und Handeln *des* Gottes mit Israel bezeugt, der sich in Jesus Christus offenbart. Ja, von dem Israel, das im Alten Bund von Gott angeredet wurde und im Alten Testament ihn bezeugt, kann Paulus sagen, daß ihm die Sohnschaft, die Herrlichkeit, der Bund, das Gesetz, der Gottesdienst, die Verheißungen, die Väter gehören und daß Christus nach dem Fleisch aus ihm kommt. Paulus denkt nicht daran – trotz allem, was er über des Gesetzes Ende sagt –, die »Schrift« zu diskreditieren. Man könnte ohne weiteres die hermeneutischen Regeln, die wir oben herausstellten, auf Altes wie Neues Testament anwenden. Zwischen beiden liegt eine einzigartige Entsprechung vor wie sonst nirgends. Spricht das Neue Testament von einer Offenbarung in Verhüllung, d. h. also einem Reden und Handeln Gottes in Jesus von Nazareth, das auf unableitbarer Erwählung beruht und nur in Selbsterschließung erkennbar wird, so gilt das entsprechend vom Reden und Handeln Gottes im Alten Testament. Hier wie dort geht es um ein kontingentes Geschehen in aller historischen Relativität, das doch unbedingten Anspruch erhebt. Und im Alten wie im Neuen Testament ist von Gericht und Gnade die Rede, von Zusage und Widerspruch, und es wird kein Zweifel darüber gelassen, daß der Zorn Gottes eine Weile, aber seine Gnade ewig währt. Kein Wunder, daß man in der Urgemeinde, noch ehe man eigene heilige Schriften hatte, das Alte Testament als die »Schrift« übernahm, daß man seine Texte im Gottesdienst verlas und seine Psalmen sang, daß man den Vater Jesu Christi in ihm reden hörte.

Aber das bedeutet nicht, daß Altes und Neues Testament einfach dasselbe sagten, eins also die Dublette des anderen oder das Neue Testament die direkte Fortsetzung des Alten wäre. Wie wäre es sonst zu begreifen, daß die Synagoge bis heute diese Einheit energisch bestreitet! Aber auch Paulus kann trotz alles Rühmens der »Schrift« von der Decke reden, die Israel bei ihrem Lesen vor Augen hat und die erst in Christus abgetan wird (2. Kor. 3). Das Christusgeschehen ist also der Schlüssel, der das Alte Testament erst in Wahrheit aufschließt. Ohne zu bestreiten, daß Gott zu den Vätern geredet hat, ja, daß er den ganzen Tag seine Hände ausgestreckt hat nach diesem Volk (Röm. 10,21), ist für Paulus doch die im Alten Testament bezeugte Geschichte Israels zugleich eine Geschichte permanenten Ungehorsams. Erst in Jesus kommt die Verheißung an Abraham wirklich zur Erfüllung, hier im neuen Bund kommt der alte Bund zu seinem Ziel, und zwar so, daß das Gesetz als richtendes und verdammendes Wort Gottes zugleich zu seinem Ende kommt. Man muß also bei aller Entsprechung und Einheit beider Testamente zugleich von einem Unterschied, ja, auch von einem Gegensatz reden. Es wäre kurzschlüssig, den Unterschied so zu bestimmen, daß im Alten Testament die Verheißungen nur irdische Güter beträfen und auf Israel beschränkt wären oder daß das Alte Testament als Gesetz dem Neuen als Evangelium gegenüberstünde. Aber es ist nicht zu leugnen, daß man im Alten Testament einer Zukunft, einem Kommen Jahwes zu seinem Volk und einer Aufrichtung seiner Gerechtigkeit entgegenschaut, die im Neuen Testament – obwohl auch hier noch auf eine künftige Vollendung gewartet wird – als Ereignis verkündet wird, das in Jesus Christus eingetroffen ist. Daß diese Erfüllung nicht geradlinig dem Geweissagten im Alten Testament entspricht, sondern die Erwartung Israels in der Weise erfüllt, daß sie sie zugleich korrigiert, ist offenkundig. Der Unterschied, ja, Gegensatz liegt vor allem darin, daß nach dem Zeugnis des Neuen Testaments Gott in dem Menschen Jesus selbst die Rolle des Bundespartners übernimmt, an der Israel insgesamt immer wieder scheiterte. Auch im Alten Testament begegnen uns Zusage und Widerspruch, Verheißung und Gesetz, und man kann durchaus schon hier von einem Überschießen der Gnade über das Gericht reden. Aber wie beides sich vereint, wie Gott sein Recht aufrichtet und doch gerade so seine Barmherzigkeit erweist, d. h. die verheißene Lösung dieses schier unlösbaren Konflikts, das wird erst in Jesus Christus Ereignis und offenbar. Im Licht dieser Erfüllung liest die christliche Gemeinde aber nun das Alte Testament anders als die Synagoge und – wie sie überzeugt ist – nun erst richtig. Was Offenbarung und Verborgenheit Gottes bedeuten, wie er seine Verheißung in ungeahnter Weise erfüllt und wie unbedingt seine Gnade über seinen Zorn triumphiert, das alles wird erst in Christus erkannt.

Das Alte Testament wird damit für die Gemeinde des neuen Bundes nicht wertlos, sondern jetzt erst enthüllt es seinen wahren Sinn. Es wird der Christenheit nicht nur zu einer Art Voransage, die allenfalls dazu dient, der Christusoffenbarung ihren positivistischen Schein zu nehmen, sondern es dient als unerläßliches Vorverständnis der Christusbotschaft und wird zum bleibenden Kontext des Neuen Testaments. Daß die Fleischwerdung des Wortes nicht selbstverständlich ist, daß Schöpfer und Geschöpf nicht ineinander verfließen, wie es heidnische Mythen von Göttersöhnen nahelegten, sondern daß es hier um ein schlechthinniges Wunder geht, das wird erkannt auf dem Hintergrund des Alten Testaments und seiner Verkündigung von der Heiligkeit Jahwes und der Verfallenheit des Menschen, der »Fleisch« ist. Daß Gottes Gnade keine billige Gnade ist, sondern daß Gott sich *des* Menschen annimmt, der Tod und Gericht verdient hat, das sagt unüberhörbar die Schrift des Alten Testaments. Und daß Gott auch in der Erfüllung seiner Verheißung im neuen Bund dennoch Herr seiner Offenbarung bleibt, daß die Geschichte als solche nicht zur Offenbarung wird und nicht kraft immanenter Gesetzlichkeit zu ihrem Ziel abrollt, das kann gerade das Alte Testament uns lehren. Wo das Alte Testament vergessen wird oder man es unter einseitigem, verengtem Aspekt liest, da schleicht sich in der Kirche meist eine natürliche Theologie ein, die den Zugang zum Neuen Testament nicht aufschließt, sondern versperrt.

Wenn wir das Verhältnis Altes–Neues Testament theologisch bestimmen wollen, so läßt sich das ebensowenig auf einen Begriff bringen wie die Auslegungsregeln der Schrift überhaupt. Man kann weder unkritisch von einer Identität der beiden Testamente reden noch von einem totalen Gegensatz, weder von einer bloßen Analogie oder Teleologie, geschweige denn, daß man die Religion Israels mit der Religion Jesu zu vergleichen hätte und Nähe und Ferne zu ermitteln suchte. Das rechte Verständnis des Alten Testaments erschließt sich vom Christuszeugnis des Neuen aus, das aber seinerseits wieder des alttestamentlichen Zeugnisses bedarf, auf das es bezogen ist. Man kann von der Botschaft des Alten Testaments als von einem indirekten Christuszeugnis reden – indirekt insofern, als es die Offenbarung in Christus nicht vorwegnimmt, sie nicht automatisch erschließen läßt, sondern ihr entgegenharrt. Aber Christuszeugnis ist es insofern, als es, im Licht der Erfüllung gelesen, in der Tat der unentbehrliche Kontext des Neuen Testaments ist (s. Exkurs 18: Zum Verhältnis Altes und Neues Testament).

Folgerungen: Schrift und Bekenntnis

Die Auslegung der heiligen Schrift – so sahen wir – ist dadurch gefährdet, daß sie auf diese oder jene Weise einem verengten oder verzerrten Verstehenshorizont unterworfen wird. Dabei lebt jeder Irrtum von dem Wahrheitsmoment, das er enthält. Wenn man die Kontingenz des hier Bezeugten und die Unverrechenbarkeit des hier ergehenden Wortes betont, so möchte man dabei ohne Zweifel die Autorität der Offenbarung respektieren, die in unableitbarer Souveränität ergeht und nur da, wo sie sich durch sich selbst erschließt, die Verborgenheit durchbricht. Aber wenn man das Zeugnis der Schrift nicht zugleich als ins Heute zielenden Zuspruch und Anspruch versteht, sondern die Anerkennung von »Heilstatsachen« als Vorleistung verlangt und zugleich den Verheißungscharakter der biblischen Rede nicht genügend beachtet, d. h. vergißt, daß der hier Redende selbst über die Verifikation des Bezeugten verfügt, droht der orthodoxe Abweg. Man meint, die Botschaft der Bibel zunächst einmal als zeitlos gültige Wahrheit in Gestalt von fest fixierten Bekenntnissätzen fassen zu können, um allenfalls in einem zweiten Schritt ihre Bedeutung »für mich« in Anschlag zu bringen. Aber man kann nicht einen Gehalt des Wortes Gottes »an sich« herausstellen, weil es immer als Zuspruch und Widerspruch, als Anspruch und Verheißung für uns nur recht gehört werden kann. Die Unterscheidung der Väter, die von Kenntnisnahme (notitia), Zustimmung (assensus) und Vertrauen (fiducia) sprachen, darf nicht im Sinne einer dreistufigen Treppe verstanden werden, sondern damit sind drei Aspekte desselben Vorgangs gemeint. Eine theoretische Anerkennung offenbarter Wahrheiten »an sich« wäre genau so Gesetzeswerk wie eine fides historica, die in Verkennung der Möglichkeiten und Grenze historischer Forschung deren Ergebnisse zum Glaubensgrund machte. In beiden Fällen wird übersehen, daß das biblische Zeugnis nicht auf Mitteilung von Tatbeständen zielt, sondern ein gültiges Urteil proklamiert, das uns zur Einstimmung ruft und zugleich verheißt, sich an aller Kreatur schöpferisch wirksam zu erweisen.

Aber man darf auch den Anredecharakter dieses Wortes nicht isolieren und zum selbständigen Kriterium der Auslegung machen. Daß dies Wort Existenz-bezogenes und -verwandelndes Wort ist, besagt nicht, es könne von seiner Wirkung am Adressaten her »definiert« werden. Daß es Anrede ist, unter deren Zuspruch und Anspruch der Hörer sich neu verstehen darf und soll, erlaubt uns nicht, von einer hier vorausgesetzten Existenzdialektik auszugehen als dem maßgeblichen hermeneutischen Kanon. Der Anredecharakter ist von dem Botschaftscharakter, d. h. von der Bezeugung eines Geschehens extra me, nicht zu trennen. Abstrahiere ich davon und erkläre ich womöglich Jesus Christus zur bloßen Chiffre für ein Selbstverständnis, das ich (als fides qua creditur) hinreichend beschreiben kann, so wird das Pro me in unzulässiger Weise zum dogmatischen Prinzip. Nur auf Grund der in Jesus Christus gefallenen Entscheidung kann von meiner Entscheidung recht gesprochen werden. Weil Gott in Christus die Welt versöhnt hat, kann es heißen: Laßt euch versöhnen mit Gott!

Die biblische Botschaft kann schließlich in ihrem Anredecharakter nicht recht erfaßt werden, ohne zugleich von der in ihr ergehenden Verheißung zu reden, daß der in ihr redende Herr selbst dies Wort beglaubigen will und sich an aller Kreatur verherrlichen wird. Alle Welt steht bereits im Licht dieser Verheißung. Aber die weltverändernde und weltüberwindende Macht des Wortes Gottes kann nicht aus der Erfahrung in der Geschichte abgelesen werden.

Es ist allerdings nicht damit getan, diese drei Aspekte des biblischen Zeugnisses nur nebeneinander zu stellen oder sich ergänzen zu lassen, sondern es muß deutlich werden, wie sie untrennbar zusammengehören. Um diese enge Verklammerung von Botschaft, Anrede und Verheißung zum Ausdruck zu bringen, sprachen wir immer wieder vom Worte Gottes als dem Urteil, das als einmal und endgültig gefällte gnädige Entscheidung Gottes zugleich unsre Anerkennung erbittet und selbst bewirkt und seine universale Durchsetzung verheißt.

Das ist natürlich nicht so zu verstehen, als ob in jeder Situation der Kirche oder gar in jeder Predigt alle diese Aspekte gleichgewichtig zur Geltung kommen müßten oder könnten. Das ist bereits in den biblischen Texten keinesfalls so, geschweige denn in der Kirchen- und Dogmengeschichte. Die Lehr- und Bekenntnisbildung im Lauf der Jahrhunderte zeigt das deutlich. Die alte Kirche hatte ohne Zweifel primäres Interesse an christologischen und trinitarischen Erkenntnissen, weshalb sie sich in der Neuzeit immer wieder den Vorwurf, Metaphysik zu treiben, gefallen lassen mußte. Aber so gewiß die Auseinandersetzungen um die göttlichen »Personen« und die »Naturen« Jesu Christi zu Wesensbestimmungen führten, die griechische Denkweise verraten, so wäre es doch falsch, etwa einem Theologen wie Athanasius das soteriologische Interesse abzusprechen, auch wenn es ihm vor allem um die Überwindung des Todes, nicht so sehr um die Rechtfertigung ging. Und gewiß ist die reformatorische Theologie von der Frage nach dem gnädigen Gott und der Heilszueignung umgetrieben, wie denn Luther und mehr noch Melanchthon das Pro me in der Schriftauslegung für entscheidend hielten. Aber mit Recht hat bereits W. Dilthey darauf hingewiesen, daß die paulinisch-reformatorische Rechtfertigungslehre nur so lange existiere, als ihre dogmatischen Voraussetzungen (Gottessohnschaft Christi und sein Opfertod) in Geltung stünden. Luther jedenfalls hat nicht zufällig seiner noch stark existentialen Auslegung des Galaterbriefs 1519 seine betont christologische von 1531 folgen lassen können (vgl. K. Bornkamm, Luthers Auslegungen des Galaterbriefes von 1519 und 1531, 1963, S. 154; dazu meinen Aufsatz: Das reformatorische »pro me« und die existentiale Interpretation heute, in: Bizer-Festschrift 1969, S. 283ff.). Wenn in der neueren Theologie der eschatologische Charakter des biblischen Zeugnisses immer mehr ins Bewußtsein trat und einer »metaphysischen« und »individualistischen« Interpretation der Kampf angesagt wird, so ist das Berechtigte darin nur so zum Zuge zu bringen, daß die unaufgebbare Wahrheit in der altkirchlichen und reformatorischen Lehrbildung nicht aus dem Auge verloren wird.

Die Geschichte der Theologie zeigt viele Versuche, das in der Bibel bezeugte Wort Gottes zu »definieren«, d. h. es einem Wirklichkeitsbegriff ein- und unterzuordnen, der unabhängig vom Hören auf dies Zeugnis gewonnen und formuliert werden kann. Wenn die Reformatoren oder auch die altprotestantischen Theologen betonten, daß die heilige Schrift sich selbst auslege (scriptura sacra sui ipsius interpres), dann leugneten sie mit Recht, man dürfe die Interpretation der Bibel mittels einer an sie herangetragenen, ihrem Zeugnis widersprechenden Auslegungsmethode oder gar mit Hilfe einer hierarchischen Lehrinstanz regulieren.

Auch das Dogma bzw. Bekenntnis der Kirche kann nicht in diesem Sinn als Definition des Wortes Gottes und als ein für allemal gültiges Prinzip der Schriftauslegung gelten. Die von der Kirche auf ihre Verantwortung genommenen Bekenntnisse, meist in einer Situation akuter Bedrohung durch eine die Substanz des Evangeliums angreifende Irrlehre entstanden, sind nicht nur Dokumente eines ehemaligen Kampfes, sondern sie sollen der Kirche als Anleitung zu neuem Zeugnis und Bekennen in der Zukunft dienen. Nicht im Nein zu einer konkreten historischen Versuchung, sondern in dem zugleich lautwerdenden Ja zu Gottes Offenbarung, im Lobpreis der Treue Gottes zu seiner Verheißung, liegt ihr eigentlicher Sinn. Aus dem Hören auf die Schrift gewonnen, von daher ihre Autorität empfangend, sind sie zugleich hermeneutische Hilfe zu neuem Lesen der Schrift. Sie geben uns eine Art Vorverständnis des biblischen Zeugnisses an die Hand, und es wäre nicht geraten, diese Hilfe nach Art eines naiven Biblizismus zu mißachten. Aber sie haben nicht die Funktion, die Auslegung der Schrift als eine Art Lehrgesetz zu regulieren. Sie sind nicht als eine Summe von Sätzen zu verstehen, die das Evangelium im Sinne einer Idee systematisieren und auf den Begriff bringen, geschweige denn, daß sie selbst Gegenstand des Glaubens seien. Sie binden nicht an sich selbst, sondern an das Zeugnis der Schrift bzw. an den in ihm sich bezeugenden Herrn. Sie sind deshalb auch revidierbar, wenn besseres Verstehen der biblischen Botschaft uns dazu nötigt (s. Exkurs 19: Schrift und Tradition).

III. DAS FLEISCHGEWORDENE WORT GOTTES

a) Jesus Christus – Gottes Selbstoffenbarung

Weder das Wort der kirchlichen Verkündigung noch die heilige Schrift, auf die sie sich gründet, sind als solche mit dem Wort Gottes im strengen Sinn koinzident, sondern sie nehmen ihre Autorität von dem fleischgewordenen Wort Gottes, Jesus Christus selbst. Er allein ist im unbedingten Sinn dies Wort, während es die Worte der Kirche und der Schrift nur deshalb und insofern sind, als sie ihn bezeugen. Wir konnten darum von dem verkündigten und dem geschriebenen Wort gar nicht anders reden, als daß wir bereits ständig implizit auf dieses Ereignis blickten, dessen Einzigartigkeit, dessen unableitbare Kontingenz und dessen Selbstevidenz uns vor Augen standen. Wir umkreisten bereits immer schon diese Mitte, die wir jetzt ausdrücklich bei Namen nennen. Das Evangelium ist nicht eine zeitlose Wahrheit, die man in den Tiefen des menschlichen Geistes entdecken oder als Sinn der religiösen Menschheitsentwicklung glaubhaft machen kann, sondern es ist Botschaft von einem Geschehen, ja, von einer Person in der Geschichte, die bis zu einem gewissen Grad zeitlich und räumlich datierbar ist. Im Licht dieses Wortes Gottes sind nicht alle Zeiten und Räume gleich und auswechselbar. Obwohl es sich als die ewig gültige Wahrheit präsentiert, die alle Vergangenheit und alle Zukunft betrifft und umschließt, ist es doch nicht immer schon erklungen und nicht überall zugänglich. Man muß von einem »Noch nicht« dieser Botschaft reden, man hat eine Zeit der Erwartung von der der Erfüllung zu unterscheiden, es gibt hier eine Rückschau auf einmalige Ereignisse in der Geschichte, die unwiederholbar sind. Darum hat die Verkündigung, obwohl sie keineswegs nur Bericht von Geschehenem ist, weil der, um den es hier geht, nicht vergangen ist, dennoch einen Aspekt, der es erlaubt und gebietet, perfektisch davon zu reden, also geradezu davon zu erzählen. Darum können (Matth. 13,16) die Augen und Ohren der Jünger als unmittelbarer Zeugen in besonderer Weise glückselig gepriesen werden. Die Fleischwerdung des Wortes Gottes darf man nicht im Sinne eines ewig währenden Prozesses mißdeuten, so daß von einer prolongierten Inkarnation, von einem stets wiederholten Opfer am Kreuz und einem immer wiederkehrenden Ostern zu reden wäre. Das Christusgeschehen löst sich nicht in das Verkündigungsgeschehen auf, sondern so wenig man hier trennen darf, so wenig auch identifizieren. gegen Bultmann

»Jesus Christus ist das eine Wort Gottes, das wir zu hören, dem wir im Leben und im Sterben zu vertrauen und zu gehorchen haben« (Barmen I). Das heißt zunächst: Das Wort Gottes steht und fällt mit dem Namen Jesu von Nazareth. In diesem Menschen, der einmal geboren wurde, lebte, litt und starb, hat sich Gott offenbart, in ihm ist sein Wort und Wille »Fleisch« geworden. Alles, was wir bisher vom Worte Gottes sagten, seine Hoheit und seine Niedrigkeit, seine Anstößigkeit und seine Evidenz, sein Urteils- und Freispruchscharakter, eignet ihm deshalb, weil es Botschaft von diesem Jesus Christus ist und weil dies alles auf ihn zutrifft. Er wird uns bezeugt als der in Hoheit und Souveränität Redende und Handelnde, der doch zugleich erniedrigt und gekreuzigt wurde und als solcher Ärgernis und Torheit ist. Er ist uns »von Gott gemacht zur Weisheit, zur Gerechtigkeit, zur Heiligung und zur Erlösung« (1. Kor. 1,30). Hier geschieht das Wort Gottes, in ihm ergeht der Freispruch des Menschen. Das Evangelium verkündet nicht abstrakt und allgemein Vergebung der Sünden, Heil und Leben – das tun in ihrer Art alle Religionen –, es bietet mir nicht ein von Jesus lösbares Selbstverständnis an, er ist für dies Kerygma nicht nur auslösendes Moment oder nur Chiffre, sondern alles hängt daran, daß dieser Name verkündigt und in diesem Namen Heil proklamiert wird. Dieser Jesus Christus ist der bleibende Grund und Inhalt der Predigt und des Glaubens.

Von Christus als dem Wort Gottes kann man nicht reden, ohne von Jesus von Nazareth zu sprechen. Die Urgemeinde predigt nicht eine Christusmythe, sondern sie bekennt diesen Jesus, den Gekreuzigten, als den Kyrios. Entgegen allem Doketismus meint sie damit den, der als wahrer Mensch über diese Erde ging, der verkündigte und heilte, der vor allem den Weg ans Kreuz wählte. Darum hat auch die Frage nach dem »historischen« Jesus durchaus ihr Recht, soweit die Quellen dem Forscher ein gewisses Bild des irdischen Jesus liefern. Aber wenn die Gemeinde Jesus als den Christus verkündigt, so meint sie damit nicht nur einen »historischen«, auch nicht einen isolierten vorösterlichen Jesus. Denn wenn auch die Evangelien in manchen Partien diesem vorösterlichen Jesus glaubenweckende Kraft zuschreiben, so läßt sich doch nicht verkennen, daß sie zugleich bezeugen, wie dieser Glaube durch sein Sterben auch bei den treusten Jüngern erschüttert wurde. Bei aller Entsprechung zwischen Wort und Werk des irdischen Jesus und dem nachösterlichen Kerygma, bei allem unverkennbaren Rückbezug der Osterbotschaft auf diesen Menschen Jesus, den die Jünger im Auferstandenen erkannten, darf doch nicht eine direkte Kontinuität behauptet werden. Die Christusbotschaft erschließt sich nicht einseitig aus der Verkündigung Jesu. Ja, selbst vom Kreuz als solchem kann das nicht behauptet werden. So gewiß Paulus das Evangelium das Wort vom Kreuz nennt und der Auferstandene der Gekreuzigte ist, so gewiß gilt doch, daß das nackte Kreuz als solches schweigt. Erst von Ostern her fällt Licht auf Karfreitag und auf den irdischen Jesus, und in diesem Licht sind auch die Evangelien geschrieben. Daß der Gekreuzigte der Sohn Gottes ist, daß sein Tod nicht das Scheitern eines edlen Menschen bedeutet, sondern Gottes Heilstat, das wird zu Ostern offenbar, wo Gott sich durch seine Auferweckung von den Toten zu diesem Gekreuzigten bekennt und er sich seinen Jüngern als der kundtut, dem Gott gegen das Urteil der Welt und gegen den Unglauben der Seinen Recht gegeben hat.

Wenn wir Jesus Christus als das eine Wort Gottes bekennen, so meinen wir das in Kreuz und Auferstehung Jesu ergehende Urteil Gottes, auf das die Gemeinde antwortet mit dem Bekenntnis: Jesus ist der Christus, der Kyrios! Die Identität des Menschen Jesus, des Gekreuzigten, mit dem Auferstandenen und Erhöhten, d. h. aber die Legitimation dieses Jesus als der Offenbarung Gottes, ist entscheidend für das Christusbekenntnis. Weder die Worte und Taten Jesu als solche noch sein Leiden und Sterben als solches oder gar der Glaube des Menschen Jesus sind der tragende Grund der Verkündigung der Kirche, sondern erst von Ostern her wird es zur Gewißheit: »Gott war es, der in ihm die Welt mit sich versöhnte« (2. Kor. 5,20). Indem der Gekreuzigte sich den Jüngern als der Lebendige kundtut, indem der Gestorbene und scheinbar Gescheiterte sich ihnen selbst als der Auferstandene und von Gott Legitimierte bezeugt – das ist der eigentliche Sinn der historisch so schwer faßbaren Erscheinungsgeschichten –, indem also das getötete Wort sich als lebendiges erweist in dem lebendigen Jesus, wird es zum kirchengründenden Kerygma. Wenn also nicht die bruta facta des irdischen Lebens Jesu, sondern sein Leben und Sterben unter dem zu Ostern offenbarten Urteil Gottes, wenn also der auferstandene Gekreuzigte das Wort Gottes ist, dann liegt auf der Hand, daß dies Geschehen trotz allem, was über seine geschichtliche Einmaligkeit und Erzählbarkeit gesagt ist, nicht nur berichtet oder gar historisch verifiziert werden kann, sondern verkündigt wird als der unwiderruflich ergangene, unbedingt geltende Urteilsspruch Gottes, der sich nicht an mein Fürwahrhalten nur, sondern an meinen Glauben wendet (s. Exkurs 19a: Die Gültigkeit des Freispruchs [Gottes Erwählung]).

1) Gott selbst in Jesus

Wenn Jesus nicht nur das Wort Gottes sagt, sondern selbst das Wort Gottes ist, so heißt das, daß Gott selbst in einzigartiger Weise in ihm gegenwärtig ist und handelt oder – in der traditionellen kirchlichen Sprache – daß dieser Mensch Jesus, dieser Gekreuzigte, der Sohn Gottes ist. Nicht daß hier irgendein Mensch sich für andere hingibt, leidet und stirbt, sondern daß dies alles von dem Sohn Gottes gesagt wird, d. h. von dem, der in schlechthin einzigartiger, unlöslicher Weise mit dem Vater eins ist – das ist die Spitze des christologischen Bekenntnisses. Das Apostolikum spricht von »Gottes eingeborenem Sohn«, das Nicäno-Konstantinopolitanum von »Gottes einigem Sohn, der vom Vater geboren ist vor der ganzen Welt, Gott von Gott, Licht vom Licht, wahrhaftiger Gott vom wahrhaftigen Gott, geboren, nicht geschaffen, mit dem Vater einerlei Wesens, durch welchen alles geschaffen« (vgl. auch das umständliche Athanasianum). Die gegen Arius behauptete Wesensgleichheit mit Gott (homoousios) hat diese volle Gottheit des Sohnes behauptet, und die Reformatoren nahmen es als selbstverständliche Voraussetzung ihrer Lehre von der Rechtfertigung allein aus Gnaden auf (Luther: »wahrhaftiger Gott, vom Vater in Ewigkeit geboren«, Erklärung des 2. Glaubensartikels). In der Präambel des Ökumenischen Rates der Kirchen wird dies vere Deus rezipiert, wenn es heißt: »Der Ökumenische Rat der Kirchen setzt sich zusammen aus Kirchen, die Jesus Christus als Gott und Heiland anerkennen.«

Aber was heißt das? Welche neutestamentlichen Aussagen werden damit interpretiert? Es genügt nicht der Hinweis darauf, daß Jesus im Neuen Testament so genannt wird. Der Begriff als solcher ist in der antiken Welt keineswegs eindeutig. Die dogmatische Besinnung hat neben diesem Titel die andern zu bedenken, die das Neue Testament verwendet (z. B. Menschensohn, Davidsohn, Kyrios, Soter usw.) und zu fragen, was sich im ganzen daraus – wie auch aus anderen Aussagen des Neuen Testaments – über das Verhältnis Jesu zu Gott, wie es sich in keinem dieser Titel erschöpft, zu sagen ist. Angesichts der Variationsbreite der Aussagen im Neuen Testament gilt es nicht zu harmonisieren, freilich auch nicht voreilig zu eliminieren, sondern nach dem Gemeinten im Gesagten zu fragen, wobei Akzente gesetzt werden müssen, die keine gleichgewichtige, unkritische Aufnahme der Texte zulassen.

Nach dem Zeugnis des Neuen Testaments ist in diesem Jesus Gott selbst in schlechthin einzigartiger Weise gegenwärtig, so daß nach dem Zeugnis des Johannes dieser Jesus Christus mit Recht von sich sagt: »Wer mich sieht, der sieht den Vater.« Das ist nicht so zu verstehen, als ob wir einen festgelegten Gottesbegriff mitzubringen hätten und Jesus dazu in Beziehung setzen müßten. Vielmehr wird uns in diesem Jesus, seiner Verkündigung und seinem Wirken, seinem Sterben und Auferstehen erst definiert, wer Gott ist. Die Autorität, in der dieser Jesus redet und handelt, beansprucht, letztgültige Vollmacht, d. h. Gottes Vollmacht, zu sein. Auch der Historiker kann beim irdischen Jesus Züge entdecken, die auf solche Vollmacht hinweisen: Die Autorität, mit der er lehrt, die Souveränität, mit der er sich gegenüber den Alten, ja, gegenüber dem Gesetz Mosis, mit seinem königlichen: »Ich aber sage euch« absetzt, die Vergebung, die er den Zöllnern und Sündern zuspricht und in der Mahlgemeinschaft mit ihnen realisiert, die Ankündigung der Herrschaft Gottes, mit der er sich und seinem Bußruf zur eschatologischen Entscheidungsstunde erklärt. Es läßt sich schwer bestreiten, daß mit alledem der irdische Jesus den Rahmen eines spätjüdischen Propheten sprengt und – wenn auch nicht explizit – messianischen Anspruch erhebt.

Dennoch genügt dies alles nicht zur Begründung seines Anspruchs. Denn diese Vollmacht Jesu ist radikal bestritten und scheint hinfällig zu werden angesichts der Katastrophe des Kreuzes. Ostern erklärt das Kreuz nicht zur Episode und knüpft lediglich den abgerissenen Faden wieder an durch den Glauben der Apostel, sondern hier wird sein Wirken, sein Leiden und Sterben erst enthüllt als das, was es war: nicht ein Zwischenfall oder Mißgeschick, sondern die Offenbarung des Liebeswillens Gottes. Daß das Kreuz nicht die Bestreitung seiner Vollmacht war, daß hier gerade Gott sie bestätigte und erfüllte, indem er in Christus die Welt versöhnte, daß also die Macht und Herrlichkeit Gottes sich gerade in der Schande des Kreuzes verherrlichte, das ist vor allem in der paulinischen Theologie klar herausgestellt worden. Dies alles aber kann nur von Ostern her erkannt werden, weil die Begegnung mit dem Auferweckten den Jüngern offenbarte, daß Gott sich zu dem Gekreuzigten bekennt. Von daher erst wird begriffen, daß Jesus nicht nur das Wort Gottes sagte, sondern daß er in seinem Leiden und Sterben das Wort Gottes war und ist, der vollmächtige und endgültige Urteils- und Freispruch für die Welt. Indem Gott den Gekreuzigten auferweckt und als Herrn offenbart, bestimmt und definiert er sich gerade als Gott. Dabei ist die Auferstehung Jesu freilich nicht als historisch feststellbares Ereignis zu verstehen – historisch zu verifizieren sind allenfalls gewisse Jüngererfahrungen –, freilich auch nicht nur als Umschreibung des Zum-Glauben-kommens der Jünger, sondern als unableitbare analogielose Tat Gottes, in der er sich mit Jesus eins erklärt. Daß dies die Behauptung des Neuen Testaments ist, kann schwer bestritten werden – ihre glaubende Anerkennung hingegen steht nicht in unserer Gewalt. Wenn wir also Jesus Christus den Sohn Gottes nennen bzw. von seiner Gottheit reden, dann meinen wir damit *das* Wort, *die* Offenbarung Gottes in diesem Menschen, mit dem sich Gott – ohne sich hierbei seines Gottseins zu begeben und in ein Geschöpf zu verwandeln – unwiderruflich identifiziert hat (s. Exkurs 20: Zur Frage der Gottheit Jesu Christi).

Es ist begreiflich, daß man in einer säkularen Welt, die mit dem Wort »Gott« keine vorstellbare Realität verbinden kann, den Zugang zu Jesus Christus rein anthropologisch zu bahnen versucht. Das ist seit Schleiermachers Urbild-Christologie in immer neuen Spielarten unternommen worden. Eine Christologie »von oben«, d. h. eine mit der Definition Gottes abstrakt einsetzende und von daher deduzierende Christologie ist nicht mehr überzeugend. Aber bedeutet das, daß wir den anthropologischen Schlüssel zur Christologie zur Hand hätten, d. h. letztlich die Gottessohnschaft Jesu lediglich als Prädikat seines Menschseins verstehen könnten? Es ist zu fragen, wie wir heute von Jesus Christus recht reden können unter Wahrung des strengen Zugleich, das die Väter meinten mit ihrem Bekenntnis zu Christus als vere Deus et vere homo. Sie wollten damit nicht das eine ins andre auflösen, nicht von einer Verwandlung des einen ins andre reden, sondern das unaufhebbare »Und« zwischen zwei keineswegs ineinander aufzulösenden Größen zum Ausdruck bringen, engste Verbindung ohne Vermischung. Wir müßten so von Jesus Christus reden können, daß beides klar festgehalten würde: daß dieser Jesus ganz und gar mit uns solidarisch ist und dennoch zugleich in schlechthinniger Andersheit und Souveränität uns gegenübersteht. Die Einzigartigkeit Jesu läßt sich nicht darauf beschränken, daß er Urbild des Glaubens oder Erwecker unsres Glaubens ist, daß in ihm das Menschsein in reinster Gestalt ans Licht tritt. Seine Vollmacht inmitten seiner Ohnmacht, seine Hoheit und Autorität in tiefster Erniedrigung darf nicht abgeschwächt werden. Das bezeugen die Evangelien, indem sie ihn schildern als den, der in Gottes Namen gebietet, Sünde vergibt, Kranke heilt, ja, der Macht hat über den Tod, vor allem aber darin, daß sie diesen Gekreuzigten als den Auferstandenen und Erhöhten bekennen. Wie auch immer die Texte im einzelnen zu interpretieren sind – soviel ist gewiß: Ohne diese Vollmacht und Autorität, die nach dem Zeugnis der Schrift ihn bei aller Solidarität mit uns durch einen Abgrund von uns getrennt sein läßt, ist dieser Jesus nicht zu verstehen. Gerade auch seine tiefe Erniedrigung und Selbstpreisgabe unter Verzicht auf alles eigenmächtige Sichdurchsetzen sind ohne diese gleichzeitig beanspruchte und ihm zu Ostern zugesprochene Vollmacht nicht zu begreifen. Die Sohnschaft Jesu besteht doch nach dem Neuen Testament nicht nur in einem ausgezeichneten Menschsein, sondern in seiner Einheit mit Gott. Alles hängt daran, daß er als der »eingeborene Sohn« des Vaters in unvergleichlicher Weise Recht und Möglichkeit hatte, sich dienen zu lassen, aber daß er sein Herrsein nicht eigenwillig ausübte, sondern sich zum Knecht aller machte, ja, daß er, der das Leben war, sein Leben hingab. Seine völlige Einzigartigkeit und Andersartigkeit ist die Voraussetzung für das Verständnis seiner völligen Solidarität mit uns – denn so nur ist sie seine freie Tat –, wie umgekehrt auch seine völlige Erniedrigung und Solidarität mit uns erst seine völlige Andersartigkeit ins rechte Licht rückt. Das »unvermischt« und »ungetrennt« des Chalcedonense, das im Blick auf die beiden »Naturen« Jesu Christi behauptet wird, will das zum Ausdruck bringen, und diese seine Intention muß radikal festgehalten werden, statt eines durch das andre zu interpretieren und zu katalysieren. Die Kraft der Versöhnung hängt daran, daß hier nicht irgendein Mensch für andre eintritt, sondern daß in ihm Gott selbst am Werk war und selbst an unsre Stelle tritt. Der Glaube an die Rechtfertigung, d. h. aber die Soteriologie, steht und fällt damit (wie schon die Sozinianer richtig erkannten), daß das vere Deus mit dem vere homo im Christusbekenntnis unlöslich verbunden ist. Der Glaube glaubt nicht nur wie Jesus oder durch Jesus an Gott, sondern er glaubt an Jesus Christus, d. h. daß dieser Gekreuzigte der Auferstandene, der von Gott ins Recht Gesetzte ist bzw. immer schon war. Er sieht in ihm nicht nur den Glauben an die Liebe Gottes, sondern diese Liebe Gottes selbst am Werk und bekennt darum Jesus als in unbedingter Einheit mit Gott stehend.

Wenn das Bekenntnis zur Gottessohnschaft Jesu das strenge Zugleich von Gott und diesem Menschen Jesus meint, und zwar im Sinne einer solchen Identität, die uns im Reden und Handeln dieses Menschen ohne Vorbehalt Gott selbst begegnen läßt, dann ist es verständlich, daß im Neuen Testament versucht wird, dies durch Aussagen über die Herkunft Jesu zu unterstreichen. Es kann sich nicht darum handeln, die variierenden und sich widersprechenden Vorstellungen zu harmonisieren (also z. B. adoptianische Vorstellungen mit denen von einer Jungfrauengeburt oder Präexistenzaussagen), sondern der darin beschlossene Zeugnisgehalt ist zu bedenken. Alles kommt darauf an, zu sehen, daß Gott in diesem Menschen Jesus nicht nur einmal gegenwärtig handelt, sondern daß er so, wie er sich hier offenbart, seinem Wesen nach ist, daß also Jesus Christus als Gottes Wort unbedingte Verläßlichkeit hat. Nicht auf die Ausmalung vorzeitlicher Zuständlichkeiten und Beziehungen zwischen göttlichen »Personen« kommt es an, sondern auf diese Identität der Offenbarung in Jesus Christus mit Gottes wahrem Sein. Darum heißt es Joh. 1,1: »Im Anfang war das Wort, und das Wort war bei Gott. Und Gott war das Wort.«

Andererseits durfte das Bekenntnis zur Gottessohnschaft Jesu auf keinen Fall gelöst werden von dem Bezug auf diesen Menschen Jesus. Es ist begreiflich, daß andere christologische Aussagen – z. B. die adoptianisch klingenden – darauf den Akzent legen, so daß das vere Deus darüber gefährdet erscheint. Kein Wunder, daß sich die Aussagen stoßen und begriffliche Klarheit oder Einheit nicht zu erwarten ist. Will man aber zum Ausdruck bringen, daß nicht hinter oder oberhalb, sondern in diesem Menschen Jesus Gott selbst gegenwärtig ist und handelt, dann kann dies Zugleich nur im Zuge eines revolutionären Umdenkens hinsichtlich des Verständnisses von Gott wie vom Menschen zur Sprache kommen. Nicht darum geht es, den Begriff des Menschen so zu fassen, daß sich ihm die Aussagen über die Gottessohnschaft Jesu ein- und unterordnen lassen, aber es wäre ebenso unangemessen, mit einem feststehenden Gottesbegriff einzusetzen und danach die Aussagen über das vere homo zu richten. Weder eine Christologie »von unten«, d. h. einsetzend mit einer abstrakten Anthropologie, noch eine Christologie »von oben«, deduzierend von einem Gottesbegriff, hilft hier weiter. In Jesus Christus selbst wird uns erst wirklich offenbar, wer Gott und wer der Mensch ist. Das bedeutet für unsre Frage nach der Gottessohnschaft Jesu: Bekennt sich Gott zu diesem Jesus, identifiziert er sich mit ihm, dann wird uns damit gesagt, wer Gott ist, wozu er fähig ist. Gerade dieser Fleischgewordene offenbart den Vater. Der, der sich erniedrigt bis zum Tod am Kreuz, ist nach Phil. 2 gerade als der, der sein Gottgleichsein nicht wie einen Raub festhielt, der Erhöhte, dem sich alle Knie beugen. Das ist gewiß nicht so zu verstehen, als sei das Wesen des sich hier offenbarenden Gottes die Niedrigkeit und Schande. Die Vollmacht, mit der schon der irdische Jesus in den Evangelien umkleidet ist, vor allem aber seine Auferweckung von den Toten, deren Bezeugung unumstößliches Zentrum des neutestamentlichen Kerygmas ist, machen es unmöglich, den hier sich offenbarenden Gott als wesentlich schwach und ohnmächtig, womöglich gar als den »toten Gott« zu begreifen. Aber das soll allerdings gesagt werden: Der hier handelnde Gott *kann* niedrig sein, ja, er *will* es sein. Er steht nicht immer schon in der Tiefe, aber er schreitet aus seiner unermeßlichen Höhe in die Tiefe. Es liegt in seiner Vollmacht, ohne sich selbst zu verleugnen, ohnmächtig zu sein, oder besser: gerade in der Ohnmacht seine Vollmacht zu beweisen. Fragt man also, wer der in Jesus sich offenbarende Gott sei, was diese Formel Gott hier besage, dann lautet die Antwort: Es ist nicht der absolut Allmächtige, Unendliche und wie die metaphysischen Prädikate alle heißen mögen, sondern der hier sich offenbarende Gott ist der in Freiheit sich Erniedrigende. Gott ist so groß, daß er als der Höchste der Tiefste sein kann. Er, der aller Dinge mächtig ist, kann sich aller Dinge entäußern, der souveräne Herr begegnet uns als der dienende Knecht, und gerade so bewährt er sein Herrsein.

Wenn wir dem Christusgeschehen in dieser Weise nachdenken, d. h. wenn wir hier den Gott am Werk sehen, der sich in Freiheit erniedrigt, ohne sich untreu zu werden, sondern gerade in Bewährung dessen, wer er ist, stoßen wir auf das Problem der Trinität. Sie will im Grunde doch dies zum Ausdruck bringen, daß Gott der *ist,* als der er sich in Christus offenbart. Die Paradoxie des Christusbekenntnisses, das die Gegenwart Gottes in diesem Menschen, des Heiligen in der Gestalt des Sündenfleisches (Röm. 8,3) bezeugt, zwingt uns dazu, von einem Gegenüber und Miteinander in Gott zu sprechen. Indem Jesus ganz auf Seiten Gottes steht, ja, in solcher Identität mit ihm gesehen wird, daß sein Reden und Handeln, sein Retten und Richten, sein Leiden und Sterben Gottes eschatologisches Handeln ist, und dennoch dieser Jesus ganz auf unsrer Seite steht, also dies alles tut, leidet und ist, ohne dabei sein wahres Menschsein aufzugeben, müssen die Fragen aufbrechen, welche die altkirchliche Trinitätslehre mit den ihr zur Verfügung stehenden Denkmitteln zu lösen versuchte. Gerade um der Einheit Gottes und seiner Einigung mit dem Menschen willen muß hier in Gott unterschieden (nicht getrennt) werden. Auf dem Hintergrund des strengen Monotheismus, wie er vom Alten Testament her den neutestamentlichen Zeugnissen selbstverständlich war, mußte der Glaube an Jesus, das Bekenntnis zu seiner Gottessohnschaft, zu solchen Reflexionen führen. Der Fehler der alten Trinitätslehre liegt darin, daß sie nicht streng genug darauf bedacht war, lediglich Entfaltung der in Jesus Christus sich ereignenden Selbsterschließung Gottes zu sein, sondern sich in Entfernung von der geschichtlichen Offenbarung spekulativen Erwägungen hingab. Daß aber bei allen metaphysischen Vorstellungen diese Einheit in der Unterschiedenheit behauptet und energisch vertreten wurde, das war keineswegs eine sinnlose Spielerei, sondern das verrät eine tiefere und sachgemäßere Erkenntnis des neutestamentlichen Christuszeugnisses als ein moderner Sabellianismus etwa im Sinne Schleiermachers.

Dem Glauben muß alles daran liegen, daß Gott so ist, wie er hier handelt, so daß keine Befürchtung besteht, hinter dem Deus revelatus stehe ein Deus absconditus, der eines Tages seine Offenbarung in Christus verleugnen oder widerrufen könnte. Gott handelt hier nicht zufällig als der Liebende, sondern Gott ist solche Liebe. Daß er in Christus seine Liebe offenbart, heißt nicht, daß ihn erst seine Beziehung zum Menschen zum

Liebenden machte, so daß das Geschöpf erst den Schöpfer, der Mensch seine Gottheit konstituierte. Gott handelte in Christus als der Liebende, weil er es seinem Wesen nach ist (s. Exkurs 21: Zum Ansatz der Christologie).

2) Der Fleischgewordene und Gekreuzigte

Das Wort ward Fleisch – das ist der knappste Ausdruck für die Christusgeschichte. Sprachen wir bisher vom Subjekt dieses Satzes und damit von dem Woher dieses Weges Jesu Christi, so ist jetzt das Augenmerk auf das Prädikat zu richten und damit auf das Wohin dieses Weges. Es geht also um die Frage, was mit diesem Wort »Fleisch« gemeint ist. Denn es wäre eine große Täuschung, zu meinen, nur das Subjekt dieses Satzes, das »Wort«, stelle uns vor ein Geheimnis, weil wir den wahren Gott nicht mehr kennen, während das Prädikat uns wohlbekannt sei, weil wir uns selbst doch kennen müßten. Das ist aber gerade die Täuschung einer modernen Christologie, die zwar die cognitio Dei dem Menschen absprechen möchte, ihm aber die cognitio sui zuerkennt, während doch beides untrennbar zusammengehört. Der Mensch ist sich in Wahrheit ein großes Rätsel. Denn soviel wir auch vom Menschen wissen, mit welcher Akribie wir ihn auch nach Leib, Seele und Geist erforschen können – wer er in Wirklichkeit, d. h. aber, wer er vor Gott ist, was aus ihm wird, wenn ihn nicht sein Schöpfer durch sein Wort hält, wenn er nicht als sein Versöhner und Erlöser ihn aus dem Gericht rettet, davon lassen wir uns auch bei kritischster Selbstprüfung von Haus aus nichts träumen. Das muß uns gesagt werden, und das wird uns aufgedeckt, wenn es heißt: das Wort ward *Fleisch!*

Dieser Satz ist das ausdrückliche Thema des Johannesevangeliums (vgl. R. Bultmann, Theologie des Neuen Testaments, 1968, S. 386). Gerade hier, wo die Einheit Jesu mit dem Vater so überschwenglich betont wird, wird zugleich seine echte Menschheit behauptet, so unvereinbar das scheint. Gerade hier, wo sein Ursprung aus Gott beteuert wird, ist er zugleich ein bestimmter historischer Mensch, aus Nazareth stammend. Die wunderbaren Zeichen, die von ihm erzählt werden, verhindern nicht, daß man sich an ihm ärgert. Jesus ist also nach dem Zeugnis des Johannesevangeliums trotz aller Glorie, die ihn umgibt, trotz der Einzigartigkeit, mit der er allen anderen gegenübersteht, dennoch so sehr Mensch unter anderen, daß sein Anspruch als völlig unglaubhaft erscheint. Der schreiende Gegensatz zwischen der Hoheit seines Anspruchs und der Niedrigkeit seiner Erscheinung erregt gerade das Ärgernis. Daß die johanneische

Theologie Christus als den Erhöhten und Siegenden schon auf Erden und am Kreuz sieht, das darf doch nicht zu der Annahme verführen, daß hier eine mythische Gestalt gemeint sei. Im 1. Johannesbrief wird besonders deutlich, wie scharf die Antithese gegen den gnostischen Doketismus ist: »Ein jeglicher Geist, der da bekennt, daß Jesus Christus ist in das Fleisch gekommen, der ist von Gott; und ein jeglicher Geist, der nicht bekennt, daß Jesus Christus ist in das Fleisch gekommen, der ist nicht von Gott« (1. Joh. 4,2). Man könnte wohl sagen, daß die Menschwerdung das entscheidende Heilsereignis ist (vgl. Bultmann, S. 399), wobei freilich nichts ferner liegt als eine psychologisch-historische Ausmalung dieses Menschseins, sondern es steht alles unter dem Aspekt der Offenbarung der Herrlichkeit Gottes gerade in diesem Menschen in seiner ganzen Paradoxie.

Aber wenn wir den johanneischen Begriff von »Fleisch« hier als Stichwort nehmen, so heißt das nicht, daß sich das damit Ausgedrückte auf den johanneischen Aspekt beschränkt. Mit Bedacht sprechen wir von dem Fleischgewordenen und dem Gekreuzigten in einem Atemzug, d. h. beides gehört untrennbar zusammen, mag auch Johannes den Tod dem Ereignis der Menschwerdung unterordnen, Paulus umgekehrt die Menschwerdung dem Ereignis des Todes (so Bultmann, S. 399). Auch Paulus kann 1. Kor. 12,3 das Bekenntnis zu *Jesus* als dem Kyrios für entscheidend erklären, auch ihm ist der Christus wirklich »der vom Weibe Geborene und unter das Gesetz Getane« (Gal. 4,4). Aber im Zentrum steht für ihn das Kreuz, das den Juden zum Anstoß und den Griechen zur Torheit wird. Hier wird klar, daß Fleischwerdung nicht nur Menschwerdung bedeutet, auch nicht nur ein Eingehen in die Verborgenheit und Mißdeutbarkeit, sondern Unterstelltsein unter Gottes Gericht. So kann Paulus sagen: »Gott sandte seinen Sohn in der Gleichheit des sündigen Fleisches, um die Sünde im Fleisch zu richten« (Röm. 8,3). Fleisch ist hier, wo man unter dem Einfluß des Alten Testamentes denkt, nicht nur das Sichtbare und Vorhandene, auch nicht nur das Vergängliche und Todgeweihte, sondern vor allem die Gestalt, das Wesen menschlicher Existenz, das durch Gottes Zorn über die Sünde gekennzeichnet ist. Deshalb ist »alles Fleisch wie Gras und alle seine Herrlichkeit wie des Grases Blume«, weil Gottes Zorn und Gericht es bewirkt, daß wir so schnell vergehen (Psalm 90). Man kann dies Wort Fleisch nur vom Alten Testament her verstehen, wo der Mensch in seiner Gottesfeindschaft und Schande immer wieder rücksichtslos aufgedeckt wird – weshalb es nicht zufällig sein mag, daß menschlicher Größenwahn wie im Nationalsozialismus sich mit Haß gegen das Alte Testament wendet. Indem Jesus in diesem Volk geboren wird, lebt und stirbt, indem er da solidarisch mit dem Menschen wird, wo man sich über diesen Menschen schwer einer Täuschung hingeben kann und darum diese Kondeszendenz als gotteslästerlich empfinden mußte, wird erst deutlich, bis in welche Tiefe sich der Sohn Gottes erniedrigt. Paulus hat es wohl auf den schärfsten Ausdruck gebracht, wenn er sagt, Gott habe »den, der von Sünde nicht wußte, für uns zur Sünde gemacht« (2. Kor. 5,21), er sei »zum Fluch geworden« (Gal. 3,13).

Aber was bei Paulus auf zugespitzte Formeln gebracht ist, das zieht sich doch mehr oder weniger deutlich durch das ganze Neue Testament hin, auch durch das synoptische Zeugnis. Bei aller tiefgreifenden Unterschiedenheit der Theologie der Synoptiker besteht darüber Einmütigkeit, daß dieser Jesus an der Anfechtung und Versuchung menschlichen Lebens teilhat, ja, ihr besonders ausgesetzt ist, indem er mit Zöllnern und Huren in Gemeinschaft tritt und am Galgen stirbt – mögen sich auch hier (vor allem bei Lukas) Züge finden, die die Härten abschleifen. M. Kähler sagt mit Recht, die Evangelien seien als Ganze eine Art Passionsgeschichte mit ausführlicher Einleitung.

Mit dem gleichen Nachdruck, mit dem im Neuen Testament die Einzigartigkeit Jesu hervorgehoben wird, ist diese Erniedrigung Jesu betont. Wer diese Züge verwischen und die Kondeszendenz Jesu abschwächen möchte, dem muß so hart widersprochen werden, wie es gegenüber dem gegen sein Leiden sich wehrenden Petrus in dem Wort Jesu (Matth. 16,23) geschieht: »Gehe hinter mich, Satan, denn du denkst nicht göttlich, sondern menschlich.« Von daher ist auch die Preisgegebenheit Jesu an diese unsere menschliche Geschichte, die scheinbare Zufälligkeit seines Auftretens gerade damals und dort, die Uneinheitlichkeit und Widersprüchlichkeit, in der die neutestamentlichen Texte davon berichten, als unvermeidlich zu begreifen. Dieser Jesus will nicht zur Anerkennung seines Anspruchs zwingen, er setzt sich offenbar bewußt der Mißdeutbarkeit seiner Sendung aus. Er ist nicht der vollkommene Mensch im Sinne unsrer Sehnsucht, nicht der Erfüller dessen, was uns als Idee vom Menschen vorschwebt, nicht der Vollender dessen, was wir anstreben, wenn auch nur bruchstückhaft verwirklichen. Der Gehorsam Jesu, von dem das Neue Testament redet, ist alles andre als die Verkörperung dessen, was menschliche Ethik zu allen Zeiten als richtig erkannt, wenn auch nicht in die Tat umgesetzt hat. Er ist nicht eine Art Übermensch, wie wir ihn erträumen. Er ist im Gegenteil der Mensch, der diese Wünsche und Träume enttäuscht. Indem er sich nicht erhöht, sondern erniedrigt, indem er nicht sich selbst rechtfertigt, sondern die Sündertaufe begehrt, indem er sich nicht selbst hilft, sondern es Gott anheimstellt, bezieht er einen Ort, den wir alle hassen und fliehen. Während der adamitische Mensch sein will wie Gott und in seiner superbia eher sterben würde, als diese »Gotterei«, wie Luther es nennt, seine Selbstbehauptung und Selbstrechtfertigung zu lassen, ist Jesus Christus nach Phil. 2 der, welcher nicht an seinem Gottgleichsein festhielt, sondern sich erniedrigte und gehorsam wurde bis zum Tode am Kreuz.

So wenig wie bei dem Bekenntnis zur Gottessohnschaft Jesu geht es bei der Bezeugung seines wahren Menschseins um das Beschreiben von Zuständlichkeiten, von Wesenheiten. Das christologische Problem besteht nicht in der Frage, wie sich zwei Substanzen zueinander verhalten, eine göttliche und eine menschliche, wie es nach der altkirchlichen Christologie scheinen könnte. Es reicht aber auch eine bloß ethische Betrachtung, wie sie der modernen Christologie meist vorschwebt, nicht aus, um die Eigenart dieses Menschen zu erfassen. Die Gesamtrichtung seines Lebens ist bei ihm so total anders als bei uns: Dieser Eine schreitet nach dem Zeugnis des Neuen Testaments aus der Höhe in die Tiefe, seine Existenz ist Selbsthingabe, während wir aus unsrer Tiefe, die wir in ihrer Bodenlosigkeit nie erkannt haben, in eine erträumte, vermeintliche Höhe klettern möchten, d. h. unsre Existenz Selbstbehauptung ist. Das ist das Unfaßliche an diesem Menschen Jesus, daß er – jedenfalls so, wie die Texte es von Ostern her darstellen – arm ward um unsertwillen, obwohl er reich war, daß er das Kreuz wählte und die Schande nicht achtete, obwohl er konnte Freude haben. Deshalb ist uns dieser Mensch Jesus so fremd. Wenn Luther mit Recht sagt, der »natürliche« Mensch könne nicht wollen, daß Gott Gott sei, d. h. daß dieser in Jesus Christus sich offenbarende Gott Gott sei, so könnte man mit demselben Recht sagen: Der Mensch will nicht wahrhaben, daß dies der Mensch sei, d. h. daß wir an den Ort gehören, an den sich Jesus stellt. Denn das ist – nach Paulus – der Sinn von Fleischwerdung und Kreuz Jesu: Gott hat den, der Sünde nicht kannte, für uns zur Sünde gemacht! Dieser Reine tritt an Stelle des Unreinen, und das nicht nur in Gedanken, auch nicht nur so, daß er im Glauben diese Koinzidenz von Höhe und Tiefe, von Leben und Tod, von Gericht und Gnade zu vollziehen wagte. Jesus ist nicht nur – wie es moderne Theologie gern sieht – der erste und exemplarisch Glaubende, das Urbild des Glaubens, sondern in ihm ist die Liebe Gottes Wirklichkeit geworden in dieser Geschichte, hier geht es um ein Geschehen und ein Sein, das allem Bewußtsein vorangeht, das wir im Glauben denkend nachvollziehen. Wenn es nur um unsere Existenzangst, unser Schuldbewußtsein, unseren Gewissensfrieden, kurz, um die Identität unsres Ichs mit sich selbst ginge, dann könnte man die Versöhnung auch als ein solches Geschehen im Bewußtsein verstehen. Aber Sünde und Tod sind nach der Schrift nicht nur solche Bewußtseinsvorgänge, sondern reale Mächte. Die abgründige Tiefe unserer Verlorenheit zeigt sich gerade darin, daß wir uns von Haus aus keineswegs in diesem Sinn für verloren und schuldig halten. Wenn ich (wie Schleiermacher) ausgehe von dem beim Menschen vorausgesetzten Schuldbewußtsein, von dem immer schon empfundenen Zwiespalt zwischen Gottesbewußtsein und sinnlichem Bewußtsein, dann mag Jesus Christus leicht verständlich gemacht werden als der Mensch mit dem stets ungetrübten, ungehemmten Gottesbewußtsein. Oder wenn ich ausgehe von der Angst, die jeder Mensch kennt, weil er sich verantwortlich weiß und dennoch immer wieder versagt, dann mag es genügen, einen Christus anzunehmen, der es riskiert, den richtenden und gnädigen Gott zusammenzudenken und als Einheit zu glauben. Dann mag mein Selbstverständnis als Schlüssel zum Christusverständnis dienen. Aber alle Angstzustände, die ich kenne, sind ein Kinderspiel gegenüber der Angst, die Luther meint, wenn er singt: »Die Angst mich zu verzweifeln trieb ...« Erst in der Erniedrigung Jesu Christi, an seinem Kreuz, geht mir auf, wer der Mensch eigentlich ist und wohin er gehört. Der ganze Mensch ist Fleisch und gehört unter Gottes Gericht – das sagt mir das Kreuz Christi. Darum kann ich, wie Luther mit Recht (in De servo arbitrio) betont, mich selbst, meine Sünde wie meine Gerechtigkeit, nur im Spiegel der Fleischwerdung und des Kreuzes Jesu Christi recht erkennen, d. h. aber, ich kann sie letztlich »nur« glauben. Also nicht nur, wer Gott ist, sondern auch, wer ich selbst bin, wird mir offenbart in Christus.

Aber wie die Aussagen über die Gottheit Jesu Christi nur mit Bezug auf sein Menschsein ins rechte Licht treten, so kann auch dies sein Menschsein nur verstanden werden, wenn es bezogen wird auf dies sein Gottsein. Deshalb helfen unsre ethischen, psychologischen und ästhetischen Kategorien als solche nicht weiter. Auf die Frage, was in dieser Erniedrigung Jesu Christi bis zum Tode am Kreuz sich ereignet, antwortet Paulus: Hier geht es um Gottes Handeln, sein Gericht, seine Verurteilung der Sünde im Fleisch. Nicht daß ein Mensch einen tragischen Tod stirbt, daß die Juden oder Römer einen Unschuldigen hinrichten, wie es tausendfach in der Geschichte der Fall war, nicht daß dieser Mensch Seelenangst und körperliche Pein erlitt, wie es Unzählige erlebten, ist ihm das Entscheidende, sondern daß in dem allem Gott selbst sein Recht aufrichtet. Der Tod am Galgen war nach jüdischer Auffassung nicht nur schändlich vor Menschen, sondern Fluch Gottes. Der Tod Jesu ist also nach Paulus nur da recht verstanden, wo man – mit Luther zu reden – durch die Larve des äußeren Geschehens seine Substanz, d. h. im Handeln und Leiden der Menschen Gottes Werk sich vollziehen sieht. Ausgerechnet da, wo die Gottlosigkeit zu triumphieren scheint, da siegt die Liebe Gottes. In dieser äußersten Gottesferne ist höchste Gottesnähe. Das Erschrecken und Entsetzen darüber, daß dieser Jesus ans Kreuz geht, der in der Vollmacht Gottes zu reden und zu handeln beansprucht, ist unverkennbar. Daß der, von dem es nach Matthäus und Marcus heißt, er sei mit dem Ruf: »Mein Gott, mein Gott, warum hast du mich verlassen?« gestorben, derselbe sein soll, zu dem Gott sagte: »Du bist mein lieber Sohn«, daß der Weg dieses nach dem Gesetz verurteilten, ausgestoßenen Gotteslästerers unter dem göttlichen »Muß« stehe und sein Tod das Heilsereignis sei, das ist das unfaßliche Rätsel. Es ist nicht zufällig, daß keiner der Jünger nach der Darstellung der synoptischen Evangelisten diesem Gekreuzigten die Treue hält, sondern alle Anstoß an ihm nehmen. Daß dieser Mensch das Wort, der Sohn Gottes sei, ist ein Urteil, zu dem sich kein Mensch aufschwingen kann, für das es keine menschliche Legitimation gibt, sondern nur Gottes eigne Verifikation zu Ostern (s. Exkurs 22: Christologische Abgrenzungen).

3) Wahrer Gott – wahrer Mensch

Das Christusbekenntnis steht und fällt damit, daß Gott selbst in diesem Gekreuzigten gegenwärtig ist und handelt. Aber dies Zugleich von Gott und Mensch im gekreuzigten Jesus ist für unser Begreifen unfaßlich. Es verlangt von uns ein radikales Umdenken über Gott und über den Menschen. Wir sprachen bereits von der Notwendigkeit, unsre Vorstellung von einem göttlichen Wesen, das nur unweltlich, überweltlich, transzendent sei, fahren zu lassen, d. h. den traditionellen metaphysischen Gottesbegriff preiszugeben. Der in Jesus sich offenbarende Gott ist nicht nur in der Höhe, sondern auch in der Tiefe, nicht nur Herr, sondern auch Knecht, regiert nicht nur in Macht, sondern kann zugleich als der Ohnmächtige begegnen. Es gilt also, wie es von jeher die Trinitätslehre versuchte, in Gott zu unterscheiden, ohne zu trennen, um zum Ausdruck bringen zu können, daß Gott in Jesus ganz mit uns solidarisch wird, ohne sich selbst aufzugeben. Darum sind es keine spielerischen Spekulationen oder metaphysischen Hirngespinste, wenn zwischen Gott dem Vater und dem Sohn differenziert wird, zwischen einem Oben und Unten, zwischen einem Gebietenden und einem Gehorchenden, zwischen einem, der Herr und Schöpfer alles Lebens ist und dem, der in den Tod geht, und dennoch zu bekennen, daß es *ein* Gott sei. Kein von uns entworfener Gottes*begriff* ist in der Lage, das zu fassen, was sich als Konsequenz für unser Denken ergibt, wenn es dem Zeugnis des Evangeliums über Gottes Gegenwart und

Handeln in dem gekreuzigten und auferstandenen Jesus von Nazareth zu folgen bemüht ist.

Ebenso wie wir hier zu einem Umdenken über Gott genötigt werden, so auch zu einer tiefgreifenden Umbesinnung über das Wesen des Menschen. Wenn es wahr ist, daß in Jesus Gott selbst an die Stelle des Menschen tritt, ja, an diesen Ort des verfluchten, dem Verderben und Sterben ausgelieferten Menschen, um den Menschen zu retten, dann ist offenbar ein Doppeltes vom Menschen zu sagen: Gott kann also dem Menschen, so wie er faktisch ist, nicht begegnen, ohne daß es zum tödlichen Konflikt kommt. Das Kreuz Jesu ist der Beweis dafür, daß der Mensch, der es mit Gott hält, in dem Gott selbst unter uns gegenwärtig ist, für diese Welt unerträglich ist und ausgestoßen wird. Aber die Auferweckung dieses Gekreuzigten macht zugleich offenbar, daß dennoch dieser Mensch leben darf und soll. Denn die Osterbotschaft bezeugt, daß Gott sein Ja zu diesem Menschen spricht, daß also der Mensch hier nicht der Verlierer, sondern der Gewinner ist. Indem Gott hier sein Ja zu dem Menschen sagt, der sich an Stelle des verlorenen und verurteilten Menschen stellt, der seine Sache zur eigenen Sache gemacht hat, beweist er, daß er sich mit diesem Menschen auf Gedeih und Verderb identifiziert hat, der an sich nichts als Zorn verdient hat. Der Mensch wird also in Jesus Christus sowohl als der enthüllt, der in hoffnungsloser Situation ist, wie zugleich auch als einer, der kraft der Treue Gottes zu ihm nur Grund zur Hoffnung hat. Menschsein als solches jedenfalls bedeutet nicht grundsätzlich Feindschaft gegen Gott, Tod und Verlorenheit, sondern der Mensch gehört zu Gott, ist zum Leben berufen. Von Ostern her ist zu sagen, was das Kreuz als solches uns nicht sagen kann: daß ausgerechnet dieser Mensch, der mit dem Ruf: »Mein Gott, mein Gott, warum hast du mich verlassen?« stirbt, die Bürgschaft dafür ist, daß der Mensch – kein Mensch – nicht von Gott verlassen ist. Die Sündlosigkeit Jesu besteht gerade darin, daß er nicht als der Reine den Unreinen gegenüberstehen will, sondern daß er an ihre Stelle tritt, sich mit der Sündertaufe taufen läßt und dem Fluchtod ausgeliefert wird. Gerade in dem Menschen, der im Unterschied zu allen anderen nicht sein will wie Gott, der sich nicht selbst behauptet und rechtfertigt, sondern sich erniedrigt bis zum Tode am Kreuz, ist Gott gegenwärtig. Er ist der Beweis dafür, daß Gott den Menschen nicht preisgibt, nicht erniedrigt, sondern erhöht, nicht verwirft, sondern bejaht. Die Christusbotschaft ist also revolutionär für unsre Menschenbilder, denn sie mutet uns zu, den Menschen sowohl in einer abgründigen Tiefe zu sehen, wie wir sie uns nicht ausmalen können, wie erst recht in unbegreiflicher Höhe, d. h. als den, für den Gott bedingungslos eintritt.

Die Christusbotschaft ist also ein Angriff sowohl auf unsre Gottesbegriffe wie auf unser Verständnis vom Menschen. Wir können weder theo-logisch noch anthropo-logisch den Zugang zu dieser Botschaft erschließen, sondern es gilt, sich hier – im strengen Bezug von Gott und Mensch zueinander, wie er uns in dem Christusgeschehen aufgedeckt wird – sagen zu lassen, wer Gott ist und wer wir sind: Gott ist der sich bedingungslos mit dem Menschen in Jesus verbündende Gott, und der Mensch ist der ganz und gar Gott gehörige Mensch. Diese frohe Botschaft steht und fällt damit, daß dieser Jesus ganz auf Gottes Seite steht und zugleich ganz auf des Menschen Seite.

Dies Zugleich von demselben Jesus zu behaupten, scheint in unerträgliche Widersprüche zu führen. Wie läßt sich das denken, daß der Reine an Stelle der Unreinen steht, daß der, welcher Sünde nicht kannte, versucht, ja, »zur Sünde gemacht« wird? Wie kann der Mächtige zugleich ohnmächtig sein, der, welcher das Leben ist, sterben? Jeder Versuch, dies Zugleich auszumalen, d. h. das vere Deus und vere homo in der Christologie sich unabgeschwächt vorzustellen, führt in ein unentrinnbares Dilemma. Die Geschichte der Christologie zeigt uns, wie man bemüht war, diesen »Gottmenschen« zu beschreiben, und sich mit der Quadratur dieses Zirkels abquälte. Will man aufweisen, inwiefern dieser Jesus wahrer Mensch war, ja, ausgeliefert an das Nichtige, und doch zugleich ganz eins mit Gott, so geriet man in die Gefahr, ein seltsames Zwischenwesen, eine Art Halbgott aus ihm zu machen. Letztlich läuft es darauf hinaus, in ihm einen Menschen zu sehen, dem man göttliche Prädikate zuschrieb, oder aber ein göttliches Wesen, das nicht mehr mit uns Menschen solidarisch ist. Der mit viel Geist unternommene Versuch, einen Gottmenschen zu konstruieren und das Zugleich von Gott und Mensch an dieser Gestalt, an der Einheit dieser Person oder an der Übertragung von Eigenschaften der einen »Natur« auf die andere zu demonstrieren, mußte scheitern.

Das Christusbekenntnis behauptet eine Identität, die nicht durch solche Wesensspekulationen einsichtig zu machen ist. Das »Und« in der Formel »vere Deus et vere homo« ist nicht im Sinne eines analytischen Urteils zu verstehen – es ist ein streng synthetisches Urteil. Statt eine Schilderung der Vereinigung zweier »Naturen« zu geben, stützt sich das neutestamentliche Christusbekenntnis auf eine Geschichte, die im Nacheinander erzählt, was doch im Sinne eines Zugleich verstanden sein will. Die Evangelien stellen uns vor den seltsamen Tatbestand, daß das irdische Leben Jesu von Nazareth nicht einfach berichtend dargestellt, sondern auf Grund des Ostergeschehens neu geschrieben wird, ja, Worte und Taten ihm zugeschrieben werden, die nach aller historischen Erkenntnis nicht von ihm gesprochen und getan wurden während seines Erdenlebens. Aber gerade dieser Vorgang ist von höchster Relevanz. Das sog. Messiasgeheimnis bei Markus ist – wie immer man auch historisch über das Selbstbewußtsein Jesu urteilen mag – insofern charakteristisch, als es auf diesen merkwürdigen Sachverhalt hinweist, daß der irdische Jesus nicht als der erscheinen sollte bzw. wollte, der er in Wahrheit war bzw. ist. Trotz der unleugbaren vollmächtigen Worte und auch Taten des irdischen Jesus und des durch ihn sporadisch bereits geweckten Glaubens kann keine Rede davon sein, daß er vor Ostern als Grund des Glaubens erkennbar war. Erst der Auferstandene macht offenbar, wer dieser irdische Jesus, wer vor allem der Gekreuzigte ist. Und zwar nicht so, daß sein Kreuz nur ein Durchgangsstadium wäre, das durch Ostern ausgelöscht wurde, eine Episode ohne Belang, sondern der Auferstandene ist der Gekreuzigte. Hier wird erst Gottes Identifizierung mit dem Gekreuzigten offenbart, und zwar als eine Wirklichkeit, die nicht erst jetzt gilt, sondern gerade für diesen irdischen, sich erniedrigenden, ans Kreuz gehenden Jesus, die aber nicht an seinem irdischen Leben abgelesen werden kann. Die Erniedrigung Jesu und seine Erhöhung zu Ostern, sein Tod und seine Auferweckung können nur nacheinander erzählt werden – sonst wäre es keine wirkliche Erniedrigung und kein Sterben –, aber sie bezeichnen eine Identität des Erniedrigten mit dem Auferstandenen und Erhöhten. Erniedrigung ist nicht gleich Erhöhung, aber der Erniedrigte ist der Erhöhte, der Verfluchte ist bereits Gottes lieber Sohn, dieser Sterbende ist der Sieger über den Tod.

Um diesen differenzierten Zusammenhang, diese Identität in der Unterschiedenheit zum Ausdruck zu bringen, stehen mit gutem Grund im Neuen Testament sowohl Texte wie Phil. 2,5 ff., in denen dies Nacheinander von Erniedrigung und Erhöhung offensichtlich ist, wie auch Aussagen des Johannesevangeliums, in denen der Gekreuzigte bereits der Erhöhte ist bzw. das Kreuz als Erhöhung bezeichnet werden kann. Beide Verkündigungsformen – die »Erzählung« dieses Nacheinanders wie das simultane Bekenntnis zu Jesus als dem Christus, dem Erniedrigten als dem Erhöhten – haben ihre notwendige Funktion und sind im Kontext zu verstehen. Die Erzählung bringt die unaufhebbare Unterscheidung von Gott und Mensch (das »unvermischt und ungewandelt« des Chalcedonense) und das Nicht-selbstverständliche, Ereignishafte dieser Einung zum Ausdruck, das simultane Bekenntnis aber das unaufgebbare Zugleich (»ungetrennt und ungeschieden«). Wer dieser Jesus ist, läßt sich nur aus diesem Geschehen von Kreuz und Auferstehung entnehmen, aber was diese Geschichte Jesu Christi sagen will, drängt notwendig zu der Seinsaussage. Das Esse folgt dem Fieri noetisch, während das Fieri im Esse ontisch begründet ist.

Darum behält für alle Verkündigung des Evangeliums die »Erzählung« dieses Christusgeschehens ihre entscheidende Bedeutung, d. h. es geht um die Botschaft von Leben, Leiden, Sterben und Auferstehen Jesu, nicht eine Wesensbeschreibung seiner Person oder eine Betrachtung seiner »Naturen«. Aber gerade in diesem Geschehen wird offenbar, wer er ist, so kommt es zu dem Bekenntnis: Jesus ist der Christus! Gottes hier sich offenbarendes Sein ist diese Geschichte, und unser menschliches Sein wird durch diese Geschichte definiert (s. Exkurs 23: Christologie und Geschichte).

b) Jesus Christus – Gottes Entscheidung für den Menschen

1) Das in Jesus Christus ergangene Urteil Gottes

Das Christusgeschehen kann im Neuen Testament »erzählt« werden – so hörten wir. Aber es ist eine seltsame Art von Erzählung. Sie wendet sich nicht an unser historisches Interesse, sie will nicht nur zur Kenntnis genommen werden, ja, sie kann gar nicht ohne weiteres angenommen werden. Sie beansprucht, uns unmittelbar zu betreffen und bedeutet für uns eine unerhörte Zumutung. Sie behauptet ja, daß der gescheiterte Jesus siegt, daß der als Gottloser Hingerichtete Gottes Sohn ist, daß dieser Getötete lebt. Die Geschichte Jesu Christi, die Botschaft vom Gekreuzigten und Auferweckten, enthält ein Urteil, das unseren gewohnten Urteilen fundamental widerspricht. Deshalb ist alle rechte Verkündigung eine Provokation, weil dieser Jesus Christus selbst eine Herausforderung ist, auf die man nicht konstatierend, sondern nur urteilend, mit Ja oder Nein antwortend reagieren kann. Es handelt sich in der Christuspredigt nicht nur um Mitteilung eines bisher unbekannten Sachverhalts, nicht nur um Enthüllung einer bislang verborgenen Wahrheit, aber auch nicht nur um einen Aufruf zur Entscheidung, sondern um eine gefallene Entscheidung, die den Anspruch erhebt, unser bisheriges Denken und Urteilen aus den Angeln zu heben. Gott hat in Jesus Christus sein Recht, seine Gerechtigkeit aufgerichtet, indem er den, der von Sünde nicht wußte, für uns zur Sünde gemacht hat (2. Kor. 5,21). Er hat in Jesus die Sünde im Fleisch verurteilt und gerichtet (Röm. 8,3). Das heißt: Jesus Christus ist Gottes Urteilsspruch über die Welt und zugleich ihre Freisprechung. Hier ergeht ein Akt göttlicher Rechtsprechung, der unwiderruflich ist. Nicht nur die Worte, die Jesus sprach, nicht nur die Taten, die er vollbrachte, nicht nur sein Glaube oder Glaubenszeugnis, sondern sein Leben, Sterben und Auferstehen von den Toten werden als das Tatwort Gottes verkündet, das über alle Menschen entscheidet. Das läßt sich nicht aus der irdischen Geschichte Jesu ablesen, sondern das ist erst von Ostern her aussagbar. Hier kommt gleichsam der Prozeß Jesu, der mit seinem Tod abgeschlossen erschien, zu seinem Ziel. Ostern bedeutet, daß Gott selbst den scheinbar verlorenen Prozeß, den Juden und Heiden gewonnen zu haben glaubten, neu aufrollt und in letzter, allein maßgeblicher Instanz entscheidet, indem er sich zu diesem Gekreuzigten bekennt.

Die Verkündigung des Evangeliums hat also einen klar bestimmbaren Inhalt: Es ist die Botschaft, daß dieser gekreuzigte Jesus lebt! Beides muß mit gleichem Gewicht gesagt werden: Dieser Jesus von Nazareth, der als Gotteslästerer hingerichtet wurde, ist der Auferweckte, der Erhöhte, der Herr. Die Predigt der Kirche steht und fällt mit dieser Verkündigung. Alle ihre Rede von Sünde und Gnade, aller Zuspruch und Anspruch, alles Trösten und Mahnen lebt unmittelbar oder mittelbar davon, daß dies Urteil in Kraft steht. »Wir predigen den gekreuzigten Christus« – das ist die Summa des Evangeliums. Es ist zwar nicht damit getan, diese oder eine ähnliche Formel zu wiederholen, sondern diese Botschaft muß, wie es schon im Neuen Testament geschieht, immer neu ausgelegt werden. Dies Ereignis bzw. die damit gefallene Entscheidung will je nach Situation und Frontstellung interpretiert werden. Deshalb wechseln in der heiligen Schrift die Titel und Bilder, die gebraucht werden, und die Verkündigung heute ist keineswegs beschränkt auf die damaligen Vorstellungen und Begriffe. Sie muß vielmehr oft, um dasselbe zu sagen, es heute gerade anders sagen. Aber in allem, was gesagt wird, geht es um die hier gefallene Entscheidung, die Paulus summarisch zusammenfassen kann, wenn es (2. Kor. 5,19) heißt: Gott versöhnte in Christus die Welt. Mag der Begriff Versöhnung im Neuen Testament, auch bei Paulus, relativ selten vorkommen, so ist doch die damit bezeichnete »Sache«, Gottes Eintreten in Jesus für die gottlose Welt, die grundlegende Botschaft. Gott hat sich als der erwiesen, der zu dem Gekreuzigten Ja sagt und damit zum Menschen, zur Welt sein Ja spricht. Das hier ergangene Urteil ist der Freispruch des Gottlosen. Denn Gott bezeugt sich hier als der, der mit dem in Feindschaft ihm gegenüberstehenden Menschen Frieden schließt und die zerbrochene Gemeinschaft herstellt.

Man kann fragen: Wieso geht uns diese Geschichte bzw. dies über Jesus gefällte Urteil als uns betreffendes heute an? Müßte nicht zum mindesten vorausgesetzt sein, daß wir uns als solche verstehen, die einem solchen letztgültigen Urteil unterliegen und auf es angewiesen sind? Es mag sein, daß die Menschen, zu denen die Verkündigung des Neuen Testaments redete, von der Frage nach der Versöhnung mit Gott umgetrieben waren. Wir wissen, daß Luther die Frage stellte: Wie kriege ich einen gnädigen Gott? Aber man kann nicht behaupten, daß der heutige Mensch, für den der Begriff »Gott« weithin eine Leerformel geworden ist und für den Schuld weithin als Schuldbewußtsein verstanden wird und psychoanalytisch erklärbar und heilbar erscheint, diese Voraussetzung mitbringt. Die Frage des Menschen nach der Identität mit sich selbst, nach Sinn und Ziel der Geschichte, nach einem erträglichen Miteinanderleben der Menschen und Völker mag dem Glaubenden als Phänomen dafür dienen, daß in alledem die Gottesfrage virulent ist, aber das heißt nicht, daß er sich als einen Unversöhnten verstehen müßte, der auf solches Urteil angewiesen ist, als einen Schuldigen, der auf Freispruch wartet. Wer wir sind, geht uns vielmehr erst in der Begegnung mit Jesus Christus selbst auf. Indem dieser Gekreuzigte, der sich hingibt an die Verlorenen, als der verkündigt wird, der von Gott Recht bekommt, erfolgt ein Angriff auf unser Selbstverständnis. Nicht die Fragen, die wir mitbringen, sind der Schlüssel zum Verständnis dieser Christusbotschaft, sondern dieser Jesus Christus stellt uns die Frage, ja, stellt uns total in Frage und gibt zugleich die Antwort auf diese Frage, indem uns gesagt wird, wer wir sind und wer wir sein dürfen. Die in Jesus Christus gefällte Entscheidung ist (wie im folgenden Abschnitt zu entfalten ist) Schuldspruch und Freispruch zugleich.

Wenn (in Kap. I) gesagt wurde, daß die Verkündigung des Wortes Gottes Proklamation eines gültigen Urteils sei, das nicht erst durch uns verifiziert wird, das aber dennoch um unsere Anerkennung und Einstimmung bittet, so ist das alles nur von diesem seinem Inhalt, Jesus Christus, her zu verstehen. Das Eintreten Gottes für den Menschen in diesem Christusgeschehen ist ein »vollendetes Geschehen« (Barth). Es hat sich ohne unser Zutun ereignet – »als wir noch Sünder waren« (Röm. 5,8), ja, gegen die Intention der hier beteiligten Menschen. Das Evangelium ist nicht nur Angebot einer Möglichkeit, die durch unsere Entscheidung erst Wahrheit und Wirklichkeit erhält. Die Auferweckung Jesu von den Toten, d. h. das Ja zu diesem Gekreuzigten ist eine Entscheidung, die ohne unsere Mitwirkung gefallen ist. Weil das Christusgeschehen ein Tatwort Gottes ist, dessen unwiderrufliche Gültigkeit in der Verkündigung bezeugt wird, darum hat das Christusbekenntnis die Gestalt von Ist-Aussagen, nicht nur von Aussagen über die Bedeutsamkeit dieses Geschehens. Obwohl das hier gefällte Urteil auf Einstimmung zielt, d. h. obwohl Christologie immer zugleich Soteriologie und Anthropologie ist, läßt sich Christologie nicht in soteriologische und anthropologische Sätze auflösen. Die Vorgängigkeit und Gültigkeit der hier gefällten Entscheidung darf nicht in Frage gestellt werden. Das rechtfertigt perfektische Aussagen in der Versöhnungslehre. Die Notwendigkeit, das Christusbekenntnis in jeder Zeit neu zu interpretieren, nach dem Gemeinten in den variierenden christologischen Aussagen des Neuen Testaments zu fragen und es in unsre Situation zu übersetzen, darf nicht dahin mißverstanden werden, als ob dieser Name Jesu ersetzbar und die hier gefällte Entscheidung als solche diskutabel sei. So gewiß das Christuszeugnis um unseres Verstehens willen dialogischen Charakter hat, so wenig darf daran gerüttelt werden, daß der Sachgehalt dieses Urteils nicht vom Hörer bestimmt wird. Darum betonen die Reformatoren mit Recht das extra nos des Christusereignisses. Die in dieser Botschaft verkündigte Wirklichkeit geht allen unseren Möglichkeiten, auch unseren Denkmöglichkeiten voraus.

Aber dies extra nos gefällte Urteil Gottes in Christus, das in der Gestalt des verbum externum zu uns kommt, schließt uns ein und will als solches uns betreffendes Urteil erkannt und anerkannt sein. Der Christus extra nos ist der Christus pro nobis und kann nur als solcher begriffen werden. Christologische Aussagen sind nur dann sachgemäß, wenn sie dies beides unverkürzt zum Ausdruck bringen. Zwar ist das Pro nobis nicht *das* dogmatische Prinzip der Christologie, so daß die Analyse des menschlichen Selbstverständnisses als solche den Zugang zum Christusbekenntnis erschlösse. Aber andererseits will die in Christus über uns gefallene Entscheidung Gottes von uns angenommen sein, wir sollen und dürfen ihr zustimmen. Darum erscheint es unangemessen, hier nur von einer vollendeten Geschichte zu reden, sondern es geht um ein Geschehen, das uns in der Verkündigung präsent wird. Um die Ist-Aussage des christologischen Bekenntnisses, an der nicht zu rütteln ist, nicht im Sinne einer Tatsachenmitteilung oder Seinserhellung mißzuverstehen, legt es sich nahe, von dem Urteilscharakter dieser Botschaft zu reden. Denn ein Urteilsspruch, der die zerbrochene Gemeinschaft wieder herstellt, tritt zwar nicht erst durch die Annahme des Betroffenen in Geltung, aber sein Ziel, die Herstellung der Gemeinschaft, ist doch dann erst erreicht, wenn der Betroffene dazu Ja sagt, so daß es zwischen Richter und Angeklagtem zu einer Urteilskonformität kommt. Das Christuskerygma von der geschehenen Versöhnung kann also weder nur in der Form der Erzählung noch nur als abstrakter Entscheidungsruf recht verstanden werden, sondern das Extra nos und das Pro nobis muß verklammert werden, wie es mit dem Begriff des Urteilsspruchs hier versucht wird (s. Exkurs 24: Christus extra nos und pro nobis).

Predigt so, daß deutlich wird, daß das was ohne unseren Einfluß geschehen ist, für uns geschehen ist.

2) Die Gnade im Gericht

Daß Gott in Jesus Christus an unsere Stelle tritt und für uns eintritt, kann nur recht verstanden werden, wenn man bedenkt, daß er hier sein Nein über die Sünde spricht. Indem Paulus von diesem Einen bezeugt, daß in ihm die Sünde im Fleisch verurteilt wird, spricht er von einem über uns alle gefällten Urteil. Man kann von dem Tod Jesu nicht recht als Heilsgeschehen reden, wenn man nicht von dem hier sich offenbarenden Zorn und Gericht Gottes spricht. Hier wird offenbar, wohin der Mensch nach Gottes gerechtem Urteil gehört, d. h. wer er von Haus aus ist. Nicht das Gesetz als solches, sondern das auf diesen Menschen treffende Gesetz und Gericht offenbart unsere Verlorenheit. Man könnte fragen, wieso gerade hier das Wesen des Menschen enthüllt wird. Es gibt so viel Furchtbares in der Menschheitsgeschichte, unfaßliche Grausamkeiten, körperliche Qualen und seelische Leiden bis hin zur tiefsten Verzweiflung, denen gegenüber das Leiden und Sterben dieses Einen wie ein Tropfen am Eimer erscheint. Was geht uns das an, was hier geschah? Wieso werden wir alle hier schuldig gesprochen? Man darf nicht – trotz der dazu verführenden Bilder in der Schrift – an eine sachliche Schuld denken, die wie eine Geldsumme oder eine andere Bußleistung von uns auf Christus übertragen würde. Aber man muß sich ebenso hüten, hier zwar nicht von einer Umstimmung Gottes, wohl aber von einer bloßen Umstimmung des Menschen zu reden, der durch das Beispiel der Hingabe Jesu gewandelt wird. Dann wäre allerdings die Rede von einem Zorn oder Gericht Gottes fehl am Platz. Sünde ist nicht gleich Schuldbewußtsein und Vergebung nicht nur Bewußtseinswandlung.

Man kann von der Annahme ausgehen, daß keine feststehende Theorie von der Bedeutung des Kreuzestodes für die Urgemeinde bereitstand, die nur auf dies Ereignis angewandt zu werden brauchte. Die mannigfachen Bilder und Vorstellungen im Neuen Testament, ob sie nun aus dem juridischen oder kultischen Bereich stammen, von Stellvertretung und Opfer reden oder mit gnostischen Kategorien dies Sterben als ein uns inkludierendes Geschehen deuten, sind Versuche, Antwort zu geben auf die bedrängende Frage nach der Lösung des Rätsel dieses Todes. Wenn Ostern die Gemeinde dazu nötigte, diesen Gekreuzigten als den von Gott Bejahten, als den Kyrios zu bekennen, dann genügte nicht die Vorstellung vom Tode eines Gerechten, wie ihn jüdische Tradition kannte, geschweige denn, daß es sich nur um einen Justizirrtum handeln konnte. Kreuz und Tod Jesu mußten der Gemeinde aus dem Bereich des Zufälligen oder Tragischen herausrücken, sie konnte dies alles nur verstehen als unter einem göttlichen »Muß« stehend, und zwar nicht um seinetwillen, sondern um unsertwillen. Der Gekreuzigte, dem Gott zu Ostern rechtgab, wurde für sie notwendig zur Anklage. Sie verstand den Tod Jesu nicht nur in dem vordergründigen Sinn als peinlichen Zwischenfall, bei dem die Juden sich vergriffen und die Heiden ihn verkannten, also menschliche Bosheit und Torheit der eigentliche Motor dieses Geschehens waren. Sondern wenn es wahr ist, daß Gott auf Seiten dieses Jesus steht, ja, mit ihm sich identifiziert – und das stand der Gemeinde von Ostern her fest –, dann konnte sie das Kreuz nur verstehen als Aktion und Passion Gottes, als den von ihm geradezu gewollten und herbeigeführten Akt der Konfrontation Gottes mit dem Menschen, in dem er sein Recht aufrichtet und seine Sache zum Siege führt.

Vordergründig sah es allerdings so aus, als sei Gott hier der Unterliegende, Jesus muß weichen und wird ausgestoßen. Er ist der Gerichtete, die Menschen sind seine Richter. Aber wenn Gott sich zu diesem Jesus bekennt, dann muß sich das Bild radikal wandeln. Der vermeintliche Sieger ist der Unterlegene, der Richter der Gerichtete. Darin besteht das Gericht, daß die Welt in ihrer Weisheit Gott in seiner »Torheit« nicht erkennt. Hier wird offenbar, was Luther meint, wenn er als kennzeichnend für menschliches Sinnen und Trachten behauptet: hominem non velle deum esse deum! Der Mensch kann Gott nicht wollen, nicht ertragen, er muß ihn, wenn er sich offenbart, wie er ist, ausstoßen und ans Kreuz schlagen. Aber indem er sein Urteil über diesen Gott spricht, fällt er zugleich – ohne es zu wissen – das Urteil über sich selbst. Darum kann niemals der Tod Jesu recht verkündigt werden, ohne daß dies Nein über den Menschen laut wird. Wenn alle menschliche Gerechtigkeit und Frömmigkeit, aller Gesetzeseifer und religiöse Inbrunst es gerade soweit bringen, daß Jesus ans Kreuz geschlagen wird, dann ist der Mensch ein Feind Gottes. Das Wort vom Kreuz, das diesen Sachverhalt aufdeckt und über den Menschen dies Urteil spricht, muß dem »natürlichen« Menschen Ärgernis und Torheit sein. Weil des Menschen Urteil über Jesus und Gottes Urteil über uns so eng ineinandergreifen, weil beides im Kreuze Jesu sich manifestiert, darum ist jede Christologie daraufhin zu befragen, welchen Stellenwert das Kreuz in ihr hat. Denn nur wenn es wie hier um Tod und Leben, um radikales Gericht und darin gerade um Gnade geht, dann nur hat die Predigt von der Rechtfertigung mit ihrem richtenden Nein und ihrem rettenden Ja ihren christologischen Grund.

Wer diesen Zusammenhang sieht, der wird nicht mehr fragen, ob die Botschaft vom Kreuz nicht das schlichte Evangelium Jesu von der Vaterliebe Gottes verdecke, ob z. B. Paulus nicht mit seiner theologia crucis eine

Woher kommt die Vorstellung her, daß Jesus für uns gestorben ist? ⇒ Paulus! Daß wenn einmal Gott sich zu einem Menschen in all seiner Sünde bekennt, er sich zu allen bekennt?

Überfremdung darstelle, da es doch Gott viel besser anstünde, aus freier Liebe einfach zu verzeihen. Gerade diese freie Gnade Gottes, sein durch nichts außerhalb seiner selbst bedingtes oder gar ihm abgenötigtes Lieben, kann sich angesichts der Welt, wie sie ist, nur in diesem Zusammenstoß offenbaren. Denn weil die Welt diese freie Liebe Gottes haßt, darum kommt es zum Kreuz. Darum ist dies Kreuz nicht ein beiläufiges Mißgeschick, sondern angesichts des verborgenen, aber unausrottbaren Gotteshasses des Menschen erweist sich das Kreuz Christi als das Not-wendige, das von Gott Gewollte. Die Gnade kann nicht begriffen werden, ohne daß zugleich der Adressat dieser Gnade enthüllt wird. Dem über sich selbst sich täuschenden Menschen muß die Maske vom Gesicht genommen werden. Er wird hier entlarvt als der Mensch, der selber sein möchte wie Gott, der selbst bestimmen möchte, wie Gott zu handeln habe, und der darum Gott morden muß, wenn er ihm begegnet. Hier wird die Ursünde des Menschen, seine superbia, in der er selbst entscheiden möchte, was gut und böse ist, seine Berufung auf Religion und Ethik als Betrug aufgedeckt. Die Abgründe, die der Mensch durchschreitet, die Greuel der Geschichte, die Ausbrüche menschlicher Bosheit, die er erlebt, können als solche nicht zur Selbsterkenntnis führen. Alle Inhumanität, alle Brudermorde sind bestenfalls Symptome für die wahre menschliche Situation, die in ihrer Tiefe erst da offenbar wird, wo er sich als Gottesmörder entdeckt.

Die Rede von Gottes Zorn und Gericht hat nichts zu tun mit einem Rückfall in unterchristliche Gottesvorstellungen. Das Todesurteil, das hier über den Menschen ergeht, steht nicht im Widerspruch zu der Gnade Gottes. Es ist vielmehr die andere Seite seiner Liebe, das opus alienum, das zum opus proprium gehört wie der Schatten zum Licht. Es ist das verzehrende Feuer dieser Liebe. Gerade die Hingabe Gottes in Jesus an die Welt, sein Sich-preisgeben in der Menschen Hände und unter ihr Urteil, das die Kluft zwischen Gott und Mensch aufdeckt, ist zugleich Offenbarung seiner Gnade. Das Nein, das hier ergeht, steht im Licht des Ja, das Gott hier spricht. Hier waltet keine Dialektik, bei der das Nein mit dem Ja konkurrierte und es in Frage stellte. Indem Gott sich zu diesem Jesus, der für seine Mörder betet, bekennt, offenbart er uns Menschen nicht nur als Gottesmörder, sondern er bestätigt dies Eintreten Jesu für uns als *sein* Eintreten für uns. Darum heißt es, Christus sei nicht gekommen, um die Welt zu richten, sondern um sie zu retten (Joh. 3,17). Wo die Sünde mächtig geworden ist – und wo erscheint sie triumphierender als im Kreuze Jesu? –, da ist die Gnade übermächtig (Röm. 5,20). Darum ist der Grundton, in dem vom Kreuz Christi im Neuen Testament geredet wird, alles andre als pessimistisch, sondern in krassem Gegensatz zu dem uns vertrauten Karfreitagsernst voller Freude und Siegeszuversicht. Dies Kreuz verkündigt, daß Gott nicht gegen, sondern für uns ist. Daraus aber folgt: »Ist Gott für uns, wer mag wider uns sein? Welcher auch seines eigenen Sohnes nicht verschont hat, sondern ihn für uns alle dahingegeben hat – wie sollte er uns mit ihm nicht alles schenken?« (Röm. 8,31ff.) In der Hingabe dieses seines Sohnes ist die Liebe Gottes erschienen (1. Joh. 4,9 bis 10).

Die Bedeutung des Kreuzes als Heilsereignis wird im Neuen Testament, wie die Bilder vom Lösegeld, vom Opfer, von Stellvertretung usw. zeigen, als Befreiung von der Schuld und der Macht der Sünde verstanden, als Aufhebung der Trennung von Gott bzw. als Sieg über die gottfeindlichen Mächte. Es ist begreiflich, daß die Dogmatik mit Vorliebe von der hier geschehenen Versöhnung sprach als von einem in Christi Kreuz geschehenen Perfektum. Hier, wo die Feindschaft gegen Gott ihren Gipfel erreicht, da gerade ist sie überwunden. Gott offenbart sich hier nicht nur, wie er ist, sondern er setzt sich selber hier ein, kämpft diesen Kampf durch bis zum Sieg. Schon die Alte Kirche, aber auch Luther konnten nicht genug den endgültig errungenen Sieg Gottes in Christus hervorheben. Sünde und Tod liegen, wie Luther gern sagt (vgl. Galater-Kommentar 1531/35), nicht mehr auf uns, nicht mehr auf der Welt, sondern auf Christus. Weil uns Gott im Tod Jesu versöhnt hat, als wir noch Feinde waren, darum ist Gottlosigkeit künftig nur noch eine fiktive Möglichkeit. Obwohl Versöhnung keineswegs eine Selbstverständlichkeit ist, keine »billige« Gnade – Gott hat seinen eigenen Sohn, sich selbst, nicht verschont! –, so ist sie doch auf keinen Fall nur eine vage Möglichkeit, die durch unsre Entscheidung erst realisiert würde, sondern eine Wirklichkeit, die sich gegen allen menschlichen Widerstand durchsetzte. Menschliche Mitwirkung an diesem Geschehen der Versöhnung kann immer nur darin bestehen, daß wir helfen, Christus ans Kreuz zu schlagen. Aber gerade darum, weil Gottes Eintreten für uns im Kreuz Christi so ganz ohne, ja, gegen unsern Willen geschah, weil sein Recht sich mitten in unserem Unrecht durchsetzt und aufrichtet, darum ist das hier gefällte Urteil bzw. der hier ergangene Freispruch unwiderruflich.

Andererseits will dies Perfektum der geschehenen Versöhnung nicht im Sinne einer »Heilstatsache«, analog einem historischen Faktum, verstanden werden. Daß Gott im Gekreuzigten handelt, daß Gnade hier im Gericht geschieht, daß das Leben in diesem Tod siegt, das alles ist ein Urteil, das zwar nicht der Glaube des Menschen erst konstituiert, das aber nur im Glauben erkannt und anerkannt werden kann. Daß Gott in Christus die Welt versöhnt hat, bleibt in den Augen des Unglaubens eine Behauptung, für die die menschliche Deckung fehlt. Das Wort vom Kreuz ist das Ja Gottes zum gottlosen Menschen, aber dies Ja kann nur so recht verkündigt werden, daß das verdiente Nein zugleich laut wird. Damit das gefällte und gültige Urteil Gottes in Christus als unverdient begriffen wird, muß das eine Wort vom Kreuz gleichsam in diese beiden Worte auseinandertreten, muß das *vollendete* Geschehen sich als *Geschehen* an mir wirksam erweisen. Deshalb kann Paulus zwar (Röm. 6) auf das endgültige Mit-Christus-Gestorbensein perfektisch zurückschauen, aber zugleich von dem künftigen Mit-Auferwecktwerden reden und dem Perfektum die Paränese anfügen. Die mit Christus Gestorbenen sollen ihre Glieder töten! Das ist nicht so gemeint, als sei der vollbrachten Versöhnung von uns noch etwas hinzuzufügen, es geht aber auch nicht nur um die Zur-Kenntnisnahme einer ontischen Realität, sondern um ein Perfektum, das zugleich Präsens bzw. Futurum und darum auch Imperativ ist. Der Freispruch Gottes in Christus kann nur in seinem richtenden und rettenden Charakter begriffen werden, indem er mich in dies Urteil einstimmen läßt. Die Doppelheit von Widerspruch und Zuspruch, von Freispruch und Anspruch, in der das Wort vom Kreuz uns begegnet, will im Unterschied zu einer Tatsachenmitteilung, einer Seinserhellung oder einem bloßen ethischen Appell zum Ausdruck bringen, daß die Versöhnung Gottes befreiende, nie selbstverständliche, aber uns betreffende, uns einbeziehende und in Bewegung setzende Tat ist (s. Exkurs 25: Typen der Versöhnungslehre u. Exkurs 25a: Zur Kreuzestheologie).

3) Die Erniedrigung Gottes und die Erhöhung des Menschen

Wir haben bisher durchweg von der Erniedrigung des Sohnes Gottes gesprochen, jener Bewegung der Kondeszendenz, in der Gott selbst in Jesus Christus das handelnde Subjekt ist und das Christusgeschehen als seine souveräne Tat ohne Beihilfe, ja, gegen den Willen der Menschen verstanden wurde. Gott versöhnte in Christus die Welt! – an diesem Fundament darf nicht gerüttelt werden. Und doch ist mit dieser Bewegung von oben nach unten noch nicht alles gesagt. Das Versöhnungsgeschehen hat, so gefährlich das auf den ersten Blick nach Synergismus aussieht, noch einen andern Aspekt, bei dem die Partnerschaft des Menschen nun dennoch, wenn auch in völlig abgeleiteter, sekundärer Weise zum Zuge kommt. So wenig bei der Interpretation des Christusgeschehens das vere Deus vom vere homo verschlungen werden darf, so wenig darf andererseits das vere homo in dem vere Deus untergehen. In Jesus Christus tritt Gott für den Menschen ein, aber es geschieht so, daß dieser Mensch Jesus nun ganz für widersprict Erbsündenlehre

Gott eintritt. Der Bewegung von oben nach unten entspricht eine Bewegung von unten nach oben, die zwar in keiner Weise selbständig ist, nicht die erste ergänzt oder gar bedingt, sondern in jener gründet, die aber nicht zu übersehen ist. Die Erniedrigung Gottes in Jesus Christus ist zugleich die Erhöhung, die Beschlagnahmung und Indienststellung des Menschen.

Indem Gott in diesem Menschen Jesus gegenwärtig ist und handelt, wird sein menschliches Wollen und Tun in Gottes Dienst gestellt. In Jesus Christus begegnet uns der für den Menschen eintretende Gott so, daß sich dies sein Menschsein zugleich als ganz und gar Gott gehörig erweist. Darin liegt die Einzigartigkeit dieses Menschen Jesus, daß er diese Einheit mit Gott bewährt, daß ihn keine Versuchung davon trennen kann, daß er bis zum Tode am Kreuz an Gott festhielt und so gerade die Vollmacht Gottes in ihm wirksam erweist. Seine Einheit mit Gott ist kein starrer Zustand, der ihn über alle Anfechtung erhob, sondern in der Geschichte seines Lebens, Leidens und Sterbens hat er – wie es im Hebräerbrief heißt – Gehorsam »gelernt«. Die actio Gottes ist hier gar nicht aussagbar ohne zugleich von dieser ständigen reactio dieses Menschen zu reden. Diese gleichzeitige doppelte Richtung von oben nach unten und von unten nach oben – bildlich gesprochen – in ihrem Miteinander ist die Geschichte Jesu Christi. Beides, diese göttliche actio wie die menschliche reactio sind als solche und in ihrer strengen Entsprechung zueinander freilich nur von Ostern her, im Licht des in der Auferweckung Jesu ergehenden Urteils Gottes zu erkennen.

Das scheint Tür und Tor für eine katholische oder auch neuprotestantische Versöhnungslehre zu öffnen, die an der strengen Unumkehrbarkeit des Gefälles der Gnadenlehre zu rütteln scheint, indem die Mitwirkung eines menschlichen Partners in Anschlag gebracht wurde. Aber es gilt zu sehen, daß diese Unumkehrbarkeit unbedingt festgehalten ist. Wenn davon geredet wird, daß in Jesus der Mensch auf den Plan tritt, der ganz für Gott ist, dann kann das kein erster, sondern nur ein zweiter Satz sein, der ganz in dem andern begründet ist, daß Gott hier für den Menschen eintritt. Umschlossen und getragen von Gottes Tun ist hier alles, was vom menschlichen Tun und Leiden Jesu, von seinem Glauben und Gehorchen gesagt ist. Die Antwort lebt vom Wort, die Beschlagnahmung und Indienststellung des Menschen, d. h. seine »Erhöhung«, lebt ganz von der Erniedrigung Gottes in ihm. Aber dieser zweite Satz ist nun doch nötig. Es gäbe keine Offenbarung Gottes, es käme keine Indienstnahme auch menschlicher Worte in der Verkündigung des Wortes Gottes in Frage, wenn im Blick auf *das* Wort Gottes Jesus Christus, d. h. aber gerade auch im Blick auf das Versöhnungsgeschehen, die These gälte: Gott alles – der Mensch nichts.

Das klingt gerade in der reformatorischen Tradition wie eine verdächtige Neuerung. Denn hier wurde die radikale Verlorenheit des Menschen aus guten Gründen betont. Und diese Tendenz konnte leicht dahin mißverstanden werden, als sei menschliches Wesen grundsätzlich gottwidrig, als sei es – wie Flacius meinte – seiner Substanz nach erbsündig. Daß der Mensch zu seinem Heil nichts beitragen kann, daß er hinsichtlich seiner Rechtfertigung ohne jedes Verdienst ist, konnte zu der Vorstellung völliger Passivität des Menschen in dieser Geschichte der Versöhnung führen. Aber so gewiß der Mensch als Sünder unter dem richtenden Urteil Gottes steht und so gewiß Jesus als an der Sünder Stelle dies erträgt, so wenig besagt das, menschliches Wesen müsse sich von Haus aus, als geschöpfliches, im Widerstreit zu Gott befinden. Weil man die reformatorische Lehre dahin mißverstand, glaubte man sich auf römisch-katholischer Seite zum Anwalt des Menschen, seines nicht ausgelöschten Personseins, seiner Geschöpflichkeit machen zu sollen. Darum bedient man sich einer Anleihe bei natürlicher Theologie, um die menschliche Möglichkeit, Gottes Partner im Heilsgeschehen zu werden, zu begründen. Und weil man den Doketismus in der Christologie fürchtete, darum ereiferte man sich in der neueren Christologie so sehr für den Menschen Jesus. Der Kampf gegen einen metaphysischen Christus fordert heute eine existentiale Interpretation des irdischen Jesus heraus. Das alles ist problematisch, wenn es ein erster und selbständiger Satz der Christologie sein soll. Aber es könnte in alledem – wenn auch in mißverständlicher Weise – die Intention sich melden, die zwar nicht als erstes, wohl aber als zweites und abgeleitetes Wort von uns geltend gemacht wurde. Eine sachgemäße Christologie wie auch Lehre vom Wort Gottes hat nicht nur der Verwandlung der Christologie in Anthropologie energisch zu widerstehen, sondern – gerade um das Nein hier glaubwürdig zu machen – auch innerhalb der Christologie und der Lehre vom Wort Gottes dem Menschen die Stellung zu geben, die ihm hier zukommt.

Es muß also nicht verdächtig sein, wenn vom Menschen Jesus, von seinem aktiven und passiven Gehorsam als einem unübersehbaren Moment des Versöhnungsgeschehens die Rede ist. Man versteht, daß es zu dieser merkwürdigen Literaturgattung der Evangelien kam, in denen von dem Menschen Jesus, seinem Reden und Handeln, seinem Sichbeugen unter Gottes Willen, seinem Versuchtwerden und seinem Beten gesprochen wird. So gewiß die Leben-Jesu-Forschung des 19. Jahrhunderts ein »Holzweg« war, so begreiflich ist es doch, daß man in ihm einen wirklichen

Menschen sehen wollte. Und die Rückfrage nach dem »historischen« Jesus in der heutigen Theologie hat darin gewiß recht, daß sie sich gegen eine Mythisierung dieser Person Jesu wendet. Der Abweg beginnt da, wo man diese menschliche Gestalt Jesu im Unterschied zu den Evangelien isoliert betrachtet und abstrahiert von dem, was auf Grund der Auferstehungsbotschaft zugleich von diesem Menschen Jesus ausgesagt wird im Christusbekenntnis. Protestieren muß man da, wo das Menschsein Jesu, sein Glauben und Gehorchen, zum Zentrum aller Christologie wird, d. h. wenn die theologische Vertikale (die Bewegung von oben nach unten) in eine anthropologische Horizontale und dann sehr schnell in eine entsprechende, umgekehrt verlaufende Vertikale (eine Bewegung von unten nach oben) verwandelt wird, wenn also das eigentliche Subjekt, das hier handelt, aufgelöst und das Prädikat zum Subjekt gemacht wird. Die Eigenart dieses Menschen Jesus ist gerade so nicht zu erfassen, daß man sich auf die üblichen anthropologischen Kategorien beschränkt und das Extra se, von dem her dies Menschsein nur verständlich wird, negiert oder zu einer bloßen Dominante dieses Menschseins macht. Gott und Mensch vermischen sich auch in Jesus nicht so, daß nun sein Menschsein an die Stelle seiner Gottessohnschaft tritt bzw. letztere nur eine Prädizierung des ersteren wird. Aber das heißt nicht, daß vom Menschen Jesus nicht die Rede sein müßte. Im Gegenteil, gerade wenn damit ernst gemacht wird, daß Gott selbst in diesem Menschen Jesus gegenwärtig ist, dann muß dies sein Menschsein, nicht nur in seiner Passivität, sondern auch in seiner Aktivität ernst genommen werden, d. h. es muß, wie von der Erniedrigung Gottes hier die Rede ist, zugleich von der Erhöhung dieses Menschen, seiner Indienstnahme gesprochen werden.

Denn indem Gott sich in diesem Menschen Jesus erniedrigt und das Menschsein Jesu sich in diesem Dienst als williges Organ erweist, wird offenbar, daß menschliches Wesen nicht im Widerspruch zu Gott stehen *muß*. Wo Gott sich des Menschen annimmt, wo er in ihm Wohnung nimmt und ihn zu seinem Wirkungsfeld macht, da ist Großes und Herrliches von ihm auszusagen, da ist er geheiligt für Gott. Er braucht sich dann seiner Schwachheit und Versuchlichkeit nicht zu schämen. Er hat keinen Grund, mit sich selbst zu hadern. Selbst der scheinbar hoffnungslose Weg in Leiden und Tod wird da voller Verheißung, denn es erfüllt sich in der Tat: »Wer sein Leben verliert um meinetwillen, der wird es finden.« In Jesus Christus wird also nicht nur offenbar, wozu Gott fähig ist, indem er in die Tiefe menschlicher Verlorenheit hinabsteigt, sondern auch wozu der Mensch befähigt wird, nicht auf Grund der ihm verbliebenen Qualitäten, sondern infolge der Annahme durch den Gott, der sich mit ihm solidarisch

hieße, daß Jesus verwirklicht hat, was potentiell in jedem Menschen vorhanden ist. Führt letztendlich zum Problem der Prädestination.

macht. Sollten nicht die ständigen verzweifelten Versuche in der Theologie, das Menschsein und Personsein auf Kosten des sola gratia zu Ehren zu bringen mittels einer natürlichen Theologie, letztlich von daher zu verstehen sein, daß in der Tat in der Christusoffenbarung dem Menschen Jesus eine unerhört hohe Rolle zukommt? Der Mensch Jesus ist der Beweis dafür, daß Menschsein nicht Gottlosigkeit bedeutet, sondern daß es aller faktischen Blindheit und Verstocktheit zum Trotz von Haus aus zu Gott gehört. Gerade da, wo es sich nicht eine eigenmächtige, mit Gott konkurrierende Rolle anmaßt, sondern wo es sich von Gott gebrauchen und in Dienst nehmen läßt, da gewinnt es wahre Freiheit.

So ist Jesus Christus im Neuen Testament beides: nicht nur der, der im Namen Gottes an unsere Stelle tritt, sondern auch der Mensch, der uns vor Gott repräsentiert, also nicht nur die Wendung Gottes zu uns hin, sondern auch unsre Wendung zu Gott hin. Beides, Gottes hier ergehendes Ja zu uns und das antwortende Ja des Menschen zu Gott, sind untrennbar, aber nicht austauschbar, sondern das Zweite ist umschlossen vom Ersten. Nur auf Grund dessen, daß es gilt: Gott versöhnt in Christus die Welt, er erniedrigt sich hier, kann von diesem Menschen gesagt werden, daß er ganz zu Gott gehört, ihm dient, zu ihm erhoben wird, ohne daß von einer Apotheose des Menschen die Rede ist. Der Mensch Jesus bürgt dafür, daß Gott, obwohl er des Menschen nicht bedürfte, um Gott zu sein, doch nicht ohne den Menschen sein will, daß er sich nicht ohne ihn, ja, sogar auch durch ihn verherrlichen will, indem er ihn nicht nur rechtfertigt und freispricht, sondern auch heiligt und zu seinem Dienst befähigt. Nicht von einer Vergöttlichung des Menschen ist hier zu reden, wohl aber von einer Verherrlichung oder Erhöhung. Wenn Erhöhung soviel bedeutet wie Gemeinschaft mit Gott und Willigkeit zu seinem Dienst, dann muß man bereits vom irdischen Jesus sagen, wie es das Johannesevangelium tut, daß es solche Verherrlichung ist. Gerade da, wo vor Menschenaugen tiefste Schande und Tod herrschen, da triumphiert diese Doxa. Mag der Historiker mit Recht feststellen, daß der »historische Jesus« unmöglich diese Worte gesprochen und diese Taten getan haben kann, die ihm – im Licht von Ostern – bereits hier als Irdischem zugeschrieben werden, so hat doch das Johannesevangelium darin recht, daß es diesen Menschen bereits mit den Augen des Glaubens in der Einheit mit Gott sieht. Ja, man müßte gegeradezu sagen: Wo ein Mensch gehorsam ist bis zum Tode am Kreuz, da kommt menschliches Wesen zu seiner wahren Bestimmung und Erfüllung, zur Gemeinschaft mit Gott. Indem dieser Mensch Jesus den Verbrechertod unter Gottlosen stirbt, indem er ruft: »Mein Gott, mein Gott, warum hast du mich verlassen?«, ist er so mit Gott geeint, daß der Tod nicht mehr Tod und die Hölle nicht mehr Hölle ist, sondern – scheinbar in schärfstem Widerspruch zu diesem letzten Wort Jesu bei Markus – Johannes ihm das Wort auf die Lippen legen kann: »Es ist vollbracht« (s. Exkurs 26: Erniedrigung und Erhöhung).

c) *Jesus Christus – unsere Zukunft*

1) Der Gekommene – der Kommende

Jesus Christus ist Gottes Selbstoffenbarung und seine für uns gefallene Entscheidung. Das Evangelium ist Botschaft von diesem Geschehen und damit zugleich Anrede an uns, Aufruf zur Anerkennung des hier gefällten Urteils. Aber damit ist noch nicht alles über Jesus Christus als das Wort Gottes gesagt. Auch die dritte Dimension, die wir hinsichtlich des verkündigten Wortes und des zugrundeliegenden Schriftzeugnisses herausstellten, ist in Jesus Christus selbst begründet. Er ist als Gottes Selbstoffenbarung und sein freisprechendes Urteil zugleich die Verheißung der künftigen Erlösung. Jesus Christus ist die Zukunft der Welt.

Das Neue Testament redet von dieser Zukunft Jesu Christi auf sehr verschiedene Weise und in mannigfachen Vorstellungen. Es bedient sich häufig der Bilder und Gedanken, die der Welt spätjüdischer Apokalyptik entstammen. Wir hören von kosmischen und geschichtlichen Katastrophen, vom Schall der letzten Posaune, vom plötzlichen Erscheinen des Menschensohns auf den Wolken mit seinen Engeln, von Auferweckung der Toten und Weltgericht. Es wäre ein gesetzlich-buchstäbliches Verständnis der Schrift, wenn wir an diesen Vorstellungen klebten, die verschiedenen Bilder womöglich zu einem Endgemälde vereinten und eine Zukunftsschau entwürfen, wie sie schon durch die Verschiedenartigkeit der eschatologischen Erwartungen im Neuen Testament unmöglich gemacht ist. Auch hier gilt es, das Gemeinte in dem zeitbedingt Gesagten zu erkennen. Gemeint aber ist auf alle Fälle, daß die Fleischwerdung des Wortes Gottes in Jesus, daß auch seine Offenbarung zu Ostern nicht das Letzte ist, was von Jesus Christus zu sagen ist, sondern daß er als der in Herrlichkeit Kommende erwartet wird.

Was das heißt, läßt sich in der von uns bevorzugten Terminologie in knappster Weise so sagen: Das Urteil, das in Jesu Kreuz und Auferstehung gefällt ist, der hier ergehende Freispruch steht zwar unwiderruflich in Geltung, aber seine Wahrheit kann noch bestritten werden, seine Konsequenzen für alle sind noch nicht gezogen. Noch beugen sich keineswegs alle Knie vor Jesus Christus, wie es in Phil. 2,10 verheißen ist, noch bekennen ihn nicht alle Zungen. Eine herausfordernde, ja, eine lächerliche Behauptung ist es in den Augen der Welt, daß dieser Gekreuzigte recht hat und behalten wird, daß die Sanftmütigen das Erdreich besitzen, daß die, welche ihr Leben verlieren, es finden. Noch ist der Glaube angefochten und kann dem verkündigten Urteil Gottes nur zustimmen in steter Überwindung der Anfechtung. Dies Wort und die erfahrbare Wirklichkeit sind noch keineswegs zur Deckung gebracht, noch scheint der Tod zu triumphieren. Aber das kann und soll nicht so bleiben. Alle Kreatur soll frei werden vom Fluch des Vergehens. Das ist der Sinn der Rede vom kommenden Christus. Das entscheidende Problem der Eschatologie ist die Frage, wie der Gekommene ohne Abschwächung der in ihm geschehenen Versöhnung als der kommende Erlöser erwartet werden kann. Der Zusammenhang zwischen jenem Perfektum und diesem Futurum ist evident zu machen, anstatt eins zugunsten des anderen zu eliminieren oder beides nebeneinander zu stellen in unreflektiertem Wiederholen biblischer Aussagen (s. Exkurs 27: Typen der Eschatologie).

Soviel ist gewiß: Mit einer historischen Betrachtung, die nur den linearen Ablauf der Zeit mit ihrem unwiderruflichen Nacheinander von Vergangenheit, Gegenwart und Zukunft kennt und mit dem Tod als dem Ende aller Dinge rechnet, wird man die Verkündigung des gekommenen und kommenden Christus im Neuen Testament nicht zureichend erfassen. Hier ist die Rede von dem, der als der einmal Gekommene doch nicht vergangen ist, sondern der als der vom Tode Erweckte eine Zukunft ankündigt und bereits impliziert, die alles in der Geschichte Feststellbare und Gewesene transzendiert. Aber auch eine existentiale Interpretation, die in dem eschatologischen Christuszeugnis lediglich die Umschreibung eines neuen Selbstverständnisses sieht und im punktuellen Ereignis des Glaubens alle Linien enden läßt, reicht nicht zu. Nachvollzug und Mitvollzug des eschatologischen Ereignisses im Glauben und Vorwegnahme des eschatologischen Heils kann es nur deshalb geben, weil extra me, längst ehe ich glauben konnte, Gott in Jesus Christus gehandelt hat und darin verbürgt ist, daß er im erwarteten Eschaton in unbestreitbarer und unanfechtbarer Realität handeln wird. Christusverkündigung ist nicht nur Zuspruch und Anspruch im Sinne der Neubestimmung meines Selbstverständnisses, wobei Jesus Christus selbst am Ende zu einer bloßen Chiffre zu werden droht, die das Unableitbare und Kontingente dieses Vorgangs signalisiert, sondern sie ist dies nur als Botschaft von einem perfektischen Handeln Gottes und Ankündigung eines zukünftigen. Geschichte löst sich nicht in Geschichtlichkeit auf, Zukunft nicht in jeweilige Zukünftigkeit meiner Existenz. Die notwendige Entmythologisierung der Rede von der Zukunft Jesu Christi im Neuen Testament darf die Struktur dieser Botschaft nicht dahingehend auflösen, daß die Unterscheidung von Perfektum und Futurum zugunsten eines je neuen Hic et nunc entfällt.

Von dem Christusgeschehen, d. h. von dem in seinem Tod und seiner Auferweckung ergangenen Urteil Gottes kann nur recht geredet werden, indem es als übergreifendes, alle Welt erfassendes Ereignis verstanden wird. Perfektisch allein ist es nicht aussagbar, so wenig wie nur existential-präsentisch. In der Auferweckung des Gekreuzigten ist nicht nur er ins Recht gesetzt, sondern aller Menschen Rechtfertigung proklamiert. In Jesus Christus ist nicht nur sein Tod überwunden, sondern dem Tode überhaupt die Macht genommen. Hier tritt der neue Mensch, der zweite Adam, auf den Plan. Nun gilt: Ist einer gestorben, so sind sie alle gestorben! Aber auch: Ist dieser eine auferstanden, so bedeutet das Leben für alle! In dem Ja, das Gott zu Jesus Christus spricht, wie es zu Ostern offenbar wird, ist die Entscheidung über Mensch und Welt gefallen, die unaufhaltsame, alle geschichtliche Erfahrung transzendierende Konsequenzen hat, die nur im Futurum aussagbar sind. Diese übergreifende Christusbotschaft ist nicht im Sinne einer Idee zu verstehen, die zufällig an dieser Stelle der Geschichte erstmalig aufleuchtet, aber im Grunde ein immer und überall Seiendes aussagt, wie etwa den ständigen Wechsel von Leben und Tod und neuem Leben in dieser Welt. Es geht vielmehr um ein einmaliges und einzigartiges Geschehen, das nicht in das Bild der Wirklichkeit von Natur und Geschichte, wie wir es entwerfen, einzuordnen ist, das aber auch nicht isoliert daneben steht, sondern diese gewohnte Wirklichkeit angreift und unter eine große Verheißung stellt. Man würde diese Botschaft im Kern tangieren, wenn man sie von dieser Verheißung löste. Christus wäre nicht der Erlöser, wenn wir seine Bedeutung auf ein Vergangenes oder Gegenwärtiges beschränkten, d. h. wenn wir – wie Paulus es ausdrückt – allein in diesem Leben auf ihn hofften (1. Kor. 15,19). Es bliebe ein historischer Jesus, an den man nicht glauben kann, oder ein gegenwärtiger Christus, der reduziert würde auf das Maß unsrer Erfahrung. Christusverkündigung, die nicht zugleich Ankündigung dieses Kommenden ist, Glaube, der nicht Hoffnung ist, ein »Schon«, das nicht zugleich Verheißung dessen ist, was noch aussteht, wäre ein Selbstbetrug. Alle gegenwärtige Gewißheit ist Angeld des Künftigen und wartet auf eine umfassende Verifikation in der Zukunft. Wer diese Dimension des Evangeliums vergißt und Christus auf eine vergangene »Heilstatsache« oder eine gegenwärtige Glaubenserfahrung reduziert, der macht die weltumspannende eschatologische Botschaft zu einer Religion neben anderen, mag noch so sehr ihr Absolutheitsanspruch behauptet werden. Wer glaubt, daß der gekreuzigte Jesus ins Recht gesetzt ist, der kann sich nicht bei dem beruhigen, was uns die sog. Wirklichkeit dieser Welt und Geschichte einschließlich der Kirchengeschichte präsentiert, sondern der hofft auf das Kommende. Weit entfernt von einer Zufriedenheit mit dem Bestehenden, wird er sich ausstrecken nach dem, das »vorn« ist, nach dem »vorgesteckten Ziel«, das in Jesus Christus verbürgt ist (vgl. Phil. 3,13 f.). Er bekommt mit Paulus ein Ohr für das Seufzen der Kreatur unter dem Fluch des Vergehens und wartet auf die »Herrlichkeit der Kinder Gottes« (Röm. 8,21).

Daß im Neuen Testament der gekommene Christus als der kommende verkündigt wird, ist unbestreitbar. Läßt sich auch erkennen, weshalb das so ist, d. h. warum die Offenbarung des Auferstandenen zu Ostern nicht zugleich die Manifestation seiner Herrlichkeit vor aller Welt, der sichtbare und unwidersprechliche Sieg über jede gottfeindliche Macht ist? Wenn Gott in Christus die Welt versöhnt hat (2. Kor. 5,18), wenn uns nichts mehr scheiden kann von dieser Liebe Gottes (Röm. 8,35 ff.), wenn dem Tode bereits die Macht genommen ist (2. Tim. 1,10) und Christus alle Macht gegeben ist im Himmel und auf Erden (Matth. 28,18), dann scheint doch das Eschaton bereits Gegenwart zu sein. Warum bricht sich diese Herrschaft Christi nicht sieghaft Bahn, so daß jeder Widerspruch verstummen muß und alle Kreatur ihn anbetet? Wir finden im Neuen Testament die Auseinandersetzung mit solchen, die in der Tat jedes »Noch nicht« der Erlösung bestreiten und behaupten, die Auferstehung der Toten sei bereits geschehen (vgl. die enthusiastischen Gnostiker in Korinth). Dem widerspricht der Apostel Paulus in aller Härte, indem er darauf hinweist, daß Christus noch im Zeichen des Kreuzes regiert und seine Boten durch die Verborgenheit seiner Herrschaft angefochten sind. Warum dies »Noch nicht«?

Der Grund liegt nach dem Zeugnis des Neuen Testaments nicht in einer Unvollkommenheit der geschehenen Offenbarung, geschweige denn, daß Gott sich gleichsam verrechnet habe und der Widerstand der Welt unerwartet stark ist. Es ist vielmehr Gottes ausdrücklicher Wille, sich durch »törichte« Predigt, durch die anstößige und bestreitbare Verkündigung des Gekreuzigten zu offenbaren. Gott tritt in Jesus nicht wie ein Usurpator auf, der sich gewaltsam die Erde unterwirft und alle zur Anerkennung zwingt, er überführt uns nicht, sondern er bittet um unser freies Ja. Gott will keine Sklaven, sondern Kinder, die ihm ohne Zwang gehorchen, überwunden allein durch die Macht seines Wortes und Geistes. Dem Glauben ist das Schauen verheißen, aber ein Schauen ohne Glauben könnte nur Gericht sein. Darum heißt es bei Johannes: »Wenn du glauben würdest, du solltest die Herrlichkeit Gottes sehen« (Joh. 11,40), aber zugleich: »Selig sind, die nicht sehen und doch glauben« (Joh. 20,29). Zwischen Versöhnung und Erlösung besteht ein unlöslicher Zusammenhang, weil der gekommene Christus der kommende ist. Aber es muß zugleich zwischen beiden unterschieden und das unumkehrbare Verhältnis beider zueinander festgehalten werden. Denn nur als Versöhnte können wir erlöst, nur als Gerechtfertigte auch aller seiner Gaben teilhaftig werden. Eine Eschatologie, die das nicht beachtet und das heute uns zugesprochene Heil gering achtet gegenüber einer erwarteten Veränderung der Verhältnisse, wird ebenso in die Irre gehen wie eine Glaubenslehre, die alle Wege bei dem sich neu verstehenden Individuum münden läßt.

Die Frage, warum die zu Ostern bereits Gegenwart gewordene Zukunft Jesu Christi sich nicht wie eine Sturzwelle über alle Welt ergießt, weshalb das Licht nicht blitzartig in alle Enden der Welt leuchet und die Gemeinde noch angefochten ist, auf Glauben und nicht auf Schauen gestellt, wirft K. Barth ausdrücklich auf, um sie mit dem Hinweis darauf zu beantworten, daß hier nicht Zufall oder sinnloses Schicksal waltet, sondern Gottes gnädiger Wille. Er will sein Werk nicht vollenden, ohne der versöhnten Kreatur, dem Partner des Bundes, das Wort zu erteilen. »Der Weg zwischen dem Anfang und der Vollendung seiner Gegenwart, die Distanz zwischen dem Ostertag und dem Tag des Abschlusses seiner Wiederkunft, die er durchmißt und die mit ihm auch sie zu durchmessen hat, ist die große der Kreatur von ihm gegebene Gelegenheit, in Freiheit in seinen Dienst zu treten« (KD IV/3, S. 384 f.). Die Erwartung des kommenden Christus gründet also nicht in einem blinden Akzeptieren biblischer eschatologischer Aussagen, sie ist nicht Unterwerfung unter ein uns hier aufgezwungenes Gesetz, sondern auch hier ist das credere ein intelligere, d. h. der Glaube vermag zu artikulieren, warum er zugleich Hoffnung ist. Die in Jesus Christus gefallene und in der Verkündigung proklamierte Entscheidung Gottes für die Welt kann und will nicht wie ein Tatbestand konstatiert werden, sie legt sich auch nicht wie ein zwingendes Gesetz auf uns, sondern sie will in Freiheit aufgenommen werden und uns Raum und Zeit zur Antwort geben.

2) Versöhnung und Erlösung

Daß der Glaube eine Zukunft Jesu Christi erwartet, die sein Gekommensein ins Fleisch transzendiert, daß also die verheißene Manifestation Jesu Christi nicht dasselbe ist wie seine Offenbarung in der Geschichte, auf die sich der Glaube gründet, heißt nicht, es bestehe hier ein Widerspruch. Wie der Auferstandene nach Joh. 20,25 die Nägelmale an seinen Händen trägt, so wird auch von dem erwarteten, in Herrlichkeit kommenden Christus als dem »Lamm, das erwürgt wurde«, gesprochen (vgl. Offb. 5,12), d. h. der Erniedrigte und der Erhöhte, der Gekommene und der Kommende sind identisch. Zwar wird an Stelle des Glaubens das »Schauen« treten, aber es heißt 1. Joh. 3,2: »Wir werden *ihn* sehen, wie er ist.« Die in Jesus Christus bereits gefallene Entscheidung, die in ihm offenbarte Liebe Gottes ist unwiderruflich. Eine andere Wahrheit, eine Infragestellung oder Zurücknahme des hier Zugesagten ist in alle Ewigkeit nicht zu erwarten.

Gott hat sich hier bereits ein für allemal definiert als der, der er ist, der er war und sein wird. Insofern ist von einer Endgültigkeit der Offenbarung zu reden. Wenn auch dies Evangelium dem Unglauben unbegreiflich ist und töricht erscheint, so heißt das doch nicht, daß es als solches dunkel und unfaßlich sei. Deshalb sagt Paulus (2. Kor. 4,3f.): »Ist nun unser Evangelium verdeckt, so ist's in denen, die verloren werden, verdeckt, bei welchen der Gott dieser Welt der Ungläubigen Sinn verblendet, daß sie nicht sehen das helle Licht des Evangeliums von der Herrlichkeit Christi, welcher ist das Ebenbild Gottes.« Darum kann Luther von einer äußeren Klarheit (claritas externa) der heiligen Schrift reden und Erasmus entgegenhalten: »Denn was kann für ein solches Geheimnis noch verborgen sein in der Schrift, dieweil nun die Siegel sind aufgetan (Offb. 6,1), der Stein vom Grabe gewälzt und das höchste Geheimnis herfürgetan ist, daß Christus, der ewige Sohn Gottes, Mensch sei (Hebr. 2,14.16), daß ein ewiger Gott sei in drei Personen, daß Christus für uns gestorben ist (Röm. 4,25) und ewig im Himmel regiert (Mark. 16,19)?« (De servo arbitrio, Münchener Lutherausgabe, 1. Ergänzungsband, S. 13)

Die Eschatologie bekommt einen verkehrten Akzent, wenn sie sich auf Kosten der geschehenen Offenbarung oder doch unter Abschwächung des Wunders der Fleischwerdung und des Kreuzes Jesu Christi als die eigentliche Thematik der Theologie präsentiert. Die geschehene Versöhnung ist dann eine Art Auftakt der kommenden Erlösung, das offenbarte Wort nur ein Vorwort der eigentlichen künftigen Offenbarung Gottes. Statt auf die Stimme zu hören, die den Freispruch des Gottlosen verkündigt, in der sich uns Gottes Herz erschließt, schauen wir dann gleichsam auf die Gaben in seinen Händen, auf die erwartete sichtbare Veränderung der Welt. Die Kindschaft scheint zu verblassen gegenüber der erwarteten Erbschaft. Nicht daß Gott sein gnädiges Recht aufrichtet, sondern daß der Mensch heil und glücklich wird, wird dann ausschließlich interessant. Aber alle eschatologische Erwartung kann ihre Begründung und Legitimation nur von der geschehenen Offenbarung hernehmen. Das Christusgeschehen darf nicht als ein Glied im Rahmen eines Geschichtsprozesses oder primär als Ankündigung eines Geschichtszieles verstanden werden, sondern es geht hier um die Selbstoffenbarung Gottes und sein unwiderrufliches Eintreten für Mensch und Welt, um den seinerseits bereits vollzogenen Friedensschluß. Nur auf Grund der geschehenen Versöhnung und unter Respektierung der Endgültigkeit der hier gefallenen Entscheidung ist sinnvoll von der künftigen Erlösung zu reden (s. Exkurs 28: Zur »Theologie der Hoffnung«).

Wenn der verheißene Erlöser identisch ist mit dem gekommenen Versöhner, dann kann kein Eschaton erwartet werden, das im Widerspruch stünde zu dem Heilsgeschehen. Daß in den Synoptikern Jesus die Stellung, die man zu ihm und seinen Worten einnimmt, mit der Stellung zum eschatologischen Menschensohn bzw. dessen Stellung zu uns identifiziert, das ist – wie es auch mit der Historizität dieser Worte stehen mag – von großer Relevanz. Aber auch solche Worte sind nicht nur Mahnung und Warnung, sondern zugleich Verheißung, wenn zwischen dem jetzt und einst ergehenden Urteil keine Diskrepanz ist. Das widerspricht der Vorstellung, welche nicht nur manche apokalyptischen Bilder, sondern vor allem auch die mittelalterlichen Ausmalungen des Jüngsten Gerichts als dies irae nahelegen: als ob die Zeit der Verkündigung des Evangeliums eine Art Moratorium sei, auf die ein Eschaton folge mit dem unerbittlichen Gericht nach den Werken. Das Heilsgeschehen könnte dann als eine Episode erscheinen, während im übrigen das Gesetz als oberste Maxime gelte. Neben oder über dem verkündigten Freispruch Gottes stünde dann doch ein anderes, endgültiges Wort Gottes, durch das er in Frage gestellt wäre. Der gekreuzigte und auferstandene Christus wäre dann nicht »Ebenbild des unsichtbaren Gottes« (Kol. 1,15), sondern nur seine vorübergehende Erscheinung. Es könnte nicht im strengen Sinn von dem Fleischgewordenen gelten: »Wer mich sieht, der sieht den Vater« (Joh. 14,9).

Die Rede vom Jüngsten Gericht ist aber kein Fremdkörper in der Verkündigung des Evangeliums. Sie steht nicht im Widerspruch zur Botschaft von der Rechtfertigung, sondern sie ist deren Konsequenz, wenn an der Identität des Versöhners und Richters festgehalten wird. Treffend redet der Heidelberger Katechismus von der Tröstlichkeit der Wiederkunft Christi: »daß ich in aller Trübsal und Verfolgung mit aufgerichtetem Haupt eben des Richters, der sich zuvor dem Gerichte Gottes für mich dargestellt und alle Vermaledeiung von mir hinweggenommen hat, aus dem Himmel gewärtig bin« (Frage 52). Die Rechtfertigung wäre ja mißverstanden, wenn sie als schwächliches Verzeihen gedeutet würde. Mit dem Ja Gottes zum Gottlosen ergeht zugleich sein Nein zu aller Gottlosigkeit. Die Erwartung des jüngsten Gerichts erhofft die unwiderrufliche Manifestation der Ohnmacht des Bösen, die endgültige und unbestreitbare Aufrichtung der Gerechtigkeit Gottes, die der Glaubende, auch wenn sie sich gegen seine eigenen bösen Taten richtet, nicht fürchtet bzw. vermieden sehen möchte, sondern nur bejahen kann. Was jetzt bereits durch das Evangelium verneint und ausgeschlossen ist, das wird als endgültig gerichtet und abgetan für alle ans Licht treten, der Triumph der Gnade über den Zorn, den heute bereits der Glaube bekennt, wird für alle offenbar und wirksam werden.

Die Botschaft von dem kommenden Christus ist also ein befreiendes Wort, das die Gnade Gottes nicht einschränkt, sondern bestätigt und ihre Konsequenzen unterstreicht. Wenn es wirklich Gott selbst war, der in Christus die Welt versöhnte, wenn es sein eigenes Wort ist, das im Evangelium verkündigt wird, dann kann es nicht auf die Dauer verborgen bleiben. Die Sorge, diese Botschaft könne verstummen, die Welt könne sich dem Urteil entziehen, es sei eine verlorene Sache, deren man sich schämen müsse, wird durch diese Ankündigung Jesu Christi als des Weltenrichters widerlegt. Wenn sich (nach Phil. 2,10 f.) aller Knie ihm beugen und alle Zungen ihn als Herrn bekennen sollen, dann steht offenbar die ganze Welt im Licht dieser großen Verheißung.

Aber damit scheinen sich andre Aussagen im Neuen Testament zu stoßen. Wird nicht an manchen Stellen von einem doppelten Ausgang geredet? So wird z.B. in dem großen Gleichnis vom Jüngsten Gericht (Matth. 25,31ff.) deutlich zwischen »Schafen« und »Böcken«, zwischen denen zur Rechten und denen zur Linken unterschieden. »Wer nicht glaubt, wird verdammt werden«, heißt es Mark. 16,16. Ja, von einer Sünde wider den heiligen Geist ist die Rede, die weder in dieser noch in der künftigen Welt vergeben werde (Matth. 12,32). Legt sich an solchen und ähnlichen Stellen nicht der Eindruck nahe, die Ankündigung des kommenden Richters stehe in Spannung zur Verkündigung des gekommenen Versöhners, sie begrenze und relativiere das Gnadenangebot? Aber man darf dabei nicht übersehen, daß die Verkündigung des Heils immer zugleich das richtende Nein lautwerden läßt. Daß außerhalb Christi kein Heil ist sondern Unheil, darüber läßt allerdings das Neue Testament keinen Zweifel. Eben dies schärft auch die Rede vom jüngsten Gericht mit letztem Ernst ein. Aber das heißt nicht, daß wir sie als Beschreibung des Endes verstehen müßten, und zwar im Sinne einer Scheidung von zwei Gruppen Menschen, die auf alle Fälle festgelegt wären, anstatt sie als Ruf zur Buße und zum Glauben an uns selbst aufzufassen. Wenn der kommende Richter identisch ist mit dem gekommenen Versöhner und wenn hinter dem offenbarten Heilswillen Gottes kein andrer verborgener Wille steht, der ihm widerspräche, dann kann nicht postuliert werden, daß der Platz zur Linken besetzt sein müsse. Jedenfalls ist in einer Theologie, die den Anredecharakter des Wortes Gottes nicht außer acht läßt, kein Raum für die aus der Zuschauerhaltung gestellte Frage, ob Menschen verloren gehen, sondern alle Ankündigung des kommenden Gerichts unterstreicht, was die Verkündigung des Evangeliums uns zuruft: »Tut Buße und glaubt an das Evangelium!« (Mark. 1,15).

Heißt das, eine Seligkeit aller, eine Apokatastasis panton, zu lehren?

Ohne Zweifel könnten manche Stellen in der Schrift in diesem Sinn verstanden werden, wenn man sie dem Wortlaut nach nimmt. Aber auch hier ist vor einer Deutung im Sinn einer konstatierenden Aussage zu warnen, wenn anders das verkündigte Wort Gottes Botschaft, Zuspruch und Ankündigung in *einem* ist. Die berechtigte Intention in der Lehre von der Apokatastasis ist gewiß, die Kirche darin zu bestärken, daß sie den Freispruch Gottes als gültige Entscheidung allen Menschen verkündigt und keinen davon ausschließt, nicht aber soll sie zu Spekulationen neben dem Hören auf das verkündigte Wort anregen. Daß das Evangelium eine »Kraft Gottes zur Rettung allen Glaubenden« ist, wie Paulus Röm. 1,16 formuliert, sagt noch nichts darüber, wann und wo Gott diesen Glauben wirkt. Das entzieht sich letztlich unsrer Feststellung, und wir können nur darauf vertrauen, daß auch hier unser Kleinmut in überraschender Weise beschämt werden wird. Denn: »Gott hat alle unter den Unglauben beschlossen, auf daß er sich aller erbarme« (Röm. 11,32).

Gegen K. Barths Erwählungslehre ist öfter der Einwand erhoben worden, daß sie zwangsläufig auf eine Lehre von der Apokatastasis panton zusteuere. Dieser Eindruck kann tatsächlich entstehen, wenn man hört, daß Jesus Christus der eine Erwählte und der eine Verworfene sei, so daß alle in ihm erwählt sind und aller Verwerfung in ihm verworfen ist (KD II/2). Die hier gefallene Entscheidung wird nicht durch unsern Glauben erst gültig, kann aber ebenso nicht durch unsern Unglauben rückgängig gemacht werden, so daß die Unterscheidung zwischen Glaubenden und Nicht-glaubenden (bzw. Noch-nicht-glaubenden) relativ wird. Auf keinen Fall könne postuliert werden, daß auch die Hölle bevölkert sein müsse, sondern der Unglaube ist für Barth die ausgeschlossene Möglichkeit, die keine Verheißung hat. Aber es muß bei alledem bedacht werden, daß auch Barth keine Apokatastasis lehrt. Die Gnade Gottes ist für ihn kein Prinzip, die Erwählung keine einstmals von Gott gefällte Entscheidung, die ihn zum Gefangenen seines früheren Entschlusses machte, womöglich noch im Sinne einer Aufteilung in zwei Menschengruppen. Sie ist vielmehr ein alle Zeit übergreifendes Geschehen, von dem nicht nur in perfektischen und präsentischen sondern auch in futurischen Sätzen zu reden ist. Darum kann Barth nicht nur in aller Eindeutigkeit von dem »offenen Himmel« und der »verrammelten Hölle« reden, sondern auch von der »offenen Situation der Verkündigung«.

Der Identität des kommenden Christus mit dem gekommenen scheinen die Hoheitsaussagen des Neuen Testaments zu widersprechen, die dem erwarteten Herrn eine Herrscherstellung zusprechen, wie sie Jesus von Nazareth offenbar niemals beanspruchte, auch wenn man seine Vollmachtsaussagen in Rechnung stellt. Wenn dieser Kommende als der Kyrios schlechthin sich offenbaren soll, als der Überwinder des Todes und der Befreier der Kreatur von dem Fluch des Vergehens, dann scheint das wenig zu dem zu passen, was vom Fleischgewordenen und Gekreuzigten zu sagen ist. Wir sprechen von einem Wiederkommen in Herrlichkeit im Unterschied zu seinem Gekommensein in Niedrigkeit, von einer unwiderstehlichen Durchsetzung seines Rechtes im Unterschied zur Offenbarung der Gerechtigkeit Gottes in der Gestalt des Leidenden und Gekreuzigten. Läßt sich beides vereinen oder ist solche Rede von dem in Herrlichkeit Kommenden nicht am Ende kennzeichnend für eine theologia gloriae, die im Widerspruch zu einer rechten theologia crucis steht? Schwerwiegender als alle Einwände, die in solchen eschatologischen Aussagen lediglich Restbestände einer mythologisierenden Rede sehen, die sich zu sklavisch an biblische Vorstellungen klammert, ist dieser theologische Einspruch. Gottes Herrlichkeit offenbart sich doch gerade in der Schande des Gekreuzigten. Hier – so betonten wir immer wieder – geht es nicht um eine Episode, sondern hier offenbart und »definiert« sich Gott als der, der er ist. Weshalb sollen wir aber dann noch ausschauen nach einer Offenbarung in direkter, jeden Widerstand brechender Weise? Sollte nicht auch hier das Wort gelten, das dem Apostel Paulus als Antwort auf seine Bitte um sichtbare und spürbare Rettung aus Not zuteil wurde: »Meine Gnade ist dir genug, denn meine Kraft ist in der Schwachheit wirksam« (2. Kor. 12,9)? Der Glaube spricht doch mit dem 73. Psalm: »Wenn ich nur dich habe, so frage ich nicht nach Himmel und Erde ...«, anstatt nach sichtbarer Bestätigung und äußerer Manifestation der Macht Gottes zu spähen. Er sieht in der Erniedrigung des Gekreuzigten die Hoheit Gottes am Werk und vernimmt unter dem richtenden Nein das heimliche göttliche Ja. Gott will doch keinen erzwungenen Dienst, sondern das freie Ja des Gehorsams, das nur in Überwindung der Anfechtung für uns möglich ist. Statt uns mit seiner Macht zu erschlagen, will er uns mit seiner Liebe überwinden.

Eine solche scheinbar tiefsinnige und konsequente theologia crucis muß sich aber fragen lassen, ob sie nicht einem Kurzschluß erliegt. Daß der erniedrigte Jesus der erhöhte Christus ist, heißt nicht, daß Erniedrigung gleich Erhöhung sei. Daß des wahren Gottes Herrlichkeit, die Herrlichkeit seiner Gnade, sich gerade in der Herablassung zum Gottlosen offenbart, daß er dazu fähig ist und dies seinem innersten Wesen entspricht, bedeutet nicht, daß Gott sozusagen der Gottlosigkeit bedurfte, um wahrer Gott zu sein. Zwar will er dem Gottlosen so und nicht anders begegnen. Aber das darf nicht zu dem Schluß führen, in Gott selbst sei ein Mangel, also nicht nur Licht, sondern auch Finsternis. Zwar kann Paulus sagen, daß gerade da, wo die Sünde mächtig geworden ist, die Gnade umso mächtiger geworden sei (Röm. 5,20). Und der Glaube vermag zu erkennen, daß gerade der Erniedrigte und Gekreuzigte der Offenbarer der Herrlichkeit Gottes ist, daß im Gericht Gnade ergeht, daß das Wort Gottes in zwei sich scheinbar widersprechenden Worten verkündigt wird. Dennoch ist das Paradox nicht das letzte Wort. Daß nach dem Zeugnis des Evangeliums derselbe

Jesus, der mit den Elenden solidarisch wurde und am Galgen starb, dennoch Macht über Sünde und Krankheit hat, daß in seinem Wirken bereits Zeichen der anbrechenden Gottesherrschaft erkennbar waren, das ist kein Widerspruch. Diese paradoxe Kampfesgeschichte ist doch bereits Siegesgeschichte, denn ihr Sinn und ihr Ausgang ist eindeutig. Wir haben also kein Recht, von einem Paradox in Gott selbst zu reden, von einem Widerspruch in seinem Willen. Daß Gott sich in Jesus in die Fremde und Gottesferne begibt, heißt nicht, er stehe gleichsam mit sich selbst im Konflikt. Gottes richtendes Nein steht nicht gleichgewichtig neben seinem rettenden Ja, sondern es ist, wie Luther immer wieder betont, sein fremdes Werk, das im Dienst des eigentlichen Werkes steht. Von Gottes Zorn kann nicht in demselben Sinn wie von seiner Gnade gesagt werden, er währe ewiglich. Darum bedarf eine Lehre vom Worte Gottes nicht nur der paradoxen Rede von Offenbarung in der Verborgenheit, von der Gnade im Gericht, sondern auch der Unterscheidung von Verheißung und Erfüllung, d. h. der Ankündigung dieser unparadoxen Offenbarung im Eschaton.

Die Rede von dem in Herrlichkeit kommenden Christus verheißt also, daß die Offenbarung der Liebe Gottes, die uns jetzt nur in Gestalt eines paradoxen synthetischen Urteils zugänglich ist, als analytisches Urteil, d. h. in unwidersprechlicher Evidenz manifest werden soll. Das ist keine Einschränkung oder Zurücknahme dieser frohen Botschaft, sondern vielmehr ihre Bestätigung und Validierung. Gottes Güte währet ewiglich, das heißt, sie bedarf nicht eines bleibenden Schattens der Sünde und des Todes, um sich als das zu erweisen, was sie ist. Sie kann und wird als das Licht ohne Schatten leuchten, als Leben ohne Tod, als Macht ohne Gewalt. Sie kennt ein Gehorchen ohne Zwang, einen Lobpreis ohne Sünde, ein Miteinander von Gott und Kreatur ohne Widerspruch, einen freien Menschen und eine befreite Schöpfung, die der freien Gnade Gottes entsprechen. Das in Christus gesprochene Ja Gottes zur Welt wird sich in umfassendem Sinn als das Wort erweisen, das tut, was es sagt. Die verheißene Erlösung wird der geschehenen Versöhnung nicht widersprechen, sie nicht korrigieren oder in Frage stellen, sondern endgültig und unwidersprechlich verifizieren und insofern allerdings überbieten, als Wort und erfahrbare Wirklichkeit zur vollen Deckung kommen.

3) Der Kommende als der im heiligen Geist Gegenwärtige

Daß der kommende Christus erst unbestreitbar offenbaren wird, wer der gekommene ist, bedeutet ohne Zweifel, daß wir die Verborgenheit der Offenbarung Gottes im Fleischgewordenen unsrerseits nicht aufheben können. Die Rede von der Selbstoffenbarung Gottes in dem gekreuzigten Jesus scheint eine bloße Behauptung zu sein. Daß uns ausgerechnet in solcher Ohnmacht Gottes Herrlichkeit begegnet, daß er in solcher Weise sein Recht aufrichtet, ist für uns eine unerträgliche Zumutung. Daran ändert auch die Osterbotschaft nichts, denn – wie Lessing mit Recht sagt – erzählte Wunder sind noch keine erlebten Wunder. Daß in Jesu Kreuz das gültige Urteil über alle Welt gefällt sei, daß hier Gnade im Gericht ergehe, ist dem »natürlichen« Menschen nichts als Ärgernis und Torheit. Der Hinweis auf ein Eschaton, in dem Wort und Wirklichkeit sich decken werden, könnte als solcher als ein ungedeckter Wechsel auf Zukunft erscheinen.

Kein Wunder, daß die Geschichte der Theologie und der Kirche voll ist von Versuchen, hier eigenmächtig zu vermitteln, die Verborgenheit dieser Offenbarung aufzuheben, den scheinbaren Widerspruch zu lösen und die Zukunft eigenwillig vorwegzunehmen. Aber so wenig wir das Dunkel des Karfreitags erhellen und zwischen dem irdischen Jesus und dem erhöhten Christus von uns aus eine Brücke schlagen können, die den Glauben trägt, so wenig das im Kreuz ergehende Nein über alle menschliche Gerechtigkeit abzuschwächen ist und eine Würdigkeit des Menschen festgehalten werden kann, die das unverdiente Ja, das im Kreuz ergeht, rechtfertigen könnte, ebenso wenig kann von uns der Graben zwischen Verheißung und Erfüllung, zwischen Gegenwart und Zukunft überbrückt werden. Das Urteil, daß Jesus der Christus ist, der Erniedrigte der Erhöhte, der Richter der Freisprechende, dieser Gekommene der Kommende – dies alles läßt sich jeweils nur in zwei Worten sagen, deren Einheit von uns nicht aufweisbar ist. Hier stoßen wir an die Grenze aller Hermeneutik wie aller Dogmatik. Gewiß hat die Theologie die Aufgabe, in deutlichen Worten und klaren Begriffen darüber Auskunft zu geben, wer Jesus Christus nach dem Zeugnis der Schrift ist. Sie kann und soll den Inhalt der christlichen Botschaft in Auseinandersetzung mit unseren Denkvoraussetzungen und Verstehensmöglichkeiten so interpretieren, daß der Hörer nicht vor einem Absurdum steht, sondern einem klar vernehmbaren Zuspruch und Anspruch. Aber sie kann es in Treue zu ihrem Gegenstand nur so tun, daß sie die Selbstbestätigung, die dies Wort als Gottes Wort sich vorbehält, nicht für sich selbst in Anspruch nimmt. Christologische Sätze sollen wohl das in sich Sinnvolle, das von ihrem Gegenstand her Einleuchtende des Christuszeugnisses aufzuzeigen versuchen, nicht aber seine Glaubwürdigkeit oder gar Denknotwendigkeit beweisen wollen. Die Unterordnung unter einen abstrakt einsichtigen Verstehenszusammenhang und die Beurteilung dieser Botschaft mittels eines an sie herangetragenen Verstehensprinzips ist uns versagt. Ja, wir müssen damit rechnen, daß Jesus Christus, je mehr wir uns bemühen und je besser wir es lernen, ihn verstehbar und erkennbar zu bezeugen, umso unbegreiflicher vor unsern Augen steht und der Anstoß an ihm unüberwindlich wird. Was hilft uns dabei die Verheißung, daß er sich einst aller Welt unwidersprechlich als der Herr offenbaren wird?

In der Tat kann keine Theologie und keine Verkündigung diesen Graben überspringen. Keine noch so direkte Berufung auf den Auftrag und die Verheißung Jesu Christi: »Wer euch hört, hört mich« (Luk. 10,16), keine noch so massive Absolutionsformel und kein sakramentales Insistieren auf der leibhaftigen Gegenwart Christi im Abendmahl vermag über die Wirkung dieses Wortes zu verfügen. Auch im neuen Bund steht die Kirche insofern immer noch in der Erwartung, im Advent, als sie die Verifikation ihrer Botschaft ihrem Herrn selber überlassen muß. Die Zusage der in Christus erfüllten Verheißung ist immer zugleich Ansage der von ihm verheißenen Erfüllung. Gott tritt seine Vollmacht nicht an die Kirche ab, sondern bleibt selbst Herr seiner Offenbarung.

Aber es genügt nicht, auf diese von uns nicht zu übersteigende Schranke hinzuweisen und zu vertrösten auf ein Kommen Christi in Herrlichkeit, das alle Rätsel löst. Vom Kommen Jesu Christi redet das Neue Testament nicht nur im Blick auf sein einmaliges Gekommensein und seine verheißene Wiederkunft, sondern auch im Blick auf sein Kommen in der Gegenwart, seine Selbstbezeugung im heiligen Geist. Damit ist nicht eine Fortsetzung seines damaligen Kommens, auch nicht eine Vorwegnahme seines künftigen Kommens gemeint, sondern eine Parusie eigener Art: Die gegenwärtige Selbstkundgabe Jesu Christi, in der er den Anstoß an ihm überwindet, die zwei Worte des christologischen Bekenntnisses als Einheit erkennen läßt und den Glauben wirkt. Wenn das Wort der Zeugen nicht leer zurückkommt, wenn die christliche Gemeinde auf Erden nicht untergeht, wenn Menschen zur Erkenntnis der Wahrheit des Evangeliums und zu freiem Gehorsam ermächtigt werden, so deshalb, weil rechte Verkündigung unter dieser Verheißung der Gegenwart Jesu Christi steht, seines Kommens im heiligen Geist.

Der heilige Geist steht bei Paulus nicht neben Christus oder neben dem Wort, sondern er ist die irdische Gegenwart des erhöhten Herrn selbst und seine Wirksamkeit. »Christus anziehen« heißt zugleich: den Geist empfangen. Christus selbst kann gelegentlich Geist, lebendigmachender Geist genannt werden (vgl. 2. Kor. 3,17; 1. Kor. 15,45). Der heilige Geist beschlagnahmt den Menschen total, fügt ihn in den Christusleib, die Gemeinde ein. Er beschränkt sich nicht auf das sog. Geistige, sondern greift auch ins Leibliche hinein, obwohl er keine Naturkraft ist, sondern personhaft wirkende Macht. Auch bei Johannes ist der Geist der im Wort gegenwärtige Christus. Dennoch fallen Christus und der Geist bzw. der Paraklet hier nicht einfach zusammen. Der Geist verherrlicht Christus, erinnert an seine Worte. Er bringt inhaltlich nichts Neues, aber er macht Christus gegenwärtig an uns wirksam, schafft die neue Geburt. Bei Paulus und Johannes sind bereits in nuce die Probleme angestoßen, die in der späteren kirchlichen Lehre vom heiligen Geist reflektiert wurden. (In der Apostelgeschichte des Lukas ist der heilige Geist offenbar nicht einfach identisch mit der wirkenden Kraft Christi, sondern eher zusätzliche Gabe und Legitimation zur Mission, wodurch zugleich die Gültigkeit und Wirksamkeit der apostolischen Verkündigung und Tradition bestätigt wird.)

Was besagt es, wenn Christus mit dem heiligen Geist identifiziert werden kann, aber dennoch auch von ihm unterschieden wird? Nicht alles, was von Jesus Christus bezeugt wird – seine Fleischwerdung, sein Kreuz und seine Auferweckung, seine Wiederkunft –, kann vom heiligen Geist gesagt werden. Aber mit heiligem Geist ist auch nicht nur eine Wirkweise Jesu Christi bezeichnet. Er ist nicht ein Prädikat Christi. Jesus selbst, seine menschliche Existenz, seine Legitimation und Bevollmächtigung kann dem heiligen Geist zugeschrieben werden. Seine Einheit mit Gott wie seine Gemeinschaft mit den Seinen, sein nachösterliches Kommen und Senden wird mit dem heiligen Geist in Verbindung gebracht. In der von uns bevorzugten Terminologie könnte man sagen: Jesus Christus als der gültige göttliche Urteils- und Freispruch wird in der Vollmacht des heiligen Geistes bei uns erkennbar und wirksam. Er kann nicht vom Geist getrennt, aber der heilige Geist darf auch nicht von Christus getrennt gedacht werden. Weil Christus nicht vom Geist getrennt werden kann, darum ist er keine vergangene historische Größe, darum geht er nicht auf in dem verkündigten Menschenwort, in einem Bekenntnissatz oder auch einem Bibelwort. Er ist nicht zu verwechseln mit einer berichtenden, gebietenden oder auch ankündigenden Aussage, die ihn zum Objekt macht. Zwar gibt er sich als das fleischgewordene, schriftgewordene und gepredigte Wort wohl in unsre Hände, aber so, daß er selbst Herr seiner Offenbarung bleibt und über seine Wirksamkeit verfügt. Weil Christus nicht vom Geist getrennt werden kann, haben wir ihn nur als den Sich-uns-schenkenden, erkennen wir ihn nur als den, der sich zu erkennen gibt, läßt er also als Subjekt seines Wortes nicht zu, daß die Kirche es verwaltet und austeilt wie der Medizinmann seine Arznei.

Zugleich aber gilt: Der heilige Geist darf nicht von Jesus Christus getrennt werden. Keine spürbare Erneuerung meiner Existenz, keine noch so tiefe Selbsterkenntnis, kein Erlösungsbewußtsein, keine ethische Tat und keine geschichtliche Wandlung kann als solche Beweis für die Gegenwart und Wirksamkeit des heiligen Geistes sein. Weder Weissagung, Zungenrede und Heilungswunder noch auch Selbsthingabe bis zum Martyrium sind nach 1. Kor. 13 notwendig Ausdruck wahrer Liebe. Das heißt aber nicht, die Frage nach der Gegenwart des heiligen Geistes müsse überhaupt unbeantwortet bleiben. Das Wirken des Geistes ist dadurch gekennzeichnet, daß Jesus verherrlicht wird. Wo Jesus Christus als Kyrios bekannt wird, gewiß nicht mit einem leeren Herr-Herr-sagen, wohl aber so, daß menschliches Reden und Handeln seiner Selbsthingabe entspricht, sie bezeugt und auf sie antwortet, da ist der heilige Geist am Werk. Dagegen wo man ihm flucht (1. Kor. 12,3), wo er mit Wort oder Tat gelästert und verleugnet wird, da kann keine Rede von der Gegenwart des Geistes sein (s. Exkurs 29: Wort und Geist bei Luther und Calvin).

Man kann von Jesus Christus als dem Wort Gottes nicht recht reden, ohne vom heiligen Geist zu reden. Alles, was wir von diesem Wort sagten, von der Selbstoffenbarung Gottes in diesem Menschen Jesus, von dem hier ergehenden Freispruch im Gericht, von der Endgültigkeit und Unentrinnbarkeit des hier gefällten Urteils, bleibt doch bloße Behauptung, wenn wir von der Verheißung des Geistes abstrahierten. Wir können zwar zeigen, daß das Neue Testament in dieser Weise Jesus Christus bezeugt. Wir meinen, uns diese Bestimmungen des Wortes Gottes nicht aus den Fingern gesogen zu haben, weil eine besonnene Exegese dies freisprechende und freimachende Urteil Gottes in Jesus Christus als Kern des Evangeliums bestätigt findet. Aber daß dies Urteil in Geltung und Kraft steht, das ist damit nicht erwiesen. Alle notwendige gegenwartsnahe und situationsgemäße Interpretation dieser Botschaft stößt hier auf ihre Schranke, und kein apologetisches Kunststück vermag sie zu durchbrechen. Theologie und Verkündigung haben diese Grenze zu respektieren.

Aber diese Ohnmacht der Theologie und der Verkündigung ist zugleich ihre Stärke. Die Sorge für die Verifikation (nicht für die Interpretation) des Wortes Gottes ist ihnen abgenommen. Die Ausgießung des heiligen Geistes, die Verheißung seines immer neuen Kommens und Wirkens bürgt dafür, daß unser Reden kein Spiel mit leeren Hülsen ist. Er vermag unsre Gottesbegriffe und unsre Menschenbilder zu zerbrechen, die uns daran hindern, in dem Gekreuzigten die Offenbarung des wahren Gottes zu erkennen, er öffnet die Augen dafür, daß unter dem hier erkennbaren richtenden Nein über den Menschen das rettende Ja zu ihm gesprochen ist, er läßt uns darauf vertrauen und hoffen, daß die versöhnte Welt der Erlösung entgegengeht, dem universalen Sieg der Liebe Gottes und nicht dem Verderben. Der heilige Geist bewirkt, daß die Gemeinde wider alle Hoffnung hofft, daß sie trotz aller Greuel und Sinnlosigkeiten in der Menschheitsgeschichte, aber auch in der Kirchengeschichte, nicht an der Liebe Gottes verzweifelt, daß sie trotz aller Enttäuschungen die Hände nicht in den Schoß legt, sondern mit Wort und Tat Zeugnis dafür ablegt, daß die Welt nicht der hereinbrechenden Nacht sondern dem aufgehenden Tag entgegengeht.

Folgerungen: Der trinitarische Charakter des Wortes Gottes

Wir weigerten uns beharrlich, das Wort Gottes in dem Sinn zu definieren, daß wir es aus einem übergeordneten Verstehenszusammenhang ableiteten und abstrakt-begrifflich formulierten. Jesus Christus als das Wort Gottes sprengt jeden solchen Allgemeinbegriff. Aber das heißt nicht, hier sei ein blinder Glaube ohne Einsicht, ein credere ohne intelligere, gefordert. Wir versuchten deshalb durchaus zu umschreiben, was mit dem Begriff »Wort Gottes« gemeint ist. Daß wir das Wort Gottes nicht verifizieren können, darf nicht zu dem Mißverständnis verleiten, es handle sich dabei um eine Geheimlehre an Stelle kontrollierbarer Aussagen, die angesichts der hier vorausgesetzten Quellen und unter Beachtung des in ihnen erhobenen Anspruchs durchaus schlüssig sind. Die Theologie, auch und gerade die Dogmatik, treibt keine Esoterik. Sie ist insofern eine öffentliche Angelegenheit, wie auch die Türen zu den Gottesdiensten offen stehen, als sie jeden auffordert und ihm zumutet, unter Respektierung ihrer Denkvoraussetzungen nach dem Maß seines Vermögens die Sachgemäßheit ihrer Aussagen, d. h. aber ihre Schriftgemäßheit, zu prüfen.

Damit ist aber auch die Grenze jeder theologischen Rede vom Wort Gottes gesetzt. Wer bereits fertige Maßstäbe mitbringt, wer also z. B. im Banne einer bestimmten Sprachontologie von vornherein weiß oder zu wissen glaubt, was »Wort« heißt, ohne sich dem Gegenüber dieses Wortes, das im biblischen Zeugnis zu uns redet, zu stellen, wer also »Wort Gottes« nur als species einem ehern festgelegten genus von Wort einzuordnen vermag, der wird hier kopfschüttelnd vor einer Mauer stehen, die er selbst errichtet hat. Die Theologie, speziell die Dogmatik, hat gewiß die Aufgabe, auf die in solchem Fall vorliegenden Barrieren in den Denkvoraussetzungen aufmerksam zu machen, sie hat insofern auch eine apologetische Funktion. Aber sie kann ihrerseits nicht den Begriff von Wort anbieten, der als der allein richtige und maßgebliche abstrakt einleuchtend gemacht werden kann. Das Wort Gottes erkennen heißt es anerkennen. Eine Lehre vom Worte Gottes kann nicht auf dem Weg über ein logisch stringentes intelligere das credere erzwingen. Das korrekte Mit- und Nachdenken theologischer Formeln, die das Wort Gottes umschreiben, aber nicht in den Griff nehmen bzw. auf den Plan führen, also nicht zu einem System abzurunden sind, hat als solches noch niemand zur Erkenntnis des Wortes Gottes gebracht.

Welchen Sinn hat dann die Dogmatik, speziell eine Lehre vom Worte Gottes, wenn sie es nicht nur nicht verifizieren, sondern auch nicht als von außerhalb seinen Voraussetzungen her als denknotwendig erweisen kann?

Sie gibt uns Wegweisung zum Verständnis des Christuszeugnisses, sie ist Kommentar zur heiligen Schrift und Anleitung zur rechten Verkündigung heute – immer unter der Prämisse, daß sich die Wahrheit dieses Wortes selbst legitimiert. In dieser Beschränkung aber kann sie durchaus den eigentümlichen Charakter dieses Wortes umschreiben. Wenn wir also von der Autorität sprachen, die diese Botschaft bei aller Kontingenz ihres Auftretens beansprucht, wenn wir den Anredecharakter dieses Wortes betonten, das als Zuspruch und Anspruch an uns ergeht, und wenn wir bei alledem immer wieder von seiner gegenwärtigen und künftigen Selbstverifizierung redeten, dann sollte das keine erschöpfende »Definition« des Wortes Gottes sein, sondern der Versuch, seine Eigenart zu kennzeichnen. Aber diese Bestimmungen sind nicht willkürlich, sondern – wie wir meinen – sachgemäße Interpretation des in der Schrift bezeugten Redens Gottes. Denn er begegnet uns dort in seinem Wort als der Herr, der aller Dinge mächtig ist, der aber zugleich aller Knecht wird und der sich gerade als solcher uns zu erkennen gibt. Es ist nicht zufällig, daß wir mit dieser Umschreibung des Wortes Gottes zu Aussagen kamen, die auf die Trinitätslehre hinweisen. Wenn man schon von einem »Begriff« dieses Wortes Gottes reden wollte und ihn näher charakterisieren möchte, so wäre er in der Tat als ein trinitarisch gefaßter zu bezeichnen. Der Sinn der Trinitätslehre ist ja nicht, Gott auf einen einleuchtenden Allgemeinbegriff zu bringen, sondern wenn sie in dreifacher Weise von dem einen Gott, Vater, Sohn und Geist, redet, so ist das vielmehr ein Angriff auf unsere Gottesbegriffe. Die Trinitätslehre liefert nicht ein Erkenntnisprinzip, dessen Wahrheit und Gültigkeit aus der Erkenntnis der Natur und Geschichte oder aus der Analyse unseres Bewußtseins als zwingend erhoben werden kann, sondern sie ist eine aus der Schrift gefolgerte Erkenntnis, die ihrerseits wieder zum rechten Verstehen der Schrift anleitet.

Mit Recht sagt H. J. Iwand (Der Prinzipienstreit innerhalb der protestantischen Theologie, in: Um den rechten Glauben, 1959, S. 233): »Die Trinität ist die Einzeichnung des christologischen Geheimnisses in den Gottesbegriff. Wenn Jesus das eine, ewige, mit dem Vater gleichzeitige und doch von ihm unterschiedene Wort ist, dann erst hat es Sinn, von der Einheit in der Dreiheit und der Dreiheit in der Einheit zu reden. Das ist die Verbannung des heidnischen, des ontologischen, des deistischen oder auch pantheistischen Gottesbegriffs, der lange Zeit im Abendland den Thron Gottes besetzt hatte. Mit dem Bekenntnis zum dreieinigen Gott lösen wir uns von dem Gott unserer Gedanken und Spekulationen. Es ist weiter deutlich, daß, wenn Jesus das eine Wort Gottes ist, das ewig beim Vater ist, dann Gott die feste Burg ist, die nur von innen her, aus Gottes eigenem Geist sich auftun und uns zur ewigen Rettung in sich selbst hineinnehmen kann. Hier führt keine Brücke von draußen, aus der Geschichte oder aus der Natur, aus der besonderen geschichtlichen Situation oder was es auch sonst sei, in das Innere hinein. Es gibt kein Aufsteigen zu Gott, es sei denn, er wäre zuvor zu uns herabgestiegen. Seine Offenbarung ist zugleich seine Epiphanie mitten unter uns, aber in alledem doch sein Er-selber-Sein. Gott als der Vater Jesu ist nicht das Geheimnis hinter den Dingen, das X dort oben, sondern er ist mitten unter uns. Die ganze religiöse Hinterwelt fällt – weil Gott in Jesus mitten unter die Menschen, mitten vor unser aller Augen getreten ist. Es gibt nur diese revelatio specialis, aber sie ist faktisch die revelatio generalis, denn sie gilt aller Welt und allen Menschen« (s. Exkurs 29a: Zur Trinitätslehre und Exkurs 30: Zum Trinitätsproblem bei Hegel und Barth).

Wenn wir von einem trinitarischen Charakter des Wortes Gottes, das Jesus Christus selbst ist, sprechen, so deshalb, weil dies Wort mit dem Anspruch höchster, unableitbarer und auf menschliche Legitimation verzichtender Autorität zu uns redet, zugleich ganz für uns eintretendes, sich entäußerndes, um unser Ja bittendes Wort ist und in alledem die Verheißung seiner Selbstbeglaubigung, ja, seiner unwiderruflichen Verifikation enthält. Der Trinitätsgedanke hat die entscheidende hermeneutische Funktion, das Verständnis dafür offen zu halten, daß das Evangelium nicht Mitteilung eines konstatierbaren Sachverhalts ist, aber auch nicht nur Aufruf zu einem neuen Selbstverständnis, das durch Christus bzw. das Kerygma veranlaßt und ermöglicht, aber von mir realisiert wird, auch nicht nur Ankündigung eines künftigen Geschehens, sondern daß das Evangelium die Proklamation des in Christus ergangenen Freispruchs ist, dessen Gültigkeit nicht zur Diskussion steht, der aber um unsre Anerkennung wirbt und sich an aller Welt wirksam erweisen wird. Keine Lehre vom Wort Gottes, auch keine trinitarische Lehre, kann dies Wort selbst in den Griff bekommen. Dogmatische Bestimmungen sind nicht Gegenstand des Glaubens, sondern menschliche Bemühung um Glaubenserkenntnis. Sie haben bei aller notwendigen Abstraktion der Redeweise nicht die Aufgabe, im Sinne einer schöpferischen ratio das Wort Gottes als wahr zu erweisen. Sie haben vielmehr die besondere Funktion, unter der Voraussetzung des Credo, ut intelligam sowohl auf das für uns unverfügbare Geheimnis der Offenbarung Gottes hinzuweisen wie zugleich der Auseinanderreißung von intelligere und credere zu wehren, die vergißt, daß Vernunft nicht wesentlich gottfeindliche, sondern Gott-vernehmende Vernunft ist. Auf die Aufgabe der Dogmatik trifft zu, was H. J. Iwand einmal (in einer ungedruckten Christologie-Vorlesung) als Aufgabe des Dogmas umreißt: »Das Dogma hat die Aufgabe, jenes Noli me tangere wahrzunehmen, das der Lebendige und Auferstandene spricht. Es ist in der Tat *Gesetz:* es steckt den Zaun ab, der um die Offenbarung Gottes in Jesus Christus gezogen ist. Es sorgt dafür, daß es weder dahin kommt, daß Glauben und Wissen gänzlich auseinanderfallen, noch, daß sie identisch werden. Es sorgt dafür, daß wir nicht loskommen von der Frage: ›Wie dünkt euch um Christus? Wes Sohn ist er?‹, wie auch wissen um die Heillosigkeit bloßen Wissens: ›Wenn ich weissagen könnte und wüßte alle Geheimnisse und alle Erkenntnis und hätte allen Glauben, so daß ich Berge versetzte, und hätte der Liebe nicht . . .‹ (1. Kor. 13). Es ist das Schlimme, daß das Dogma gerade da, wo es in seiner Vollkommenheit begriffen und verstanden wird, uns nichts nütze ist. Weder wo es abgelehnt noch wo es bejaht wird, ist es etwas nütze. Es hat also seinen Sinn nicht in sich selbst. Davon hat uns Jesus Christus erlöst. Es muß jetzt ihm dienen, das heißt, es gewinnt seinen Sinn nur aus dem Inhalt dessen, wer Jesus Christus ist!«

B. DIE FREIHEIT DES MENSCHEN

Wir haben im ersten Teil von dem Freispruch Gottes gesprochen, der ein für allemal in Jesu Leben, Sterben und Auferstehen ergangen ist, der als Botschaft von diesem Geschehen und zugleich als gültiger Urteilsspruch über alle Menschen verkündigt wird und der sich selbst im heiligen Geist als wahr erweist. Wir wandten uns gegen alle Versuche, dies Wort in einseitiger Orientierung an bestimmten Aspekten, sei es nun seinem Botschaftscharakter, seinem Anredecharakter oder seinem Verheißungscharakter, zu »definieren«. Wir stellten fest, daß die Souveränität dieses Wortes angetastet wird, wenn wir es einem übergeordneten sachfremden Verstehenshorizont unterstellen und durch unkritische Anpassung an unsre mitgebrachten Fragestellungen verfälschen, anstatt uns von ihm in Frage stellen zu lassen. Es kam uns alles darauf an, daß Theologie und Verkündigung der Kirche sich ihren Auftrag nicht verrücken lassen.

Aber – und das muß nun mit gleichem Gewicht betont werden – dieser Freispruch Gottes stellt den Menschen in die Freiheit. Gottes Reden, so hörten wir immer wieder, zielt auf unser Hören, Anerkennen und Gehorchen. Gottes Wort ruft und ermächtigt uns zur Antwort. Es wäre nicht Gottes Wort, jedenfalls kein für uns verstehbares und erkennbares Wort, wenn es Gottes Selbstgespräch bliebe, ein »Monolog im Himmel« (wie H. Zahrnt zu Unrecht bei K. Barth vermutet!). Und es wäre kein Freispruch, wenn es uns zu blinder Unterwerfung nötigte. Darum ist mit gleichem Ernst vom Glauben als der vom heiligen Geist gewirkten, freien menschlichen Antwort zu reden. Die Lehre vom Wort Gottes muß wie alle Christologie zugleich als Anthropologie entfaltet werden, denn »Wort und Glaube gehören zuhauf« (Luther). Man kann die heilige Schrift und die Reformatoren, man kann aber auch die neuere Theologiegeschichte seit Schleiermacher nicht begreifen, wenn man das Interesse an dieser Antwort des Menschen nicht als sachgemäß ansähe. Nicht obwohl, sondern weil es um Gottes freie Gnade allein in der Theologie geht, darum geht es um das Heil und um das Wohl des Menschen, dem sich diese Gnade zuwendet und der sich dieser Gnade in Freiheit erschließt. Diesen dem Wort Gottes antwortenden Menschen haben wir zum Thema, wenn wir jetzt fragen: »Was ist wahrer Glaube?« Wie sich Wort und Glaube zueinander verhalten, welcher unaufgebbare Zusammenhang und welche klare Unterschiedenheit in der Relation beider zueinander besteht, darauf richtet sich zunächst unser Blick.

1) Der Glaube gründet auf dem Wort Gottes

Der Glaube kann nicht als absolute menschliche Verhaltensweise, d. h. losgelöst von dem Wort, auf das er antwortet, ja, durch das er überhaupt ins Leben gerufen und am Leben erhalten wird, beschrieben werden. Paulus sagt: »So kommt denn der Glaube aus der Predigt, die Predigt aber aus dem Wort Gottes« (Röm. 10,17). Diese Prävalenz des Wortes vor dem Glauben darf nicht preisgegeben werden. In dieser Versuchung steht jede Theologie, welche die Dogmatik als Glaubenslehre entwirft (Schleiermacher). Deshalb reden wir vom Glauben erst, nachdem wir vom Wort Gottes gesprochen haben, von dem hörenden und sein Heil ergreifenden Menschen erst, nachdem wir von Gottes Heilshandeln und Heilswort sprachen. Diese Anordnung ist kein unbedingtes Postulat. Grundsätzlich denkbar ist es, daß eine sachgemäße Dogmatik von vornherein und durchgehend den Menschen, den antwortenden, begnadigten und gehorsamen Menschen zum Gegenstand hätte. Für ein solches Unternehmen, wie es offenbar Schleiermacher vorschwebte, könnten naheliegende Gründe angeführt werden. Wir sahen, daß alle überkommene Verkündigung des Wortes Gottes in der heiligen Schrift und in der kirchlichen Tradition Glaubenszeugnis ist. Wir begegnen in alledem nicht Jesus Christus direkt, sondern wir vernehmen ihn immer in, mit und unter menschlichen Worten, d. h. glaubender Antwort. Vollends kann die dogmatische Rede von Gottes Wort, seinem Urteil und Freispruch in Jesus Christus, nicht direkt und unmittelbar dies Wort auf den Plan führen, sondern es nur in menschlichen Worten und Bestimmungen umschreiben. Nicht jede Theologie, die als Soteriologie oder Anthropologie gefaßt ist, muß scheitern, sondern sie könnte legitim vom Menschen reden, indem sie vom ersten bis zum letzten Satz keinen Zweifel darüber aufkommen ließe, hier sei von dem wahren, dem vom heiligen Geist gewirkten, dem glaubenden Menschen die Rede. Indem vom Menschen, von seiner Umkehr, seinem Glauben und Gehorchen gesprochen wird, wäre dann faktisch vom Handeln Gottes in Jesus Christus und vom Wirken des heiligen Geistes Zeugnis abgelegt. Es könnte ständig dabei im Auge behalten und vorausgesetzt sein, daß Gott uns in Jesus Christus zuerst geliebt hat, ehe wir anfangen können, ihm zu glauben und ihn zu lieben. In diesem Sinn soll im Folgenden vom Glauben gesprochen werden, und es wäre nicht unbedingt erforderlich, das in einem zweiten Teil zu tun, nachdem in dem ersten vom Wort Gottes gehandelt wurde. Sachlich bedingen sich beide Teile unauflöslich. Wie vom Wort Gottes nicht legitim geredet werden kann, ohne von seiner Menschwerdung zu sprechen und von dem Menschen, an den es sich wendet, so kann nun vom Menschen, von seinem Glauben nicht recht gesprochen werden, ohne dabei stets implizit von diesem Handeln und Reden Gottes zu sprechen. Aber weil diese notwendige Relation keine einfach umkehrbare Korrelation ist, darum erscheint uns die hier gewählte Anordnung einleuchtender.

Kein Geringerer als Karl Barth, der so energisch für die Prävalenz der Lehre vom Worte Gottes gekämpft hat, sagte am Ende seines Lebens, er würde es ernsthaft erwägen, falls er noch einmal eine Dogmatik zu schreiben hätte, sie in Aufnahme, aber zugleich in ganz anderer Durchführung der Schleiermacherschen Intention als Lehre vom heiligen Geist zu entwerfen – ein Beweis dafür, wie wenig er entgegen allen Verdächtigungen der Meinung war, es gäbe eine sog. Normaldogmatik!

2) Das Wort Gottes zielt auf unseren Glauben

Wir haben (im ersten Teil) keinen Zweifel darüber gelassen, daß das Wort Gottes nicht nur Bericht von einem vergangenen Geschehen sein kann, nicht nur Ankündigung eines künftigen Handelns Gottes, geschweige denn eine Aussage über ein unbewegliches Ewig-Seiendes, sondern daß es auf Anerkennung und Einstimmung hinzielt. Die in Jesus Christus gefallene Entscheidung, das hier gefällte Urteil Gottes verlangt nach Konformität unsres Urteils. Es bedarf dessen nicht, um selbst gültig und vollmächtig zu werden, aber es will nicht ohne unsre Antwort sein. Die Tat Gottes in Jesus Christus hat Wortcharakter, und dies Wort hat Anredecharakter. Deshalb konnte von der geschehenen Versöhnung der Welt im Sinne von 2. Kor. 5 gar nicht gesprochen werden, ohne zugleich hinzuweisen auf den dort ergehenden Aufruf: »Lasset euch versöhnen mit Gott!« Deshalb überhaupt wird das Evangelium verkündigt. Gottes Verheißung: Ich will euer Gott sein! kann nicht gehört werden ohne die Fortsetzung: Ihr sollt mein Volk sein! Es ist nicht leicht, die beiden sich scheinbar widersprechenden Bestimmungen der Relation von Wort und Glaube zu vereinen: nämlich die Souveränität und Prävalenz des Wortes Gottes einerseits und den ihm zugleich eignenden Bezug auf den Menschen als Empfänger. An dieser Frage haben sich immer wieder die Geister in der neueren theologischen Diskussion geschieden. Wird das Wort Gottes einzig von seinem Anredecharakter her definiert – als das Wort, das den Menschen zu sich selbst bringt –, dann droht alle Theologie zur Anthropologie im Sinne Feuerbachs zu werden. Der Mensch wird zum Maß aller Dinge. Vergißt man andererseits, daß es das menschgewordene und ihn, den Menschen, anredende Wort ist, dann kann alles emphatische Reden vom Worte Gottes doch nicht verhindern, daß dies Wort bzw. der in diesem Wort redende Gott zu einem Götzenbild wird – zu einer Ideologie. Entgegen diesen beiden Abwegen ist festzuhalten: Dies Wort ist gerade als souveränes, schöpferisches Wort nicht autoritär, seine Freiheit ist die seiner freien Gnade, seiner Herablassung zu uns. Dies Wort verbindet in einzigartiger Weise Hoheit und Niedrigkeit, Souveränität und Selbsthingabe. Der Gott, der des Menschen nicht bedürfte, um Gott zu sein, der seine Hoheit nicht erst dadurch erhält, daß wir sie anerkennen, hat sich doch freiwillig und endgültig dafür entschieden, in der Knechtsgestalt des gekreuzigten Jesus und in der wehrlosen, fragwürdigen Gestalt menschlicher Rede vor uns hinzutreten und um unser Ja zu bitten. Um beides recht zum Ausdruck zu bringen, sprachen wir immer wieder von dem ein für allemal gefällten, aber um unsre Einstimmung werbenden gnädigen Urteilsspruch Gottes in Jesus Christus.

3) Der auf das Wort Gottes antwortende Glaube ist uns aus eigener Kraft nicht möglich

Wenn Wort Gottes und Glaube so aufeinander bezogen sind, dann leuchtet ein, daß man beide nicht gegeneinander ausspielen kann. Es wäre eine Täuschung, zu meinen, das Verständnis des Wortes Gottes sei uns schwer zugänglich, aber leicht zu begreifen sei, was mit Glauben gemeint ist, weil es hier um unser Verhalten, unsere Antwort und Zustimmung gehe. In der Tat hat es der Glaube mit unserem Erkennen, Wollen und Tun zu schaffen, aber nicht als mit Möglichkeiten, die in uns angelegt sind, sondern dies alles in Entsprechung zum verkündigten Wort. Wenn dies Wort Gottes nichts Geringeres behauptet, als daß dieser gekreuzigte Jesus von den Toten auferweckt ist, d. h. wenn es diesen scheinbar gescheiterten, verfluchten und ausgelöschten Jesus von Nazareth als den Herrn verkündigt, der Recht hat und Recht behalten wird, dem alle Knie sich beugen werden, dann ist der dem entsprechende Glaube kein geringeres Wunder. Nicht als ob wir hier aufgefordert wären, ein sinnloses Mirakel zu »glauben« – das wäre niemals Glaube im christlichen Sinn. Wohl aber geht es darum, daß wir diesem Jesus Christus, d. h. dem in seinem Leben, Sterben und Auferstehen gefällten Urteil rechtgeben. Das ist uns Menschen, so wie wir sind, von Haus aus unmöglich. Luther bekennt mit Recht: »Ich glaube, daß ich nicht aus eigener Vernunft noch Kraft an Jesum Christum, meinen Herrn, glauben oder zu ihm kommen kann ...« Das ist nicht deshalb unmöglich, weil hier unsinnige, historisch nicht beweisbare, rational anstößige Dinge behauptet werden. Solange sich der Zweifel nur um solche Fragen dreht, ist alles noch ein Kinderspiel. Ich kann es nicht, weil es meinem ganzen Selbstverständnis, meinem Lebenswillen ins Gesicht schlägt. Wenn dieser Gekreuzigte, der sich in Solidarität mit den Elendesten und Gottlosen begibt, im Recht ist, wenn Gott sich mit ihm identifiziert hat, dann habe ich unrecht, dann muß ich grundlegend umdenken. Wenn Gott sich in Jesus Christus definiert als der, der er ist, dann zerbrechen unsre Gottesbilder und unsre Menschenbilder. Man kann schon begreifen, daß Jesus fragt: Wird des Menschen Sohn auch Glauben finden auf Erden? Und wenn heute mitten im christlichen Europa die kritischen Stimmen sich mehren, wenn ein handfester theoretischer und vor allem praktischer Materialismus und Atheismus sich erheben und allem Anschein nach die Tage gezählt sind, in denen sich die Massen des Volkes mit Bewußtsein christlich nennen, dann kann das geradezu ein hoffnungsvolles Zeichen sein. Nichts steht dem wahren Glauben mehr im Wege als eine scheinbar christliche, selbstverständliche Gläubigkeit. Wenn der johanneische Christus dem frommen, schriftgelehrten Nikodemus auf den Kopf zusagt: »Es sei denn, daß jemand von neuem geboren werde, sonst kann er nicht in das Reich Gottes kommen« und wenn Nikodemus das nicht zu fassen vermag, so steht er damit der Erkenntnis dessen, was wahrer Glaube ist, näher als mancher, der sich gläubig nennen mag – im Sinne des Fürwahrhaltens bestimmter Lehren oder frommen Erlebnisses. Wer noch nie davor erschrocken ist, daß die Christusbotschaft unserem gewohnten Denken und Urteilen so total widerspricht, wer sich noch nie wie Simon Petrus über den Leidensweg Jesu entsetzt hat, wer als Theologe noch nie sich vorkam wie ein Reiter über dem Bodensee, der hat noch keine Ahnung von dem, was Glaube heißt, welche Zumutung er für unser »natürliches« Selbst- und Weltverständnis bedeutet. Mit Recht sagt Calvin, der Mensch sei zum Verstehen des Wortes Gottes so unfähig wie der Esel zur Symphonie. Man kann nicht sachgemäß über den Glauben nachdenken, ohne in die Feuerzone hineinzugeraten, die Jesus im Auge hat, wenn er sagt: Wer Vater oder Mutter mehr liebt als mich, der kann nicht mein Jünger sein! Wer sein Leben erhalten will, der wird es verlieren!

4) Der heilige Geist wirkt den Glauben

Aber so unmöglich es dem Menschen von sich aus ist, an das Evangelium von Jesus Christus zu glauben, so wenig darf man daraus folgern, es handle sich bei dem Glauben um eine überhaupt unmögliche oder widersinnige Angelegenheit. Ja, man muß, wenn man das wahre Wesen des Menschen, seine geschöpfliche Bestimmung und seine Berufung zur Gemeinschaft mit Gott ins Auge faßt, geradezu von ihm als dem Allernatürlichsten und Selbstverständlichsten reden. Wo das Wort von Christus im heiligen Geist wirksam wird, da kommt der Mensch in Wahrheit zu sich selbst. Wir reden also, wenn wir vom Glauben sprechen, von Rechtfertigung und Heiligung, von Buße und Hoffnung, keineswegs von Absonderlichkeiten und Kuriositäten, die das Licht des Tages, der hellen Vernunft, zu scheuen hätten. Gerade wenn wir darauf verzichten, das Evangelium den Menschen aufzudrängen, seine Wahrheit beweisen zu wollen, es apologetisch schmackhaft zu machen, sondern ihm selbst seine Verifikation überlassen, erweist es seine unerhörte Vollmacht. Derselbe Apostel Paulus, der das Wort vom Kreuz ein Ärgernis und eine Torheit nennt, heißt es eine Gotteskraft, und er denkt nicht daran, sich seiner zu schämen. Er kann so reden, nicht weil er tüchtig wäre aus sich selber, es zu verstehen und zu verkündigen, sondern weil er mit der Kraft des heiligen Geistes rechnet, über den zwar kein Prediger, keine Theologie und Kirche verfügen, aber den Gott verheißen hat. Wenn also im Folgenden vom Glauben die Rede ist, vom Erkennen und Anerkennen des Menschen, von seiner Umkehr und seiner Hinwendung zum Nächsten, von der Überwindung der Resignation durch lebendige Hoffnung – mit einem Wort: von seiner Befreiung –, dann ist das keine fata morgana. Solcher Glaube soll und will unter uns Wirklichkeit werden. Es geht in dem, was uns als Theologen beschäftigt, nicht um ein Glasperlenspiel, sondern um ein mögliches und notwendiges Geschehen hier auf Erden, in dieser Welt und Gesellschaft. Jede rechte dogmatische Besinnung kann freilich nur theoretisch an die gemeinte Sache heranführen und muß über sich hinausweisen auf das verheißene und zu erwartende Wirken des heiligen Geistes selbst. Sie mündet, wenn sie sachgemäß ist, ein in die Bitte um den heiligen Geist, der allein das hier Bezeichnete realisieren, das Verheißene erfüllen kann.

Wir werden im Folgenden so vorgehen, daß wir von dieser Befreiung des Menschen und seinem Leben in Freiheit in vierfacher Weise sprechen, wobei freilich der erste Abschnitt insofern herausragt und bereits das Ganze sagt, als alle folgenden nur explizieren können, was mit ihm impliziert ist:

I. *Der Glaube* (als Anerkennung des Freispruchs Gottes),
II. *Die Buße* (als Anerkennung des im Freispruch enthaltenen Widerspruchs Gottes),
III. *Die Liebe* (als Anerkennung des im Freispruch implizierten Anspruchs),
IV. *Die Hoffnung* (als Anerkennung der im Freispruch uns gegebenen Verheißung).

I. DER GLAUBE

a) Die Gerechtigkeit Gottes als Aufrichtung seines Rechts

Der Glaube steht und fällt mit dem, woran er glaubt, dem Evangelium von Jesus Christus (Röm. 1,16). In diesem Evangelium wird nach Paulus die Gerechtigkeit Gottes offenbart (Röm. 1,17). Man muß den Inhalt der Christusbotschaft nicht mit diesem Begriff Gerechtigkeit umschreiben, sondern es bieten sich im Neuen Testament auch andre Worte an (die in Christus offenbarte Liebe Gottes, seine Gnade und Barmherzigkeit, seine Ehre, das Leben, die Wahrheit usw.). Kein Begriff ist als solcher tauglich, um die Summa des Evangeliums prägnant zu definieren, jedes dieser Worte ist aus seinem Kontext erst zu verstehen. Wenn wir dennoch den Begriff der Gerechtigkeit Gottes hier ins Zentrum stellen, obwohl gewichtige Teile des Neuen Testaments ihn nicht verwenden, wenn wir also dem paulinischen Sprachgebrauch folgen, so nicht nur deshalb, weil das der reformatorischen Tradition entspricht, sondern vor allem, weil wir damit dem Zentrum der neutestamentlichen Botschaft, gerade auch in seiner Verklammerung mit dem alttestamentlichen Zeugnis, am nächsten zu kommen glauben. Hinzu kommt, daß der Begriff Gerechtigkeit in der Menschheitsgeschichte und zumal in der Gegenwart weithin zum Inbegriff dessen geworden ist, worum die Menschen kämpfen und was sie als Sinn und Ziel der Geschichte herbeisehnen. Zwar ist solches Verlangen nach Gerechtigkeit nicht gleichzusetzen mit dem Hungern und Dürsten nach Gerechtigkeit, von dem Jesus Matth. 5,6 redet, es liefert uns nicht das Material, um den Oberbegriff zu formulieren, unter den sich die Gerechtigkeit aus Glauben subsumieren ließe. Aber man wird andererseits von dieser Gerechtigkeit Gottes, die in Jesus Christus offenbart ist, nicht sinnvoll und sachgemäß reden können, ohne sich in Auseinandersetzung mit dem zu begeben, was die Menschheit in ihrem Sehnen und Ringen um Gerechtigkeit bewegt. Was in der heiligen Schrift unter Gerechtigkeit verstanden ist, läßt sich nur in kritischem Bezug auf das, was man anderswo damit meint, präzisieren (s. Exkurs 31: Δικαιοσύνη im Neuen Testament).

Was heißt nun Gerechtigkeit Gottes bei Paulus? Unser Verständnis dessen ist entscheidend von Luthers reformatorischer Entdeckung bestimmt. Ihm ging bekanntlich an Röm. 1,17 auf, daß Gerechtigkeit bei Paulus nicht eine religiöse oder moralische Beschaffenheit bezeichnet, daß es hier nicht um Lohn oder Strafe geht, die Gott unserer Leistung oder unserem Versagen entsprechend austeilt (iustitia distributiva). Gottes Gerechtigkeit ist geschenkte Gerechtigkeit (iustitia passiva), d. h. die Gerechtigkeit, die Gott uns umsonst zuspricht um Christi willen. Der Mensch wird hier nicht in seinem Verhältnis zu sich selbst gesehen, nicht als der beurteilt, der er nach seinen Werken ist, geschweige denn so, wie er in seinen oder der anderen Augen erscheint, sondern entscheidend allein ist, was er in Gottes Urteil ist. Luther übersetzt Röm. 1,17: »die Gerechtigkeit, die vor Gott gilt«, und diese Geltung vor Gott kommt dem Menschen extra se – propter Christum – sola gratia – sola fide zu. Diese Erkenntnis ging Luther auf, indem er den Unterschied zwischen Gesetz und Evangelium, den sich ausschließenden Gegensatz von Werkgerechtigkeit und Glaubensgerechtigkeit erkannte. So berichtet Luther (Ti 5518) von der großen Wende seines Lebens: »Ich war lange irre, wußte nicht, wie ich drinnen war. Ich wußte wol etwas oder wußte doch nichts, was es wäre, bis so lang, das ich über den locum ad Rom. 1 kam: Iustus ex fide vivet. Der halff mir. Da sah ich, von welcher iustitia Paulus redet: Da stand zuvor im text iustitia, da reumt ich das abstractum und concretum zusammen und wurde meiner sachen gewiß, lernet inter iustitiam legis und evangelii dicernieren. Zuvor mangelt mir nichts, denn das ich kein discrimen inter legem et evangelium machet, hielt es alles vor eines et dicebam Christum a Mose non differre nisi tempore et perfectione. Aber da ich das discrimen fande, quod alius esset lex, aliud evangelium, da riß ich her durch.« (Ähnlich in der berühmten Stelle WA 54, 186,3)

Kein Wunder, daß es im Sinne dieser Entdeckung Luthers nun in immer neuen Variationen im reformatorischen Lager hieß: Nicht Werke, sondern Glauben! Denn Gott selbst gibt die Gerechtigkeit, die im Gesetz von uns gefordert ist. Er steht nicht in der Ordnung des Gesetzes uns gegenüber, sondern in der der Gnade. Ohne Zweifel sind damit entscheidende Momente der paulinischen Rechtfertigungslehre mit ihrer scharfen Antithese zur Werkgerechtigkeit getroffen. Dennoch erhebt sich die Frage, ob damit tief genug angesetzt ist, um sowohl die paulinische Erkenntnis wie auch die eigentliche Intention der reformatorischen Rechtfertigungslehre zu erfassen. Es lag nahe, den Begriff der Gerechtigkeit Gottes ausschließlich im Sinne eines Gen. obj. zu verstehen, als die von Gott ausgehende und uns geschenkte Gabe, und zugleich das Ganze in einen anthropologischen Rahmen einzuspannen. Die Rechtfertigungslehre würde dann letztlich doch am Bedürfnis des Menschen orientiert. Die Glaubensgerechtigkeit konnte dann leicht im Sinne des Trostes für das geängstete Gewissen verstanden werden, also unter eine subjektive Bedingung gestellt werden, die erfüllt sein muß, um des Evangeliums teilhaftig zu werden. Wenn man sich aber auf diese Linie begibt, dann liegt es nahe, den Glauben lediglich als Empfangen, als passive Haltung zu interpretieren und die ganze Problemstellung der Theologie unter die subjektiv-individualistische Frage zu stellen: Wie kommt der Mensch zu sich selbst? Sollte das der Sinn der Gerechtigkeit Gottes sein? Nicht nur, daß diese Fragestellung keineswegs beim Menschen, zumal beim heutigen Menschen vorauszusetzen ist, weil die Frage: »Wie kriege ich einen gnädigen Gott?« durchaus nicht als bedrängend empfunden wird, so daß die Verkündigung der Rechtfertigung heute vor unüberwindlichen Schranken stünde. Vielmehr ist zu fragen, ob diese subjektivistisch-individualistische Zuspitzung dem biblischen Zeugnis entspricht (s. Exkurs 32: Zur Deutung des Begriffs δικαιοσύνη θεοῦ).

Die Rechtfertigung bekommt erst ihr rechtes Gefälle, und es wird ihr aller Schein des Willkürlichen und Zufälligen genommen, wenn sie an höchster Stelle verankert ist. Sie ist Gottes erstes und letztes Wort, wenn es dabei um Gottes eigene Gerechtigkeit geht. Alles andere, was nach reformatorischer Auffassung der Rechtfertigung von ihr zu rühmen ist, ihr forensischer Charakter, ihre Wirklichkeit extra nos, ihr Geschenkcharakter und ihre Entsprechung allein im Glauben erhält so erst unbedingte Gültigkeit. Daß Gott ganz und gar für den gottlosen Menschen, für die verlorene Welt eintritt, das ist unumstößlich, weil er hier, indem er für uns eintritt, ganz in eigener Sache handelt. Weil es in ihm wahr ist, ist es für uns wahr. Man könnte herausfordernd sagen: Es kommt Paulus gar nicht primär auf unsre Seligkeit oder unsre Heilsgewißheit an, sondern darauf, daß Gott recht behält. So ist auch für uns in unüberbietbarer Weise gesorgt. So könnte man Luthers Auslegung von Röm. 9,3 in seinem Römerkommentar deuten: »Merke: Diese Worte werden denen wunderlich, ja töricht vorkommen, die sich heilig dünken und Gott mit der Liebe sündlicher Begier lieben, d. h. um ihres Heiles und um der ewigen Ruhe willen oder um der Hölle zu entgehen, d. h. nicht um Gott, sondern um ihrer selbst willen. Sie schwätzen davon, daß die Liebe der Ordnung nach bei sich selbst anhebe, und jeder müsse sich selbst zunächst das Heil anwünschen, hernach, wie sich, auch dem Nächsten. So denken sie, weil sie nicht wissen, was das heißt: selig und erlöst sein; es sei denn, sie verstehen darunter ein vergnügliches Dasein führen und es sich gut gehen lassen, wie es sich ihre Phantasie ausmalt, während doch das »Seligsein« heißt, den Willen Gottes und seinen Ruhm in allen Dingen wollen und nichts Eigenes wünschen, weder hier noch im zukünftigen Leben. Für die aber, welche Gott wahrhaft lieben mit der Liebe eines Kindes und Freundes, die nicht von Natur da ist, sondern allein vom Heiligen Geist kommt, sind diese Worte wunderschön und Zeugnisse eines Vorbildes von vollkommener Art. Solche schicken sich freiwillig in jeglichen Willen Gottes, auch in die Hölle und den ewigen Tod, wenn Gott es so will, nur damit sein Wille völlig geschehe; so sehr suchen sie nicht das Ihre. Doch so, wie sie sich selbst dem Willen Gottes anpassen, so ist es auch unmöglich, daß sie in der Hölle bleiben; denn es ist unmöglich, daß der außerhalb Gottes bleibt, der sich dem Willen Gottes so völlig hingibt. Er will, was Gott will, also gefällt es Gott, gefällt es ihm, so ist er also geliebt; ist er geliebt, so ist er also gerettet« (Übers. nach Ellwein, S. 328).

Der Grund für Gottes Freispruch liegt also in keiner Weise bei uns, weder in unserer Erfüllung seiner Gebote, die wir faktisch übertreten, noch in der Reue und Sündenerkenntnis, die wir aufbringen mögen. Unsere eigene Gerechtigkeit ist in keiner Weise geeignet, Gott auch nur im geringsten zu verpflichten, sie klagt uns vielmehr nur an. Aber auch unsere Sünde und Not können Gott nicht zwingen, sich unsrer zu erbarmen. Die Reflexion über den Menschen, über das, was er ist und was ihm fehlt, kann nicht der entscheidende Gesichtspunkt sein, wenn wir Gottes Gnade verstehen wollen. Nicht deshalb, weil es befreiend und tröstlich ist, können wir das Evangelium für Gottes Wort halten. Nicht unsere Not und ihre Behebung, nicht unser Elend und unsre Erlösung sind das einzige und entscheidende Thema. Deshalb vielmehr, weil Gott, indem er für uns eintritt, in eigenster Sache handelt, weil dies seinem innersten Wesen entspricht, darum ist das Evangelium unbedingt glaubwürdig. Daß Gottes Urteil Freispruch ist, kann ihm niemand abnötigen, das folgt nicht aus einem angeblich über Gott stehenden Gesetz, es ist nicht zu verstehen im Sinn des leichtfertigen Satzes: Vergeben ist sein Geschäft. Aber es ist erst recht nicht zufällig, nicht nur eine Episode oder Laune, die Gott eines Tages wieder reuen könnte. Hier tritt vielmehr Gott auf den Plan, wie er in Wahrheit ist. Darin ist Gott sich selber treu, so offenbart er seine ewige Kraft und Gottheit. An dieser Identifikation von Recht und Gnade, wobei die Gnade über den Zorn triumphiert, ist überhaupt erst zu messen und zu prüfen, was das Wort »Gott« besagt. Der wahre Gott ist kein anderer als der, der in Jesus Christus den Gottlosen freispricht.

Weil der Freispruch Gottes in Jesus Christus allein in Gott selbst begründet ist, weil sich darin Gottes Gottheit offenbart, darum kann und muß er überall verkündet werden – ohne Rücksicht darauf, ob nach unserer Meinung die Situation dafür günstig ist oder nicht. Die törichte Rede, weil heute der Mensch nicht wie Luther nach der Rechtfertigung durch Gott frage, da ihm Gott selbst überhaupt fragwürdig sei, deshalb könne man sie auch nicht verkündigen, sondern müsse zunächst auf die Sinnfrage bzw. die Frage der Existenz Gottes überhaupt eingehen, verrät eine völlige Unkenntnis dessen, was Gerechtigkeit Gottes heißt. Als ob der in sich verkrümmte Mensch nach diesem Deus iustificans von sich aus recht fragen könne! Er ist ja der Mensch, der – wie Luther sagt – nicht will und nicht wollen kann, daß dieser Gott Gott ist, er muß ein Gottesleugner sein. Erst die Proklamation dieses Urteils und Freispruchs, wie er in Jesus Christus ergeht, kann die echte Frage des Menschen wecken und aufdecken, indem sie diese Frage zugleich beantwortet. Deshalb stellt doch wohl Paulus im Römerbrief die Summa seiner Evangeliumsverkündigung voraus, um dann allerdings hineinzuleuchten in die ganze Verlorenheit des unter dem Zorn stehenden Menschen, des Heiden wie des Juden. Nicht der Mensch hat Gott vor seine Schranken zu fordern, nicht er hat Gott nach seinem Bilde zu entwerfen oder auch zu leugnen, sondern Gott ruft den Menschen vor sein Tribunal, und indem er ihn freispricht, deckt er erst auf, worin seine Schuld besteht: eben darin, daß er den wahren Gott nicht kennt und ihm nicht die Ehre gibt, obwohl er ihn hätte kennen können (Röm. 1,18ff.).

b) Gottes Gerechtigkeit – unsere Rechtfertigung

Rechtfertigung ist nach reformatorischem Verständnis in dem gnädigen Urteil Gottes, das er in Jesus Christus gefällt hat, begründet, also ein forensischer Begriff. Indem die Relation zwischen Gott und uns in Ordnung kommt, ist der Mensch gerecht, nicht in seiner sittlichen Beschaffenheit. Das widerspricht keineswegs dem, was wir über Gerechtigkeit Gottes als Durchsetzung seines Rechts hörten. Denn Gott bestimmt und definiert sich in Jesus Christus als dieser Gott, der den Gottlosen freispricht. Darum ist die hier sich offenbarende Gerechtigkeit Gottes unsere Gerechtigkeit.

Luther hat mit Nachdruck diese Gerechtigkeit als iustitia passiva im Gegensatz zu jeder iustitia activa, zu einer iustitia civilis und jeglicher sittlich-religiöser Beschaffenheit als solcher herausgestellt. Damit sollte nicht geleugnet werden, daß der Mensch im Rahmen einer iustitia civilis sog. »gute Taten« tun kann. Aber vor Gott sind sie nicht gut. Alles hängt davon ab, an welchem Kriterium der Mensch sich mißt, vor welchem Forum er sich zu verantworten hat. Im Lichte des Urteils, das Gott im Kreuz und in der Auferweckung Jesu gesprochen hat, ist alle menschliche Gerechtigkeit zunichte gemacht. Luther kann sagen: »Das ist unsere Theologie, in der wir lehren, diese beiden Formen von Gerechtigkeit wohl zu unterscheiden, die aktive und die passive, damit nicht Moral und Glaube, Wort und Gnade, Politik und Religion miteinander vermengt werden. Denn beides ist notwendig, aber beides muß sich in seinen Grenzen halten. Die christliche Gerechtigkeit betrifft den neuen Menschen, die Gesetzesgerechtigkeit den alten, der geboren ist aus Fleisch und Blut, dem muß man wie dem Esel den Sack auflegen, damit er gedrückt wird ... Wir setzen aber sozusagen zwei Welten, eine himmlische und eine irdische; in diese beiden Welten verlegen wir diese beiden Formen der Gerechtigkeit, voneinander geschieden und streng auseinander gehalten. Die gesetzliche Gerechtigkeit – die Gerechtigkeit des ›du sollst‹ meint Luther – gehört auf die Erde, sie handelt vom Irdischen, durch sie tun wir gute Werke. Aber wie die Erde nicht Frucht bringt, sie sei denn zuvor befeuchtet und befruchtet vom Himmel her, so tun wir nichts, wenn wir auch vieles tun durch die gesetzliche Gerechtigkeit und erfüllen auch im Tun des Gesetzes das Gesetz nicht, wenn wir nicht zuvor ohne unser Werk und Verdienst gerecht sind kraft der christlichen Gerechtigkeit, die nichts zu tun hat mit der des Gesetzes, mit der irdisch-aktiven Gerechtigkeit« (WA 40/1,45,24; zit. nach H. J. Iwand, Glaubensgerechtigkeit nach Luthers Lehre, S. 51f.).

Von grundlegender Bedeutung für das reformatorische Verständnis der Rechtfertigung ist die Unterscheidung von Gesetz und Evangelium. Es gilt zu erkennen, daß das Gesetz, die Forderung Gottes in seinen Geboten, nach seinem eigentlichen, geistlichen Zweck (im usus theologicus seu spiritualis, wie Luther sagt) nicht die Rechtfertigung bewirkt, sondern die Sünde steigert und enthüllt, d. h. die falsche Selbstbeurteilung des Menschen, die er von Haus aus hat, zerstört. Das Gesetz tötet! Das kann Luther anschaulich schildern, indem er die desperatio aufzeigt, in die es den Menschen, der sich wirklich auf das Gesetz total einläßt, stürzt. Aber das ist zugleich eine Erkenntnis, die doch nur am Kreuz Christi dem Menschen aufgeht, wo dies Töten durch das Gesetz Wirklichkeit geworden ist und der eigentliche Sinn des Gesetzes uns erst offenbart wird. Hier wird uns erst die rechte Unterscheidung zwischen Gesetz und Evangelium aufgedeckt. Also gerade da, wo Gottes Ja zu uns gesprochen ist, da erkennen wir auch die Radikalität des Nein, das als Urteil über den alten Menschen, der durch das Gesetz, durch sein Werk, seine Geltung erwerben will, gesprochen ist. Wenn das nötig war, daß Gott selbst in Jesus Christus an unsre Stelle trat, wenn er selbst unsre Gerechtigkeit ist, dann ist damit alle menschliche Gerechtigkeit als Trug entlarvt. Jesus Christus selbst ist unsre Gerechtigkeit, indem er gleichsam unser Personsein übernimmt und uns seine Gerechtigkeit schenkt. Die rechte Relation zwischen Gott und

Mensch, auf die alles ankommt, ist also nicht von unsrer Seite aus ins Werk zu setzen, sondern von Gott selbst in Christus verwirklicht und nur als vollendetes Geschehen im Glauben anzuerkennen. Darum herrscht zwischen aller Gesetzesgerechtigkeit und der Gerechtigkeit des Glaubens ein sich ausschließender Gegensatz.

Rechtfertigung kann ferner von den Reformatoren einfach als Sündenvergebung bezeichnet werden. Die Wiederherstellung der zerbrochenen Relation zu Gott geschieht nicht durch eine Seinsverwandlung des Menschen, sondern durch Nichtanrechnung der Schuld um Christi willen. Das wäre eine Verengung des Verständnisses von Rechtfertigung, jedenfalls im paulinischen Sinn, wenn darunter nur die Austilgung vergangener Sünden gefaßt wäre. Aber das ist nicht der Sinn der starken Akzentuierung dieses Begriffs, sondern vielmehr die Abwehr der Auffassung, es handle sich in der Rechtfertigung um eine neue Qualitas im Menschen. Das wird sehr deutlich in folgendem Lutherwort (Predigt über Matth. 18,21 ff.; zit. nach Th. Harnack, Luthers Theologie II, S. 335): »Damit ist angezeigt, daß in dem Reiche Christi eitel Vergebung sei und sein solle. Nun soll man fleißig lernen, was dieselbe sei. Es ist bald gesagt: Vergebung der Sünde; wie denn auch die ganze christliche Lehre leichte ist. Ja, wenn es mit den Worten ausgerichtet wäre, aber wenns zum Treffen kommt, so weiß man nichts davon. Denn es ist ein groß Ding, daß ich mit dem Herzen soll fassen und glauben, mir sei alle Sünde vergeben, und daß ich durch solchen Glauben gerecht bin vor Gott. Das mag mir eine wunderliche Gerechtigkeit sein, und weit eine andere Gerechtigkeit, denn aller Juristen, Klugen und Weisen in der Welt Gerechtigkeit ist. Denn dieselben sagen allesamt also: Die Gerechtigkeit müsse sein in des Menschen Herz und Seele als eine qualitas hinein gekleibet. Aber dies Evangelium lehret uns, daß die christliche Gerechtigkeit nicht allerdings sei in des Menschen Herz und Seele; sofern wir sollen lernen, daß wir gerecht und von Sünden erlöst werden durch Vergebung der Sünden. Also haben wir vorzeiten im Papstthum selbst gelehrt: wer von Sünden will los sein, der muß dies und jenes thun: eine Kapelle bauen, Altar ausrichten, Messen stiften u.s.w.... Denn menschliche Natur will allezeit die Hand im Sode haben und den Ruhm davon tragen, und den ersten Stein legen. Darum ist dies eine hohe Predigt und himmlische Weisheit, daß wir glauben, unsere Gerechtigkeit, Heil und Trost stehe außer uns; nemlich, daß wir vor Gott sein gerecht, angenehm, heilig und weise, und ist doch in uns eitel Sünde, Ungerechtigkeit und Thorheit. In meinem Gewissen ist eitel Fühlen und Gedächtnis der Sünde und Schrecken des Todes; und ich soll doch anderswo hinsehen und glauben, daß keine Sünde und Tod da sei, und soll dennoch sagen: alle meine Sünden sind vergeben, denn das Wort ist über mich gesprochen, welches also lautet: Dir sind deine Sünden vergeben ...« So kann auch Calvin sagen: »Rechtfertigung beruht auf der Vergebung der Sünden und der Zurechnung der Gerechtigkeit Christi« (Institutio III, 11,2). »Es steht also fest: die Menschen, welche Gott annimmt, können nur dadurch gerecht werden, daß er durch die Vergebung der Sünden alle ihre Makel tilgt und sie reinigt. Solche Gerechtigkeit kann man also mit einem Wort als Vergebung der Sünden bezeichnen« (Institutio III, 11,21).

Wie der Begriff Vergebung, so ist auch die Bezeichnung forensische Rechtfertigung mißverständlich, wie alle in der Theologie verwendeten Begriffe – für sich genommen – fragwürdig sind. Es könnte so scheinen, als bleibe beim Menschen alles beim alten und er werde nur so angesehen, als ob er gerecht sei. Dem steht entgegen, daß bei Luther gerecht sprechen und gerecht machen (iustum facere oder efficere) durchaus miteinander abwechseln können. Gratia und donum sind nicht zu scheiden. In der Rechtfertigung geht es nicht um einen Urteilsspruch wie bei einem irdischen Richter, der zunächst nur verkündet, aber nicht unbedingt sofort wirksam wird, vielleicht sogar revidiert und aufgehoben wird, sondern es ist Gottes Urteil. Gott aber tut, was er sagt. Sein Wort setzt Wirklichkeit. Weil Gott der ist, der in Christus dies freisprechende Urteil proklamiert, darum ist Gerechtsprechung hier Gerechtmachung, d. h. die von ihm zu uns hergestellte Relation gilt. Gottes Reden ist schöpferisch, nur daß hier im Unterschied zum schaffenden Handeln Gottes (im Sinn des 1. Artikels) von einem Handeln Gottes mit dem Menschen und an ihm die Rede ist, der nicht Nichts ist, sondern Rebell und Empörer gegen Gott. Man müßte also geradezu von einem Töten und Neuschaffen reden, von einem Sterben und Auferwecktwerden, wie wir es ja auch tun, indem wir von der Gerechtigkeit Jesu Christi reden. In Jesu Tod und Auferstehung ist das Urteil Gottes nicht nur geredet, sondern gehandelt worden, es ist – uns alle betreffend – gefällt. Damit ist bereits alles neu geworden. Luther kann (vor allem in seinem großen Galaterkommentar [1531/35]) sich nicht genug tun, zu behaupten, daß Sünde und Tod auf Christus liegen und nicht mehr auf der Welt, daß er (als maxima persona) unser Personsein vertritt und umfaßt, daß er – Christus – an meiner und ich an seiner Stelle stehe. Gott sagt zu Christus – wie Luther im gr. Gal.komm. formuliert: »Du mögest Petrus, jener Verleugner, sein, Paulus, jener Verfolger, Lästerer und Gewalttäter, David, jener Ehebrecher, jener Sünder, der den Apfel im Paradies aß, jener Räuber am Kreuz, in Summa, du seist die Person, die aller Menschen Sünden getan hat« (WA 40/1, 437, 23ff.).

Und umgekehrt soll der Mensch gegenüber allen Angriffen und Versuchungen seitens des Teufels getrost sagen: Ich bin nicht mehr ich. N. N. ist gestorben, hier wohnt Christus! Wir sehen, das Urteil, von dem in der reformatorischen Rechtfertigungslehre gesprochen wird, ist alles andre als ein bloßes »Als ob«, sondern es bezeichnet eine Realität, die alles Selbstverständnis und alle Selbstanalyse überragt. Denn Jesus Christus, nicht eine von ihm ausgehende Kraft oder Wirkung, ist meine Gerechtigkeit.

Daraus folgt weiter, daß diese Gerechtigkeit mir nicht durch Übermittlung geheimnisvoller Kräfte zuteil wird, sondern durch die Verkündigung des Evangeliums. Dem solus Christus entspricht das solum verbum. Diese Hervorhebung des Wortes ist nicht im Sinne einer Vergeistigung gemeint, es geht nicht um eine idealistische Interpretation des Evangeliums. Kein menschliches Wort als solches ist fähig, dies Geschehen sachgemäß auszudrücken. Nicht umsonst spricht Luther so gern von der notwendigen Taufe aller unsrer Worte und Begriffe und unterscheidet scharf zwischen ihrem philosophischen und ihrem theologischen Gebrauch. Man kann also nicht von einem allgemeinen Wort- oder Sprachbegriff ausgehen und lediglich durch Zuspitzung, Überhöhung, Füllung und Konkretisierung zum reformatorischen Verständnis des Wortes vordringen. Wort im evangelischen Sinn ist nicht eine species innerhalb einer Gattung Wort, nichts bloß Innerliches, sondern gerade ein externum und betrifft den ganzen Menschen. Was Wort eigentlich bedeutet, auch im menschlichen Miteinander, ist vielmehr erst im Licht dieses Wortes, das mit Jesus Christus identisch ist, zu begreifen. Vom Gesagten her ist der besondere Sagecharakter dieses Wortes zu verstehen. Aber es ist nun doch nicht zufällig, daß die Theologie der Rechtfertigung eine Theologie des Wortes ist. Das in Christus gefällte Urteil Gottes wird in seiner Endgültigkeit und Unüberbietbarkeit, aber auch in seinem auf mich zielenden und mich zur Anerkennung rufenden Anredecharakter nicht so leicht mit naturhaften Kategorien zur Sprache gebracht werden können. Daß Gott in Jesus Christus uns freispricht, daß es nicht um Übermittlung eines zuständlichen Seins, sondern um diese neue Relation Gottes zu uns geht, die freilich meine ganze Existenz betrifft und dennoch ganz Gottes Tat ist und in seiner Verfügung bleibt, das alles soll mit der Betonung des forensischen, imputativen Charakters der Rechtfertigung und ihres Wortcharakters unterstrichen werden. So wird der Gegensatz zur Werkgerechtigkeit deutlich. Aber so wird auch gerade nicht ein fragwürdiges »Als ob« behauptet, sondern die Unbedingtheit und Gültigkeit der in Christus gefallenen Entscheidung Gottes ans Licht gebracht (s. Exkurs 33: Zum römisch-katholischen Verständnis der Rechtfertigung).

c) Unsere Gerechtigkeit – iustitia aliena

Die Behauptung, daß es im Evangelium um unsere Gerechtigkeit geht und daß sie doch zugleich fremde Gerechtigkeit ist, scheint einen eklatanten Widerspruch zu enthalten. Wenn unter Gerechtigkeit eine den Menschen verwandelnde Gnadenkraft verstanden wird, die zudem durch eine naturphilosophische Begrifflichkeit umschrieben wird, kommt es zwangsläufig zu einem quantitierenden Denken, das durch Abschwächung nach der einen oder anderen Seite den Widerspruch zu mildern sucht. Für reformatorisches Verständnis der Rechtfertigung ist kennzeichnend, daß es beides streng zugleich denkt: Wir sind (extra nos) gerecht und sind es doch von uns aus nicht. Der Sinn dieses Paradoxes ist nicht durch eine Analyse der glaubenden Existenz als solcher zu erfassen, sondern nur im Blick auf Jesus Christus als das Woran des Glaubens. Das Evangelium mutet mir also nicht zu, über meinen eigenen Schatten zu springen und mich in einem Akt der Willkür für etwas zu halten, was ich gar nicht bin, sondern es verkündigt den in Christus vollzogenen Freispruch Gottes, d. h. es weist mich an eine extra me gefallene, aber mich umschließende Entscheidung. Darum betonten die Reformatoren mit Paulus: Christus selbst ist unsere Gerechtigkeit.

Hier zeigt sich der unlösliche Zusammenhang von Christologie und Rechtfertigung, wobei alles darauf ankommt, daß Jesus Christus nicht nur als sittliches Vorbild oder Glaubensexempel dient, sondern in diesem verfluchten und gekreuzigten Christus Gott selbst an unsre Stelle tritt. Luther wird (vor allem im großen Galaterkommentar) nicht müde, zu betonen, daß Sünde und Tod der ganzen Welt auf Christus liegen, daß er hier diesen Platzwechsel vollzogen hat und daß dies alles nur von Relevanz ist, weil Christus natura Deus ist. »Vincere enim peccatum mundi, mortem, maledictionem et iram Dei in semet ipso non est ullius creaturae, sed divinae potentiae opus.« »Quare negantes divinitatem Christi amittunt tandem totum christianismum . . .« (zu Gal. 3,13) Wenn Luther in der »Freiheit eines Christenmenschen« von dem fröhlichen Wechsel und Streit redet, in dem der edle, fromme Bräutigam Christus das arme verachtete Hürlein zur Ehe nimmt, dann ist unerläßliche Voraussetzung dieses Gedankens, daß das, was dieser leidende, sterbende Mensch Jesus tut, Gottes eigenes Tun ist. Weil Gott selbst sich so erniedrigt, darum ist dies geschichtliche Ereignis eschatologisches Ereignis, darum ist diese Person Jesu nicht nur seine privata persona, sondern die maxima persona, die uns alle umgreift, darum ist diese fremde Gerechtigkeit unsre eigene Gerechtigkeit. Nur weil dieser Nagel sitzt, können die überschwenglichen

Aussagen von der Realität unsrer Gerechtigkeit gemacht werden, gerade indem sie iustitia aliena ist. Nicht obwohl sie fremde Gerechtigkeit ist, sondern gerade weil sie es ist, die Gerechtigkeit Gottes, darum ist sie wirkliche Gerechtigkeit, fester als Stahl und Stein.

So ist es möglich, diese aliena iustitia zugleich mit mystischen Bildern als unsre eigene zu bekennen. Christus ist nicht nur eine damalige, vergangene Größe, deren man sich mittels einer fides historica vergewissert, sondern dieser Christus extra me ist der Christus pro me, ja, sogar in me. Luther konnte diese Verschmelzung mit Christus aufs stärkste ausmalen. »Darum muß der Glaube recht gelehrt werden, daß man durch ihn so mit Christus zusammengeschweißt wird, daß aus dir und ihm sozusagen eine Person wird, die sich nicht trennen läßt, sondern ihm beständig anhängt, als wollte sie sagen: ich bin wie Christus, und umgekehrt, als wollte Christus sagen: Ich bin wie jener Sünder, der an mir hängt ..., so daß mich dieser Glaube inniger mit Christus verschmilzt, als der Mann mit der Frau verschmolzen ist ...« (WA. 40/1,285,24) Ja, es kann heißen: »Wenn du in der Sache der Rechtfertigung zwischen der Person Christi und deiner eigenen unterscheidest, dann bist du im Gesetz, bleibst du in ihm und lebst in dir ...« (ebd. 285,15) Der in Christus gefällte Freispruch Gottes hat nicht nur deklaratorischen, sondern ontischen Charakter. Er ermächtigt zu eindeutigen, gültigen Aussagen über das Heil.

So kann Luther sagen: Der Glaube ist »ein daran nicht Zweifeln noch Wanken, daß ich heilig, fromm, gerecht und Gottes Kind bin: nicht aus mir oder um meines Verdienstes willen, sondern aus lauter Barmherzigkeit Gottes in Christo ... Wenn diesen Glauben die Cainischen hören, so segnen sie sich mit Händen und Füßen, sprechen: Ei, behüte mich Gott, sollt ich sagen, daß ich heilig und fromm wäre? Wie sollte ich so hochmütig und vermessen sein? Nein, nein, ich bin ein armer Sünder. Siehe, also muß dieser Glaube bei ihnen nichts und alle solche Lehre Ketzerei sein; damit denn das ganze Evangelium vertilget wird« (KP, So. n. Weihnachten 1522, zu Gal. 4,1). Wenn rechte Sündenerkenntnis Glaubenserkenntnis ist, dann ist alle Sündenverzweiflung als solche, die nicht zu fassen vermag, daß Gottes Gnade größer ist als alle Schuld, Selbstbetrug. Das Kokettieren mit der Sünde ist die Krone aller Sünde. Der Unglaube, der es nicht wagt, Gottes Verheißung für sich in Anspruch zu nehmen, ist Beleidigung Gottes. Umgekehrt ist das Ernstnehmen der in Christus gefallenen Entscheidung gerade rechte Erfüllung des ersten Gebots. Denn der wahrhafte Glaube ist »ein gewisses Vertrauen und eine starke, feste Zuversicht des Herzens, dadurch man Christum ergreifet, also daß Christus sei das einige, wahrhaftige objectum fidei, das ist, daß der Glaube nichts anderes habe, darauf er gerichtet sei und dazu er sich halte, denn Christum allein, ja daß nicht allein der Glaube auf Christum ganz gerichtet sei, sondern daß er auch Christum selbst begreife und in sich beschließe« (zu Gal. 2,16, großer Galaterkommentar). Christus ist nicht nur der Grund unsrer Gerechtigkeit, diese selbst aber nur eine Folge, sondern er selbst ist unsre Gerechtigkeit. »Christus, sage ich, nicht (als Etliche mit blinden Worten sagen) causaliter, daß er Gerechtigkeit gebe, und bleibe er draußen. Denn die ist todt, ja sie ist nimmer gegeben, Christus sei denn auch selbst da; gleichwie das Glänzen der Sonne und Hitze des Feuers nicht ist, wo die Sonne und das Feuer nicht ist« (zu Psalm 143,12, 1525). So kann man nur reden, weil Christus selbst das einmal gesprochene, aber gegenwärtige Tatwort Gottes ist. Darum sagt Luther: »Wir sind alle Heilige, und verflucht sei der, der sich nicht einen Heiligen nennet und rühmet. Denn so du diesen Worten Christi (Joh. 20,17) gläubest, so bist du eben sowol ein Heiliger, als St. Petrus und alle andere Heilige« (Pr. Joh. 20,11; 1530). Ganz ähnlich kann es bei Calvin heißen: »Als ob wir uns Christus gleichsam als einen denken sollten, der in weiter Ferne stünde! Als ob wir ihn nicht vielmehr als den ansehen sollten, der in uns wohnt! Wenn wir von ihm das Heil erwarten, so geschieht das doch nicht deshalb, weil er uns etwa in der Ferne erschiene, sondern weil er uns in seinen Leib eingefügt und damit nicht bloß aller seiner Güter und Gaben, sondern seiner selbst teilhaftig gemacht hat« (Inst. III, 2, 24). Das Extra Calvinisticum hindert Calvin also nicht, immer wieder von der unio mit Christus zu reden.

Wie kann von dem in Christus gerechten Menschen dennoch zugleich behauptet werden, daß er Sünder sei? Inwiefern bleibt die uns geschenkte Gerechtigkeit dennoch iustitia aliena? Hier geht es um das rechte Verständnis der klassischen reformatorischen Formel simul iustus et peccator, um das Luther lange gerungen hat. »An diesem Punkt konnte ich Tor nicht einsehen, wieso ich mich für einen auf gleicher Stufe mit den übrigen stehenden Sünder ansehen und mich niemandem vorziehen sollte, obwohl ich doch bereut und gebeichtet hatte; denn dann sei doch, so meinte ich, alles hinweggenommen und aufgehoben, auch inwendig. Und wenn ich um der früher begangenen Sünden willen mich den übrigen Sündern gleichstellen sollte, deren man, wie sie sagen, immer eingedenk sein müsse . . ., so dachte ich, seien sie eben nicht vergeben« (Römerbrief-Kommentar, Ellwein, S. 165). Luther dachte sich das Verhältnis von Sünde und Gnade zunächst in einem psychologischen Nacheinander: Von Gnade kann man nur reden, wenn man keine Sünde mehr spürt. Dann aber geht ihm auf, daß Gottes Gerechtigkeit und unser Sündersein sich nicht ausschließen. Aber wie ist das zu denken? Es ist nicht im Sinne einer teilweisen Gerechtigkeit und teilweisen Sünde gedacht, obwohl Luther in bestimmten Zusammenhängen, nämlich da, wo es um die Erneuerung des Menschen geht, von einem partim – partim reden kann (vgl. W. Joest, Gesetz und Freiheit, 1951). Auch ist die Lösung nicht die, daß die Gerechtigkeit als zukünftiges Hoffnungsgut verstanden wird, während die Gegenwart von der Sünde bestimmt ist. Zwar könnte manche Stelle bei Luther so gedeutet werden, vor allem das Bild von dem Kranken, dem der Arzt die Genesung verheißt, das Luther (in Auslegung von Röm. 4,7 im Römerbrief-Kommentar) breit ausmalt. Er kann ja von dem Kranken sagen, daß er peccator in re, iustus in spe sei. Richtig daran ist, daß in der Tat nicht nur das Schauen der Gerechtigkeit – im Unterschied zum Glauben – zukünftig ist, sondern daß auch die Durchsetzung der Gerechtigkeit Gottes in aller Welt – ohne die Möglichkeit der Bestreitung und ohne Anfechtung – Hoffnung bleibt. Aber weder für Luther noch für Paulus ist die Gerechtigkeit nur Hoffnungsgut. Man darf das simul iustus et peccator auch nicht im Sinne eines starren, statischen Dualismus auffassen, wodurch sich im Grunde beide Behauptungen gegenseitig nivellierten und auflösten. Gewiß kann von dem Christen nicht in gleichem Sinn gesagt werden, daß er Sünder und daß er gerecht sei, geschweige denn, daß hier eine Aufteilung in zwei Lebensbereiche und Herrschaftssphären gemeint sei, wie sie bei einem Mißverständnis der Zwei-Reiche-Lehre sich ergibt. Mit dem Sündersein ist vielmehr die Vergangenheit gemeint, aus der ich komme und die freilich immer wieder faktisch über mich Macht gewinnt, so daß sich die neue Existenz des Christen in steter Wegwendung von dem, was »dahinten« ist, zu dem, was »vorn« ist, vollzieht (Phil. 3,13). Das simul iustus bezeichnet die in Jesus Christus uns bereits umgreifende eschatologische Wirklichkeit, die das Dunkel der Vergangenheit siegreich überwindet, die aber unsern Augen noch verborgen ist und deren universale Auswirkung wir noch erwarten. Hier darf es kein spannungsvolles Nebeneinander oder gar einen Friedensschluß geben, in dem man sich dabei beruhigen kann, daß man Sünder ist und bleiben muß. Von dieser im Evangelium verheißenen Zukunft, die in Christus bereits Wirklichkeit ist, lebt der Christ und nicht im Vertrauen auf das, was er an sich, in sich selbst oder vor den Augen anderer ist.

Der eigentliche Sinn des mit der Formel simul iustus et peccator Gemeinten erschließt sich m. E. nur aus dem streng christologischen Bezug der Rechtfertigung. Es genügt also auch nicht zu sagen – wie es die Reformatoren gern und oft tun –, daß der Christ im Blick auf sich Sünder sei, im Blick auf Christus aber gerecht sei. Ich sehe mich selbst jedenfalls auf dem

Wege der Selbstreflexion ja keineswegs als den Sünder, der ich in Wahrheit bin, sondern entdecke allenfalls Symptome. Beide Urteile, das Bekenntnis des Sünderseins wie das des Gerechtseins, sind vielmehr Implikate des rechten Christusbekenntnisses. Weil Christus für Sünder gestorben ist und der in ihm ergangene Freispruch Angeklagten und Schuldigen gilt, darum kann ich ihn als meine Gerechtigkeit nicht rühmen, ohne mich als Sünder zu bekennen. Hier liegt der eigentliche Grund des simul, aber von hier aus erschließt sich auch die Ungleichheit der beiden Aussagen. Weil Christus mich als Sünder aufdeckt bzw. zum Sünder macht, um mich freizusprechen, darum kann beides – obwohl es heißt: totus peccator und totus iustus – nicht gleichgewichtig nebeneinander stehen, sondern das Bekenntnis des Sünderseins ist aufgehoben im Bekenntnis des iustus-Seins bzw. davon umschlossen. Alle mit Recht auch von den Reformatoren behaupteten möglichen Fortschritte in der Heiligung (vgl. nicht nur Calvins Reden vom Wirken des Geistes, sondern auch Luthers Unterscheidung von gratia und donum) ändern doch nichts daran, daß es im Blick auf die Rechtfertigung, d. h. aber die Begründung meines Heils, bei dem strengen simul totus peccator et iustus bleiben muß (s. Exkurs 34: Zur Deutung des »simul iustus et peccator«).

Es läßt sich an diesem entscheidenden Punkt sehr schön zeigen, wie weder eine naturphilosophische noch eine juridische Begrifflichkeit als solche in der Lage ist, das Woran des Glaubens, den Inhalt des Evangeliums, sachgemäß zu fassen. Wenn Luther (z. B. im großen Galaterkommentar) nachdrücklich auf den grundlegenden Unterschied im Gebrauch der Worte und Begriffe hinweist, je nachdem ob sie philosophisch oder theologisch benutzt würden, so hat er diese schlechthinnige Einzigartigkeit des »Gegenstandes« der Theologie vor Augen. In Jesus Christus sind Sünde und Tod aufgehoben. Daß Sünde vergeben ist, das widerspricht einem juridischen Denken, das an der iustitia distributiva orientiert ist. Und daß der Tod aufgehoben sein soll, das ist für ein in naturwissenschaftlichen oder naturphilosophischen Kategorien sich bewegendes Denken nicht vollziehbar. Wir empfinden vor allem die Fremdheit der biblischen Aussagen gegenüber dem kausal-mechanischen oder auch entwicklungsgeschichtlichen Denken, das uns weitgehend als moderne Menschen bestimmt. Die notwendige Auseinandersetzung der Theologie mit dem Denken ihrer Zeit kann nicht in der Absicht geführt werden, sie diesem Denken zu unterwerfen. Das würde den Bankrott der Theologie bedeuten. Unser Verständnis der Formel simul iustus et peccator ist ein hervorragendes Indiz dafür, ob wir das Aufsprengende und Revolutionäre der Sprache des Kreuzes Christi, die unserem gewohnten Denken nur Ärgernis und Torheit sein kann, respektieren. Die paradoxe Formel warnt uns davor, die zentralen Aussagen des Evangeliums von dem Gott, der das Nichtseiende ins Sein ruft, der den Gottlosen gerechtspricht und Tote auferweckt, an der von uns gedeuteten Wirklichkeit von Mensch und Welt zu verifizieren. Aber sie meint kein Absurdum, sondern eschatologische, d. h. aber die eigentliche Wirklichkeit, die unsere an Gesetz, Sünde und Tod orientierte Wirklichkeit überwindet – wie es freilich nur in dem vom heiligen Geist gewirkten Glauben von uns erkannt wird. Der in Christus offenbarten iustitia aliena entspricht also auf unserer Seite das sola fide.

d) Glaube – Gott rechtgeben

Wenn Gottes Wort der in Jesus Christus ergehende Freispruch des Gottlosen ist, wenn in seinem Tod und seiner Auferweckung Gottes unwiderruflich gültiges Urteil über uns ergangen ist, das aber uns zur Einstimmung ruft, dann kann es nur *ein* diesem Wort Gottes entsprechendes Verhalten des Menschen geben: die Anerkennung seines Urteils. Die Rechtfertigung des Gottlosen, welche die Christusbotschaft proklamiert, will, daß wir Gott rechtgeben (Luther: Deum iustificare). Gottes Urteil besteht darin, daß er zu dem gekreuzigten, von dieser Welt verworfenen Jesus von Nazareth in seiner Auferweckung von den Toten und seiner Erhöhung zum Kyrios Ja sagt bzw. seine immer bereits bestehende Einheit mit diesem Jesus offenbart. Er erkennt damit Jesu Weg der Hingabe an die Verlorenen, sein Eintreten für Zöllner und Sünder, an, er enthüllt es als sein eigenes Wollen und Tun. Dies zu Ostern offenbarte Urteil Gottes bezieht sich auf den erniedrigten und gekreuzigten Jesus, der ausgestoßen und hingerichtet wurde. Gottes Ja zu Jesus impliziert also unübersehbar sein Nein zur Welt und zum Menschen, so wie sie sich in ihrer Selbstbehauptung und Selbstrechtfertigung im Umgang mit Jesus entpuppen. Dem hier offenbarten Urteil Gottes zustimmen, heißt also zugleich, sich selbst verurteilen. Gott rechtgeben kann nur der, der sich selbst unrecht gibt.

Daß das in Jesus Christus, in seinem Leiden und seiner Auferweckung ergehende Urteil Gottes die Substanz der christlichen Verkündigung und das Fundament der Kirche ist und jeden zur Anerkennung dessen ruft, das wird dadurch bestätigt, daß die beiden zentralen Handlungen (»Sakramente«) Taufe und Abendmahl um diese Mitte kreisen. Um die Teilhabe an Jesu Tod geht es in beiden, allerdings die Teilhabe an dem Christus, der nicht im Tode geblieben ist, sondern auferstanden und als der lebendige Herr in seiner Gemeinde gegenwärtig ist. Vor allem bei Paulus ist dies Verständnis von Taufe und Abendmahl unverkennbar. Die Taufe kann hier als göttlicher Rechtsakt verstanden werden, in dem der Täufling dem Zeugnis von der Neukonstituierung seiner Existenz in Christus begegnet und mit seinem Bekenntnis entspricht. Und im Abendmahl wird er anerkannt und bekennt er sich als Teilhaber an dieser in Jesu Tod begründeten neuen Diatheke. Konstitutiv für das, was hier geschieht, ist die Willensverfügung, die Gott in Christus ergehen ließ und die hier proklamiert und anerkannt wird. In der Taufe geht es also um das Nein zum alten Menschen, der unter Gottes Gericht steht und in Christus »ersäuft« ist, aber auch um das Ja zu dem neuen Menschen in Christus. Aber auch im Abendmahl, wo es heißt: »Das ist mein Leib, für euch gebrochen«, wird der Tod Jesu Christi als das uns betreffende Heilsereignis bezeugt. Die einzig angemessene Haltung demgegenüber ist nach Paulus (1. Kor. 11,28ff.), daß der Mensch sich selbst prüft, d. h. richtet und verurteilt, und gerade als solcher, der zu sich selbst Nein sagt, nicht gerichtet, sondern freigesprochen ist. Die Annahme der Taufe und der Empfang des heiligen Abendmahles sind nichts anderes als die Anerkennung des hier ergehenden Freispruchs Gottes.

Dem Urteil Gottes rechtgeben, heißt: in Konformität zu dem hier ergehenden Spruch treten, sich durch dies Wort in seiner Existenz neu bestimmen lassen. Nicht das Wort wird uns angepaßt, sondern wir werden, wie Luther gern betont, ihm im Glauben konform gemacht. Gottes Wort fügt sich nicht unsrer Selbstbeurteilung ein, sondern unser Selbstverständnis unterwirft sich diesem Urteil Gottes. Erkennen heißt hier primär: Anerkennen, ja, mehr noch: Erkannt werden. Hier durchschauen heißt: durchschaut werden. Sich dies Wort aneignen, heißt: von diesem Wort beschlagnahmt werden. Kein Wunder, daß ich also den Glauben nicht abstrakt definieren kann, d. h. ohne von diesem Urteil Gottes konkret zu sprechen und in seinem Licht mich und alle Welt neu zu sehen. Wer dies Urteil gelten läßt, kann weder seine Selbstbeurteilung noch das Urteil der andern für ausschlaggebend halten. Nichts ist schwerer für den Menschen, als solche »Vorurteile« preiszugeben, ja, es ist ihm von Haus aus unmöglich. Wenn wir Erfolg haben und bei den Menschen in Geltung stehen, sind wir glücklich. Wenn wir scheitern und sich alles gegen uns kehrt, verzweifeln wir. Wenn uns unser Gewissen nicht quält, halten wir uns für gerecht, wenn es uns verdammt, glauben wir uns verloren. Glauben aber heißt, sich der Zweideutigkeit, ja, der Ungültigkeit aller dieser Urteile bewußt werden, von ihrem Bann befreit werden und sich allem, was wir erfahren oder fühlen an Gutem und Bösem, trotzig entgegenstellen, sich nicht auf das Sichtbare verlassen. Weil Gottes Urteil in Christus den Gerechten zum Sünder macht und den Gottlosen freispricht, d. h. weil es unsre Wertmaßstäbe durchkreuzt, darum ist es uns so fremd und unbegreiflich.

Glauben ist darum nie selbstverständlich, sondern nur in Überwindung der Anfechtung möglich. Ja, nur der Glaube kann wissen, was Anfechtung ist. Denn der Mensch, der glaubt, d. h. der gegen alle anderen Stimmen Gottes Wort rechtgibt, muß sich selbst und anderen vorkommen wie der Reiter über dem Bodensee, wie einer, der leichtfertig über die Wellen zu gehen versucht und sich ins Nichts stellt. Der Grund, auf den er sich stellt, ist die Verheißung und Zusage Gottes, die in der Botschaft von der Auferweckung des Gekreuzigten ergeht, und das ist kein Fundament im Sinne menschlichen Sicherungsbedürfnisses. Sich diesem Wort anvertrauen, das erscheint dem Unglauben absurd – und jeder ist hier von sich aus ein Ungläubiger. Daß hier in Wahrheit Gewißheit geschenkt wird, daß dies Wasser, dem er sich anvertraut, trägt, das weiß der Mensch nicht im voraus, sondern das setzt er im Akt des Glaubens auf Grund der Verheißung als wahr voraus und erfährt er allenfalls in Zukunft. Es gibt also kein vorauszusetzendes Organ des Glaubens, das durch die Begegnung mit dem Evangelium lediglich aktiviert wird, aber an sich feststellbar und beschreibbar wäre. Im Gegenteil spricht mir das Wort Gottes jede eigene Möglichkeit und Fähigkeit, auch im Bereich des Erkennens, gerade ab.

Aber zugleich gilt: Im Glauben finden wir uns in Wahrheit selbst, nun nicht in uns, sondern extra nos, in Christus. Der Glaubende spricht: »Ich lebe, doch nun nicht ich, sondern Christus lebt in mir« (Gal. 2,20). Als der mit Christus Gestorbene, als einer, der das hier über ihn ergehende Urteil Gottes gelten läßt, steht er unter der Verheißung, mit Christus zu leben. Indem er Gott rechtgibt, kommt es zur wahren Erfüllung der Bestimmung, zu der er bereits als Mensch geschaffen ist. Alles spitzt sich also auf die Frage zu, ob ich in der Bestimmung dessen, was Glaube ist, von der Frage nach mir selbst ausgehe – sei es auch von einem von mir entworfenen Gottesbegriff – oder ob Glaube nur als Antwort definiert werden kann, als Annahme des im Evangelium mir proklamierten Urteils und Freispruchs Gottes, nicht in Umschreibung einer menschlichen Haltung als solcher. Dies Gott-rechtgeben ist paradoxerweise eine Entscheidung, zu der wir von uns aus nicht in der Lage sind. Der Aufruf zu diesem Glauben mutet an wie der Appell an einen Blinden, er solle sehen, oder an einen Lahmen, er solle gehen. Daß diese Möglichkeit wirklich wird, geschieht allein durch die im Hören des Evangeliums uns verheißene Wirkung des heiligen Geistes. Nur im Licht dieser Wirklichkeit kann über die

Möglichkeit des Glaubens gesprochen werden (s. Exkurs 35: promissio und fides).

Glaube ist also nicht möglich ohne Hören auf eine Botschaft, die ein Geschehen kündet. Das Evangelium ist nicht eine notfalls auch durch Wiedererinnerung und Selbstbesinnung zu entdeckende allgemeine Wahrheit, sondern der Name Jesu von Nazareth und das mit ihm verbundene geschichtliche Ereignis gehören zum Inhalt der Verkündigung. Ohne eine gewisse Mitteilung – und wäre sie nur durch die Nennung dieses Namens gekennzeichnet –, ohne Kunde von diesem Geschehen ist christlicher Glaube nicht denkbar. Für den Glauben sind nicht alle Zeiten gleich, sondern er kennt eine Erwartung, eine Erfüllung und auch eine Erinnerung im Blick auf Gottes offenbarendes Handeln in Christus. Aber das heißt nicht, daß der Glaube in Kenntnisnahme vergangener Ereignisse oder im Fürwahrhalten sog. »Heilstatsachen« bestehe. Die zentrale neutestamentliche Botschaft, daß Gott Jesum, den Gekreuzigten, von den Toten auferweckt habe, erschöpft sich nicht in der Behauptung, daß hier ein Toter lebendig wurde, sondern sie bezeugt, daß Gott mit dieser, in historische Kategorien nicht einzufangenden Tat sich zu dem Gekreuzigten bekannte und Sünde und Tod überhaupt überwunden habe. Das ist ein Urteil, das schon im Neuen Testament mit variierenden Begriffen und Bildern umschrieben wird und sich nicht in einen Tatsachenbericht einfangen läßt. Der Glaube läßt sich also nicht definieren als fides historica. Mit Recht sagt der Heidelberger Katechismus: Er ist »nicht allein eine gewisse Erkenntnis, dadurch ich alles für wahr halte ...« (Frage 21), wobei das »nicht nur« allerdings keine ganz sachgemäße Aussage ist, da er das Mißverständnis zuläßt, als sei dies Fürwahrhalten als solches ein erstes Stadium des Glaubens.

Glaube ist gewiß nicht denkbar ohne Zustimmung zu dem Gehörten, also nicht nur eine gewisse notitia, sondern auch ein assensus. Ich werde aufgerufen, in das hier ergehende Urteil einzustimmen, und das ist nicht möglich ohne radikale Umkehr und Willensänderung. Aber wir würden die Entscheidung des Glaubens völlig mißverstehen, wenn wir sie als Willensentscheidung im Sinne und Rahmen dessen, was wir als solche sonst kennen, verstünden. Mit Recht haben Augustin und die Reformatoren die Unfreiheit des Willens behauptet, wenn es um das Heil geht. Bei allem, was er sonst Großes in der Welt zu leisten vermag, ist er doch völlig unfähig, sich für Gott zu entscheiden. Freier Wille ist, wie Luther sagt, kein menschliches, sondern ein göttliches Prädikat. Alle Werke des Menschen, auch seine Zustimmung zu biblischen »Wahrheiten« und Kirchenlehren, sind nicht zu verwechseln mit dieser Entscheidung des Glaubens.

Glaube wird in der reformatorischen Theologie häufig als Vertrauen, fiducia, bezeichnet. Damit soll gesagt werden, daß es um einen zentralen Akt menschlichen Personseins geht, in dem nicht nur unser Wissen und Wollen, sondern unser Herz – Melanchthon nannte besonders unsre Affekte – mit Beschlag belegt werden. Aber auch Schleiermachers Begriff des unmittelbaren Selbstbewußtseins bzw. schlechthinnigen Abhängigkeitsbewußtseins zielt auf dies innerste Zentrum unsrer Existenz. Aber es ist unmöglich, den Glauben zureichend mit Hinweis auf den innersten aktiven oder auch passiven Akt unsres Ichs zu beschreiben. Nicht nur jede psychologische Bestimmung, sondern auch jede existentiale Definition des Glaubens, die ihn unter Absehung von seinem konkreten Woran strukturell glaubt wirklich erfassen zu können, stößt hier auf ihre Grenzen. Gewiß bringt der Glaube ein neues Existenzverständnis mit sich, das bis zu einem gewissen Grad phänomenal umschrieben werden kann, aber das Eigentliche des Glaubens läßt sich so vermeintlich formal nicht ausdrükken, da das, worum es hier geht, das Gottesverhältnis, nicht als ein modus im Rahmen eines allgemeinen genus sachgemäß ausdrückbar ist. Auch mit personalen Kategorien, wie sie unser Verhältnis zum Mitmenschen beschreiben, ist der Glaube, obwohl er ein personhaftes Verhältnis zu Gott meint und nie ohne Liebe, ohne ein neues Verhältnis zum Nächsten sein kann, nicht zu »definieren«.

Der Glaube ist auch nicht mit der Hoffnung auswechselbar, sofern damit ein prinzipielles Geöffnetsein für Zukunft gemeint ist. Zwar ist Glaube nicht denkbar ohne Erwartung eines Kommenden. Der Glaube hat insofern eschatologischen Charakter, als er nicht nur auf Unsichtbares, Unverfügbares, Unweltliches bezogen ist, sondern Erwartung eines noch Ausstehenden ist, eine »gewisse Zuversicht dessen, das man hofft« (Hebr. 11,1). Aber so wenig wie Unweltlichkeit ist Zukunftsbezug eine genügende Bestimmung des Glaubens.

Worin liegt der Fehler aller solcher Definitionen? Hier wird das Phänomen glaubender Haltung als Glauben ausgegeben bzw. ein Strukturmoment des Glaubens isoliert und verabsolutiert, eine von ihrem »Woran« lösbare fides qua creditur angenommen, mag sie auch noch so »reformatorisch«, dialektisch oder paradox umschrieben werden. Der Glaube aber ist, was er ist, einzig durch sein Hangen am Wort, durch sein durch dies Wort und den heiligen Geist selbst bewirktes Jasagen zu dem hier redenden Gott. Der Glaube spricht mit Psalm 73,25f.: »Wenn ich nur dich habe, so frage ich nichts nach Himmel und Erde. Wenn mir gleich Leib und Seele verschmachten, so bist du doch, Gott, allezeit meines Herzens Trost und mein Teil.« Da Jesus Christus selbst und er allein aber das Wort

Gottes ist, das im Alten Testament verheißen und im Neuen verkündigt wird, so kann das, was Glaube heißt, nicht anders ausgesagt werden als in erkennbarer, eindeutiger Entsprechung zu dem mit diesem Namen bezeichneten Ereignis. Weil der Glaube allein die dem Wort Gottes entsprechende menschliche Antwort ist, darum sprechen die Reformatoren gern von der Rechtfertigung sola fide. Zwar bietet keine theologische Formel Schutz gegen grundlegende Mißverständnisse – weder die Betonung des sola gratia noch des simul iustus et peccator noch auch des sola fide kann die gemeinte Sache gegen mögliche Fehldeutungen sichern. Und doch ist es vielleicht im Blick auf das sola fide am schwersten möglich, die reformatorische Intention hier zu überhören. Luther hat bekanntlich das »allein« in der Auslegung von Röm. 3,28 präzisierend dem Text hinzugefügt, freilich nicht ohne berühmte Vorbilder zu haben (vgl. Thomas in seinem Römerkommentar). Die Berechtigung dieses »allein« ist exegetisch nicht zu bezweifeln, denn es drückt nur das aus, was Paulus sagt, wenn er die Werke des Gesetzes ausschließt. Die particula exclusiva ist also hier durchaus am Platz.

Das sola, d. h. die Hervorhebung der Exklusivität des Glaubens, bezeichnet nicht ein beliebiges oder zusätzliches Strukturelement des Glaubens, sondern es drückt seine Monopolstellung in der Rechtfertigung aus. Entweder rechtfertigt der Glaube allein oder er ist nicht Glaube. Denn Gott-rechtgeben ist keine Aktion des Menschen, bei der es um ein Mehr oder Weniger gehen könnte wie bei einer Leistung, einem Werk. Jedes Werk solcher Art wäre das gerade Gegenteil von dem, was es heißt: Deum iustificare. Denn Gott rechtgeben, heißt seinem Urteil über uns zustimmen, anerkennen, daß wir untüchtig sind zu jedem guten Werk. Das Ja zu Gottes Urteil wäre Heuchelei, wenn wir auch nur mit einem Auge noch schielten nach unsrer Leistung und unserem Verdienst. Ebenso kann der Glaube selbst nicht als Werk verstanden werden, denn das in Christus ergehende Ja Gottes zum Menschen schließt jede menschliche Mitwirkung aus. Es gibt dieser Botschaft des Evangeliums gegenüber nur die Anerkennung des Glaubens, die Gottes Spruch dadurch ehrt, daß sie ihm unbedingt traut.

Die Verwechslung des Glaubens mit einem Werk wird dadurch leicht verdeckt, daß man ihn im Gegensatz etwa zu Fasten und Almosengeben in die Innerlichkeit verlegt. Auch wenn an Stelle bürgerlicher Gesetze oder Zeremonialgebote die sittlichen Forderungen treten und hier der Akzent ganz auf die innere Gesinnung gelegt wird, wenn anstatt des Zerreißens der Kleider ein Zerreißen der Herzen gefordert wird, kann das alles Werkgerechtigkeit sein. Oder man kann den Glauben als Annahme einer

Lehre verstehen und mit solcher Lehrgerechtigkeit in demselben gesetzlichen Denken befangen bleiben. Glaube wird dann zur Gläubigkeit, zur Rechtgläubigkeit oder auch zur Herzensfrömmigkeit, d. h. auf alle Fälle wieder zu einer Tugend, einer vielleicht nicht erworbenen sondern geschenkten menschlichen Haltung – etwa der Demut, die doch verkappter Hochmut sein kann und Anlaß zum Rühmen und zur Selbstbehauptung geben mag. Der so verstandene Glaube fällt also durchaus unter den Begriff des Werkes. Solche Haltung läßt den Menschen doch ganz um sich selbst kreisen, auch wenn es in Gestalt der Selbstverneinung geschähe. Der rechtfertigende Glaube blickt nicht auf sich selbst, d. h. auf die Kraft oder Schwachheit der Glaubenshaltung, sondern der Glaubende schaut von sich weg auf Christus. Glauben heißt nach Luther: In der Finsternis meines Herzens Christus adest! Ich kann nicht an meinen Glauben glauben, sondern meinen Glauben nur glauben! (K. Barth)

Aber von diesem Glauben gilt, daß er gewiß macht. Das klingt sehr seltsam, weil sich solcher Glaube scheinbar in die Luft stellt. Diesen Glauben kann man nicht »besitzen«, sondern nur haben, indem man ihn stets neu empfängt. Er ist wie das Manna in der Wüste, das über Nacht stinkend wird, also nicht aufgespeichert werden will. Es könnte so scheinen, als löse dies sola fide alle Gewißheit auf, als führe es zu einer Infragestellung aller geschichtlichen Kirche und Gemeinde, zu einer Atomisierung des einzelnen und seines jeweiligen Glaubensaktes, während doch das Neue Testament von einem Empfangen des heiligen Geistes und einem Stehen im Glauben reden kann. Aber es wäre ein Mißverständnis, diese menschliche Ungesichertheit des Glaubens mit Ungewißheit zu verwechseln. Im Gegenteil gibt gerade das sola fide Gewißheit. Dieser nicht auf Erfahrung und Leistung bauende, der sich ganz auf das extra nos in Christus verbürgte Heil verlassende Glaube hat allein festen Grund. Im Glauben weiß sich der Mensch mit seiner Vergangenheit und Zukunft ganz auf Christus gestellt. Er bekennt sich zu Christus als dem Anfänger und Vollender des Glaubens. Der rechtfertigende Glaube ist darum zugleich Glaube an die Erwählung und an die Beharrung bis ans Ende (Perseveranz). Aber alle solche Vergangenheit, Gegenwart und Zukunft umspannenden Glaubensaussagen sind keine Erfahrungsurteile, sie gründen allein auf Gottes Verheißung und nicht auf unsrer gestrigen, heutigen oder morgigen Gläubigkeit. Weil das, was der Glaube glaubt, meist dem, was ich fühle und erfahre, gerade ins Gesicht schlägt, also in der steten Überwindung des Zweifels, der Anfechtung, ja, der Verzweiflung besteht, darum kann Luther von einer desperatio fiducialis reden. Mit diesem merkwürdigen Zugleich von Ohnmacht und Vollmacht, von Empfangen und immer neuem Bitten, von Nicht-haben und Alles-haben entspricht der Glaube seinem Gegenstand, dem gekreuzigten und auferstandenen Christus. Glauben heißt im Grunde: diesem Christusgeschehen bzw. dem in ihm ergehenden Urteil und Freispruch Gottes zustimmen, es anerkennen und gelten lassen und insofern diesem gekreuzigten und auferstandenen Christus im hl. Geist konform gemacht werden. Der Glaube ist die einzig sachgemäße Antwort auf dies Wort Gottes. Darum ist das sola fide unaufgebbar (s. Exkurs 36: Römisch-katholische Lehre und das »sola fide«).

II. DIE BUSSE

a) Der im Freispruch enthaltene Widerspruch gegen uns

Die Botschaft von der Freiheit ist ein Angriff auf den Menschen, der sich selbst für frei hält. So wie die Juden (nach Joh. 8,33) sprechen: »Wir sind nie jemandes Knechte gewesen; wie sprichst du denn: Ihr sollt frei werden?«, so ist auch für uns der Freispruch Gottes eine Provokation. Wenn uns Befreiung zugesagt wird, ist unsere Sklaverei vorausgesetzt. Wenn uns Vergebung versprochen wird, dann sind wir schuldig gesprochen. Wenn uns in Christus, extra nos, das Leben verheißen wird, dann sind wir – auf uns selbst gesehen – für tot erklärt. In diesem Angriff auf unsre Selbstbeurteilung, unsern Stolz und unser Selbstvertrauen, liegt der eigentliche Anstoß des Evangeliums, nicht in einer theoretischen Unbegreiflichkeit oder einer historischen Unausweisbarkeit der Botschaft.

Jeder Mensch lebt im Glauben an sich selbst. Er kann unzählige Leiden über sich ergehen lassen, Berge von Schuld auf sich laden, tiefe Demütigungen ertragen und dem Tod ins Gesicht sehen, ohne doch von diesem Rühmen zu lassen. Solange sich der Mensch im Recht glaubt und sein Recht behauptet, ist er ungebrochen. Wo ihm diese Selbstbehauptung und Selbstrechtfertigung angetastet wird, wehrt er sich mit letzter Kraft. Notfalls flüchtet er in Selbstbemitleidung, Verbitterung und Verzweiflung, aber in alledem behauptet er sich selbst. Darum ist ihm das Evangelium, das ihm weder sein Sich-rühmen noch seine Verzweiflung gestattet und seine hochmütige oder tragische Gebärde nicht ernstnimmt, so verhaßt. Alle notwendigen Versuche, die christliche Botschaft dem Menschen nahezubringen, sie ihm verstehbar und annehmbar zu machen, dürfen nicht darüber hinwegtäuschen, daß der eigentliche Anstoß tiefer sitzt: Er will und kann von sich aus nicht an den Ort treten, an den er sich unter dem Evangelium gestellt sieht. Denn es ruft die Elenden, es will die zerbrochenen Herzen heilen, die Schuldigen freisprechen. Dies alles aber möchte er nicht sein, und die scharfsinnigste Selbstanalyse bringt uns nicht dazu, unseren Bankrott einzugestehen. Die Miseren unsres Lebens nötigen uns nicht zum Glauben, und jeder Versuch, sich selbst zu demütigen, ist als Werk des Menschen verkappter Hochmut.

Weil jeder Mensch und jede Generation den Traum der eingebildeten

Freiheit träumt und auch das Wort Gottes dazu gebrauchen möchte, in diesem Wahn bestärkt zu werden, kann dies Wort uns nur heilen, indem es zugleich schneidet. Es muß jeden Versuch des Menschen, sich mit ihm anzubiedern und aus der Gnade einen Anspruch, aus der iustitia aliena und passiva eine iustitia activa zu machen, abwehren. Das Ja des Evangeliums kann nicht vernommen werden ohne das Nein, mit dem es unsrer Eigenmächtigkeit widersteht. Mit Gebot und Verbot, mit Mahnung und Drohung zwingt uns das Wort Gottes zwar nicht an den Ort des Gedemütigten, aber es warnt uns vor dem Verharren in unserem Hochmut. Es muß töten, wo es lebendig macht. Das Wort Gottes begegnet uns also in doppelter Gestalt, weil das Ja zum Sünder zugleich das Nein zur Sünde ist. Hier bricht das Problem Gesetz und Evangelium auf, wie es Luther zugespitzt formuliert hat, aber bereits bei Paulus in der Sache uns begegnet.

Luther kann geradezu von zwei Worten und zwei Willen Gottes reden: Der rücksichtslos fordernde Wille des Gesetzes spricht: »Tue das, und du wirst leben!« Hier wird die Verheißung an die Erfüllung des Gebotes gebunden und der Übertreter unter das richtende Urteil gestellt. Der Gnadenwille Gottes im Evangelium aber sagt: »Dir sind deine Sünden vergeben!« Was bei Paulus als das heilsgeschichtliche Nacheinander zweier Epochen erscheinen kann, die Folge von Altem und Neuem Bund, ist doch zutiefst als eine Dialektik zu verstehen, die unaufgebbar im Worte Gottes liegt. Man darf sie nicht dadurch auflösen, daß man in einen gnostischen Dualismus flüchtet und einen Gesetzesgott dem Gott des Evangeliums gegenüberstellt. Derselbe Gott ist es, der in Gesetz und Evangelium zu uns redet. Von dem Gesetz, das tötet, sagt Paulus Röm. 7: »Es ist heilig, gerecht und gut«, es ist »geistlich«, ist mir zum Leben gegeben.

Eben dies Gesetz aber verurteilt den Schuldigen. Gottes gutes Gebot löst mich also nicht von dem Bösen, es schaltet die Sünde nicht aus, sondern es steigert sie ins Ungemessene und läßt sie aufflackern. Dies geschieht nicht nur dadurch, daß das Verbot zur Übertretung reizt und offene Rebellion erzeugt, sondern vielmehr auch so, daß es uns zu Heuchlern macht. In der vermeintlichen Erfüllung des Gebotes, die das Gesetz bewirkt, feiert die menschliche Hybris ihre höchsten Triumphe. Denn ich tue das Gute unter dem Zwang des Gesetzes nicht um Gottes und des Nächsten willen, nicht aus Liebe zum Gebot, sondern aus Liebe zu mir selbst, um meine Freiheit zu beweisen und zu behaupten. So aber verwickle ich mich um so tiefer in Knechtschaft. So wird die Sünde »überaus sündig« (Röm. 7,13) durch das Gebot und meine Situation hoffnungslos. Denn nun kommt heraus, daß ich nicht Sünde tue und sie auch wieder lassen kann als freier Mensch, sondern daß ich »unter die Sünde verkauft« bin (Röm. 7,14), so daß mir selbst das Gute zum Tode gereicht.

Das alles ist allerdings nicht so zu verstehen, als ob die Begegnung mit dem nackten Gesetz, mit dem fordernden Gotteswillen als solchem, mich zur Erkenntnis dieser trostlosen Lage bringe. Erst im Hören des Evangeliums geht mir auf, wer ich in Wahrheit bin. Dafür ist Paulus selbst das beste Beispiel, der als frommer Jude und Pharisäer keineswegs unter dem Gesetz geseufzt hat und an ihm scheiterte, sondern nach seinem eigenen Zeugnis (Gal. 1,14) stolz auf seine Erfüllung des Gesetzes war. Erst der Christ Paulus kann Röm. 7 jene gewaltige Schilderung des unter dem Gesetz und unter der Sünde versklavten Menschen geben. So wie der Reiter über den Bodensee erst hinterher merkt, über welchem Abgrund er schwebte, so bringt erst das von Christus her erkannte Gesetz die rechte Selbsterkenntnis und das Wissen um die heilsgeschichtliche Funktion des Gesetzes.

Darum bedarf die Verkündigung des Wortes Gottes der rechten Unterscheidung und Zuordnung von Gesetz und Evangelium. Wo der Widerspruch des Wortes Gottes gegen den Menschen verstummt und die Rechtfertigung nicht als Aufrichtung des Rechtes Gottes begriffen wird, da verliert auch das Evangelium seine Kraft. So käme es nur zu einer erschlichenen Freiheit, zu einem gestohlenen Trost, der nicht haftet. Das Gebot: »Ich bin der Herr, dein Gott ... du sollst keine anderen Götter neben mir haben« wird im Evangelium nicht aufgehoben, sondern zur Erfüllung gebracht. Daß Gott unsere vermeintliche Erfüllung seiner Gebote zurückweist und durch bedingungsloses Vergeben das Verhältnis zu ihm in Ordnung bringt, bedeutet keine Widerrufung seines Gebotes. Der Glaube kann nicht dem Evangelium rechtgeben, ohne zugleich das richtende Wort des Gesetzes anzuerkennen. Denn das Evangelium ist nicht Aufklärung über den rechten Gottesbegriff, d. h. die Auswechslung des Bildes eines richtenden Gottes durch das Bild des verzeihenden Vaters. Darum muß zwischen »Gesetz« und »Evangelium« begrifflich unterschieden werden. So nur leuchtet der Ereignis- und Wundercharakter der Gnade, ihre Unverdientheit und alleinige Begründung in Gott selbst auf. So nur wird auch offenbar, wer der Adressat dieser Gnade ist, eben der schuldige und verlorene Mensch. Daß die Gnade im Gericht triumphiert, daß Gott nicht zweideutig redet, sondern sich vorbehaltlos zu uns bekennt, das ist nur als seine zwar von Ewigkeit her beschlossene und unwiderrufliche Entscheidung zu verkündigen, aber nicht als ein weltanschaulich und religiös zu verrechnendes Faktum. Gnade wäre nicht Gnade, wenn sie nicht freie Gnade wäre!

Aber auch die andere Gefahr droht: nicht daß die hier notwendige Unterscheidung abgeschwächt, sondern daß die Paradoxie, die hier herrschen muß, zu einer Antinomie gesteigert und das heilsökonomische Gegenüber zu einem metaphysischen Dualismus verschärft wird. »Mose gehört aufs Rathaus!«, riefen die Antinomisten des 16. Jahrhunderts und meinten, auf solche Weise die reformatorische Erkenntnis erst radikal zum Zuge zu bringen. Weil alles Gnade ist, weil kein menschliches Werk vor Gott bestehen kann, deshalb soll in der Kirche nur der Zuspruch des Evangeliums lautwerden, aber kein »Du sollst«. Der im Glauben freie Christ bedarf des Gesetzes nicht mehr. Was im bürgerlichen Leben als Gesetz nötig ist, Regeln und Vorschriften für das menschliche Zusammenleben, hat mit dem Glauben nichts zu schaffen.

Wie jeder Irrtum lebt auch dieser Antinomismus von dem Korn Wahrheit, das er enthält. Daß der durch Christus befreite Mensch nicht mehr unter der Peitsche des Gesetzes steht, sondern mit Lust und Liebe Gottes Wort traut und folgt und, ehe man ihm gebietet, das Geforderte bereits aus freien Stücken getan hat, konnte Luther oft betonen. Nach Röm. 8,2 ist der Glaubende »freigemacht von dem Gesetz der Sünde und des Todes«. Paulus schaut in Röm. 7 zurück auf die Situation unter dem Gesetz, dem der Glaubende gestorben ist. Aber der neue Mensch ist nicht einfach vorhanden, die christliche Freiheit kann nicht als ein durch die Taufe herbeigeführter und datierbarer Zustand angesehen werden. Auch und gerade für den Christen gilt: »Das Fleisch gelüstet wider den Geist und den Geist wider das Fleisch; dieselben sind widereinander, daß ihr nicht tut, was ihr wollt« (Gal. 5,17). Diesem stets wieder auflebenden alten Menschen muß der Riegel des Gesetzes immer wieder vorgeschoben werden. Der neue Mensch löst den alten nicht biographisch ab. Auch geht es nicht an, zwischen beiden so zu scheiden, daß zwei statisch nebeneinander liegende Lebensbereiche angenommen werden, in deren einem Christus, in deren anderem ein Gesetzesgott regiert. Gottes forderndes und sein verheißendes Wort sind insofern identisch, als sie inhaltlich dasselbe sagen: »Ich bin der Herr, dein Gott!« Unter diesem einen Zuspruch und Anspruch steht der Christ in allen Lebensgebieten. Hier aufspalten wollen in zwei gegensätzliche Regionen, denen jeweils ein Teil des Menschen angehört, hieße das Evangelium in die Innerlichkeit verbannen und in der Welt die Dämonen zu inthronisieren. Dann pflegt man eine private Gesinnungsreligion und gibt das wirkliche Leben in Familie, Beruf und Politik einer gnadenlosen Eigengesetzlichkeit preis.

Gottes Wort wäre nicht als Freispruch des Gottlosen zu verstehen, wenn es uns nicht zugleich widerspräche. Aber dies Werk »zur Linken«, sein Widerspruch gegen unsere Anmaßung, ist nicht Selbstzweck, sondern aller Widerspruch steht im Dienst des Zuspruchs, so gewiß nicht Gottes Zorn, sondern seine Gnade ewig währt. Gott tötet, um lebendig zu machen. Gott fordert, damit wir uns von ihm beschenken lassen. Niemals darf darum ein vom Evangelium getrenntes, isoliertes Gesetz Ausgangspunkt und Rahmen der Verkündigung sein.

Wir rühren hier an ein naheliegendes Mißverständnis in der vielumstrittenen Frage Gesetz und Evangelium. Wenn uns Christus vom Fluch des Gesetzes befreit, ist dann nicht vorausgesetzt, daß wir je schon in dieser Knechtschaft stehen und seufzen? Muß also nicht die Verkündigung damit einsetzen, daß sie, ehe sie Gottes Güte und Gnade zuspricht, den Menschen bei seiner je schon vorausgesetzten Begegnung mit Gottes Gebot und seinem Ungehorsam behaftet? Wenn Paulus Röm. 1 und 2 eine grundsätzlich dem Menschen als Geschöpf mögliche Gotteserkenntnis und ein ihm ins Herz geschriebenes Gesetz voraussetzt, das ihn unentschuldbar macht, so muß doch – so hat man immer wieder gefolgert – eine vorausgegebene und allgemein einsichtige lex naturae Basis und Anknüpfungspunkt für die Predigt des Evangeliums sein. Auch wenn dies als bekannt vorausgesetzte Gesetz erst im Licht des Wortes Gottes in voller Klarheit und Schärfe aufleuchtet, ist es doch im Unterschied zum Evangelium von Haus aus dem Menschen vertraut. Je mehr die theoretischen Gottesbeweise fragwürdig wurden, um so mehr bot sich die praktische Vernunft – einer sich vor allem durch die reformatorische Theologie im Sinne Melanchthons nahelegenden Tendenz folgend – an, um der heimatlos gewordenen natürlichen Theologie eine Zuflucht zu geben.

Aber hier muß deutlich unterschieden werden zwischen einem bei jedem Menschen vorauszusetzenden sittlichen Bewußtsein und der Erkenntnis des Gebotes Gottes. Mag das Phänomen des ethischen Bewußtseins und sittlicher Maximen rückblickend – vom Standpunkt des Glaubens aus – als Zeichen für das immer schon vernommene und immer schon mißbrauchte Gebot Gottes genommen werden, so kann es doch nicht zur Grundlegung der Theologie benutzt werden. Möglich wäre das nur im Zuge einer natürlichen Theologie, welche zwischen dem alten und neuen Menschen vermittelte und zum mindesten eine teilweise oder ansatzweise Offenheit des Menschen für Gottes Willen voraussetzte. Damit aber würde das Evangelium im Kern verleugnet und das Gesetz wieder zum ersten und zum letzten Wort. Jesus Christus dient dann letztlich nur der Stabilisierung des Gesetzes, er wird zu einer nova lex bzw. zu einer Episode auf dem Wege der Durchsetzung dieses Gesetzes. Aus der Freiheit wird Knechtschaft. Denn immer dann, wenn die sog. Wirklichkeit, d. h.

Welt, Gesellschaft, Mensch, Gewissen, so wie wir dies alles von uns aus kennen und deuten, normative Funktion erhält und das Evangelium lediglich zu deren Bestätigung, Verschärfung und Erfüllung in Anspruch genommen wird, ist die Freiheit verloren. Das Evangelium ist selbst das maßgebliche Wort und beugt sich nicht unter die Norm eines von uns konstatierten Gesetzes.

Das Gesetz, unter dessen Knechtschaft Paulus den Menschen stehen sieht, ist für ihn nicht der ontologische Rahmen, in dem er denkt. Es steht vielmehr nach seinem ausdrücklichen Zeugnis im Galaterbrief im Dienst eines anderen. Der jüdische Nomos ist, so sagt Paulus, erst 400 Jahre nach Abraham, d. h. nach dem Ergehen der Verheißung, offenbart, und zwar mit der ausdrücklichen Bestimmung, die Übertretung nicht zu beseitigen, sondern sie zu mehren. Nicht das Gesetz ist das erste und eigentliche Wort Gottes, sondern alles zielt hin auf den in Christus erfüllten Bund, dem auch der »Paidagogos« des Gesetzes dienen muß. Christus ist der Herr und das Gesetz der Knecht. Wo der Herr regiert, kommt der Knecht an seinen rechten Ort. Darum der erbitterte Kampf des Apostels gegen eine Lehre, die das Gesetz zur Vorbedingung des Evangeliums macht, dazu nötigt, erst Jude zu werden, um Christ zu sein, und damit Christus zum Gesetzes- und Sündendiener erniedrigt. Christus ist des Gesetzes Telos. Die Freiheit, zu der wir in Christus gelangen, ist das Ziel aller Wege Gottes mit uns. Alle notwendige Unterscheidung und Kontrastierung zwischen den beiden Gestalten des Wortes Gottes zielt auf diese letzte Einheit des Willens Gottes hin.

So ist beides wahr: In Christus findet das Gesetz sein Ende! Und: In Christus wird das Gesetz aufgerichtet! Es findet hier sein Ende, sofern es Gottes Widerspruch und Verdammungsurteil gegen unsere angemaßte Freiheit ist. Unsere Selbstbehauptung und Selbstrechtfertigung wird durch das Gesetz angestachelt, auf die Spitze getrieben und zugleich als ein unmöglicher, titanischer Versuch entlarvt, der zu nichts anderem führt, als Christus ans Kreuz zu schlagen. Am gekreuzigten Christus (und zugleich an dem im Glauben mit ihm Gekreuzigten) findet der Widerspruch insofern sein Ende, als von einem Toten nichts mehr zu fordern ist. Wenn dennoch das Gesetz als dieser Widerspruch Gottes bis ans Ende der Tage gepredigt werden muß, so deshalb, weil dies Kreuz Christi nicht einfach eine vergangene Tatsache ist, sondern in Gestalt des göttlichen Urteils zu uns kommt durch die Verkündigung, gegen das sich der alte Mensch auflehnt. Nur indem wir dies Nein Gottes hören, begreifen wir das unbedingte Ja. Aber in Christus wird zugleich der im Gesetz gemeinte Anspruch Gottes an uns aufgerichtet. Denn das, worauf das Gesetz letztlich zielt, unsere Übereinstimmung mit Gottes Willen, wird hier Wirklichkeit. In Christus tritt der neue Mensch auf den Plan, der Gott rechtgibt und ihn Gott sein läßt. Denn alle Gebote Gottes zielen darauf, daß der Mensch Gott zu eigen sei und ihm von ganzem Herzen vertraut, ihn liebt und von ihm alles Gute erwartet. Wo diese Beziehung zu Gott in Ordnung ist – was das nackte Gesetz nie erreicht –, wo wir in der Freiheit der Kinder Gottes stehen und nicht unter dem Zwang des Knechtes, wo der Geist Gottes herrscht, da verliert der Widerspruch des Gesetzes seinen Sinn und da wird sein Anspruch erfüllt. In Christus wird der Anspruch zum Zuspruch, so gewiß der neue Mensch Gottes Gebot mit Freuden bejaht. Aber in ihm wird auch der Zuspruch zum Anspruch – nicht in dem Sinne, als gelte es wieder, eine Position vor Gott und Menschen zu erringen und zu behaupten, deren man sich rühmen könnte, sondern sofern wir dadurch aufgerufen werden, in der Freiheit zu beharren, zu der uns Christus befreit hat.

Die Einheit zwischen Gottes Zuspruch und Anspruch, die in Jesus Christus Wirklichkeit ist, der Friede zwischen Forderung und Verheißung, der hier geschlossen wurde, ist für den Glauben die entscheidende Antwort auf die Frage nach dem Verhältnis von Gesetz und Evangelium bzw. Evangelium und Gesetz. Von diesem Ziel her fällt Licht auf den Weg. Aber was in Christus Wirklichkeit ist und im Glauben an ihn als unwiderruflich erkannt wird, ist keine biographisch feststellbare Zuständlichkeit, sondern verborgene, angefochtene Wirklichkeit. Deshalb muß das eine Wort Gottes, das Jesus Christus ist, immer wieder in dieser Zeit auseinandertreten in die beiden Gestalten dieses Wortes, damit seine Einheit als Gottes gnädige Tat und nicht als banale Selbstverständlichkeit verstanden werden kann. Dem alten Menschen, der wir auf uns gesehen immer sind, muß Gottes Zuspruch der Freiheit immer zum Widerspruch gegen die von uns angemaßte Freiheit werden, nicht um aufs neue in Knechtschaft zu stoßen durch den Appell an die eigene Kraft, sondern um uns im Gegenteil jeden eigenmächtigen Weg abzuschneiden und uns in der Freiheit zu halten, auf die alle Worte Gottes zielen (s. Exkurs 37: Zum Problem des Antinomismus).

b) Die geschöpfliche Bestimmung des Menschen

Wenn von Freispruch und dem in ihm enthaltenen Widerspruch die Rede ist, dann setzt das eine schuldhafte Versklavung des Menschen voraus, die seiner geschöpflichen Bestimmung widerspricht. Die im Evangelium uns geschenkte Freiheit offenbart als die – allerdings überschwengliche – Erfüllung der Bestimmung, mit der wir als Menschen bereits von Gott geschaffen sind, zugleich unser wahres Geschöpfsein. Die Umkehr zu Gott ist zugleich des Menschen Heimkehr. Das neue Sein, in das uns das Evangelium stellt, widerspricht nicht nur dem alten Sein, aus dem wir kommen, sondern es bestätigt auch unsre von Gott gewollte Geschöpflichkeit. Das kann zwar nur der Glaube bekennen, der nicht von einer Selbstanalyse des Menschen ausgeht und zu einer Überhöhung und Erfüllung der aufweisbaren Humanität fortschreitet (im Sinne des Wortes: Gratia non tollit, sed perficit naturam), sondern der von Christus als dem neuen Menschen zurückblickt auf unser Geschöpfsein und unsre Verfehlung der geschöpflichen Bestimmung. Denn wir kennen uns selber nicht. Wer der Mensch ist, was es heißt, zum Bilde Gottes geschaffen zu sein, das geht uns erst auf, wenn wir der Erfüllung dieses Ebenbildes Gottes, d. h. Jesus Christus, begegnen.

Weil der Versöhner und Erlöser sich uns auch als der Schöpfer offenbart, weil er das Werk seiner Hände nicht fahren läßt, darum ist gewiß, daß wir bereits als Geschöpfe zur Gemeinschaft mit Gott bestimmt sind. Das heißt aber, daß unsre ganze leibliche und geistige Existenz ihrer Bestimmung nach darauf hinzielt. Mit Recht sagt Augustin: Tu nos fecisti ad te et cor nostrum inquietum est, donec requiescat in te! Aber das bekennt der Mensch, der Christus begegnet ist. Durch Selbstreflexion, durch Erwägung unsrer körperlichen, geistigen und sittlichen Konstitution als solcher, durch Erwägung der Stellung des Menschen im Kosmos kommt man niemals zu dem Schluß, wir seien zu der Freiheit berufen, die uns das Evangelium verheißt. Es könnte vielmehr auch scheinen, wir seien zur Knechtschaft verdammt, hoffnungslos preisgegeben an diese vergehende Welt und an unseren irrenden Willen. Der vor Gott fliehende, sich selbst behauptende Mensch ist sich selbst nicht erkennbar als der, der er in Gottes Augen ist bzw. nach seinem Willen sein soll. Wollte er das Evangelium und die ihm dort zugesprochene Freiheit bemessen nach dem, was er von sich selbst weiß, so könnte er nur in Überschätzung oder in Verzweiflung enden.

Damit ist nicht geleugnet, daß auch von dem Menschen so, wie er sich selbst versteht, Großes zu sagen ist. Obwohl verflochten in die Kette biologischer Entwicklung und physiologisch in vieler Hinsicht anderen Lebewesen vergleichbar, ragt er doch aus der übrigen Natur hervor. Er weiß sich als animal rationale vom übrigen Kosmos zu unterscheiden, er vermag wie kein andres Lebewesen seinen Aktionsradius über den eigenen Organismus hinaus in erstaunlicher Weise auszudehnen und sich die Erde untertan zu machen. Er versteht sich als Person und transzendiert nicht nur mit seiner theoretischen, sondern vor allem auch mit seiner praktischen Vernunft, mit seiner Frage nach gut und böse, alles, was wir jedenfalls aus der Tierwelt kennen. Die Menschheitsgeschichte ist voll von überwältigenden Beispielen menschlicher Selbstverwirklichung und unentwegten Freiheitsstrebens. Dieselbe Geschichte zeigt uns allerdings auch das Elend des Menschen, die Grenzen seiner Kraft und seines Wissens, seine Verstrickung in Schuld, sein Scheitern, ja, sein Herabsinken unter das Tier, das durch seinen Instinkt geleitet niemals ein solcher Sklave der Leidenschaften und ein Opfer seiner Wahnideen werden kann. Der Mensch ist in seiner Größe und seinem Elend (Pascal) sich selbst zutiefst ein Rätsel. Er greift nach den Sternen und liegt zugleich im Staub. Er macht sich die Kräfte der Natur dienstbar und dringt in den Kosmos vor, aber er ist zugleich in der Lage, sich selbst, die Menschheit und alle irdische Kreatur zu zerstören. Er sieht die erstaunlichen Phänomene seines Menschseins, die ihn im Guten wie im Bösen über alle andre Kreatur hinausheben, und er weiß sie doch nicht eindeutig zu entziffern und zu deuten. Wie sollte er dazu kommen, gerade in der Freiheit für Gott, wie sie das Evangelium verkündigt, die Erfüllung seines Wesens zu sehen, wo er gefangen ist in den Träumen von Freiheit, wie er sie sich ersehnt, indem er selbst Herr seines Lebens sein will?

Diesem Menschen muß die Verkündigung der in Christus ihm geschenkten Freiheit als eine unerhörte Zumutung erscheinen. Denn damit wird seine Selbstbeurteilung radikal in Frage gestellt. Das widerspricht seinem Hochmut, in dem er sich selbst für den Herrn seines Schicksals hält und sich frei wähnt. Diese Botschaft widerspricht zugleich aber auch seiner Resignation und Verzweiflung, in der er nicht glauben kann, daß der irrende und todverfallene Mensch unter solche Verheißung gestellt wird. Daß er zur Freiheit berufen ist, daß er nicht in Sucht und Sorge, nicht in Übermut und Verzweiflung leben muß, sondern ihm eine Zukunft verheißen ist, die ihm keine Schuld und kein Tod rauben kann, daß er in der Gemeinschaft mit Gott leben darf und soll, dies alles kann er aus seiner Selbst- und Welterkenntnis nicht schließen. Es muß ihm durch das Evangelium eröffnet werden, und er vermag es nur im Glauben zu erkennen. Der Weg, den der Mensch gegangen ist und geht, zeigt ihm sein Ziel nicht. Seine Vergangenheit entbirgt ihm nicht seine Zukunft. Von der Schöpfung her findet er seine Bestimmung nicht mehr. Von außen muß ihm sein eigenes wahres Bild begegnen, damit er sich selbst erkennt und weiß, wer er hätte sein sollen, wer er ist und wer er durch Gottes Freispruch sein darf.

In Jesus Christus, dem Ebenbild Gottes, wird uns auch die geschöpfliche Bestimmung des Menschen offenbar. In diesem Sinn heißt es bei Paulus (Röm. 8,29): »Denn die er zuvor erkannt hat, die hat er zuvor bestimmt, dem Bilde seines Sohnes gleichgestaltet zu werden, auf daß er der Erstgeborene unter vielen Brüdern sei« (vgl. auch Eph. 1,5). Jesus Christus ist im Unterschied zu allen anderen der Mensch, dessen ganze Existenz damit steht und fällt, daß er für Gott ist, in Gemeinschaft mit dem Vater steht. Wenn er der wahre, Gott wohlgefällige Mensch ist, dann steht fest, daß es zum Wesen des Menschen nach Gottes Willen gehört, von Gott her und auf ihn hin zu sein.

Das heißt nicht, der Mensch sei als Gottes Geschöpf mit Jesus Christus gleichsam auswechselbar. Jesus Christus ist vielmehr der Einzige, in dem Gottes Wort selbst Fleisch wurde. Hier und nur hier begegnet uns Gott in unmittelbarer Identität mit einem Menschen, und dies geschieht um unsrer Versöhnung und Erlösung willen. Das in Jesus Christus auf den Plan tretende neue Menschsein, an dem wir Anteil bekommen, ist nicht mit dem wiederhergestellten Geschöpfsein gleichzusetzen. Aber in der neuen Schöpfung in Christus bewährt Gott seine Treue zur (ersten) Schöpfung. Im neuen Menschen, der in Jesus Christus Wirklichkeit wird, geht in Erfüllung – und zwar überschwenglich –, was mit der geschöpflichen Bestimmung des Menschen gemeint ist. Denn seine Existenz als Kreatur zielt bereits auf die Gemeinschaft mit Gott, und was der Mensch als Geschöpf sein sollte, das ist aufgehoben, bewahrt, in dem neuen Menschsein. Was wir verfehlten durch unsern Ungehorsam, das kommt hier in unüberbietbarer Weise zu Ehren, so gewiß wir in Christus nicht nur Gott finden, sondern mit ihm zugleich auch uns selbst als Gottes Geschöpfe. Denn Menschsein heißt nach dem Evangelium: berufen sein zur Freiheit in Gott.

Dann aber genügt es nicht, die Beziehung zu Gott als eine zusätzliche anthropologische Bestimmung anzusehen, die neben anderen steht, die vielleicht auch wegfallen könnte, ohne daß unser Menschsein in der Wurzel tangiert würde. Der Mensch ist nicht primär als ein biologisches oder auch vernünftiges Wesen, als Seele oder sittliche Persönlichkeit anzusehen und daneben auch noch als auf Gott bezogen. Er kann nicht unter Abstraktion dieser Beziehung formal definiert werden, etwa allgemein als ein ek-sistierendes, d. h. auf ein extra se bezogenes Wesen, gleichgültig, was das ist, ob Gott oder der andre Mensch, ob der Tod oder die Zukunft. Gott kann in der theologischen Anthropologie nicht als ein auswechselbarer Faktor auftreten – wir hätten ihn damit schon zu einem Götzen gemacht. Der Mensch wird verkannt, wenn man ihn unter dem Aspekt einer Wahlfreiheit sieht, die ambivalent offen ist für Gott wie den Teufel, für das Gute wie das Böse. Entscheidet er sich gegen Gott, für das Böse, so ist bzw. wird er damit unfrei. Da er zum Ebenbild Gottes geschaffen, zur Gemeinschaft mit seinem Schöpfer berufen ist, steht und fällt der Mensch mit seiner Gottesbeziehung. Wendet er sich von Gott ab, so ergreift er nicht eine andere geschöpfliche Möglichkeit seines Menschseins, sondern stürzt in das Bodenlose. Hier gilt: »An dem Tage, da du davon issest, wirst du des Todes sterben« (1. Mose 2,17).

Man könnte einwenden, daß doch auch der gottferne Mensch Mensch bleibe. Er ist Gottes Geschöpf, auch wenn er sich gegen seine Bestimmung verfehlt. Denn Gott läßt seine Sonne aufgehen über Gute und Böse und läßt regnen über Gerechte und Ungerechte. Er hält – vgl. den noachitischen Segen – an der Menschheit fest, obwohl das Dichten und Trachten des menschlichen Herzens böse von Jugend auf ist. Muß also nicht doch von einer bleibenden geschöpflichen Bestimmtheit (nicht nur Bestimmung) des Menschen geredet werden – unabhängig von Christus? Aber die Frage ist, ob man hier von einem trotz Sünde und Tod verbliebenen Schöpfungsrest, einer teilweise oder formal erhaltenen Gottebenbildlichkeit redet oder ob man den sündigen Menschen mit allem, was ihn als Güte des Schöpfers und Erhalters umfängt, im Licht der über ihm stehenden Verheißung sieht. Daß er auch als der gottlose Mensch am Leben erhalten wird, daß er mit Gaben ohne Zahl überschüttet wird, das ist nicht aus einem unverletzten oder nur leicht angeschlagenen, dem Menschen inhärierenden Humanum zu erklären, sondern nur eschatologisch. Es ist begründet in Gottes bewahrender Geduld, die ihn um des Kommenden, um Jesu Christi willen über dem Abgrund des Nichts hält, obwohl er längst sein Leben verwirkt hat.

In dieser wesensmäßigen Gottbezogenheit des Menschen liegen alle Wesenszüge seiner Humanität begründet. Weil Jesus Christus als der Mensch für Gott zugleich der Mensch für andere ist, darum gehört zum Wesen des Menschen die Mitmenschlichkeit. Zwar gibt es auch hier erkennbare Phänomene, die von niemand übersehen werden können und darauf hinweisen, daß wir nicht als isolierte Monaden leben können, sondern mit anderen und für andere und von ihnen her existieren. Insonderheit das Gegenüber und Miteinander von Mann und Frau weist auf diese Grundstruktur der Mitmenschlichkeit hin. Aber dennoch erschließt sich nicht von diesen Phänomenen her das Wesen der Mitmenschlichkeit, sondern erst von dem in Jesus Christus gelebten Leben für andere. Er wird uns bezeugt als der Mensch, der seine Existenz unauflöslich an die derer band, die seiner bedurften. Die Hingabe, mit der er für die Verlorenen eintrat, ist gewiß mehr als alle geschöpfliche Mitmenschlichkeit, in der Sünde und

Tod keinen Raum haben sollten. Aber von hier aus erschließt sich doch auch, was Humanität überhaupt ist. Gibt der Mensch seinen Mitmenschen preis, wie er es faktisch immer wieder tut, dann wird er zum Unmenschen. Und wieder ist es nicht sein Verdienst, wenn Gott ihn inmitten seiner Unmenschlichkeit nicht laufen läßt, sondern an seinen Nächsten gebunden hält, indem er trotz Selbstbehauptung und Haß in der Welt Ordnungen bestehen läßt, welche die völlige Selbstzerstörung verhindern. Diese Ordnungen sind so, wie sie verwirklicht werden, gewiß nicht »Schöpfungsordnungen«, d. h. unveränderliche urständliche Gefüge, die sich durch alle Verderbnis aus einem »goldenen Zeitalter« in die menschliche Geschichte herüberretten ließen, sondern vielmehr Notmaßnahmen, mit denen Gott die Welt auf das Ziel hin erhält, das er in Jesus Christus mit ihr verfolgt. Ehe und Familie, Staat und Arbeitswelt sagen mir als solche noch lange nicht, was Gottes Wille ist. Nicht aus einem Rest uns verbliebener Humanität, sondern aus der in Christus verwirklichten Mitmenschlichkeit erkennen wir, was der andre nach Gottes Willen für uns und wir für ihn bedeuten, und so wird auch der eigentliche Sinn solcher »Notordnungen« oder »Erhaltungsordnungen« deutlich.

In Jesus Christus wird ferner offenbar, daß der Mensch zum Herrn der Welt berufen ist, zum verantwortlichen Gebrauch der Güter dieser Erde, statt sie zu vergötzen oder sinnlos zu zerstören. Was es heißt, sich die Erde untertan machen, wie der Mensch im Kosmos dasteht bzw. dastehen soll, das weiß und übt der »natürliche« Mensch nur noch in einer Perversion, welche immer in Gefahr steht, die Schöpfung dem Chaos auszuliefern. Seine Freiheit droht immer wieder umzuschlagen in eine Verfallenheit an die Geister, die er rief und nicht loswird. Die Werke der Kultur, die ihm dennoch gelingen, die Beherrschung der Natur, deren er fähig ist, sind also nicht als Auswirkung einer ihm verbliebenen, verfügbaren Mächtigkeit und geschöpflichen Integrität zu verstehen, sondern als Gaben der Vorsehung Gottes, die ihn um Jesu Christi willen erhält und segnet. Als unverdientes Angeld des Kommenden, als eschatologischer Vorschuß sozusagen, ist es anzusehen, daß über dem todverfallenen Sünder der noachitische Bund in Kraft steht und es heißt: »Solange die Erde steht, soll nicht aufhören Saat und Ernte, Frost und Hitze, Sommer und Winter, Tag und Nacht« (1. Mose 8,22).

Wer also der Mensch in Wahrheit ist, wozu er geschaffen ist, das geht ihm erst auf, wenn er Gottes Urteil und Freispruch in Christus hört, während alle Phänomene seines Menschseins, die ihm erkennbar sind, allenfalls Hinweis darauf sind, daß er nach der Anerkennung und Geltung bei sich selbst und anderen, in seinen Menschen- und Weltbildern vergeblich sucht, die ihm in Jesus Christus als dem wahren Ebenbild Gottes offenbart und geschenkt wird (s. Exkurs 38: Zum Begriff imago Dei).

Auf die Frage: Wer ist der Mensch nach seinem geschöpflichen Wesen? kann also nur so recht geantwortet werden, daß die Geschöpflichkeit des Menschen zwar nicht in Identität, wohl aber in Entsprechung zu und in Bezug auf die Gemeinschaft mit Gott bestimmt wird, die in Jesus Christus offenbart und verwirklicht ist. Dann ist jeder Mensch als von Haus aus zu Gott gehörig anzusehen, d. h. als einer, der seinem Wesen nach von Gott her und auf ihn hin ist, auch wenn er das radikal verleugnet. Eine Anthropologie, welche diese schlechthin entscheidende Dominante des Menschseins, sein Bestimmtsein für Gott und zu Gott, nicht in den Blick nimmt, kann wohl richtig Phänomene des Menschseins (seinen Transzendenzcharakter, seine Beziehung zum Mitmenschen, seine leiblich-seelische Struktur usw.) ins Auge fassen, aber nicht das menschliche Wesen selbst. Trotz aller faktischen Verkennung dieser seiner Bestimmung und ihres Mißbrauchs durch die Sünde darf das menschliche Wesen nicht von daher, auch nicht von einer im Sinne einer metaphysischen Erbsündenlehre gedeuteten menschlichen Existenz her bestimmt werden statt von dem Ziel her, das Gott in Christus mit ihm verfolgt, und von der im Licht dieses Ziels aufgedeckten ursprünglichen Absicht Gottes mit ihm. Weil Gott, der Versöhner und Erlöser, sich als Schöpfer und Erhalter treu bleibt, darum kann das geschöpfliche menschliche Wesen nicht in einer blassen, neutralen und formalen Strukturiertheit gesehen werden, die er genau so gegen Gott wie in seinem Dienst realisieren könnte. Daß sich der Mensch faktisch immer wieder von Gott abkehrt, das kann er nicht mit Berufung auf eine minderwertige Geschöpflichkeit begründen und entschuldigen, denn sein Geschöpfsein – darin hat Barth ohne Zweifel recht – gibt ihm für die Sünde keinerlei Grund und Erlaubnis. Ist der Mensch zwar als Geschöpf noch nicht Bundesgenosse Gottes in dem spezifischen Sinn, wie er es durch »das Neue Testament« in Jesu Tod wird, so ist er doch als Geschöpf und Mitmensch mit Jesus in der Tat immer schon auf diesen Bund mit Gott hingeordnet. Er ist – wie Barth einmal formuliert – nicht *als* Gottes Bundesgenosse, wohl aber *zu* seinem Bundesgenossen geschaffen.

c) *Die Verfehlung unsrer Bestimmung*

Das Evangelium sagt uns nicht nur, wer wir unsrer geschöpflichen Bestimmung nach sind, sondern auch, daß wir ihr mit unsrer ganzen Existenz widersprechen. Eben deshalb begegnet uns der Freispruch Gottes in

Christus zugleich als Widerspruch gegen uns selbst. Als Schuldige werden wir angesprochen, als Sünder freigesprochen. Weil Sündenerkenntnis mit der Gotteserkenntnis in Jesus Christus steht und fällt, darum ist sie Glaubenserkenntnis, d. h. sie kann nicht als gegeben vorausgesetzt werden. Wie ein Kranker oft nicht weiß, daß er krank ist, oder wenn er sich krank fühlt, den Sitz der Krankheit nicht kennt, sondern an Symptomen herumkuriert, so geht es dem von Gott abgewandten Menschen mit der Erkenntnis der Sünde. Gotteserkenntnis und Selbsterkenntnis sind unlöslich miteinander verklammert. Sünde ist ihrem Wesen nach Abkehr von Gott, Blindheit, Mißtrauen und Ungehorsam gegen ihn. Und wie sollte sich der Mensch in diesem Sinn als Sünder entdecken, wenn ihm nicht aufginge, wer Gott ist? Daß wir Sünder sind, ist nach biblischem Verständnis nicht ein Tatbestand, den wir von uns aus auf Grund eingehender Selbstanalyse konstatieren, sondern es muß uns durch das Wort Gottes eröffnet, ja, geradezu zugesprochen werden.

Der theologische Begriff der Sünde muß scharf abgegrenzt werden gegen ein bloß moralisches Verständnis. Sünde ist ihrem Wesen nach nicht als Verletzung eines abstrakten Gesetzes (aberratio a lege divina) zu verstehen, sie ist nicht nur Absonderung von dem Mitmenschen, Inhumanität (obwohl sie das auch ist). Sie ist nicht identisch mit dem Ungehorsam gegen mein Gewissen (denn – wie Luther sagt – das nicht ans Wort gebundene Gewissen lügt und trügt). Sie ist nicht speziell Begehrlichkeit, womöglich mit besonderer Akzentuierung des sexuellen Bereichs, oder gar Verstoß gegen die Gesetze und Lebensregeln einer jeweiligen Zeit und Gesellschaft. Das alles kann Sünde sein, ist es aber nicht notwendig. Weder von der materialen Handlung als solcher her noch von der gutgemeinten Intention her läßt sich definieren, was sündig ist. Wenn der Mensch seinem Wesen nach von Gott her und für ihn existiert, wenn sein Menschsein damit steht und fällt, daß er Gott seinen Gott sein läßt, ihm über alles vertraut, ihn liebt und fürchtet, dann kann Sünde nur das Zerschneiden dieser Gottesbeziehung sein. An Stelle Gottes setzt der sündige Mensch andere Götter. Er vertauscht, wie Paulus Röm. 1,23 sagt, die Herrlichkeit des unsichtbaren Gottes mit dem Bild eines Menschen oder einer anderen Kreatur bzw. einer Ideologie.

Sünde und Sündenbewußtsein sind also keinesfalls miteinander zu verwechseln. Das Urteil Gottes lautet auf schuldig, auch wenn ich keinerlei Sündenbewußtsein habe, und mein Sündenbewußtsein kann geradezu dazu dienen, daß ich – fixiert auf moralische »Sünden« – das Urteil Gottes völlig mißverstehe. Mit Recht sagt Augustin, daß auch die Tugenden der Heiden vor Gott glänzende Laster seien. Aber das bedeutet nicht, dem Menschen jeden moralischen Defekt zuzuschreiben und ihm seine bürgerliche Gerechtigkeit um jeden Preis zu verdächtigen. Daß ich Sünder bin vor Gott, kann Hand in Hand gehen mit moralisch guten Taten, ja, es feiert darin am Ende seine höchsten Triumphe. Rechte Sündenerkenntnis kann also kein Mensch sich durch sorgfältige Selbstanalyse verschaffen, und gerade der immer strebende, sittlich ernste Mensch steht ihr oft ferner als der »Zöllner und Sünder«. Im Hören auf das in Christus ergehende Urteil Gottes kann ich letztlich nur glauben, daß ich Sünder bin.

Aber muß man nicht Gott kennen, um an ihm schuldig werden zu können? Wie auch im Rechtsleben wohl die Gültigkeit des Gesetzes (nulla poena sine lege), nicht aber das faktische Wissen darum für die Frage der Schuld ausschlaggebend ist, so kann erst recht nicht in der Theologie das Gottesbewußtsein bzw. das Sündenbewußtsein der Angelpunkt sein. Gerade mein Nichtwissen, meine Blindheit ist Schuld, nicht Schicksal. Wenn wir nicht verblendet wären, dann würde uns – wie Paulus Röm. 1,18ff. ausführt – aus Natur und Geschichte das, was von Gott erkennbar ist, auf Schritt und Tritt entgegenleuchten. Selbst die Vögel unter dem Himmel und die Blumen auf dem Felde würden uns in all ihrer Ungesichertheit und Vergänglichkeit die Güte und Herrlichkeit Gottes predigen. Es gälte dann das Bekenntnis des Psalmisten: »Die Himmel rühmen des Ewigen Ehre!« Aus dem faktischen Nichterkennen des Menschen darf nicht auf eine grundsätzliche Unerkennbarkeit Gottes geschlossen werden, aus der Blindheit gegen Gottes Gebot und seiner Übertretung darf nicht seine prinzipielle Verborgenheit gefolgert werden. Nicht unser faktisches Wissen um Gottes Gebot, sondern unser Wissen-können klagt uns an. Wo immer in der hl. Schrift Menschen zur Erkenntnis ihrer Schuld kommen, da entschuldigen sie sich nicht, auch wenn sie wie Paulus von ihrer »Unwissenheit« reden, sondern sie klagen sich ihres Unglaubens und Ungehorsams wegen an, dem sie sich doch selbst nicht entreißen konnten. Der Mensch ist nach biblischer Sicht nicht das, was er in seinem Bewußtsein ist, sondern was er in den Augen Gottes ist. Gott redet ihn aber im Evangelium an als den, der keine Entschuldigung hat und darauf angewiesen ist, aus Gnaden freigesprochen zu werden. Sein Selbstbewußtsein entspricht erst dann der Wahrheit, wenn er dem Urteil Gottes zustimmt und anerkennt: »An dir allein habe ich gesündigt ...«

Ist Sünde ihrem Wesen nach Abkehr von Gott, d. h. Übertretung des ersten Gebots und Unglaube, wie uns in der Begegnung mit dem erniedrigten und erhöhten Christus offenbar wird, dann ist sie Hochmut und Resignation zugleich. Sie ist Hochmut (superbia), der krampfhafte Versuch, sich selbst zu behaupten und zu rechtfertigen – im Gegensatz zu dem sich erniedrigenden Jesus Christus – und sie ist Verzagtheit und Verzweiflung – im Gegensatz zu dem Menschen Jesus, der im Dienste Gottes steht. An Jesus Christus geht uns auf, wie sowohl unsre hochmütige Selbstüberschätzung, in der wir sein möchten wie Gott, wie auch unsre pessimistische Resignation Verfehlung unsrer wahren menschlichen Bestimmung ist.

Abkehr von Gott ist immer zugleich Abkehr vom Nächsten. Zwar fällt das Gebot: »Du sollst Gott, deinen Herrn, lieben ...« nicht zusammen mit dem anderen: »Du sollst deinen Nächsten lieben wie dich selbst«, wohl aber sind beide untrennbar miteinander verbunden. Man kann nicht Gott lieben und den Bruder hassen. Aber man kann auch nicht den Nächsten lieben, ohne Gott zu lieben bzw. sich als von Gott Geliebter zu wissen. Damit ist nicht bestritten, daß es eine Humanität der »Heiden« gibt, ein mitmenschliches Verhalten, das oft die Christenheit beschämen kann. Es ist zu fragen, ob sich wahre Nächstenliebe nicht gerade in solchen Situationen bewährt, wie sie das Gleichnis vom barmherzigen Samariter zeigt. Sie ist nicht an eine Kirchenzugehörigkeit gebunden, sie kann gerade dem Priester und Levit fehlen, dagegen bei dem begegnen, der nicht zu Israel gehört. Aber kennzeichnend für sie ist, daß sie auf den Plan tritt, wo nichts zu gewinnen ist. Sie fragt nicht nach dem Wert des Bedürftigen bzw. nach seinem Nutzen, sie kümmert sich auch um die sog. hoffnungslosen Fälle. Den unheilbar Kranken, den Artfremden, den sog. Lebensunwerten, den gar an uns schuldig Gewordenen, den Feind lieben, das kann man nur, wenn man ihn nicht nur sieht als den, der er ist. Das heißt nicht, daß man sich ein Wunschbild von ihm macht, sondern daß man ihn so zu sehen sucht, wie ihn Gott in Jesus Christus anschaut. So wird der Unwürdige uns liebenswert.

Wenn ich den andern Menschen nicht als diesen von Gott geliebten sehe, sondern ihn davon abstrahiere, ihn an sich betrachte, wird er mir fragwürdig. So wie der Unglaube gegenüber Gott zum Hochmut und zur Verzagtheit führt, so gegenüber dem Mitmenschen zu einer Lieblosigkeit, die sich sowohl in Überheblichkeit wie in Unterwürfigkeit äußern kann. Wir neigen dazu, den Schwächeren zu verachten und als Werkzeug zu unseren Zwecken zu gebrauchen, den Stärkeren aber zu fürchten und uns vor ihm zu bücken. Wenn wir unseren Mitmenschen als solchen betrachten, d. h. unter Ausklammerung des gnädigen Urteils Gottes über ihn, dann rauben wir ihm seine eigentliche Würde, und es treten die menschlichen Unterschiede mit ihrem Nutzen oder Schaden für den andern beherrschend in den Gesichtskreis. Wir verlieren dem andern gegenüber die Freiheit. Er ist dann wieder Jude oder Grieche, Knecht oder Freier, Mann oder Frau, Weißer oder Schwarzer, Kommunist oder Antikommunist. Er wird als solcher gewertet oder abgewertet, geliebt oder gehaßt. Auf alle Fälle kann er nur bedingte Geltung erlangen, und zwar nach Maßgabe der Sympathie, des Eros, des Nutzens. Wo die Grenze seines Wertes für mich oder für die menschliche Gesellschaft, wie ich sie mir wünsche, erreicht ist, wird er zum Nebenbuhler, zum Konkurrenten oder zum offenen Feind, und es beginnt der Kampf. Sehe ich den andern als den von Gott Losgelassenen, dann kann es nicht anders sein, als daß ich ihn als den auch auf mich Losgelassenen ansehe oder er wird mir zur Beute oder zum Spielball wie ein herrenloses Gut. Dann gilt in der Tat: Homo homini lupus! Daß die natürlichen Bindungen in Ehe und Familie, in Interessen- und Gesinnungsgemeinschaften, in Staat und Arbeitswelt die Menschen immer wieder zueinander führen und beieinander halten und dadurch das Schlimmste verhüten, hat zur Kehrseite, daß man sich oft mit umso größerer Verbissenheit gegen den Draußenstehenden abschließt und wehrt. Der Satz: »Jeder ist sich selbst der Nächste« gilt auch dann, wenn bis zu einem gewissen Grad der andre, mit dem mich das gleiche Interesse verbindet, in dies Selbst einbezogen wird und die kollektive Selbstbehauptung einer Familie, einer wirtschaftlichen Machtgruppierung, einer Nation oder eines ideologischen Machtblocks umso größere Triumphe feiert. Die wahre Situation des gottfernen Menschen ist treffend gekennzeichnet, wenn es (im Heidelberger Katechismus) unverblümt heißt, daß wir von Natur alle geneigt sind, nicht nur Gott, sondern auch unseren Nächsten zu hassen.

Auch hier darf man nicht meinen, die rechte Selbsterkenntnis läge in unsrer Macht, wenigstens was unser Versagen gegenüber unserm Nächsten anlangt. Aber so gewiß ich hier meine Fehler erkennen kann, so wenig erkläre ich meinen Bankrott im Blick auf die Liebe zum Mitmenschen. Die Geschichte ist voll von Beispielen dafür, wie uns die selbstentworfenen Menschenbilder täuschen können und der wirkliche Mitmensch uns aus den Augen entschwindet. Es erschien leichter, sich vor Gott als schuldig zu bekennen als die Schuld gegen den Nächsten einzusehen. Erschütternde Sündenbekenntnisse der Kirche gingen oft Hand in Hand mit maßloser Selbstrechtfertigung gegen Mitmenschen, mit Abwertung ganzer Völker, Rassen und Klassen. Religion und Moral dienen oft genug dazu, den Anspruch der anderen an uns zurückzuweisen, ihn auf ein erträgliches Maß zu reduzieren oder ihn unverbindlich zu machen durch die scheinbar so naheliegende Frage: »Wer ist denn mein Nächster?« Daß bereits der, welcher seinen Bruder nicht liebt wie sich selbst, ein Totschläger ist, daß wir auch ohne selbst zu hassen oder Blut zu vergießen, Menschen auf dem Gewissen haben, und wäre es nur dadurch, daß wir sie in ihrer Not, ihrem

Anspruch auf Recht oder ihrer Bitte um Barmherzigkeit im Stich ließen, das ist keineswegs von Haus aus einleuchtend. Wie blind der Mensch hier ist, das beweist die in großem Maßstab von uns geübte Kunst des Vergessens und Verdrängens, die es unmöglich gemacht hat, den Verbrechen unsres Volkes im Dritten Reich mit der Fähigkeit zu trauern zu begegnen. Wenn uns in Jesus Christus aufgeht, was es heißt, seinen Nächsten zu lieben, mit den Ausgestoßenen und Diskriminierten Gemeinschaft zu halten, für die Schuldigen zu beten, dann beginnen wir zu ahnen, welcher Unmenschlichkeit wir uns täglich bei allem Rühmen der Humanität schuldig machen.

Sünde ist nicht nur Abwendung von Gott und damit auch von dem Nächsten, sondern sie richtet sich zugleich auch gegen uns selbst. Das mag überraschen, weil wir von der Sünde als menschlicher Selbstbehauptung, amor sui, Egoismus zu reden pflegen. In der Tat trifft es zu, daß der Mensch als Sünder in der Liebe zu sich selbst, d. h. zu dem Bild, das er von sich selbst hat, denkt und handelt. Weil er so um sich selbst kreist, wird ihm zugerufen: Verleugne dich selbst, d. h. kenne dich selbst nicht mehr! Der in Christus offenbarte und gefällte Freispruch Gottes ist, wie wir sahen, zugleich das Todesurteil für den Sünder als solchen.

Dennoch wäre es falsch, Sünde schlicht als Egoismus und Buße als Auslöschung des eigenen Ichs im Sinne einer mystischen Kreuzestheologie zu definieren. Wenn mir erst zusammen mit Gottes Freispruch auch meine Schuld in ihrem Gewicht aufgeht, wenn ich erst da, wo ich mich von Gott geliebt weiß, zutiefst über meinen Gotteshaß zu erschrecken beginne, wenn vor allem Gottes Wille nicht der Tod des Sünders ist, sondern seine Umkehr und sein Leben, dann kann Sünde nicht so anthropozentrisch bestimmt werden. Mein Selbstsein ist als solches nicht böse, so daß die Auflösung des Selbst, der Eingang ins All oder ins Nichts die Erlösung wäre. Als Gottes Geschöpf bin ich zum Ich, zum Personsein, zum Gegenüber und Mitsein zu und mit Gott berufen, und der Schöpfer neidet seinem Geschöpf nicht die Existenz. Hinkehr zu Gott ist zugleich Heimkehr des Menschen, nicht Selbstzerstörung oder Selbstauslöschung, sondern seine Rettung und Neuschöpfung. Abkehr von Gott ist immer zugleich Angriff auf die eigene Existenz, Zerstörung unsres Selbst, so wie es der Schöpfer wollte. Wer sein Leben erhalten will – in dieser Abwendung von Gott –, der wird es verlieren, während gerade der, der sich selbst in der Nachfolge Jesu Christi verleugnet, sein wahres Leben findet. Das Wesen der Sünde kann also nicht darin bestehen, daß der Mensch ein Selbst sein möchte, sondern daß er das alles in Auflehnung gegen Gott sein will, d. h. daß er selbst sein möchte wie Gott. Daß wir in Christus zum Leben berufen sind, zum Leben für Gott und für die Brüder, das heißt zugleich, daß wir zu uns selbst kommen sollen, während wir gerade als Sünder »im Tode« sind. Darum wendet sich das biblische Zeugnis so oft an des Menschen »Klugheit«. Es heißt: »Die Toren sprechen in ihrem Herzen: Es ist kein Gott!« (Psalm 14,1) Darum wird Israel, das sich von seinem Gott abkehrt, zugerufen: »Du stürzt dich ins Unglück!« (Hos. 13,9)

Das Selbst, das der Mensch nach Gottes Willen sein soll und darf, ist freilich nicht zu verwechseln mit seinem selbstsüchtigen Ich. Wenn nach dem Alten Testament die Abkehr von Gott Israel häufig in sichtbares Unheil führt, so ist doch schon hier keineswegs die Meinung, daß der Glaube an Gott irdisches Glück garantiert. In den Psalmen wird immer wieder bekannt, daß es dem Gottlosen so wohl gehe und der Fromme leiden müsse. Man tröstet sich mit dem Blick auf das – wohl auf Erden schon erhoffte – Ende, das Gottes gerechtes Urteil ans Licht bringen werde. Man weiß aber auch schon von einem alle irdische Erfahrung transzendierenden Trost in Jahwe und einer Gerechtigkeit Gottes, die mit unseren menschlichen Maßstäben nicht zu verrechnen ist. Vollends im Neuen Testament kann keine Rede davon sein, daß die Verheißung des Evangeliums Erfolg und sichtbaren Segen in dieser Welt bedeute und umgekehrt dem Unglauben und Ungehorsam gegen Gott zeitliche Strafe und Selbstzerstörung auf dem Fuße folgen müsse. Dem Nachfolger Jesu wird nicht irdisches Glück verheißen, sondern im Gegenteil Anfechtung und Verfolgung. Die Weisheit des Kreuzes erscheint der Welt als Torheit. Gnade und Gericht Gottes sind keineswegs aus der Lebenserfahrung oder dem Gang der Geschichte abzulesen, auch wenn es wohl Zeichen geben kann, die darauf hindeuten. So wenig Jesus zuläßt, daß man angesichts des Schicksals des Blindgeborenen auf eine besondere Verschuldung dieses Mannes oder seiner Eltern schließt, so wenig läßt sich das alles innergeschichtlich verrechnen. Ob man im Namen Gottes oder des Teufels Geister austreibt, läßt sich nicht einfach konstatieren. Auch wenn der Apostel 1. Kor. 11 das Sterben in der Gemeinde mit der unwürdigen Feier des heiligen Abendmahls in Zusammenhang bringt oder wenn er die Laster, in denen er nach Röm. 1 die heidnische Welt versunken sieht, als Auswirkung des göttlichen Zorns versteht, so ist das doch kein für den Unglauben zwingender Rückschluß.

Wenn also die Abwendung des Menschen von Gott als Selbstzerstörung erkannt wird, dann ist das ein Urteil des Glaubens, d. h. die Wahrheit, die sich unter dem allein maßgeblichen eschatologischen Aspekt des Gerichts Gottes aufdrängt. Der Glaube muß so urteilen, weil er das Wesen des Menschen in seiner Beziehung zu Gott sieht, deren Zerstörung sich auf alles, auch sein Verhältnis zum Nächsten und zu sich selbst, auswirken muß (s. Exkurs 39: Zum Begriff Sünde).

Obwohl der Mensch zu Gottes Ebenbild berufen und geschaffen ist, obwohl er in aller Abkehr von Gott dieser Bestimmung nicht entfliehen kann, vermag er doch als Sklave der Sünde keinen Schritt zu seiner Befreiung zu tun. Er hat ja nicht einmal mehr den rechten Begriff der Freiheit und weiß nicht um seine totale Verkehrtheit. Obwohl seine Existenz darin gründet, daß der Schöpfer ihm trotz seiner Untreue die Treue hält, kann er Gott von sich aus nicht erkennen und ihm die Ehre geben, sondern er mißbraucht seine Gaben, indem er ihm Dank und Gehorsam verweigert. Er ist »tot in Übertretungen und Sünden« (Eph. 2,1) und vermag sich selbst nicht zum Leben zu erwecken. Die Abwendung von Gott ist nicht nur eine Richtungsänderung auf seinem Wege, bei dem er im übrigen derselbe bleibt, so daß es nur eines Willensentschlusses bedürfte, um wieder umzukehren. Gehorsam und Ungehorsam gegen Gott, Glaube und Unglaube sind nicht zwei jederzeit mögliche Verhaltensweisen des Selbst, die auswechselbar sind. Gott ist kein bloß potentieller Pol oder Bezugspunkt der menschlichen Existenz, den man verlieren kann, ohne sich selbst zu verlieren. Mit der Preisgabe Gottes ist die menschliche Freiheit preisgegeben und der Rückweg abgeschnitten.

Diese Unmöglichkeit der Selbstbefreiung will die kirchliche Lehre von der Erbsünde zum Ausdruck bringen. Die Bezeichnung Erbsünde ist unangemessen, weil sie fast zwangsläufig die Vorstellung einer Vererbung analog einer körperlichen oder geistigen Disposition oder Krankheitsanlage, die von den Eltern auf die Kinder übertragen wird, nahelegt. Dies naturhafte Mißverständnis der »Erbsünde« wurde noch dadurch gefördert, daß die Sünde als concupiscentia carnalis ihren Sitz auch und gerade auf geschlechtlichem Gebiet zu haben schien. Aber auch in der reformatorischen Theologie, wo man von einer concupiscentia spiritualis sprach, blieb diese Auffassung von der Vererbung der Sünde im Spiel, ja, sie konnte, weil dem freien Willen kein Raum bleiben durfte, noch radikalisiert werden. Ein historischer Sündenfall des ersten Menschen schien über das ganze Menschengeschlecht eine zwangsweise Verderbnis der ganzen Natur gebracht zu haben, von der nur der von der Jungfrau Maria geborene Gottessohn ausgenommen war. Dabei sollte nicht geleugnet werden, daß die Sünde zugleich verantwortliche Tat ist.

Immer wieder hat die Theologie versucht, auf die Frage nach dem Ursprung des Bösen eine Antwort zu geben, die doch nie befriedigen konnte. So faßt die supralapsaristische Theorie den Sündenfall als ein gottgewolltes Ereignis auf, was im Sinne eines Gottesbegriffs, der mit der absoluten

Allmacht gleichgesetzt wird, auch konsequent ist. Aber Gott ist im biblischen Verständnis nicht *die* Allmacht, die zu allem fähig ist, d. h. das Böse ebenso will wie das Gute. Mit der Einführung des Teufels als Urhebers der Sünde ist das Problem ebenfalls nur verschoben, nicht gelöst. Die Sündenfallsgeschichte in der Bibel gibt wie überhaupt das Alte Testament keine Erklärung über die Entstehung des Bösen. Adam, der hier exemplarisch am Anfang der Menschheitsgeschichte steht, tut nichts andres und schlimmeres als wir alle, er versklavt uns nicht schicksalhaft, sondern Adam ist »die von Gott erkannte und uns gesagte Wahrheit über uns selbst« (K. Barth, KD IV/1, S. 569). Adam nimmt uns nicht die Verantwortung ab. Das Unfaßliche und von Gottes Schöpfung her Unbegründete der Sünde darf nicht dem Versuch ausgesetzt werden, die Entstehung des Bösen kausal zu erklären. Andrerseits soll aber auch durch die Geschichte vom Sündenfall nicht nur die allgemeine menschliche Situation illustriert werden. Es geht zugleich um die faktisch bestehende Unentrinnbarkeit des Menschen angesichts der Sünde bei zugleich voller Verantwortlichkeit. Es wird ein unaufhebbares Woher meiner Existenz behauptet, das doch zugleich im Wie meines Existierens heute voll bejaht und aufgenommen ist, um ein Perfektum, das zugleich Präsens ist, ein Müssen, das zugleich Wollen ist. In meinen jeweiligen Entscheidungen tritt an den Tag, wer ich meinem Selbst nach eigentlich bin. Mit Recht spricht Luther im Unterschied zu den aktuellen Sünden von der Personsünde, d. h. einer Gesamtrichtung meines Wollens, der ich nicht entrinnen kann und die ich doch zugleich voll bejahe, so daß ich nicht unter einer coactio, einem äußeren Zwang, stehe, sondern unter einer necessitas, einer inneren Notwendigkeit. Ich lege mich in meiner gottwidrigen Entscheidung immer neu fest auf das, worauf ich immer schon festgelegt bin. Solche Umschreibungen sind gewiß keine zureichende Erklärung dessen, was Sünde heißt. Sie weisen vielmehr hin auf das unerklärliche Rätsel, das in jedem echten Sündenbekenntnis anerkannt wird: ein Nichtwollen, das zugleich ein Nicht-können ist. Das rechte Sündenbekenntnis ist ein Glaubensurteil, das nur im Blick auf Jesus Christus, im Hören und Geltenlassen des in seinem Kreuz gefällten göttlichen Urteils möglich ist. In ihm, der von keiner Sünde wußte, aber für uns zur Sünde gemacht wurde, wird mir offenbart, wie es mit dem Menschen überhaupt steht, wer er hätte sein sollen und wer er unweigerlich ist. Diese Unentrinnbarkeit meines Schuldigseins zum Ausdruck zu bringen, ist der eigentliche Sinn der Lehre von der »Erbsünde« (s. Exkurs 40: Zum Begriff Erbsünde).

d) Glaube und Buße

Wenn Gottes freisprechendes Urteil in Jesus Christus als Begnadigung des Sünders zugleich Gericht über die Sünde ist, dann können wir diesem Urteil nur rechtgeben, indem wir unser Unrecht eingestehen. Glaube ist also immer zugleich Buße. Die Umkehr ist geradezu begründet in dem verheißenen Heil: »Tut Buße, *denn* das Himmelreich ist nahe herbeigekommen.« Indem das Evangelium dem Schuldigen Vergebung, dem Gefangenen Freiheit, dem Sterbenden Leben zusagt, wird unsere hoffnungslose Situation aufgedeckt. Man kann Gottes Ja zum Sünder nicht hören, ohne zugleich seinen Widerspruch gegen uns gelten zu lassen. Rechtfertigung des Gottlosen bedeutet nicht, daß Gott an Stelle seines heiligen Willens den widergöttlichen Willen des Menschen billigt, sondern ihm widerspricht er. Weil im Evangelium nicht das Bild eines gnädigen Gottes an Stelle eines zürnenden Richters gestellt wird, sondern hier Gnade im Gericht ergeht, weil also Gott um Christi willen, d. h. unverdienter Weise, vergibt, darum setzt der Freispruch den Schuldspruch nicht außer Geltung, sondern freigesprochen wird der, dessen Schuld unwiderruflich erwiesen ist.

Wie Glaube nicht ohne Buße sein kann, so ist auch Buße nur im Glauben möglich. Gottes Güte will uns zur Buße leiten. Schon im Alten Testament ist der Bußruf nicht zu trennen von der erfolgten Erwählung Israels. Weil Israel unter der Verheißung Gottes steht, weil es das Bundesvolk ist, geht Gott so scharf mit ihm ins Gericht. Umkehr ist Heimkehr zu Gott und darum gar nicht denkbar, ohne daß man diesen Gott kennt. Man kann also die Buße nicht – ebenso wenig wie den Glauben – als menschliche Haltung abstrakt beschreiben. Sie ist nicht hinreichend bestimmt als Akt der Selbstauslöschung wie in der Mystik, als abnegatio nostri, so wenig Sünde einfach gleich Egoismus ist. Bei alledem könnte das Ich gerade seine höchsten Triumphe feiern. Die Selbstverleugnung einer theologia crucis, die das Kreuz Christi allenfalls als Vorbild und Gesetz versteht, macht die Buße zum Werk.

Wenn es in Glaube und Buße immer um das Verhältnis zu Gott geht, dann handelt es sich um einen Totalakt, nicht um einzelne Bußakte oder einen psychologisch zu beschreibenden und methodisch zu regelnden Prozeß, den es zu durchlaufen gilt. Das Sündenbekenntnis, das mit dem Glauben Hand in Hand geht, erschöpft sich nicht in dem Bekenntnis einzelner begangener Sünden, sondern es gesteht das Sünder*sein* (vgl. Jes. 6,5; Luk. 5,8). Es entspricht nicht der Heilung eines Kranken, sondern der Auferweckung eines Toten. Buße als Einstimmen in Gottes richtendes Wort, als

Urteilskonformität mit seinem Widerspruch gegen uns, kennt keine gleitenden Übergänge und quantitierenden Begrenzungen (s. Exkurs 41: Zum Verständnis der Buße).

Auch wenn man den unlöslichen Zusammenhang zwischen Glaube und Buße anerkennt, besteht die Möglichkeit sehr verschiedener Deutung. Auf der einen Seite versucht man, die Buße dem Glauben vorzuordnen, also zwei Akte anzunehmen, von denen der erste in der Abkehr von der Sünde und der zweite in der Annahme der Vergebung besteht. Hier liegt die richtige Erkenntnis zugrunde, daß begrifflich zwischen Buße und Glauben zu unterscheiden ist, aber es besteht die Gefahr, den Bußakt zu isolieren bzw. dem Glauben zeitlich vorzuordnen und ihn dann doch gesetzlich zu verstehen. Demgegenüber betont die andere Seite mit Recht, daß Buße nur im Glauben möglich sei; aber es droht hier die Gefahr, daß der richtende Charakter des Wortes Gottes nicht mehr angemessen zur Geltung gebracht wird.

Um hier zur Klarheit zu kommen, gilt es, sich an das über Gesetz und Evangelium Gesagte zu erinnern. Entsprechend der verschiedenen Auffassung von dem Verhältnis Gesetz-Evangelium (vgl. H. J. Iwand, Nachgelassene Werke IV, Gesetz und Evangelium, S. 409ff.) kann man in dreifacher Weise die Beziehung Buße–Glaube verstehen:

Entweder geht man aus von der Voraussetzung, daß der Mensch das Gesetz kennt und ihm nach seinem sittlichen Empfinden auch zustimmt. Gewiß kann der natürliche Mensch noch nicht erkennen, daß er am Gesetz scheitert – das wird ihm erst durch die Offenbarung deutlich –, aber er verstünde die Offenbarung gar nicht, wenn ihm das Gesetz nicht »ins Herz geschrieben« wäre. Voraussetzung dafur ist die Identifizierung des Gesetzes Gottes mit dem Naturgesetz. Alle Predigt, so argumentiert man dann, wäre vergeblich, wenn nicht dieser Anknüpfungspunkt im sittlichen Vermögen des Menschen bestünde, bei dem er behaftet werden kann. Diese bereits bei Melanchthon sich deutlich anbahnende, im Pietismus und in der Aufklärung kräftig auflebende und im nachkantischen Protestantismus in mannigfacher Abwandlung sich findende Zuordnung von Gesetz und Evangelium hat zur Folge, daß die Buße als Reaktion auf das Gesetz der Ansatzpunkt für den Glauben und seine notwendige Voraussetzung ist. Hier droht eine Aufspaltung des Wortes Gottes und ein Eindringen natürlicher Theologie auf dem Wege über diese Anerkennung des sittlichen Vermögens des Menschen.

Ein andrer Weg, der wohl als der klassische der lutherischen Orthodoxie zu bezeichnen ist, wäre der, daß man Gesetz und Evangelium in der Offenbarung Gottes begründet, aber zugleich beide Worte scharf unterscheidet. Derselbe Gott fordert und schenkt, richtet und begnadigt, tötet und macht lebendig. Hier sind es nicht zwei Götter, wohl aber zwei sich widersprechende Worte Gottes, welche die beiden Seiten in Gottes Weltregiment bezeichnen. Man darf diesen Gegensatz zwischen Gesetz und Evangelium um keinen Preis abschwächen und darf darum auch den Koinzidenzpunkt nicht mittels eines einheitlichen Offenbarungsbegriffs fixieren. Zur Einheit kommen die beiden Worte erst im Menschen, wo – wie Hollaz sagen kann – in der poenitentia Gesetz und Evangelium zusammenfließen. Begrifflich bleibt es hinsichtlich des Verhältnisses Gesetz–Evangelium bei dem strengen Paradox: Wer sich verdammt, der ist gerecht; wer sich verurteilt, der ist freigesprochen. Buße und Glaube in ihrem Gegensatz sind die notwendige Umschreibung der paradoxen Existenz des Christen. Ohne Zweifel kann Luther – jedenfalls der frühe Luther – in ähnlicher Weise reden, ohne freilich zu verkennen, daß das verbum proprium des Evangeliums das verbum alienum des Gesetzes in seinen Dienst nimmt.

An diesen letzten Gedanken knüpft die dritte Auffassung an, die von der Einheit zwischen Evangelium und Gesetz ausgeht, wie sie in Christus besteht. Größer als der Streit zwischen beiden ist der Friede (wie Barth sagt). Das an seinem Ort notwendige Gegeneinander von Gesetz und Evangelium darf nicht vergessen lassen, daß das Wort Gottes Ja und nicht Nein lautet. So wie bereits im Alten Testament das Gesetz vom Bund umschlossen ist und die Gesetzestafeln in der Bundeslade lagen, so ist in Jesus Christus der Widerspruch Gottes gegen den Menschen aufgenommen und aufgehoben in seinem Zuspruch der Gnade. Das Gesetz ist die »Form« des Evangeliums (Barth). Das ist christologisch begründet: Jesus Christus ist auch die Erkenntnis und Aufrichtung des Gebotes Gottes. Wenn aber Jesus Christus der Wille Gottes ist, dann ist er auf alle Fälle Gnade. Dann kann Gott auch in seinem Gebieten und Richten nicht den Tod des Sünders wollen, sondern seine Bekehrung und sein Leben. Das aber bedeutet in unserm Zusammenhang: Buße kann nur im Glauben geschehen, sie ist Freude (Schniewind). In der Umkehr des Menschen geht es dann um eine Bewegung, die von vornherein nur *ein* Telos hat: die Rettung, das Heil, so daß das hier vernommene und bejahte Nein ganz im Licht des Ja steht, dem es dient. Während in der traditionell-lutherischen Auffassung die Gefahr eines Dualismus im Worte Gottes droht, der nur subjektiv – im Buß- und Glaubensakt – jeweils überwunden wird, könnte man diese Auffassung zu einer Nivellierung von Gesetz und Evangelium, von Buße und Glauben benützen. Es gilt darauf zu achten, daß der Sieg der Gnade über das Gericht nicht im Sinne einer Idee verstanden wird, so daß das

Vergeben zu Gottes Geschäft würde, sondern es geht um die in der Geschichte Jesu Christi gefallene Entscheidung.

Das Verhältnis von Buße und Glaube ist also nur christologisch recht zu klären. Wenn Jesus Christus selbst unter das Gesetz getan, zum Fluch gemacht worden ist, wenn er des Gesetzes Ende (Telos) heißt, dann dürfte zunächst feststehen, daß alle Gesetzespredigt im Blick auf ihn erfolgen muß. Was Gott von uns will und wie radikal dieser Wille gilt, d. h. Sinn und Absicht des Gesetzes, werden erst von diesem Telos her deutlich. Darum kann Erkenntnis der Sünde letztlich nur im Blick auf das Kreuz Christi geschehen. Da, wo Gottes Vergebung ergeht, wird auch offenbar, wie hoffnungslos es um den Menschen steht. Erst wenn uns aufgeht, wer der Gott ist, gegen den wir uns vergehen, erst angesichts seiner bis zur Selbsthingabe seines Sohnes ans Kreuz gehenden Erniedrigung, ahnen wir das Ausmaß unsrer Schuld. Insofern ist die Einheit von Buße und Glauben grundlegend: Es gibt keine Abkehr von der Sünde ohne Hinkehr zu Gott. Auch darüber kann kein Zweifel bestehen, daß, wie das Nein Gottes im Dienst des Ja steht, so auch die Abkehr von der Sünde im Dienst der Hinkehr zu Gott. Darum ist von der Einheit von Glaube und Buße auszugehen, während eine auf natürliche Gesetzeserkenntnis sich gründende Buße oder auch eine grundsätzlich paradoxe Redeweise diesen Sachverhalt verkennt. Aber im Rahmen dieser grundlegenden Einheit müssen die berechtigten Intentionen jener anderen Auffassungen zum Zuge kommen. Die in Jesus Christus bestehende Einheit, die in ihm offenbarte Begründung des Bußrufs in der Gnadenbotschaft begegnet uns insofern immer wieder in paradoxer Gestalt, als die Identität des Gekreuzigten mit dem Auferstandenen und entsprechend die Koinzidenz von Gericht und Gnade hier zwar als gültig proklamiert, nicht aber von uns einsichtig und beweiskräftig gemacht werden kann. Das bleibt vielmehr Werk des heiligen Geistes. Zwischen Bußruf und Gnadenverheißung, so untrennbar sie sind, muß unterschieden werden, gerade damit sich ihre Einheit als Ereignis offenbare. Ein Unterschied besteht auch insofern, als der alte Mensch, der sterben muß bzw. bereits mit Christus gestorben ist, der ist, von dem ich immer schon herkomme, als den ich mich unter der Verkündigung entdecke, während der neue Mensch, der ich im Glauben an Christus bin, der ist, auf den ich zugehe. Der Freispruch Gottes, der bedingungslos ergeht, enthält das richtende Urteil über uns als Sünder in sich und mildert es nicht, er setzt sich nicht in Widerspruch dazu, sondern bestätigt seine volle Gültigkeit, gerade indem es nicht an uns, sondern an Christus vollstreckt wird. Glaube und Buße stehen also in unlöslicher Korrespondenz, und man würde, wollte man das eine abschwächen oder aufheben, das andre notwendiger Weise mit zerstören. Denn nur dann ist Gnade gewisse und bedingungslose Gnade, wenn sie mir alle Würdigkeit abspricht und den Grund des Heils allein extra me, in Christus, findet. So ist die Einheit von Glaube und Buße und ihre Unterschiedenheit niemals anthropologisch oder psychologisch zu erklären, geschweige denn methodisch zu regulieren – praktisch-homiletisch muß hier große Freiheit herrschen je nach der Situation und dem Gegenüber –, wohl aber ist sie christologisch zu verstehen.

III. DIE LIEBE

a) Der im Freispruch an uns ergehende Anspruch

Wenn der Glaube allein die rechte Antwort auf Gottes Freispruch in Christus ist, kann dann noch von Werken die Rede sein? Als Erfüllung des ersten Gebotes und damit aller Gebote bedarf der Glaube keiner Ergänzung. Wenn der Mensch dem Urteil Gottes zustimmt und damit »in Ordnung« ist, mit Gott versöhnt und sich mit ihm versöhnen lassend, dann erübrigt sich der krampfhafte Versuch, sich in eine Position zu versetzen, in der man Gott angenehm ist. Hier heißt es vielmehr: »Ist jemand in Christus, so ist er ein neues Geschöpf. Das Alte ist vergangen, siehe, Neues ist geworden« (2. Kor. 5,17). Luther kann in Abwandlung des bekannten Augustinwortes (ama et fac, quod vis) sagen: Glaube und tu, was du willst! Von einem Nebeneinander von Glauben und Werken, von einer Addition göttlichen und menschlichen Tuns, von einer Aufteilung in Rechtfertigung und Heiligung im Sinne göttlicher Gabe und menschlicher Aufgabe kann hier in der Tat nicht die Rede sein. Muß man also nicht auf Grund des Evangeliums mißtrauisch sein gegen jeden Imperativ?

Aber nun läßt sich nicht leugnen, daß das biblische Zeugnis, auch das neutestamentliche, voller Imperative ist. Gerade auch Paulus, der so radikal die Rechtfertigung aus dem Glauben verkündet, verzichtet nicht auf eindringliche Paränese. Der Zuspruch der Gnade wird zum Anspruch auf das Leben, die perfektische Aussage geht Hand in Hand mit dem Imperativ. Weil der Christ im Geist lebt, soll er nun auch im Geist wandeln. Weil er bereits mit Christus gestorben ist, darum soll er seine Glieder, seine Begierden töten. Indem er bereits Gott gehört, soll er sich doch Gott zum lebendigen Opfer bringen. Hier ist offenbar nicht von einem tötenden Gesetz die Rede, von einer Forderung, die lediglich den Sinn hat, mir die absolute Verdorbenheit alles menschlichen Tuns vor Augen zu führen, mich also schuldig zu machen und anzuklagen. Hier geht es um Gebote oder Weisungen, die schlicht befolgt sein wollen. Sie wollen also nicht unter dem Aspekt der Rechtfertigung gesehen werden, d. h. sie sollen nicht befolgt werden, um dadurch vor Gott ein Verdienst zu erwerben, sondern sie beanspruchen Geltung gerade auf Grund der Rechtfertigung allein aus

Gnaden. Es droht nicht nur eine gesetzliche Verwechslung von Glaube und Werk, sondern auch eine libertinistische Abwertung alles Tuns zugunsten eines vermeintlichen Glaubens. Diese pseudopaulinische Position hat wohl auch Jakobus im Auge, wenn er – mit fragwürdigen Formeln – gegen einen Glauben ohne Werke kämpft, gegen den doch auch Paulus selbst Front macht. Der Glaube, der nicht in der Liebe tätig ist, kann nicht der rechte Glaube sein.

Wenn heute mit Ungestüm die ethische Bewährung des Glaubens gefordert wird und unter Protest gegen ein verbales Bekenntnischristentum die soziale Tat als das Entscheidende betont wird – oft unter Preisgabe der reformatorischen Erkenntnisse –, dann sollte doch zunächst einmal gefragt werden, ob nicht eine pseudopaulinische und pseudoreformatorische Mißdeutung der Rechtfertigung in der Kirche dazu reichlichen Anlaß gab. D. Bonhoeffer hat (in seinem Buch »Nachfolge«, 1937) diese Verkennung evangelischer Freiheit eindrücklich gegeißelt. Das sola fide dient oft zu einer Verinnerlichung und Auflösung allen wirklichen Gehorsams und salviert das Gewissen, wenn es gilt, einen unbequemen Anspruch abzuwehren. Auf diese Weise wird jedem konkreten Gehorsam die Spitze abgebrochen. Die Forderung Jesu an den reichen Jüngling, all sein Gut zu verkaufen und das Geld den Armen zu schenken, wäre dann nicht wörtlich gemeint, sondern hätte nur den Sinn, dem Reichen zu zeigen, daß er Sünder ist, nicht aber ihn zu einem konkreten Tun zu bewegen. Nach dieser pseudoreformatorischen Auslegung wäre die ganze Bergpredigt nur die Anleitung zur Erkenntnis meiner hoffnungslosen Sündhaftigkeit, erwartete aber nicht im Ernst, daß wir unsre Feinde lieben usw. Dann könnte der Römerbrief mit Kap. 7 schließen, aber Kap. 8 und alle folgenden Paränesen dienten lediglich als Spiegel der Erkenntnis, daß wir nichts können. Dann gleichen wir dem Knecht im Gleichnis von den anvertrauten Pfunden, der sein eines Pfund in der Erde vergräbt, weil es sich doch nicht lohnt, damit zu wuchern.

Gewiß sind die Imperative der evangelischen Verkündigung immer auch Bußruf und überführen uns unsrer Schuld, aber sie erschöpfen sich nicht darin. Zwar sind die Paränesen kein neues Gesetz, das als Mittel zur Rechtfertigung dient. Auch wollen sie nicht sklavisch binden, sondern sie müssen je nach Adressat und Situation neu interpretiert werden. Aber sie lassen keinen Zweifel darüber aufkommen, daß sie auf konkreten Gehorsam zielen. Glauben heißt immer zugleich nachfolgen. Obwohl begrifflich zwischen Glauben und Gehorchen, zwischen der Anerkennung des in Jesus Christus über uns gefällten gnädigen Urteils Gottes und den daraus zu ziehenden Konsequenzen unsres Handelns zu unterscheiden ist, so besteht doch zwischen Glauben und Gehorchen kein zeitliches Intervall, sondern sie geschehen gleichzeitig wie das Leuchten und Brennen der Sonne (Calvin) oder wie der Blitz und Donner eines im Zenit stehenden Gewitters (Barth).

Das Charakteristische dieses im Glauben aufgerichteten Imperativs läßt sich also folgendermaßen näher umschreiben:

Voraussetzung dieses Gebietens ist, daß wir in Christus mit Gott versöhnt sind. Der hier angesprochene Mensch wird nicht bei seinem eigenen

Vermögen behaftet. Das Gebot steht ihm nicht als fordernder Buchstabe gegenüber – ohne Rücksicht auf die Möglichkeit der Erfüllung. Der Fordernde ist zugleich der Schenkende, der seinen heiligen Geist verheißen hat. Der Sinn des Imperativs ist also nicht, daß wir uns in einen gottwohlgefälligen Stand versetzen sollen. Auf Grund des neuen Seins, das uns ohne unser Zutun zugesprochen ist und unser Personsein konstituiert, werden wir zum neuen Tun gerufen. Damit ist das Verlangen nach Selbstbehauptung und Selbstrechtfertigung vor Gott und die damit notwendige Folge der Heuchelei, der Sicherheit oder der Verzweiflung in der Wurzel abgeschnitten. Wir sind vom Fluch des Gesetzes befreit. Nur wo mir die Sorge um mein Heil abgenommen ist, wo die Reflexion über meine Leistung überflüssig geworden ist, kann ich wirklich gehorchen. Das ist das Berechtigte in Kants Polemik gegen jede Heteronomie in der Ethik und entspricht Luthers These, daß Gott keinen erzwungenen Dienst will. Nur daß an Stelle dessen nicht meine Autonomie tritt, nicht die Reflexion auf mein intelligibles Ich, das sich seiner Freiheit bedient, sondern mein Befreitsein durch Christus. Weil mit dieser Freiheit gerechnet wird, weil die Gegenwart und Wirksamkeit des heiligen Geistes vorausgesetzt ist, darum kann unverkrampft geboten werden. Deshalb wagt es der Apostel Paulus, die an Christus Glaubenden als Pneumatiker anzureden, sie zu bitten, zu mahnen, zu beschwören. Denn wo Vergebung der Sünden ist, da kann sich niemand mehr mit seiner Schwachheit entschuldigen. Hier trifft Augustins Wort zu: Da, quod iubes, et iube, quod vis!

Das Ziel dieses Gebietens ist unsre immer neu zu vollziehende Hinwendung zu Gott und zu dem Nächsten, nicht unsre Selbstvervollkommnung. Weil wir nicht unser Heil zu wirken haben, weil es nicht darum gehen kann, Christi Werk zu ergänzen oder in Kraft zu setzen, sondern als Gerechtgesprochene und Versöhnte zu leben, darum ist die christliche Ethik nicht eine Tugendlehre im Sinne des Aufbaus unsrer Persönlichkeit. Das in Christus aufgerichtete Gebot ist nicht an einem idealen Menschenbild orientiert, das wir zu realisieren hätten, sondern es ruft uns dazu auf, das zu leben, was wir bereits im Glauben sind. Darum ist diese Weisung nicht nur Anklage und Zurechtweisung, geschweige denn tötendes Gesetz, sondern hilfreiche Anleitung, in der Gemeinschaft mit Christus zu bleiben, im Glauben zu stehen und gewisse Schritte zu tun.

Subjekt dieses Gebietens ist Jesus Christus selbst, d. h. nicht ein abstraktes Gesetz, nicht eine Idee, nicht eine Summe kasuistischer Vorschriften. Auch der Dekalog kann nicht die Stelle dieses Subjektes übernehmen und unter Abstraktion von dem hier redenden Herrn buchstäblich binden. Das gleiche gilt von der Bergpredigt oder neutestamentlicher Paraklese.

Auch der Apostel kann uns nicht in eigenem Namen gebieten und an sich binden. Deshalb fordert Paulus die Gemeinde auf, selbst zu prüfen, was Gottes Wille sei, nicht aber sklavisch zu gehorchen. Was den Vätern geboten war, kann uns in andrer geschichtlicher Situation verboten sein, wenn wir demselben Herrn wie sie gehorchen wollen. Mit den biblischen oder auch reformatorischen Weisungen zur Gestaltung der Ehe, der Sklaverei bzw. der Gesellschaftsordnung, zu Obrigkeit und Krieg die heutigen Probleme meistern zu wollen, könnte zu offensichtlichem konkreten Ungehorsam führen. Entscheidend freilich ist dabei, daß die Interpretation dieser überkommenen Weisungen nicht zur Eliminierung des Gebotes Gottes führt, sondern uns gerade heute neu an denselben Herrn bindet.

Der Sinn des in Christus aufgerichteten Gebotes kann nicht der sein, mit Gottes Tat zu konkurrieren, sondern – wie es 1. Petr. 2,9 heißt – »die Tugenden« dessen zu verkündigen, »der uns aus der Finsternis zu seinem wunderbaren Licht berufen hat«. »Vollkommen zu sein, wie der Vater im Himmel vollkommen ist« (Matth. 5,48), bedeutet nicht, daß wir kleine Götter spielen sollten, sondern daß unser Tun in all seiner Menschlichkeit diesem Tun Gottes bezeugend entsprechen soll. Damit ist aller Eigenruhm, alle Verdienstlichkeit in der Wurzel abgeschnitten. Denn das Tun Gottes, das wir bezeugen sollen, besteht ja darin, daß er sich des Gottlosen und Unwürdigen angenommen hat. Unser gutes Werk kann nichts andres sein, als ein Rühmen dieses letztlich allein guten Werkes Gottes. Daß die Werke mit dem Glauben, daß die Heiligung mit der Rechtfertigung in Konflikt gerät, ist unmöglich, wenn sie gerade in der Verherrlichung dieses gnädigen Tuns Gottes besteht. Entsprechung heißt nicht Nachahmung, nicht an Gottes Stelle treten, sondern mit unsrer Nachfolge die Endgültigkeit und Ausschließlichkeit seines rettenden Handelns bezeugen. Unser Gehorsam steht und fällt damit, daß er nicht selbständiges, eigenmächtiges Wort ist, sondern Antwort.

Schließlich wird auch die Grenze des von uns geforderten Gehorsams zu beachten sein. Wenn er seine Güte nicht in sich selbst trägt, sondern wenn er gut nur in Entsprechung zu Gottes Tun ist, dann fällt auch der Einwand hin, den eine mißverstandene reformatorische Theologie nahelegen kann. Die Erkenntnis, daß unser Tun »umsonst ist auch in dem besten Leben«, könnte alles Handeln lähmen und ersticken. Wenn der Strom unsres Lebens unaufhaltsam abwärts fließt, wenn tägliche Buße und die Bitte um Vergebung immer nötig sein wird, wenn wir selbst auf dem Sterbebett noch mit Luther bekennen müssen: »Wir sind Bettler, das ist wahr«, lohnt es dann überhaupt, »gute Werke« zu tun? Aber solche ethische Resignation ist keineswegs der Sinn des reformatorischen Bekenntnisses: simul iustus et peccator. Denn wenn uns auch keins unsrer Werke rechtfertigt und alles, was wir tun, der Vergebung bedarf, so ist doch keineswegs gleichgültig, was wir tun. Unser immer beflecktes Werk kann doch in dem Sinn, wie es hier gemeint ist, »gutes« Werk sein, d. h. ein Werk, das trotz seiner Unvollkommenheit Hinweis auf Gottes gutes Werk ist. Entscheidend ist, ob wir mit unserm Tun die Güte Gottes bekennen oder verleugnen. Das ist eine befreiende Erkenntnis. Denn nun fällt jede Entschuldigung hin, die mit dem Hinweis auf unsre Unvollkommenheit alle Entschlußfreudigkeit zerstört. Mag es auch stimmen, daß ich auf alle Fälle das, was ich tue, mit befleckten Händen tue, so ist es doch keineswegs gleichgültig, was ich tue, ob ich zur Rechten oder zur Linken gehe (s. Exkurs 42: Zum »tertius usus legis«).

Ohne hier bereits Gesagtes im Blick auf das Verhältnis Gesetz–Evangelium zu wiederholen, sei hinsichtlich der Frage nach dem tertius usus legis und die hier aufbrechende Kontroverse folgendes bemerkt: In der Tat darf der evangelische Imperativ nicht mit dem tötenden Buchstaben des Gesetzes verwechselt werden, von dem Paulus ausdrücklich sagt, daß es in Christus abgetan ist. Man muß darauf achten, daß die heilige Schrift den Begriff Gesetz in verschiedener Weise gebraucht. Verstehe ich unter Gesetz die von der Verheißung gelöste Forderung Gottes, das »Du sollst« an sich, wie es Paulus meist tut, der vor allem vom tötenden und verurteilenden Gesetz redet, dann kann kein Zweifel darüber bestehen, daß Christus des Gesetzes Ende ist. Dies Gesetz findet an dem mit Christus Gestorbenen keinen Anhalt mehr, sein Anspruch ist für den Glaubenden erloschen. Auch Calvin und K. Barth können, bei allem Unterschied zwischen ihnen im einzelnen, das mit Nachdruck sagen. Dies nackte Gesetz kann aus dem von Gott abgewandten Menschen kein Leben erwecken und soll es auch nicht, sondern es will die Sünde groß und erkennbar machen, sie ins Ungemessene steigern, statt sie zu beseitigen. Denn der Mensch kann es aus sich heraus nur mißbrauchen, um unter Berufung auf das Gesetz seine Selbstbehauptung und Selbstrechtfertigung aufs höchste triumphieren zu lassen. Das Gesetz bedeutet in diesem Sinn hoffnungslose Versklavung des Menschen.

Aber der Begriff des Gesetzes kann auch anders verstanden werden, nämlich als – indirekte – Verheißung der Gnade und als die mit der Christusbotschaft verbundene Aufforderung zum Gehorsam durch die Kraft des heiligen Geistes. So ist er bereits im Alten Testament gebraucht, wenn er in engstem Zusammenhang mit dem Bund und der Verheißung an Israel steht. So kann er aber auch im Neuen Testament begegnen, und er meint dann das mit Christus aufgerichtete Gebot Gottes, das im

Grunde nichts andres bezweckt als die Liebe zu Gott und zum Nächsten. Hierhin gehört das weite Feld der neutestamentlichen Paränese und Paraklese, wo es nicht um Leistung und Verdienst, nicht um Erfüllung eines Ideals oder um tötende Satzungen geht, sondern um die aus dem Evangelium selbst entspringende Mahnung zum Wandel im Glauben. Calvin und Barth denken letztlich nicht von dem in der Rechtfertigungslehre mit Recht aufbrechenden Zwiespalt zwischen Gesetz und Evangelium aus, sondern von der in Christus geschehenen Erfüllung her. Man kann fragen, ob man hier von Gesetz reden soll oder nicht um der Klarheit willen von Gebot bzw. Weisung. Entscheidend ist, daß man diese Begründung des Imperativs im Indikativ, das Verständnis des Gesetzes im Lichte seiner Erfüllung in Christus, im Auge behält. Hier handelt es sich nicht um Abschwächung der Gnade durch den Imperativ, sondern um das Leben aus der geschenkten Freiheit. Hier ergeht nicht die idealistische Parole: Werde, was du noch nicht bist!, sondern hier heißt es: Sei, was du der Verheißung nach bereits bist! Alle Ermahnung meint im Grunde nichts andres als die Aufforderung, im Glauben zu stehen und zu wandeln, am Weinstock Christus zu bleiben, die angelegte Waffenrüstung zu gebrauchen, d. h. die Konsequenzen aus dem zu ziehen, was uns umsonst geschenkt ist.

Der Sinn eines tertius usus legis kann nicht der sein, eine Fülle von Satzungen aufzustellen und den im Glauben freien Menschen aufs neue zu binden. Grundsätzlich gilt: »Alles ist euer!«, aber mit dem Zusatz: »Ihr aber seid Christi!« »Alles ist erlaubt, aber es nützt nicht alles.« Der einzig gültige Maßstab lautet: »Was nicht aus Glauben kommt, ist Sünde!« Alle Ermahnungen der Schrift, alle Gebote des Alten Testaments, einschließlich des Dekalogs, wie auch alle Paränesen des Neuen Testaments unterstehen diesem allein maßgeblichen Kriterium. Hier kann man mit Recht fragen, ob Calvin trotz seines grundsätzlichen Insistierens auf dieser christlichen Freiheit nicht oft allzu genau wissen und bestimmen zu können meinte, was jeweils dies Gebotene sei. Aber darin hat er Recht, daß er Jesus Christus nicht nur unsre Rechtfertigung, sondern zugleich unsre Heiligung nennt (mit Paulus 1. Kor. 1,30) und darum nicht zögert, von dem im Glauben aufgerichteten Gebot Gottes zu reden, das in nichts andrem besteht als in der Aufforderung zur Liebe als des Gesetzes Erfüllung.

Gottes Freispruch ist zugleich Anspruch, Rechtfertigung ist immer zugleich Heiligung, obwohl sie begrifflich nicht damit zusammenfällt. Es ist verständlich, daß sich von Haus aus dem Menschen ein konditionales Denken nahelegt, das Gottes Freispruch von der Erfüllung seines Anspruchs abhängig macht oder doch teilweise mitbedingt sieht. Durch die Liebe, die wir üben, würde erst der Glaube zum völligen Glauben. Statt aus dem Freispruch Gottes zu leben, glaubt man sich dieses Freispruchs erst würdig erweisen zu müssen, oder man meint doch, seine Gültigkeit von seiner Wirkung abhängig machen zu sollen. Dann ist es unvermeidlich, daß die Furcht vor Strafe bzw. die Spekulation auf Verdienst sich als Motiv einschleicht. Für reformatorische Theologie war jede Reflexion auf Werke des Menschen, die das sola gratia und sola fide gefährdete, unerträglich. Der Verdienst- und Strafgedanke, der kennzeichnend ist für die iustitia civilis und unser ganzes Rechts- und Wirtschaftsleben beherrscht, ist völlig unangemessen, um das Verhältnis von Glaube und Werk zu erklären.

Um diesem konditionalen Denken zu entgehen, hat die reformatorische Theologie gern den organischen Zusammenhang zwischen Glaube und Werk mit naturhaften Bildern verdeutlicht. Vor allem Luther hat das biblische Bild vom guten Baum, der gute Früchte trägt, reichlich verwendet, um den unlöslichen Zusammenhang und das unumkehrbare Gefälle zwischen beiden einzuschärfen. Vor allem aber lag ihm daran, das Ungezwungene, Spontane christlichen Gehorsams zu unterstreichen, das ein solcher Vergleich nahelegt. Der Christ fragt nicht erst lange, was er tun soll, sondern er kann gar nicht anders, ihn treibt der Geist, so wie der gute Baum nicht anders kann, als gute Früchte hervorbringen. Aber die Grenze dieses Gleichnisses darf dabei nicht außer acht gelassen werden. Das neue Leben im Glauben ist nicht so da wie der Baum, der wächst und Frucht trägt, d. h. die Bilder aus der Natur können das geschichtliche Ereignis, um das es hier geht, nicht hinreichend zum Ausdruck bringen und darum im Sinne eines naturhaften Automatismus mißverstanden werden. Einem Baum braucht man nicht zuzurufen, er solle Früchte bringen, aber der Glaubende wird dazu aufgerufen.

Der Zusammenhang zwischen Glauben und Werken scheint darum besser umschrieben, wenn man – ebenfalls mit der Schrift und im Sinne reformatorischer Äußerungen (vgl. vor allem den Heidelberger Katechismus) – von der Dankbarkeit sprach, die sich im neuen Gehorsam kundtue. Hier wird nicht einfach ein Kausalzusammenhang behauptet, aber auch nicht mit dem Motiv der Furcht oder der Belohnung gearbeitet, sondern es wird ernst damit gemacht, daß Gottes Gnade bedingungslos ist und allem guten Werk des Menschen vorausgeht. »Lasset uns ihn lieben, denn er hat uns zuerst geliebt« (1. Joh. 4,19). Aber auch hier kann man fragen, ob diese Begründung genügt, d. h. ob man den neuen Gehorsam an dem »schwachen Faden der Dankbarkeit« (Schlatter) aufhängen kann. Genügt als Aufweis für den unlöslichen Zusammenhang zwischen Rechtfertigung und Heiligung eine solche Verklammerung im menschlichen Bewußtsein, in einer vom Evangelium erzeugten Haltung der Dankbarkeit, oder müßte nicht darüber hinaus gezeigt werden, daß der Zuspruch der Christusbotschaft gar nicht recht vernommen werden kann, ohne sie als Anspruch zu hören, weil Jesus Christus selbst unsre Rechtfertigung und unsre Heiligung ist (1. Kor. 1,30)?

Gottes Freispruch ist deshalb zugleich Anspruch, der Glaube deshalb zugleich Gehorsam, weil sich Gott in Christus in *der* Weise des Menschen bedingungslos annimmt, daß er ihn zugleich für sich beschlagnahmt. Indem sich Gott in Jesus von Nazareth erniedrigt, sich in ihm hingibt in unser menschliches Wesen, macht er dies zugleich zum Organ seines göttlichen Willens. Eins ist nicht ohne das andre, beides koinzidiert in der Existenz Jesu Christi: Gottes Sein für den Menschen und des Menschen Sein für Gott. Man muß allerdings zwischen der hier erfolgenden Herablassung Gottes und der Erhöhung oder Indienstnahme des Menschen, obwohl beides unlöslich miteinander verbunden ist und auch zeitlich koinzidiert, sachlich unterscheiden. Hier herrscht eine strenge, unumkehrbare Ordnung, ein bestimmtes Gefälle. Weil und indem Gott in Jesus sich erniedrigend am Werk ist, darum ist sein Menschsein in Gottes Dienst genommen. In der Bewegung »von oben« gründet die dem entsprechende Bewegung »von unten«, weil Gott in Jesus gegenwärtig ist und handelt, ist das Handeln, das Leiden dieses Menschen Gott wohlgefälliges Tun. Dies Gefälle darf freilich nicht dahin mißverstanden werden, als ob man eine Christologie »von oben« gegen eine Christologie »von unten« oder auch umgekehrt ausspielen könnte. Erkennen kann ich hier nur recht, indem ich beide »Bewegungen« zugleich ins Auge fasse. Man kann also nicht zunächst einen Gottesbegriff bilden und von ihm aus alles andre ableiten, man kann aber auch nicht vom Menschen Jesus – in Abstraktion von Gottes Handeln an und in ihm – ausgehen und im Endeffekt Gott zum Prädikat dieses Menschen machen. Jesu Menschsein ist kraft seiner Annahme durch Gott und nicht als solches ausgezeichnet, es ist, was es ist, als Organ des göttlichen Willens. Das ist das Einzigartige an Jesus nach dem biblischen Zeugnis, daß Gott und Mensch, göttliches Handeln und menschliches Reagieren hier in völliger Entsprechung stehen, auch nur gleichzeitig erkannt werden können, aber sachlich und auch begrifflich nicht vermischt werden dürfen. Gott gibt sein Gottsein nicht auf, indem er in diesem Menschen gegenwärtig ist und handelt, sondern offenbart und bestätigt gerade so sein Gottsein. Und dieser Mensch Jesus gibt sein Menschsein nicht auf, indem er als von Gott angenommener Mensch ganz und gar in seinem Dienst steht. Das Wort ward Fleisch, heißt nicht: Das Fleisch wird vergottet. In der Kondeszendenz Gottes in Jesus ist unsre Rechtfertigung, in der Indienstnahme dieses Menschen Jesus, die damit zugleich geschieht, ist unsre Heiligung begründet.

Wenn man also verstehen will, warum der Freispruch Gottes im Evangelium immer zugleich Anspruch ist, warum Rechtfertigung Heiligung, Glaube zugleich Gehorsam ist und dennoch jeweils beides nicht ineinander aufgelöst werden darf, dann muß man auf diesen christologischen Grund rekurrieren. Das Verhältnis von Glaube und Werk zueinander muß von ihrem »Gegenstand« her, nicht von abstrakten menschlichen Haltungen und Verhaltensweisen her begriffen werden. In Jesus Christus ist das freisprechende Urteil Gottes über alles Fleisch ergangen, aber es ist so ergangen, daß alles Menschsein damit zugleich beschlagnahmt ist für Gott. Man kann nicht das eine hören ohne das andre, d. h. das »Gott mit uns« nicht ohne zugleich zu hören, daß wir Gott gehören, den Zuspruch der Vergebung nicht ohne den damit aufgerichteten, kräftigen und wirksamen Anspruch Gottes auf unser ganzes Leben (s. Exkurs 43: Indikativ und Imperativ).

b) Die Liebe als Inhalt des Gebotes Gottes

Was Gottes Anspruch von uns erwartet, läßt sich am treffendsten mit der Schrift dahin zusammenfassen: »Du sollst Gott, deinen Herrn, lieben von ganzem Herzen ...« und »Du sollst deinen Nächsten lieben wie dich selbst« (Matth. 22,37 u. 39). Die Liebe ist – auch nach Paulus (Röm. 13,10) – »des Gesetzes Erfüllung«. Gottes Selbsthingabe in Jesus Christus kann vor allem (wenn auch nicht nur) in der johanneischen Literatur als Tat seiner Liebe, ja, er selbst als Liebe bezeichnet werden – nicht als eine beiläufige, zusätzliche oder gar willkürliche Bestimmung seines Handelns und Wesens, sondern geradezu ihn definierend. Diesem Gott, der sich uns als der Liebende offenbart, entsprechen – und darum geht es ja in dem mit dem Evangelium verkündeten Anspruch –, kann also nur heißen, daß wir zur Liebe aufgerufen sind. Als von Gott Geliebte sollen bzw. können und dürfen wir lieben.

Was Liebe hier heißt, ist damit klar bestimmt, nämlich durch Gottes eigenes Lieben. In der Hingabe seines Sohnes, in der Hinwendung zu der verlorenen Welt, in der grundlosen Erwählung dessen, der von sich aus nicht liebenswert ist, beweist Gott seine Liebe. Liebe in diesem Sinn (Agape) ist also nicht zu verwechseln mit Eros, einer »Liebe«, die auch in der Zuwendung zum andern besteht, aber in völlig andrer Weise. Das

Interesse am andern ist hier bedingt durch eine Eigenschaft, einen Wert, den der andre für mich hat, so daß ich nicht eigentlich mich hingebend ihm zuwende, sondern erobernd, mich behauptend, genießend. Der Eros hat auch in seiner vergeistigsten Form, wenn er auf Vereinigung mit dem Geliebten aus ist, bei aller scheinbaren eigenen Hingabe etwas Besitzergreifendes, Aussaugendes und Verschlingendes. Diese Liebe ist auch in ihrer edelsten Gestalt letztlich Selbstliebe. Nun neidet Gott freilich dem Menschen nicht sein Selbst und überschüttet ihn mit geistlichen und leiblichen Gaben, aber der Eros, wie wir ihn hier verstehen, liebt das Selbst so, daß er den andern zum Mittel dieser Selbstliebe bzw. ihrer Stillung macht. Die Liebe aber, die auf Gottes Liebe antwortet, sucht nicht das Ihre (vgl. 1. Kor. 13,5).

Aber kann man solche Liebe, die doch gar nicht in unsrer Macht steht, gebieten? Ein solches Sich-hingeben an den andern, ohne Berechnung, ohne Rücksicht auf das, was mir dafür wird, und zwar als spontanes, freies Sich-schenken, läßt sich in der Tat nicht durch eine Forderung, ein nacktes Gesetz, ins Leben rufen. Gerade im Blick auf diese inhaltliche Bestimmung des göttlichen Anspruchs wird deutlich, wie wenig es um Aufrichtung eines Gesetzes dabei geht. Eine Einschränkung der Freiheit, zu der uns Christus befreit hat, durch diesen Anspruch kann nicht in Frage kommen, sondern nur deren Bestätigung und Bewährung. Man kann diesen Imperativ des Liebesgebots in der Tat (z. B. mit Kohlbrügge) als Verheißung verstehen und das »Du sollst« im Unterschied zu Kierkegaard (»Leben und Walten der Liebe«, vgl. K. Barth, KD IV/2, S. 886f.) als »Du wirst« fassen, weil er die Gabe des heiligen Geistes voraussetzt, der uns das Gesetz ins Herz schreibt (Jer. 31,33). Denn zu dieser Liebe kann man sich nicht zwingen, und sie ist für den, der sich als von Gott geliebt weiß, gerade nicht das, was er sich abnötigt, sondern das Selbstverständliche. Dennoch hat es seinen guten Grund, daß dazu aufgerufen wird, als im Geist Lebende nun auch im Geist zu wandeln (Gal. 5,25) und die dem widersprechenden Glieder zu »töten«. Gemeint ist damit doch, daß wir in der Liebe, mit der wir geliebt sind, »bleiben« und in ihrer, nicht in eigener Kraft dem entsprechen.

Wen darf und soll der von Gott geliebte Mensch lieben? Es liegt nahe, hier sofort an den Nächsten, den Mitmenschen, zu denken, und in der Tat ist von ihm hier zu reden. Aber so gewiß das Doppelgebot der Liebe diese Hingabe an den Nächsten unlöslich mit der Liebe zu Gott verknüpft, so wäre es doch kurzschlüssig, sie darin aufgehen zu lassen. Das vornehmste und höchste Gebot lautet schlicht: »Du sollst Gott, deinen Herrn, lieben ...« Gottes Liebe erzeugt Gegenliebe. All das schreckliche Versagen der Christenheit hinsichtlich der Nächstenliebe, all der Mißbrauch, den sie mit einer vermeintlichen Liebe zu Gott auf Kosten der Liebe zum Bruder getrieben hat, darf doch nicht darüber hinwegtäuschen, daß dies erste und oberste Gebot sein eigenes Recht hat. Wenn das berechtigte Insistieren auf Mitmenschlichkeit das aus dem Auge verliert, dann ist zu befürchten, daß auch die Liebe Gottes zu uns nicht im Blick ist. »Lasset uns ihn lieben, denn er hat uns zuerst geliebt!« (1. Joh. 4,19). Daß wir uns Gott nicht vorstellen können, daß wir uns kein Bild von ihm machen können und sollen, das alles ist hier kein durchschlagender Einwand. Denn in Jesus Christus hat Gott sich offenbart, er hat uns sozusagen sein Gesicht zugewandt, er ist als der unendlich Liebende für uns erkennbar geworden. Was Liebe in Wahrheit ist, wird uns erst in seinem Lieben deutlich. Von ihm ist zu sagen, was von keinem andern behauptet werden kann: Gott ist Liebe. Aber gerade dann könnte man fragen, ob er unsre Liebe nötig hat, d. h. ob er als der allein Gebende auch der Nehmende sein kann und will. In der Tat ist Gott nicht auf unsre Liebe angewiesen, wohl aber ermächtigt er uns durch seine Selbsthingabe an uns zur Hingabe an ihn. Unser Lieben kann gewiß nur der Widerschein seiner Liebe sein, nur Antwort auf sein Wort, allein durch ihn selbst geweckt und ermöglicht. Aber diese Antwort will Gott haben, nicht um seine Liebe zu begründen oder zu vermehren, sondern um sie zu rühmen. Menschliche Liebe zu Gott konkurriert also nicht mit seiner Liebe zu uns, sondern ist deren selbstverständliche Entsprechung. Aller Unfug, der in der Christenheit mit einer mystischen Gottes- und Jesusliebe oder -minne getrieben worden ist, kann doch nicht dazu benützt werden, zugunsten eines sog. praktischen Christentums jene Liebe zu Gott überhaupt zu diskreditieren. Gott ist sich nicht zu gut dazu, sich von uns – gewiß in aller Gebrochenheit und Unvollkommenheit – wieder lieben zu lassen.

Aber was heißt Liebe zu Gott und Hingabe an ihn? Was kann der Mensch schon Gott geben? Er bedarf nicht unsrer Opfer (vgl. Psalm 40,7; 51,18; Jer. 7,22 usw.), sondern will unsern Gehorsam bzw. unsere »geistlichen Opfer« (1. Petr. 2,5). Hier ist an erster Stelle vom Lob Gottes zu reden, zu dem uns vor allem die Psalmen unentwegt aufrufen. Das mag uns – zumal in einer Zeit, in der nur die menschliche Tat zählt – seltsam vorkommen. Aber so gewiß ein Lippenbekenntnis zu Gott, das nicht begleitet ist von der Hinwendung zum Nächsten, als Heuchelei abgewiesen wird und die untrennbare Zusammengehörigkeit von Liebe zu Gott und zum Bruder eingeschärft wird (vgl. vor allem 1. Joh.Brief), so gewiß beansprucht doch dies Lob Gottes sein eigenes Recht. Ja, es ist geradezu die Wurzel alles christlichen Gehorsams und die erste Frucht des heiligen Geistes. Indem der Mensch zum Lobe Gottes ermächtigt und aufgerufen ist, wird er an den Ort gestellt, der ihm zukommt. Nirgends wird deutlicher als hier, daß wir nur als Empfangende lieben können. Unsre Hingabe kann nur Antwort sein, nicht schöpferisches Tun, keine Leistung. Im Rühmen des allein guten Werkes Gottes besteht das menschliche Werk, das Gott wohlgefällig ist. Alle Kreatur ist zum Lobe Gottes da, und der Mensch ist berufen, ihr stummes Lob zu artikulieren. Wenn wir Gott loben, gestehen wir ein, daß wir uns ganz seiner Güte verdanken und nicht selber kleine Götter sind. Während die Arbeitswelt, in der wir stehen, den Menschen nach seiner Leistung taxiert und ihn dazu verleiten kann, sich selbst zu rühmen oder an sich zu verzagen, während die gewohnten Wertmaßstäbe darum auch tiefe Unterschiede zwischen uns aufreißen, vollzieht sich hier eine Umwertung aller Werte. Das scheinbar unnützeste Leben ist zu diesem »Werk« nicht weniger berufen und geschickt als das erfolgreichste, ja, vielleicht sogar mehr als dieses. Dies erste und grundlegende Werk ist wohl das allerschwerste, weil das Lob Gottes uns alles eigene Rühmen und Verzweifeln unmöglich macht.

Mit Recht warnt K. Barth (KD IV/2, S. 902) vor einem – in der Nachfolge Kants und A. Ritschls – bei uns anzutreffenden »Puritanismus«, laut dessen »das Werk des heiligen Geistes sich auf die Veranstaltung eines ewigen Werktages reduzieren mußte, laut deren es nach Abschaffung der eigentlichen, direkten Gottes- und Jesusliebe im Grunde auch kein Gebet mehr geben durfte ...« Daß die Quelle zum Strom werden muß, heiße nicht, die Besonderheit der Quelle leugnen! Ja, Barth fragt: »Sollte es, wenn da zu wählen wäre, nicht immer noch besser sein, in dieser Richtung mit Nicolai oder sogar mit Zinzendorf oder Novalis ein wenig zu viel zu sagen und dabei gelegentlich auszugleiten, als ihnen gegenüber mit Kant und Ritschl, mit meinem Römerbrief von 1921 und heute mit Bultmann bolzgerade zehnmal recht zu haben, dafür aber in der Mitte, von der jene schlecht und recht zu reden versuchten, eine Zone des Schweigens zu schaffen ...« (S. 905). Damit wehre man nicht einmal dem »Heidentum der religiösen Sentimentalität und des religiösen Eros«, damit leiste man ihm Vorschub: »Denn eben das Vakuum, das durch solches Umgehen und Unterdrücken entsteht, ist die Entschuldigung dieses Heidentums. Eben in dieses Vakuum pflegt es sich mit umso größerer Vehemenz zu stürzen«!

Wie die Liebe zu Gott sich als Dank und Lob angesichts seiner ewigwährenden Güte äußert, so auch als Bitte. Auch hier ist das gesetzliche Mißverständnis nicht ausgeschlossen und hat in der Geschichte der Kirche und der christlichen Frömmigkeit seltsame Blüten getrieben. Gegen das Gebet als Werk-Leistung wendet sich bekanntlich bereits die Bergpredigt (Matth. 6,5 ff.), und als Bußleistung oder als Erfüllung eines Pflichtsolls christlicher Sitte ist es oft genug mißbraucht worden. Aber gerade im Bittgebet könnte deutlich werden, wie sehr unsre Hingabe an Gott von der Selbsthingabe Gottes an uns und der verheißenen und erwarteten immer neuen Zuwendung Gottes zu uns lebt. Wer Gott bittet, ehrt ihn als Geber aller guten Gaben, er nimmt ihn beim Wort und weiß sich angewiesen auf seine Hilfe. Hier wird deutlich, daß unser Geben an Gott im Grunde ein Nehmen ist. Unser Gebet schafft nicht die Bedingung der Erfüllung, sondern es setzt die verheißene Erhörung voraus. Es ist nicht der Versuch, Gott umzustimmen, sondern es gründet in seinem gnädigen Willen, nach dem er die Sonne aufgehen läßt über Gute und Böse. Es macht uns nicht würdig, Gottes Gaben zu empfangen, sondern läßt uns gerade ohne Rücksicht auf unsre Würdigkeit an Gottes unverdiente Güte appellieren. Man könnte fragen, warum dann überhaupt noch ein Bitten, wenn Gottes Bereitschaft zum Geben nicht dadurch erst ins Leben gerufen wird. Und man wird darauf nicht nur antworten, indem man auf die Fülle der Aufrufe und Gebote im Alten und Neuen Testament hinweist, die uns das Bitten schlicht befehlen. Ja, es genügt auch nicht, zu sagen, daß dies eben die Ordnung ist, in der Gott uns beschenkt, so wie ein Kind angehalten wird, »Bitte« zu sagen, um eine Gabe zu empfangen. Nein, man muß weitergehen und allem, keineswegs nur modernen Mißtrauen gegen den Sinn eines Gebetes, das mehr sein möchte als eine Meditation, gegenüber von der bestimmten Zusage der Erhörung des Gebetes, die Gott den Seinen gibt, reden. Was für einen Gott der absoluten Allmacht, ob er nun mit einem blinden Schicksal oder einer gesetzmäßig regierenden Macht gleichgesetzt wird, allerdings nicht vorstellbar ist, das nimmt die heilige Schrift für den hier redenden und handelnden Gott in Anspruch: Er läßt sich durch menschliches Bitten – auf Grund und im Rahmen seiner eigenen freien Selbstbestimmung zum Gott der Menschen – seinerseits bestimmen. Die anthropomorphen Züge in der Bibel, die von einem Gott sprechen, der sich erweichen, überreden und bestürmen läßt, ja, den sein eigenes Tun gereut, sind keineswegs schamvoll zu verschweigende und zu eliminierende primitive Relikte, sondern sie entsprechen dem Gott, der in Jesus von Nazareth unser Fleisch und Blut annimmt und nicht wie mit Knechten, sondern wie mit Freunden mit uns umgeht. Es ist ein kühner, aber wohl unvermeidlicher Gedanke, den die vielen Aufrufe und Verheißungen hinsichtlich des Gebets zwingend nahelegen: Gott läßt die Seinen, die im Namen Jesu zu ihm rufen, auf Grund der ihnen erteilten Vollmacht und Freiheit bittend und empfangend teilhaben an seiner Lenkung aller Dinge. Er macht uns nicht zu Rädchen im großen Getriebe der Weltmaschine, seine Allmacht erdrückt uns nicht, sondern stellt uns in die Freiheit, die sich am klarsten darin dokumentiert, daß wir den heiligen Geist empfangen dürfen, der uns recht bitten lehrt.

Die Liebe zu Gott wird sich nicht zuletzt darin bewähren, daß wir unser Kreuz auf uns nehmen, d. h. Ja sagen zu der uns gesetzten Grenze. Denn daß wir bitten dürfen und gewiß sein sollen, daß Gott unser Gebet erhört, ja, daß wir damit in gewissem Sinn am Weltregiment Gottes teilnehmen dürfen, das ist das Bekenntnis des Glaubens, dem unsre Erfahrung allzu oft widerspricht. Wir haben nicht nur mit mannigfacher Lebenshemmung, mit Krankheit und Tod zu rechnen, sondern auch mit Widerstand gegen Gottes Willen, wie er in Christus offenbar ist. Kreuz ist im Neuen Testament ja primär Christi Leiden und – im abgeleiteten Sinn – das Leiden derer, die Christus nachfolgen, d. h. Leiden um Christi willen, was nicht ausschließt, daß in einem weiteren Sinn hier auch an Krankheit, Leid und Tod, an Zweifel und Versuchung zu denken ist, wodurch unser Glaube angefochten ist. Es kann keine Rede davon sein, daß der Christ das Kreuz als solches bejaht oder gar ersehnt. Selbst Jesus in Gethsemane betet: »Vater, ists möglich, so gehe dieser Kelch an mir vorüber.« Aber er fährt fort: »Nicht wie ich will, sondern wie du willst.« Indem Jesus sein Kreuz im Gehorsam gegen Gott auf sich nimmt, bewährt er aufs höchste seine Liebe zu Gott, und zwar zu dem Gott, der den Menschen in seiner Verlorenheit sucht und rettet. Zwischen Christi Kreuz und all unserem Kreuz besteht gewiß der grundlegende Unterschied, daß keiner von uns jene Gottverlassenheit zu ertragen hat und ertragen könnte, die er durchlitten hat. Auch hier kann unser Verhalten nur Bezeugung dessen sein, was Christus getan und erlitten hat. Aber dazu sind wir allerdings aufgerufen, gerade auch indem wir Ja sagen zu dem uns auferlegten Kreuz. Das nicht gesuchte, nicht selbsterwählte, sondern uns geschickte Kreuz auf uns zu nehmen, also Ja zu sagen zu der uns schmerzlich gesetzten Grenze, nicht in einem blinden Fatalismus, sondern im Vertrauen darauf, daß Gottes Kraft in unsrer Schwachheit mächtig sein will, ist ein Ausdruck der Liebe zu Gott. Hier wird besonders deutlich, daß wahre Liebe zu Gott uns von Haus aus unmöglich ist, da sie mit unsrer Selbstliebe und Leidensscheu konkurriert. Gott rechtzugeben, wo er uns Schmerz erleiden läßt, wo wir Unrecht ertragen müssen, wo Sinnlosigkeit in der Geschichte der Menschheit und unsrer eigenen Lebensgeschichte zu herrschen scheint, wo Gott unserem Wollen und Wünschen widersteht, übersteigt unsre Kraft. Gott dennoch zu lieben, uns zu ihm allem Widerschein zum Trotz alles Guten zu verstehen, anstatt uns allenfalls ins Unvermeidliche verbissen zu fügen oder auf jede Weise dem uns auferlegten Kreuz zu entfliehen, das ist allein das Werk des heiligen Geistes, der uns darauf vertrauen lehrt, daß Gott dennoch nicht wider uns, sondern für uns ist.

Daß man nach Auschwitz und Hiroshima nicht mehr an einen Gott, der das zuließ, glauben, geschweige denn ihn lieben könne, ist ein häufig zu hörender naheliegender Einwand. Er muß sogar noch dahin verschärft werden, daß man an den »lieben Vatergott«, dessen segnende Hand die Aufklärung in Natur und Geschichte überall glaubte erkennen zu können, wohl zu keiner Zeit glauben konnte. Die Liebe zu Gott, zu der uns das Evangelium aufruft und ermächtigt, steht in der Tat in keines Menschen Macht. Man muß nur sehen, daß das im Evangelium von vornherein in Rechnung gestellt ist, ja, daß in der Botschaft von dem gekreuzigten Jesus, die Gottes Gegenwart gerade in der Gottverlassenheit seines Sterbens behauptet, jener Gottesbegriff in der Wurzel zerstört ist. Daß in der tiefsten Erniedrigung Jesu, in seiner Preisgabe an den Fluchtod Gott selbst sich für uns hingibt und gerade so sein Gottsein erweist, das ist der Sinn der Osterbotschaft und das kann nur geglaubt werden in der Kraft des heiligen Geistes, der in der völligen Niederlage den Triumph der Liebe Gottes erkennen läßt. An diese Liebe allem Augenschein zum Trotz zu glauben und diesen Gott zu lieben, das ist ein schlechthinniges Wunder, ja, es ist selbst eine Auferweckung von den Toten.

Mit dieser Liebe zu Gott ist die Liebe zum Nächsten untrennbar verbunden. Wenn sich das biblische Zeugnis immer wieder gegen die Auflösung dieser Klammer wendet, so sieht es die Gefahr meist darin, daß wir meinen, Gott lieben zu können, ohne den Bruder zu lieben, während uns heute oft die gegenteilige Meinung begegnet: Man könne den Nächsten lieben, ohne Gott zu lieben. Warum ist beides unmöglich?

Was zunächst die Meinung betrifft, man könne Gott lieben, ohne den Nächsten zu lieben, so lebt dieser (wie jeder) Irrtum von einem Korn Wahrheit. Unser Verhältnis zu Gott ist in der Tat nicht dasselbe wie unser Verhältnis zum Nächsten. Unsre Liebe zu Gott gründet in seiner Liebe zu uns, sie ist Reaktion auf seine Hingabe an uns. Gott ist auf Grund seiner Offenbarung in Christus erkennbar als der unbedingt Liebenswürdige. Was wir ihm an Lob, an Gebet, an Vertrauen und Hingabe geben können, ist nichts als das Rühmen seiner Hingabe an uns. Unsre Liebe zu Gott ist Antwort und Echo, sie ist bzw. sollte für den, der ihn kennt, selbstverständlich sein. Von unserem Nächsten können wir nur sehr bedingt sagen, daß er liebenswürdig sei, ihm verdanken wir auch im besten Fall nicht alles. Hier kann unsre Liebe nicht durch seine Liebe zu uns begründet sein, sondern wir werden gerade dazu aufgerufen, ihn ohne Rücksicht auf seine Gegenliebe oder gar seine vorausgehende Hingabe an uns zu lieben. Dieser unbestreitbare Unterschied zwischen unserem Verhältnis zu Gott und zum Nächsten, der dazu verführen könnte, sich von der Liebe zum Bruder zu dispensieren, könnte freilich auch zu einer ganz anderen Folgerung benutzt werden: daß es also gerade auf die Liebe zum Nächsten und nicht die Liebe zu Gott ankomme, weil sie die nicht geschuldete, nicht durch Dankbarkeit begründete, sondern die unverdient schenkende und darum Gottes Liebe entsprechende sei. Gerade die Bruderliebe wäre dann die wahre Liebe, während eine direkt auf Gott sich richtende Liebe ohne ethische Relevanz wäre. Wahrhaft lieben heißt doch: sich nicht durch den Wert des Geliebten bestimmen lassen, sondern das Unwerte lieben.

Warum aber sind beide Folgerungen falsch, d. h. warum schließt die

Liebe zu Gott die Liebe zum Bruder ein und warum setzt letztere zugleich erstere voraus? Die Antwort läßt sich nur geben, wenn wir festhalten, daß Gott allein wahrhaft lieben kann und in Christus die Welt geliebt hat. Unser menschliches Lieben kann nur Bezeugung dieser Liebe Gottes sein, aber niemals schöpferisches Werk. Unsre Hingabe an den Nächsten kann und darf also nicht konkurrieren wollen mit Gottes eigenem Tun in Christus, und wir sollten deshalb zurückhaltend sein mit der Rede, wir könnten dem andern zum Christus werden. Auch unser selbstlosestes Dienen und Vergeben wird nie rein sein, sondern bestenfalls Hinweis auf den, der sich ganz für uns hingab. Wir verwechseln uns mit Gott, wir täuschen uns über uns selbst, wenn wir meinen, wir könnten von uns aus wahrhaft lieben. Nur als von Gott Geliebte fangen wir an zu lieben. Aber – und das muß nun nach der anderen Seite hin gesagt werden – indem wir uns als von Gott geliebte Menschen erkennen, können wir uns nicht von dem Bruder, dem hilfsbedürftigen und an uns schuldig gewordenen Bruder, distanzieren. Mit dem Vater zugleich finden wir auch die Brüder. Und es könnte nur ein Beweis dafür sein, daß wir die uns widerfahrene Güte nicht begriffen hätten, wenn wir – wie der »Schalksknecht« im Gleichnis – dem Mitmenschen seine Schuld auf Heller und Pfennig aufrechnen. Wir Menschen können nicht wie Gott lieben, ohne zu empfangen, aber wir können und sollen als von Gott Empfangende und Beschenkte den Bruder lieben »ohne Lohne« und gerade so Zeugnis dafür ablegen, daß wir allein aus Gnaden leben.

Gegenüber der optimistischen Auffassung, man könne dem Menschen ohne weiteres die Erfüllung des Gebotes der Nächstenliebe zutrauen, sei auf S. Freuds pessimistische Sicht des Menschen hingewiesen, die dies Gebot in seiner Anstößigkeit eigentlich für unzumutbar hält. Warum sollte ich einen mir fremden Menschen lieben? »Dieser Fremde ist nicht nur im allgemeinen nicht liebenswert, ich muß ehrlich bekennen, er hat mehr Anspruch auf meine Feindseligkeit, sogar auf meinen Haß. Er scheint nicht die mindeste Liebe für mich zu haben, bezeigt mir nicht die geringste Rücksicht. Wenn es ihm einen Nutzen bringt, hat er kein Bedenken, mich zu schädigen, fragt sich dabei auch nicht, ob die Höhe seines Nutzens der Größe des Schadens, den er mir zufügt, entspricht. Ja, er braucht nicht einmal einen Nutzen davon zu haben; wenn er nur irgendeine Lust damit befriedigen kann, macht er sich nichts daraus, mich zu verspotten, zu beleidigen, zu verleumden, seine Macht an mir zu zeigen, und je sicherer er sich fühlt, je hilfloser ich bin, desto sicherer darf ich dies Benehmen gegen mich von ihm erwarten. Wenn er sich anders verhält, wenn er mir als Fremdem Rücksicht und Schonung erweist, bin ich ohnedies, ohne jene Vorschrift, bereit, es ihm in ähnlicher Weise zu vergelten. Ja, wenn jenes großartige Gebot lauten würde: Liebe deinen Nächsten, wie dein Nächster dich liebt, dann würde ich nicht widersprechen. Es gibt ein zweites Gebot, das mir noch unfaßbarer scheint und ein noch heftigeres Sträuben in mir entfesselt. Es heißt: Liebe deine Feinde. Wenn ich's recht überlege, habe ich unrecht, es als eine noch stärkere Zumutung abzuweisen. Es ist im Grunde dasselbe« (Das Unbehagen in der Kultur, Fischer-Bücherei Nr. 47, S. 147). Freud spricht hier von einem Credo quia absurdum und meint schließlich, daß den Aggressionstrieben der Menschen Schranken gesetzt werden müssen und sich dies Gebot »wirklich dadurch rechtfertigt, daß nichts anderes der ursprünglichen menschlichen Natur so sehr zuwiderläuft« (S. 150). (Wir würden wohl lieber sagen: nicht der »ursprünglichen«, aber der faktischen Natur des Menschen!) Von hier aus wäre begreiflich, warum im Johannesevangelium von der Bruderliebe als einem neuen Gebot und dennoch alten und bekannten (jedenfalls im Raum des Alten Testaments) geredet werden kann. Wo die Liebe Gottes in Christus Ereignis wird und erkannt wird, da wird das an sich bekannte Gebot dennoch erst wirklich begriffen.

Was heißt aber: den Nächsten lieben wie sich selbst? Man könnte meinen, jede Reflexion darüber sei überflüssig, da ein jeder sich selbst liebt und darum weiß, was er dem Nächsten tun sollte. Dennoch dürfte es kurzschlüssig sein, so direkt von der Selbstliebe aus auf die Liebe zum andern zu schließen, sei es, indem man diese Selbstliebe bejaht und die Liebe nur ausweitet auf den Nächsten, sei es, daß man sie verneint und an ihre Stelle jene Nächstenliebe stellt. Klarheit gewinnen wir auch hier nur, wenn wir sowohl uns selbst wie den andern Menschen nicht isoliert betrachten, sondern in der Relation zu Gott. So wie wir uns im Glauben selbst als von Gott geliebt wissen, so auch den andern. Den Nächsten lieben, heißt also, ihn als Kind desselben Vaters und darum als unsern Bruder sehen. Es bedeutet also zunächst, den andern Menschen richtig sehen, gewiß in seiner in die Augen fallenden empirischen Situation, aber zugleich im Licht der ihm von Gott zuerkannten Würde, um die der Glaube weiß. Priester und Levit sahen den unter die Räuber Gefallenen auch, um gerade, weil sie ihn so sahen, schnell vorüberzugehen. Der Samariter sah dasselbe, und dennoch sah er offenbar die Situation ganz anders. Die brutale Konfrontation mit menschlichem Elend – man denke nur an die bereits zur Regel gewordenen Fernsehbilder von napalmverbrannten Kindern in Vietnam können offensichtlich auch abstumpfen. Alles kommt darauf an, daß nicht nur Information verbreitet wird, sondern daß die menschliche Not und Hilfsbedürftigkeit im engsten Zusammenhang damit bzw. in schroffstem Gegensatz dazu gesehen wird, daß dieser elende Mensch der von Gott geliebte Mensch ist. Zu diesem rechten Sehen kommt es oft deshalb nicht, weil unser Bewußtsein durch Vorurteile blokkiert ist. Jahrtausende lang hat die Kirche gepredigt: Du sollst deinen Nächsten lieben wie dich selbst! Aber das hat sie bis in die Neuzeit hinein nicht gehindert, Sklavenhandel zu billigen, Folterungen zu dulden, die Frau in starker Abhängigkeit zu halten, unmenschlichen Strafvollzug zu fordern, Ketzer zu vertreiben oder auszurotten usw. Ja, am skrupellosesten konnte man den andern behandeln, wenn man sich vom Gebot der Nächstenliebe durch ein vermeintliches göttliches, biblisches oder kirchliches Gebot glaubte dispensiert zu wissen. So war und ist bis heute für unzählige Christen der Rassenfremde nicht eingeschlossen in dies Gebot oder jedenfalls nur sehr bedingt, so ist im Kriege der Gegner davon ausgenommen. Wie das Sabbatgebot die Pharisäer hinderte, die einfachsten Dienste der Nächstenliebe zu erfüllen, so schieben sich immer wieder ethische Verhaltensregeln, die sich z. T. auf einst berechtigte Entscheidungen der Väter gründen, vor das göttliche Gebot. Grundlegend für das rechte Verständnis des Liebesgebots ist also die immer neue Prüfung seiner Interpretation und das Aufdecken von Vorurteilen, die ihm die Spitze abbrechen.

Entscheidend ist ferner, daß dies rechte Sehen zum rechten Tun führt. Der reformatorische Angriff gegen alle Werkgerechtigkeit wäre völlig mißverstanden, wenn er – wie so oft – zur Dispensierung vom Tun diente. Ihr Protest gegen eine bloß äußerliche Gerechtigkeit zielt nicht auf eine sog. Gesinnungsethik ohne praktische Konsequenzen. Der Glaube ist ein »lebendig, geschäftig Ding« (Luther). Der im Glauben Freie ist ein Knecht des Nächsten. Zwar kann keine Rede davon sein, daß unser mitmenschliches Verhalten das Evangelium erst in Geltung zu setzen hätte. Aber mit Recht ist die christliche Gemeinde gefragt, ob ihr ethisches Verhalten ihrer Verkündigung entspricht oder sie desavouiert. »Daran wird jedermann erkennen, daß ihr meine Jünger seid, so ihr Liebe untereinander habt« (Joh. 13,35). Und solche Liebe wird »nicht mit Worten noch mit der Zunge, sondern mit der Tat und mit der Wahrheit« geübt (1. Joh. 3,18). Wenn die Rede von der Rechtfertigung und Versöhnung nicht im Kontext des täglichen Lebens interpretiert wird, wenn die Gemeinde nicht zur Solidarität mit den Leidenden und Diskriminierten, den Ohnmächtigen und Schuldigen schreitet, trifft sie mit Recht der Vorwurf der Heuchelei.

Bonhoeffer konnte schreiben: »Die Kirche ist nur Kirche, wenn sie für andere da ist. Um einen Anfang zu machen, muß sie alles Eigentum den Notleidenden schenken. Die Pfarrer müssen ausschließlich von den freiwilligen Gaben der Gemeinden leben, evtl. einen weltlichen Beruf ausüben. Sie muß an den weltlichen Aufgaben des menschlichen Gemeinschaftslebens teilnehmen, nicht herrschend, sondern helfend und dienend. Sie muß den Menschen aller Berufe sagen, was ein Leben mit Christus ist, was es heißt, ›für andere dazusein‹. Speziell wird *unsere* Kirche den Lastern der Hybris, der Anbetung der Kraft, und des Neides und des Illusionismus als den Wurzeln alles Übels entgegentreten müssen. Sie wird von Maß, Echtheit, Vertrauen, Stetigkeit, Geduld, Zucht, Demut, Genügsamkeit, Bescheidenheit sprechen müssen. Sie wird die Bedeutung des menschlichen ›Vorbildes‹ (das in der Menschheit Jesu seinen Ursprung hat und bei Paulus so wichtig ist!) nicht unterschätzen dürfen; nicht durch Begriffe, sondern durch ›Vorbild‹ bekommt ihr Wort Nachdruck und Kraft« (Widerstand und Ergebung, S. 261f.).

Wer ist aber mein Nächster? Diese Frage, die bekanntlich Luk. 10,29 als Versuch der Selbstrechtfertigung bezeichnet wird, aber dennoch mit dem Gleichnis vom barmherzigen Samariter beantwortet wird, kann nur von uns selbst in der konkreten Situation recht beantwortet werden. Das heißt aber, jede prinzipielle Verengung wie Ausweitung des Kreises derer, die hier in Frage kommen, ist ausgeschlossen. Im Alten Testament ist hier doch prinzipiell an den Volksgenossen, d. h. das Glied des gleichen Bundesvolkes, gedacht, wenn auch sehr charakteristische Überschreitungen dieser Grenze schon vorkommen. Im Neuen Testament wird zwar auch die Liebe zu dem Bruder, d. h. dem Glied der Gemeinde, besonders hervorgehoben und immer wieder eingeschärft, aber die Liebe soll doch – nicht nur aus 1. Thess. 3,12 ist das zu entnehmen – allen zugewandt sein. Aber damit ist nicht eine allgemeine und unverbindliche Allerweltsliebe gemeint. Πλησίον bezeichnet nicht den Mitmenschen schlechthin, sondern den, der mir bzw. dem ich in einer besonderen Situation begegne. Dieser geschichtliche Zusammenhang ist nicht durch räumliche Nähe bedingt, er ist nicht durch gemeinsame Zugehörigkeit zu einem Kollektiv begründet. Als Hingabe an einen andern, der nicht durch seinen vor Augen liegenden Wert meine Liebe herausfordert, wird sie gerade Grenzen überschreiten und Schranken überspringen. Denn rechte Nächstenliebe wird als Bezeugung der Liebe Christi dem entsprechen, wie Jesus mit den Verlorenen, aus der Gesellschaft Ausgestoßenen, Geächteten und Schuldigen umging. Sie wird nicht warten, bis der andre ebenfalls liebt, sondern – im Unterschied zu dem, was alle Heiden auch tun – nicht seinesgleichen nur lieben, sondern den Nichtliebenden und Nichtliebenswerten, ja, gerade auch den Feind und den Verfolger. Sie wird potentiell jeden Menschen betreffen, faktisch aber den, der durch seine Not und Schuld insonderheit darauf angewiesen ist. Sie ist also keineswegs wahllos, so wenig wie die Liebe des guten Hirten im Gleichnis, der die 99 Schafe sich selbst überläßt und dem einen verlorenen nachgeht. Es ist zum mindesten mißverständlich, wenn man die Spontaneität und Unreflektiertheit echter Liebe hervorhebt. Daß die linke Hand nicht wissen soll, was die rechte tut, schneidet zwar alles Rühmen ab, nicht aber die notwendige Erwägung vernünftigen Handelns. Wer mein Nächster ist bzw. wem ich zum Nächsten werden soll, das sollte zwar eigentlich selbstverständlich sein, wenn ich seine Hilfsbedürftigkeit sehe, aber es versteht sich offenbar von unserem Selbst her, das um sich kreist, nicht »von selbst«. Es bedarf also einer Reinigung und Klärung unsres Urteils durch das Evangelium, das uns den andern nicht nach seinem Wert »an sich«, sondern nach seinem Wert in den Augen Gottes sehen läßt.

Vor einer prinzipiellen Beschränkung wie Ausweitung des Begriffs Nächstenliebe hat K. Barth (KD IV/2, S. 911ff.) gewarnt. Er weist auf den heilsgeschichtlichen Zusammenhang hin, in dem der Begriff Nächster in der Bibel stehe, so daß weder im Alten noch im Neuen Testament einfach der Mitmensch als solcher gemeint sein könne. So sagt er zusammenfassend: »der ›Nächste‹ als der in der christlichen Liebe außer und neben Gott, mit Gott zusammen Geliebte ist der dem Liebenden im geschichtlichen Zusammenhang der Existenz Israels bzw. der Existenz der Gemeinde Jesu Christi zugeordnete Mitmensch: nicht der Mitmensch als solcher, sondern dieser Mitmensch« (S. 913). Aber so gewiß hier mit Recht gegen eine allgemeine »Mitmenschlichkeit« protestiert wird, welche die Begründung der Nächstenliebe in der in Christus offenbarten Liebe Gottes zum Menschen außer acht läßt, so gewiß Barth auch betont, daß potentiell jeder Mensch hier in Frage kommt, also mit dem »verborgenen Vorhandensein, aber auch mit dem Hervortreten und Sichtbarwerden solcher ›auswärtiger‹ Kinder Gottes zu rechnen ist« (S. 916), so macht er hier doch einen Unterschied zwischen dem christlichen Bruder und dem potentiellen Nächsten »draußen«. Er sieht sich dazu berechtigt durch die starke Betonung der Bruderliebe innerhalb der Gemeinde im Neuen Testament. Aber zu fragen ist hier doch, ob nicht dabei die neutestamentliche Sicht der Dinge zu sehr der alttestamentlichen angeglichen ist, wenn B. meint, der christliche Bruder sei auf alle Fälle zu lieben, der andre aber als einer zu betrachten, der bereits morgen ebenfalls dazugehören könnte. Gerade von Barths Voraussetzungen her, d. h. von seiner universalen Sicht der übergreifenden Bedeutung des Heilsgeschehens her, scheint mir die Frage, ob der andre dies bereits erkannt hat und zur Gemeinde gehört, in diesem Zusammenhang nicht relevant zu sein. Gerade die von Barth richtig bemerkten Durchbrechungen des »geschlossenen Kreises der Gemeinde«, vor allem die Aufforderung zur Feindesliebe, zeigen das an. Damit ist nicht einer Ausweitung der Nächstenliebe zu einer unverbindlichen allgemeinen Menschenliebe das Wort geredet, wohl aber das Kriterium für die Beantwortung der Frage: Wer ist mein Nächster? – wie im Gleichnis vom barmherzigen Samariter – unabhängig von der Frage der Zugehörigkeit zur Gemeinde durch die Hilfsbedürftigkeit des mir Begegnenden bestimmt.

Wenn unser Nächster nicht nur im engsten Umkreis, nicht nur in der christlichen Gemeinde oder in räumlicher Nähe zu suchen ist, sondern potentiell jeder Mensch es sein kann, wenn er unsrer Hilfe bedarf, dann stehen wir allerdings vor einer verwirrenden Fülle von Ansprüchen, die an uns herantreten. Wir erleben heute in ganz anderer Weise als frühere Generationen infolge der Publikationsmittel, die den ganzen Erdkreis umspannen, Elend und Katastrophen in aller Welt mit und sehen uns einer Flut von direkten oder indirekten Appellen an unsre Hilfsbereitschaft ausgesetzt, die verwirren kann. Es kann uns nicht erspart werden, nach Möglichkeit zu prüfen, wo die dringlichsten Ansprüche an uns ergehen, wo sinnvoll geholfen werden kann und muß und wo eine geschickte Propaganda die wirklichen Verhältnisse verschleiert. Aber je besser wir informiert sind und je mehr wir wissen, um so bedrückender werden die Forderungen, und die Gefahr besteht, daß wir uns unsrer Ohnmacht bewußt werden und völlig resignieren. Wir drohen unter die Last eines Gesetzes zu geraten, das uns erdrückt. Hier ist zunächst daran zu erinnern, daß unser Tun immer unvollkommen bleiben wird und nicht durch das Bewußtsein gelähmt werden darf, daß wir nur bruchstückhaft helfen können. Der Besuch bei Gefangenen und Kranken, von dem Mt. 25 die Rede ist, oder der Becher kalten Wassers für den Durstigen und das Stück Brot für den Hungernden sind deshalb nicht sinnlos, weil sie das Elend nicht radikal beheben können. Auch daß jedes »gute« Werk dennoch ein beflecktes und sündiges ist, wie wir sagten, darf uns nicht hindern, das Mögliche zu tun. Hier ist hilfreich, uns darauf zu besinnen, daß all unser Tun bestenfalls Zeichen der entscheidenden Hilfe sein kann, die Gott allein zu geben vermag. Aber das alles ist keine billige Entschuldigung, wenn wir die Hände in den Schoß legen.

Zum andern aber ist zu bedenken, daß die Hingabe an den Nächsten sich nicht nur den Symptomen des Übels zuwenden darf, sondern nach Möglichkeit seiner Wurzel. Dabei stoßen wir aber unausweichlich auf die Frage, wieweit ungerechte und ungesunde gesellschaftliche und wirtschaftliche Verhältnisse herrschen, die das Menschsein gefährden. Eine Liebe, mit der man nicht nur das eigene Gewissen salvieren will, sondern die dem Nächsten wirklich nützlich sein möchte, wird – wie man gesagt hat – nicht nur dem unter die Räuber Gefallenen beistehen, sondern auch für sichere Straßen sorgen, nicht nur Almosen geben, sondern für Arbeitsbeschaffung und ausreichende Entlohnung eintreten, nicht nur Hilfsaktionen für Vietnam und Biafra starten, sondern den eigentlichen Ursachen dieser Kriege nachgehen, nicht nur »Brot für die Welt« spenden, sondern sorgfältig prüfen, warum bisher die wirtschaftliche Hilfe seitens der reichen Völker die armen eher noch ärmer gemacht hat (durch einseitige, die Entwicklungsländer faktisch ausbeutende Handelsbestimmungen usw.). Dem in Christus ergehenden Anspruch Gottes entspricht nicht eine blinde Liebe, die womöglich durch unüberlegten und unsinnigen Einsatz von Mitteln ein korruptes System unterstützt und das Übel nur verfestigt. Echte Liebe hat also durchaus etwas mit Rationalität zu tun, und zwar um so mehr, je mehr es nicht nur um individuelle Hilfe geht, sondern um Veränderung gesellschaftlicher Strukturen, die menschenwürdiges Leben nicht zulassen.

Theologie und Kirche, nicht zuletzt auch einer auf die Reformatoren sich berufenden Tradition, fällt es schwer, sich mit der Forderung nach »love in structures« zu befreunden. Daß man dem Armen und Kranken im persönlichen Umkreis helfen soll, daß man dem persönlichen Gegner verzeihen und individuell die Bergpredigt gelten lassen soll, das wurde – jedenfalls theoretisch – nie geleugnet. Im Rahmen der bestehenden Ordnungen galt das Liebesgebot, aber die Strukturen gesellschaftlichen, politischen und wirtschaftlichen Zusammenlebens schienen unter anderen Normen zu stehen. So konnte man Werke der Diakonie tun, aber ohne der Frage nachzugehen, wie es zur Verelendung ganzer Volksschichten gekommen war, man betonte die Gleichheit aller vor Gott, aber man ertrug ohne Skrupel die schreiende Ungleichheit und Ungerechtigkeit im sozialen Status, ja, lange Zeit sogar die Sklaverei. Man predigte dem Sünder die

Vergebung, aber man plädierte im Namen des Sühnegedankens für harte Justiz und oft unmenschlichen Strafvollzug. Man verurteilte scharf den privaten Diebstahl, aber man duldete weithin eine skrupellose Bereicherung der einen auf Kosten der anderen, wenn es sich in legalen Bahnen bewegte. Das Gebot »Du sollst nicht töten« wurde allzu selbstverständlich sistiert, wo es um sog. gerechte Kriege ging. Daß jede bestehende Obrigkeit von Gott sei und Gehorsam zu fordern habe, wurde energisch betont, aber eine wirksame Kontrolle der Herrschenden schien lange Zeit keine Forderung christlicher Ethik zu sein. Jeder Protest gegen ungerechte Maßnahmen beschränkte sich auf die Aufforderung, passiven Ungehorsam zu leisten, also notfalls zu leiden, nicht aber aktiv den status quo zu verändern. Innerlich, der »Seele« nach, ist der Christ frei, aber äußerlich, als Vorgesetzter oder Untergebener, als Fürst oder als Soldat, hat er sich in die bestehenden Ordnungen einzufügen, die das Wort Gottes scheinbar nicht tangiert (s. Exkurs 44: Zur Einschränkung der Nächstenliebe).

Die Aufhebung der privaten Existenz ist heute in hohem Maße fortgeschritten, nicht nur in Diktaturen, sondern auch in formal-demokratischen Gemeinwesen. Was an Konsumgütern produziert und verbraucht wird, aber auch was an Meinungsbildung gewünscht oder nicht erwünscht ist, was also in Massen gedruckt oder öffentlich ausgestrahlt wird oder in den Winkel verbannt wird, unterliegt nicht der freien Entscheidung des einzelnen Bürgers. Jeder ist mit seiner physischen und psychischen Existenz in ein Geflecht wirtschaftlicher und gesellschaftlicher Bezüge verwoben, dem er schwer entrinnen kann. Es wäre sinnlos, ihn mit ethischen Forderungen zu bedrängen, deren Erfüllung ihm durch bestimmte Sachzwänge von vornherein unmöglich ist. Welche geistige Luft er atmet, welche Information ihn erreicht, welcher Sprachregelung er unterworfen ist, in welchen wirtschaftlichen Abhängigkeiten er steht, welche politischen Tabus für ihn zu gelten haben, ja, sogar wie er seine Freizeit verbringt, das alles steht für den einzelnen nur zum Teil oder nur scheinbar zur freien Entscheidung. Man mag einwenden, daß freie Selbstbestimmung für den Menschen zu keiner Zeit möglich gewesen sei, ja, in einer ständischen Gesellschaft eine geradezu schicksalhaft hingenommene Prägung durch Sitte und Ordnung herrschte. Aber wir erkennen heute, daß die gesellschaftlichen und ökonomischen Verhältnisse keineswegs wie Naturgesetze unbeweglich feststehen, sondern daß sie weithin durch Menschen gestaltet und verändert werden können. Die Liebe gebietet, sich um diese Strukturen, von deren Gestaltung das Personsein des Menschen entscheidend bestimmt wird, zu kümmern. Um des Nächsten willen ist von uns gefordert, nicht nur im herkömmlichen Sinn Diakonie zu üben, sondern gegebenenfalls zu Fragen des wirtschaftlichen Lebens, der Produktion und Verteilung des Sozialprodukts, zum Problem des Krieges und der Rüstung, zum Abbau hierarchischer Autorität und zur Entlarvung scheindemokratischer Methoden konkret Stellung zu nehmen. Wenn ein einzelner Christ, eine Gemeinde oder ein leitendes kirchliches Gremium in solchen Fragen sich äußert, muß keineswegs ein Eingriff in ein fremdes Amt vorliegen, sondern es kann ein christlich gebotenes Tun sein – nicht zur Durchsetzung kirchlicher Interessen, sondern um des Nächsten willen.

Weil das Evangelium die Liebe Gottes zu allen Menschen verkündigt, kann der Gemeinde auch deren Wohl nicht gleichgültig sein. Angesichts drohender Hungerkatastrophen in unvorstellbarem Ausmaß kann das biblische Gebot, den Armen Brot zu geben, den Nackten zu kleiden, sich der Verkommenen anzunehmen, nur sinnvoll befolgt werden, wenn die Ursachen des Elends aufgedeckt und seine Quellen verstopft werden. Die Rede von der Nächstenliebe wird zur Phrase, wenn sie auf den individuellen Bereich beschränkt bleibt und die notwendige Veränderung bestehender unerträglicher Zustände nicht in den Blick faßt. Theologie und Kirche haben gewiß nicht die Aufgabe, unter Verzicht auf rationale Argumentation und ohne Sachkunde kurzschlüssige »christliche« Lösungen anzubieten. Sie können nur an ihrem Teil im Streit der Meinungen dafür eintreten, daß die im Evangelium gebotene Liebe zum Nächsten nicht zur Farce wird durch unmenschliche wirtschaftliche Verhältnisse, durch Fixierung auf bestimmte Gruppeninteressen auf Kosten der Schwächeren, durch Blockierung des öffentlichen Gewissens mittels verantwortungsloser Berichterstattung usw. ... Aber eine Christenheit, die hier keine Verantwortung wahrnähme, machte ihr Zeugnis unglaubwürdig (s. Exkurs 45: Zur konkreten Interpretation des Liebesgebotes).

c) Die Annahme unserer Werke durch Gott

Unsre Liebe zu Gott und zu dem Nächsten, d. h. unsre »guten Werke« können uns niemals vor Gott rechtfertigen, sie können uns nicht zum wahren Leben erwecken oder eine Geltung verschaffen, deren wir uns zu rühmen vermöchten. Sie sind nie vollkommen und setzen uns nicht in einen Stand, in dem wir die Bitte um Vergebung der Schuld nicht mehr nötig hätten. Dennoch ist in der hl. Schrift ohne Zweifel davon die Rede, daß Gott nach solchen Werken der Liebe fragt, daß sie ihm wohlgefällig sind, ja, daß er sie belohnen will. Nicht nur im Alten, sondern auch im Neuen Testament und hier nicht nur am Rande, sondern an zentraler Stelle wird vom Urteil Gottes über all unser Tun gesprochen. Statt vieler Belege sei nur auf das Wort des Paulus 2. Kor. 5,10 hingewiesen: »Denn wir müssen alle offenbar werden vor dem Richtstuhl Christi, auf daß ein jeglicher empfange, nach dem er gehandelt hat bei Leibes Leben, es sei gut oder böse.« Die Verkündigung der Rechtfertigung allein aus Gnaden verträgt sich offenbar bei ihm mit der Ankündigung des Gerichts nach den Werken. Und der Gedanke daran ist für ihn nicht niederdrückend, sondern geradezu Ansporn und Antrieb: »Darum fleißigen wir uns auch, wir sind daheim oder wallen, daß wir ihm wohlgefallen«, wie es unmittelbar vorher heißt. Paulus rechnet damit, daß in diesem Jüngsten Gericht Werke der Christen im Feuer verbrannt werden (1. Kor. 3,12ff.), d. h. doch, daß sie verurteilt werden und sich herausstellt, daß sie keinen Bestand haben. Er weiß auch, daß wir diesem Gericht nicht vorgreifen können durch unser Urteil, sondern daß es der Herr ist, der richtet (1. Kor. 4,3ff.). Unser eigenes Urteil, mag es auch besten Wissens und Gewissens gefällt werden, ist also nicht letztlich maßgebend. Das alles kann Paulus sagen, ohne damit etwas von dem zurückzunehmen, was er von der Rechtfertigung gelehrt hat. Er sieht hier offenbar keinen Zwiespalt, was schon daraus hervorgeht, daß eben der Christus, den er im Glauben als seine Gerechtigkeit bekennt, auch dieser Richter am Jüngsten Tage ist. Es kann also keine Rede davon sein, daß die im Evangelium verkündigte Wahrheit nur eine Episode darstelle, eine Art zeitlich begrenzter Amnestie, der aber dann wieder die volle Schärfe des Gesetzes folgte. Wenn der Apostel diesem Gericht mit Zuversicht entgegensieht, wenn selbst der Gedanke daran, daß dabei eigene Werke verurteilt werden, ihn nicht abschrecken kann, dann muß also schon sein Rechtfertigungsglaube dafür die Voraussetzung enthalten. In der Tat ist die Rechtfertigung des Sünders nicht die Rechtfertigung der Sünde, sondern gerade ihre Verurteilung. Gott vergibt uns, nicht indem er auf sein Recht verzichtet, sondern indem er es gerade aufrichtet. Das rettende Ja Gottes zu uns in Christus kann ich also nur recht vernehmen, indem ich dies Nein gegen die Sünde ebenfalls anerkenne und dementsprechend anfange, die Sünde zu hassen und gegen sie zu kämpfen. Mein Versagen in diesem Kampf werde ich also gerade nicht beschönigen, sondern selbst verurteilen. So wenig es sich im Glauben an Gottes Freispruch um eine Erschleichung handelt, die aus schwarz weiß macht, so wenig kann der Gerechtfertigte vertuschen wollen, was in seinem Leben gegen Gottes Willen streitet. Daß er auf Rettung im Gericht vertraut, das heißt nicht, daß er sein beflecktes Tun vor dem brennenden Feuer des göttlichen Urteils bewahren möchte.

Aber seltsamer kann es anmuten, daß Paulus offenbar auch mit solchen

Werken rechnet, die Gott annimmt. Unbefangen kann er von einem Lohn reden, den Gott erteilen wird. Damit bewegt er sich auf einer Linie, die vielfach im Neuen Testament zu finden ist. Unser Tun ist also keineswegs gleichgültig, obwohl es uns niemals vor Gott rechtfertigt. Es ist von Belang, ob wir Christus bekennen oder verleugnen, ob wir ungebrochen um unser Ich kreisen oder Barmherzigkeit üben, ob wir lieben oder hassen. Selbst der Becher kalten Wassers, einem Durstigen gereicht, wird nicht unbelohnt bleiben! Wir sind also aufgerufen, danach zu trachten, mit unserm Handeln Gott wohlzugefallen. Es könnte so scheinen, als ob sich hier wieder eine Heteronomie einschliche, die alle Ethik in der Wurzel zerstört. Denn damit legt sich eine Reflexion nahe, die nicht mehr frei und spontan handeln läßt, die nicht die Not des Nächsten allein im Blick hat, wenn geholfen werden muß, sondern die vergiftet ist durch die Überlegung, was mir dafür als Lohn zuteil wird. Mit Recht hat darum die reformatorische Theologie gegen jede Spekulation auf Lohn protestiert, die sich unausweichlich einschleicht, wenn von der Verdienstlichkeit guter Werke gesprochen wird. Hier galt ohne Abstriche: »Vor dir niemand sich rühmen kann ...« Jedes Schielen nach Lohn, d. h. jedes Spekulieren auf Verdienst steht unter dem Gericht des Wortes: »Sie haben ihren Lohn dahin« (Matth. 6,2).

Aber damit ist der Lohngedanke nicht aufgegeben. Gerade hier in Matth. 6 wird unbefangen vom Lohn im Himmel geredet. Und Matth. 25 wird zwar im großen Gleichnis vom jüngsten Gericht deutlich gezeigt, daß die, welche zur Rechten Christi gestellt werden, gar nicht wußten, daß sie ihm begegneten, als sie sich dem Dürftigen zuwandten, aber »Lohn« wird ihnen zuteil. Auch Paulus spricht davon, daß menschliche Werke Gottes Lob empfangen. Er rechnet ohne Zweifel mit Früchten, die der heilige Geist in den Glaubenden wirkt. Wie sollten diese Früchte des Geistes Gott nicht wohlgefällig sein? Als Diener Christi sind wir Mitarbeiter am Werk des Herrn, und unsre Arbeit ist nicht vergeblich (1. Kor. 15,58). Der »Lohn« kann also nicht darin bestehen, daß der im Glauben gerechtfertigte Christ sich seine Seligkeit verdient – die ist ihm aus Gnaden geschenkt –, sondern Gott bekennt sich zu dem Werk, das in seinem Namen getan ist. Er erkennt damit im Grunde das an, was er selbst geschenkt hat. Daß all unser Tun unvollkommen und befleckt ist, daß es darum der Vergebung immer bedarf, schließt diese Anerkennung nicht aus. Weil all unser Werk im Grunde nur Bezeugung des allein guten Werkes Gottes sein kann, darum kann hier keine Konkurrenz eintreten, denn es hat seine Qualität nicht in sich selbst sondern nur in dieser Relation zu Gottes Werk. Daß es »böses«, d. h. beflecktes, und doch zugleich »gutes«, d. h.

von Gott angenommenes Werk ist, steht also nicht im Widerspruch zueinander (s. Exkurs 46: Zum Lohngedanken).

Daß von einer Annahme unsrer Werke durch Gott geredet werden darf, weil sie seine Güte bezeugen, obwohl sie in sich nicht vollkommen sind, das sagt noch nichts über die Erkennbarkeit solcher Taten als »guter Werke« für den Täter selbst oder für andere. Ja, man könnte meinen, daß jede Reflexion über die Qualität eines vollbrachten Werkes in den Augen Gottes, die nicht in dem Bekenntnis der eignen Unwürdigkeit besteht, fehl am Platz ist. Das Neue Testament enthält viele Warnungen vor jeder selbstgerechten Reflexion im Sinne des Pharisäergebets: »Ich danke dir, Gott, daß ich nicht bin wie die andern Menschen ...« (Luk. 18,11) Die linke Hand soll nicht wissen, was die rechte tut (Matth. 6,3). Wie fragwürdig und mißdeutbar in unseren Augen auch die hervorstechendsten Taten sind, zeigt sich daran, daß auch Wundertäter im Namen Jesu keine Anerkennung finden (Matth. 7,22f.). Die äußerste Möglichkeit der Täuschung, vor allem der Selbsttäuschung, weist Paulus auf, wenn er selbst die Hingabe alles Vermögens für die Armen und den Märtyrertod nicht als sicheren Beweis dafür gelten läßt, daß hier die Liebe am Werk ist (1. Kor. 13). Das im kirchlichen Jargon so beliebte Reden von »Werken christlicher Nächstenliebe«, die man geradezu statistisch aufzuweisen vermag, müßte uns angesichts dessen im Halse stecken bleiben. Grundsätzlich gilt vielmehr das Wort Kol. 3,3: »Euer Leben ist verborgen mit Christus in Gott.« Jedes voreilige Aufdecken-wollen steht unter dem gleichen Urteil wie das vorzeitige Richten. »Gute Werke« kann man also letztlich nur glauben, aber nicht sich selbst oder anderen vordemonstrieren.

Aber bei alledem darf nicht übersehen werden, wie unbekümmert oft in denselben Schriften des Neuen Testaments von der Sichtbarkeit der Werke geredet wird. So heißt es Matth. 5,16: »Euer Licht soll leuchten vor den Leuten, daß sie eure guten Werke sehen und euren Vater im Himmel preisen.« Oder Matth. 7,20: »An ihren Früchten sollt ihr sie erkennen.« In der Liebe zum Bruder erweist sich nach dem Johannesevangelium die rechte Jüngerschaft. Vollends im 1. Johannesbrief wird immer wieder betont, daß das Halten der Gebote Erkenntnisgrund für den rechten Glauben sei: »Daran merken wir, daß wir ihn kennen, wenn wir seine Gebote halten« (1,3). »Daran wird offenbar, welche die Kinder Gottes und die Kinder des Teufels sind: Wer nicht recht tut, der ist nicht von Gott, und wer nicht seinen Bruder liebt...« (3,10). Aber auch Paulus kann rühmend auf Gaben und Früchte des Geistes, die in der Gemeinde wirksam sind, hinweisen. Ja, er stellt sich selbst in seinem Dienst der Gemeinde als Vorbild hin. Es fehlt also keineswegs an einer Reflexion über den neuen Wandel, an Freude über das Wachstum der Gemeinde im Glauben und an guten Werken. Ist das nicht doch ein solches Vorwegnehmen des eschatologischen Urteils, das uns an anderen Stellen – oft in denselben Schriften – verboten wird?

Ohne Zweifel darf und soll die christliche Gemeinde im Vertrauen auf die Verheißung Gottes damit rechnen, daß Früchte des Geistes (wie Liebe, Friede, Freude usw.) Menschen geschenkt werden und auch als solche erkennbar sind. Das Verbot zu richten, d. h. das eschatologische Urteil Gottes vorwegzunehmen, bedeutet doch nicht, daß sie nicht zum Prüfen der Geister und insofern auch zu einem Urteilen über gute und böse Werke gerufen ist. Daß es kein vollkommenes menschliches Tun gibt, heißt nicht, daß uns erlaubt wäre, alles nur mit dem absoluten Maßstab des Alles oder Nichts zu messen und die Augen zu verschließen vor den geistlichen Gaben, die der Gemeinde geschenkt sind, statt dafür wie der Apostel Paulus im Blick auf seine Gemeinden dankbar zu sein bzw. ihr offenkundiges Fehlen zu beklagen. Der Hinweis auf die Verborgenheit des neuen Lebens und die Warnung vor einem massiven Konstatieren der Wirksamkeit des heiligen Geistes hat zwar insofern ein unaufgebbares Recht, als es gilt, daß der »natürliche Mensch« nichts vom Geiste Gottes vernimmt. Nicht nur Paulus sieht sich von einer Flut von Mißverstand, Verleumdung und Feindschaft umgeben, sondern auch die im Johannesevangelium gerühmte schaubare Herrlichkeit Jesu ist offenbar keineswegs derart manifest, daß jeder von ihrem strahlenden Glanz überwunden würde. Im Gegenteil, das ganze Johannesevangelium ist eine Dokumentation über die Blindheit und Verstocktheit einer Welt, die mit sehenden Augen nichts sieht. Wenn das aber von Jesus Christus selbst gilt, wieviel mehr von den Seinen. Aber dennoch scheint das Licht in der Finsternis, auch wenn es nicht begriffen wird, weil die Menschen die Finsternis mehr lieben als das Licht. Man darf also nicht von einer grundsätzlichen Verborgenheit der »guten Werke« reden, die doch (nach Matth. 5,16) dazu dienen sollen, daß die Menschen – zwar nicht die Täter, aber – den »Vater im Himmel« preisen. Darum kann Paulus die Gemeinde trotz all ihrer Schwachheit und Angefochtenheit einen »Brief« Christi an die Welt nennen (2. Kor. 3,2f.).

Ja, Paulus geht sogar noch weiter und kann von sich sagen, daß er diesen Brief zubereitet und geschrieben habe, er kann sich an seinem Werk freuen, freilich nicht um sich zu rühmen, sondern den, der durch ihn wirksam war. Er redet sogar unbefangen von der Lauterkeit, mit der er seinen Dienst tut, und von seinem »guten Gewissen«, ohne damit dem eschatologischen Urteil des Herrn vorgreifen zu wollen (1. Kor. 4,4). Er behauptet, den heiligen Geist zu haben und nicht vergeblich zu arbeiten. Nicht nur von anderen, sondern von sich selbst kann er kühnlich sagen, daß die Liebe Gottes ihn drängt, daß ihm geistliche Gaben zuteil wurden. Derselbe Apostel, der sich seiner Schwachheit rühmt (2. Kor. 12) und sich unwürdig nennt, ein Apostel Christi zu heißen, kann doch gleichzeitig für sich in Anspruch nehmen, mehr gearbeitet zu haben als die andern. Am deutlichsten in dieser Richtung spricht wohl der 1. Johannesbrief, in dem ohne alle Zimperlichkeit behauptet wird: »Wir wissen, daß wir aus dem Tode in das Leben gekommen sind, denn wir lieben die Brüder« (3,14), und »wir halten seine Gebote und tun, was vor ihm gefällig ist« (3,22). Das wird gesagt, obwohl es andrerseits heißen kann: »So wir sagen, wir haben keine Sünde, so verführen wir uns selbst, und die Wahrheit ist nicht in uns« (1,8).

All diese Aussagen sind nur möglich, weil der Glaube an den im Kreuz Christi ergangenen Freispruch Gottes mit der Gegenwart und Wirksamkeit des auferstandenen Christus in seiner Gemeinde rechnet. Der Christus pro nobis ist zugleich der Christus in nobis bzw. wir sind »in Christus«. Jeder Glaubende hat die Gabe des heiligen Geistes empfangen, als dessen erste Frucht Paulus die Liebe nennt. Und wenn auch der heilige Geist und sein Wirken Gegenstand des Glaubens ist, so kann er sich doch in Zeichen äußern, die wiederum im Glauben als solche erkennbar sind. Wenn der Christ bei anderen und sogar bei sich selbst etwas von solchen Zeichen zu entdecken oder zu rühmen findet, dann kann er es nur so tun, daß er nicht sich selbst, sondern den Geber solcher Gaben lobt, so wie er auch Gott für die Gaben seiner Schöpfung dankt. Er wird also den Beschenkten nicht mit dem Schenkenden verwechseln, und er wird seine Heilsgewißheit nicht auf solche Zeichen gründen, sondern allein auf das Wort, das den Gottlosen gerechtspricht. Darum kann der Apostel, der sich seines Wirkens im Dienst seines Herrn rühmt, es nur so tun, daß er fortfährt: »Nicht aber ich, sondern Gottes Gnade, die mit mir ist« (1. Kor. 15,10) (s. Exkurs 47: Syllogismus practicus).

IV. DIE HOFFNUNG

a) Der Freispruch als Verheißung

Jesus Christus, der Zuspruch der Rechtfertigung, ist nicht nur zugleich Gottes Anspruch auf unser ganzes Leben, sondern auch Verheißung der kommenden Erlösung. Deutlich wird im Neuen Testament zwischen dem, was wir bereits durch Christus sind, und dem, was wir sein werden, unterschieden (1. Joh. 3,2). Die futurische Rede erschöpft sich nicht in der Ankündigung geschichtsimmanenter Ereignisse wie der, daß die Verkündigung des Evangeliums sich über die ganze Erde ausbreiten soll, daß die »Pforten der Hölle« die Gemeinde nicht überwältigen werden, daß die Menschheitskultur durchdrungen oder doch konfrontiert wird mit den Wirkungen dieser Botschaft. Das erwartete Telos ist nicht mit einem postulierten Ziel der Kirchen- oder Weltgeschichte zu verwechseln. Wenn alle Zungen Jesus Christus als Herrn bekennen sollen, also auch die längst Verstorbenen und niemals vom Evangelium Erreichten, wenn Jesus Christus Richter über Tote und Lebendige heißt, wenn sich die Herrlichkeit Gottes an aller Kreatur erweisen wird, d. h. von einem umfassenden und unwidersprechlichen Sieg der in Christus offenbarten Liebe die Rede ist, dann gehen solche Verheißungen ohne Zweifel über alles hinaus, was im Rahmen geschichtlicher Entwicklung denkbar ist. Daß der christliche Glaube nicht ohne geschichtsverändernde Kraft ist, daß vorläufige Ziele zu erreichen und Teilsiege zu erwarten sein mögen, daß also keineswegs die Eschatologie dazu dienen darf, der Resignation Vorschub zu leisten, heißt nicht, die Menschheitsgeschichte verlaufe im Sinne einer zielstrebigen Vorwärtsbewegung, die in ein Reich Gottes auf Erden einmünde. Wenn von einem Zunehmen des Lichts gesprochen werden kann, so doch auch von einem Wachsen der Schatten. Die Rede vom neuen Himmel und der neuen Erde, von einem Leben in vollkommener Gerechtigkeit, transzendiert die Zukunftserwartungen jeder Futurologie.

Die Kirche hat sich immer schwer getan, eine solche totale und universale Erwartung ernst zu nehmen, auch wenn sie jahrhundertelang getreulich in ihrem Lehrstück »De novissimis« die entsprechenden biblischen Formeln rezitierte. An die Stelle dieses Eschatons trat im christlichen Bewußtsein, wie z. B. das Kirchenlied zeigt, meist das Jenseits, der Himmel, statt von der Auferstehung der Toten sprach man lieber von der Unsterblichkeit der Seele, während man die Hoffnung auf eine neue Menschheit und Welt meist den Schwärmern überließ. Die Neuentdeckung des durchgehend eschatologischen Charakters der neutestamentlichen Zeugnisse (vgl. Joh. Weiss; A. Schweitzer) stürzte die Theologie in Verlegenheit, da die Vorstellungen der Apokalyptik sich mit dem Welt- und Selbstverständnis des modernen Menschen stießen, die im Neuen Testament weithin herrschende Naherwartung der Parusie sich enttäuscht sah und das gesamte heilsgeschichtliche Denkschema zwar das abendländische Geschichtsbewußtsein entscheidend beeinflußte, aber allenfalls in Gestalt einer säkularen Fortschrittsgläubigkeit oder eines Entwicklungsdenkens noch sinnvoll erschien.

In der Tat ist die Theologie genötigt, neu zu fragen, inwiefern die Christusbotschaft als Zuspruch der Rechtfertigung zugleich Ankündigung eines Kommenden ist. Wie die Versöhnung mit Gott, die uns verkündigt wird, zugleich voraussetzt, daß dieser Gott der Schöpfer ist, so impliziert sie auch die Verheißung kommender Erlösung. Aber so wie die biblischen Schöpfungsgeschichten von uns nicht mehr im Sinne eines Berichts über ein anfängliches goldenes Zeitalter dieser Menschheitsgeschichte verstanden werden können, so vermögen wir auch die Zukunftsaussagen nicht als Weissagung eines geschichtlichen Endstadiums zu begreifen, das wir uns als mehr oder weniger vorstellbaren Schlußakt auszumalen versuchen. Wenn wir uns nicht zu dem Radikalstreich ermächtigt sehen, alle futurischen Aussagen rein existential im Sinne der Zukünftigkeit bzw. der Offenheit des glaubenden Daseins zu deuten, wenn wir von einer universalen Verheißung für Welt und Menschheit glauben reden zu sollen, dann müssen wir uns über die Möglichkeit dazu Rechenschaft ablegen. Vom Zentrum der Christusbotschaft her, d. h. auf Grund des für uns grundlegenden Urteils, daß der gekreuzigte Jesus der Auferstandene ist und hier die Entscheidung über alle Welt gefallen ist, sind Notwendigkeit und Grenze eschatologischer Aussagen zu bestimmen.

Als notwendige Konsequenzen für rechte eschatologische Rede wäre m. E. von daher zu nennen:

1. Wir erwarten ein neues, erlösendes Handeln Gottes, das nicht mit dem Geschehen der Versöhnung oder der Schöpfung zusammenfällt. Die drei Werke des einen Gottes widersprechen sich nicht, sind aber zu unterscheiden. Ein anderes ist es, wenn Gott mit seinem schöpferischen »Es werde« die Kreatur ins zeitliche Leben ruft und am Leben erhält, ein anderes, wenn er die sich gegen ihn verschließende Welt in Christus mit sich versöhnt, und wieder ein anderes, wenn er die versöhnte Welt erlöst und

»vollendet«. Zwischen Geschöpflichkeit, Kindschaft und Erbe wird von Paulus deutlich unterschieden. Daß der offenbarte Wille Gottes das eine Ziel mit Mensch und Welt verfolgt, seine Liebe an ihnen zu verherrlichen, schließt nicht aus, daß es sich um ein gegliedertes Tun handelt. Schöpfung und Versöhnung weisen über sich hinaus auf eine Vollendung, auf ein »Noch nicht«, ohne das auch jene beiden anderen Werke Gottes nicht recht verstanden werden können. Diese Unterscheidung zwischen einem »Schon« und einem »Noch nicht« ist also nicht willkürlich, sie ist keine nur zeitbedingte Denkstruktur, sie steht und fällt nicht mit der Annahme oder Verwerfung bestimmter apokalyptischer Vorstellungen, sondern sie ist der Christusbotschaft wesentlich.

2. Der verheißene Übergang vom Glauben zum Schauen impliziert, daß es zwar nicht ein anderer ist, der uns hier und dann begegnet, wohl aber, daß er es in andrer Weise tut. Daß der gekreuzigte Jesus der Kyrios ist, was wir jetzt nur in Überwindung der Anfechtung bekennen können, wird dann unwidersprechlich evident sein. Diese Evidenz ist nach dem eindeutigen Zeugnis des Neuen Testaments in dieser Zeit und Geschichte nicht zu erwarten, sondern die Offenbarung ist jetzt an die Verkündigung und das für uns nicht verfügbare Wirken des hl. Geistes gebunden. Die christliche Predigt tritt nicht zufällig in einer Gestalt auf, die dem Menschen von Haus aus als Ärgernis und Torheit erscheint. Wir sehen jetzt durch einen Spiegel in einem dunklen Wort, dann aber von Angesicht zu Angesicht (1. Kor. 13,12). Die hier aufgerichtete Schranke ist von uns nicht zu überspringen.

3. Wenn die Identität des Gekreuzigten mit dem Auferstandenen und Erhöhten, d. h. aber die in Christus offenbarte Liebe Gottes, unwidersprechlich evident ist, dann sind Sünde, Auflehnung und Widerstreben dagegen unmöglich geworden. Sünde ist dann das Nichtseiende, das absolut Wesenlose. Zwar erkennt bereits der Glaube, daß das Nein des Menschen zu diesem liebenden Gott keinen Rechtsgrund hat, daß wir durch unser Geschöpfsein in keiner Weise dazu ermächtigt und berechtigt sind, aber die faktische Möglichkeit und Wirklichkeit des Bösen, seine Macht als Lüge, ist in diesem Leben nicht zu verkennen. Der Glaubende ist simul iustus et peccator, er ist noch nicht im Stand des Nicht-sündigen-könnens (non posse peccare, wie Augustin sagt). Daß er »ohne Sünde Gott lobt«, ist Gegenstand der Hoffnung.

4. Wenn der Tod »der Sünde Sold« ist, wenn der Fluch der Vergänglichkeit auf der Kreatur liegt auf Grund dessen, daß Gott sie ihm unterworfen hat (Röm. 8,20), dann ist mit der Aufhebung der Sünde auch dieser Fluch aufgehoben. Der von Gott geliebte und Gott wiederliebende

Mensch hat im Vollsinn des Wortes Leben. Denn Gott ist ein Gott der Lebenden und nicht der Toten. Das Ja Gottes zu seiner Schöpfung ist total, d. h. er verheißt dem Menschen Existenz in Gemeinschaft mit ihm und im Gegenüber zu ihm in einer Realität, die nicht nur geistig, ideell gedacht werden darf, so gewiß Gott Schöpfer leiblich-seelischen Lebens und auch Herr der Natur ist. Nur ein gnostisch-dualistisches Denken, das Leiblichkeit im Gegensatz zum Göttlichen sieht, kann das Ja Gottes zum Menschen spiritualisieren.

5. Weil Gott in Christus die Welt versöhnt hat, weil Christus für alle gestorben ist, darum kann es nicht das letzte Wort sein, daß in dieser Zeit nur einem Teil der Menschen die Erkenntnis Jesu Christi geschenkt ist. Verheißen ist vielmehr, daß alles Fleisch die Herrlichkeit Gottes schauen wird. Damit soll nicht eine Apokatastis panton gleichsam aus der Versöhnung postuliert werden – unter Umgehung von Röm. 1,16: »Kraft Gottes zur Rettung allen *Glaubenden.*« Ohne Zweifel bedeutet die Offenbarung der Herrlichkeit Christi für den Unglauben Gericht und Beschämung. Wie Gott auch dies Gericht dazu dienen läßt, seine Gnade triumphieren zu lassen über alle, steht bei ihm, dem kein Ding unmöglich ist. Aber gewiß ist, daß der Unglaube, d. h. alles Widersprechen und Leugnen der Wahrheit des Evangeliums, keine bleibende Möglichkeit ist, sondern begrenzt ist. Daß diese Wahrheit ihre universale Bestätigung finden wird und es für sie keine unüberwindlichen Schranken gibt, das gehört notwendig zur christlichen Hoffnung.

Wie der Freispruch Gottes in Christus notwendige Konsequenzen für die Interpretation der in ihm enthaltenen Verheißung zu ziehen erlaubt, so setzt er zugleich jeder eigenwilligen Spekulation über das Eschaton Grenzen. Das schließt auch die Freiheit ein, die biblisch-eschatologischen Aussagen auf ihren Sachgehalt hin zu befragen und im Licht dieser Christusbotschaft zu interpretieren. Das heißt:

1. Von der kommenden Erlösung kann und darf nichts gesagt werden, was der geschehenen Versöhnung widerstreitet, weil der Kommende der Gekommene ist. Wenn von einer endgültigen, alle Kreatur erfassenden Befreiung zu reden ist, so wird der Freispruch nicht aufgehoben, eingeschränkt oder in Zweifel gezogen, sondern bestätigt, als unwiderruflich geltend offenbar und in seinen Konsequenzen wirksam. Es wäre also verfehlt, von dem »Jüngsten Tag« oder dem »Endgericht« zu erwarten, daß die Botschaft von der Rechtfertigung allein aus Gnaden widerrufen würde, wie es auch eine falsche Auffassung der Rechtfertigung wäre, sie als »billige Gnade« ohne das zugleich ergehende Gericht zu verstehen. Das Gericht nach den Werken, das auch Paulus erwartet, steht für ihn keines-

falls im Gegensatz zur Botschaft von der Rechtfertigung allein durch den Glauben. Hier wird die Macht der Liebe offenbar, die in Christi Kreuz bereits am Werk war.

2. Die im Eschaton erwartete Erfüllung kann mit den Worten und Begriffen unsrer Todeswelt nicht adäquat ausgedrückt werden, wie es auch im Blick auf die geschehene Auferstehung Jesu von den Toten gilt. Die Ostergeschichten des Neuen Testaments sind Beispiele dafür, und Paulus ist sich (nach 1. Kor. 13, 12 und 15,35ff.) dessen wohl bewußt. Die Auferweckung eines Gestorbenen, die Ins-Recht-Setzung eines Gekreuzigten und Ausgelöschten, d. h. aber die Realität der hier wirksamen göttlichen Macht, ist unter den Bedingungen dieser sich selbst behauptenden und vergehenden Welt nur in einer dem Unglauben paradox erscheinenden, aber auch dem Glaubenden nur analog zu verstehenden Redeweise aussagbar. Insofern gilt von der eschatologischen Rede wie im Grunde von allen theologischen Aussagen: »Unser Wissen ist Stückwerk und unser Weissagen ist Stückwerk. Wenn aber kommen wird das Vollkommene, dann wird das Stückwerk aufhören« (1. Kor. 13,9f.). Aber diese notwendige Unvollkommenheit und geschichtliche Wandelbarkeit unsres Redens schließt nicht aus, daß solche »törichte« Verkündigung Wahrheit bezeugt und, wo Gott sich dazu bekennt, als göttliche Kraft und Weisheit wirksam wird.

3. Begrenzt ist alles eschatologische Reden auch dadurch, daß wir das Jüngste Gericht nicht vorwegnehmen können. Zwar ist Gottes ewiger gnädiger Wille im Evangelium uns kundgetan, wir sind im Glauben gerechtfertigt. Aber wie das Urteil über unser Tun und Lassen ausfallen wird, das können wir nicht antizipieren. Derselbe Apostel, der von einem künftigen Richten Gottes »durch Jesus Christus nach meinem Evangelium« redet (Röm. 2,16), der weiß, daß Gott für uns ist und nichts uns von seiner Liebe scheiden kann (Röm. 8,31ff.), betont doch zugleich, daß kein Mensch diesem Urteil Gottes vorgreifen kann. Auch wenn er ein gutes Gewissen hat, weiß er sich dadurch nicht gerechtfertigt, denn »der Herr ist es, der mich richtet«. Und er fährt fort: »Darum richtet nicht vor der Zeit, bis der Herr komme, welcher auch wird ans Licht bringen, was im Finstern verborgen ist, und den Rat der Herzen offenbaren« (1. Kor. 4,4f.).

4. Daß die erwartete Erlösung die Rätsel lösen wird, die uns der Gang der Menschheitsgeschichte mit ihrem Auf und Ab, ihren Grausamkeiten und Sinnlosigkeiten, aufgibt, und der Glaube deshalb auf eine Theodizee vertraut, die alle Höhen und Abgründe umfaßt, bedeutet nicht, daß wir den Plan Gottes mit der Menschheit aufzudecken und den Verlauf der Geschichte als Heilsgeschichte nachzuzeichnen vermöchten. Die Weltge-

schichte, wie wir sie überblicken, ist nicht das Weltgericht. Auch wenn der Glaube nicht ohne Zeichen bleibt, in denen er Gottes Güte und Ernst meint erkennen zu können, so läßt sich das alles doch nicht zu einer Geschichtskonstruktion verrechnen, die den Sinn des Ganzen erschließt. Die relativen Fortschritte der Menschheitsgeschichte, die wir erstreben und wohl auch konstatieren, berechtigen nicht dazu, sie als zielstrebige Entwicklung zu dem Telos hin zu begreifen, das wir im Eschaton erwarten.

b) Die erwartete Erlösung

Was ist unter Beachtung dieser Gesichtspunkte als die verheißene Erlösung aussagbar?

Gewiß ist, daß die verheißene Erkenntnis der unbestreitbaren Identität des Gekreuzigten mit dem Erhöhten keinen Raum mehr für das Böse läßt. Wo die in Christus offenbarte Liebe als die alles bestimmende Realität erfahren wird, da sind Selbstbehauptung und Selbstrechtfertigung, Streit mit Gott und dem Mitmenschen unmöglich. Der Kampf zwischen Geist und Fleisch, zwischen dem neuen und dem alten Menschen ist dann überwunden, der Gegensatz zwischen der Gemeinde Jesu Christi und der gottfeindlichen Welt wird nicht mehr existieren. Daß Jesus Christus in die Welt gekommen ist, um die Werke des Teufels zu zerstören (1. Joh. 3,8), bekennt zwar der Glaube schon jetzt, und er darf auch Zeichen dieses Sieges erkennen. Aber das bedeutet noch nicht das Ende des Streits, sondern im Gegenteil, jetzt entbrennt er erst in Schärfe (Gal. 5,17). Der glaubende Mensch ist gerade nicht der mit sich selbst einige, sondern der gespaltene (Röm. 7,19), und es ist ihm nicht verheißen, daß die Anfechtung zunehmend verschwindet. Auch die Gemeinde kann nicht damit rechnen, daß der Widerspruch der Welt allmählich verstummt und alle ihrer Botschaft zufallen, sondern sie muß erwarten, daß sie um so mehr Haß erfahren wird, je eindeutiger sie bekennt und ihrem Herrn nachfolgt.

Aber dieser gekreuzigte und scheinbar gescheiterte Herr ist als der Auferweckte zugleich die Bürgschaft dafür, daß die Macht dieses Widerstandes bereits gebrochen ist. Und die Verheißung seines Kommens in Herrlichkeit gibt der Gemeinde die Gewißheit, daß der siegreiche Ausgang dieses Streites feststeht. Diesen endgültigen Sieg Jesu Christi anzukündigen, ist wohl der eigentliche Sinn der apokalyptischen Erwartung im Neuen Testament, die vom Überhandnehmen des Unrechts auf Erden, vom Ansturm dämonischer Mächte und Anfechtung der Gemeinde redet. Allzu oft hat die Eschatologie den Blick gebannt auf die drohende, wachsende Macht der Finsternis gerichtet, statt zu sehen, daß das nur die dunkle Folie ist, auf der die Übermacht Jesu Christi nur um so heller erstrahlt. Nicht die Lüge wird das letzte Wort haben, sondern die Wahrheit. Nicht der Haß wird siegen, sondern die Liebe. Nicht der Widerstand gegen das Evangelium hat Aussicht auf bleibenden Erfolg, sondern er wird scheitern. Nicht der Nacht geht es entgegen, sondern dem anbrechenden Tag. Auch die Vorstellung von Jesus als dem kommenden Richter über Lebendige und Tote hat zutiefst diesen Verheißungscharakter. Weil der Kommende identisch ist mit dem Gekommenen, darum kann auch die Ankündigung, daß alle vor seinem Richterstuhl erscheinen werden (2. Kor. 5,10), nicht als eine Drohung verstanden werden, die nach einer vorübergehenden Zeit der Gnade eine andere Gerechtigkeit, die des Gesetzes, auf uns zukommen sieht. Die Verbrennung alles Untauglichen (vgl. 1. Kor. 3,12 ff.) im Gericht, d. h. die Aufdeckung und endgültige Ausschaltung all dessen, was bei uns und anderen im Widerspruch zu der in Christus offenbarten Liebe Gottes steht, wird der Glaube nicht fürchten, sondern bejahen. Entsetzlich wäre vielmehr der Gedanke, daß Lüge und Heuchelei ewig triumphieren, daß die Schreie der Zertretenen ungehört verhallen, daß die Wertmaßstäbe dieser Welt ungebrochen gelten könnten, daß also die Hoffnung auf Gerechtigkeit nur ein schöner Traum sein sollte.

Wenn die Verkündigung des gekreuzigten und auferweckten Jesus Christus bereits proklamiert, daß der Mensch de jure Gott gehört und mit ihm versöhnt ist, so kündigt die Botschaft vom kommenden Christus an, daß er de facto voll und ganz als der zu Gott gehörige Mensch leben wird. Daß Menschsein nicht heißt, im Widerspruch zu Gott stehen, sondern daß der Mensch seiner Bestimmung gemäß zu Gott gehört, das ist bereits durch den Menschen Jesus verbürgt. Aber daß wir das nicht nur an Christus erkennen, sondern an uns selbst, daß also unser wahres Menschsein unbestreitbare Realität wird, das erwartet der Glaube als die verheißene Erlösung. Der Mensch ist, was er ist, weil er von Gott geliebt ist. Diese Macht der Liebe, die er jetzt im Hören auf die Botschaft von Christus nur glauben kann, wird er unbestreitbar erfahren, und er wird darauf antworten – nicht mit der bruchstückhaften Liebe, die uns jetzt in stetem Kampf mit der eigenen Lieblosigkeit nur möglich ist, sondern mit dem ungebrochenen Ja, das freies Wollen und doch ein Nicht-anders-Können ist. Das ist wohl der tiefste Sinn der Verheißung, die 1. Joh. 3,2 ausgesprochen ist: »Wir wissen aber, wenn er erscheinen wird, daß wir ihm gleichsein werden; denn wir werden ihn sehen, wie er ist.« Wenn also das »Schauen« Jesu Christi als Kern der Hoffnung bezeichnet werden kann, so leitet das nicht zu einem Schwelgen in phantastischen Zukunftsbildern an, sondern gemeint ist die Aufhebung des Widerspruchs, den das Bekenntnis des Gekreuzigten als des Herrn noch immer für uns impliziert, so daß allem Zweifel, aller Anfechtung und Versuchung der Boden entzogen ist.

Wenn K. Barth die Sünde als ontologische Unmöglichkeit bezeichnen kann, wenn er im Blick auf das in Jesus realisierte und offenbarte Menschsein bereits dem Menschen als Geschöpf das unbedingte Bestimmtsein für Gott und seine Zugehörigkeit zu Gott zuspricht, so will er damit der Sünde von Anfang an jeden Rechtsgrund entziehen und jede Verankerung in der Schöpfung bestreiten. Aber damit ist nicht geleugnet, daß er de facto Sünder ist und auch als Gerechtfertigter simul peccator bleibt. Die faktische Unmöglichkeit der Sünde, das Nicht-sündigen-können, ist die eschatologische Realität, die wir nicht vorwegnehmen können, solange wir aufgerufen sind, zu bitten: »Vergib uns unsere Schuld!«

Wo die Trennung von Gott aufgehoben und der Widerspruch gegen ihn unmöglich geworden ist, da ist im Vollsinn des Wortes von Leben zu sprechen, von der Überwindung des Todes. Auch hier stehen wir im Neuen Testament vor dem doppelten Befund, daß einerseits mit großem Nachdruck bezeugt wird, Christus habe dem Tode bereits die Macht genommen (2. Tim. 1,10), er sei die Auferstehung und das Leben, so daß der an ihn Glaubende nicht mehr sterben wird (Joh. 11,26), andererseits dennoch von dem Tod als dem letzten Feind gesprochen wird, dessen Aufhebung noch aussteht (1. Kor. 15,26). Vom Tode ist offenbar in doppeltem Sinn die Rede. Luther hat das im Auge, wenn er zwischen der Maske oder der Larve des Todes und seiner Substanz unterscheidet. Tod im ersteren Sinn ist auch dem Christen nicht erspart, da er dem Ende dieses zeitlichen Lebens entgegensieht. Ja, es kann darüber hinaus von manchen die Meinung vertreten werden, daß die Endlichkeit dieses irdischen Lebens als solche durchaus mit unsrer Geschöpflichkeit in Einklang stehe, also nicht als Zeichen des Gerichts verstanden werden müsse. Aber die hl. Schrift sieht überwiegend doch den Tod im Zusammenhang mit der Sünde. So, wie er uns jetzt trifft, oder besser: so, wie er im Tode Jesu sein wahres Gesicht gezeigt hat, ist er Zeichen des göttlichen Gerichts, der Trennung von ihm. Wenn es heißt, Christus habe dem Tode die Macht genommen, so heißt das auf alle Fälle, daß uns das Sterben nicht mehr von Gott trennen kann. Deshalb kann, vor allem bei Johannes, nicht genug betont werden, der Übergang vom Tode zum Leben sei bereits vollzogen. Darum kann Luther sagen, der Tod sei ein Schlaf geworden.

Aber was sollen daneben die Verheißungen einer künftigen Überwindung des Todes, einer Auferweckung vom Tode? Sind solche Aussagen mehr als eine mythologisierende Umschreibung des Lebens, das im Glauben bereits Gegenwart ist? Dieselbe Frage ist bereits an die Ostergeschichten zu richten, die in oft massiver Weise von Erscheinungen des Auferstandenen reden. Die Verlegenheiten, die uns die widersprüchlichen Berichte hier bereiten, liegen auf der Hand. Ereignisse in Raum und Zeit sollen erzählt werden, aber das geschieht doch unter Aufhebung der Bedingungen dieses raumzeitlichen Lebens, wie wir es kennen. Es mutet wie eine Quadratur des Zirkels an, und es ist nicht verwunderlich, daß historische Vernunft im Sinne Troeltschs von Visionen oder Halluzinationen redet. Daß hier nicht gemeint sein kann, ein Toter sei wieder ins irdische Leben im alten Sinn zurückgekehrt, sondern hier ein Neues mit den Vorstellungen und Bildern dieser Welt ausgesagt werden soll, ist unverkennbar. Daß wir nicht an diese Sprache der biblischen Zeugen gebunden sind, sondern sie interpretieren müssen, läßt sich nicht bestreiten. Aber wollen sie nur sagen, daß die »Sache Jesu weitergeht«? Hier soll doch bezeugt werden, daß der Gekreuzigte lebt – nicht nur in der Erinnerung der Jünger, nicht nur als Idee, nicht nur im Glauben der Seinen, sondern diesen Glauben erst begründend – in einer Realität, die über diese geschöpfliche Welt bis ins Leibliche hinein Macht hat, wie denn überhaupt die Scheidung von Leib und Seele mehr griechischem als biblischem Denken entspricht. Diese Texte, in denen ohne Zweifel die Einbildungskraft der Zeugen gestaltend mit am Werk ist, wollen doch eine Wirklichkeit aussagen, die realer ist als die uns bekannte Wirklichkeit von Natur und Geschichte und darum mit den von dorther genommenen Begriffen und Bildern nur stotternd und stammelnd ausgedrückt werden kann.

Von dieser Wirklichkeit des Auferstandenen kann man nicht als von einer vergangenen historischen Tatsache reden, aber auch nicht nur als einer im Glauben der Jünger sich erschöpfenden Realität, sondern nur im Hinweis auf eine erwartete Zukunft – die als Auferweckung der Toten und neue Schöpfung umschrieben wird. Diese künftige Auferweckung ist der Kontext zur Auferstehung Jesu. Darum wehrt sich Paulus im 1. Korintherbrief gegen eine Gnosis, die – hyperpaulinisch – die These vertritt, die Auferstehung der Toten sei bereits geschehen – in einem dann notwendig vergeistigten, reduzierten Sinn. Derselbe Apostel, der mit Nachdruck von der geschehenen Versöhnung und der gegenwärtigen Rechtfertigung in Christus sprechen kann, wehrt mit Leidenschaft eine Vorwegnahme dieses Eschatons ab, d. h. eine Beschränkung des Heils auf das, was der Glaube gegenwärtig erfährt. Diese Korinther meinten, bereits mit Christus zu herrschen, alle Schranken, auch auf sittlichem Gebiet, überspringen zu können in grenzenloser Freiheit, während die Apostel noch mit Christus leiden und als Auswurf der Menschheit behandelt werden. Ihr scheinbares Mehr ist weniger. Denn wenn die Hoffnung verdrängt wird, dann reduziert sich die Erlösung auf das, was wir bereits jetzt erfahren, sehen und fühlen. Paulus aber wartet auf »des Leibes Erlösung«. Mit dieser Hoffnung auf künftige Erlösung steht und fällt für ihn der Glaube an den auferstandenen Christus. Denn so wenig uns ein Gott hilft, der nicht Schöpfer Himmels und der Erde ist, des Leibes und des Geistes, so wenig nützt uns ein auferstandener Christus, dessen Macht nicht bis dahin sich erstreckt, wo Tod und Verwesung herrschen. Er glaubt an die Treue Gottes zu seinem Geschöpf, des Gottes, der nicht fahren läßt die Werke seiner Hände. Dann aber kann von der Erlösung nur im Futurum geredet werden, so gewiß jedenfalls unsre Augen in diesem Leben diesen neuen Menschen nicht sehen und unsre Erfahrung ihm nicht entspricht.

Daß man von dieser unvorstellbaren Zukunft nur in Bildern reden kann, daß also die Frage: »Mit welchem Leibe werden die Toten auferstehen?« ins Leere stoßen muß, das weiß nicht nur der moderne Mensch, sondern das sagt Paulus selbst, indem er diese Frage abwehrt mit den Worten: »Du Narr! Es wird gesät verweslich und wird auferstehen unverweslich« (1. Kor. 15,36–42). Nur zeichenhaft und in Gleichnissen, die als solche unangemessen erscheinen müssen, kann er davon sprechen. Aber trotz allem redet er von dieser Zukunft und schweigt nicht, transponiert auch das Erhoffte nicht in eine bloß geistige Sphäre, deren isolierte Existenz sich vorzustellen wohl noch mythologischer ist als die naiven Bilder der biblischen Texte. Daß wir nicht von hier nach dort eine Brücke schlagen können, daß wir im Leiblichen so wenig wie im Geistigen eine Kontinuität zwischen der gegenwärtigen Welt und der Zukunft, die verheißen ist, herstellen können, das heißt nicht, daß Gott, der Schöpfer aller Dinge, nicht die Macht habe, durch Tod und Verwesung hindurch seinem Geschöpf in überschwenglicher Weise die Treue zu halten.

Das Bekenntnis zu Jesus Christus als dem Erlöser erschöpft sich nicht in der Hoffnung auf eine persönliche Zukunft, sondern es enthält die Verheißung einer neuen Schöpfung. Die Aussagen über diese umfassende Herrschaft Christi sind allerdings im Neuen Testament nicht einheitlich. So bezeugt sich nach Matth. 28,18 der Auferstandene bereits jetzt als der, dem alle Macht im Himmel und auf Erden gegeben ist. Der Christushymnus Phil. 2,5 ff. preist den sich erniedrigenden und bis zum Tode gehorsamen Christus als den Erhöhten, dem Gott einen Namen über alle Namen gegeben hat und vor dem sich alle Knie beugen und den alle Zungen bekennen sollen. Das Eschaton hat bereits begonnen, sofern diese Einsetzung Jesu zum Kyrios unwiderruflich ist und von der Akklamation selbst der kosmischen Mächte bereits im Präsens gesprochen werden kann. Vor allem im Epheser- und Kolosserbrief kann diese gegenwärtige Herrschaftsstellung Jesu Christi über das All gepriesen werden. Wir können hier nicht auf die verwickelten historischen Fragen nach dem Verhältnis von Auferstehungs- und Erhöhungsaussagen eingehen, wie sie sich unterscheiden und wie sie sich gegenseitig interpretieren. Aber soviel ist gewiß: Hier kann ein enger Zusammenhang gesehen werden, wie bereits das wohl vorpaulinische Bekenntnis Röm. 1,4 Auferstehung und Kyriosprädikation verknüpft.

Aber ebenso deutlich ist, daß neben solchem Bekenntnis zur gegenwärtigen Herrschaft Christi andere Aussagen stehen, in denen das noch Ausstehende dieser Herrschaft betont wird. Die Mächte dieses Äons lehnen sich noch gegen diesen Herrn auf. Das Bekenntnis zu ihm als dem Kyrios kann bestritten werden, es stößt auf erbitterten Widerstand. Das regnum Christi ist als regnum spirituale verborgen, er regiert im Zeichen des Kreuzes und richtet seine Herrschaft durch Wort und Geist auf. Das hymnische Bekenntnis zum gegenwärtigen Herrn geht Hand in Hand mit der Bitte um das Kommen des Reiches. Die Spannung, die darin liegt, hat die Kirche wohl zu allen Zeiten empfunden. Allzu oft ist sie der Versuchung unterlegen, das Zukünftige eigenwillig vorwegzunehmen, das Ärgernis des Kreuzes abzuschleifen und bereits mit Christus zu herrschen.

Demgegenüber ist festzuhalten: »Wir leben im Glauben und nicht im Schauen« (2. Kor. 5,7). Man kann für das Reich Christi nicht wie für ein irdisches Imperium kämpfen oder wie für eine Weltanschauung Propaganda treiben. Das Neue Testament gibt uns nicht die Möglichkeit, den Unterschied zwischen dem Jetzt und dem Einst aufzuheben und davon zu träumen, daß diese unsere Geschichte in einer bruchlosen Evolution in das Reich Gottes einmünde. Die christliche Hoffnung transzendiert alles, was wir zu realisieren vermögen. Vollends ist es kein Zeichen von Stärke, sondern von Schwäche des Glaubens, wenn wir den Raum der Freiheit, den das regnum gratiae den Leugnern und Widersachern des Evangeliums läßt, gewaltsam einengen und den Versuch machen würden, zur Anerkennung des Evangeliums zu nötigen. Gott will, wie Luther sagt, keinen erzwungenen Dienst. Aber das heißt nicht, daß das regnum Christi grundsätzlich verborgen sei, daß es nur ein geistiges Reich sei und der Unterschied zwischen Glauben und Schauen zu einem grundsätzlichen Gegensatz verfestigt werden dürfte. Das Warten auf den kommenden Christus lebt in der Gewißheit, daß Gott selbst diese Spannung aufheben und auch die Schöpfung von dem auf ihr liegenden Fluch befreit wird. Wenn wir auch jetzt schon in erfolgreichen Kämpfen gegen Hunger, Krankheit, Krieg und Knechtung des Menschen Zeichen des verheißenen neuen Lebens sehen können, so wird doch die erwartete Erlösung in umfassendem Sinn erst Wort und Wirklichkeit zur Deckung bringen.

c) Glaube und Hoffnung

Weil der kommende Christus identisch ist mit dem gekommenen, deshalb ist der Glaube immer zugleich Hoffnung. Nicht die Erwartung eines künftigen »Schauens«, geschweige denn die Kraft unsres Hoffens ruft den Glauben ins Leben. Der Glaube gründet in der Liebe, die in Jesus Christus offenbart ist. Daß »Gott für uns« ist, das ist sein unerschütterliches Fundament. Aber dies »Für uns« impliziert die Verheißung, daß der, »welcher auch seines eigenen Sohnes nicht hat verschont, sondern ihn für uns alle dahin gegeben hat«, uns mit ihm »alles schenken« wird (Röm. 8,31). Deshalb ist es zwar nicht die zureichende Definition des Glaubens, wohl aber die notwendige Umschreibung seines Implikats, wenn es Hebr. 11,1 heißt: »Es ist aber der Glaube eine gewisse Zuversicht dessen, was man hofft . . .«

In doppeltem Sinn ist von dieser Hoffnung zu reden:

1. Hoffnung ist die dem Glauben geschenkte Gewißheit, daß die in Christus offenbarte Liebe Gottes sich als die alles bestimmende und durchdringende Macht an dieser Schöpfung erweisen wird.

Diese Hoffnung ist die Überwindung der Angst, die uns und gerade den Christen in dieser Welt überfallen kann und muß, wenn er auf das »Sichtbare« schaut. Denn nicht die Liebe, sondern die Selbstbehauptung, nicht die Wahrheit, sondern die Lüge, nicht das Recht, sondern die Macht scheinen in dieser Welt zu triumphieren. Nicht nur die Menschheitsgeschichte im großen, sondern auch die Geschichte der Kirche, der Mission, der Diakonie sind nicht dazu angetan, solche Siegesgewißheit zu wecken – nicht nur weil der sichtbare »Erfolg« recht zweifelhaft ist, sondern vor allem deshalb, weil die Christenheit in diesen zwei Jahrtausenden allzu oft diese Liebe Lügen strafte. Wenn die christliche Gemeinde dennoch gewiß ist, daß die Liebe Gottes siegt, daß seine Verheißung sich erfüllt, dann greift sie mit dieser Hoffnung weit über alle Erfahrung hinaus. Sie transzendiert damit auch alle vorausschauende, planende und berechnende menschliche Erwartung. Sie bewegt sich damit – so scheint es – im Bereich der Utopie.

Sie erhofft nämlich nicht nur Fortschritte im Kampf gegen Hunger, Krankheit und Krieg, nicht nur Veränderung und bessere Gestaltung der gesellschaftlichen Verhältnisse, nicht nur eine vielleicht mögliche Höherzüchtung des genus Mensch, sondern ein Novum, das mit unseren historischen und naturwissenschaftlichen Begriffen und Vorstellungen nur metaphorisch umschrieben werden kann. Das Eschaton, das der Glaube erhofft, fällt nicht in den Bereich einer Futurologie, die heute mit guten Gründen um Zielvorstellungen für die Gesellschaft von morgen bemüht ist. All das, was auf solche Weise vorausgedacht und geplant werden kann und muß – so revolutionär es sein mag –, steht unter dem »Noch nicht« – gemessen an der eschatologischen Erfüllung der Verheißung.

Wenn die christliche Hoffnung auf das Eschaton wartet, das nicht Produkt geschichtlicher Entwicklung ist, die wir Menschen vorantreiben, sondern Gottes Tat, wenn sie also eine von uns nicht übersteigbare Grenze festhält, so ist das nicht ein unkritisches Befangensein in einem apokalyptischen Äonendenken. Das ausstehende Eschaton steht nicht in einem ausschließlichen Gegensatz zu einer Gegenwart, die den dämonischen Mächten zunehmend ausgeliefert ist, sondern erwartet wird der Gekommene, in dem das Ja Gottes zu dieser Schöpfung gesprochen ist. Aber ausstehend ist in der Tat die unwidersprechliche und alles verwandelnde Manifestation dieses Christus, der sich jetzt in Wort und Geist erschließt. Insofern kann sich das Neue Testament apokalyptischer Redeweise bedienen, ohne sich doch diesem Schema einzuordnen.

Kann man von der christlichen Hoffnung also im Sinne einer Utopie reden? Utopisch erscheint diese Hoffnung nur insofern, als sie die gegenwärtige, von Sünde und Tod gezeichnete Welt transzendiert und an ihr, an den in ihr aufweisbaren Möglichkeiten und Tendenzen, nicht verifiziert werden kann. Aber das heißt nicht, sie verweise auf ein Niemandsland, in ein Traumreich bzw. in eine Welt, die nur antithetisch zu dieser Welt stünde. So gewiß der auferstandene Christus nach dem neutestamentlichen Zeugnis nicht ein Phantasiegebilde ist, auch nicht nur die Personifikation der Idee des Menschen, sondern als der zweite Adam die Erfüllung der verfehlten Bestimmung des ersten Adam, und so gewiß wir in Christus bereits neue Kreatur sind, wenn auch verborgen, so gewiß ist die neue Menschheit und Schöpfung keine Utopie. Die geschehene Offenbarung der Liebe Gottes ist zugleich die Verheißung des universalen und totalen Sieges dieser Liebe. Hoffnung ist also nicht nur eine Haltung steter Offenheit für die Zukunft – ohne Erwartung einer Erfüllung, nicht ein stetes Transzendieren ohne Transzendenz. Sie ist nicht im Sinne einer Ontologie des »Noch nicht« zu verstehen, die das Sein als dynamischen Prozeß im Unterschied zur Statik eines Immerseienden auffaßt, sondern sie lebt von der Gewißheit des Eintreffens des Verheißenen, das allerdings nicht durch unser Tun erst bewirkt wird (s. Exkurs 48: Zum »Prinzip Hoffnung«).

2. Hoffnung ist der dem Glauben geschenkte Mut, Verantwortung in dieser Geschichte zu übernehmen – bei allem Wissen um den vorläufigen Charakter unsres Tuns.

Wenn die verheißene Erlösung nicht Produkt unsres Wirkens ist, sondern Gottes Tat allein, könnte es naheliegen, die Hände in den Schoß zu legen und sich von der geschichtlichen Verantwortung zu dispensieren. Eschatologische Erwartung, in deren Licht alles Irdische relativiert wird, die zu einem »Haben, als hätten wir nicht« aufruft (1. Kor. 7,29 ff.), könnte dahin mißverstanden werden, angesichts einer vergehenden Gestalt dieser Welt lohne es sich nicht, sich einzusetzen. Wenn »unser Tun umsonst« ist, »auch in dem besten Leben«, wenn alles, was wir bauen, wieder zerbricht, wenn die heile Welt doch nie von uns hergestellt werden kann, dann könnte sich eine Resignation nahelegen, die jedes Handeln lähmt. Aber so oft auch die Christenheit dieser Versuchung erlegen ist – diese Konsequenz liegt nicht im Wesen der christlichen Hoffnung, sondern sie läßt uns vielmehr im Licht des »Letzten« das »Vorletzte« ernst nehmen. Wir können zwar Gottes erlösendes Handeln nicht vorwegnehmen, aber wir können und sollen es mit unserem zeitlichen, unvollkommenen Tun bezeugen und ankündigen.

Aus Hoffnung leben, heißt also: den Kampf gegen das Böse aufnehmen aus der Gewißheit heraus, daß nicht nur sein Recht bestritten, sondern auch seine Macht endgültig gebrochen und ausgeschaltet werden wird. Die Selbstbehauptung und Selbstdurchsetzung, die wir als oberste Maxime kennen, von der wir uns Leben und Glück versprechen, wird sich als Selbstbetrug herausstellen. Es wird offenbar werden, daß der, der sein Leben erhalten will, es verlieren wird. Unser freilich immer bruchstückhaftes Tun soll und kann Zeugnis dafür ablegen, daß Gottes Liebe als die einzig siegreiche, alles überwindende Macht manifest werden wird. Weil alle Macht der Finsternis trotz aller erstaunlichen Schein- und Teilsiege keine Verheißung hat und im Licht des Kommenden nur als das Vergehende angesehen werden kann, also bereits gerichtet ist, darum ist es nicht nur geboten, sondern auch verheißungsvoll, ihr zu widerstehen. Weil das Bekenntnis: simul iustus et peccator nicht im Sinne eines fatalistischen, statischen Dualismus verstanden werden darf, sondern die Sünde dem fliehenden Schatten, die Gerechtigkeit aber der aufgehenden Sonne zu vergleichen ist, weil also nicht Abenddämmerung herrscht, sondern »die Nacht vorgerückt, der Tag aber nahe herbeigekommen« ist (Röm. 13,12), darum gibt es keinen Waffenstillstand oder gar Friedensschluß.

Aus Hoffnung leben, heißt ferner: Für das Leben und gegen den Tod antreten! Die Evangelien bezeugen nicht umsonst denselben Jesus, der die

Herrschaft Gottes ankündigt und mit Vollmacht lehrt, zugleich als den, der Kranke heilt und Dämonen austreibt – obwohl doch alle Geheilten wieder dem Tod entgegengingen. Der Kampf gegen Hunger, Krankheit und Elend, ohne den eine christliche Gemeinde niemals glaubwürdig die Botschaft von der Liebe Gottes predigen kann, entspricht dem totalen Ja, das Gott zum Menschen gesprochen hat und realisieren will. Wer an die Neuschöpfung glaubt und auf sie hofft, der nimmt die Schöpfung ernst. Das gibt nicht nur der Diakonie im überkommenen Sinn ihr Recht und ihre Spannkraft, sondern das ermutigt zum Dienst an dieser Welt in umfassender Weise, zur Erforschung und Beherrschung der Kräfte der Natur, zum Kampf um gerechtere Ordnung der Gesellschaft, zur Freude an künstlerischer Gestaltung, mit einem Wort: zu allem, was ein Leben in Freiheit für alle ermöglicht.

Daß unser Wissen immer wieder auf Grenzen stößt, daß es im Licht des Vollkommenen Stückwerk bleibt, darf uns nicht lähmen im Kampf gegen Blindheit und Unverstand. Christliche Hoffnung, recht verstanden, ist niemald die Bremse eines auf Humanisierung zielenden Fortschritts. Daß sie uns vor einer Hybris bewahrt, die im Sinne einer absoluten Ideologie den Gesamtverlauf der Menschheitsgeschichte in den Griff nehmen zu können glaubt, erlaubt uns nicht, die Welt als Jammertal anzusehen, in dem möglichst alles beim alten bleiben oder immer schlechter werden muß. Es wäre ein Mißbrauch der christlichen Hoffnung, wenn wir im Namen einer absoluten Eschatologie den Eifer derer lähmen wollten, die planend und gestaltend für ein besseres Morgen kämpfen. Allzu oft hat ein vermeintlich christlicher Pessimismus den möglichen und gebotenen Fortschritt verdächtigt und das Bestehende gerechtfertigt. Die erwartete totale Freiheit treibt vielmehr dazu an, schon jetzt Zeichen dieser Freiheit aufzurichten und sich aller Lichter in der Welt zu freuen, die das große Licht ankündigen. Erwarten wir auch den endgültigen Frieden auf Erden nicht als Ergebnis unsrer Friedensbemühungen, so heißt das keineswegs, daß es christliches Dogma sei, Kriege müßten immer sein. Ist auch die Aufhebung alles Elends und Leides Gegenstand unsrer Hoffnung, so bedeutet das nicht, daß nicht eine weitgehende Beseitigung von Hunger und Krankheit durch menschlichen Einsatz zu erstreben sei. Mögen Gerechtigkeit, Freiheit und Gleichheit im absoluten Sinn eschatologische Begriffe sein, so gibt es doch keinen Grund, die Möglichkeit besserer Gestaltung der menschlichen Gesellschaft zu bezweifeln. Mögen uns auch die unerhörten wissenschaftlichen und technischen Möglichkeiten zur Beherrschung der außermenschlichen Natur und vor allem zur Manipulation des Menschen selbst mit Grauen erfüllen können, so wäre es doch unverantwortlich, wenn ausgerechnet die Christenheit das fatalistisch als schicksalhaft hinnähme, anstatt an ihrem Teil dazu zu helfen, diese Menschen verliehene Macht als große Chance zu verstehen, die Kräfte des Lebens statt des Todes zu mobilisieren (s. Exkurs 49: Zum Ideologieproblem).

C. EXKURSE

1. GOTTESBEWEISE

Wir haben um so mehr Anlaß, uns mit der Frage der Gottesbeweise zu befassen, als sie nicht nur eine große geschichtliche Tradition haben, sondern das Vaticanum I als Dogma fixiert, »daß Gott, der Ursprung und das Ziel aller Dinge, mit Hilfe des natürlichen Lichts der menschlichen Vernunft aus den geschaffenen Dingen mit Sicherheit erkannt werden kann«. Trotz der Versuche heutiger Theologen, hier nur von der Möglichkeit solchen Beweises, nicht von seinem faktischen Gelingen zu sprechen, glaubt J. Klein festhalten zu müssen. »Jeder Katholik, auch der philosophierende, muß die Beweisbarkeit der Existenz Gottes mit den Mitteln der Vernunft für wahr halten, er ist auf Grund seines Glaubens überzeugt, daß die Wissenschaft die Existenz Gottes beweisen kann, ja er weiß es mit größerer Sicherheit als irgendeine bloß wissenschaftlich erwiesene Wahrheit« (RGG³ II, 1746).

Anselms Gottesbeweis, dessen Deutung allerdings umstritten ist, wird traditionell als klassische Form des *ontologischen* Gottesbeweises verstanden. In einer Welt beginnender Skepsis würde danach A. dem Auseinanderbrechen von Glauben und Wissen wehren wollen. Gott wird zu diesem Zweck umschrieben als das, über das hinaus Größeres nicht gedacht werden kann (aliquid quo nihil maius cogitari possit). Diesen Satz hört und nimmt in seinen Intellekt auch der Tor (insipiens) auf, der in seinem Herzen Gott leugnet. Aber er kann nicht nur in intellectu sein, da sonst ein Größeres gedacht werden könnte, das auch existiert. Wird also wirklich dies Größte gedacht, über das hinaus nichts gedacht werden kann, muß es als existent gedacht werden. Leugnen könnte der Tor Gottes Existenz, weil er die Vokabel ohne die »Sache« denkt. (Denn: Nemo ... intelligens id quod Deus est, potest cogitare quia Deus non est.) In den kurzen Sätzchen Proslogion 2–4 wird diese »Torheit« aufgedeckt und abschließend Gott gedankt (prius credidi te donante, iam sic intelligo te illuminante, ut si te esse nolim credere, non possim non intelligere). Dem Einwand des Gesprächspartners (Gaunilo) gegenüber, der darauf hinweist, daß der Tor keine Wesensanschauung von Gott habe oder, wenn er sie hätte, nicht von da auf eine extramentale Wirklichkeit Gottes schließen könne, entgegnet A. mit der Betonung der Singularität dieses Gegenstandes. Können auch alle Gegenstände sonst als nichtexistent gedacht werden, so würde es hier dem definierten Begriff selbst widersprechen. Dieser einzigartige und besondere Gegenstand ist zugleich Beweismittel (de se per se ipsum probat). Hier bedarf es nicht mittelbarer Kenntnis des extramentalen Gegenstandes, sondern es ist wie beim Sonnenlicht: Wenn es mich trifft, weiß ich um die Existenz der Sonne, auch wenn ich diese selbst nicht erreiche.

Darum ist es in der Auseinandersetzung mit A. nicht getan mit dem Hinweis darauf, daß man ein logisches Prädikat nicht mit einem realen verwechseln darf (vgl. Kants Bild von den 100 wirklichen Talern, die nicht »mehr« seien als 100 gedachte). Nicht im Blick auf die Taler, wohl aber auf dies Eine, Gott, geht A. hinter die Unterscheidung von Möglichem und Wirklichem zurück. Wenn man in A.s Proslogion einen ontologischen Gottesbeweis findet, dann ist diese seine Argumentation nur auf dem Hintergrund platonisch-neuplatonischer Voraussetzungen, wie sie ihm durch Augustin vermittelt sind, zu verstehen. In diesem erkenntnistheoretischen Realismus ist eine apriorische Gotteserkenntnis möglich, weil der Unterschied zwischen Geist und summum verum wie summum bonum nicht existiert, weil Subjekt und Objekt nicht auseinanderbrechen, sondern Sonne, Strahl und beleuchteter Gegenstand eine Einheit bilden. Es bedarf keines kausalen Schlusses von der Wirkung auf die Ursache, sondern in dem Begriff des Größten ist das primum verum und summum bonum, das ens perfectissimum notwendig gegenwärtig.

Es ist begreiflich, daß dieser »Gottesbeweis«, auf dem letztlich die anderen beruhen und der von Duns Scotus, Descartes, Leibniz u. a. übernommen wurde, ja, der bis in die

Gegenwart hinein fasziniert, auf die Theologie anziehend wirkte. Dieser Realismus fragt nach unbedingter Wahrheit an Stelle bloßer Doxa, trügerischen Scheins. Die Vernunft des Menschen ist bestimmt, das Höchste und Letzte zu vernehmen. Die anima ist naturaliter christiana. Wenn man entgegen den Sinneswahrheiten die unendlich viel höhere Gewißheit der mathematischen Axiome und des logischen Schlusses erkannte, dann durfte zwischen der hier zu gewinnenden axiomatischen Gewißheit und der Gewißheit des Glaubens keine Ferne, sondern höchste Nähe bestehen. Wie es bei Erkenntnis der Wahrheit im platonischen Sinn um illuminatio geht, um eine Einstrahlung des Lichts aus unendlicher Höhe, aber doch in direkter Unmittelbarkeit, mit fragloser Evidenz, so doch auch bei der christlichen Erkenntnis Gottes. Erkennen heißt hier teilhaben am Erkannten, nicht nur theoretisches Wissen, sondern praktische participatio.

Aber diese vermeintliche Nähe darf nicht darüber hinwegtäuschen, daß der im oben gedeuteten Sinn gefaßte ontologische Gottesbeweis nicht nur den Unterschied zwischen Schöpfer und Geschöpf, sondern vollends den zwischen Gott und dem Sünder nicht in Rechnung stellt. Die Offenbarung in Christus erinnert nicht nur an eine bestehende Einheit und aktualisiert sie, sondern sie stellt die durch die Sünde zerbrochene Gemeinschaft her. An Stelle eines im Denken zu ermittelnden Indifferenzpunktes und der zwingenden Gültigkeit logischer Schlüsse steht hier das kontingente Christusgeschehen und die Überführung durch das verkündigte Wort. Es geht nicht um Anamnesis, sondern um Wiedergeburt des ganzen Menschen. Daß unsere Vernunft gottvernehmende Vernunft ist, das ist wohl ihrer Bestimmung nach immer gültig, aber das wird doch Ereignis nicht mittels logischer Beweisführung, sondern in Anerkennung des im Wort Gottes proklamierten Urteils, die der heilige Geist wirkt. Oder sollte A.s Proslogion am Ende ganz anders gemeint sein, d. h. nicht als solch ein »ontologischer Gottesbeweis«, bei dem die Vernunft mit sich selbst beginnt, sondern in strenger Konsequenz des A.schen Credo ut itelligam? (darüber s. u. S. 231).

Wo die einlinig platonische Denkweise im Zusammenstoß mit dem kirchlichen Denken fragwürdig wurde, wo vom biblischen Gottesglauben her die Schnittlinie zwischen Gott und Mensch schärfer gesehen wurde, konnte sich die aristotelische Erkenntnislehre, die eine unmittelbare Einsicht ins Übersinnliche ausschließt und alles Erkennen sinnlich vermittelt sieht, um so mehr anbieten. Der Thomismus ist erkenntnistheoretisch der imposante Versuch, das Auseinanderbrechen von Glauben und Weltwissen durch einen Kompromiß, der beidem Rechnung zu tragen schien, aufzuhalten.

Thomas von Aquin geht in seiner Summa theologica (I, 1) von der Notwendigkeit der Offenbarung übernatürlicher Wahrheiten aus. Es gibt zwei Arten von Wissenschaft: Solche, deren Prinzipien unmittelbar einleuchten, und solche, deren Prinzipien einer übergeordneten Wissenschaft entlehnt sind, wie die der Musik der Arithmetik. Die Prinzipien der Theologie sind aus der Wissenschaft Gottes entlehnt, sie sind auf Autorität, auf die kanonische Schrift als letzte Autorität, gegründet. Hier wird mit einer unableitbaren, aller Vernunft gegenüberstehenden Autorität gerechnet. Dennoch ist die Theologie Wissenschaft, ja, sogar die Königin der Wissenschaften, um ihres Gegenstandes, Gott, willen. Sie ist es insofern, als sie aus den ihr gegebenen unfehlbaren Prinzipien in strengem Schlußverfahren ihre Sätze gewinnt.

Aber diese Grenzziehung zwischen Offenbarung und Vernunft, wonach letztere nie der Formalgrund der Theologie sein kann, sondern der Schrift und Überlieferung als Quellen bedarf, ist nur die eine Seite der Sache. Daß Gott *ist*, kann und muß beweisbar sein. Im Unterschied zum ontologischen Beweis wird seine Existenz nicht a priori, sondern a posteriori gefolgert, durch Rückschluß aus den Werken Gottes (Röm. 1, 18ff.). Wir erkennen Gott »aus den Geschöpfen auf dem Wege des ursächlichen Verhältnisses, der Steigerung und der Verneinung jeglicher Bedingtheit« (S. th. 13,1). Fünf Wege beschreitet und kombiniert Th. bei diesem Gottesbeweis: 1. Gott ist das primum movens, denn die Bewegung in der Welt erfordert ein erstes Bewegendes, das nicht durch andres in Bewegung gesetzt wird. 2. Gott ist die prima causa. Alles ist verursacht, und so läßt sich auf eine durch nichts mehr kausierte, aber alles andre kausierende Wirkursache schließen. 3. Gott ist das per se necessarium. In der Fülle der Möglichkeiten (possibilia) muß es etwas geben, das den Grund seiner Notwendigkeit in sich hat. 4. Gott ist das summum bonum, die causa aller bonitas, die letzte, alles fundierende Wertstufe. 5. Gott ist das Telos aller Dinge. Sie sind auf ein Ziel hingeordnet, das nicht in der Zeitlichkeit und Geschöpflichkeit liegen kann. Bei allen 5 Wegen ist die empirisch vermittelte Erkenntnis der Ausgangspunkt, aber der in Dunkel gehüllte metaphysische Hintergrund wird a posteriori erschlossen. Diese Erkenntnis zwar nicht des Wesens, wohl aber des Daseins Gottes ist natürlicherweise möglich, gehört also nicht zu den eigentlichen Glaubensobjekten, sondern ist Voraussetzung für deren Erkenntnis, praeambula fidei.

Diese natürliche Erkenntnis Gottes trifft nicht nur negative, sondern auch positive Bestimmungen, sie ist wahre, wenn auch unvollkommene Erkenntnis. Sie ist nicht eindeutig (univoce), aber auch nicht mehrdeutig (aequivoce), sondern teils gleich, teils verschieden, d. h. analog. »Auf diese Weise sagen wir einiges von Gott und von den Geschöpfen aus, also nicht im Sinne bloßer Wortgleichheit (aequivoce), noch in voller Bedeutungsgleichheit (univoce), denn wir können Gott nur benennen nach den Geschöpfen ... Und so wird das, was von Gott und den Geschöpfen gemeinsam ausgesagt wird, in dem Sinne ausgesagt, daß ein Verhältnis besteht zwischen dem Geschöpf und Gott als Ursache alles Geschöpflichen, in der sich alle Vorzüge der Dinge in unendlich vollkommener Weise finden« (S. th. 13,5). Diese analogia entis ist der Zentralbegriff der thomistischen Erkenntnislehre.

Dies Analogieprinzip ist nicht nur von Bedeutung für eine Art Vorbau der Glaubenserkenntnis, sondern betrifft alle theologische Erkenntnis und Lehrbildung. Obwohl das Dogma nicht rein rational zu verstehen ist, sind die menschlichen Worte und Begriffe darin nicht bloß Schale, sondern Vehikel des Göttlichen. Solche Begriffe sind von Haus aus nicht fähig, das Göttliche zu umgreifen, sie werden im theologischen Gebrauch in Dienst gestellt. Aber die Möglichkeit dazu eignet ihnen wesensmäßig kraft dieser analogia entis. Sonst müßte ein göttliches Reden ohne menschlichen Hörer angenommen werden. Die Philosophie ersetzt bei Th. nicht die Offenbarung, sie ist vielmehr Magd der Theologie, aber gefüllt mit der Kraft göttlichen Geistes doch auch Braut. Wo Vernunft und Offenbarung sich zu gemeinsamem Handeln vereinen, ist gewiß die Vernunft mehr der empfangende, die Offenbarung der gebende Teil. Aber es ist im Sinne des Th. konsequent, wenn Pius X. im Dekret »Lamentabili«, 1907, sich gegen eine Trennung von Religion und Metaphysik im Dogma wendet. Der Glaube muß auch von dem natürlichen Gewissen verantwortet werden. Es gibt Hinweise, die von jedem, der guten Willens ist, recht zu deuten sind und dem natürlichen Verstand die Tatsache der Offenbarung darlegen. Es ist alles natürlich und übernatürlich zugleich (gratia non tollit, sed perficit naturam).

Es ist offenkundig, daß sich hier in der Gotteslehre bei Th. das Verhältnis von Natur und Gnade widerspiegelt, das in der Rechtfertigungslehre zu jener Zwielichtigkeit führt, wonach der ganze Heilsprozeß in doppeltem Licht erscheint: sowohl unter dem Aspekt der göttlichen operatio wie der menschlichen cooperatio. Mag bei Th. nicht die logische Evidenz philosophischer Axiome am Anfang stehen, sondern die Autorität der Schrift und Tradition, ist die Trennung von Philosophie und Theologie und die Bewertung der philosophischen Erkenntnismöglichkeit noch nicht in der Eindeutigkeit wie im I. Vaticanum ausgesprochen, so setzt doch der Glaube eine Empfänglichkeit des Menschen voraus, die fragwürdig ist. Wir gehen hier nicht auf die philosophische Kritik an dem kosmologischen und physiko-theologischen Gottesbeweis ein, wie sie Kant vor allem entwickelt hat, indem er die Anwendung des Begriffs der Kausalität auf einen alle Erfahrung transzendierenden Bereich bestritt. Im Prinzip lassen sich alle (theoretischen) Gottesbeweise nach Kant ja auf den ontologischen zurückführen und fallen mit ihm. Hier bei der theologischen Beurteilung kommt es darauf an, zu erkennen, daß das Bemühen des Th.s, die Unableitbarkeit und Kontingenz der Offenbarung zu wahren, Hand in Hand geht mit einer Ontologie, welche göttliches und menschliches Sein derart in Analogie stellt, daß menschlicher Geist im Rückschluß von geschöpflicher Existenz jedenfalls das Daß der Existenz Gottes erweisen kann. Aber kann man hier das Daß und das Was, Dasein und Wesen trennen? Und ist nicht im Grunde auch bei Th. eine Identität beider vorausgesetzt, wenn das hier rational postulierte Absolute zur Behauptung der Existenz Gottes, des Gottes der Offenbarung, führen soll?

1a. DIE VERBORGENHEIT DES SCHÖPFERS

Ohne Zweifel bezeugt die heilige Schrift Gott als den, der alle Dinge geschaffen hat und über sie verfügt. Nicht nur, daß er aller Kreatur Sein und Leben gibt, ihr Werden und Vergehen bestimmt, so daß kein Sperling vom Dach fällt ohne Gottes Willen, sondern diese Herrschaft über die Kreatur bewährt Gott auch, indem er sich offenbart. Kreatürliches stellt er in seinen Dienst, indem er durch menschliche Worte mit uns redet, in den Zeichen und Handlungen der Sakramente mit uns umgeht, ja, im Menschen Jesus von Nazareth selbst zu uns kommt und sich menschlichen Wesens bedient, um sich uns erkennbar zu machen. Wenn Gott in dieser Weise Geschöpfliches in den Dienst seiner Selbstkundgabe stellt, dann kann kein grundsätzlicher Gegensatz zwischen Schöpfer und Geschöpf bestehen, sondern vielmehr muß eine Entsprechung, eine Analogie zwischen beiden möglich sein. Mag uns Gott als unser Versöhner und Erlöser unbekannt sein und erst durch seine Offenbarung in Jesus Christus manifest werden, so scheint es doch so, als ob er uns als der Schöpfer, dessen Geschöpfe wir immer schon sind, in seinen Werken ohne weiteres erkennbar sei. Wenn es wahr ist, daß die Himmel des Ewigen Ehre rühmen, wenn die ganze Welt, wie Calvin sagt, ein theatron ist, in dem sich Gottes Herrlichkeit kundtut, wenn Paulus Röm. 1,18ff. Gottes unsichtbares Wesen auf dem Wege über diese seine Schöpfung für erkennbar erklärt, was liegt dann näher, als mit dem Vaticanum (I) die Erkennbarkeit Gottes mittels unsrer Vernunft als eine uns faktisch offenstehende Möglichkeit zu behaupten? (Vgl. De rev. 1, Denz. Nr. 1806: Si quis dixerit, Deum unum et verum, creatorem et Dominum nostrum per ea, quae facta sunt, naturali rationis humanae lumine certo cognosci non posse, anathema sit.) Ist hier nicht offensichtlich an einen Schöpfergott und ein principium aller Dinge, unabhängig von der Offenbarung in Jesus Christus und auch vom heiligen Geist als dem Geist des Vaters und des Sohnes gedacht, also eine »natürliche« Theologie des 1. Artikels gelehrt? Aber: Findet hier nicht (wie K. Barth KD II, 1, S. 86ff. konstatiert) eine Teilung Gottes statt, die der hl. Schrift fremd ist? Ist doch gerade die Erkenntnis Gottes des Schöpfers auch im Alten Testament in engstem Zusammenhang mit der Erkenntnis des Bundes gesehen und wohl geschichtlich auch daraus erwachsen, während sie hier zu einer Art Allgemeinplatz der Vernunft zu werden scheint.

Dieser Schöpfergott wird zwar Dominus noster genannt, aber ist er bereits der, der in Zorn und Liebe mit uns umgeht, oder ist hier – unter dem Vorbehalt, später an seinem Ort auch von seinem Heilshandeln und seiner Heilsoffenbarung zu reden – nur sein Sein in abstracto ins Auge gefaßt? Die Vernunft erkennt, daß diese Welt den Gottesbegriff erfordert (als prima causa u. ä.). Gottes Sein wird in Entsprechung zu dem unvollkommenen, aber doch ähnlichen menschlichen und kreatürlichen Sein verstanden. Als Seiende haben wir Anteil am Sein, kennen grundsätzlich alles Seiende und darum auch Gott als das summum ens. Wo man eine analogia entis in diesem Sinn vertritt, da ist Gott, der Vater Jesu Christi, bereits ontologisch umgriffen und prinzipiell definierbar.

Allerdings wird heute von katholischer Theologie häufig dies massive Verständnis von Analogie bestritten. Urs von Balthasar macht in seinem Barth-Buch den Versuch, das Vaticanum I mit seiner Beteuerung der Möglichkeit vernünftiger Erkenntnis Gottes in die Gnadenordnung einzuordnen. Das menschliche Vermögen wird erst durch Gnade aktualisiert. Er beruft sich z. B. auf Michael Schmaus: »Auch wenn noch nie ein lebendiger Mensch ausschließlich auf dem Wege des natürlichen Erkennens zur Überzeugung vom Dasein Gottes gelangt sein sollte, behält die Feststellung des Vatikanischen Konzils dennoch ihre Bedeutung ... Der Mensch wird nicht gestoßen wie ein Stück Holz oder wie ein Stein. Vielmehr setzt er sich, sein Erkenntnisvermögen, von der Gnade getrieben, selbst in Bewegung auf Gott hin. Er vermag Gott mit der ihm verliehenen Fähigkeit zu erkennen. Aber der Akt des Erkennens wird ausgelöst durch die gnadenhafte Einwirkung Gottes« (Balthasar, Karl Barth, 1951, S. 319). Auch Gottlieb Söhngen will die analogia entis der analogia fidei unterordnen (vgl. Analogia fidei, Catholica 1934, 3–4 und Analogia entis in Analogia fidei, in Barthfestschrift »Antwort«, S. 266ff.). Er vertritt für die Erkenntnisordnung (umgekehrt wie bei der Seinsordnung) die These, daß das Sein dem Tun folgt (esse sequitur operari). So sagt Söhngen (Catholica 1934, S. 204): »Aus der analogia et participatio entis vermag sich eine analogia et participatio divinae naturae weder zu entwickeln noch uns zu erschließen. Und Dasein und Seinsweise einer Selbsterschließung Gottes vermögen wir Menschen nicht einmal im geringsten zu ahnen. Die Selbsterschließung Gottes kann selbst allein in eben dieser göttlichen Selbsterschließung erkannt werden.« Sein Bedenken gegen Barth richtet sich nur dahin, es müsse innerhalb der participatio fidei nicht bloß zu einer aktuellen Partizipation, sondern zu einer participatio entis kommen. Dagegen hat Barth so wenig einzuwenden, daß er (KD II, 1, S. 90) ausdrücklich zugestehen kann: »Wenn *das* die römisch-katholische Analogia-entis-Lehre wäre, dann müßte ich allerdings meinen früheren Satz, daß ich die analogia entis für ›die Erfindung des Antichrists‹ halte, zurücknehmen.« Barth bezweifelt allerdings, daß dies die offizielle römisch-katholische Lehre sei!

Immerhin ist auch bei v. Balthasar, der die Vernunftordnung so radikal in die Gnadenordnung einbetten möchte und das Prius der Gnadenordnung vor der Naturordnung betont, eine umgekehrte Tendenz nicht zu übersehen. Er kann nämlich sagen: »Wo Übereinstimmung besteht über das absolute prius der Gnadenordnung vor der Naturordnung (in ordine intentionis) und das relative prius der Schöpfungsordnung vor der Gnadenordnung (in ordine executionis), da kann und muß, innerhalb des umgreifenden prius der Offenbarung und des Glaubens, auch ein relatives Hinblicken von Adam zu Christus hin und von der geschöpflichen Vernunft zum Glauben des Bundes hin zugestanden werden« (a.a.O., S. 313). Als geistiges Wesen stößt der Mensch als Gottes Geschöpf an den Schöpfer. Es gibt also einen durch die natürliche Offenbarung eröffneten Vorraum, ein dem Menschen naturhaft innewohnendes Vermögen, an Gott als Anfang und Ende aller Dinge zu rühren und damit eine Vorbereitung, eine Grundlegung und einen Ansatz für die folgende Wortoffenbarung. Die apriorische Struktur der Vernunft bleibt auch in der Sünde des Menschen intakt. Von daher ergäbe sich dann doch eine gewisse Rechtfertigung der analogia entis in dem oben abgelehnten Sinn.

Diese Art analogia entis, die in der scholastischen Theologie angelegt und seitdem immer wieder in der katholischen Dogmatik expliziert wurde, ist auch in der evangelischen Theologie häufig genug anzutreffen. Schon in der altprotestantischen Orthodoxie wurde zwar an ihrem Ort die Rechtfertigungslehre sehr dezidiert und mit scharfer Abgrenzung gegen die römisch-katholische Auffassung vorgetragen, aber in der Lehre von Gott bzw. der Gotteserkenntnis zog man nicht die entsprechenden Konsequenzen. Man unterschied zwischen theologia naturalis und theologia supranaturalis und ließ sich oft genug in ersterer von einer analogia entis leiten, die im Widerspruch stand zu dem, was man in der Rechtfertigungslehre behauptete. Vollends im modernen Protestantismus hat die Trennung zwischen 1. und 2. (bzw. auch 3.) Artikel des Glaubens weithin Eingang gefunden. Wir denken hier nicht nur an die Aufklärungstheologie im 18. Jahrhundert, sondern auch an eine Offenbarungstheologie im 19. und 20. Jahrhundert, die sich gern auf Luther berief. Man muß doch Gott kennen, um überhaupt an ihm schuldig zu werden und die Botschaft von der Rechtfertigung und Versöhnung verstehen zu können. Wir sind doch zuerst Menschen, ehe wir Christen werden, wir sind Gottes Geschöpfe, ehe wir im Glauben seine Kinder werden. Was liegt also näher als eine Unterscheidung zwischen Uroffenbarung und Heilsoffenbarung, wie sie etwa Paul Althaus in seiner Dogmatik vertritt? Wenn der Mensch verantwortliche Person ist und als solche durch das Evangelium angeredet wird, dann setzt doch der Glaube an den Versöhner eine gewisse Erkenntnis des Schöpfers voraus. Zwar will Althaus nicht eine ungebrochene natürliche

Theologie entwerfen; er grenzt sich ausdrücklich gegen die Scholastik und gegen die protestantische Orthodoxie ab. Er spricht von einer Uroffenbarung, die immer zugleich von uns entstellt und verkannt wird. Althaus kann sagen: »Der Glaube an das Evangelium ist nicht eine zweite höhere Stufe, sondern der Bruch mit der natürlichen Gotteserkenntnis der sündigen Menschheit. Ein neutrales Empfangen der Ur-Offenbarung gibt es nirgends« (Grundriß der Dogmatik I, 1947[3], S. 26). Dennoch ist unverkennbar, daß Althaus von einem Innewerden Gottes durch die Uroffenbarung redet, auch wenn es nicht zur Heilsgewißheit kommt und wir nicht wissen, »ob die Ur-Beziehung unseres Daseins auf Leben, Wahrheit, Gerechtigkeit, Gemeinschaft zur Erfüllung führt oder bleibende Qual bedeutet« (S. 28). Obgleich von der Verborgenheit Gottes gesprochen wird, weil wir nicht wissen, was der in Natur und Geschichte und vor allem in unserem personhaften Wesen sich bekundende Gott eigentlich von uns will und uns schenkt, werden wir doch Gottes gewahr in all dieser Verkehrung. Wenn Althaus einerseits die »Erfahrung von der heillosen Verborgenheit Gottes über der menschlichen Lebensnot« redet, die in der Verzweiflung endet, aber andrerseits diese Verzweiflung erst im Glauben offenbar und bewußt werden läßt, dann liegt zum mindesten über diesem Offenbarungsverständnis ein Zwielicht.

Ähnlich steht es mit Paul Tillichs Programm einer sog. Apologetischen Theologie. Tillich möchte im Gegensatz zu einer kerygmatischen oder auch neuorthodoxen Theologie, die den Fragen der Gegenwart nicht gerecht wird, sondern – wie er fürchtet – die Botschaft den Hörern wie einen Stein zuwirft, eine Methode der Korrelation entwickeln, nach der die existentiellen Fragen und die theologischen Antworten in wechselseitiger Abhängigkeit gesehen werden müssen (Systematische Theologie, I, S. 74). Inhaltlich hängen die christlichen Antworten von der Offenbarung ab, formal dagegen von den Fragen, auf die sie antworten sollen. »Gott ist die Antwort auf die in der menschlichen Endlichkeit beschlossene Frage« (S. 79). Aber wie Tillich dann den Vernunftbegriff untersucht und den in der aktivierten Vernunft aufbrechenden Konflikt aufzeigt, der nach Offenbarung ruft, wie diese Offenbarung »Entbergung des Seinsgeheimnisses für die erkennende Funktion der menschlichen Vernunft« (S. 156) sein soll, wie hier die Frage nach Gott als die Frage nach dem, »was uns unbedingt angeht«, bezeichnet wird und Christus als die »letztgültige Offenbarung« die Manifestation dessen ist, dies alles zeigt, wie sehr hier die Fragestellung die Antwort mitbestimmt. Jesus Christus ist hier die Erfüllung dessen, was mit dem allgemein umschriebenen Offenbarungsbegriff tendiert wird.

Die Verborgenheit Gottes des Schöpfers ist demgegenüber viel strenger zu fassen. Vor allem ist nicht eine isolierte Erkenntnis des Schöpfers (in Lösung des 1. Glaubensartikels von dem 2. und 3.) anzunehmen, die dann ontologisches Richtmaß wird für die Christuserkenntnis. So gewiß zwischen den Werken Gottes in seiner Schöpfung, seiner Versöhnung und seiner Erlösung zu unterscheiden ist, so ist doch Gott in alledem der eine und läßt sich nur so erkennen. Wenn der johanneische Christus von sich sagt: »Wer mich sieht, der sieht den Vater« und »Niemand kommt zum Vater denn durch mich«, so zerbricht jeder Gottesbegriff, der auf dem Wege der analogia entis (an Jesus Christus, und zwar dem gekreuzigten und auferstandenen Christus, vorbei) gewonnen wird. Gott als prima causa oder als Telos aller Dinge, Gott als der Unendliche, Allmächtige, als der oder das Absolute, als das, was uns unbedingt angeht – dies alles sind Abstraktionen, die uns als solche nicht weiterhelfen, sondern in die Krisis geraten, wenn wir der Offenbarung Gottes in Jesus Christus begegnen.

Mit alledem ist nicht geleugnet, daß Gott allen seinen Geschöpfen nahe ist, daß wir nicht leben und atmen können, ohne von allen Seiten von ihm umgeben zu sein. Eigentlich sollte wohl die Betrachtung der Natur und der Umgang mit der Geschichte, ja, auch die menschliche Existenz in ihrer leiblichen, seelischen und geistigen Beschaffenheit zum Lobpreis des Schöpfers führen. Aber wer kann auf Grund der Erforschung der Natur und des Kosmos, wer kann vollends durch die Betrachtung und Deutung der menschlichen Geschichte oder auch nur des eignen Lebensweges zu der Erkenntnis kommen, daß hier ein Gott walte, der über alle Dinge zu lieben und zu ehren wäre? So gewiß alle kreatürliche Wirklichkeit nur durch Gott existiert, so unmöglich ist es doch, durch Rückschluß von dieser Wirklichkeit auf deren Ursprung, deren Ziel und ihren Sinn den Gott zu entdecken, von dem Paulus sagt: »Welch eine Tiefe des Reichtums, der Weisheit und der Erkenntnis Gottes! Wie gar unbegreiflich sind seine Gerichte und unerforschlich seine Wege! Denn wer hat des Herrn Sinn erkannt, oder wer ist sein Ratgeber gewesen?« (Röm. 11,33f.)

2. GOTTESLEUGNUNG

Gerade wenn man die Beweisbarkeit Gottes im Namen des Wortes Gottes bestreitet, wenn vielmehr seine Verborgenheit und darum die »Torheit« dieses Wortes ausdrücklich zugestanden werden muß, stellt sich die Frage, ob nicht der Gottesleugner recht hat. Schien es früher eine selbstverständliche Voraussetzung des Hörens auf das Wort Gottes in der christlichen Verkündigung zu sein, daß man überzeugt war: Gott ist!, so ist im sog. nachtheistischen Zeitalter die offene oder heimliche Prämisse: Gott ist tot! Könnte das nicht – so paradox das klingt – theologisch sachgemäßer sein? »Der ›natürliche‹ Mensch vernimmt nichts vom Geiste Gottes«, sagt Paulus (1. Kor. 2,14). Er *kann,* wie Luther sagt, nicht wollen, daß Gott Gott ist. Sollte also eine rechte Theologie, eine theologia crucis, nicht geradezu beglückt sein über den Atheismus der Moderne, weil er dem Reiche Gottes näher ist als jener selbstverständliche Theismus? Oder ist dieser Atheismus der Todesstoß für jede *Theo*logie, so daß sie allenfalls noch als reine Anthropologie sinnvoll ist?

Offenbar bedarf es einer genaueren Interpretation dieses Atheismus, um auf diese Fragen zu antworten, denn er ist keine eindeutige Größe. *Kants* erkenntnistheoretische Kritik der überkommenen Gottesbeweise zielt nicht auf Leugnung Gottes, er hält an der Gottesidee jedenfalls als Postulat der Vernunft fest und läßt sie durch die praktische Vernunft verbürgt sein, so daß man – unscharf – von einem moralischen Gottesbeweis gesprochen hat. Im Erfahrungshorizont der gegenständlichen Welt, als Objekt wie andre Objekte in ihr, kann Gott nicht begegnen. Die Vernunft kann die objektive Realität der Idee Gottes nicht durch theoretische Erkenntnis sichern. Versucht sie das, so überschreitet sie ihre Kompetenz. Diese erkenntnistheoretische Einsicht konnte von der Theologie dankbar aufgegriffen werden. Entspricht sie nicht der biblischen Unterscheidung von Schöpfer und Schöpfung und bestätigt sie nicht die christliche Erkenntnis von der Verborgenheit des Schöpfers? Gott ist nicht vorfindlich gegeben. Das widerspräche seiner Gottheit und das gefährdete auch die Würde des Menschen, indem es ihn einer Heteronomie unterwürfe, einer zwangsweise sich ihm aufdrängenden Erkenntnis. Von daher erscheint der methodische Atheismus der Wissenschaft, ihr Abblenden gegen Metaphysik, ihr Verzicht auf die »Arbeitshypothese Gott« gerechtfertigt. Der gewaltige Säkularisierungsprozeß in der modernen Welt konnte geradezu als Frucht des Christentums angesehen werden. Die in diesem Horizont behauptete Verborgenheit Gottes und Unausweisbarkeit seines Wortes wären christlich legitim.

Dennoch muß man sich hüten, diese Verborgenheit zu verwechseln mit dem, was oben von der verborgenen Weisheit des Wortes Gottes gesagt wurde. Der berechtigte methodische Zweifel und Atheismus steht ständig in der Gefahr, sich ontologisch zu verabsolutieren, die Säkularität droht zum Säkularismus zu werden (mit Gogarten zu reden). Wieweit man hinter Kants erkenntnistheoretischer Konzeption bereits als ontologische Prämisse die Meinung annehmen darf, »daß es ... möglich sei, den Weltzusammenhang ohne geglaubte Annahme eines Umgreifenden zu verstehen« (wie H. Thielicke, Der Evangelische Glaube, 1968, S. 410 meint), bleibe dahingestellt. Man könnte den Versuch, die Welt säkular zum Objekt der Erkenntnis zu machen unter Abblendung dieser Frage nach dem Zusammenhang im Ganzen, wie er vor allem in Naturwissenschaft und Technik zu ungeheuren Erfolgen führte, im Sinne eines methodischen Atheismus verstehen, d. h. aber im Blick auf die Frage nach der Wirklichkeit im ganzen als Abstraktion. Daß hier

Gott nicht vorkommt und daß in diesem Bereich kein »Wort Gottes« entdeckt wird, könnte dann Zeichen echter Bescheidung sein und entspräche der christlichen Erkenntnis, daß Offenbarung Gottes nie Offenbartheit bedeutet, weil er Herr seines Offenbarens bleibt. Und es schlösse das nicht aus, daß dennoch Offenbarung Gottes in dieser Welt und Geschichte sich ereigne – und zwar durchaus unter Indienstnahme gegenständlicher Erkenntnis –, nicht kraft einer Eignung der Kreatur, sondern kraft seiner Erwählung.

Anders der Atheismus, der sich nicht nur gegen Gottesbeweise wendet, der nicht nur die Objektivierbarkeit Gottes im Sinne welthafter Gegenständlichkeit bestreitet und in diesem Sinn von einer Verborgenheit Gottes redet, sondern der Gott leugnet, und zwar gerade den Gott der Offenbarung in Christus. Er bedient sich zwar – wie die Geschichte dieses Atheismus beweist – oft wissenschaftlicher Argumente und versteht seine Kritik gern als zwangsläufiges Ergebnis eines unbestechlichen Denkens. So hat *Comte* im Namen des modernen Wissenschaftsbegriffs eine Konzeption der Geschichte entworfen, nach der sie zuerst ein kindheitliches theologisches Stadium, dann ein metaphysisches Jugendstadium durchlaufen hat, um einzumünden in das Mannesalter der wissenschaftlichen Epoche, das für Gott keinen Raum mehr hat. So ist bei *Feuerbach* »Gott« nichts andres als eine Schöpfung des menschlichen Geistes. So glaubte sich der dialektische Materialismus mit seiner Religionskritik wissenschaftlich gerechtfertigt. Aber mit dem möglichen und notwendigen Nachweis, daß hier die Grenzen der Wissenschaft überschritten werden und diese zum Religionsersatz wird, ist der eigentliche Impetus dieses Atheismus noch nicht getroffen. Und die These, daß es Gott nicht gebe, kann die Theologie insofern mit Gelassenheit aufnehmen, als sie nicht einen Gott bekennt, den »es gibt«. Aber der eigentliche atheistische Protest hat tiefere Wurzeln. Er wird im Namen der Gerechtigkeit und Freiheit geführt. Er entzündet sich an den furchtbaren Dissonanzen dieser Welt, an den schauerlichen Abgründen der Geschichte, an der offenkundigen Ungerechtigkeit in der Menschheit. Oder hier wird im Namen des Ethos argumentiert (vgl. *N. Hartmann*), einer Freiheit des Willens, die gefährdet erscheint durch einen uns bestimmenden Willen Gottes. Der leidenschaftlichste Vertreter dieses Atheismus ist wohl *Nietzsche*, für den die theoretischen Einwände gegen das christliche Dogma Kinderspiel sind, solange nicht sein Ethos, die gesamte überkommene Wertordnung umgestürzt wird. Hier ist dann auch nicht nur von einer Nichtexistenz Gottes, sondern von seinem Tode, ja, von unserem Töten Gottes die Rede. Hier ist offenkundig, daß nicht nur ein theoretisches Nein gesprochen wird, sondern dies Nein die Kehrseite eines Ja ist, der Bejahung des Übermenschen, des Willens zur Macht – jenseits von gut und böse.

Wo dies »Gott ist tot« erklingt, das seitdem in vielen Variationen aufgenommen wurde, da ist auf der einen Seite von einer großen Nähe zur christlichen Botschaft zu reden. Mag dieser Protest nicht nur gegen das Christentum gerichtet sein, sondern gegen die ganze abendländische Tradition, mag er sich an einem verzerrten Bild des christlichen Glaubens (Sklavenmoral), an dem aber die Kirche ihr gerüttelt Maß Schuld hat, orientieren, so läßt sich doch nicht verkennen, daß er sich mit seinem fanatischen Haß gerade gegen den Gekreuzigten richtet. Weil und soweit hier etwas vom Stachel der Kreuzesbotschaft empfunden ist, von ihrem Ärgernis und ihrer Torheit, könnte man mit Luther sagen, daß das Fluchen der Gottlosen eine Nähe zu Gott verraten kann. Und sofern die »Theologie nach dem Tode Gottes« im Gegensatz zu einer billigen Flucht ins Jenseits dies Sich-ausliefern Gottes an den Menschen, der ihn haßt und tötet, zum Ausdruck bringen will, hat sie ihr Recht.

Aber zugleich muß von einer großen Ferne dieses Atheismus gegenüber dem Evangelium geredet werden. Die Ohnmacht des Wortes Gottes ist für Paulus die Kehrseite seiner Dynamis, seiner Vollmacht, so gewiß der Gekreuzigte der Auferstandene ist. Vom Tode Gottes kann nur recht geredet werden, wenn er dabei zugleich als der Sieger über den Tod bekannt wird. *Diesen* Gekreuzigten, d. h. aber den im Evangelium verkündigten Christus, hat Nietzsche nicht vor Augen, sondern eine Abstraktion, den Gekreuzigten »an sich«. Diese Abstraktion aber sollte die Theologie auch in einer »nachtheistischen«

Epoche nicht in gutgemeinter, aber falscher Solidarisierung mit ihr vollziehen; denn eine solche kenotische theologia crucis ist nicht weniger »natürliche Theologie« als die theologia gloriae der Gottesbeweise.

3. ANALOGIA FIDEI

Sollte Anselms Credo, ut intelligam am Ende im Sinne dieses Selbstbeweises des Wortes Gottes gemeint sein? So deutet es *K. Barth* (Fides querens intellectum, 1931) im Gegensatz zur traditionellen Auffassung. Anselms berühmte Formel (aliquid quo nihil maius cogitari possit) meint also nicht einen rational gefaßten Gottesbegriff, aus dem seine Existenz gefolgert werden kann, sondern hier ist der offenbarte Gottesname vorausgesetzt (Anselms Gebet!) und auf Grund dessen eine Denkregel gewonnen, die nun ihrerseits eine gewisse Selbständigkeit erlangt und im Bereich des Denkens eine Schranke im Sinne des ersten Gebots gegen uferlose Spekulationen aufrichtet. Unter der Voraussetzung des Credo kann auf diese Weise einsichtig gemacht werden, daß die geglaubte Existenz Gottes mit Notwendigkeit gedacht werden muß bzw. daß die noetische ratio keinen legitimen Grund hat, die Existenz Gottes zu leugnen.

Diese in Barths Anselmbuch diffizil entfaltete, hier nur angedeutete Überlegung führt ihn zu dem für seine theologische Erkenntnislehre entscheidenden Begriff der analogia fidei – im Gegensatz zur analogia entis (vgl. KD I/1 und II/1). Wenn wir von Gott reden, können wir es nur tun mit unseren menschlichen Worten, Begriffen und Bildern. Kommt es dabei zu echter Gotteserkenntnis, so doch nicht, indem wir die Worte Liebe, Zorn, Geist und Gerechtigkeit, aber auch Ohr und Mund in gleichem Sinn auf Gott und auf die Kreatur anwenden. Sonst müßte Gott aufhören, Gott zu sein, oder wir Menschen müßten aufhören, Menschen zu sein. Es kann sich aber auch nicht um eine völlige Andersartigkeit handeln, denn sonst würden wir gar nichts verstehen. Weder Gleichheit noch Ungleichheit, sondern Ähnlichkeit, Analogie kommt in Frage, d. h. aber eine teilweise Ähnlichkeit und Entsprechung. Mit diesem im Sinn des Quantitativen mißverständlichen Begriff »teilweise« soll die Schranke der Ähnlichkeit bezeichnet werden. Zwei Gedanken sind hier Barth wichtig: 1. Gott erlaubt und gebietet uns in seiner Offenbarung, menschliche Anschauungen, Begriffe und Worte auf ihn anzuwenden, etwa indem wir ihn Vater nennen. Das ist kein unerlaubter Übergriff, sondern legitim auf Grund der Fleischwerdung. Er kommt in sein Eigentum und nimmt in Anspruch, was ihm ursprünglich gehört. Gott begeht keinen »Raub«, wenn er das Kreatürliche in seiner Offenbarung in Dienst nimmt, sondern führt es vielmehr zu seinem eigentlichen Gebrauch zurück, während unser Gebrauch dieser Worte uneigentlich ist. 2. Aber diese Rückführung zu ihrer Eigentlichkeit liegt nicht in unserer Macht. Das ist der große Irrtum aller natürlichen Theologie, daß sie hier eigenmächtig Gott vorgreifen will – statt einer Analogie, die nur herkommend von Gottes Offenbarung, nicht ihr entgegenlaufend möglich ist. »Es ist also nicht an dem, daß wir mittels einer Klärung des Sinnes und Verständnisses unserer Worte als solcher zu einem Vorsinn und Vorverständnis ihres Gebrauchs im Verhältnis zu Gott vorzustoßen vermöchten. Der Vorsinn und das Vorverständnis, zu denen wir durch solche Klärung allerdings vorzustoßen vermögen, ist der Vorsinn und das Vorverständnis unseres Weltverständnisses und letztlich unseres Selbstverständnisses, wie es dann in unserer Begegnung oder vermeintlichen Begegnung mit einem von den Göttern dieser Welt tatsächlich Ereignis werden mag« (KD II/1, S. 260). Natürliche Theologie macht aus der allerdings mit Nachdruck zu behauptenden göttlichen Wirklichkeit und der daraus resultierenden menschlichen Erkenntnismöglichkeit eine eigenständige Möglichkeit, sie macht aus dem »Er« ein »Es«. Aber was als Schluß von unserem menschlichen und d. h. immer sündigen Gebrauch dieser Worte auf Gott via eminentiae oder negationis unerlaubt ist, das ist von der geschehenen Offenbarung her legitim. Hier bestätigt sich dann, daß der Mensch – seiner ontologischen Bestimmung nach – von Haus aus Gott-vernehmender Mensch ist. »Der Mensch (ist) fähig, den ihm begegnenden, den sich ihm offenbarenden Gott zu vernehmen«. »Indem Gott mit dem Menschen handelt, appelliert er an dieses Können, setzt er voraus, daß im Menschen als dem Subjekt eines eigenen Entscheidens ... an dieses Können zu appellieren sei. Ohne dieses Können würde jener Appell offenbar gegenstandslos ... Hat Gott ihn für ein Sein in seinem Wort und also zu seinem Partner in diesem Bunde geschaffen, dann ist darüber entschieden, daß er ihn als vernehmendes Wesen geschaffen hatte« (KD III/2, S. 478). Aber die Realisierung dieser Bestimmung ist ihm von sich aus nicht möglich. Mit Recht interpretiert U. v. Balthasar (Karl Barth, 1951): »Jetzt versteht man ohne weiteres, wie Barth scheinbar im gleichen Atemzug dem Menschen jede ›natürliche‹ Fähigkeit zur Gotteserkenntnis absprechen und sie ihm so total zusprechen kann. Absprechen muß er sie ihm dort, wo die menschliche Potentialität auf das aktuierende Ereignis des Wortes nicht warten zu müssen meint, sondern sich selbst in den Akt überführt, den Gottesbegriff aus sich selbst hervorzubringen sucht, dabei aber nicht nur im Potentiellen, Endlichen und Relativen steckenbleiben, sondern auch und vor allem radikal ungehorsam werden wird. Zusprechen muß er sie ihm dort, wo die menschliche Potentialität sich als um des Aktes und der Offenbarung Gottes willen geschaffen und vorhanden versteht, was sie eben im Empfang der Offenbarung selbst kann, sofern diese mit ihrem Sinn auch den Sinn der geschöpflichen Potentialität enthüllt. So ist denn beides wahr: abstractio mentitur – abstractio non mentitur« (S. 168). Mit dem Begriff der analogia entis verbindet sich für Barth notwendig dieser Übergriff, der zum Götzendienst führt, während die analogia fidei auf Grund des offenbarten Gottes in Christus seine Erkennbarkeit behauptet. So ist in »törichtem« Menschenwort Gottes Weisheit offenbar.

Hier muß freilich m. E. näher präzisiert werden, wie das geschieht und was das für das Verständnis des verkündigten Wortes Gottes bedeutet. Jesus Christus selbst ist das Wort Gottes, und das wird von Barth zunehmend in den späteren Bänden der Kirchlichen Dogmatik als die Geschichte Jesu Christi, des Gekreuzigten und Auferstandenen, interpretiert, die selber Wortcharakter hat. Dies alle Zeiten übergreifende Christusgeschehen versetzt alle Menschen in eine neue Situation, so daß sie ontologisch bereits als Gott-zugehörige, Gott-vernehmende Menschen angesehen werden müssen, auch wenn es erst im heiligen Geist zum (subjektiven) Erkennen und Anerkennen kommt, wodurch sie dann antwortend dem zu entsprechen beginnen, was sie (objektiv) bereits sind. Christus, obwohl einmal gekreuzigt und auferstanden, ist doch nicht nur der damalige, der von uns durch eine Kluft getrennt ist, sondern Träger unsres Fleisches. »Unser Fleisch ist also dabei, wenn er Gott erkennt« (KD II/1, S. 169). Sein damaliges »Für uns« ist sein ewiges »Für uns«, seine Bereitschaft für Gott ist nicht nur hypothetisch zu verstehen, so daß uns nur die Möglichkeit eröffnet wäre, unsererseits das nachzuvollziehen, sondern Barth kann sagen: »Unsere Aneignung dessen, was er uns erworben hat, ist also nicht erst durch uns zu vollziehen, sondern sie wird, indem er für uns der für Gott bereite Mensch in Ewigkeit in Gott selber ist, in Ewigkeit, in Gott selber, von ihm, in der ewigen Fortsetzung seines hohepriesterlichen Amtes vollzogen« (KD II/I, S. 174). Könnte das aber nicht mißverstanden werden im Sinne einer – allerdings christologisch begründeten – Ontologie, so daß dem Wort der Verkündigung lediglich ein mitteilender, d. h. aufklärender Charakter zukäme und im übrigen auf das Wunder des heiligen Geistes verwiesen würde? Das war offenbar bereits die Sorge H. J. Iwands, wenn er in seiner Besprechung von KD I/1 (Theol. Blätter, 1935, Sp. 65ff., jetzt in: Um den rechten Glauben, 1959, S. 87ff.) ein »Jenseits von Gesetz und Evangelium« vermutet. Iwand meint, mit der Thematik Gottes Wort–Menschenwort allein sei die Begegnung mit dem fleischgewordenen Wort bzw. dem verbum externum nicht hinreichend zu klären, sondern das wehrlos sich uns ausliefernde Wort sei das urteilende Wort, unter dem sowohl mein gottloses Urteil provoziert, wie (im Glauben) das wahre, anerkennende Urteil geschaffen würde. – In ähnliche Richtung scheint mir Lothar Steiger (Die Hermeneutik als dogmatisches Problem, 1961, S. 188f.) zu tendieren, wenn er die Notwendigkeit eines vorgläubigen Verstehens behauptet, das die Verkündigung nicht nur voraussetzt, sondern geradezu hervortreibt. Ein Nichtverstehen im äußeren Sinn dürfe es nicht geben. – Deshalb kann die Lehre vom Worte Gottes in der Tat nicht nur unter dem Aspekt Gottes Wort–Menschenwort, Offenbarung und Verhüllung, ontisch und noetisch abgehandelt werden. Der menschgewordene Christus ist als solcher zugleich der Gekreuzigte und Auferstandene, der Gekommene und der Kommende. Was Barth in seiner Versöhnungslehre (KD IV) christologisch eindrücklich entfaltet (durch Interpretation der christologischen Seinsaussagen in Geschehensaussagen, der Zwei-Naturen-Lehre durch die Zwei-Stände-Lehre usw.), das muß m. E. in der Lehre vom Worte Gottes dazu führen, daß das verkündigte Wort nicht nur als Mitteilung über ein bereits in Christus geschehenes Handeln Gottes bzw. ein Sein, sondern zugleich als Verheißung eines Kommenden und als Widerspruch und Zuspruch heute expliziert wird. Um diesen – im folgenden näher zu erläuternden – Sachverhalt in den Blick zu bekommen, sprachen wir von dem Wort vom Kreuz als dem Urteilsspruch Gottes, der verstehbar verkündigt werden will, aber dessen Verifikation Gott sich selbst vorbehält und der als gültiges Urteil doch zugleich nach unsrer Anerkennung verlangt, uns also weder autoritativ erschlägt noch vor ein Mirakel stellt.

4. DAS »PRO ME«

Ohne Zweifel ist die reformatorische Theologie an der Hervorhebung des Existenzbezugs des Wortes Gottes brennend interessiert gewesen. Wir erinnern an die Fülle der Lutherworte, in denen er das pro nobis oder das pro me geradezu als Schlüssel zum Verständnis des Evangeliums bezeichnet – im Gegensatz zu einer fides historica oder einem blind dem Dogma folgenden Köhlerglauben. Statt vieler Beispiele sei hier nur auf Luthers Auslegung des ersten Gebots im Großen Katechismus verwiesen, in der dies existentielle Moment geradezu zum Kanon allen theologischen Denkens erhoben zu sein scheint. »Was heißt einen Gott haben oder was ist Gott? Antwort: Ein Gott heißet das, dazu man sich versehen soll alles Guten und Zuflucht haben in allen Nöten, also daß einen Gott haben nichts anderes ist, denn ihm von Herzen trauen und gläuben; wie ich oft gesagt habe, daß allein das Trauen und Glauben des Herzens macht beide, Gott und Abgott. Ist der Glaube und Vertrauen recht, so ist auch dein Gott recht; und wiederum, wo das Vertrauen falsch und unrecht ist, da ist auch der rechte Gott nicht; denn die beiden gehören zu Hauf, Glaube und Gott. Worauf du nu (sage ich) dein Herz hängest und verlässest, das ist eigentlich dein Gott.«

Diese bei Luther allerdings keineswegs zu isolierende Linie wird in der ältesten reformatorischen Dogmatik, in Melanchthons Loci communes von 1521, geradezu zum methodischen Prinzip der Theologie erhoben. Unter den Hauptstücken theologischer Lehre, die er aufführt, unterscheidet er zwischen solchen Loci, die jeder gemeine Christ kennen sollte, und solchen, die es mit den hohen Geheimnissen der Gottheit zu tun haben und in denen man leicht irren kann. Was nützt es, auf diese supremi loci (wie Gott, Trinität usw.) soviel Mühe zu wenden, wo doch die Scholastiker in Jahrhunderten hier nicht weiter kamen, so daß ihre Gedanken eitel wurden. Alle Aufmerksamkeit sollte man darum den Loci zuwenden, in denen es um unser Heil geht, um Sünde, Gesetz und Gnade, ohne deren Kenntnis keiner ein Christ sein kann. Hier steht der berühmte Satz: Nam ex his proprie Christus cognoscitur, siquidem hoc est Christum cognoscere, beneficia eius cognoscere, non ... eius naturas, modos incarnationis contueri (Melanchthons Werke, hrsg. von Stupperich, II/1, 1952, S. 7). So wie es einem Arzt nichts nützt, allein die Farben, Figuren und Linien der Kräuter zu kennen anstatt zugleich ihre Heilkraft, so wenig nützt die historia Christi. Die rechte christliche Erkenntnis besteht also darin: scire quid lex poscat, unde faciendae legis vim, unde peccati gratiam petas, quomodo labascentem animum adversus daemonem, carnem et mundum erigas, quomodo afflictam conscientiam consoleris (ebd.). In diesem Sinn ruft Paulus im Römerbrief zur Erkenntnis Christi auf, statt sich kalten Spekulationen zuzuwenden. Es ist nicht zufällig, daß auch der Heidelberger Katechismus ähnlich in seinem ersten Teil einsetzt mit des Menschen Elend, und die berühmte Frage 1 lautet: »Was ist dein einziger Trost im Leben und im Sterben?« Die Nähe zur humanistischen Fragestellung dieser Zeit ist in alledem unverkennbar. Hinzuweisen ist auch auf den programmatischen Satz Calvins am Anfang seiner Institutio, in dem er Gotteserkenntnis und Selbsterkenntnis aufs engste miteinander verklammert, wenn er dann freilich auch mit der Gotteserkenntnis beginnt.

Es würde hier zu weit führen, an der theologischen und kirchlichen Entwicklung der folgenden Jahrhunderte zu zeigen, welche Bedeutung dies pro me bekam. Besonders aufschlußreich ist die Entwicklung des geistlichen Liedes. Stand bei Luther der Lobpreis der großen Taten Gottes in Christus meist im Mittelpunkt (Vgl. etwa »Nun freut euch, lieben Christengmein ...« oder »Gelobet seist du, Jesus Christ ...«), so ist bei Paul Gerhardt bereits bei aller Lehrkorrektheit der stärkere Ich-Bezug offenkundig. Vor allem der Pietismus betonte die persönliche Heilsaneignung im Sinne des Satzes: Wär Jesus tausendmal in Bethlehem geboren und nicht in dir, so bist du doch verloren! Aber es kam trotz der großen praktischen Wirkung weniger zu theologischen Neuentwürfen von Rang. Schleiermacher blieb es vorbehalten, als »Herrnhuter höherer Ordnung« das existentielle Moment zum entscheidenden Gesichtspunkt der Darstellung seiner Dogmatik zu machen. Religion ist nicht Wissen oder Moral, sondern schlechthinniges Abhängigkeitsgefühl. In der Dogmatik geht es um die Bestimmtheit des unmittelbaren Selbstbewußtseins. Unter diesem beherrschenden Gesichtspunkt werden Schöpfung, Sünde und Erlösung entfaltet. Aber auch Albrecht Ritschl nimmt – bei aller Unterschiedenheit von Schleiermacher – diese Intention auf, wenn er unter ausdrücklicher Berufung auf Luther und Melanchthon in der Religion statt wissenschaftlich-theoretischer Erkenntnis den Akzent auf sog. Werturteile legt.

Vor allem ist aber hier S. Kierkegaard zu nennen, dessen eigenständige Entdeckung des Existentiellen freilich erst im 20. Jahrhundert zur vollen Auswirkung kam. Im Tagebuch von 1847 schreibt Kierkegaard: »Wunderbar: Die Kategorie ›für dich‹ (die Subjektivität, die Innerlichkeit), womit Entweder-Oder schloß (nur die Wahrheit, die erbaut, ist Wahrheit für dich), ist just die Luthers. Ich habe eigentlich nie etwas von Luther gelesen. Aber als ich jetzt seine Postille aufschlage – sofort im Evangelium auf den ersten Sonntag im Advent – sagt er ›für dich‹, das ist es, worauf es ankommt« (Pap. VIII, A 465). Er kann sagen: »Das Christentum ist keine Lehre (so kam das Unwesen aller Orthodoxie auf ...), sondern eine Existenzmitteilung. Es wird aus diesem Grund in jeder Generation von vorn angefangen ...« (Pap. IX, A 207) Es gibt keine historische oder dogmatische Sicherung der Offenbarung. Gerade die Betonung der Bibel, des Wortes und Sakraments, hat in der evangelischen Kirche das Existentielle gleichgültig gemacht. Der Zweifel kann nur durch Nachfolge behoben werden, wodurch ich in Kollision mit dem ganzen Dasein komme und dann merke, daß ich das Christentum sowohl als Vorbild wie als Gnade nötig habe. »Im Allgemeinen stellt man es so dar, daß man erst den Glauben haben muß, und dann ein Existieren nachfolgen muß. Auch dies hat dazu beigetragen, so ungeheuer zu verwirren, als wäre es möglich, Glauben ohne das Existieren zu haben ... Die Sache ist ganz einfach. Um den Glauben zu bekommen, muß erst eine Existenz, eine existentielle Bestimmung her. Das ist es, was ich nicht genug einschärfen kann: um den Glauben zu bekommen, muß eine Situation her. Und diese Situation muß durch einen existentiellen Schritt durch das Individuum zuwege gebracht werden. Dieses Propädeutische hat man völlig abgeschafft. Man läßt das Individuum in seinen gewöhnlichen mittelmäßigen Bahnen gehen – und dann bekommt man nach und nach den Glauben, ungefähr wie man, ohne Situation nötig zu haben, Lektionen auswendig lernen kann« (Pap. X, 4, 114). H. Diem (Die Existentdialektik bei S. Kierkegaard, 1950) hat auf die Konsequenzen hingewiesen, die entstehen, wenn man aus solchen Sätzen eine Theorie macht, aber auch betont, daß Kierkegaard die

Folgerungen aus seinen Tagebüchern, also eine totale Revision des Christentums herbeizuführen, in seinem öffentlichen Werk unterlassen hat, vielmehr auch hier gefürchtet hat, das würden erst die Professoren nach seinem Tod tun.

Diese Intention Kierkegaards ist in der frühen dialektischen Theologie aufgenommen, und ihre Konsequenz ist wohl bei R. Bultmann am radikalsten gezogen worden. Programmatisch ist Bultmanns Aufsatz »Welchen Sinn hat es, von Gott zu reden?« (Glaube und Verstehen I, S. 26). Hier wird betont, daß ich nicht ernstlich von Gott rede, wenn ich über ihn rede. »Denn jedes ›Reden über‹ setzt einen Standpunkt außerhalb dessen, worüber geredet wird, voraus. Einen Standpunkt außerhalb Gottes aber kann es nicht geben, und von Gott läßt sich deshalb auch nicht in allgemeinen Sätzen, allgemeinen Wahrheiten reden, die wahr sind ohne Beziehung auf die konkrete existentielle Situation des Redenden.« B. zieht zum Vergleich die menschliche Rede über Liebe, über Vaterschaft und Kindschaft heran. Auch über solche irdische Liebe zu reden ist mir nur möglich, wenn dies Reden selbst ein Akt der Liebe wäre. Eine Psychologie der Liebe würde nicht wirklich über Liebe reden, da sich der Redende außerhalb des Liebens stellt. Darum gilt entsprechend: Man kann nur von Gott reden, indem man von sich selbst redet. Natürlich ist das nicht so gemeint, daß ich von meinen Erlebnissen rede, denn sobald ich mein Inneres derart verobjektiviere, rede ich nicht mehr existentiell. Von Gott wie von unsrer eigenen Existenz können wir aber nicht eigentlich reden, da wir beides im Banne eines verobjektivierenden Denkens zum Gegenstand machen. Aber während hier zunächst beides als unmöglich erscheint, bietet sich bei B. dann doch als Lösung die Rede von der Existenz an: »Jedenfalls müßte ein Reden von Gott, wenn es möglich wäre, zugleich ein Reden von uns sein. So bleibt das richtig: wenn gefragt wird, wie ein Reden von Gott möglich sein kann, so muß geantwortet werden: nur als ein Reden von uns« (a.a.O., S. 33).

5. EXISTENTIALE THEOLOGIE

Das klassische Beispiel und der große Inaugurator aller Versuche dieser Art ist Schleiermacher. Seine Betonung der Eigenständigkeit der Religion als eines nicht mehr zu begründenden oder anderswoher ableitbaren Gefühls schlechthinniger Abhängigkeit ist als Ringen um Freiheit der Religion und Theologie von der Umklammerung durch Philosophie, jedenfalls im Sinne theoretischen Welterkennens oder einer Moral, gemeint. Sie soll der Diktatur der theoretischen und praktischen Vernunft entzogen werden und ihren freien Ort bekommen, wo sie atmen kann – nicht im Gegensatz zu Wissen und Tun, auch nicht davon getrennt, sondern sie letztlich fundierend und einend. Der Ort der Religion – obwohl von Schleiermacher Provinz im Gemüt genannt – ist die eigentliche Mitte der Existenz, wo der Mensch in seinem unmittelbaren Selbstbewußtsein gerade darin, daß er sich ganz abhängig weiß, zugleich ganz bei sich selbst ist. Was Schleiermacher unmittelbares Selbstbewußtsein nennt, ist sozusagen ein Stockwerk tiefer als alles, was der Mensch durch Spekulation erreicht. Und auch die Theologie, die darüber Aussagen machen will und muß, muß sich dessen bewußt sein, daß sie dies Existentialverhältnis nicht selbst in den Griff bekommt. Die Spontaneität der echten religiösen Erfahrung soll auf alle Fälle gewahrt werden. Wenn alles den Prinzipien des Wissens und der Moral unterworfen ist, wo Natur und Geist die beiden großen Wirklichkeitssphären und entsprechend Physik und Ethik die beiden Wissensgebiete waren, da konnte nur durch die Transzendierung beider, d. h. durch Überbietung der transzendentalen Methode in Richtung auf den letzten Koinzidenzpunkt von Wissen und Tun, Luft und Raum für die Religion geschaffen werden. Insofern ist Schleiermachers Theologie nicht eine schwächliche, sondern eine kühne, aggressive Apologetik, die gleichsam in die Mitte der Burg eindringt und die Zitadelle mit Beschlag belegt.

Aber führte dieser Kampf um Befreiung der Religion nicht wieder in neue Knechtschaft? Wir können hier nicht Schleiermachers dogmatischen Ansatz im einzelnen entfalten, sondern nur an das für unseren Zusammenhang Wesentliche erinnern. Das menschliche Selbstbewußtsein, gewiß als unmittelbares, das gewöhnliche sinnliche Bewußtsein transzendierendes Selbstbewußtsein, soll der Ort der Frömmigkeit sein. Die Bedingungen der Möglichkeit der Offenbarung sollen, ohne ihre Kontingenz zu bestreiten, in einer dem Menschen von Haus aus mitgegebenen Anlage aufgedeckt werden. Von der subjektiven Möglichkeit der Offenbarung her, ja, von ihrer nicht zu bestreitenden Notwendigkeit her, soll auf ihre Wirklichkeit geschlossen werden. Wenn Wissenschaft und Kultur nicht sinnlos werden sollen, wenn das menschliche Bewußtsein sich nicht hoffnungslos spalten und ohne Mitte bleiben soll, dann ist das Gefühl als Urgrund der Existenz anzunehmen. Von daher ergibt sich als nicht mehr näher aussagbares – mit Unendlichem oder Universum umschriebenes – Woher jenes Gefühl schlechthinniger Abhängigkeit von Gott. Er ist als das Bestimmende bei Voraussetzung dieser Bestimmtheit unsres Selbstbewußtseins »mitgesetzt«. Die Grundform aller dogmatischen Sätze sind also Beschreibungen frommer Gemütszustände, während Aussagen über Gott und Welt als das darin Mitgesetzte eine abgeleitete Form dogmatischer Sätze sind. Während diese Bestimmtheit des Selbstbewußtseins bei allen Menschen gehemmt ist, weil das Weltbewußtsein das Gottesbewußtsein immer schon übermannt, ist in Jesus von Nazareth das schlechthin ungehemmte Gottesbewußtsein auf den Plan getreten. So soll die Einzigartigkeit Jesu gewahrt werden, zugleich aber auch deutlich werden, daß er die Vollendung der Schöpfung ist. Möglichkeit, ja, Notwendigkeit von Religion und christlichem Glauben, die im Zusammenbruch herkömmlicher Metaphysik heimatlos geworden waren, scheinen auf diesem Weg der Analyse menschlichen Selbstbewußtseins wieder gerechtfertigt.

Aber mag man auf diesem Wege, d. h. mittels der Frage nach der Einheit menschlichen Selbstbewußtseins, auf ein nicht mehr definierbares letztes Woher kommen, so ist doch die Frage, wieweit das mit dem Gott der Offenbarung identifiziert werden darf und ob das hier vorausgesetzte Bewußtsein der Erlösungsbedürftigkeit dem entspricht, was im christlichen Glauben mit Sünde und Erlösung gemeint ist. Auch abgesehen davon, daß zu fragen ist, wieweit diese transzendentale Argumentation unmerklich in eine psychologische übergeht (vgl. R. Prenter, Schöpfung und Erlösung, S. 21f.), ist dies ganze Rückschlußverfahren bedenklich. Setzt nicht der Schluß von den Wirkungen auf den Wirker, vom Selbstbewußtsein auf Gott als sein Woher einen aufweisbaren Zusammenhang von Gott und Mensch voraus, der dem biblischen Begriff von Offenbarung und Wort Gottes nicht entspricht? Kann man wie Schleiermacher und ein breiter Strom neuprotestantischer Theologie in seiner Nachfolge den notwendigen Existenzbezug des Wortes Gottes zum grundlegenden dogmatischen Prinzip machen und damit die fides qua creditur zum Kanon der fides quae creditur, d. h. aber die Dogmatik als Glaubenslehre in diesem Sinn deklarieren?

Rudolf Bultmann unterscheidet sich dadurch grundlegend von Schleiermacher, daß er den Glauben streng auf das Kerygma von Jesus Christus bezieht und ihn nicht als unmittelbares Selbstbewußtsein religionsphilosophisch oder -psychologisch zu begründen vermag. Aber der Begriff der Existenz ist auch hier der methodische Ausgangspunkt der Theologie. Ihn zu klären, ist Aufgabe philosophischer Forschung, sofern sie formalontologisch nach den Bedingungen menschlichen Existierens fragt, und die Theologie, die freilich ein bestimmtes Wie des Existierens zum Gegenstand hat, hat an dieser Klärung des Existenzbegriffs legitimes Interesse.

Aufschlußreich für Bultmanns methodischen Weg ist sein Aufsatz »Die Geschichtlichkeit des Daseins und der Glaube« (ZThK 1930, S. 339ff.). Hier unterscheidet er zwischen philosophischer und theologischer Forschung so, daß erstere nach dem »natürlichen« (nicht dem widergöttlichen, ungläubigen) Dasein – im formal-ontologischen Sinn – fragt, während der Theologe es mit dem gläubigen Dasein zu tun hat. Der Philosophie geht es um die Bedingungen der Möglichkeit von Dasein überhaupt, ohne Rücksicht darauf, ob faktisch geliebt wird oder nicht. Sie hat also das Konkretum christlicher Verkündigung nicht im Blick, sondern will begrifflich verstehen, was unter Wort, Anrede, Hören und Verkündigen gemeint ist. Alles hängt hier an der Unterscheidung zwischen existential und existentiell bzw. ontologisch und ontisch. Philosophie – jedenfalls im Sinne Heideggers, wie Bultmann ihn versteht! – hat ontologisch die formalen Strukturen des Daseins zu untersuchen, liefert also keine abgeschlossene Normal-Ontologie, sondern will die Phänomene selbst zum Sich-zeigen bringen. Während sie also etwa den Begriff der Schuld als ursprünglich ontologischer Existenzbestimmung klärt, hat der Theologe, wenn er von Sünde redet, mit einem faktischen Wie des Existierens zu tun. Auch der Begriff der Offenbarung ist ontologisch zu klären. Bultmann sagt: »Das ›Wort‹ der Verkündigung sagt mir ›nicht mehr, als was ich im profanen Selbst-Verständnis je schon wußte‹ bzw. je schon wissen konnte. Von keinem Gläubigen kann, was Offenbarung überhaupt sei, genauer und vollständiger angegeben werden als von jedem Ungläubigen. Jeder Mensch kann, weil er um den Tod weiß, auch wissen, was Offenbarung und Leben, was Gnade und Vergebung ist« (a.a.O., S. 351). Auf die Frage, was der Glaubende »mehr« wisse, antwortet Bultmann: »Dies, daß Offenbarung ihn getroffen *hat*, daß er im Leben, daß er begnadet *ist*, daß ihm vergeben *ist* und immer neu vergeben *wird*.« Aber »das Wissen um das, was Offenbarung überhaupt ist, das Wissen des Menschen um sein Angewiesensein auf Offenbarung (bzw. dessen Bestreitung) ist allerdings ein Wissen aus dem lumen naturale« (S. 352). Denn das menschliche Leben ist immer schon – bewußt oder unbewußt – von der Frage nach Gott bewegt. Die vorgläubige Existenz wird im Glaubenden ja nicht vernichtet, sondern zwar existentiell-ontisch aufgehoben, aber ohne daß die existential-ontologischen Bedingungen damit beseitigt wären. Darum muß nach dem Vorverständnis gefragt werden, das ein Verstehen erst ermöglicht. »Wäre seine Existenz nicht (bewußt oder unbewußt) von der Gottesfrage bewegt, . . . so würde er auch in keiner Offenbarung Gott als Gott erkennen. Im menschlichen Dasein ist ein existentielles Wissen um Gott lebendig als die Frage nach ›Glück‹, nach ›Heil‹, nach dem Sinn von Welt und Geschichte, als die Frage nach der Eigentlichkeit des je eigenen Seins. Mag das Recht, solches Fragen als die Gottesfrage zu bezeichnen, erst vom Glauben an die Offenbarung Gottes aus gewonnen sein – das Phänomen als solches ist der Sachbezug auf die Offenbarung« (Das Problem der Hermeneutik, in: ZThK 1950, S. 66; jetzt auch in: Glaube und Verstehen II, S. 211ff.).

Ohne hier bereits auf das hermeneutische Problem näher einzugehen, stellen wir folgende kritischen Fragen:

1. Ist hier das Verhältnis von Vorverständnis und Verstehen recht gesehen? Ohne Zweifel gibt es kein Verstehen ohne Vorverständnis, ich begegne auch der christlichen Botschaft nicht als tabula rasa. Bultmann betont mit Recht, daß das Vorverständnis nicht zu eliminieren, sondern ins Bewußtsein zu erheben und im Verstehen des Textes kritisch zu prüfen, gegebenenfalls aufs Spiel zu setzen ist (Glaube und Verstehen II, S. 228). Aber ist es richtig, dieser Kritik des Vorverständnisses doch dadurch Grenzen zu setzen, daß Glaube und Unglaube als zwei verschiedene ontische Ausprägungen innerhalb eines ontologisch bestimmten Rahmens verstanden werden? Die existentiale Rede von Offenbarung und Gott überhaupt soll dem Rechnung tragen, daß die Kontinuität des Menschseins vor und im Glauben bei allem existentiellen Wandel festzuhalten sei. Aber kann das, was das biblische Zeugnis unter Sterben des alten und Auferstehen des neuen Menschen versteht, als Wandel des Selbstverständnisses im Rahmen eines ontologisch umschriebenen Kontinuums der menschlichen Existenz gefaßt werden? Ist die Identität zwischen dem unglaubenden und glaubenden Menschen nicht nur christologisch und eschatologisch zu umschreiben, d. h. als allein in der Treue Gottes begründet? Kann eine philosophische Analyse der Existenz die Existentialien liefern, die dann ihrerseits hermeneutisches Kriterium für die Auslegung der christlichen Botschaft werden? H. G. Gadamer (Wahrheit und Methode, 1960, S. 314) fragt m. E. Bultmann mit Recht: »Besteht ein vorgängiger Sachbezug auf die Wahrheit der göttlichen Offenbarung in

jedem Menschen, weil der Mensch als solcher von der Gottesfrage bewegt ist? Oder muß man sagen, daß erst von Gott aus, das heißt vom Glauben her die menschliche Existenz sich in diesem Bewegtsein von der Gottesfrage erfährt? Dann aber wird der Sinn von Voraussetzung fraglich, den der Begriff des Vorverständnisses enthält. Diese Voraussetzung gilt offenbar nicht allgemein, sondern nur vom Standpunkt des rechten Glaubens aus.«

2. Kann Bultmann den rein formalen Sinn der Existentialien durchhalten? Er möchte gewiß nicht wie Schleiermacher materialiter die Grenzen verwischen, sondern lediglich von formalen Strukturen reden, die für Glaubenden wie Unglaubenden gelten. Es soll nicht ein bestimmtes Existenzideal darin impliziert sein und sich zum Maßstab des Offenbarungsverständnisses machen. Der Philosoph kann nach Bultmann nur sagen, was Liebe, Schuld und Offenbarung überhaupt besagen – unter Abstraktion vom ontischen Ereigniswerden. Aber hält Bultmann das durch? Auch er kann nicht umhin, dem Philosophen in der Weise ein Wissen um diese Phänomene zuzusprechen, daß demgegenüber die theologische Erkenntnis gelegentlich nur wie eine Radikalisierung erscheinen kann. So sagt er, der Philosoph wisse zwar vom Verfallensein der Existenz, von ihrer Verfehlung der Eigentlichkeit, behaupte aber, daß der Mensch mit seinem Wissen darum ihrer auch schon mächtig werde – im Sinne des Kantschen »Du kannst, denn du sollst«. Er halte also eine prinzipielle Möglichkeit für eine faktische, während nach dem Neuen Testament der Mensch diese faktische Möglichkeit verloren habe und auch sein Wissen darum dadurch verfälsche, daß er ihrer mächtig zu sein glaube (Neues Testament und Mythologie, in: Kerygma und Mythos I, S. 39). Ist hier der rein formale Aspekt noch gewahrt oder nicht damit, daß dies Wissen um faktische Uneigentlichkeit vorausgesetzt wird, diese Formalität bereits gefüllt? Ändert sich nicht z. B. das Verständnis des Begriffs »Verfallenheit« radikal, je nachdem, an was ich verfallen bin (an das Nichts bei Heidegger oder an den Zorn Gottes in der Schrift)? (So F. K. Schumann, Entmythologisierbarkeit des Christusgeschehens, in: Kerygma und Mythos I, S. 219. Ähnlich K. Löwith, Phänomenologische Ontologie und protestantische Theologie, in: ZThK 1930, S. 365 ff.) Es läuft also auf die kritische Frage hinaus,, ob nicht nur vermeintlich formale Existentialien in der theologischen Verwendung an einen Gegenstand herangetragen werden, dem gegenüber sie sich als unzureichend erweisen (vgl. H. Ott, Geschichte und Heilsgeschichte in der Theologie Bultmanns, 1955, S. 97: »Der Name Jesus Christus sprengt das Existential«). Es muß freilich darauf hingewiesen werden, daß Bultmann selbst offenbar die Grenze der Tauglichkeit dieser Methode empfindet, wenn er die Frage nach der Entmythologisierung auch im Blick auf den Namen Jesus Christus aufwirft und sie verneint – von Buri getadelt, von Barth hoch gelobt wegen dieses Ausbruchs aus dem existentialen Schema. Die methodische Inkonsequenz spräche also gerade für Bultmann als Theologen!

3. Die entscheidende Frage ist, wieweit alle Theologie in Anthropologie zu transponieren ist. Über die Tauglichkeit der von Bultmann verwendeten Terminologie (im Anschluß an Heideggers »Sein und Zeit«) kann man streiten, und Bultmann selbst will damit nicht stehen und fallen. Aber ist überhaupt eine derartige Existentialontologie für die Theologie erstrebenswert? Gewiß haben alle entscheidenden theologischen bzw. bekenntnismäßigen Aussagen ihren anthropologischen Bezug. Die Fleischwerdung des Wortes Gottes in Jesus Christus verbietet es, von einem gegen den Menschen isolierten Gott aus zu denken, statt von dem her, der in Jesus Christus unser Menschsein angenommen hat. Aber heißt das, daß deshalb vom Menschen, sei es auch von dem Menschen Jesus als solchem, auszugehen ist? Nach Herbert Braun sind Gott und Jesus offenbar letztlich Chiffren, die eine weltanschaulich-religiöse Vorgabe nahelegen, wie sie der heutige Mensch nicht mehr zu leisten vermag. Die Anthropologie ist die Konstante in den variierenden christologischen Aussagen des Neuen Testaments. Gemeint ist hier die echte mitmenschliche Begegnung, in der Gott bzw. Jesus »geschieht«, nicht im Sinne einer Idee, sondern eines von außerhalb mir zukommenden Ereignisses (vgl. Die Problematik

einer Theologie des Neuen Testaments, in: Gesammelte Studien zum NT und seiner Umwelt, S. 335). Hier wird in Abwehr einer metaphysischen oder historischen Rede von Offenbarung und zur Wahrung des existentiellen Charakters des Evangeliums zu einer konsequenten Anthropologisierung der Theologie geschritten. Gott kann als das Woher meines Umgetriebenseins durch Geborgenheit und Pflicht umschrieben werden, und das wahre Menschsein, in dem das »Ich darf« und »Ich soll« zur Einheit kommen, ist der Gegenstand der Theologie. (Näheres zu dem damit angeschnittenen Problem der Hermeneutik, speziell auch in der abgewogeneren Gestalt, wie es bei Bultmann, aber auch bei Gogarten, E. Fuchs und Ebeling auftritt, s. u. S. 258 ff.)

6. GOTTESERKENNTNIS NACH K. BARTH

Keiner hat wohl so radikal wie K. Barth eine dem Menschen eignende Möglichkeit der Erkenntnis und Anerkenntnis des Wortes Gottes bestritten gegenüber jedem direkten oder indirekten Cartesianismus. Er betont, »daß die wirkliche Anerkennung des Wortes Gottes keineswegs auf einer dem Menschen mitgeteilten und nunmehr ihm inhärierenden, ihm immanenten Möglichkeit beruht, sondern im Worte Gottes selber, dem der Mensch mit seinen Möglichkeiten in keinem Sinn vorangehen, sondern nur folgen kann« (KD I/1, S. 235). Gott kann nur durch Gott erkannt werden. Ja, Gott erkennen, heißt von ihm erkannt werden. Was auch immer an Phänomenen der menschlichen Existenz für uns durchaus wahrnehmbar ist bis hin zu den höchsten ethischen Fragestellungen oder einem nicht zu leugnenden Transzendenzbezug, kann niemals als solches als die Bedingung der Möglichkeit echter Gotteserkenntnis gelten. Wirkliche Erfahrung vom Worte Gottes weist sich nicht aus an den »Wahrheitskriterien, die der profane oder auch der fromme Mensch erst bereitzustellen und begutachtend anzuwenden hätte« (a.a.O., S. 233). Es geht hier wirklich »um ein Umkommen und Sterben des Menschen« (ebd.). Andererseits wird nicht geleugnet, daß es als Möglichkeit dieses Wortes Gottes selber echte Erfahrung dieses Wortes gibt, bei der alle menschlichen Funktionen, Intellekt, Wille und Gemüt, im Spiel sind. Er kann im vollen Sinn von Selbstbestimmung des Menschen hier reden und unterstreichen, »daß es um seine Erfahrung und Tat geht, daß er im Glauben keineswegs ein Holzblock oder Stein, sondern eben der sich selbst bestimmende Mensch ist..., daß er im Glauben keineswegs in eine passiv-apathische Kontemplation versinkt – auch in solchem Versinken wäre er ja übrigens immer noch der sich selbst bestimmende Mensch –, sondern, in welchem besonderen Seelenzustand auch immer, jedenfalls denkend, wollend, fühlend, durchaus bei sich selber ist, sein eigenes Leben lebt« (KD I, S. 258). Mit Nachdruck wird von Entscheidung geredet. Der scheinbare Widerspruch zwischen beiden Aussagereihen wird (in KD I/1) dadurch gelöst, daß es heißt: Dies Können des Menschen wird durch das Wort selbst gegeben (S. 204).

Aber Barth bleibt bei dieser Betonung der wunderbaren Wirkweise des Wortes nicht stehen. Zunehmend wird in den späteren Bänden der Dogmatik (spätestens seit der Erwählungslehre KD II/2) der Akzent auf die in Christus ein für allemal gefallene, alle Menschen übergreifende Entscheidung Gottes gelegt – vielleicht mitveranlaßt durch die gefürchtete Anthropologisierung auf seiten seiner früheren Kampfgefährten (Bultmann, Gogarten). Das Heilshandeln Gottes ist ein »vollendetes Geschehen«, wobei gewiß beide Worte betont werden. Durch die Erwählung Jesu Christi sind alle bereits de jure Gottes Bundespartner, d. h. umgriffen von einer Wirklichkeit, die sie nicht erst durch ihre Stellungnahme aus einer bloßen Möglichkeit zur Realität zu führen haben. Gewiß ist die vollendete Geschichte Jesu Christi zugleich eine Erkenntnisgeschichte, sie ist nicht ein Faktum der Vergangenheit, sondern wirkender Faktor, indem sie Menschen zum Glauben erschließt, so daß sie nicht nur Erwählte sind, sondern auch als Erwählte leben. Erkenntnis Jesu Christi ist für Barth nicht ein bloßes Fürwahrhalten, sondern der ganze Mensch wird hier mit allen seinen Möglichkeiten um 180 Grad herumgerissen (KD IV/3, S. 251). Aber die Wahrheit, daß Gott die Welt geliebt und versöhnt hat, ist »unabhängig von ihrem Hören oder Nicht-Hören, von ihrem Gehorsam oder Ungehorsam« (S. 275). Und weil Jesus als einziger die Gottverlassenheit erlitt, ist allen die Hölle verrammelt und der Himmel, das Leben, erschlossen. Weil Gnadenwahl das eine umfassende Werk Gottes ist, weil alle Schöpfung diesem Gnadenbund dient, als sein Vorraum und Gleichnis verstanden werden muß (vgl. Barths Schöpfungslehre KD III/1 und 2), darum kann Barth von der ontologischen Unmöglichkeit der Sünde reden, d. h. sie ist grundlos, von Gottes gutem Willen von vornherein verworfen und ausgeschlossen, verurteilt.

Gegenüber dieser Position, die gründlich damit aufräumt, den Hörer des Evangeliums zum Dreh- und Angelpunkt des Heilsgeschehens zu machen, ist von verschiedenen Seiten die kritische Frage aufgeworfen worden, ob sie nicht – ins andre Extrem fallend – die Gnade zum Prinzip mache (vgl. vor allem G. C. Berkouwer, Der Triumph der Gnade, deutsch 1957). Barth glaubt sich gegen diesen Vorwurf gefeit (vgl. seine ausführliche Auseinandersetzung mit Berkouwer, KD IV/3, S. 198ff.), weil er unter Jesus Christus nicht ein Prinzip der Gnade verstehe, sondern die Wirklichkeit seiner lebendigen Person selber. In der Tat ist offenkundig, daß Barth nicht von einem absoluten Dekret Gottes aus denkt, sondern daß alle christologischen und soteriologischen Aussagen Interpretation des Christusgeschehens sein sollen, die sein einmaliges Ereignisgewordensein, seinen ewigen Grund in Gottes Erwählung und seine Auswirkung in der Geschichte post Christum entfaltet. Wenn Barth also von unserem durch Christus von vornherein bestimmten Sein redet, so hat dies Sein zugleich Geschehenscharakter. (Esse sequitur fieri! Das ist ein methodischer Kardinalsatz der Barthschen Dogmatik.) Wenn er die Sünde als unmögliche Möglichkeit bezeichnet, so ist damit ihre fatale Faktizität nicht geleugnet, wohl aber ihr jeder Rechtsgrund und jede Entschuldigung uns entzogen. Im eschatologischen Horizont, d. h. im Blick darauf, daß in Christus bereits alle gottfeindlichen Mächte unwiderruflich gerichtet sind, kann und muß so ontologisch geredet werden. (Der Begriff »ontologisch« ist hier allerdings nicht im üblichen Sinn gebraucht, sondern – mit Luther zu reden – »zu Bade geführt«.)

Freilich muß gesehen werden, daß diese Redeweise Barths, die das Unbedingte und Übergreifende der Erwählung in Christus so eindrücklich zur Sprache bringt, in anderer Hinsicht mißverständlich ist. Das Evangelium ist nach Röm. 1,16 rettende Gotteskraft allen Glaubenden. Das heißt nicht, daß der Glaube dies Wort erst wahrmache, wohl aber daß es nur glaubend erkannt und das Heil empfangen wird. Alles, was B. (etwa KD IV/3, S. 275) mit Recht über das »Zu spät kommen« des Unglaubens, Mißtrauens, Hasses und der Gleichgültigkeit gegenüber diesem Wort sagt, das seinen Inhalt nicht problematisieren kann, darf doch nicht vergessen lassen, daß das von den Reformatoren dem sola fide zugemessene Gewicht davon unberührt ist. Nur der Glaube, nicht als unser Werk, sondern als freie, vom heiligen Geist gewirkte Entscheidung, empfängt das Heil, wie Barth in KD I/1 auch sagte. Daß ich mit Christus gestorben und in ihm bereits neue Kreatur bin, kann ich als extra me geschehene und gültige Wirklichkeit nur vernehmen, indem ich damit gerichtet und freigesprochen, d. h. aber getötet und lebendig gemacht werde. Es begegnet mir in der Tat als *»vollendetes – Geschehen«*. Um beides gebührend zur Geltung zu bringen, möchten wir gegenüber einer Existenztheologie, die um den Begriff des Selbstverständnisses kreist, und gegenüber einer christologisch-ontologischen Redeweise, die den Wortcharakter der übergreifenden Christusgeschichte mit Nachdruck akzentuiert, einer Theologie des Wortes Gottes den Vorzug geben, die u. E. beide berechtigten Intentionen besser zum Ausdruck bringt.

Wir verdeutlichen uns das Gesagte noch kurz an der für die dogmatische Methodik so aufschlußreichen Stelle 2. Kor. 5,19ff. Hier spricht Paulus perfektisch bzw. ontisch von der ein für allemal gefällten Entscheidung Gottes: Er hat die Welt in Christus mit sich versöhnt! Andererseits geht es ihm um die existentielle Annahme dieser Botschaft, weshalb er als Apostel mahnt: »Lasset euch versöhnen mit Gott!« Aber weder das vollendete Christusgeschehen noch die Neukonstituierung der Existenz im Glauben stehen für sich isoliert, sondern mit Nachdruck heißt es: Gott hat das Wort von der Versöhnung aufgerichtet, den Dienst der Versöhnung gestiftet. Dies Wort ist weder bloß Bericht oder Aufklärung über einen Sachverhalt noch bloß Appell, der mich zur Entscheidung ruft, sondern es ist Proklamation des richtenden und rettenden Tatwortes Gottes, dessen Gültigkeit nicht vom Hörer abhängt, das aber um Einstimmung und Anerkennung wirbt und dazu ermächtigt. Das Dilemma zwischen einer einseitigen Akzentuierung – sei es des Extra nos oder auch des Pro nobis – scheint mir am ehesten vermieden, wenn wir die Entfaltung dieses Wortgeschehens zum eigentlichen Leitfaden der Dogmatik machen. Indem wir dies Wort weder nur als Kenntnisgabe noch nur als Anrede fassen, sondern als Verkündigung des gnädigen Urteilsspruchs Gottes in Jesus Christus, der gültig in Kraft steht vor all unserem Ja oder Nein zu ihm, der aber auf unser einstimmendes Ja zielt, scheint mir die rechte Verklammerung und das innere Gefälle im Verhältnis des Extra nos und des Pro nobis relativ besser aussagbar. (Vgl. hierzu meinen Aufsatz: Christus extra me und pro nobis, in: ThLZ 1965, Sp. 641–650 jetzt auch in »Tradition und Verantwortung«, 1974, S. 132 ff.:)

7. ZUM PROBLEM DES HISTORISCHEN

»Zufällige Geschichtswahrheiten können der Beweis von notwendigen Vernunftwahrheiten nie werden.« Mit diesem Satz Lessings (Über den Beweis des Geistes und der Kraft, 1777) ist der Zweifel ausgesprochen, der in diesen zwei Jahrhunderten nicht wieder zur Ruhe kam. Was Lessing triumphierend – im festen Vertrauen auf die dennoch in dem Gang der Geschichte sich manifestierende Vernunft – proklamiert, das klingt ein Jahrhundert später bei Ernst Troeltsch bereits ganz anders, es trägt zunehmend den Stempel tiefer Resignation. Nicht so sehr in der Naturwissenschaft, sondern in der geschichtswissenschaftlichen Methode der Neuzeit sieht er die große Revolution über das Christentum hereinbrechen. »Die historische Methode, einmal auf die biblische Wissenschaft und auf die Kirchengeschichte angewandt, ist ein Sauerteig, der alles verwandelt und der schließlich die ganze bisherige Form theologischer Methoden zersprengt« (Über historische und dogmatische Methode in der Theologie, 1898, Gesammelte Schriften II, S. 730). Drei Momente kennzeichnen diese Methode: 1. Es gibt nur Wahrscheinlichkeitsurteile! Gewiß haben sie sehr verschiedenen Grad von Wahrscheinlichkeit, aber nie liefern sie absolute Gewißheit. Das bedeutet – angewandt auf die christliche Überlieferung – eine völlig andere Stellung zur Autorität ihres Traditionsstoffes gegenüber der früheren Zeit. Es gibt nichts, was nicht geprüft werden müßte. 2. Entscheidendes Mittel kritischer Prüfung ist das Prinzip der Analogie! »Die Übereinstimmung mit normalen, gewöhnlichen oder doch mehrfach bezeugten Vorgangsweisen und Zuständen, wie wir sie kennen, ist das Kennzeichen der Wahrscheinlichkeit für die Vorgänge, die die Kritik als wirklich geschehen anerkennen oder übrig lassen kann« (S. 732). Diese »Allmacht der Analogie schließt ... die prinzipielle Gleichartigkeit alles historischen Geschehens ein«. 3. Es besteht eine »Wechselwirkung aller Erscheinungen des geistig-geschichtlichen Lebens, wo keine Veränderung an einem Punkt eintreten kann ohne vorausgegangene und folgende Veränderung an einem anderen, so daß alles Geschehen in einem beständigen korrelativen Zusammenhang steht und notwendig einen Fluß bilden muß, in dem alles und jedes zusammenhängt und jeder Vorgang in Relation zu anderen steht« (S. 733). So wurde die Bibelforschung in die allgemeine Altertumsforschung hineingezogen, das Christentum in den Rahmen der Religions- und Kulturgeschichte. Eine zusammenfassende Betrachtung muß nach Troeltsch im Christentum den Endpunkt des Altertums sehen, auf den vorderasiatische und westliche Entwicklungen hingearbeitet haben und in dem sehr verschiedene Entwicklungslinien konvergieren. Es bedarf gar nicht des oben erwähnten Einspruchs von Strauß, also seiner geschichtsphilosophischen Prämisse, wie Troeltsch meint, sondern »die historische Methode führt durch

Kritik, Analogie und Korrelation ganz von selbst mit unaufhaltsamer Notwendigkeit zur Herstellung eines solchen sich gegenseitig bedingenden Geflechtes von Betätigungen des menschlichen Geistes, die an keinem Punkte isoliert und absolut sind, sondern überall in Verbindung stehen und ebendeshalb nur im Zusammenhang eines möglichst alles umfassenden Ganzen verstanden werden können«. Historisch-kritisch ist nicht nur eine Methode, sondern eine Weltanschauung, bestechend bewährt in der Fruchtbarkeit ihrer Anwendung. Das genügt als überzeugender Beweis. »Wer ihr den kleinen Finger gegeben hat, der muß ihr auch die ganze Hand geben. Daher scheint sie auch von einem echt orthodoxen Standpunkt aus eine Art Ähnlichkeit mit dem Teufel zu haben« (S. 734).

Aus dieser Einschätzung der historischen Methode bzw. Weltanschauung zieht Troeltsch mit dankenswerter Konsequenz die Folgerungen für die Theologie. Er sah klar, daß diese Art der analogen Betrachtung und Erklärung nicht nur die supranaturalen Elemente der christlichen Tradition zu Fall brachte, sondern daß damit überhaupt die einzigartige Stellung des Christentums, sein Verständnis von Offenbarung in der Wurzel angegriffen war. Es gibt dann keinen der Historie entzogenen Kern der Sache. Wenn Troeltsch nicht nur die volle, unbefangene Konsequenz in der Anwendung dieser Methode auf die Theologie forderte, sondern sie überhaupt auf dieser Basis aufbauen wollte, also allein eine auf historischer, religionsgeschichtlicher Methode sich gründende Theologie gelten lassen wollte, dann mußte das Christentum – das als historische Größe gewürdigte Christentum – zwangsläufig seines Absolutheitsanspruchs entkleidet werden, mag seine relative Wertschätzung im Rahmen unsres Kulturkreises sich auch aufdrängen. Es ist das Verdienst Troeltschs, daß er das Experiment der Gründung der Theologie auf rein religionsgeschichtlicher Basis mit Konsequenz durchdachte und mit seinem Bemühen, es zu realisieren, zunehmend ab absurdum führte.

Wenn das Prinzip der Analogie im Sinne Troeltschs letzte Norm allen historischen Erkennens ist, dann ist für eine Theologie, die sich religionsgeschichtlich versteht, die Einzigartigkeit Jesu, die das Neue Testament behauptet, in der Tat absurd. Denn aller Raum, der für individuelle Ausprägung einem geschichtlichen Ereignis und einer historischen Person gewährt wird, kann doch diese eherne Schranke nicht übersteigen. Es bleibt dann nur der Aufstieg in eine Transzendenz über der Geschichte (Übergeschichte, Ideengeschichte), für deren zeitlose Wahrheit das historisch Feststellbare allenfalls Paradigma sein kann. Die hier in Zeit und Raum verlaufende Geschichte, die man mit Recht »Todesgeschichte« nennen könnte, weil alle in ihr Agierenden im Grabe enden (vgl. R. Wittram, Das Interesse an der Geschichte, 1958), kennt diese schlechthinnige Einzigkeit nicht. Der Historiker versucht zwar auf seine Weise, die Toten zum Leben zu erwecken, indem er Erinnerung verarbeitet und ihre Relevanz für die Gegenwart aufdeckt, aber er wird als Historiker im oben beschriebenen Sinn mit der Botschaft von der Auferstehung Jesu, d. h. aber mit dem entscheidenden Zeugnis für die Einzigkeit Jesu, für die Gültigkeit seines souveränen Hoheitsanspruchs, nichts anfangen können. Sollte dann nicht die Theologie diesem ganzen Begriff des Historischen im obigen Sinn abschwören und versuchen, im Licht der Auferstehung Jesu einen neuen Begriff von Historie zu gewinnen? (Diesen Versuch macht R. Niebuhr, Auferstehung und geschichtliches Denken, deutsch 1960.) Aber kann man das schlechthin Unableitbare (die Auferstehung Jesu) im Sinne eines historisch praktikablen Geschichtsbegriffs ausmünzen? Wenn aber nicht, bleibt es uns dann nicht schlechthin unbegreiflich?

Man muß sich m. E. hier vor zwei Abwegen hüten: Wenn in Christus die Offenbarung Gottes Geschichte wurde, dann kann sie weder jenseits der Geschichte gesucht werden noch darf man dies Stück Geschichte als für uns ohne weiteres erkennbare und verifizierbare Offenbarung verstehen. Der Satz: »Das Wort ward Fleisch« ist nicht umkehrbar: »Das Fleisch ward Wort.« Dies Wort ist im Fleisch, in der Geschichte, erkennbar und verborgen zugleich. Erkennbar ist es insofern, als jedermann im Sinne historischen Ermittelns diesem einzigartigen Anspruch der Botschaft begegnet, die behauptet, daß dieser Jesus von Nazareth, der Gekreuzigte, der lebendige Herr, der Auferstandene, der mit letzter Autorität von Gott ins Recht Gesetzte sei. Historische Forschung kann durchaus dazu beitragen, daß dies in den biblischen Texten bezeugte Urteil, das die bekennende Gemeinde über Christus (und damit auch über sich und die Welt) spricht, profiliert gehört wird. Sie kann und muß, wenn sie den Texten standhält, diesen Anspruch zur Kenntnis nehmen, mag sie auch sofort – falls sie ihre methodischen Prämissen für absolut hält und den Abstraktionscharakter aller historischen Erkenntnis nicht beachtet – die Gültigkeit dieser Aussagen und die darin behauptete Realität leugnen. Denn anerkennen und damit in Wahrheit erkennen vermag hier nur der vom heiligen Geist gewirkte Glaube. Die hier getroffene Unterscheidung scheint mir der Intention zu entsprechen, die Luther verfolgt, wenn er in De servo arbitrio zwischen der claritas externa der Schrift und ihrer claritas interna unterscheidet.

8. »ESCHATOLOGISCHE GESCHICHTE«

Den Begriff »eschatologische Geschichte« hat O. Weber – im Anschluß an C. Michalson, The Hinge of History, 1959 – in seinen Grundlagen der Dogmatik II, 1962, S. 115ff. verwendet. Er versteht ihn allerdings nicht eigentlich im Sinne einer konsequent futurischen Eschatologie, sondern stellt ihn in Gegensatz zu der Verrechenbarkeit der sog. Todesgeschichte. »Im Alten wie im Neuen Testament ist das Geschehen nicht durch vergangenheitliche – d. h. an und für sich notwendig dem Vergehen überantwortete – und verrechenbare Vorgänge, sondern durch unverrechenbares Handeln Gottes bestimmt« (S. 116). Weber spricht vom Einbruch des Ursprungs, wodurch der Todesgeschichte ihr Ende gesetzt ist. Weber will offenbar ein immanentes historisches Denken, das sich verabsolutiert, aufbrechen, so daß die »Grenze des Möglichen« nicht von vornherein abgesteckt werden kann. In diesem Sinn könnte man von »eschatologischer Geschichte« reden. Den futurischen Aspekt der christlichen Botschaft als den schlechthin vorrangigen betont vor allem J. Moltmann (Theologie der Hoffnung, 1964). Das offenbarende Wort trägt grundsätzlich Verheißungscharakter. Es berichtet nicht Vergangenes, stellt nicht Bleibendes fest, sondern: »Eine Verheißung ist eine Zusage, die eine Wirklichkeit ankündigt, die noch nicht da ist« (S. 92). Gott offenbart nicht abstrakt »sich«, sondern seine Treue mit der er zu seinen Verheißungen steht. Gotteserkenntnis ist also ein antizipierendes Wissen um die Zukunft, in der Gott an aller Kreatur sich verherrlichen wird. Israel versteht seine Geschichte immer umfassender und deutlicher im Licht dieser Verheißungen. Aber auch im Neuen Testament geschieht nicht eigentlich die Erfüllung dieser Verheißungen, sondern ihre »In-Kraft-Setzung«, d. h. sie wird universal und unbedingt. Gottes Gerechtigkeit im Sinne der Gemeinschaftstreue mit den Menschen umfaßt zwar auch Versöhnung und Vergebung und ist insofern schon gegenwärtiges Geschehen, aber »doch so, daß sie in einem Prozeß begriffen ist, der erst in der Parusie Christi vollendet wird« (S. 187). So kann Moltmann von einem durch die Auferstehung Jesu in Gang gekommenen »eschatologisch bestimmten Geschichtsprozeß« sprechen, der auf die Vernichtung des Todes und die umfassende Verherrlichung Gottes an seiner Schöpfung zielt.

Aber so notwendig es ist, den eschatologischen Charakter der biblischen Botschaft einem ich-bezogenen und restaurativ gesinnten Christentum eindrücklich ins Bewußtsein zu rufen, so kann doch nicht außer acht gelassen werden, daß die Äonenwende nach dem Neuen Testament insofern bereits in Jesus Christus gegenwärtige Wirklichkeit ist, als Gott in ihm die Welt versöhnt hat (2. Kor. 5,19), das Evangelium der gültige Zuspruch der Rechtfertigung ist und der Glaube an dies Wort bereits gewiß sein darf. Daß dies alles nicht zum gesicherten Besitz werden kann, wie die Gnostiker in Korinth wollten, daß die Zusage zugleich Ankündigung, der Glaube immer zugleich Hoffnung ist, darf das Gewicht der perfektischen und präsentischen Aussagen nicht abschwächen. Es ist vielmehr so, daß gerade aus der Endgültigkeit der von Gott in Christus gefällten Entscheidung und der Verläßlichkeit des jetzt im Wort ergehenden Freispruchs die Erwartung des neuen Himmels und der neuen Erde ihre Kraft zieht. Von der Zukunft jedenfalls als der ausschließlichen Seinsbeschaffenheit Gottes zu reden, widerspricht doch wohl dem Wort (Offb. 1,8): »Ich bin das A und das O, der Anfang und das Ende, spricht Gott der Herr, der da ist und der da war und der da kommt, der Allmächtige.« Darum scheint uns die Rede von der in einem Prozeß begriffenen Gottesgerechtigkeit, die erst in der Parusie vollendet wird, problematisch. Promissio im biblisch-reformatorischen Sinn ist nicht nur praemissio! Auf die in der Verherrlichung an aller Kreatur sich erweisende künftige Offenbarung Gottes hoffen und in dieser Erwartung bereits die sich dagegen sperrende gegenwärtige Weltwirklichkeit mit Wort und Tat angreifen kann doch nur der Glaube, der sich auf die im Kreuz und Auferstehung Jesu Christi bereits endgültig gefallene Entscheidung Gottes für die gottlose Welt gründet. Mit Recht sagt K. Barth: »Das Neue Testament denkt und redet überall eschatologisch, aber nirgends ›konsequent‹ eschatologisch. ›Konsequent‹ ist es nur darin, daß es nach allen Seiten, in allen Dimensionen und Beziehungen christologisch denkt und redet. Eben indem es das tut, hat es nun allerdings mit gleichem Nachdruck und Ernst durchwegs auch eschatologisch gedacht und geredet« (KD III/2, S. 583).

9. OFFENBARUNG UND GESCHICHTE

Wie der Logos mit der Wirklichkeit, d. h. der Geschichte als der ständigen Veränderung, zur Deckung kommt bzw. zu zeigen ist, daß alles Wirkliche vernünftig ist, dies große Thema der Philosophie *Hegels*, ist nur zu begreifen auf dem Hintergrund seiner absoluten Wertung des Christentums. Er ist überzeugt, daß mit Christus das Ende und die Erfüllung aller Zeiten erschienen ist, d. h. in seiner Sprache, daß die Einheit des Göttlichen mit dem Menschlichen zum Bewußtsein gebracht ist. Was der Christ als in Christus erfüllt glaubt, aber zugleich als letzte Erfüllung für alle erkennbar im Eschaton erwartet, das vollzieht sich nach Hegel in dem großen geschichtlichen Prozeß als eine Verwirklichung des Reiches Gottes, so daß der Begriff der Vorsehung, an die der Christ glaubt, vom Philosophen an den großen geschichtlichen Vorgängen aufgewiesen werden kann im Sinne einer umfassenden Theodizee. Indem der Geist auf dem Weg über die Erinnerung die Dialektik seines Werdens begreift und so zum vollen Selbstbewußtsein kommt, ist das Eschaton bereits erreicht, die Geschichte des »Begriffs« zu ihrem Ziel gekommen. Die Weltgeschichte ist das Weltgericht, d. h. alle Entzweiung ist hier aufgehoben, alle Opfer sind um dieser Versöhnung willen gerechtfertigt, der Weltgeist wird als der Wille Gottes erkannt, das Reich der Freiheit hat begonnen. »Mit dem Eintritt des christlichen Prinzips ist die Erde für den Geist geworden«, »damit ist das Ende der Tage voll geworden« (Die germanische Welt, ed. Lasson, 1920, S. 762f., zit. nach Löwith, Von Hegel zu Nietzsche, 1953^3, S. 46).

Hegels Bedeutung für die Theologie und speziell unsere Frage nach dem Verhältnis von Offenbarung und Geschichte liegt darin, daß er in einer Genialität und Eindringlichkeit, wie nie zuvor, Gotteserkenntnis und Wahrheitserkenntnis in eins setzte und diese Wahrheit als eine in der Geschichte, in einer nicht einfach historisch betrachteten, sondern als dialektischer Prozeß verstandenen Geschichte, uns begegnet. Daß Wahrheit und Wirklichkeit nicht hoffnungslos auseinanderklaffen, daß das Wirkliche vernünftig ist, daß die Versöhnung zwischen Gott und Mensch im Bewußtsein des sich selbst begreifenden Geistes sich erschließt, das alles ist freilich bei Hegel im Sinne einer das Eschaton in die Geschichte verlegenden vernünftigen Konstruktion gemeint und für die Theologie unannehmbar. Und darin steht Karl Marx, dem es ebenfalls um die Einheit von Vernunft und Wirklichkeit geht, der aber bei Hegel nur eine Versöhnung im Gedanken findet, nicht in der Realität der Gesellschaft mit ihrer tatsächlichen Entfremdung, bei all seinem materialistischen Atheismus der christlichen Sicht näher. »Der marxistische Messianismus transzendiert die bestehende Wirklichkeit so radikal, daß er, trotz seines ›Materialismus‹, die eschatologische Spannung, und damit das religiöse Motiv seines Geschichtsentwurfs, aufrecht erhält, wogegen sich Hegel, für den der Glaube nur eine Weise der Vernunft oder des ›Vernehmens‹ ist, an dem kritischen Wendepunkt seiner geistigen Entwicklung entschied, sich mit der Welt, wie sie ist, zu versöhnen« (K. Löwith, Weltgeschichte und Heilsgeschehen, 1953, S. 54).

Aber daß Hegels Synthese zwischen Logos und Geschichte in der neueren Theologie, nicht zuletzt durch die Kierkegaard-Renaissance der zwanziger Jahre, wenig Wirkung hatte, darf nicht als selbstverständlich und endgültig hingenommen werden. Wenn K. Barth (Die protestantische Theologie im 19. Jahrhundert, 1947, S. 348) schreibt: »Vielleicht, daß uns der Anbruch der eigentlichen Hegel-Zeit auch erst bevorsteht. Es gibt immerhin Zeichen der Zeit, die darauf deuten könnten«, so könnte man das heute wohl noch begründeter sagen. Das gilt jedenfalls im Blick auf die Grundintention Hegels, Glauben und Denken zu versöhnen, und zwar im Verständnis der »Offenbarung als Geschichte«.

Als charakteristisches Beispiel dieses Bemühens ist auf das Programm *W. Pannenbergs* hinzuweisen. »Geschichte ist der umfassendste Horizont christlicher Theologie«, so heißt es hier (vgl. Heilsgeschehen und Geschichte, jetzt in: Gesammelte Aufsätze, S. 22). Pannenberg stimmt Hegel darin zu, daß Offenbarung im strengen Sinn Selbstoffenbarung Gottes ist und daß sie Geschichte, d. h. Universalgeschichte ist. Der grundlegende Einwand gegen Hegel ist aber hier, daß er in der endgeschichtlichen Konstruktion seines Denkens die Logik des Begriffs zur Herrin der Wirklichkeit mache, darum in die Aporie gerate, den Zwiespalt zwischen der Endgültigkeit der Offenbarung in Jesus und der unabgeschlossenen Universalgeschichte nicht lösen zu können. Pannenberg will dies Dilemma überwinden, indem er die Christusoffenbarung als Antizipation des Eschaton versteht, in der das Endgültige bereits vorscheinend in die Geschichte eingeht und deren Ganzheit konstituiert, aber doch so, daß sich sein Recht erst in der Zukunft – am Ende – erweist. Hier wird ein Verständnis von Geschichte intendiert, das ein Auseinanderbrechen in Historie und Übergeschichte vermeidet, das das Ganze in Wahrung der Eigenart des Kontingenten zu denken vermag und das im Unterschied zu einer »Worttheologie« in den von ihrer Bedeutung nicht zu lösenden historischen Fakten Offenbarung erkennen läßt, d. h. in der »Sprache der Tatsachen«. Diese Einheit von Geschehen und Wort bzw. Bedeutung meint Pannenberg mit dem Begriff Überlieferungsgeschichte. Israels Geschichte ist, wie v. Rad gezeigt hat, der Prozeß immer neuer Interpretation der überkommenen Traditionen, in dem sich Gottes übergreifendes, Zukunft öffnendes Handeln erweist, und Jesu Auferweckung, ihrerseits wieder im überlieferten apokalyptischen Horizont verstanden, ist die endgültige Antizipation dessen, was Gott mit der ganzen Schöpfung vorhat. Dieser Begriff der Universalgeschichte hat sich nach Pannenberg einerseits erst von der Gottesgeschichte Israels und von dem Auftreten Jesu her erschlossen, aber andererseits ist gerade mit dem universalgeschichtlichen Verständnis erst die Offenbarung Gottes in Christus, vor allem die Tatsache seiner Auferweckung historisch zu verifizieren (denn Pannenberg mutet dem Historiker die Beweislast zu, daß sich Gott in Jesus offenbart hat!). Das scheint ein Zirkel zu sein. Denn es heißt doch, daß der Geschichtsbegriff, den der biblische Glaube erschließt, dies historische Verständnis der Offenbarung erst ermöglicht. Wenn das nicht auf eine simple Tautologie hinauslaufen soll – und so ist es nicht gemeint –, dann muß man im Sinne Pannenbergs wohl näher so differenzieren: Grundfrage ist, wie das Ganze der Wirklichkeit zugleich mit der Kontingenz alles einzelnen Geschehens gedacht werden kann. Hierfür bietet sich das in der Offenbarung vermittelte universalgeschichtliche Verständnis mit seiner antizipatorischen Struktur, das sich im Lauf der Geistesgeschichte verselbständigt hat, als Schlüssel an. In Anwendung auf das Christusereignis, speziell im historischen Beweis der Auferstehung Jesu wird dies nun zu seinem eigentlichen Ursprung zurückgebracht und bestätigt sich so selbst. Pannenberg will »die ontologische, erkenntnistheoretische und geschichtsphilosophische Implikation der eigenartig antizipatorischen Struktur des Auftretens und Geschicks Jesu von Nazareth« aufweisen (Gesammelte Aufsätze, S. 151f.), also von dem hier sich offenbarenden Sinnzentrum her, damit die universalen Sinnintentionen aus Religion und Philosophie aufnehmend, die Wirklichkeit als ganze begreifen. Wenn er fordert, daß sich die Offenbarung mit ihrem Wirklichkeitsanspruch »an der Welt- und Selbsterfahrung des Menschen« zu bewähren habe, also z. B. an der in der modernen Anthropologie vertretenen Auffassung vom Menschen als einem umweltfreien Wesen, das auf eine Erfüllung seiner Bestimmung über den Tod hinaus angelegt ist, so ist das für ihn keine dem Gott der Offenbarung fremde Kontrollinstanz, weil Mensch und Welt Gottes Schöpfung sind. Die Offenbarung bewährt sich nur an den Phänomenen, deren Sinnstruktur sie selbst erschließt. Nach Pannenberg kann sich der »apokalyptische Grundzug des Auftretens und Geschickes Jesu durch seine antizipatorische Struktur ... als Schlüssel zur Lösung einer Grundfrage philosophischer Reflexion in der nachhegelschen Problemsituation erweisen, die noch immer die unsere zu sein scheint: An der Geschichte Jesu ließe sich eine Antwort gewinnen auf die Frage, wie das ›Ganze‹ der Wirklichkeit und ihrer Bedeutung gedacht werden kann, unbeschadet der Vorläufigkeit und geschichtlichen Relativität alles Denkens, sowie der der Offenheit der Zukunft für den Denkenden, der sich erst auf dem Wege und noch nicht am Ziele weiß« (Gesammelte Aufsätze, S. 137f.).

Pannenberg tendiert eine Theologie, die der Wirklichkeit gerecht wird, nicht nur auf eine persönliche Entscheidung oder Bewußtseinshaltung zielt (ähnlich der Kritik Hegels an Schleiermachers Subjektivismus, wie er ihn sah). Nicht wir legen dem Ereignis der Offenbarung eine Bedeutung zu, sondern sie wohnt ihm inne und ist profanhistorischer Erforschung zugänglich. Das Kerygma ist wesentlich Bericht von Gottes Geschichtsoffenbarung in Christus, deren Wirklichkeit (Auferweckung) sich historisch erschließt und die zugleich uns das Ganze der Geschichte wirklich begreifen lehrt. Weil aber die hier sich erschließende Gesamtwirklichkeit immer nur antizipatorisch erfaßt wird, läßt diese vernünftig erfaßte Offenbarung zugleich Raum für Glauben und Vertrauen, d. h. sie will als Wahrheit sich auch im Daseinsvollzug bewähren. Aber zur Glaubenserkenntnis und -gewißheit bedarf es keines besonderen Werkes des heiligen Geistes, da das Offenbarungsgeschehen selbst der Vernunft evident ist. Man kann Pannenberg gewiß nicht in einem plumpen Sinn natürliche Theologie vorwerfen, als stülpe er der Offenbarung einen philosophischen Geschichtsbegriff über. Offenbarung als Geschichte – so lautet vielmehr das Programm, und zwar ist die biblische Offenbarung gemeint. Aber aus ihr wird nun ein Geschichtsbegriff abgeleitet, der mittels seiner antizipatorischen Struktur das in der Geschichte Jesu Christi begegnende Eschaton ontologisch in den Griff bekommt und ein Prinzip gewinnt, mit dem Offenbarung und Vernunft zur Deckung gebracht werden. Die Offenbarung in der Geschichte wird zur Offenbartheit in der Geschichte, die man historisch zur Kenntnis nehmen kann. Wenn die Grundfrage der Theologie die nach dem Verhältnis von Ganzem der Geschichte und Zufällig-kontingentem ist, darin angeblich übereinstimmend mit der Grundfrage des heutigen Menschen, dann mag man das Christusgeschehen als das Sinnprinzip annehmen, nach dem diese sog. Wirklichkeit schreit. Die eschatologische Spannung, von der Pannenberg durchaus weiß, ist hier ontologisch umklammert und derart auf den Begriff gebracht, daß man eigentlich nur die Augen aufmachen, d. h. richtig denken muß, um sie zu verstehen, daß es aber des richtenden und freisprechenden Wortes, dessen Wahrheit sich nicht an der erfahrbaren Wirklichkeit ausmachen läßt, das also allein der heilige Geist verifizieren kann, nicht bedarf. Wenn Gott in der Geschichte in diesem Sinn offenbar *ist* – wenn auch als der, der erst am Ende der von ihm gewirkten Geschichte ganz ist, was er ist –, wenn sich die Erkenntnis dieser Offenbarung mittels historischer Vernunft vermittelt, wenn der Begriff der Offenbarung wie hier ontologisiert wird, dann ist begreiflich, daß man mit einer Worttheologie nichts anfangen kann, in der das souveräne, einmal ergangene, aber nie vergangene, sondern als tötendes und lebenweckendes Urteil heute nur neu zu vernehmende Wort im Zentrum steht, das sich nicht an der erfahrbaren Wirklichkeit (als dessen universal-integrierende Macht) zu bewähren hat, sondern das sich selbst beglaubigt im heiligen Geist und alle geschöpfliche Wirklichkeit vor sein Forum stellt.

10. »THEOLOGIE DER REVOLUTION«

Auf die sozialen Implikationen der christlichen Verkündigung ist in der Neuzeit von verschiedenen Seiten hingewiesen worden – sei es positiv oder kritisch. (Vgl. W. Rauschenbuschs social gospel, E. Troeltschs Soziallehren der christlichen Kirchen und Gruppen, aber auch F. J. Stahl und in seiner Weise Nietzsche, ferner die Religiösen Sozialisten.) Aber erst in den letzten Jahren ist eine breite Strömung in der Ökumene entstanden, die sich gegen eine individualistische Frömmigkeit und eine Existenztheologie, die um die Selbstidentität des Einzelnen kreist, mit Nachdruck wendet und die revolutionäre Funktion des Evangeliums betont. Die Genfer Weltstudienkonferenz für Kirche und Gesellschaft 1966, aber auch die Weltkirchenkonferenz in Uppsala 1968 haben die Forderung nach love in structures in einer bisher nicht gekannten Dringlichkeit ins öffentliche Bewußtsein geschoben. Zwar war die Frage nach der politischen Dimension der christlichen Verkündigung seit dem Kirchenkampf (vgl. Bonhoeffer, Barth) nicht zur Ruhe gekommen, und die Sozialethik kreiste bereits seit längerem um den Begriff der »verantwortlichen Gesellschaft«. Aber neuerdings melden sich Stimmen, die unter der Parole »Theologie der Revolution« eine radikale Überprüfung des gesamten theologischen Denkens fordern.

Einer der Wortführer, R. Shaull, dessen Schrift Encounter with Revolution, 1963, seine Erfahrungen über das Verhältnis Kirche und Gesellschaft in Lateinamerika auswertet, bezieht sich auf Stellen der heiligen Schrift wie Jer. 1,10, wo es heißt: »Siehe, ich setze dich heute über die Völker und über die Königreiche, auszureißen und niederzureißen, zu verderben und zu zerstören, zu pflanzen und aufzubauen.« Der Gott der Bibel, so heißt es hier, ist ein revolutionärer Gott, der dynamisch mit seinem Wort in die Geschichte eingreift und sie auf ein Ziel hin bewegt. Der biblische Messianismus hat revolutionären Charakter. »Da Gottes Handeln in der Welt auf deren Transformation abzielt, befreien das Kommen Christi und das Werk des heiligen Geistes neue und beunruhigende Kräfte in der Geschichte, die den Prozeß selber beeinflussen. Indem der Einfluß Christi wächst, werden alte Ordnungen hinweggefegt, und der Kampf um die Humanisierung führt zu neuen Ufern, zugleich erscheinen neue Gefahren, und die Kräfte, die Christus widerstehen, werden stärker und manifester. Doch auf dieser Straße gibt es kein Zurück ...« (Revolution in theologischer Perspektive, in: Theologie der Revolution, hg. von T. Rendtorff und H. E. Tödt, 1968, S. 123). Die Theologie kann nach Shaull nur dann eine Auferstehung erleben, wenn sie an den Stellen der Welt, wo Gott am dynamischsten wirkt, präsent ist.

Shaull beruft sich auf P. Lehmann (Ethics in a Christian Context, 1963, deutsch: Ethik als Antwort, 1966), der nach Gottes politischem Handeln in der Welt fragt. Die Bibel beschreibe die entscheidenden Züge der Wirksamkeit Gottes in der Welt mit politischen Bildern, der Messias sei eine politische Gestalt im weitesten Sinn. Im Königtum Gottes werde die Trennung von Religion und Politik aufgehoben, und es gehe in allem darum, wie das menschliche Leben menschlich werde. Shaull konzentriert dies alles auf die Frage nach der Präsenz des Christen in den revolutionären Bewegungen, wo Gottes Handeln am dynamischsten begegne. So kann Shaull sagen: »Der Gott, der alte Strukturen niederreißt, um die Bedingungen für eine menschlichere Existenz zu schaffen, ist selbst mitten im Kampf. Seine Gegenwart in der Welt und sein Druck auf die Strukturen, die im Wege stehen, begründen die Dynamik dieses Prozesses. Gott hat menschliche Gestalt in der Konkretheit geschichtlichen Lebens angenommen und hat uns gerufen, ihm auf diesem Wege zu folgen ... In diesem Kontext ist der Christ aufgerufen, sich in der Revolution, wie sie sich entwickelt hat, einzusetzen. Nur in ihrem Zentrum können wir beobachten, was Gott tut, und verstehen, wie der Kampf um die Humanisierung sich bestimmt, und als Agenten der Versöhnung dienen ...« (Rendtorff/Tödt, a.a.O., S. 128). Das bedeutet auch nach Shaull nicht, daß der Christ unkritisch zum Revolutionär werden solle, sondern er hat zugleich die Kraft der Vergebung und Versöhnung geltend zu machen. Er muß die Zwiespältigkeit der Situation sehen und im Licht des Letzten die vorletzten Ziele beurteilen. Der Kampf gegen bestehende ungerechte Strukturen muß so geführt werden, daß die Möglichkeit der Teilnahme aller Klassen und Gruppen an der Gestaltung des Gemeinschaftslebens im Auge behalten wird.

Mit Recht wird hier auf die soziale und politische Relevanz des Wortes Gottes, die von Theologie und Kirche allzuoft im Interesse einer blinden Bejahung bestehender Verhältnisse ignoriert wurde, aufmerksam gemacht. Das Wort Gottes, das des Menschen Heil verkündigt, kann doch nicht gleichgültig an seinem Wohl im irdischen Leben vorübergehen. Da dies Wohl aber unlöslich mit den sozialen und politischen Verhältnissen verknüpft ist, ist die Frage und Suche nach verantwortlicher Gestaltung der Strukturen theologisch von Belang. Es kann geboten sein, sich mit allen Kräften für eine Änderung dieser Strukturen einzusetzen. Da es Situationen geben kann, in denen gegen pervertierte Ordnungen mit legalen Mitteln nichts auszurichten ist, sind Fälle denkbar, wo auch von Christen Gewaltanwendung nicht ausgeschlossen wird, so sehr sie versuchen werden, sie in Grenzen zu halten. Wer grundsätzlich die politische Relevanz des Wortes Gottes bejaht, der wird schwerlich bestreiten können, daß in bestimmten Fällen Zwang nicht vermieden werden kann, und zwar nicht nur zur Verteidigung des Bestehenden, was nie bestritten war, sondern auch zur Neuordnung der Verhältnisse. So kann auch die Theologische Kommission des Luth. Weltbundes (August 1968) sagen: »Die christliche Ethik hat bisher wenig darauf reflektiert, daß Christen in eine Ausnahmesituation geraten können, in der sie um des Rechtes des Nächsten willen keine andere Wahl haben, als gegen pervertierte Rechtsordnungen anzugehen. Die Anwendung von Gewalt zur Durchführung einer Revolution mit dem Ziele der Herstellung einer gerechteren Rechtsordnung stellt eine solche Ausnahmesituation dar. Es sind Fälle denkbar, in denen Christen die Gewaltanwendung billigen und sich an ihr beteiligen können. Umgekehrt ist es jedoch auch denkbar, sich für eine notwendige radikale Veränderung in den politischen, wirtschaftlichen und sozialen Strukturen auszusprechen, ohne dabei Gewalt anwenden zu wollen. Das entbindet aber nicht von der Verpflichtung, dann nach anderen verantwortbaren Mitteln für die Beseitigung sozialer Mißstände zu suchen. In Fällen, wo Christen an einer Revolution teilnehmen, sollte aber auch erwogen werden, ob sie nicht eine Verpflichtung haben, die Gewaltanwendung überhaupt zu verhindern bzw., wenn das nicht möglich ist, in Grenzen zu halten und die revolutionäre Aktion selbst zu humanisieren. Der Terror allerdings genießt keinen ethischen Schutz.«

11. ZUR BEURTEILUNG DER »THEOLOGIE DER REVOLUTION«

Die sog. »Theologie der Revolution« ist nicht frei von der Versuchung, die hier gesetzte Grenze zu überschreiten. So sagt Emilio Castro (Uruguay): »Wir werden fähig, die Realität unserer Bekehrung zu messen an dem Ausmaß der Teilnahme an dem Kampf für soziale Gerechtigkeit und unserer Absonderung von dem herrschenden sozialen System« (Conversion and Social Transformation, in: Christian Social Ethics in a Changing World, 1966, S. 364). Oder: »Jeder wahre Kampf zur Schaffung menschlicher Lebensbedingungen, in welchem der Mensch Freiheit und Verantwortung wahrnehmen kann, sucht eine Situation zu etablieren, in welcher der Mensch dem Ruf zur Konversion frei entsprechen kann« (a.a.O., S. 365. Beide Zitate nach: Rendtorff/Tödt, a.a.O., S. 60f.). Dem entspricht ein revolutionärer Kirchenbegriff, der die ständige Bewegung und

Erneuerung als Teilhabe an Gottes Aktion in der Geschichte für die wesentliche ekklesiologische Bestimmung hält. Das kann in bestimmten Situationen in der Tat vordringliche Aufgabe sein. Aber es kann nicht zur Definition der Kirche werden. Die mit dem Konzept einer Theologie der Revolution verbundenen Gefahren scheint R. Shaull zu sehen, wenn er davor warnt, einen revolutionären Prozeß als schlechthin determiniert zu betrachten. Er betont mit Recht, daß der Umsturz einer alten Ordnung nicht automatisch eine gerechte Gesellschaft mit sich bringt, daß sich vielmehr die neue Ordnung allzuleicht wieder verfestigt und absolut setzt. Vor allem bemüht er sich, das Ringen um Gerechtigkeit mit dem Bemühen um Versöhnung der widerstreitenden Interessen zu verbinden. »Das Reich Gottes steht jedoch immer über und gegen jede soziale und politische Ordnung, legt so ihre entmenschlichenden Elemente bloß und richtet sie.« Und es heißt sehr vorsichtig: »Der Christ dürfte in gewissen Situationen eine relative Koinzidenz zwischen der Richtung des revolutionären Kampfes und Gottes humanisierendem Tun in der Welt wahrnehmen« (Revolution in theologischer Perspektive, a.a.O., S. 131). Gewiß fehlt es auch bei Shaull nicht an Formulierungen, die zum mindesten mißverständlich sind. Es kann bisweilen so scheinen, als ob der Glaubende in stetem Transzendieren, in seiner Selbstverwirklichung in die Zukunft hinein, seine Identität fände und als ob die Zukunftsperspektive verabsolutiert würde (vgl. zur Kritik Rendtorff/Tödt, a.a.O., S. 30ff.).

Aber so notwendig diese Warnungen gegenüber dieser etwas anspruchsvoll als »Theologie der Revolution« bezeichneten Richtung sind, so darf doch nicht verkannt werden, daß hier der Finger auf einen in Theologie und Kirche oft übersehenen Aspekt gelegt wird. Was hier gemeint ist und was nicht überhört werden sollte, hat H. Gollwitzer auf der Regionalsynode West der EKD in Spandau im Oktober 1968 so formuliert: »Was christlicher Glaube ist, kann ... nicht mehr anders ausgesagt werden als in bezug auf das politisch-soziale Leben des Menschen, im Blick auf den Zusammenhang des Individuums mit der Gemeinschaft, im Aufweis der politischen Konsequenzen des Evangeliums – ähnlich wie in den apostolischen Briefen die ›dogmatischen‹ Aussagen fast immer innerhalb praktisch-ethischer Abschnitte auftauchen. In einer pluralistischen Gesellschaft gönnt man uns tolerant jeden Trost, den wir uns verschaffen, auch den religiösen, auch den von Ostern und ewigem Leben. Wir ernten dafür höchstens etwas Spott von den allzu Aufgeklärten. Wir ernten aber Feindschaft und Mord, wenn wir daraus die Konsequenzen für das Diesseits ziehen und uns, wie Martin Luther King, an die Spitze von streikenden Müllarbeitern stellen ... Glaubensbekenntnisse, die nicht irdische, diesseitige Veränderungen tief in die Gesellschaft hinein zur Folge haben, sind Privatvergnügen und deshalb als irrelevant und ungefährlich längst toleriert. Die Relevanz jedes Satzes unseres Glaubensbekenntnisses werden wir unseren Zeitgenossen nur verdeutlichen können als politische und soziale, als gesellschaftlich revolutionäre Relevanz. ›Es ist kein gutes Zeichen, wenn die Gemeinde scheut und erschrickt, wenn die Predigt politisch wird, als ob sie auch apolitisch sein könnte. Die ihrer politischen Verantwortlichkeit bewußte Gemeinde wird es wollen und verlangen, daß die Predigt politisch werde; sie wird sie politisch verstehen, auch wenn sie mit keinem Wort *politisch* wird‹ (Karl Barth)... Unsere theologische Diskussion hat sich – zum Teil wenigstens – auseinanderdividiert in ein konservatives Insistieren auf der dogmatischen Überlieferung und ein liberales Abschütteln des dogmatischen Gehaltes zugunsten einer Ethik der Mitmenschlichkeit, damit zurückfallend in das schlechteste Erbe des 19. Jahrhunderts, in dem die konservativen Theologen auch politisch konservativ zu sein pflegten und die liberalen um des Humanismus willen meinten, das Dogma abbauen zu sollen. Damit wird auseinandergerissen, was zusammengehört. Jeder Satz des Glaubensbekenntnisses hat explosive und offensive Bedeutung für den status quo der alten Welt, und ein Satz, der unser Verhältnis zu den anderen Menschen und zur Gesellschaft beim Alten läßt, ist nicht wert, ein Satz des christlichen Glaubens zu sein. Nur durch ein verändertes Verhalten im Diesseits, nicht durch bloße Behauptungen über göttliche

Wahrheiten, die angeblich ›an sich‹ beschrieben werden können, können wir heute die Relevanz des Glaubensbekenntnisses bezeugen« (E. Wilkens, Die Zukunft der Kirche und die Zukunft der Welt, 1968, S. 75ff.).

11a. ZUM PROBLEM DER NATÜRLICHEN THEOLOGIE

Die christliche Botschaft behauptet im Blick auf Jesus Christus: »Es ist in keinem andern Heil!« und: »Es werden sich in seinem Namen alle Kniee beugen«. Die Kirche konnte sich also nie damit abfinden, daß ihr ein Altar neben anderen im Pantheon der Götter eingeräumt wurde. Sie beanspruchte, nicht eine Wahrheit neben anderen, sondern *die* Wahrheit zu verkünden. Kein Wunder, daß dieser Anspruch auf energische Einsprüche stieß und stößt. Sollen denn alle anderen Religionen Finsternis sein und nur hier das Licht? Verrät es nicht eine unerträgliche Arroganz, wenn man die tiefsinnigen Gedanken, die ernste Frömmigkeit, die hohen ethischen Ideale, die uns in anderen Religionen und Weltanschauungen begegnen können, kurzweg als Götzendienst abtut? Hat sich nicht gerade die christliche Kirche in unerhörter Weise durch ihre Intoleranz diskreditiert, wenn sie – sich im alleinigen Besitz der Wahrheit glaubend – ganze Völker zum christlichen Bekenntnis nötigte? Es gibt Gründe genug, an der sog. »Absolutheit des Christentums«, wie es sich selbst verstand und durchzusetzen versuchte, irrezuwerden. Ja, selbst Schleiermachers Versuch, jede Religion zwar als besondere Ausprägung des frommen Abhängigkeitsgefühls zu verstehen, aber dem Christentum die oberste Sprosse auf dieser Stufenleiter der Religionen zuzuerkennen, erscheint als fragwürdig. Wenn es nur um die Überlegenheit einer christlichen Religion, wie sie sich geschichtlich darstellt, gegenüber anderen Religionen oder um die Überlegenheit christlicher Theologie als Denkbewegung gegenüber anderen sog. natürlichen Theologien ginge, dann wäre solch ein Anspruch anmaßend.

Aber der behauptete Anspruch des Wortes Gottes, seine Autorität, ist nicht die Autorität einer christlichen Religion, die als Kulturgröße mit ihren geistigen, gesellschaftlichen und politischen Wirkungen schlechthin imponierte und über alle anderen Religionen und Weltanschauungen triumphierte. Es geht vielmehr um die Autorität des Evangeliums, besser: Jesu Christi selbst, der ganz anders ist als weltliche Herrscher oder auch religiöse Heroen. Er regiert, indem er dient, er überwindet durch Hingabe, er siegt im Zeichen des Kreuzes. Hier ist Gottes Gerechtigkeit offenbart, hier ist sein richtendes und rettendes Urteil auf dem Plan. Wo das Evangelium von Jesus Christus erklingt, da ist letzte Stunde, da ist das Reich Gottes nahe herbeigekommen. Da gerät alle Religion, auch die christliche Religion, sofern sie immer auch ihren Herrn diskreditierende menschliche Verhaltensweise ist, in die Krise. Nur wo man das begreift, ist die Ablehnung aller natürlichen Theologie nicht pharisäische Anmaßung, weil man hier zu allererst die im Gewand christlicher Theologie verkleidete natürliche Theologie im Auge hat, also sich selbst zur Umkehr gerufen weiß.

Die Form, in der das Problem der natürlichen Theologie in der Kirche wirklich bedrängend wird – von der christlichen Botschaft selbst ausgelöst – ist etwa die Frage, ob nicht die dort verkündigte Vergebung der Sünden Schuld und damit eine vorausgehende »Uroffenbarung« (Althaus) voraussetzt. Mag man den Ausdruck »natürliche Theologie« auch vermeiden, weil diese vorausgesetzte Offenbarung von uns pervertiert ist und als solche nicht zur heilsamen Erkenntnis führt, so wird doch in der Ahnung der Religionen, im Wissen um Gesetz und Ordnung in Geschichte und Natur, vor allem auch in der Personhaftigkeit und Verantwortlichkeit des Menschen solch ein vorlaufendes Sichoffenbaren Gottes gesehen, das erst die Bedingung für die Möglichkeit des Verstehens des Evangeliums ist. Die Verkündigung des Evangeliums bedarf, wie z. B. Emil Brunner (in seinen Schriften »Natur und Gnade« und »Der Mensch im Widerspruch«) entschieden betont, eines Anknüpfungspunktes im Menschen, der trotz all seiner Sündigkeit nicht vernichtet ist. Brunner sieht diesen Anknüpfungspunkt nicht wie die altprotestantische Dogmatik in Resten seiner dem Menschen trotz des Falles erhalten gebliebenen materialen Gottebenbildlichkeit, sondern in einer nicht zerstörten formalen imago Dei, d. h. seinem personhaften, vernünftigen und verantwortlichen Dasein. Andernfalls könnte er das Evangelium überhaupt nicht begreifen. Deshalb sei es die »andere« Aufgabe der Theologie, mittels Eristik diesen Anknüpfungspunkt zu ermitteln. Hier ist gewiß nur von einer gebrochenen Anknüpfung zu reden, von einer formalen Kontinuität bei materialer Diskontinuität (wobei zu fragen ist, ob diese Unterscheidung bei ihm wirklich durchgehalten ist). Man kann sich sogar gegen jede positive Anknüpfung wenden und nur von einer negativen reden: einem Aufwerfen der Gottesfrage, ohne Gott ausdrücklich zu nennen, einem Scheitern jedes Lösungsversuchs, einer bloßen Situation unter dem »Gesetz« u. ä.

Es kann sich in der Tat nicht darum handeln, die Geschöpflichkeit des Menschen zu leugnen und ihm eine prinzipielle Blindheit gegenüber Gott zuzuschreiben. Das Wort Gottes, der Logos, kommt »in sein Eigentum«, und das bleibt bestehen, auch wenn »die Seinen ihn nicht aufnahmen«. Nicht nur die alttestamentliche Schöpfungsgeschichte widerspricht jeder manichäischen Diskriminierung des Geschöpfs, sondern vor allem die Menschwerdung Jesu Christi ist der eindeutige Beleg dafür, daß Menschsein keineswegs heißt: Gott fern sein. Die faktische menschliche Blindheit gegenüber Gott ist nicht Schicksal, sondern Schuld. Von Schuld könnte nicht die Rede sein, wenn sich Gott nicht kundgetan hätte. In der mit Vorliebe von den Vertretern natürlicher Theologie zitierten Stelle Röm. 1,19 heißt es ausdrücklich: »Denn was erkennbar ist, ist ihnen offenbar, denn Gott hat es ihnen offenbart. Denn sein unsichtbares Wesen wird von Erschaffung der Welt an mit der Vernunft erkannt, nämlich seine ewige Kraft und Gottheit, so daß sie keine Entschuldigung haben, darum nämlich, weil sie Gott wohl erkannten, aber ihm nicht als Gott Ehre gegeben oder gedankt haben, sondern eitel in ihren Gedanken wurden, und ihr unverständiges Herz wurde verfinstert . . .« (Vgl. z. St. die Kommentare, dazu Günther Bornkamm, Die Offenbarung des Zornes Gottes, ZNW 34, 1935, S. 239ff. – jetzt auch in »Das Ende des Gesetzes«, S. 9ff., Heinrich Schlier, Über die Erkenntnis Gottes bei den Heiden, Ev. Th. 2, 1935, S. 9ff., und zum ganzen K. Barth, KD II, 1).

Aber vorausgesetzte Schuld bedeutet keineswegs Schuldbewußtsein bzw. Schuldbewußtsein nicht notwendig Sündenbewußtsein. Das ist nach Röm. 7 gerade die dämonische Macht der Sünde, daß sie mit Betrug arbeitet, sich hinter das Gute steckt und verblendet. Gewiß tut sich Gott in seinen Werken der Schöpfung nach Röm. 1 kund, und zwar nicht nur einst, sondern auch heute. Aber die dem Menschen prinzipiell damit eröffnete Möglichkeit der Erkenntnis Gottes kommt nicht zu ihrem Ziel, sie wird faktisch verspielt, weil er Gott nicht die Ehre gibt. Gotteserkenntnis ist nach dem alt- und neutestamentlichen Zeugnis keineswegs ein bloß theoretisches Wissen, sondern stets mit der Anerkennung seines Wortes, mit Glauben, Anbetung und Gehorsam unlöslich verbunden. Hier wird deutlich, wie verlogen eine »christliche« Abwehr des theoretischen Atheismus bei gleichzeitiger massiver Duldung eines praktischen Atheismus innerhalb der nominellen Christenheit ist. Wo Gott die Ehre verweigert wird durch faktischen Ungehorsam (z. B. auch durch Verweigerung der Nächstenliebe), da bleibt nicht ein theoretisches Wissen oder eine kultische Frömmigkeit als teilweise Gotteserkenntnis, sondern da gilt auf der ganzen Linie: Eitel werden die Gedanken, verfinstert das unverständige Herz! Darum kann der wiederkommende Christus Matth. 25 den vermeintlich »Seinen« zurufen: »Ich kenne euch nicht!«

Solche radikale Ablehnung natürlicher Theologie ist nicht das Ergebnis einer Analyse von Mensch und Welt an sich, also nicht Ausdruck einer sog. negativen natürlichen Theologie. Die dem Menschen vielleicht einsichtig zu machende Erkenntnis, daß wir in den letzten Fragen »nichts wissen können«, ist mit all ihrer Skepsis und tragischen Haltung grundverschieden von dem hier gesprochenen Nein. Die Verborgenheit eines letzten Sinnes unsres Lebens und der Geschichte ist nicht mit der Verborgenheit Gottes zu verwechseln, wie sie gerade die Offenbarung behauptet. Die Resignation, die so erzeugt werden kann, ist nicht radikal genug, um nicht bald wieder zu einem religiösen Optimismus umzuschlagen (vgl. die heute von der Kirche so begrüßte vermeintliche Trendwende!). Auf beides ist kein Verlaß. Mehr als zweideutige Zeichen lassen sich da nicht feststellen. Und mit Recht sagt G. Bornkamm (a.a.O., Das Ende des Gesetzes, S. 31): »Auf die Zeichen ihrer Verlorenheit kann die Welt angesprochen werden und damit auch auf das Gefälle, das ihre Geschichte unter der richtenden Hand Gottes empfangen hat, aber daß ihre Verhaftung an die Sünde so radikal verstanden werden muß, daß die Geschichte der Welt sozusagen schon im Feuerschein des Jüngsten Tages liegt, das muß ihr – eben mit dem eschatologischen Wort 1,18 – gesagt werden. Es ist nicht aus den Voraussetzungen ihres Wissens zu entwickeln, so sehr nach Meinung des Apostels Heiden und Juden es verstehen können.« Darum kann der Kampf gegen die natürliche Theologie nicht zu einer eigenen, selbständigen Aufgabe rechter Theologie werden, den man etwa in den Prolegomena der Dogmatik voranstellt. Damit würde man ihr zuviel Ehre antun und selbst die Prämisse in Frage stellen, von der her hier nur legitim geurteilt werden kann. Denn von der geschehenen und in der Kirche zu bezeugenden Offenbarung Gottes in Jesus Christus hat alle Theologie auszugehen und in deren Licht die innerhalb und außerhalb der Kirche sich ausbreitende Blindheit und Finsternis aufzudecken und zu erhellen – also in einer mehr beiläufigen als thematischen Apologetik.

Dann aber kann das hier notwendig zu sprechende Nein weder das erste noch das letzte Wort sein. Es gilt vielmehr die Verheißung: »Ihr werdet die Wahrheit erkennen.« Der menschgewordene Christus verbürgt uns diese Verheißung, der gekreuzigte Christus sagt uns freilich, daß wir von uns aus ihn nicht aufnehmen, aber der auferstandene, erhöhte und im hl. Geist gegenwärtige Christus ist die Erfüllung dieser Verheißung. Durch ihn ist es möglich, daß menschliches Denken, Reden und Handeln nicht ins Leere läuft, sondern zum glaubwürdigen Zeugnis für Gott wird. Das steht zwar niemals in unsrer Gewalt, das kann keine kirchliche Regie garantieren, das kann immer nur von uns erbeten und von Gott geschenkt werden. Rechte Theologie weiß, daß sie nie die Wahrheit in Besitz hat, daß sie – auf unser menschliches Bemühen gesehen – immer nur »natürliche Theologie« zustandebringt, aber daß sie angenommen werden kann, nicht um ihrer Aktivität willen, sondern um ihres »Gegenstandes« willen, auf den sie gerichtet ist.

Eine Theologie und Kirche, die sich so versteht, kann aber auch an der »Welt« nicht verzweifeln. Wenn sie darauf vertraut, daß Gott in Christus ihr fragwürdiges menschliches Reden und Handeln annehmen will, – wie könnte sie ihm verbieten wollen, die von uns gesehenen Grenzen zu überschreiten? Nicht auf Grund der ihr eigenen Güte, sondern auf Grund des in Jesus Christus bereits geschehenen Übergriffs über alle Welt ist mit sog. wahren Worten auch außerhalb der Kirche zu rechnen. Es ist bezeichnend, daß gerade der Theologe, der den schärfsten Kampf gegen die natürliche Theologie führte, K. Barth, zunehmend solche wahren Worte bzw. profane Wahrheiten anerkennt und würdigt (vgl. vor allem KD IV, 3, S. 106ff.). Gewiß ist die Kirche, in der das Evangelium verkündigt und geglaubt wird, der Ort, an dem die Herrschaft Gottes erkannt und anerkannt wird, aber das Regiment Christi beschränkt sich nicht auf die Kirche. Zu denken wäre hier etwa an die Mittel und Wege, mit denen Gott (um Christi willen) die Welt als seine Schöpfung am Leben erhält, an die Lichter, die hier in der Welt leuchten, an das, was man unter Naturgesetzen versteht, aber auch an Regeln menschlichen Zusammenlebens, an Phänomene der Humanität, an das, was man mit Freiheit und Verantwortlichkeit bezeichnet u. ä. Es wäre ein ungerechtfertigter Pessimismus, das zu leugnen, was Gott in seiner Geduld und Treue auch dem verkehrten, von ihm abgewandten Menschen und seiner Welt an Ordnung und Erleuchtung zuteil werden läßt. Hier öffnet sich auch für die Theologie ein weites Feld dankbarer Anerkennung der Güter und Gaben in Wissenschaft, Kunst und Technik, anstatt in klerikaler Engstirnigkeit davor die Augen zu verschließen. Der Christ kann sogar darüber hinaus mit außerordentlichen Selbstbezeugungen Jesu Christi im Weltgeschehen rechnen, ohne hier freilich reglementieren und kanonisieren zu können.

Anstatt einer splendid isolation hat sich die Theologie also sehr wohl mit der sie umgebenden Welt, mit Wissenschaft und Kultur, mit den Erkenntnissen empirischer Forschung einzulassen, weil sie ihren spezifischen Auftrag innerhalb dieser menschlichen Geschichte wahrzunehmen hat. Der Kampf gegen die natürliche Theologie wendet sich gegen die Verwechslung dieser Stimmen mit Gottes Stimme, die Bestreitung einer Theologie des Anknüpfungspunktes richtet sich gegen eine Manipulation der Botschaft nach Maßstab des (vermeintlichen) Adressaten, nicht aber gegen eine konkrete Bezugnahme. Die von uns entworfenen Bilder vom Menschen, nicht der konkrete Mensch, geraten unter Beschuß, sondern dieser konkrete Mensch wird – ob er darum weiß oder nicht – bereits im Machtbereich Jesu Christi gesehen. Ja, es ist durchaus möglich, daß eine träge oder schlafende Kirche durch profane Stimmen von außen aufgerüttelt wird, wie ja auch Gott durch Bileams Esel reden konnte, es könnten Segmente echter Erkenntnis – etwa hinsichtlich der Ächtung des Krieges oder der Analyse der Ursachen wirtschaftlichen Elends – bei Atheisten anstatt bei Christen sich finden und der Christenheit Anstoß zur Besinnung und zur Umkehr werden. Anstatt so simpel, wie es die Kirche gern tut, die Grenze zwischen Licht und Finsternis weltanschaulich oder gar politisch aufzurichten und alles, was außerhalb ihres »Raumes« ist, abzuwerten, gilt es zu bedenken, wie bald aus Letzten Erste und aus Ersten Letzte werden. Kein Vorverständnis, keine Philosophie, keine menschliche Erkenntnis ist hier von vornherein und prinzipiell ausgeschlossen, freilich auch keine als solche bereits Offenbarung Gottes.

Denn – und daran muß unerbittlich festgehalten werden – alle solche Lichter in der Welt sind nicht mit dem einen wahren Licht, Jesus Christus zu verwechseln. Alle solche profanen Wahrheiten können nicht konkurrieren mit dem, der von sich sagte: »Ich bin die Wahrheit.« Sie können uns nicht retten, nicht im Innersten binden. Man kann nicht an sie glauben oder sich zu ihnen bekennen. Durch sie werden wir nicht mit Gott versöhnt. Sie können allenfalls Zeichen dieser einen Wahrheit sein oder werden, wie der Regenbogen in den Wolken Zeichen des Friedens zwischen Gott und Mensch sein konnte nach der Sintflut, obwohl an sich ganz anders deutbar. Daß menschliche Worte, Gedanken und Handlungen nicht aus eigner Vollmacht, sondern durch Gottes Annahme in Dienst gestellt werden, dies bestreiten, hieße die Fleischwerdung des Wortes bestreiten. Es besteht also kein Verhältnis grundsätzlicher Feindschaft oder auch nur Gleichgültigkeit zwischen menschlichen Worten und Wahrheiten und Gottes Wahrheit. Darum können sie, obwohl sie irdische, menschliche Größen sind, obwohl sie nicht aufhören, das zu sein, von Gott ausgewählt, ausgezeichnet, als Medium seines Wortes in Dienst gestellt werden. Diese Indienstnahme beschreibt Barth einmal so: »es ist das besondere Ereignis einer Begegnung zwischen dem Menschen und einem Stück der ihn umgebenden, von Gott verschiedenen gegenständlichen Wirklichkeit, in welcher dieses Stück Wirklichkeit, – ohne daß es aufhörte, diese bestimmte geschöpfliche Wirklichkeit zu sein, also ohne daß es an sich mit Gott identisch würde – für Gott eintritt, sofern es nämlich von Gott zu seinem Kleid oder Tempel oder Zeichen bestimmt, gemacht und als solches gebraucht wird, sofern es in dem besonderen Sinn ein Werk Gottes ist, als es über seine Existenz hinaus (die ja ebenfalls Gottes Werk ist!) dazu dienen darf und muß, die Gegenständlichkeit Gottes zu bezeugen und damit Erkenntnis Gottes möglich und notwendig zu machen« (KD II, 1, S. 17). So nur, d. h. als Bezeugung des hier von Barth faktisch umschriebenen Christusgeschehens, könnte menschliche Religion und »natürliche« Theologie gerechtfertigt werden.

12. ZUM SCHRIFTVERSTÄNDNIS IN REFORMATION UND ORTHODOXIE

An der Schrift war Luther die reformatorische Entdeckung zuteil geworden, auf sie berief er sich als Autorität, als ihm alle anderen Autoritäten in der Kirche zunehmend fragwürdig wurden. Nur die Schrift kann Artikel des Glaubens begründen. Luther konnte dem »Es steht geschrieben« unbedingte, allen Streit entscheidende normative Funktion zusprechen (s. Abendmahlsstreit!), er konnte – etwa gegen Kopernikus – sich auf die »dürren, klaren Worte« des Moses berufen und alle Einrede abschneiden, weil man gegenüber diesem Reden des heiligen Geistes nur das Hütlein lüften könne. Dennoch ist damit Luthers Stellung zur Autorität der Schrift nicht hinreichend ausgedrückt. Bekanntlich hat er sehr kritische Urteile über manche biblische Bücher gefällt – geleitet von dem Kriterium »was Christum treibet« (vgl. z. B. seine Septemberbibel mit der deutlichen Absetzung gewisser biblischer Bücher). So begreiflich es ist, daß manche

Lutherforscher unauflösliche Widersprüche hier bei Luther meinten feststellen zu sollen, so dürfte doch mit Recht zu sagen sein, daß für Luther letztlich nicht ein formales, sondern ein inhaltliches Kriterium darüber entschied, was schriftgemäß sei. Nicht der biblische Buchstabe, sondern die viva vox evangelii ist für ihn eigentlich Wort Gottes.

Aber auch Calvin kann man nicht, wie es oft geschehen ist, als Inspirator der orthodoxen Schriftauffassung bezeichnen. Er kann zwar die Autorität der Schrift mit hohen Worten preisen. Gott selbst in Person redet hier und ist ihr Urheber (vgl. Institutio I, 7,4). Die doctrina der Schrift nennt er a spiritu sancto dictata nach 2. Tim. 3,16. Die biblischen Zeugen kann er geradezu Organe und Instrumente des heiligen Geistes nennen, sichere und beglaubigte Notare oder Kanzlisten, weshalb er bisweilen (z. B. von Otto Ritschl) schon zur Orthodoxie gezählt wird. Aber so sehr das an die altprotestantische Schriftlehre erinnert, so wenig ist doch von einer mechanischen Inspirationsauffassung bei Calvin zu reden. Er führt zwar in der Institutio eine Fülle hervorragender Eigenschaften der Bibel auf (ihre Ordnung, Einheitlichkeit, ihren Stil, ihr Alter, ihre Wunder, ihre Weissagungen, die erstaunliche Erhaltung der Bibel, den Konsens der Kirche usw.), die auch dem Ungläubigen einleuchten könnten. Aber er kann andererseits recht kritische exegetische Urteile fällen. Vor allem aber gründet er die Glaubwürdigkeit der Schrift letztlich allein auf das Zeugnis des heiligen Geistes. Mit Recht sagt W. Krusche (Das Wirken des heiligen Geistes nach Calvin, 1957, S. 176): »Die Behauptung, Calvin habe die Bibel als ein vom Himmel gefallenes Gesetzbuch aufgefaßt, kann man nur als ein dogmengeschichtliches Greuelmärchen bezeichnen.« Oder (S. 184): »Man kann Calvin nicht zum Vater der altprotestantischen Inspirationslehre machen. Sicher klingt manches sehr ähnlich, aber das System ist ein ganz anderes. Calvin steht in der Frage der Inspiration ganz nahe bei Luther ... Calvin hat überhaupt keine Lehre von der Inspiriertheit der Heiligen Schrift aufgestellt, sondern die Inspiration der biblischen Zeugen in ihrem Reden und Schreiben gelehrt.«

Worin besteht demgegenüber die Verfestigung in der altprotestantischen Inspirationslehre? Auch hier weiß man zwar zu unterscheiden zwischen den Sätzen und Buchstaben und den sententiae der Schrift. Man verhehlt nicht, daß es evangelische Verkündigung vor Abfassung des Neuen Testamentes gab und am jüngsten Tag die Bibel nicht mehr nötig ist. Aber entscheidend ist, daß sich das Interesse der Inspirationslehre auf den Akt der Aufzeichnung konzentriert und eine Theorie über die wunderbare Entstehung der Bibel entfaltet wird. Der Vorgang dieses göttlichen Diktates in die Feder der Skribenten wird als supranaturales Ereignis verstanden. Man betonte den unmittelbaren impulsus ad scribendum, die inspiratio immediata, eine suggestio rerum et verborum, durch die die Individualität der Schreibenden möglichst ausgeschaltet wurde und sie zu causae instrumentales, amanuenses Gottes, manus Christi und zu notarii und organa des heiligen Geistes wurden. Die Inspiration bezog sich schließlich auf alles, was sie schrieben, auch historische, chronologische, genealogische, astronomische, physikalische und politische Dinge, die zwar an sich nicht heilsnotwendig, aber zur Interpretation oder Illustration der Offenbarung nötig waren. Die Verschiedenheiten, die man wohl sah, wurden als Akkomodation des heiligen Geistes an das Verständnis der Verfasser bzw. Leser verstanden. Die Berufung auf das testimonium des heiligen Geistes wurde nicht fallen gelassen, bekam aber einen neuen Sinn durch diesen Bezug auf den Inspirationsakt. Die Heilsgewißheit droht auf dieser Art Inspirationsgewißheit zu gründen. Wenn die Lehre von der Schrift kein articulus fidei, sondern principium articulorum fidei genannt wird, so kann das jedenfalls zu der Vorstellung eines vorangehenden isolierten Formalprinzips der Schrift führen. Mit Recht weist E. Troeltsch auf die weitgehende Analogie zwischen der römischen Berufung auf den Papst und der protestantischen Berufung auf die Schrift hin: »Gilt jenen der Papst als Stellvertreter Christi, der unter der Leitung des heiligen Geistes jederzeit der großen Kirche des Herrn die Wahrheit in Sitte und Glaube vorschreiben kann, so ist diesen die immerdar an sich vom heiligen Geist erfüllte Schrift gewissermaßen eine zweite, dauernde Inkarnation Gottes, die jeder in jeder Not als die in der Kirche tönende Stimme Gottes befragen kann« (Vernunft und Offenbarung bei J. Gerhard und Melanchthon, 1891, in: Gesammelte Schriften II, S. 29).

Das Wort Gottes wird hier zu einer im Bibelwort vorliegenden Gegebenheit, die Offenbarung wird zur Offenbartheit. Das fleischgewordene Wort wird zum Buchstaben. Alle Sicherungen, die man anzubringen versuchte – wie der Hinweis auf den heiligen Geist –, konnten nicht verhindern, daß der lebendige Sturzbach der Offenbarung in einem Stausee eingefangen wurde, indem der dienende Buchstabe zum Herrscher wird. Die Schrift wird, statt die Rolle Johannes des Täufers zu spielen und auf Christus hinzuweisen, selbst zum Gegenstand des Glaubens. Indem man die Autorität des Wortes Gottes im geschriebenen Buchstaben finden wollte, raubte man ihm gerade seine Souveränität. Es ist ein zutiefst tragischer Vorgang, weil man mitten in der Orthodoxie wider Willen damit dem Rationalismus den Weg bahnte. Denn nicht erst in der Aufklärung und mit der hier einsetzenden historischen Kritik, sondern bereits durch diese Inspirationslehre wurde die natürliche Theologie wie in einem trojanischen Pferd in die Kirche eingeschleust. Denn es ist theologia naturalis, wenn man die Offenbarung zur Offenbartheit machte und das Evangelium zu einer Summe von lehrhaften Wahrheiten. Damit wurde die Orthodoxie selbst zum Katalysator der Schriftautorität. Denn das Gegenüber der Offenbarung, das sie mit ihrer Inspirationslehre sichern wollte, löste sie auf, indem sie durch eine undialektische Gleichsetzung von Wort Gottes und Schrift dies Wort zu einer verfügbaren Größe machte. Sie provozierte damit bei zunehmendem historischen Bewußtsein gerade eine Bibelkritik, die ihrerseits nun die Probe aufs Exempel machte und die hier behauptete Identität von Wort Gottes und Schrift ad absurdum führte.

13. ZUR AUFLÖSUNG DES ORTHODOXEN SCHRIFTPRINZIPS

Bereits Luther hat in Kritik an dem vierfachen Schriftsinn der Tradition, insonderheit an einer wildwuchernden Allegorese, den Nachdruck auf den sensus literalis der Bibel gelegt und in Aufnahme humanistischer Intentionen die Sprache als Scheide für das Schwert des Geistes bezeichnet. Aber so sehr er die Fleischwerdung des Wortes betonte und bereits zwischen Bibel und Wort Gottes unterscheiden konnte, so freimütig er über einzelne biblische Bücher urteilen konnte, so kann man ihn doch kaum als den Initiator der modernen kritischen Schriftforschung bezeichnen. Wir können hier nicht näher auf den Prozeß eingehen, der zur Auflösung der altprotestantischen Schriftlehre führte. Bereits vor dem Siegeszug des neuen naturwissenschaftlichen Denkens, im Humanismus eines Erasmus und der sich daran anschließenden ersten rationalistischen Epoche, wie sie z. B. durch den Sozinianismus und Arminianismus geprägt wurde, kam es zu einer zwar als Apologie des wahren Christenums gemeinten, aber sehr einschneidenden Dogmenkritik (vgl. W. Dilthey, Das natürliche System der Geisteswissenschaften im 17. Jhdt., in: Gesammelte Schriften II, S. 131), bis dann im 18. Jahrhundert der allgemeine Durchbruch zur Bibelkritik erfolgte. Ein neues Wirklichkeitsverständnis tritt ins breitere Bewußtsein, nach dem nur das noch Allgemeingültigkeit besitzt, was der Mensch mit seinen rationalen und empirischen Fähigkeiten kontrollieren kann. Mit Recht sagt G. Ebeling (Die Bedeutung der historisch-kritischen Methode, in: ZThK 1947, S. 28): »In der Neuzeit gibt es einen so vorher unbekannten Bereich neuer Selbstverständlichkeiten, deren Geltungsbereich sich auch der Christ nicht entziehen kann, und zwar auch dann nicht, wenn sie in Widerspruch stehen zu solchen Anschauungen, die vor dem Anbrechen der Neuzeit zu den Selbstverständlichkeiten christlicher Weltanschauung gehörten.« In deren Licht wird alle Überlieferung kritisch geprüft, und die Bibel macht hier keine Ausnahme.

Wir können die Faktoren, die diesen großen geistesgeschichtlichen Wandel herbeiführten, hier nur andeuten. Es genügt nicht, daran zu erinnern, daß im 18. Jahrhundert der Horizont des Menschen in bisher ungeahnter Weise sich erweiterte. Das Kennenlernen fremder Länder, physikalische Entdeckungen, technische Erfindungen, Verfeinerung der historischen Methoden u. ä. wären hier zu nennen. Nicht mehr ist die abendländisch-christliche Geschichtsauffassung der Mittelpunkt der Weltanschauung und diese unsere kleine Erde das Zentrum des Weltbildes. »In moralischer Hinsicht wirkte diese Umwälzung, wie wenn ein Mann, der im zivilisierten Paris zu leben träumt, beim Erwachen feststellt, daß Paris eine kleine obskure Insel im Pazifischen Ozean ist« (K. Löwith, Weltgeschichte und Heilsgeschehen, 1953, S. 102). Und dies Erwachen war damals nicht vom Erschrecken über das Unergründliche und Unheimliche begleitet, sondern es lockte das Kraftgefühl des Menschen der Aufklärung zu immer neuem Forschen und Entdecken. Aber wie kam es zu dieser Geisteshaltung? Der Fortschritt der Naturwissenschaften, demgegenüber Jahrhunderte der Geschichte wie ein Stillstand erschienen, ist doch mehr Folge als Ursache. Man muß vielmehr an die großen geistigen Umwälzungen denken, wie sie vielleicht am deutlichsten in der Philosophie Descartes zutage traten, dessen Unterscheidung von res cogitans und res extensa es ermöglichte, in ein neues Verhältnis zur Welt zu treten. Gemeint ist, was Heidegger die Entstehung des Weltbildes nennt: »Der Grundvorgang der Neuzeit ist die Eroberung der Welt als Bild. Das Wort Bild bedeutet jetzt: Das Gebild des vorstellenden Herstellens. In diesem kämpft der Mensch um die Stellung, in der er dasjenige Seiende sein kann, das allem Seienden das Maß gibt und die Richtschnur zeigt« (Holzwege, S. 87). Entscheidend für dies Weltbilddenken ist also, daß es die Welt anders als die Antike zum Objekt und damit zum Gegenstand von Forschung und Experiment macht und mit Naturgesetzen beherrscht.

War die reformatorische Schriftauslegung eine Absage an eine durch kirchliche Lehrautorität gebundene Exegese, so wandte sich die nun einsetzende historisch-kritische Methode unter Berufung auf die Vernunft gegen das orthodoxe Auslegungsprinzip als ein dogmatisch befangenes. Das Problematische bei solchen Berufungen auf den »gesunden Menschenverstand« kann nicht darüber hinwegtäuschen, daß bei alledem die Unterscheidung von Gotteswort und Bibelwort ins Bewußtsein gerückt wurde. Am herausforderndsten hat das in seiner Weise Lessing ausgedrückt, wenn er in seinen »Axiomata« dem lutherischen Hauptpastor Goeze im Streit um die Wolfenbütteler Fragmente zurief: Die Bibel *ist* nicht die Religion, sie enthält sie. Zwischen Buchstabe und Geist müsse man wie zwischen Brutto und Netto unterscheiden. Es sei eine Art Gotteslästerung, den heiligen Geist genau so in den Geschlechtsregistern wie in der Bergpredigt am Werk zu sehen. Aber so notwendig diese Unterscheidung ist – wie wird gewährleistet, daß es zu einer rechten Unterscheidung kommt, die keine Trennung bedeutet? Alles spitzt sich zu auf die Frage nach dem maßgeblichen Kriterium für das, was in den menschlichen Worten der Bibel als Gottes Wort zu erkennen ist.

13a. ZUM KANONSPROBLEM

Daß wir gerade diese biblischen Schriften als Kanon anerkennen, d. h. ihnen für die Verkündigung und das Handeln der Kirche eine einzigartige Autorität zuerkennen, läßt sich nicht einfach historisch legitimieren. Es genügt also nicht der Hinweis darauf, daß die alte Kirche diese neutestamentlichen Schriften auswählte, sammelte und herausstellte und sie zusammen mit dem Alten Testament als heilige Schrift kanonisierte. Daß diese um 150 beginnende und um 400 endende Kanonsbildung durch die Kirche erfolgte, ist als historisches Faktum keine hinreichende Begründung für die beanspruchte Autorität dieser »Schrift«. Ebenso kann die Autorität des Kanons nicht durch den naheliegenden Einwand, daß die Kirche, indem sie diese Schriften auswählte, ihnen also überlegen sei, erschüttert werden. Die Frage ist vielmehr, ob nicht diese Schriften sich durch ihr eigenes Gewicht mit Recht durchsetzten und darum ihre Herausstellung durch die Kirche lediglich ein Akt der Anerkennung der ihnen eigenen Autorität war.

Aber worin bestand ihre Überlegenheit gegenüber so manchen anderen Schriften? Die ohne Zweifel in der alten Kirche hochgeschätzte apostolische Verfasserschaft kann allein jedenfalls nicht als Argument durchschlagen. Zwar ist die relativ große Nähe ihrer Entstehung zur apostolischen oder doch nachapostolischen Zeit von Bedeutung – man wollte ja das apostolische Zeugnis hier bewahren – aber das allein kann nichts beweisen, da andre zeitlich ebenso apostelnahe Schriften offenbar ausgeschieden wurden. Dies Argument ist zwar insofern wichtig, als späteren Schriften in der Kirche, die eindeutig auf dem Zeugnis dieser älteren fußen, der gleiche Rang nicht zuerkannt wurde, mögen sie auch wie Melanchthons loci nach Luthers bekanntem Urteil kanonwürdig sein. Entscheidend ist die Beantwortung der Frage, warum unter den in zeitlich engem Bezug zur apostolischen Verkündigung stehenden Schriften (bzw. den als solche angesehenen) gerade diese als Kanon gelten. Darauf kann man nur antworten mit dem Hinweis auf die Sachgemäßheit des in ihnen zu Wort kommenden Kerygmas von Jesus Christus, weshalb man sie als maßgebliche Richtschnur heraushob.

Hier aber erhebt sich der schwerwiegende Einwand, ob diese Schriften – wir denken hier speziell an das Neue Testament – wirklich einheitliche Grundlage der Verkündigung der Kirche sein können. Differieren sie nicht, obwohl alle Christuszeugnis, so stark, daß man mit diesem Kanon eher, wie das bekannte dictum Käsemanns lautet, die Vielheit der Konfessionen als die Einheit der Kirche begründen kann? Hat der Kanon nicht für jüdische und für frühkatholische Auffassung Raum? Bestehen in seinem Christuszeugnis – etwa zwischen Paulus und Jakobus, zwischen Galaterbrief und Apostelgeschichte, zwischen Johannesevangelium und Apokalypse – nicht Unterschiede, die nicht nur Beiläufiges betreffen, sondern tief in die theologische Substanz greifen? Soviel ist gewiß: Eine Konformität im Sinne einheitlicher Theologie bietet uns der Kanon nicht. Aber auch von einer einheitlichen Verkündigung ist jedenfalls nicht in dem Sinn zu reden, als sei das Zeugnis etwa des Paulus und das des Jakobus auswechselbar. Damit würde es jeweils gerade seine besondere Note einbüßen.

Man hilft sich in der evangelischen Theologie – nach der Begründung der Autorität des Kanons gefragt – gern mit dem Hinweis auf Luthers berühmtes Wort: »Was Christum treibt.« Und in der Tat zeigt das in die rechte Richtung. Man darf es nur nicht so verstehen, als könne man auf diese Weise einen gewissen materialen Inhalt, etwa die Lehre von der Rechtfertigung, ein für allemal festlegen und so einen Kanon im Kanon festschreiben. Ein solches »Materialprinzip«, das man dem »Formalprinzip« der Schrift gegenüberstellt und überordnet, könnte zu einer sehr wenig reformatorischen Überordnung des Dogmas über die Schrift führen. Wenn wir von dem Evangelium als dem Freispruch Gottes sprachen, der in Jesus Christus ergeht, so meinten wir jedenfalls nicht ein solches »Materialprinzip«, das – wenn auch aus der Schrift erhoben – sich nun ihr gegenüber als Richter geltend macht, nachdem wir es in Lehrsätzen einfingen. Jesus Christus als der zu verkündigende Inhalt der Schrift und zugleich ihr Herr und Richter ist nicht solch ein Prinzip, sondern nur in ständiger Befragung dieser Texte, in Begehung des Zirkels zwischen dem hier Gesagten und dem darin Gemeinten zu erkennen. Der Kanon aber ist nicht das petrefakte Wort Gottes, sondern der Ort, an den wir immer neu zu treten haben in der Erwartung und mit der Bitte, daß sich dies Wort Gottes (= Jesus Christus) neu zu Gehör bringt.

In diesem Sinn nehmen wir Martin Kählers Wort von der hl. Schrift als der »Urkunde der kirchengründenden Predigt« auf und sehen mit Hermann Diem jedenfalls eine wichtige Funktion der Bibel darin, daß sie den Predigttext stellt (ohne das Zeugnis der Kirche auf die Predigt beschränken zu wollen). Die Autorität des Kanons kann nicht von einer abseits von ihm uns zugänglichen Instanz her abgeleitet werden. Obwohl die Kirche den Kanon herausgestellt hat, kann man mit gutem Grund von einer Selbstdurchsetzung dieser Texte reden. Diese Texte lassen sich nicht zu einer Lehrkonkordanz harmonisieren, sie wollen in ihrer verschiedenen Situation, Frontstellung und Aussage ernstgenommen werden, freilich zugleich im Mithören auf das Ganze des biblischen Zeugnisses als ihren Kontext. Das Zusammenklingen der verschiedenen Stimmen läßt sich nicht in ein System pressen. Der Einheitspunkt für das in diesen Texten Bezeugte liegt nicht in einem von uns an sie herangetragenen Prinzip, sondern in dem hier sich bezeugenden Herrn. Auf Grund dessen, daß die Kirche die Stimme dieses Herrn hier gehört hat, ruft sie dazu auf, sein Reden auch heute neu hier zu erwarten. Diese Erwartung erfüllen und damit erst in Wahrheit den Kanon legitimieren, steht letztlich nicht in der Vollmacht von Theologie und Kirche.

Solche Unterscheidung von Wort Gottes und Kanon führt zu einem Respekt vor der Schrift, der Kritik an ihr nicht ausschließt, sondern ihr – letztlich nicht um der Freiheit der Forschung willen, sondern um der Freiheit des Wortes Gottes willen – Raum gibt. So liegt auch die Abgrenzung des Kanons nicht prinzipiell fest. Eine Erweiterung auf Grund neuer Funde oder eine Verengung durch Ausscheiden bestimmter Schriften (so wie Luther die Apokryphen ausschied) ist nicht ausgeschlossen. Auf Grund des durch den Kanon selbst vermittelten Christuszeugnisses könnte es zu solchem kritischen Urteil kommen. Faktisch ist es immer so gewesen, daß die Kirche solche Bevorzugung und Zurückstellung von Texten ständig vollzieht, daß sie also auch hinsichtlich Mitte und Rand im Kanon im täglichen Umgang mit der Schrift ständig unterscheidet. Es ist nicht grundsätzlich auszuschließen, daß sich solches Unterscheiden zu einem neuen Scheiden und Ausscheiden oder doch Zurücksetzen von Schriften verdichten könnte. Das hätte gewiß nicht voreilig, nicht von einzelnen oder auf Grund einer Schulmeinung zu geschehen, sondern es müßte sich gebieterisch aufdrängen und in der Kirche durchsetzen. Aber das bedeutete nicht, daß die Schrift als grundlegendes Zeugnis von der Offenbarung Gottes fragwürdig geworden wäre, sondern daß sich dies ihr Zeugnis gleichsam selbst präzisierte und profilierte. Nicht die Kirche hätte dann willkürlich gewählt und verworfen, sondern sie hätte dann einem aus der Schrift selbst an sie ergehenden Ruf und Befehl gehorcht.

14. ZUR HERMENEUTISCHEN FRAGE

Wie man das Wort in den Worten, das Gemeinte im biblischen Gesagten recht erfasse, das war die Frage, die schon die alte Kirche bewegte (Origenes, Augustin) wie auch das Mittelalter (Thomas v. Aquin: vierfacher Schriftsinn), die aber mit der Reformation in neuer Dringlichkeit sich stellte. Was sich bei Luther an entscheidenden hermeneutischen Einsichten findet – z. B. die Betonung des sensus literalis, die Auslegung der dunklen Stellen von den hellen her, der Gesichtspunkt: Was Christum treibet!, die Unterscheidung von Gesetz und Evangelium, die Bedeutung des hl. Geistes für die Auslegung usw. –, läßt sich schwerlich als eine Methode fixieren (Ebeling spricht in: Evangelische Evangelienauslegung, 1942, S. 436, mit gutem Grund von einer »sakramentalen« Auslegung bei Luther). Die erste zusammenhängende methodische Erörterung einer biblischen Hermeneutik, die M. Flacius schrieb (Clavis scripturae sacrae, 1567), versucht die Schrift als zusammenhängendes Ganzes mit den aus der Vernunft sich ergebenden allgemeinen Auslegungsregeln zu erweisen (vgl. W. Dilthey, Gesammelte Schriften II, S. 108ff.). Die altprotestantische Theologie knüpfte an wichtige hermeneutische Entscheidungen der Reformatoren an (sensus literalis, nicht vierfacher Schriftsinn, Exegese von den »hellen Stellen« her, Selbstauslegung der heiligen Schrift, Betonung des heiligen Geistes zum glaubenden Verständnis). Aber entscheidendes Auslegungsprinzip wurde die analogia fidei, der alle Stellen letztlich entsprechen mußten. Man war sich der »Sache«, wie sie in der regula fidei zusammengefaßt ist, im Grunde sicher, so daß die Schrift dafür die dicta probantia zu liefern hatte.

Als man sich in der Aufklärung dieser Sache nicht mehr sicher war, mußte dies orthodoxe Verfahren gewaltsam erscheinen und die Frage nach dem rechten Verhältnis von Schrift und Wort Gottes neu aufbrechen. Die Forderung einer voraussetzungslosen Schriftauslegung, die sich gegen dogmatische Befangenheit richtete, war insofern keineswegs voraussetzungslos, als man im Rationalismus unveräußerliche, uns angeborene Vernunftwahrheiten annahm, die man dann auch neben vielem Zufälligen und Unwesentlichen in der Bibel wiederfand. Auch Kants Schriftauffassung erhebt sich nicht grundsätzlich darüber hinaus. Der reine und vernünftige moralische Religionsglaube ist das Entscheidende. So heißt es (in: Religion innerhalb der Grenzen der bloßen Vernunft, Theorie-Werkausgabe hg. von Weischedel, Bd. VIII, S. 835): Es »muß die allgemeine Menschenvernunft in einer natürlichen Religion in der christlichen Glaubenslehre für das oberste gebietende Prinzip anerkannt und geehrt, die Offenbarungslehre aber, worauf eine Kirche gegründet wird, und die der Gelehrten als Ausleger und Bewahrer bedarf, als bloßes aber höchst schätzbares Mittel, um der ersteren Faßlichkeit, selbst für die Unwissenden, Ausbreitung und Beharrlichkeit zu geben, geliebt und kultiviert werden«. Oder: »Es gibt also keine Norm des Kirchenglaubens, als die Schrift, und keinen anderen Ausleger desselben, als reine Vernunftreligion und Schriftgelehrsamkeit (welche das Historische derselben angeht), von welchen der erstere allein authentisch, und für alle Welt gültig, der zweite aber nur doktrinal ist, um den Kirchenglauben für ein gewisses Volk zu einer gewissen Zeit in ein bestimmtes sich beständig erhaltendes System zu verwandeln« (a.a.O., S. 776).

Während die altprotestantische Auslegung den alten Grundsatz, das Einzelne aus dem Ganzen zu verstehen, auf die in der regula fidei zusammengefaßte dogmatische Einheit des Kanons bezog und die Aufklärung dies Ganze in allgemeinen Vernunftwahrheiten zu besitzen glaubte, setzt mit Schleiermacher ein neues Verständnis einer universalen Hermeneutik ein. »Die Kunst des Verstehens wird einer prinzipiellen theoretischen Aufmerksamkeit und universellen Pflege gewürdigt, weil weder ein biblisch noch ein rational begründetes Einverständnis den dogmatischen Leitfaden alles Textverständnisses mehr bildet« (H. G. Gadamer, Wahrheit und Methode, 1960, S. 168). Schleiermacher betont die Notwendigkeit einer psychologischen Auslegung neben der grammatischen. Das Verstehen ist nicht analog dem Sezieren eines Chirurgen oder dem Zergliedern eines Logikers zu sehen, sondern als lebendiger Vorgang, der nicht Voraussetzungslosigkeit, Kühle und »Sachlichkeit« erfordert, sondern ein Sich-einfühlen und Nacherleben, eine Kongenialität, bei der als einer Kunst, nicht einer Technik, das Divinatorische wichtig ist. Entscheidend aber ist, daß nach Schleiermacher jedes Gedankengebilde nicht nur Ausdruck der Individualität des Sprechenden oder Schreibenden ist, sondern jede Individualität Manifestation des Allebens. Verstehen ist nach Schleiermacher nicht mehr, wie Gadamer feststellt, Verständigung über etwas, in einer Sache, sondern ein Sich-verstehen, und zwar in allem Wesentlichen, das Menschen verbindet.

W. Dilthey hat Schleiermachers Erkenntnisse aufgenommen und weitergeführt, d. h. überlieferte Texte als Dokumente geschichtlich-persönlichen Lebens erfaßt, die nur in eigener Nacherzeugung der vorliegenden lebendigen Gedankenverknüpfung recht interpretiert werden können. Voraussetzung des Verstehens ist die Verwandtschaft zwischen Autor und Ausleger. Bedingung des Verstehens ist also, »daß in keiner fremden individuellen Äußerung etwas auftreten kann, das nicht auch in der auffassenden Lebendigkeit enthalten wäre. Dieselben Funktionen und Bestandteile sind in allen Individualitäten, und nur durch die Grade ihrer Stärke unterscheiden sich die Anlagen der verschiedenen Menschen« (Gesammelte Schriften V, S. 334). Zwar ist alle historische Erkenntnis standortgebunden, aber das historische Bewußtsein ermöglicht die Erhebung über die eigene Relativität. »Das historische Verstehen breitet sich über alle geschichtlichen Gegebenheiten aus und ist wahrhaft universal, weil es in der inneren Totalität und Unendlichkeit des Geistes seinen festen Grund hat« (Gadamer, a.a.O., S. 219). Die Gleichartigkeit der Menschennatur ermöglicht solches Verstehen und seine ständige Ausweitung grundsätzlich bis ins Unendliche. So soll Objektivität geisteswissenschaftlicher Erkenntnis möglich sein. Mit Recht sagt Gadamer (a.a.O., S. 221): »Man muß sich fragen, wie dieser Anspruch gerechtfertigt sein soll, ohne einen Begriff des absoluten, philosophischen Wissens über allem geschichtlichen Bewußtsein zu implizieren.«

Ist bei Schleiermacher und Dilthey erkannt, daß es kein voraussetzungsloses Verstehen gibt, sondern daß ein Lebensbezug zwischen Autor und Leser bestehen muß, um zu begreifen, so ist doch zu fragen, ob diese Grundregel aller Auslegung nicht psychologisch und ästhetisch verengt ist, bzw. bei Dilthey mittels seines Begriffs von historischem Bewußtsein, der eine potentielle Unendlichkeit des Geistes voraussetzt. Die ganze geschichtliche Welt ist wie ein zu entziffernder Text, in dem letztlich der Geist sich selbst begegnet. Die Frage, in welchem Sinn ein Kontinuum zwischen Autor und Leser – freilich nicht beiden als solchen, sondern im Blick auf die intendierte »Sache« – anzunehmen ist, stellt sich gerade für die Theologie angesichts der heiligen Schrift in besonderer Dringlichkeit, weil das hier bezeugte Wort Gottes offenbar weder unseren psychologischen noch historischen Verstehensmöglichkeiten ausgeliefert ist.

15. ZUR HERMENEUTIK K. BARTHS UND R. BULTMANNS

Daß die Bibel von der hier bezeugten »Sache« her zu verstehen sei, hat K. Barth bereits in der Vorrede zur 2. Auflage seines Römerbriefes mit scharfer Wendung gegen eine bloß historisch-philologische Auslegung betont: »Kritischer müßten mir die Historisch-Kritischen sein! Denn wie ›das, was da steht‹ zu *verstehen* ist, das ist nicht durch eine gelegentlich eingestreute, von irgendeinem zufälligen Standpunkt des Exegeten bestimmte Wertung der Worte und Wortgruppen des Textes auszumachen, sondern allein durch ein tunlich lockeres und williges Eingehen auf die innere Spannung der vom Text mit mehr oder weniger Deutlichkeit dargebotenen Begriffe. Krinein heißt für mich einer historischen Urkunde gegenüber: Das Messen aller in ihr enthaltenen Wörter und Wörtergruppen an der Sache, von der sie, wenn nicht alles täuscht, offenbar reden, das Zurückbeziehen aller in ihr gegebenen Antworten auf die ihnen unverkennbar gegenüberstehenden Fragen und dieser wieder auf die eine alle Fragen in sich enthaltende Kardinalfrage, das Deuten alles dessen, was sie sagt, im Lichte dessen, was allein gesagt werden *kann* und darum auch allein gesagt wird« (S. XII, vgl. auch KD I/2, S. 514ff.). Wenn man diese Sache nicht zu Gesicht bekommt, geht alle Auslegung fehl. Barth will damit einen Auslegungsgrundsatz aussprechen, der uns zwar an der heiligen Schrift aufgeht, der aber für alle menschliche Rede Gültigkeit hat, so daß hier keine biblische Spezialhermeneutik vorliegt, freilich auch keine der Bibel von außen aufgenötigte Methodik, sondern solche biblische hermeneutische Einsicht ist für ihn allgemeingültig.

Die größte Gefahr für die Auslegung der Bibel sieht B. darin, daß man ein unsachgemäßes hermeneutisches Prinzip mitbringt und die Texte dem unterwirft. Er bestreitet »einen dem Sein der Kirche übergeordneten Seinszusammenhang« bzw. »einen der Dogmatik übergeordneten wissenschaftlichen Problemzusammenhang« und »eine von der Aktualität der Offenbarung verschiedene existentiale Potentialität, von der aus jene als Ereignis zu verstehen wäre«, also ein »existential-ontologisches Prius dieses Ontisch-Existentiellen« (KD I/1, S. 37). Gegen alle mögliche Domestizierung der Schrift wird also hier im Grunde die alte protestantische Regel: scriptura sacra sui ipsius interpres wieder auf den Leuchter gestellt.

Aber wie ist Gottes Wort im Menschenwort der Bibel zu hören? Beim »frühen Barth« konnte es so scheinen, als bräche das Wort Gottes hier als ein ganz Fremdes von oben in eine hermetisch abgeschlossene Welt herein. Aller neuprotestantischen Vermittlung gegenüber wird von dem Ganz-anderen geredet. Die Aufgabe des Interpreten bzw. des Predigers wird dialektisch umschrieben: »Wir sollen als Theologen von Gott reden. Wir sind aber Menschen und können als solche nicht von Gott reden. Wir sollen Beides, unser Sollen und unser Nicht-Können, wissen und eben damit Gott die Ehre geben« (Das Wort Gottes als Aufgabe der Theologie, in: Das Wort Gottes und die Theologie, 1925, S. 158). Es ist verständlich, daß man dabei nicht stehenbleiben konnte und keiner der »dialektischen« Theologen dabei stehenblieb.

Am eingehendsten hat R. Bultmann zunächst das hermeneutische Problem thematisch erörtert. Seine Forderung, das Neue Testament zu entmythologisieren, die soviel Staub aufwirbelte, ist grundsätzlich berechtigt und unabweisbar, sofern sie nichts anderes sagt, als daß diese Texte mit ihrer zeitgeschichtlichen Begriffs- und Vorstellungswelt auf das in ihnen Gemeinte hin interpretiert werden müssen. Alles hängt freilich an dem hier anzuwendenden Auslegungskriterium. »Existentiale Interpretation« bedeutet im Sinne Bultmanns eine Auslegung, die das in den Texten sich aussprechende Selbstverständnis im Blick hat. Sie will also das Gesagte nicht nur historisch registrieren, sondern den hier ergehenden geschichtlichen Anspruch vernehmbar werden lassen. Das Kerygma von Christus spricht sich in einem bestimmten Existenzverständnis der biblischen Zeugen aus, das sich abhebt von ihrem vorgläubigen Sichverstehen (vgl. Bultmanns Paulusdarstellung in seiner Theologie des Neuen Testaments: A. Der Mensch vor der Offenbarung der pistis. B. Der Mensch unter der pistis.). Der Mensch außerhalb des Glaubens lebt aus dem Verfügbaren, der Welt, dem Tod und begibt sich in Abhängigkeit davon. Der Glaubende dagegen lebt aus dem Unsichtbaren und Unverfügbaren, d. h. aus dem Vertrauen heraus, daß gerade dies ihm als Liebe begegnet und Zukunft gewährt. Das Wissen um eine gesuchte Eigentlichkeit der Existenz, das jeder Mensch hat, macht ihn ihrer nicht mächtig, sondern erst im Glauben an das Wort vom Kreuz kommt der Mensch wahrhaft zu sich selbst.

Die hermeneutische Bemühung Bultmanns geht nun dahin, einerseits das ganze Neue und Kontingente des Evangeliums in Rechnung zu stellen. Auch er würde sagen, daß über das Ereignis des Glaubens keine Methode verfügt. Aber es gilt wohl, die Verstehensbedingungen sorgfältig zu beachten. Mit Schleiermacher und Dilthey betont Bultmann die Notwendigkeit eines Lebensbezugs zwischen dem im Text Gesagten und dem Leser, d. h. jedes Verstehen setzt ein Vorverständnis voraus. Aber im Unterschied zu den Genannten will Bultmann diesen Lebensbezug nicht psychologisch (oder gar ästhetisch) begreifen, sondern existential-ontologisch: In der Frage nach Glück, Heil und Sinn, d. h. nach der Eigentlichkeit meiner Existenz, ist implizit oder explizit bereits ein Wissen um Offenbarung überhaupt, um Gott überhaupt, am Werk. Dies Wissen wird freilich im Glauben nicht ungebrochen bestätigt oder aktualisiert – das Vorverständnis muß kritisch aufs Spiel gesetzt werden, aber nicht eliminiert werden, sondern es muß das im Vorverständnis Intendierte dem im Verstehen zu Ergreifenden in gewisser Weise entsprechen. Das Evangelium bliebe uns völlig unverständlich, wenn wir nicht immer schon von der Frage umgetrieben würden, die es – allerdings anders, als wir sie von uns aus stellen und zu beantworten versuchen – ihrer Struktur nach aufnimmt und beantwortet. Ähnlich wie sein Lehrer W. Herrmann kämpft Bultmann gegen einen bloßen Lehrglauben, der mein Selbst gar nicht tangiert. Die Kontinuität des Ichs im Unglauben und Glauben wie zugleich die völlige Diskontinuität seiner ontischen Bestimmtheit in beiden Fällen soll mit der Unterscheidung zwischen ontologischen Existenzstrukturen und existentiellem Wie des Existierens gewahrt werden.

Gegenüber diesem Entwurf Bultmanns, der also das Kontinuum zwischen Sache, Text und Leser im Rahmen des Selbstverständnisses des Adressaten der Botschaft aufzeigen will, geht Barth einen ganz anderen Weg. Er antwortet auf die unausweichliche Frage nach dem Kontinuum bzw. dem Lebensbezug zwischen Sache und Hörer, indem er nicht vom Adressaten ausgeht, sondern das Übergreifende der Sache herausstellt. Das liegt in der Konsequenz seiner immer stärker betonten These von der analogia fidei. Im Glauben, d. h. im Licht der Offenbarung, muß der Mensch »auf alle Fälle als ein von Haus aus in irgendeiner Beziehung zu Gott stehendes Wesen verstanden werden ... Wir werden den Menschen jedenfalls nicht als einen in sich geschlossenen Kreis von Wirklichkeit und auch nicht bloß in irgendeiner Öffnung und Beziehung ... zu einem Teil oder zum Ganzen des von Gott verschiedenen Kosmos, sondern wir werden ihn als geöffnet und bezogen zu Gott hin zu sehen ... haben« (KD III/2, S. 83f.). Immer deutlicher zeichnet sich ab, daß Barth die Erkenntnismöglichkeit des Wortes Gottes nicht nur auf den im Akt des Glaubens geschehenden schöpferischen Zugriff Gottes gründet, sondern in der längst geschehenen, ja, von Ewigkeit her von Gott beschlossenen Offenbarung in Christus diesen Übergriff auf alle Menschen bereits vollzogen sieht, so daß der Mensch geradezu als von Haus aus zu Gott gehöriges Wesen zu bezeichnen ist. Wird also nach wie vor von ihm ein vom Menschen aus aufdeckbares und als hermeneutisches Prinzip anwendbares Kontinuum zwischen Gott und Mensch bestritten, so wird doch zugleich eine von Gott her, kraft seiner Treue zum Geschöpf in Christus bestehende unerschütterliche Kontinuität behauptet, die in der Begegnung mit dem Zeugnis der Schrift so aktualisiert wird, daß es zur Gotteserkenntnis des gottfernen Menschen kommt. So kann Barth sagen: »Niemand kann einen Trick finden, der ihm die Bibel erschließt. Die Offenbarung kommt in höchster, eigener Maßgeblichkeit zu uns. Es geht uns genau so wie den Propheten und Aposteln. Wir bekommen die Freiheit und Möglichkeit, Offenbarung in diesen Texten zu vernehmen, so daß sie uns nicht mehr verschlossen bleiben, sondern das Geheimnis als Geheimnis in seiner ganzen Unverfügbarkeit vor uns steht, daß wir in Beziehung dazu gesetzt sind. Es hat noch nie einer das gefunden, was er vordem meinte. Eines Tages ging völlig überraschend die Türe auf ... Die Bibel ist die Gelegenheit, die Gottes Offenbarung durch Erwählung und Berufung von Zeichen sich selbst geschaffen hat. Sie ist uns geboten als Möglichkeit, die ihrer Verwirklichung durch Offenbarung harrt, als der Ort, wo wir Offenbarung zu suchen haben, weil sie sich da zu finden gibt. So ist die heilige Schrift die Offenbarungsquelle« (Das christliche Verständnis der Offenbarung, Th. E., NF, Nr. 12, S. 21).

Gegenüber jedem Versuch, das mitgebrachte Vorverständnis auch nur im formalen Sinn zum Verstehenskriterium zu machen, womit der Offenheit der Begegnung mit dem Text eine Grenze gesetzt wäre, wird hier die Verstehensvoraussetzung theologisch bzw. christologisch bestimmt. Man könnte sagen: An die Stelle einer existentialen Ontologie tritt eine christologische. Das scheint dem viel näher zu stehen, was Gadamer als den Sinn des Vorverständnisses bezeichnet: »So enthält die Voraussetzung, von der Gottesfrage bewegt zu sein, in Wahrheit schon den Anspruch des Wissens um den wahren Gott und seine Offenbarung. Selbst was Unglaube heißt, bestimmt sich von dem geforderten Glauben her. Das existentiale Vorverständnis, von dem Bultmann ausgeht, kann nur selbst ein christliches sein« (a.a.O., S. 314). Die moderne protestantische Hermeneutik »hat selber einen dogmatisch-konfessionellen Sinn. Das bedeutet nicht, daß eine solche theologische Hermeneutik dogmatisch voreingenommen ist, so daß sie herausliest, was sie hineingelegt hat. Sie setzt sich vielmehr wirklich aufs Spiel. Aber sie setzt voraus, daß das Wort der Schrift trifft und daß nur der Betroffene – glaubend oder zweifelnd – versteht. Insofern ist die Applikation das erste« (S. 315).

Gegenüber einer existential-ontologisch ausgerichteten Hermeneutik hat Barth immer stärker diesen christologisch-ontologischen Verstehenshorizont betont. Die Bibel ist trotz aller historischen und theologischen Verschiedenheiten und Dunkelheiten in ihrem Zeugnis deshalb klar, weil es um das in Christus über uns alle gesprochene Ja Gottes in ihr geht, das die Bedingung seiner Verstehensmöglichkeit selbst impliziert. So wie Luther für das Stöhnen des Erasmus über die Dunkelheit und Verworrenheit der Schrift letztlich kein Verständnis aufbrachte, so hat auch Barth jede Hermeneutik in der Theologie in Verdacht, wenn sie nicht im Rahmen dieser Prämisse denkt, d. h. aber die Vermittlung anderswo sucht. Die in Christus gefallene, all unser Verstehen bedingende und umgreifende Entscheidung Gottes kann von ihm so stark akzentuiert werden, daß der Eindruck entstehen konnte, hier werde der Akt des Verstehens des Menschen in der Begegnung mit dem verkündigten Schriftzeugnis im Sinne einer bloßen Kenntnisnahme verstanden und nicht differenziert genug bedacht. Dahin zielt z. B. der Einwand von Ernst Fuchs, wenn er Barth dahin versteht, daß er aus der ganzen Bibel einfach Jesus Christus als Gottes Ja zum Menschen heraushöre, die Bibel als Dokument für einen Offenbarungsbegriff verstehe und die Frage des Menschen nach sich selbst »als Ungehorsam a limine abweise« (Hermeneutik, 1954, S. 10f.). Fuchs fragt: »Was bedeutet es für das Selbstverständnis des Menschen, wenn sich Gott dem Menschen so offenbart, daß verstanden wird, was bzw. wen Gott in sich bewegt?« (S. 12). Es sei zu fragen, »wie der Text den Menschen überhaupt, nicht nur den Glaubenden, als zu Gott in Beziehung gesetzt versteht« (ebd.). Diese Fragen berühren aufs engste die traditionelle

Thematik Gesetz und Evangelium, und es ist im Folgenden zu prüfen, inwiefern die bisher verhandelte Fragestellung Offenbarung und Verhüllung im Sinne dieser Thematik einer näheren Interpretation bedarf, wo die legitime hermeneutische Funktion dieser Unterscheidung von Gesetz und Evangelium liegt und wo sie illegitim dazu benützt wird, den theologisch-christologischen Horizont zu sprengen.

16. ZUR HERMENEUTISCHEN FUNKTION DES GESETZES

Auf die Frage nach dem hermeneutischen Prinzip, das die »Sprache Jesu« verstehen lasse, indem es nichts vorwegnehme und doch den Vorgang des Verstehens freigebe, antwortet E. Fuchs mit dem Hinweis auf »den sittlichen Ernst des Auslegers« (Hermeneutik, 1954, S. 147). Da der Mensch selbst, der von Gott angenommene Mensch, sich im Text auslege, müsse die Offenbarung »am Menschen« expliziert werden. Das Neue Testament selbst mache die Voraussetzung, daß sich der Mensch zu sich selbst verhalte. Deshalb sei die Frage nach dem hermeneutischen Prinzip als der »Ortsangabe der Wahrheit« legitim, d. h. es gelte, den Ort zu bezeichnen, an den wir treten müssen, um der Wahrheit zu begegnen. »Das Neue Testament knüpft deshalb an einen Sachverhalt an, der unabhängig vom Glauben wahr ist, so daß uns der Glaube zumutbar wird« (S. 116). Es fordert die Neutralität des Verstehens in der Frage nach uns selbst, es mutet uns zu, daß wir wissen, was Schuld ist (S. 117). Das biblische Zeugnis teilt uns nicht objektive Wahrheiten mit, damit wir sie für wahr halten, sondern die Sprache des Neuen Testaments will als Anruf und Zuruf mich zum Einverständnis und damit zum rechten Selbstverständnis führen. Die in aller Sprache uns angebotene, aber von uns nicht wahrgenommene Möglichkeit dieses Selbstverständnisses wird uns in der Sprache Jesu eröffnet. Für unseren Zusammenhang ist wichtig, daß Fuchs einerseits diese Möglichkeit streng an die Verkündigung Jesu bindet, in der sie sprachlich vorgegeben ist, aber zugleich doch – ähnlich wie W. Herrmann – die Verstehensbedingung dafür existentialontologisch (genauer: sprachontologisch) aufweisen möchte. So heißt es: »Alle diese Aussagen wären in der Theologie sinnlos, wenn es nicht die Sprache des Kreuzes Jesu gäbe, und wenn uns diese Sprache unverständlich bleiben müßte, solange wir nicht unsers Glaubens gewiß sind. Aber es gibt diese Sprache geschichtlich, und sie macht sich jedem verständlich, der in sittlichem Ernste lebt. So wäre die Tatsache sittlichen Ernstes ... selber auch ein Stück derjenigen Geschichte, in welcher Gott selbst mit uns spricht? Freilich. Das ist ja die z. B. in Röm. 1,18–3,20 heimlich wirksame Hoffnung und der geheime Sinn des ›Gesetzes‹ wie es jeder schon im Gewissen hören kann« (S. 148).

Es ist gewiß nicht zu bestreiten, daß der Glaube ein neues Selbstverständnis mit sich bringt und daß vorausgesetzt werden kann, daß der Mensch sich immer schon zu sich selbst verhält, wenn auch materialiter ganz anders. Aber ob daraus zu folgern ist, daß *die* Verstehensbedingung und *das* hermeneutische Prinzip »die Neutralität des Verstehens in der Frage nach uns selbst« ist (S. 116), das ist damit keineswegs ausgemacht. Wenn diese Frage zum ausschließlichen Verstehensprinzip und Auslegungskriterium der Schrift gemacht wird, dann ist damit auch die Antwort des Evangeliums strukturell festgelegt und existential verengt, wie es u. E. die Schrift nicht zuläßt.

Was wir hier befürchten, läßt sich deutlicher noch an G. Ebelings Verständnis des Gewissens zeigen. Das Evangelium ist heilbringend bezogen »auf das Wortgeschehen, das schon immer von Gott her geschieht und den unverständlichen Menschen als tötendes Gesetz trifft« (Wort Gottes und Hermeneutik, in: Wort und Glaube, S. 342). Nur vom Evangelium her kann erfaßt werden, was Wort Gottes eigentlich heißt und inwiefern das Gesetz Wort Gottes ist. Auch Ebeling fragt nach dem »eigentlichen Ort« des Wortgeschehens und damit nach dem hermeneutischen Prinzip. »Hermeneutisches Prinzip ist der Mensch als Gewissen« (S. 348). Oder: »Der Ort der Erfahrung dessen, was ›Gott‹ heißt«, ist das Gewissen (Elementare Besinnung auf verantwortliche Rede von Gott, a.a.O., S. 367). Gewissen bezeichnet nicht bestimmte inhaltliche Weisungen, sondern den Menschen selbst in seinem Angegangensein von radikaler Fraglichkeit. Obwohl diese in ihrer Radikalität erst vom Evangelium her erkannt wird, ist doch auch »umgekehrt in der Wirklichkeit als Fraglichkeit bereits das von Gott ausgehende Wortgeschehen in Gang« (S. 369). Verantwortliches Reden von Gott »hat sich daran auszuweisen, daß es auf das Gewissen abzielt und darum den Menschen in seinem Menschsein zur Sprache bringt« (Theologische Erwägungen zum Gewissen, a.a.O., S. 434). Oder: »Das Gewissen ist ... die Bedingung der Möglichkeit für das Verständnis dessen, was mit dem Worte ›Gott‹ gemeint ist. In der Gewissensinterpretation muß deutlich werden, was man meint, wenn man ›Gott‹ sagt« (S. 441). In der Fraglichkeit des Menschen, der nach Identität mit sich selbst sucht, hält ihn sein Gewissen fest, und auf diesen Sachverhalt nimmt Luthers Unterscheidung von Gesetz und Evangelium Bezug und sucht ihn aus Dunkelheit und Verworrenheit an den Tag zu bringen.

Ohne Zweifel zielt das biblische Zeugnis auf das Gewissen. Aber heißt das, daß sich dies Wort am Gewissen als *der* hermeneutischen Instanz auszuweisen habe? Wenn die leitende Frage die ist: Wie kommt der Mensch zu sich selbst?, wenn aus dem coram Deo in Christus eine allgemeine coram-Struktur der menschlichen Existenz abgeleitet wird, die ihrerseits in ihrer Unausweichlichkeit aufweisbar ist und als *das* hermeneutische Prinzip fungiert, dann wird das Vermittelnde doch in den Menschen gelegt. Mag der Übergang vom alten zum neuen Menschen dann noch so radikal mit Formeln der Rechtfertigungslehre umschrieben werden, so ginge es dann doch letztlich nur um einen Wandel meines Selbstverständnisses. Ebeling scheint, wie auch seine Lutherinterpretation zeigt, die Struktur des Glaubens (der fides qua creditur) aufweisen zu wollen, um zu zeigen, daß unsre Existenz in ihrer Fraglichkeit immer schon paradox darauf angelegt ist. Aber ob Luther so verstanden sein will? Oder ob H. J. Iwand recht hat, wenn er im Blick auf den Wortbegriff der Reformation sagt: »Wären die Worte Gottes deutende, apophantische, das verborgene Sein meiner Existenz erhellende Worte, so wäre das Ziel des Glaubens ein *Verstehen*. Ich komme durch das Hören des Wortes zum Verstehen meiner selbst in der Problematik meiner Existenz. Das ist eine heute weithin geltende Meinung innerhalb der protestantischen Theologie.« Iwand dagegen meint: »Nicht im Menschen läge ... die *Identität* in diesem Übergang aus dem Tode ins Leben, sondern *jenseits* seiner im Wort, oder wir könnten auch sagen, daß wir im Wort die *Treue Gottes* ergreifen, der sich gleich bleibt, der hier wie dort, in unserer Todes- und Sündenwelt wie in seiner Lebens- und Gerechtigkeitswelt ein und derselbe bleibt! *Glauben* hieße dann also nicht primär Verstehen, bedeutet nicht primär zur Erkenntnis seiner selbst kommen, sondern zur Erkenntnis kommen, *wer* und *daß* Gott ist« (Glaube und Wissen, Nachgelassene Werke I, S. 200f.).

Wir halten fest: Das biblische Zeugnis vom Worte Gottes ergeht in der Tat als Zuspruch und Widerspruch. Das Urteil, das hier proklamiert wird, betrifft meine Existenz, deckt ihre Fraglichkeit auf, ihre Verfehltheit, und spricht mich dennoch frei. Aber alles kommt darauf an, daß dies richtende und freisprechende Urteil als notwendige Interpretation des Christusgeschehens verstanden wird, also Kommentar zu diesem Text bleibt, nicht aber zu einem von der Christusbotschaft abstrahierbaren Thema wird. Die hermeneutische Bedeutung der These Barths »Evangelium und Gesetz« (statt »Gesetz und Evangelium«) ist darin zu sehen, daß diese Überordnung des »Logos« über den Nomos gewahrt bleibt und so auch der Nomos erst seinen rechten Ort findet. Mit Recht sagt H. J. Iwand, der Sinn der Barthschen These »Evangelium und Gesetz« sei ja nur, »daß die Unterscheidung zwischen Gesetz und Evangelium erst möglich wird – oder besser gesagt: erst richtig wird –, wenn zuvor die *Einheit* beider aus der *einen* Offenbarung Gottes in Jesus Christus wieder begriffen ist ... Sie sucht in dieser wiederherzustellenden *Rangordnung* die Voraussetzung, um überhaupt wieder das Gesetz zu *predigen*!« (Gesetz und Evangelium, Nachgelassene Werke IV, S. 410). So würde der »kantische Ansatz«, der seither in der Rechtfertigungslehre dominierte, zu prüfen und wahrscheinlich zu korrigieren sein. »Denn es gilt, die Lehre vom Gesetz für die Offenbarung zurückzugewinnen« (S. 411).

17. ZUM PROBLEM »HEILSGESCHICHTE«

Eine heilsgeschichtliche Interpretation der Bibel ist in der Kirche schon oft in wechselnder Form unternommen worden. Hier wäre an Irenäus, Augustin (De civitate Dei), Joachim von Fiore, die Föderaltheologie, G. Menken, J. Chr. K. v. Hofmann zu erinnern. Auch W. Pannenbergs Programm »Offenbarung als Geschichte« gehört in diesen Problemkreis (s. oben S. 242ff.). Wir begnügen uns hier mit dem Hinweis auf O. Cullmanns Bemühungen in dieser Richtung, um Recht und Gefahr einer heilsgeschichtlichen Interpretation zu illustrieren. Cullmann will die Horizontalität des göttlichen Heilshandelns, die Ereignisfolge der Offenbarung, ihren linearen Charakter, den er bei der sog. Existenztheologie verkannt sieht, zur Geltung bringen. Er möchte der Schrift nicht ein geschichtsphilosophisches Schema überstülpen, sondern einen geschichtsprophetisch verstandenen Heilsplan Gottes aus der Bibel erheben, der den völlig irrationalen, nicht ableitbaren Gedanken der Erwählung in Rechnung stellt. Diese Heilsgeschichte verläuft nach Cullmann (Christus und die Zeit, 1946, 1962³) im Sinne einer progressiven göttlichen Reduktion (Schöpfung – Menschheit – Israel – Rest – der eine Jesus Christus) und einer anschließenden Expansion (Apostel – Urgemeinde – Kirche aus Juden und Heiden – Welt). Kulminations- und Wendepunkt ist also Jesus Christus, in dem die Offenbarung des göttlichen Heilsplans abgeschlossen ist, seine Entfaltung aber weitergeht bzw. erst recht beginnt. Es geht in der Schrift nicht primär um eine Offenbarung über meine Existenz, sondern wenn in der Schrift von Offenbarung über meine Existenz die Rede ist und entsprechend von Anrede und Entscheidung, dann bezieht sich dies doch »zuerst auf eine Offenbarung über einen göttlichen Ereigniszusammenhang und nur deshalb auf Offenbarung über meine Existenz« (Heil als Geschichte, 1965, S. 97). Der von den biblischen Zeugen gedeutete Heilsplan ist ohne unser Zutun ins Werk gesetzt, und ich sehe mich in ihn eingeschlossen und ordne mich im Glauben in ihn ein.

Demgegenüber will H. Ott (Art. Heilsgeschichte, RGG³. III, Sp. 189) zwar auch die Idee der Heilsgeschichte in der Schrift beachten, aber sie nur im Rahmen einer existentialen Interpretation geltend machen: »Unter Vermeidung aller Objektivierung eines heilsgeschichtlichen ›Ablaufs‹ müßte in existentialer Interpretation des biblischen Zeugnisses das heilsgeschichtlich Gewesene und Künftige in seiner Bedeutung für das Selbstverständnis des Glaubens verständlich gemacht werden. Es müßte aufgezeigt werden, inwiefern die Zugehörigkeit in die Solidarität des Gottesvolkes aller Zeiten ein Strukturmoment des Glaubens des einzelnen ist.« Während also hier der Glaube des einzelnen unmittelbar mit dem Eschaton konfrontiert ist – ohne heilsgeschichtliche Vermittlung – und deren Bedeutung nur ein Strukturmoment des Glaubens ist, will Cullmann umgekehrt auf eine »horizontale Fundierung der Vertikalität« (S. 150) hinaus. Die aufweisbare heilsgeschichtliche Struktur scheint der eigentliche hermeneutische Schlüssel zum Verständnis der Schrift zu sein (das scheint mir auch im Blick auf die differenziertere Ausführungen der 3. Auflage von »Christus und die Zeit« noch zu gelten).

Aber ist das eine echte Alternative? Muß entweder ein heilsgeschichtlicher Verlauf oder ein existentialer Bezug zur beherrschenden Perspektive werden? Kann man eine geschichtliche Ereignisfolge gegen ein existentielles Selbstverständnis ausspielen bzw. eins dem andern überordnen oder ist nicht beides eine Verengung? Das biblische Zeugnis vom Worte Gottes, das in mancherlei Form ergeht, auch als Bericht von Geschehenem und Ankündigung von Künftigem, das auch immer als Anrede vernommen werden will, läßt sich doch weder in dieser noch in jener Weise »definieren«. Mit Recht sagt W. Zimmerli (hier im Blick auf das alttestamentliche Geschichtsverständnis): »Geschichte ist hier immer verstanden als das kreatürliche, frei von Gott gehandhabte Werkzeug. Sie trägt nicht etwa in sich verborgen ein Sinngeheimnis, das der Mensch mit der Kraft seines Deutens angehen könnte. Wohl aber kann Gott durch die Bestellung des Verkündigers, der den Namen Jahwes über dieser Geschichte nennt, sie zur leibhaftigen Anrede an den Menschen werden lassen ...« Der Glaube versteht, »daß die geschichtliche Rettungstat, über welcher der Name Jahwes verkündigt worden ist, gezieltes Geschehen ist, das nicht im Zusammenhang eines Geschichtsganzen verstanden, sondern im Heute als Anruf unter den Namen Jahwes gehört und im anbetenden und glaubenden Gehorsam verstanden und beantwortet sein will« (Offenbarung im Alten Testament, in: Ev. Theol. 1962, S. 28f.).

18. ZUM VERHÄLTNIS ALTES UND NEUES TESTAMENT

Nachdem man in der neuprotestantischen Theologie weithin das Alte Testament nur als Urkunde für die Religion Israels gelesen hatte, ist in neuerer Zeit, nicht zuletzt im Zuge der »dialektischen Theologie«, mit Nachdruck wieder das Christuszeugnis des Alten Testaments betont worden. Exemplarisch ist das Buch von W. Vischer (Das Christuszeugnis des Alten Testaments I, 1936[3]), in dem es heißt: »Die christliche Kirche steht und fällt mit der Anerkennung der beiden Testamente. Eine ›Kirche‹, die den Wert des alttestamentlichen Zeugnisses gegenüber dem neutestamentlichen herabsetzt, glaubt den Aposteln gerade das Entscheidende ihrer Botschaft nicht und hört auf, ›christlich‹ zu sein. Denn das Entscheidende der apostolischen Verkündigung ist nun einmal, Jesus sei der Christus des Alten Testaments« (S. 32). Nach Vischer stehen sich die beiden Teile der Schrift wie Halbchöre gegenüber, die auf eine Mitte – Christus – zeigen. Trotz verschiedener Blickrichtung herrscht sachliche Einheit. Zieht man diesen Gedanken radikal aus, so kann alles im Alten Testament christologisch analogisiert und typologisiert werden, auf Kosten des ursprünglichen Textsinns. So verdienstlich Vischers Appell gerade im Kampf der Bekennenden Kirche gegen die Angriffe auf das Alte Testament war, so mußte doch die hier versuchte Durchführung dieses Programms auf vielseitige Kritik stoßen. Man konnte geradezu fragen, ob nicht das Alte Testament in seiner besonderen Funktion gefährdet wird, wenn man es einfach dasselbe sagen läßt wie das Neue Testament.

Ganz anders stellt sich das Verhältnis der beiden Testamente zueinander dar, wenn man es unter der Relation Gesetz – Evangelium sieht. Das Alte Testament ist dann vor allem Verkörperung des Gesetzes. Die alttestamentlich-jüdische Geschichte erscheint als eine Geschichte des Scheiterns. So sieht R. Bultmann (Die Bedeutung des Alten Testaments für den christlichen Glauben, in: Glauben und Verstehen, I, S. 313ff. und: »Weissagung« und »Erfüllung«, in: ZThK 1950, S. 360ff.) zwar, daß die Intention Israels auf den überweltlichen Gott zielt, aber dies wird nicht streng eschatologisch gedacht, sondern mit einer empirischen Volksgeschichte verkoppelt. Es kommt nicht zu radikaler Entweltlichung, sondern Nichtweltliches soll innerweltlich realisiert werden. Das muß zum Scheitern führen. Gerade darin aber liegt nach Bultmann die Bedeutung des Alten Testaments für uns. Denn hier spiegelt sich unsere eigene Glaubenserfahrung, sofern auch wir am Gesetz zuschanden werden. Die Möglichkeit, dessen innezuwerden, besteht zwar für den Menschen überall, weil er immer schon unter dem Gesetz steht, auch wenn er sich dessen erst unter dem Evangelium bewußt wird. Aber weil das Alte Testament ein unlösliches Stück der Geschichte ist, aus der wir kommen, darum ist es für uns relevant. Bultmann will mit diesem Verständnis des Alten Testaments nicht nur Luthers Unterscheidung von Gesetz und Evangelium entsprechen, sondern er beruft sich auf Paulus, der mit Bezug auf den alttestamentlichen Nomos die hoffnungslose Situation des Menschen aufdeckt und gerade damit den Fragehorizont aufweist, in den hinein das Evangelium redet.

Aber wird im Neuen Testament, auch bei Paulus, das Alte Testament nur unter dem Gesichtspunkt einer Geschichte des Scheiterns gesehen? Zwar ist Israel gescheitert, sofern es nicht glaubt, aber die Verheißung Gottes, die im Alten Testament erging, fällt damit nicht hin. Die »Schrift« ist für Paulus nicht nur Nomos in dem genannten Sinn, sondern in ihr wird auch und bereits vor dem Gesetz diese Verheißung proklamiert, die sich in Christus erfüllt. Wenn also im Blick auf Israels Glauben bzw. Unglauben in der Tat von einer Diskontinuität geredet werden muß, so doch im Blick auf Gottes Treue von einer Kontinuität. Liegt also nicht bei Bultmann eine einseitige Sicht des Verhältnisses Altes und Neues Testament vor, die sich freilich zwangsläufig ergibt, wenn man die Schrift vorzüglich nach der hier sich manifestierenden Grundmöglichkeit menschlichen Daseins befragt und in der Antithese weltlich-überweltlich (bzw. unweltlich) denkt? Ob nicht das Alte Testament primär unter dem Gesichtspunkt des hier ergehenden göttlichen Redens zu betrachten ist und ob nicht die Verheißung Jahwes keineswegs nur auf Welthaftes sich bezieht, mag es auch Israel immer wieder darauf einengen, sondern – wie Zimmerli betont – auf Jahwes eigenes Kommen zu seinem Volk, so daß alle innerweltlichen Verheißungen und Erfüllungen in diesem Licht zu sehen sind? Und ob andererseits im Neuen Testament nicht, wie H. W. Wolff hervorhebt, die eschatologische Verheißung und Erfüllung keineswegs spriritualistisch gemeint ist, sondern durchaus die Leiblichkeit einbezieht? Auch bei dieser mehr antithetischen Sicht des Verhältnisses Altes und Neues Testament kann man fragen, ob sich die Beibehaltung des Alten Testaments für die Kirche als zwingend erweist, da es im Grunde nur Illustration einer allgemeinen menschlichen Möglichkeit bietet, eben des Stehens unter dem Gesetz.

Wenn man Altes und Neues Testament weder nur in Identität miteinander noch nur in Antithese zueinander sehen will, dann scheint sich das Begriffspaar Verheißung – Erfüllung als das sachgemäße zur Umschreibung des Verhältnisses der beiden Testamente aufzudrängen. In der Tat spielt es eine große Rolle, auch in der neueren Diskussion. Aber das Verständnis dieser Begriffe ist sehr umstritten. So spricht Baumgärtel (in seinem Buch: Verheißung, 1952) von einer »Grundverheißung«, ausgesprochen in dem Satz »Ich bin der Herr, dein Gott«, die letztlich identisch sei mit der Verheißung in Christus. Aber scharf davon unterschieden sind nach Baumgärtel die konkreten Verheißungen im Alten Testament, die diesseits gebunden bzw. gesetzlich bedingt sind. Sie gehen uns als Christen nichts an, es sei denn – ähnlich wie bei Bultmann – deshalb, weil auch wir auf diesen gesetzlich-diesseitigen Weg immer wieder zurückfallen. Das alttestamentliche Zeugnis einer Religion außerhalb des Evangeliums kann in seinem Selbstverständnis für uns nicht mehr relevant sein. So gewiß Baumgärtel recht hat, wenn er hervorhebt, daß das Alte Testament erst vom Evangelium aus als Christuszeugnis zu verstehen sei, so umstritten ist doch seine frömmigkeitsgeschichtliche Betrachtung.

Gegen diese Auffassung wendet sich v. Rad, der im Alten Testament nicht primär eine Glaubensgeschichte, sondern eine »Geschichte des schöpferischen Gotteswortes« findet (Typologische Auslegung des Alten Testaments, in: Ev. Theol. 1952/53, S. 25). Israel wird von dem immer neu ergehenden Gotteswort vorwärtsgetrieben, zerbrochen und wieder aufgerichtet – auf ein Ziel hin, das im Alten Testament selbst nicht erreicht wird. Darin aber sieht er das neutestamentliche Christusgeschehen bereits »präfiguriert«. Um die hier geforderte »typologische« Auslegung entbrannte ein heftiger Streit, der hier nicht im einzelnen verfolgt werden kann (vgl. die diesbezüglichen Aufsätze von v. Rad, H. W. Wolff, Baumgärtel, Zimmerli u. a.). In seiner Theologie des Alten Testaments (Bd. II, 3. Hauptteil) hat sich v. Rad ausführlich über das Verhältnis Altes und Neues Testament geäußert. Danach ist das Alte Testament vom Neuen her als Weissagung auf Christus zu lesen. Möglich ist das, weil das Alte Testament eine Geschichte ruheloser Wanderung Israels in steter Neuinterpretation der alten Überlieferung auf ein nicht erreichtes Ziel hin enthält, die eine typisch vorausweisende Bedeutung hat, aber zugleich kritisch interpretiert werden muß. Von dem ganz Neuen des Christusereignisses, von seinem Tod und seiner Auferstehung her, ergibt sich ein grundsätzlich verschiedenes Verständnis des Alten Testaments, was aber nicht nur Antithese bedeutet, sondern auch Entsprechung, Steigerung, und eine gewisse Kontinuität erkennen läßt. Das Alte Testament stellt nicht nur Begriffe und Aussageketten für das Neue Testament bereit, sondern es ist in der Sache auf Christus hin offen. Es gibt keine hermeneutische Spezialmethode, um diese von Gottes Taten und Worten in Bewegung gesetzte Geschichte auf Christus hin zu deuten, wohl aber geben sich Altes und Neues Testament gegenseitig Verstehenshilfe. Das neutestamentliche Heilsgeschehen ist im Sinn geschichtlicher Abfolge Verlängerung und Abschluß, zugleich aber Vergegenwärtigung und Wiederholung auf neuer Basis. Wichtig ist für v. Rad, daß also – gerade auch hinsichtlich des im Alten Testament nicht eindeutigen Begriffs Gesetz – nicht nur von Antithese und Antiquierung die Rede sein muß, sondern auch von Aufnahme und Radikalisierung. Beide Testamente legitimieren einander.

Was bei v. Rad im Sinne einer umfassenden Gottesgeschichte gesehen wird, die sowohl von einer Analogie und Teleologie wie auch – wenn auch vielleicht weniger betont – von einer Antithese zu reden nötigt, wird von Pannenberg und seinen Freunden eindeutiger – freilich auch problematischer – als einheitliche Überlieferungsgeschichte gefaßt. Wir wiederholen hier nicht, was bereits oben zu diesem Versuch angemerkt wurde. Zu warnen ist jedenfalls davor, die Relation Verheißung – Erfüllung zu einer Art Geschichtsbeweis zu benützen, so daß es so scheinen könnte, der Unglaube der Juden – aber auch unser eigener – sei auf mangelnde Stringenz des Denkens angesichts einer zielgerichteten Überlieferungsgeschichte, deren Vernünftigkeit sich uns aufdrängt, zurückzuführen (vgl. dazu auch W. Zimmerli, Offenbarung im Alten Testament, in: Ev. Theol. 1962, S. 15ff.). Der bereits 1952 erschienene Aufsatz Zimmerlis: Verheißung und Erfüllung, erscheint für unser Problem besonders beachtlich. Hier wird auch von einer Entsprechung zwischen Altem und Neuem Testament gesprochen, die sich aber nicht eindeutig vom Alten Testament her erschließt. Zimmerli ist nicht an einem intentional-teleologischen Geschichtsbegriff interessiert, mittels dessen man das Verhältnis Verheißung – Erfüllung im Sinne einer aufsteigenden Linie systematisieren und entwicklungsgeschichtlich mißdeuten könnte. Bei aller Betonung der Offenheit des Alten Testaments zum Neuen hin und bei Bestreitung bloßer Diskontinuität wird doch das Heilsgeschehen im Neuen Testament nicht als krönender Abschluß der Offenbarung an Israel verstanden, sondern zugleich das radikal Neue hervorgehoben. Die Relation Verheißung – Erfüllung wird nicht durch die Relation Gesetz – Evangelium ersetzt, aber beides wird doch in Beziehung zueinander gesetzt. Es geht sowohl um Erfüllung wie ein Zu-Ende-gehen des alten Bundes.

Wir halten fest: Das Verhältnis Altes – Neues Testament läßt sich nicht auf einen Nenner bringen. Man kann nicht von einer Identität sprechen, die alles im Alten Testament typologisch auf Christus deutet; man darf die Beziehung der Testamente auch nicht einschränken im Sinne eines nur existential interpretierenden Prinzips Gesetz – Evangelium, so daß das Alte Testament nur in Antithese zum Neuen gesehen wird; und man kann nicht mittels der Relation Verheißung – Erfüllung einen Geschichtsbegriff konstruieren, der zum hermeneutischen Schlüssel wird. Im Neuen Testament legt man sich u. E. nicht auf einen dieser Aspekte fest, der dann *das* Verstehenskriterium liefert. Jesus Chrisus als das im Neuen Testament offenbarte Wort Gottes ist die Erfüllung der im Alten Testament in mannigfacher Form ergehenden Verheißung. Dies geschieht aber in einer überraschenden, auch das Alte Testament neu interpretierenden Weise, nicht in kontinuierlicher Weiterführung der dort begonnenen Linie. So bestätigt die Reflexion über das Verhältnis der beiden Testamente zueinander die hermeneutischen Erkenntnisse, die wir herauszustellen versuchten.

19. SCHRIFT UND TRADITION

Das Verhältnis Schrift – Tradition ist eines der wichtigsten kontroverstheologischen Themen, vor allem im Gespräch mit der römisch-katholischen Kirche. Den Gegensatz zwischen evangelischer und römisch-katholischer Auffassung (der freilich die neuprotestantische verwandt erscheint!) hat K. Barth scharf betont, indem er an Stelle der exklusiven Bedeutung der heiligen Schrift dort als für das römisch-katholische System bezeichnend feststellt, »daß es diese angebliche Einengung der Offenbarung auf ihre biblische Bezeugung ablehnt und an Stelle dessen zunächst die sog. Tradition neben die heilige Schrift stellt, dann dieses Moment mehr und mehr erweitert, bis das Ganze des kirchlichen Lebens gerade in ihm beschlossen scheint, dann die heilige Schrift diesem Ganzen unter- und einordnet und endlich dieses Ganze und damit sich selbst für mit Gottes Offenbarung identisch erklärt« (KD I/2, S. 607). Was hier zugespitzt ausgedrückt ist, das ist in der Tat der Einwand der reformatorischen Theologie gegen Rom: die faktische Überordnung des Lehramtes der Kirche und der von ihm verkündeten Dogmen über die Schrift. In der Absicht, die ursprüngliche Offenbarung festzuhalten, sie zeitgemäß zu entfalten und auf einheitlichen Begriff zu bringen, verfüge man über das Wort Gottes. Anhalt für diesen Verdacht gibt es bis in die jüngste Zeit hinein genug. So sagt z. B. M. Schmaus (Dogmatik I, S. 61): »Dogma im strengen Sinn der heutigen Theologie ist eine von Gott unmittelbar geoffenbarte Wahrheit, welche vom kirchlichen Lehramt klar und ausdrücklich als verbindliche Offenbarungswahrheit festgestellt und verkündet ist.« Oder: »Wie der Sohn Gottes in einer konkreten menschlichen Natur sichtbar in die Geschichte eingetreten ist, so kommt im Dogma die schon von vornherein in einer zeitbedingten Sprache gewährte übernatürliche Offenbarung in einem neuen, konkreten, geschichtlichen, einer bestimmten Kultur und einem bestimmten Volk angehörigen Sprachleib zur Erscheinung. Im Dogma setzt sich also die Selbstentäußerung Gottes in das Menschliche hinein fort. Es ist eine Weiterführung der Menschwerdung Gottes, gewissermaßen ihre Verlängerung durch die auf Christus folgenden Jahrhunderte hin« (a.a.O., S. 63). Das Dogma ist »Glaubensgesetz«, es hat »unwandelbaren und unantastbaren Geltungswert«. Damit wird nicht ausgeschlossen, daß die Formulierung des Dogmas über den natürlichen Sinngehalt der Begriffe hinausweist und nur Annäherung an das nie letztlich zu fassende Geheimnis ist, weil alle Sprache unvollkommenes Werkzeug ist. Daraus folgt, daß das Dogma ergänzt und weiterentwickelt werden kann, ja, im Sinne besserer Formulierung und Überbietung ist sogar eine Ersetzung durch eine vollkommenere Form denkbar, aber keine sachliche Korrektur. Die Kirche als Grundveste der Wahrheit kann nicht irren. (Nach H. Schlier, Kerygma und Sophia, in: Ev. Theol. 1950/51, S. 491f. enthält schon die Schrift »Präsymbola«, die »ihrem Ursprung nach selbst Offenbarung des Auferstandenen im bezeugenden Wort der Apostel« sind und als normative apostolische Paradosis »zeitlich und zuletzt auch sachlich« dem Evangelium als Verkündigung vorausgehen.)

Ohne Zweifel ist im II. Vatikanum das Verhältnis Schrift – Tradition bei aller Aufnahme und Integration bisheriger Äußerungen vorsichtiger umschrieben. Hier wird gesagt, daß in den inspirierten Büchern die apostolische Predigt »besonders deutlichen Ausdruck« fand (Dogm. Konst. über die göttliche Offenbarung, II,8). Überlieferung, Schrift und Lehramt sind »so miteinander verknüpft und einander zugesellt, daß keines ohne die anderen besteht und daß alle zusammen, jedes auf seine Art, durch das Tun des einen Heiligen Geistes wirksam dem Heil der Seelen dienen« (II,10). Man könnte hier von einem Gegenüber des Wortes Gottes reden, dem das Lehramt mit seiner Auslegung dient. Allerdings ist auch hier bei allem Fortschritt eine wirkliche Klarheit im Verhältnis von Schrift und Tradition nicht erreicht, ganz davon zu schweigen, daß die verbindliche Erklärung des geschriebenen oder überlieferten Wortes Gottes »nur dem lebendigen Lehramt der Kirche anvertraut« ist.

Nach evangelischem Verständnis ist alle Tradition, speziell auch jede Bekenntnisschrift der Kirche, dem Zeugnis der heiligen Schrift untergeordnet. Das Bekenntnis ist nicht der Zaun, der die Kirche umgibt, es hat nicht die Funktion eines Lehrgesetzes, sondern es ist – mit einem Bild Schleiermachers, das Barth aufnahm – den Tonnen und Bojen im Meer vergleichbar, die bis zu besserer Belehrung die Fahrtrichtung für die Schiffe markieren. Mit Recht sagt Julius Müller gegenüber neulutherischen Tendenzen, dem Bekenntnis kirchengründenden Charakter zu verleihen: »So lange es einen Protestantismus in der Welt giebt, der diesen Namen verdient, muß zweierlei für ihn feststehen: 1. Die Nothwendigkeit der Bekenntnisse für die Kirche darf keinesfalls darauf begründet werden, daß die heilige Schrift einer authentischen Interpretation der Kirche bedürfe und daß die Kirche Macht und Fug habe zu solcher Interpretation ... 2. Welches Ansehen den Bekenntnissen der evangelischen Kirche immer beigelegt werden mag, es ist jedenfalls dem Ansehen der heiligen Schrift specifisch unterzuordnen« (Dogm. Abhandlungen, S. 58).

Allerdings fehlt es nicht an Versuchen, vor allem von lutherischer Seite, den Rang des Bekenntnisses höher einzuschätzen und es als eine Art summa scripturae zu verstehen, durch die die Verkündigung normiert wird. So kann P. Brunner (Union und Bekenntnis, 1946) von ihm als »gestaltendem Vorbild der Lehre« reden. Es ist »bestimmende forma« der Verkündigung, »sichernde Lehrformel«, es gibt »verpflichtende Normen für die Verkündigung« (Grundlegung des Abendmahlsgesprächs, 1954, S. 17 und 20). Auch E. Schlink redet vom Bekenntnis als einer Summa der Schrift und einem verpflichtenden Vorbild. Es steht zwar eindeutig unter der Schrift, ist ihr Kommentar. Aber es kann doch heißen: »Wie die Form das aus der Fülle der mannigfachen Erscheinungsweisen herausgehobene und begrifflich erfaßte substanzielle Wesen eines Gegenstandes ist, so ist das Bekenntnis die aus der Mannigfaltigkeit des Schriftzeugnisses herausgehobene und in der doctrina evangelii begriffene ousia dieses Zeugnisses. Und wie die aristotelisch-scholastische forma die Entelechie ist, die als formendes Prinzip aktiv in den Dingen wirkt, so ist das Bekenntnis gleichzeitig die formende, gestaltende energeia für alle gegenwärtige und zukünftige Predigt der Kirche« (Theol. d. Luth. Bek.schr., S. 54f.). Gewiß ist das Bekenntnis nicht nur als vergangene, geschichtlich bedingte Abgrenzung gegen eine Irrlehre bedeutsam, sondern es beansprucht wegweisenden Charakter für die künftige Verkündigung. Die Vorstellung von einem normativ fixierten Lehrgehalt legt aber das Mißverständnis nahe, das Evangelium bestehe aus einer Summe von in sich wahren Sätzen, die es zu glauben gilt. Der Glaube hat jedoch nicht bestimmte Lehrsätze zu seinem Gegenstand, er glaubt weder an Bekenntnisformeln noch an Bibelworte als solche, sondern an den in ihnen sich bezeugenden Herrn. »Gegeben« ist der »Inhalt der Heilsbotschaft« im Bekenntnis der Väter nur so, daß das von ihm Gesagte mich an das Zeugnis der Schrift und damit an Christus selbst bindet, und nur in dem Maße, als es das vermag, hat es Autorität. Das Bekenntnis als Kommentar zur Schrift – zugegeben als hervorgehobener, besonders zu respektierender Kommentar, den die Väter uns an die Hand geben – ersetzt nicht, auch nicht zeitweise, den Text selbst. Rechter Gebrauch der Bekenntnisschriften ist also immer zugleich kritisch, d. h. im Hören auf das Gemeinte ist das von den Vätern Gesagte nicht blind zu akzeptieren, sondern auch zu korrigieren, notfalls sogar explizit durch Revision der Bekenntnisschriften. Mit Recht sagt K. Barth von den Bekenntnissen der Väter: »Ihre Sätze geben uns die Richtung an, in der sie selbst, die Kirche von damals und dort, diese Einheit des Glaubens gesucht und gefunden hat. Nicht indem wir ihren Sätzen zustimmen und sie uns zu eigen machen, sondern indem wir uns durch diese Sätze diese Richtung weisen lassen, respektieren wir die Autorität der Konfession« (KD I/2, S. 735). Denn das Wort Gottes selbst, das allein absolute Autorität hat, ist nicht zu verwechseln mit dem Bekenntnis der Väter, ja nicht einmal mit den Worten der Schrift, sondern es ist Jesus Christus allein (s. m. Aufsatzband »Tradition und Verantwortung« 1974, S. 45ff.: »Was heißt Bekenntnisbindung?«)

19a. DIE GÜLTIGKEIT DES FREISPRUCHS
(Gottes Erwählung)

Alles kommt darauf an, daß der Zuspruch Gottes im Evangelium gültig und verläßlich ist, so daß ihm unbedingtes Vertrauen gebührt. Um diese Gültigkeit des Freispruchs geht es in der Lehre von der Erwählung. Auch und gerade hier kann es sich nicht darum handeln, aus der Situation des Hörers des Evangeliums herauszutreten und von einem scheinbar neutralen Standort aus über die Glaubwürdigkeit dieses Wortes zu reflektieren. So wenig christliche Theologie mit der Entfaltung eines abstrakten Gottesbegriffs einsetzen kann, so wenig auch bei einem abstrakten überzeitlichen oder vorzeitigen Erwählungsratschluß. Gottes Erwählung geschieht in Jesus Christus, er ist Gottes Erwählen, und zwar als der Menschgewordene, Gekreuzigte und Auferstandene. An ihm vorbei und hinter ihn zurück nach einem Deus absolutus zu fragen, nach einem verborgenen Willen Gottes, der diesen offenbaren Willen begrenzte oder fragwürdig machte, ist ausgeschlossen, wenn anders das Wort gilt: »Wer mich sieht, der sieht den Vater« (Joh. 14,9).

Die Frage nach der Gültigkeit des Evangeliums und damit nach der Gnadenwahl Gottes ist nur dann legitim und sinnvoll, wenn sie nicht an Christus vorbei oder über ihn hinaus fragt, sondern auf ihn zu: d. h. nach dem in Jesus Christus selbst sich offenbarenden Grund und damit nach der Unwiderruflichkeit des sich hier bekundenden Willens Gottes. Es geht also in der Erwählungslehre um die Tiefendimension dieses Christusgeschehens und seiner Bezeugung. Gott hat sich nach dem Zeugnis des Neuen Testaments ein für allemal mit diesem Namen, dieser Person und ihrer Geschichte verbunden, ja, identifiziert. Dies Christusgeschehen ist keine Episode, sondern Gottes ursprüngliches und darum auch endgültiges Wort. Deshalb ist von der Präexistenz Jesu Christi die Rede. Wir zitieren hier nur die besonders aufschlußreiche Stelle Eph. 1,3ff.: »Gelobt sei Gott und der Vater unsers Herrn Jesus Christus, der uns gesegnet hat mit allem geistlichem Segen in den Himmeln in Christus, wie er uns erwählte in ihm vor Grundlegung der Welt, daß wir heilig und unbefleckt vor ihm seien, indem er uns in Liebe zuvorbestimmte zur Sohnschaft durch Jesus Christus zu ihm hin nach dem Wohlgefallen seines Willens zum Preis der Herrlichkeit seiner Gnade. Mit ihr hat er uns begnadet in dem Geliebten, in dem wir die Erlösung haben durch sein Blut, die Vergebung der Sünden nach dem Reichtum seiner Gnade, die er überströmend auf uns ausgegossen hat in aller Weisheit und Erkenntnis, indem er uns kundtat das Geheimnis seines Willens nach seinem Beschluß, den er vorher in ihm beschlossen hat zur Durchführung der Fülle der Zeiten: das All unter einem Haupt zu fassen in Christus, das, was im Himmel und auf Erden ist. In Ihm, in dem wir auch unser Los erhalten haben, zuvor bestimmt nach dem Vorsatz dessen, der alles wirkt nach dem Ratschluß seines Willens, daß wir seien zum Preis seiner Herrlichkeit als die, die zuvor schon gehofft haben in Christus.«

In diesem überladenen Satz ist von einem vor oder am Anfang aller Zeit geschehenen Erwählen bzw. Vorherbestimmen die Rede – in immer neuen Wendungen gerade dies Vorher rühmend –, so daß man auf den ersten Blick an ein vorzeitliches Prae denkt. Aber man gerät in Schwierigkeiten, wenn man hier einseitig linear denkt im Sinne eines abrollenden Zeitbandes. Wenn wir von Anfang an zur Sohnschaft bestimmt sind, und zwar offenbar in dem Gekreuzigten, wenn Gott in ihm das All zusammenfassen wollte – wie steht es dann mit der großen Störung der Sünde, um deretwillen doch die Erlösung »durch sein Blut«, wie es hier heißt, geschieht? Von Freispruch – um in unsrer Terminologie zu reden – kann nur gesprochen werden, wenn Anklage besteht. Ist also Gottes Freispruch als seine ewige Erwählung, als sein Ratschluß von Anfang an zu verstehen, so muß – das scheint der logische Schluß – die Sünde von Gott von Anfang an »eingeplant« gewesen sein. Dann aber droht sich alle Geschichte als Stätte menschlicher Schuld und göttlicher Versöhnung zu verflüchtigen und in die ewige Gleichzeitigkeit der Idee aufzulösen.

Offenbar sind die neutestamentlichen Präexistenz- und Erwählungsaussagen nicht so zu verstehen. Mit einem bloß historisch-linearen Denken sind sie freilich auch nicht zu erfassen. Sofern die zitierte Stelle Eph. 1 von der Präexistenz Christi und sogar der Präexistenz der

Gemeinde in ihm redet, will sie bezeugen, daß unser Heil und damit auch die Existenz der Kirche als Leib Christi nicht aus der Schöpfung abzuleiten sind. Die in Christus eröffnete neue Wirklichkeit verdankt sich nicht einer natürlichen Beschaffenheit, keiner menschlichen Leistung, keiner Erfüllung des Gesetzes, sondern sie ist ganz und gar Gottes Gabe und seine ursprüngliche Setzung. Darum wird von Erwählung als dem Ur- und Grunddatum allen Wollens und Handelns Gottes nach außen geredet. Aber der Ausgangspunkt des Denkens und der Erkenntnisgrund für diese Erwählung ist nicht ein vor- oder überzeitliches Datum, sondern die geschichtliche Offenbarung. Der in Christus ergehende Freispruch greift sozusagen nach vorwärts wie nach rückwärts über alle Zeit hinweg, er ist als allein in Gott begründetes Reden und Handeln schlechthin unableitbar. Die Bezugnahme auf die ewige Erwählung will sie gerade nicht von dem geschichtlichen Christusereignis trennen und beides gegeneinander ausspielen. Wenn Gott jetzt in der Zeit seinen »zuvor« gefaßten Beschluß durchführt und erfüllt, so geht es nicht um die bloßen Folgen einer längst gefallenen Entscheidung, geschweige um bloße Kenntnisgabe und Aufklärung über einen längst bestehenden Sachverhalt, sondern um dessen unerschütterliche göttliche Gegründetheit.

So dürfte auch die bekannte Stelle Joh. 1,1 von dem Wort, das im Anfang bei Gott war und durch das alles gemacht ist und das doch identisch ist mit dem fleischgewordenen Wort, zu verstehen sein: Nicht als Erklärung der Fleischwerdung des Wortes aus einem vorausgesetzten Begriff von Logos, sondern im Sinne einer Indienststellung des Logosbegriffes zur Interpretation des geschichtlichen Christusereignisses. Der Logosgedanke ist durch den Offenbarungsgedanken bestimmt, und es soll betont werden, daß die geschichtliche Offenbarung nicht aus dieser Welt und Zeit zu begreifen ist, sondern ihren Ursprung vor der Zeit hat (so R. Bultmann in seinem Johanneskommentar z. St.). Indem Jesus mit dem präexistenten Logos, durch den alle Dinge gemacht sind, identifiziert wird, ist ihm eine Würde zugesprochen, die jeden irdischen Rahmen sprengt. Was hier in der Zeit geschehen ist, das ist nicht *aus* der Zeit, sondern überragt alles, was in der Zeit ist. Insofern dies letzte Wort Gottes sein entscheidendes und unwiderrufliches ist, ist es auch sein erstes.

Die Schwierigkeit, vor der unser raum-zeitliches Denken hier steht, kann in diesem Zusammenhang nur angedeutet werden. Beides muß festgehalten werden: Einmal, daß der Versöhner, Jesus Christus, der neue Adam, nicht in der Weise an den Anfang gestellt werden darf, daß die Sünde, um deren Überwindung es in seinem Kommen geht, bereits von Beginn an »eingeplant« erscheint und damit erklärt oder entschuldigt wird. Zum andern aber soll Jesus als der angesehen werden, in dem Gott seinen ursprünglichen und eigentlichen Willen erfüllt, also der Erste und allem Vorangehende ist. Ursprung und Ziel koinzidieren in ihm und sind doch nicht einfach gleichzusetzen. Man hat, um dem gerecht zu werden, von einer zeitlich begrenzten Geschichte des fleischgewordenen Logos gesprochen, die doch in der Zeit zugleich die Zeit und ihre Grenzen aufsprengt, d. h. als einmal geschehende zugleich über alle frühere und spätere Zeit übergreift und als zeitliche zugleich ewige Geschichte ist (wie K. Barth formulieren kann). Aber solches Reden von Geschichte ist nur ein Versuch, auf das Geheimnis hinzuweisen, das sich schwerlich auf einen Begriff bringen läßt. Wir versuchen, es mit dem von uns gebrauchten Begriff Freispruch zu umreißen. Freispruch besagt, daß Schuld und Sünde vorausgesetzt ist, daß Anklage erhoben ist, aber zugleich, daß Vergebung geschieht und der Tod als der »Sünde Sold« aufgehoben ist. Das impliziert, daß vergangene, von uns unwiderruflich verlorene Zeit durchgestrichen ist und daß das für uns unüberwindbare Ende des Todes kein Ende ist. Hier wird also damit gerechnet, daß Jesus Christus in solcher Weise Herr der Zeit ist, daß sogar ihre Unumkehrbarkeit kein letztes Wort ist. Diese in Jesus Christus alles umklammernde und zum Ziel bringende Übermacht der göttlichen Gnade, die keine Grenzen kennt, meinen wir im Grunde, wenn wir von der Erwählung in Christus »vor Grundlegung der Welt« reden.

Die Gültigkeit des Freispruchs schien oft dadurch gefährdet, daß Gottes Wort nicht nur Zuspruch, sondern auch Widerspruch, nicht nur Evangelium, sondern auch Gesetz, nicht nur Erwählung, sondern auch Verwerfung bedeutet. Gottes Gnade ist keine »billige Gnade«, sein Ja impliziert auch ein Nein, Vergebung setzt Schuld voraus und Auferweckung den Tod. Aber alles kommt darauf an, daß das Erwählen und Verwerfen, das Lieben und Zürnen, das Lebendigmachen und Töten Gottes, von dem die hl. Schrift redet, im rechten Verhältnis zueinander gesehen werden. Was Gottes Wille mit uns ist, das wird uns in Jesus Christus, in seinem Leben, Sterben und Auferstehen offenbar. In ihm begegnet uns Gottes Nein und Ja in der rechten Relation. In seinem Dahingegebenwerden, in seinem Tod am Kreuz, wo er – wie Paulus sagt – zur Sünde gemacht wird und die Sünde im Fleisch gerichtet wird (2. Kor. 5,21 u. Röm. 8,3), in diesem Gericht offenbart Gott seine Gnade. Denn in ihm tritt Gott selbst an unsre Stelle und spricht den Schuldigen frei.

Dann aber kann von Gericht und Gnade, von Verwerfung und Erwählung nicht gleichgewichtig geredet werden, sondern nur in bestimmter Teleologie. Gott tötet, um lebendig zu machen, er richtet, um zu retten. Von seinem Zorn gilt, daß er einen »kleinen Augenblick« währt, aber von seiner Gnade, daß sie nicht aufhört. Was bereits im Zeugnis des Alten Testaments in dieser Beziehung deutlich gesagt ist, das bestätigt sich endgültig im Kreuz Christi. Das hier ergehende Nein Gottes, das über Jesus ergeht, steht nicht im Widerspruch zu seiner Gnade, sondern macht sie unerschütterlich, denn dieser Gekreuzigte ist zugleich der Auferstandene und Erhöhte, der gegen jede Anklage für uns eintritt (vgl. Röm. 8,34). Weil sich in Jesus Christus erweist, daß Gottes Nein im Dienst seines Jas steht, darum ist von Erwählung eindeutig im Sinne der Gnadenwahl zu reden und nicht von einer doppelten Prädestination im Sinne zweier miteinander konkurrierender Willensäußerungen Gottes. Ist Jesus Christus selbst der erwählende Herr, der mit dem Vater eins ist und hinter dem nicht nach einem Deus absconditus zu schielen ist, und ist er zugleich der erwählte Mensch, in dem wir alle erwählt sind, dann ist die Rede von der Erwählung nicht eine Gefährdung des in Jesus Christus ergehenden Freispruchs, sondern sie unterstreicht vielmehr ihre unwiderrufliche Gültigkeit.

Aber steht nicht nach der traditionellen Lehre unsre Erwählung immer unter der Bedingung des Glaubens? Und entzündet sich nicht die Diskussion über die Prädestination immer wieder an der Frage nach dem rechten Verhältnis von Erwählung und Glaube? Gerade reformatorische Theologie, die keinerlei Mitwirkung des Menschen in der Frage des Heils anerkennt, geriet hier in ein Dilemma. Wenn der Glaube ganz und gar Wirkung des heiligen Geistes ist und jedes Verdienst wegfällt, dann erst wird es zur quälenden Frage, warum der eine glaubt und der andre nicht. Als konsequente Antwort scheint hier nur der Rekurs auf Gottes Vorherbestimmung in Betracht zu kommen. Und so hieß es im Sinne der Lehre von der doppelten Prädestination: Gott, der niemand etwas schuldet, vor dem wir alle schuldig sind, hat die einen zur Seligkeit, die andern zur Verdammnis bestimmt, dort zum Ruhm seiner Barmherzigkeit, hier zum Ruhm seiner Gerechtigkeit. Die Verkündigung des Evangeliums hätte also nur den Zweck, die Erwählten zu berufen, die Verworfenen aber zu verstocken.

Wo solche Konsequenzen gezogen werden, wird die Gültigkeit des verkündigten Wortes fragwürdig. Ja, es besteht die Gefahr, daß eine solche Prädestinationslehre, deren Absicht doch war, alles menschliche Verdienst auszuschalten, gerade einen neuen Subjektivismus auf den Plan ruft. Denn der Mensch, der an der Zusage des Evangeliums zweifelt, der auf einen Beweis seiner Erwählung wartet, ist geneigt, nach spürbaren Geisteswirkungen bei sich zu suchen, die ihm als Bestätigung dienen können. Die gegenteilige Gefahr ist, daß man im Widerspruch zu den reformatorischen Intentionen den Glauben nun doch synergistisch versteht. Beide Abwege wurzeln in dem Irrtum, daß man von einer vermeintlich konstatierbaren positiven oder negativen Wirkung des Evangeliums (»Glaube« bzw. »Unglaube«) ausgeht und von da auf eine zeitlich vorangehende, längst feststehende Ursache zurückschließt oder bei sich selbst die Ursache sucht. In beiden Fällen verläßt man die Haltung des Hörens und Glaubens und wird zum reflektierenden Beobachter, ob man nun dort Gott zum Gefesselten eines früher von ihm gefaßten Beschlusses macht, zum Gefangenen eines Dekrets, oder hier sich selbst als Angelpunkt versteht.

Die Rede von der Erwählung will uns nicht zur betrachtenden Reflexion anleiten, sondern zum besseren, vertieften Hören des Evangeliums. Indem uns jede Möglichkeit, uns von uns aus für Gott zu entscheiden, abgesprochen wird, indem zugleich aber dem uns hier begegnenden Wort Gottes alle Vollmacht zuerkannt wird, soll der Blick sowohl von dem Menschen als solchem, seinem Vermögen und seinem Unvermögen, wie von einem abstrakten Gott, einem Deus absolutus und absconditus, abgelenkt und allein auf Jesus Christus hingelenkt werden. Daß der Mensch durch das Evangelium aufgerufen wird, dem gnädigen Urteil Gottes in Jesus Christus zuzustimmen und die hier bereits gefallene Entscheidung Gottes gelten zu lassen, und daß ihm zugleich die eigene Kraft zu dieser Entscheidung abgesprochen wird, ist scheinbar ein Widerspruch. Aber wenn wir bedenken, daß das Wort Gottes (d. h. der gekreuzigte und auferweckte Jesus Christus selbst) das tut, was es sagt, daß es richtet, um zu retten, daß es tötet, um lebendig zu machen, dann hat hier nicht eine abstrakt einsehbare Denkmöglichkeit, sondern die in Christus verheißene Wirklichkeit das entscheidende Wort, und von daher gesehen gibt es keine einsichtige und begründete Möglichkeit des Unglaubens. Die recht verstandene Lehre von der Erwählung erschüttert nicht die Gewißheit des Glaubens, sie vermag zwar auch ihrerseits nicht diese Gewißheit zu geben und noch viel weniger den Unglauben zu erklären, aber sie weist uns unübersehbar auf den einzig tragfähigen Grund der Gewißheit hin, den in Christus sich offenbarenden unverbrüchlichen Gnadenwillen Gottes, der sich selbst als gültig zu erweisen verheißt.

(Vgl. zur Erwählungslehre vor allem: Luther, De servo arbitrio, Calvin, Institutio 1559, III, c. 21–24, K. Barth KD II, 2.)

20. ZUR FRAGE DER GOTTHEIT JESU CHRISTI

R. Bultmann zeigt in seinem Aufsatz: Das christologische Bekenntnis des Oekumenischen Rates (Glauben und Verstehen II, S. 246), daß zwar Tit. 2,13; 2. Petr. 1,1; 2. Thess. 1,12 usw. möglicherweise Jesus als Gott bezeichnet wird, daß dies eindeutig aber nur Joh. 20,28 der Fall sei. Wenn Jesus im übrigen in der palästinensischen Urgemeinde Messias, Sohn Davids, Knecht Gottes heiße, so meine man den erwarteten König der Endzeit. Dazu trat der Titel Menschensohn, der ein Wesen überirdischer Art meint. Im hellenistischen Bereich wird Jesus als Kyrios bekannt, d. h. nicht nur als im Kult gegenwärtig, sondern auch als kosmischer Herr – auch als Sohn Gottes. Vor allem weist Bultmann auf die Gestalt des menschgewordenen himmlischen Erlösers in der Gnosis hin (vgl. aber dazu C. Colpe, Die religionsgeschichtliche Schule, Darstellung und Kritik ihres Bildes vom gnostischen Erlösermythos, 1961). Aber all diese Bezeichnungen besagen nach Bultmann, daß Christus zwar als ein Gott angesehen und verehrt wird, nicht aber Gott gleichgesetzt werde. Zwar gibt es eine Fülle von Aussagen im Neuen Testament, in denen Jesus an die Stelle Gottes tritt (vgl. die Rede von der Gnade Christi oder des Kyrios 2. Kor. 8,9; Röm. 1,5; 1. Kor. 3,5; vom Weltenrichter 1. Thess. 2,19; 1. Kor. 4,5; Mark. 8,38; von der Herrschaft Christi Kol. 1,13; 2. Tim. 1,18; 2. Petr. 1,11; vgl. vor allem die Koppelung von Richtertum und Herrschaft Christi und Gottes Röm. 14,8–10; 1. Kor. 4,5; 2. Kor. 5,11; auch Eph. u. a.). Für Bultmann liegt die Lösung des merkwürdigen Sachverhalts, daß Christus einerseits Gott untergeordnet, andererseits mit ihm identifiziert erscheint, darin, daß Christus das eschatologische Ereignis ist. Er folgert deshalb: »Die Formel ›Christus ist Gott‹ ist falsch in jedem Sinn, in dem Gott als eine objektivierende Größe verstanden wird, mag sie nun arianisch oder nizäisch, orthodox oder liberal verstanden werden. Sie ist richtig, wenn ›Gott‹ hier verstanden wird als das Ereignis des Handelns Gottes« (S. 258). Bultmann möchte darum lieber sagen: Christus ist das Wort Gottes. Mit Recht sagt Bultmann: »Die Menschlichkeit Jesu gehört zu seiner Göttlichkeit; das ist der Anstoß, daß die Offenbarung nur im konkreten Geschehen da ist und daß ihre Göttlichkeit unausweisbar ist« (ebd.). Jesus ist kein Halbgott, d. h. das Christusbekenntnis darf nicht dahin erweicht werden, daß es gar nicht wirklich Gott ist, der sich hier zu uns begibt, oder daß er nicht wahrer Mensch ist, der leidet und stirbt, wie die Gnosis es darstellt. Bultmann will die Paradoxie des christologischen Bekenntnisses festhalten, aber zugleich seine Rede vor dem Schein des Absurden bewahren. Ob das freilich deutlich genug wird, wenn man das Bekenntnis zur Gottessohnschaft im Sinne der Bedeutsamkeit Jesu, seines Kreuzes, interpretiert, ist die Frage. Der Tod Jesu wird von Bultmann als Heilsereignis bezeichnet, aber relevant ist nur sein »Daß«, während im Blick auf das »Was« gilt: »Wir kennen ihn nicht mehr nach dem Fleisch« (2. Kor. 5). Mit Recht wendet sich Bultmann hier gegen eine Jesusfrömmigkeit, die ihn liberal oder pietistisch psychologisiert, und gegen eine Metaphysik, die transzendente Bestimmungen hypostasiert. Aber das darf nicht dazu führen, daß Christus im Kerygma verschwindet und von einer einmaligen, das Kerygma begründenden Tat Gottes kaum noch die Rede sein kann, so daß schließlich Jesus Christus zur bloßen Chiffre (bei Braun) zu werden droht.

Dem wollen offenbar diejenigen wehren, die auf den historischen Jesus erneut rekurrieren (vgl. die entsprechenden Aufsätze von Käsemann, Fuchs, Ebeling u. a., die freilich in ihren Intentionen z. T. sehr voneinander abweichen). Mit Recht wendet man sich hier gegen eine Mythisierung des Evangeliums bzw. gegen ein Fürwahrhalten historischer oder metaphysischer Aussagen. Wenn betont wird, daß der Glaube einen »Anhalt an Jesus«, am historischen Jesus, habe, so ist damit nicht ein biographisch-psychologisches Jesusbild gemeint, sondern das, was in Jesus zur Sprache kam: der Glaube. Wir exemplifizieren an G. Ebeling, wie freilich die berechtigte Intention zu problematischen Folgerungen führen kann. Jesus ist für ihn der »Zeuge des Glaubens«, d. h. das Ganze seiner historischen Erscheinung ist auf dies Eine konzentriert: Die Nähe des Reiches Gottes, d. h. Gottes selbst, zu verkündigen und den Glauben daran zu erwecken. Indem er selbst glaubte, d. h. Gott ganz und gar wirken ließ, machte er zugleich anderen Mut zum Glauben, sprach ihnen den Glauben vollmächtig zu und forderte ihn heraus. Sein Glaube war stellvertretend, insofern er anderen zur Gewißheitsquelle wurde. Nicht das spätere dogmatische Christusbild und die expliziten Formeln vom Glauben an Jesus Christus mit all ihrer mythischen Verkleidung – so notwendig sie nach Ostern wurden –, sondern diese ursprüngliche Relation Jesus – Glaube ist die Wurzel und der Kanon der Christologie. Zwar kann es auch hier heißen, daß der christliche Glaube mit dem Osterzeugnis stehe und falle, aber meint Ostern im Grund nicht das Zum-Ziel-kommen des Glaubens Jesu im Glauben der Jünger und in ihrer Berufung zu Zeugen des Glaubens? Denn der vorausgegangene Tod Jesu, der zunächst ein Hindernis für den Glauben zu sein scheint, ist in Wahrheit seine Reinigung, die Ermöglichung des reinen Glaubens, für den aller sichtbare Anhalt an Jesus hinfällt. So wird Jesus als Zeuge des Glaubens zum Grund des Glaubens (vgl. G. Ebeling, Das Wesen des christlichen Glaubens, 1959, u. seine entsprechenden Aufsätze in: Wort und Glaube, 1960, und: Theologie und Verkündigung, 1962).

Die Intentionen Ebelings aufnehmend kann W. Marxsen (Anfangsprobleme der Christologie, 1959, S. 52) sagen, es sei die Funktion Jesu, »zum Glauben zu rufen, in die eschatologische Relation hineinzustellen«. In diesem Sinn sei Jesus der Anfänger des Glaubens. Er erweckt den Glauben mit seinem Wort, seinem undogmatischen Zuruf an Sünder, an Kranke usw., einen Glauben, der an der Allmacht Gottes partizipiert. Erst auf hellenistischem Boden wurde aus dieser funktionalen Würdigung Jesu eine personale, es wurden z. B. Titel auf ihn übertragen, die ihn als Wesen besonderer Art erscheinen lassen. So kommt es sekundär zum Glauben *an* ihn, zu verobjektivierenden christologischen Formeln, die allerdings bei Paulus etwa noch diesen funktionalen Sinn haben. So kann Marxsen sagen: »Das Kerygma hat zwar Christus zum Inhalt, und so kann Paulus dann auch häufig von der pistis eis Christon und ähnlichem reden; aber diese Formulierung ist im Grunde eine Abbreviatur für den in Christus erschlossenen Heilsweg« (S. 53). In der Verkündigung oder auch im Glauben Jesu ist uns von Gott her die Möglichkeit des eigenen Glaubens gegeben, während von einem Glauben an Jesus Christus nur in einem uneigentlichen und abgeleiteten Sinn zu reden wäre.

Die Versuche, die Person Jesu ins Zentrum des Glaubens zu stellen, sie aber existential zu interpretieren, haben in der neueren Theologie wohl ihren Anstoß und auch ihre originellste Ausprägung in den Schriften F. Gogartens empfangen (hier vor allem: Die

Verkündigung Jesu Christi, 1948, Der Mensch zwischen Gott und Welt, 1952, Jesus Christus Wende der Welt, 1966). In Jesus ist nach Gogarten das reine Personsein Ereignis geworden, indem er sich ganz von Gott empfängt und an den Nächsten hingibt. Ist für Gogarten die so bestimmte Personalität das grundlegende Existential, dann ist begreiflich, daß er sich nicht wie Bultmann mit jenem schmalen christologischen Rand begnügt, sondern Jesu Leben, Leiden und Sterben, seine Verkündigung und seinen Glauben zu einer expliziten Christologie benützt. Jesus ist der wahre Mensch, der im Gegensatz zu uns anderen die Sohnschaft bewährt in seinem reinen Menschentum – nicht als religiös-sittliches Idealbild, nicht als ein ihm auferlegtes Gesetz, sondern als von Gott gewirkte Realisierung echter Personalität verstanden. So können Menschsein und Gottessohnschaft bei Gogarten koinzidieren, d. h. Jesu Gottessohnschaft ist sein volles Personsein, wobei letzteres, sein wahres Menschsein auch den noetischen Einstieg bietet. So kann Gogarten in charakteristischer Modifikation der Frage Bultmanns: »Hilft er mir, weil er der Sohn Gottes ist, oder ist er der Sohn Gottes, weil er mir hilft?« (a.a.O., S. 252), aber doch in sachlicher Nähe dazu fragen: »Erkennt der Glaube den ewigen Sohn Gottes, indem er den Menschen Jesus Christus erkennt, oder erkennt er den Menschen Jesus Christus, indem er den ewigen Sohn Gottes erkennt?« (Gericht oder Skepsis, S. 112), um natürlich das erste zu bejahen. Aber auch hier – wie gegenüber den sich daran anschließenden Versuchen, auf den historischen Jesus die Christologie zu gründen – erhebt sich die Frage, ob sich das neutestamentliche Bekenntnis zu Jesus Christus mit derart existentialen Kategorien hinreichend erfassen läßt (vgl. zu Gogartens Christologie: R. Weth, Gott in Jesus, 1968, und W. Kreck, Tradition und Verantwortung, 1974, S. 78ff.: »Die Frage nach dem hist. Jesus als dogmatisches Problem« u. S. 99ff.: »Die Christologie Gogartens . . .»).

21. ZUM ANSATZ DER CHRISTOLOGIE

Seit Schleiermacher bemüht sich ein großer Teil der protestantischen Theologie, das unsagbar gewordene vere Deus in der Christologie anthropologisch zu umschreiben. Schleiermachers Christologie ist methodisch dadurch gekennzeichnet, daß er entsprechend seinem Reflexionsverfahren von der Wirkung auf den Wirker, von dem in der Gemeinde lebendigen christlichen Gemeingeist auf dessen produktives Urbild, Jesus Christus, zurückschließt. Im Unterschied zu uns anderen Menschen hat Jesus vollkommenes Gottesbewußtsein, er ist etwas schlechthin Neues, sofern die Menschheit wegen der allgemeinen Sündhaftigkeit dies Urbild aus sich heraus nicht hervorbringen kann. Andererseits aber ist er zugleich die Realisierung einer in der Menschheit angelegten Möglichkeit, die Vollendung der Schöpfung. Das Schillernde dieser Christologie liegt darin begründet, daß der Bezug auf das einmalige und einzigartige Christusgeschehen zwar festgehalten, aber zugleich Jesus im Rahmen seines religionsphilosophischen Ansatzes als vollkommene Verwirklichung des in uns allen angelegten, unvollkommenen Gottesbewußtseins verstanden werden soll, so daß das biblische Christuszeugnis entscheidenden Restriktionen unterworfen werden muß.

Daß am Ereignis der Offenbarung erst erkannt wird, wer Gott ist, daß also kein Gottesbegriff wie auch keine Anthropologie vorher festlegen darf, was hier möglich oder unmöglich ist, das hat K. Barth mit Nachdruck herausgestellt (hier gilt: esse sequitur operari). Es beruht auf einem willkürlichen, allzu menschlich geformten Gottesbegriff, wenn man Fleischwerdung und Kreuz für unvereinbar mit der »göttlichen Natur« hält. »Wer Gott und was göttlich ist, das haben wir da zu lernen, wo Gott sich selbst und damit auch seine Natur, das Wesen des Göttlichen, offenbart hat. Und wenn er sich nun in Jesus Christus als der Gott offenbart hat, der solches *tut*, dann kann es nicht an uns sein, weiser sein zu wollen als er und zu behaupten, daß Solches mit dem göttlichen Wesen in Widerspruch stehe« (KD IV/1, S. 203). Wenn das, was Gott in Jesus Christus tut, das Maß für unser Urteil ist, dann erweist sich unsre Meinung als unhaltbar und heidnisch, »daß Gott durchaus nur absolut im Gegensatz zu allem Relativen, durchaus nur unendlich unter Ausschluß aller Endlichkeit, durchaus nur hoch im Gegensatz zu aller Niedrigkeit, durchaus nur tätig im Gegensatz zu allem Leiden, durchaus nur unberührt im Gegensatz zu aller Anfechtung, durchaus nur transzendent im Gegensatz zu aller Immanenz, und so auch: durchaus nur göttlich im Gegensatz zu allem Menschlichen, kurz; nur der oder das »ganz Andere« sein könne und dürfe« (ebd.). Von dem Konkretissimum Jesus Christus aus ist zu denken, nicht von Allgemeinbegriffen aus.

Barth hat diesen Schluß von der Einheit Gottes mit Jesus auf das Sein Gottes in vielfacher Hinsicht zu verdeutlichen gesucht. Er spricht von einer Einheit im Miteinander in Gott, die in sich »offen, frei und bewegt« ist: »Einheit in mehr als einer Seinsweise, Einheit des Einen mit dem Anderen, eines Ersten mit einem Zweiten, eines Oben mit einem Unten, eines Ursprungs mit einer Folge« (a.a.O., S. 221). Ja, er spricht im Zuge dessen sogar von einem Oben und Unten in Gott, einem in Hoheit Regierenden und einem in Demut Gehorchenden in der einen gleichen Gottheit, also einer innergöttlichen Beziehung, wie sie sich im Fleischgewordenen kundtut. Er kann von einer Geschichte sprechen, in der Gott Gott ist, die zwar nicht zu verwechseln ist mit dem, was in der Fleischwerdung und Erniedrigung, ja, dem Sterben Jesu geschieht, wohl aber steht letztere in Entsprechung zu diesem Geschehen in Gott, das als Wesen Gottes dessen inneren Grund bildet. Ja, er kann sagen, Jesu Sendung sei so tief in Gott selbst verankert, daß er das, was er hier tut, »in wunderbarer konsequenter letzter Fortsetzung eben der Geschichte, in der er Gott ist«, tut (S. 223) (vgl. zu dieser Frage E. Jüngels Studie: Gottes Sein ist im Werden, 1965).

Hier wird gründlich mit dem Götzenbild eines absoluten Gottes aufgeräumt, der als ein tyrannischer Herrscher auf seine Erhabenheit und Transzendenz bedacht ist. Gott kann niedrig sein! Es widerspricht seinem Wesen nicht, er bleibt sich nichts schuldig, sondern er entspricht gerade in hervorragender Weise dem, was er ist, wenn er sich so in Jesus offenbart. Der wirkliche Gott ist anders als die ernstesten und majestätischsten Gottesbilder, die wir entwerfen. Wer käme auf den Gedanken, daß Gott so ist, wie er im Gekreuzigten sich offenbart? Daß Gott diese Liebe *ist*, die das Verlorene sucht und sich hingibt, das erweckt unbedingtes Vertrauen zu ihm.

Wenn man Barths These von der strengen Entsprechung zwischen Gottes Offenbarung in Christus und seinem Sein für unaufgebbar hält, dann muß man sich vor zwei Abwegen hüten. Der eine wäre der, daß man aus dieser Entsprechung folgert, daß Gottes Sein erst durch seine Beziehung zu uns, seinen Geschöpfen, konstituiert würde. Dieser Gefahr gegenüber scheint es nicht hinreichend, mit Gogarten (Gericht oder Skepsis, 1937, S. 89) zu behaupten, »unsere Existenz ist für den Begriff des Wortes Gottes, das Gott in diesem seinem ›Sohn‹ zu uns spricht, allerdings konstitutiv«. »Denn gerade wenn das ›Wesen‹ Gottes, das sich in der Menschwerdung des ›Sohnes‹ offenbart, die ewige Gottheit Gottes, also Gott selber ist und nicht nur so etwas wie eine äußere Erscheinungsweise, die von Gott selbst deutlich und peinlich zu unterscheiden wäre, dann ist ›unser Dasein‹, das er in diesem seinem Wesen annimmt, seinem Wesen allerdings notwendig, und wenn das Wort Gottes, das, was es ist, darin und dadurch ist, daß es ein Wort an und für Sünder ist, dann ist unsere Existenz erst recht konstitutiv für es.« Liefe das aber nicht letztlich darauf hinaus, daß wie bei Hegel der absolute Geist erst im Endlichen bzw. in dessen Hinkehr zum Absoluten zu sich selbst kommt? Man darf die Entsprechung, von der Barth mit Recht redet, nicht zu einer solchen Analogie oder gar Identität ausweiten, daß die Kontingenz des Christusgeschehens schließlich zugunsten eines ewigen Karfreitags aufgelöst wird und Gott erst durch unsre Existenz bzw. den Gang der Geschichte definiert würde. Man darf aber auch nicht umgekehrt, aus Furcht vor dieser Konsequenz, d. h. aus der Angst, die Gnade als Notwendigkeit erscheinen zu lassen, den Deus pro nobis in Christus und den Deus a se auseinanderreißen bzw. den Zusammenhang als willkürlich erscheinen lassen. Die Menschheit gehört zwar nicht zum

Begriff der Gottheit, aber Gott ist auch nicht einfach der ganz Andere, sondern er offenbart sich ja als der Gott für uns. Wie könnte er das aber, wenn er nicht dazu in sich die Kraft hätte, d. h. als der nicht Einsame, nicht an und für sich Seiende, sondern in Relation zu sich Stehende – als Vater, Sohn und hl. Geist –, Ja zu sich Sagende zu denken wäre? So kann Jüngel (a.a.O., S. 118) sagen: »Gottes Gnade ist vielmehr die Wiederholung des das Sein Gottes konstitutierenden ›Ja‹ Gottes zu sich selbst in Relation zu einem Anderen.« Und auch die folgende Konsequenz, die Jüngel zieht, ist schlüssig: »Insofern dieses ›Ja‹ in Relation zu Anderem als Gott dieses Andere erst ins Sein ruft, setzt Gottes gnädiges ›Ja‹ sein Sein in Beziehung zum Nichts. Insofern aber dieses ›Ja‹ der Gnade das ins Sein gerufene Geschöpf von der Bedrohung durch das Nichts befreit, setzt Gottes gnädiges ›Ja‹ sein Sein dem Nichts aus. Gottes Gnade bedeutet deshalb in letzter Konsequenz Gottes Selbstpreisgabe. Wenn aber Gottes Selbstpreisgabe nicht auch Gottes Selbstaufgabe sein soll, dann wollte sich gerade in Gottes Relation zum Nichts Gottes Selbstbezogenheit bewähren.« Im Tod Jesu hat sich dies Ja Gottes dem Nein ausgesetzt, in der Auferweckung Jesu hat sich dies Ja gegen das Nein des Nichts durchgesetzt. Insofern kann man in der Tat von einem »Sein Gottes« reden, das »im Werden« ist.

22. CHRISTOLOGISCHE ABGRENZUNGEN

Gegen die Bestreitung des Satzes: »Das Wort ward *Fleisch*«, bzw. gegen seine Umdeutung hatte sich bereits die alte Kirche zu wehren. Einige typische, für alle künftige Christologie wesentliche Abgrenzungen seien hier erwähnt:

1. Es galt den Doketismus auszuscheiden und der Mythisierung des Christusgeschehens zu widerstehen. Das geschah in der alten Kirche im Kampf gegen die Gnosis. Zur wirklichen Gefahr wird in der Theologie immer nur das, was sich durch seine scheinbare Affinität zum Evangelium anbietet. Die Gedanken und Vorstellungen der – unter sich sehr variierenden – Gnosis konnten sich für eine systematische theologische Durchdringung des christologischen Problems empfehlen, ja, geradezu als die konsequente und geistvolle Ausprägung erscheinen. Ihr scharfer Dualismus zwischen himmlischer und irdischer Sphäre, zwischen Geist und Fleisch erinnerte an den Gegensatz zwischen Gott und dem Sünder bzw. der Sünde, es schien der Fremdlingschaft des Menschen in der Welt zu entsprechen, von der auch das Evangelium redet. Das selbstverständliche Einssein von Göttlichem und Menschlichem war hier zerbrochen, ohne doch den Offenbarungsgedanken aufzugeben. Insofern konnte man hier eine Nähe zur Christusbotschaft sehen. Nähe und Ferne zeigen sich wohl am deutlichsten in der Stellung zum Alten Testament. Gerade im Alten Testament gibt es keine selbstverständliche Einheit zwischen Gott und Mensch, hier fanden wir die scharfe Ausprägung des Begriffs »Fleisch«, die dazu führen konnte, den Hoheitsanspruch Jesu als lästerlich zu empfinden. Aber ausgerechnet hier war zugleich der Einspruch der Gnosis unüberhörbar. Ein grundsätzlicher Dualismus zwischen Schöpfergott und Erlösergott machte den Glauben an eine wirkliche Fleischwerdung oder gar an ein leibhaftiges Leiden des Gottessohns unmöglich. Das ganze Erlösungsgeschehen erhielt einen doketischen Aspekt. Kein Wunder, daß Marcion das Alte Testament verwarf. Demgegenüber hat die Kirche, am Alten Testament festhaltend, den Glauben an den Schöpfer, an seine Identität mit dem Erlösergott, und vor allem an die reale Fleischwerdung und ein wirkliches Leiden Christi energisch verteidigt. Das Alte Testament bestätigte der Kirche, daß Gott der Herr dieser Welt und Geschichte ist, daß er erwählt, welchen er will, daß er, obwohl nicht irdisch und fleischlich, doch als Schöpfer aller Dinge der Herr, der Richter und Retter alles Fleisches ist. Die Abwehr der Gnosis in der apostolischen bzw. nachapostolischen Zeit ist ein Sieg über den Mythos, und man darf, wenn man der alten Kirche ungeschichtliches Denken vorwirft, nicht vergessen, daß sie damit Gottes geschichtliches Handeln gegen jede Doketisierung festhalten wollte.

Diese Gefahr der Doketisierung und Mythisierung bedroht gerade auch in der neueren Theologie die Christologie und das Verständnis des Wortes Gottes – nicht zuletzt infolge Mißachtung des Alten Testaments. Sie zeigt sich immer dann, wenn Christus zur Idee oder zum Prinzip wird und der Charakter des Evangeliums als Botschaft von einem einmaligen, in der Geschichte sich ereignenden Geschehen aufgelöst wird zugunsten einer spekulativen Deutung von Mensch, Welt und Geschichte. Die Fleischwerdung des Wortes ist kein ständig weitergehender, in der Kirche sich prolongierender oder gar das Ganze der Geschichte umschreibender Prozeß. So konnte sich Hegel bzw. die von ihm beeinflußte Theologie in erstaunlicher Weise der christologischen Formeln bedienen, von Entäußerung und Hingabe des Logos, ja, vom Tode Gottes reden. Gott überwindet die Macht des Nichtigen im endlichen Geist, es kommt zur Versöhnung, indem Gott sich mit dem Menschen als der Spitze des mit ihm entzweiten Endlichen eins setzt, ihn mit sich in den Tod nimmt und selber in gewissem Sinn stirbt, freilich auch so gerade sich als Lebendigen erweist. Hier scheint keine noch so furchtbare Tiefe der Geschichte denkbar, die nicht von Gott erreicht und umfaßt ist, die ganze Geschichte wird zum Golgatha, zur Schädelstätte des Geistes. Aber geht es nicht im Grunde darum, daß hier nicht Versöhnung sich einmal ereignet, sondern die immer geschehende Versöhnung bewußt wird, wobei Tod und Auferstehung Jesu zum Bilde dieses ewigen göttlichen Gesetzes werden? Hier wird das Geschehen der Fleischwerdung, das man nach dem neutestamentlichen Zeugnis nur dem Ärgernis zum Trotz glauben kann, auf den Begriff gebracht, so daß man sagen kann: »Ewig vollzieht sich in Gott Verendlichung und Aufhebung der Endlichkeit, Entäußerung und Rückkehr, Entzweiung und Versöhnung, Vereinzelung und Aufopferung des Vereinzelten, Todesschmerz und Geburt zur Freiheit der Gotteskindschaft. In diesem ewigen Werden und Wenden schäumt die Unendlichkeit des Geisterreichs in Gott« (E. Hirsch, Geschichte der neueren evangelischen Theologie V, S. 258). Es ist nicht zufällig, daß die Evangelien das Christusgeschehen, obwohl es doch nicht historisch verifizierbar ist, in Gestalt einer Erzählung verkündigen können!

2. Eine andere wesentliche Abgrenzung der alten Kirche war die Ablehnung des Adoptianismus. Es ging darum, zu bezeugen, daß Fleischwerdung nicht besagt, hier werde ein Mensch vergöttlicht. In dem Satz »Das Wort ward Fleisch« sind Subjekt und Prädikat nicht auswechselbar, sondern hier wird ein Geschehen verkündigt, das in bestimmter, unumkehrbarer Richtung verläuft (obwohl damit zugleich auch – wie noch zu zeigen sein wird – mit dem Menschen etwas geschieht). Man kann nicht leugnen, daß sich an bestimmten Stellen des Neuen Testaments adoptianische Vorstellungen nahelegen, und es ist begreiflich, daß eine adoptianische Christologie von einer Erhöhung des Menschen Jesus, der mit Gottes Geist erfüllt wurde, zu reden wußte. Aber wollte man diese Linie isolieren auf Kosten der Kondeszendenzaussagen, so würde das zu weittragenden Konsequenzen führen. Die Christologie der alten Kirche vollzog sich insgesamt mit gutem Grund in einer Richtung, die den neutestamentlichen Aussagen, welche ein Geschehen bekunden, das von oben nach unten verläuft, eine sachliche – was nicht heißt: eine zeitliche – Prävalenz zuerkennt. Von einer Erhöhung des Menschen Jesus wäre danach nur zu reden auf Grund der Erniedrigung des Gottessohnes.

Damit aber wird zum Ausdruck gebracht, daß mit diesem Menschen Jesus nicht einfach ein weiteres Glied in die unübersehbare Kette der Menschen eingefügt wird bzw. daß aus dieser Menschheit als solcher heraus ein neuer Anfang gemacht wird, sondern daß hier Neuschöpfung geschieht, wie sie nur durch Gottes eigenes Eingreifen, sein Kommen ins Fleisch, möglich war. Der hier die Szene der menschlichen Geschichte betritt, ist nicht einfach aus der adamitischen Menschheit zu verstehen. Er ist nicht zu begreifen aus »der von Anbeginn der menschlichen Natur eingepflanzten und sich fortwährend entwickelnden Empfänglichkeit der menschlichen Natur, eine solche Kräftigkeit des Gottesbewußtseins in sich aufzunehmen« (Schleiermacher, Der christliche Glaube, § 89,3). Weil die Vorstellung der Apotheose eines guten und edlen Menschen durch die adoptianischen Formeln sich nahelegte, sah sich die Kirche zu ihrer Ausscheidung genötigt.

Man schritt über die Geistchristologie, die bereits eine Präzisierung in dieser Richtung bedeutete, zur Logoschristologie, die den Adoptianismus überwand, und bekannte schließlich das homoousios. Dies Gefälle des Christusgeschehens in seiner Unumkehrbarkeit kommt im Kampf des Athanasius gegen Arius, in den Entscheidungen der großen christologischen Streitigkeiten bei aller Problematik der Vorgänge und Formeln zur Geltung (ἦν ποτε, ὅτε οὐκ ἦν wurde verworfen zugunsten der Wesensgleichheit des Logos mit dem Vater). Daß der Mensch sich nicht selber retten kann, indem er zu Gott emporsteigt, auch nicht als besonders von Gott berufener und begnadeter Mensch, sondern daß nur Gott selbst Subjekt unsrer Rettung zu sein vermag, das war das letztlich hier waltende Interesse (vgl. A. Gilg, Weg und Bedeutung der altkirchlichen Christologie, 1955). Es war freilich schwer, die Spannung zu ertragen, in die eine gleichzeitige Behauptung des vere Deus und vere homo stellte. Die Versuchung, nach dieser oder jener Seite abzuschwächen, war groß. So konnten die Monarchianer – vor allem in der Zuspitzung der Patripassianer – sich nicht genug tun, zu beteuern, daß es Gott selbst sei, der hier leidet und stirbt. Oder man versuchte, an dem vere homo abzustreichen und – wie Apollinaris von Laodicäa – Christus als eine Art Zweidrittelmenschen sich vorzustellen, der zwar menschlichen Leib und menschliche Psyche, aber nicht menschlichen, sondern göttlichen Nous habe. Die Unumkehrbarkeit des Christusgeschehens wird am ehesten gewahrt in der (von Johannes Grammatikos und Leontius von Byzanz inaugurierten) Lehre von der Anhypostasie und Enhypostasie, d. h. der Auffassung, die Existenz des Menschen Jesus dürfe nicht im Sinne einer unabhängig vom Logos bestehenden Hypostasis gedacht werden, sondern erst mit der Fleischwerdung, in der Annahme durch den Logos, trete sie ins Leben. Bei aller Problematik solcher Spekulation verrät sich hier die echte Intention, das radikale Novum zum Ausdruck zu bringen, das Gott in Jesus beginnt, in einer Radikalität, wie sie z. B. von Schleiermacher trotz seiner Hervorhebung der Einzigartigkeit Jesu nicht erreicht ist, weshalb er die Erlösung als Vollendung der Schöpfung verstehen kann.

Es liegt viel daran, daß die Menschwerdung Gottes nicht verwechselt wird mit einer Vergöttlichung des Menschen. Das Evangelium ist nicht ein Wort, das sich der Mensch selber sagen oder für dessen Empfang er sich selbst fähig und würdig machen kann. Es ist befreiende Botschaft gerade deshalb, weil es ein bedingungsloses und unverdientes Ja zu uns sagt. Die Rechtfertigung allein aus Gnaden steht und fällt mit dieser Entscheidung in der Christologie, welche die Fleischwerdung des Wortes als Annahme des Menschen durch Gott und nicht umgekehrt als Leistung des Menschen vor und für Gott versteht, ja, nicht einmal als Empfangsbereitschaft für Gottes Wort eine Disposition beim Menschen voraussetzt. Dieser Zusammenhang wird deutlich, wenn man die Entsprechung zwischen römisch-katholischer Mariologie und Rechtfertigungslehre sich vergegenwärtigt. Maria ist hier das empfangsbereite Organ für die ihr widerfahrene Rolle der Gottesmutterschaft (wenn auch auf Grund einer gratia praeveniens), d. h. das Geschöpf erscheint als in gewissem Sinn disponiert und qualifiziert für die Gnade. Man sieht, daß die Vorstellung der Jungfrauengeburt keineswegs davor schützt, die Souveränität der Gnade zu tangieren, ja, daß keine Inkarnationschristologie als solche gegen den Adoptianismus gefeit macht, wenn Fleischwerdung und Kreuz getrennt werden. Denn erst im Kreuz Jesu wird offenbar, daß der Mensch an diese Stelle des Verfluchten und Ausgelöschten gehört, wenn Gott mit ihm ins Gericht geht. Hier bestätigt sich, was das Alte Testament sagt, wenn es dem Menschen, der unreiner Lippen und unheiligen Herzens ist, jede eigenmächtige Überschreitung der Grenze zwischen Schöpfer und Geschöpf verwehrt.

3. Es geht in Inkarnation und Kreuz nicht nur um einen geistigen Vorgang, sondern um ein reales, externes Geschehen, das zwar nicht kausal-mechanisch wirkt, sondern uns in der Verkündigung zugänglich ist und im Glauben nur erkennbar, das aber nicht erst durch unsern Glauben seine Gültigkeit empfängt. Das hier angeschnittene Problem meldet sich schon in den großen christologischen Auseinandersetzungen zwischen Antioche-

nern und Alexandrinern in der alten Kirche. Die Antiochener (Nestorius) wollen keine substantielle Einheit von Gott und Mensch in Christus annehmen. Zwar wird die göttliche Persönlichkeit des Logos bejaht, aber er verbindet sich in Jesus mit einem Menschen und wohnt in ihm wie in einem Tempel, ohne daß die menschliche Natur transmutiert wird. Man sprach von einer ἕνωσις σχετική, faktisch einer moralischen Einheit bzw. einer Einheit in der Willensrichtung. Demgegenüber betonten die Alexandriner eine »physische« Einheit. So heißt es bei Cyrill: »Ist Christus nur Mensch oder bloßes Instrument der Gottheit, so sind wir nicht wahrhaft erlöst; wir sind erlöst, weil der Gott-Logos seinen Leib in den Tod gab.« Der Streit spitzte sich zu in dem Kampf um die Theotokos-Formel für Maria. Für die Alexandriner war dies Bekenntnis zur Maria als Gottesmutter geradezu die Stichprobe darauf, ob mit einer realen Fleischwerdung und Erlösung zu rechnen sei, während die Gegenseite nur das Christotokos zugestehen wollte.

Wir haben hier auf den damaligen Streit nicht einzugehen, auch nicht auf den Kompromiß des Chalcedonense, den folgenden Neuchalcedonismus und die Zuspitzung des Monophysitismus, sondern nur die Intentionen zu beachten, auch wenn die beiderseitigen Formeln höchst fragwürdig sind. Begreiflich ist einerseits die Absicht, die Realität der Fleischwerdung und des Todes dessen zu unterstreichen, in dem Gott selbst uns begegnet – auf die Gefahr hin, bis zu einer Aussage über den Tod Gottes gedrängt zu werden. Andererseits aber besteht ein vitales Interesse des Glaubens daran, daß keine Verwandlung des Menschen oder der Menschheit in die Gottheit angenommen wird. Wir haben keinen Anlaß, uns dem allem gegenüber mit der Theologie der Moderne aufs hohe Roß zu setzen und mitleidig über den Intellektualismus und Ontologismus der Alten zu lächeln. Man hat mit Recht betont (so E. Brunner, Der Mittler, 1927; K. Barth, KD I/2; aber auch Gilg, s. o.), daß der Begriff Natur im Munde der Väter nicht einfach dasselbe bedeutet wie im modernen Protestantismus, der hier sofort an Dingliches und Bedingtes im Unterschied zu Geistigem und Ethischem denkt. Zu fragen ist vielmehr, ob nicht eine idealistische Theologie des 19. Jahrhunderts einseitig bestimmt war von einem Ethizismus oder gar Psychologismus und darum vor aller Leiblichkeit zurückschreckte. Weil man vor dem Realismus der biblischen Botschaft zurückschreckte, verwahrte man sich so energisch gegen alles »Naturhafte« oder »Seinshafte«. Barth sagt: »Man wollte sie nur annehmen, sofern sie sich als ›geschichtlich‹ erwies – und darunter verstand man: als eine ähnliche Kundgebung sittlichen Urteils und religiösen Erlebens wie die, auf die man selber hinauswollte. Man wollte sie aber nicht annehmen als das überlegene Wort des Herrn, der der Herr *ist*, bevor wir ihn als solchen aus unserer eigenen Herrlichkeit heraus beurteilt und erlebt haben. Weil man sich an dieser Stelle sperrte, darum mußte man das Neue Testament teils durch Umdeutung, teils durch literar- und religionsgeschichtliche Kritik so lange bearbeiten, bis es von diesem Herrn nichts mehr sagte, bis es von allem Realismus gereinigt war« (KD I/2, S. 143). Die Christusbotschaft des Neuen Testaments verkündigt, daß der wirkliche Gott in Jesus realiter an die Stelle des gerichteten und dem Tod verfallenen Menschen tritt – so unfaßlich das klingt – und inauguriert nicht nur ein Werturteil, das dem Tod eines Menschen sittliche Bedeutung zuspricht. Nicht das »Mirakulöse« daran ist der eigentliche Anstoß, sondern die Demütigung, die es für den Menschen bedeutet, daß unser Heil extra nos geschehen ist, d. h. daß Christus für uns starb, »da wir noch Sünder waren«. Nicht dadurch, daß wir es im Glauben bejahen, wird es erst wahr, sondern hier gilt: »Es ist vollbracht.« Dies Geschehen betrifft und umschließt unsre Existenz als gültiges Urteil, und im Glauben entdecken wir uns sozusagen als solche, die an diesen Ort gestellt sind und sich dahin stellen lassen.

23. CHRISTOLOGIE UND GESCHICHTE

Die Verlegenheit der Christologie in der Deutung dieses Zugleich zeigt exemplarisch der lutherisch-reformierte Streit über die Ubiquität im Zusammenhang mit den Auseinandersetzungen über das Abendmahl. Die lutherische Theologie wollte (in Nachfolge Luthers) die wahre Gegenwart des Leibes und Blutes Christi in Brot und Wein dadurch verständlich machen, daß sie eine Mitteilung der Eigenschaften der göttlichen Natur an die menschliche kraft der Personeinheit annahm (communicatio idiomatum, speziell genus majestaticum), so daß Christus auch nach seiner menschlichen Natur unendlich, allmächtig, allgegenwärtig war. Die doketischen Konsequenzen, die sich daraus ergeben hätten, daß dann bereits das Kind in der Krippe, in Mariens Schoß alle diese göttlichen Prädikate besaß, wurden durch die Lehre von der exinanitio, der freiwilligen Entäußerung des fleischgewordenen Logos (sei es in der Weise der krypsis oder der kenosis), abgewehrt, so daß erst der Erhöhte diese Eigenschaften wirklich besaß oder gebrauchte. Das soteriologische Interesse, daß Gott selbst in Jesus Christus gegenwärtig ist, schien das zu fordern – freilich um den hohen Preis, daß die wahre Menschheit Jesu nun gefährdet erschien. Hier setzte der Widerspruch der Reformierten ein, die mit der Hauptlinie der Tradition diese Ubiquitätslehre bekämpften, um die von ihnen gefürchteten monophysitischen Folgerungen, die Gefährdung der Menschheit Christi, zu vermeiden. Zwar lehrten auch sie eine unio personalis des Gottmenschen, nicht aber eine Übertragung göttlicher Eigenschaften auf die menschliche Natur. Die Menschheit Jesu ist nicht überall wie seine Gottheit (Extra Calvinisticum). Das fand seinen Niederschlag auch im Heidelberger Katechismus Frage 47 und 48: »Christus ist wahrer Mensch und wahrer Gott. Nach seiner menschlichen Natur ist er jetzt nicht auf Erden; aber nach seiner Gottheit, Majestät, Gnade und Geist weicht er nimmer von uns.« Dem Vorwurf der Zertrennung Christi suchten sie damit zu begegnen, daß es weiter heißt: »... weil die Gottheit unbegreiflich und allenthalben gegenwärtig ist, so muß folgen, daß sie wohl außerhalb ihrer angenommenen Menschheit und dennoch nichtsdestoweniger auch in derselben ist und persönlich mit ihr vereinigt bleibt«. Folglich ist Christus im Abendmahl zwar geistlich gegenwärtig, aber nach seinem Leibe im Himmel (certo loco). Den Reformierten wurde seitens der Lutheraner Nestorianismus vorgeworfen. Wenn mit dem Extra Calvinisticum nicht nur das Gefälle der Offenbarung ausgedrückt werden soll, sondern ein bleibendes Oberhalb und Außerhalb der göttlichen Natur (neben einem behaupteten Innerhalb), dann ist die Gewißheit gefährdet, daß wir es mit Gott selbst in Jesus zu tun haben.

Der gemeinsame Fehler beider Richtungen liegt offenbar darin, daß man abstrakt über die göttliche bzw. menschliche »Natur« Bescheid zu wissen glaubte und dann freilich bei dem Versuch einer Zuordnung in unlösbare Schwierigkeiten geriet. Dem drohenden Doketismus einerseits und Spiritualismus andererseits in der Christologie entsprach dann die Gefahr, hier bei einem vergotteten Menschenwort der Verkündigung, dort bei einem symbolischen Wort (und Sakramentsverständnis) zu landen. Diesen Konflikt des 16. Jahrhunderts versucht die sog. Kenosislehre einiger Lutheraner im 19. Jahrhundert durch eine Umformung der altlutherischen Lehre zu lösen (vgl. Thomasius, Sartorius, Liebner, v. Hofmann, Frank, Geß). Man will – nicht ohne Einfluß der neueren Exegese – der wahren Menschheit Christi gerecht werden, ohne seiner Gottheit zu nahe zu treten. Im Unterschied zu den lutherischen Vätern stellte man dem genus majestaticum ein genus kenoticum zur Seite. Thomasius (Ein Beitrag zur kirchlichen Christologie, Zeitschrift für Protestantismus und Kirche, B IX, 1845, und Christi Person und Werk, 2. Aufl., 1856–61) spricht von einer Selbstbeschränkung des Logos bei seinem Eintritt in die Kreatürlichkeit. Er unterscheidet zwischen unverzichtbaren Grundeigenschaften Gottes und solchen, die er ablegen kann. Zu letzteren gehören Allmacht, Allgegenwart, Allwissenheit, also Eigenschaften, in denen sich die göttliche Doxa manifestiert. Thomasius kann sagen: »Die Eigenschaften, in welchen jene Herrlichkeit sich manifestiert, nimmt er in freier Verzichtleistung gleichsam in sich zurück – und bestimmt sich dagegen sein göttliches Wesen nur in der Einheit mit dem menschlichen zu haben, sein göttliches Sein nur in der Form der menschlichen Existenz und also auch unter das Gesetz einer menschlichen Entwicklung hinzugeben, seine absolute Machtfülle nur in dem Maße zu besitzen, als es zum Werk der Erlösung erforderlich ist, um am Ende seiner irdischen Laufbahn die abgelegte Herrlichkeit auch als Mensch wieder zurückzunehmen« (ob. Aufs. S. 235f.). So richtig hier gesehen ist, daß es für Gott keine Unveränderlichkeit gibt, die ihn hinderte, sich von seiner Liebe bestimmen zu lassen, so seltsam ist es doch, daß – wie die näheren Ausführungen Th.s zeigen – diese Kenosis Gottes nach dem Maße eines vorstellbaren menschlichen Bewußtseins gefaßt zu sein scheint, man also doch bei aller Kühnheit des Vorstoßes seinen Tribut an die herrschende theologische Zeitströmung zu zahlen bereit war.

Einen entscheidenden Schritt zur Überwindung der traditionellen christologischen Problematik in Aufnahme der beiderseitigen Intentionen und in Abwehr der hier drohenden Wesensspekulationen hat m. E. K. Barth getan, indem er in seiner Versöhnungslehre (KD IV/1) eine radikale Modifikation versucht. Seine erste grundlegende These geht dahin, Person und Werk Jesu Christi in strenger Einheit zu verstehen, d. h. die Statik der alten Zweinaturenlehre soll dadurch überwunden werden, daß sie in Geschichte übersetzt wird. Auch Barth kann – hier einig mit breiten Strömungen moderner Theologie – sagen: »Der Christus von Nicäa und Chalcedon an sich und als solcher wäre und ist natürlich ein Wesen, das, selbst wenn es gelingen sollte, seine eigentümliche Struktur begrifflich einigermaßen konsistent und einleuchtend zu machen, wegen der notwendigen Zeitlosigkeit und Geschichtsferne der Begriffe (Person, Natur, Gottheit, Menschheit usw.) als solcher unmöglich als der geschichtlich Handelnde verkündigt und geglaubt werden kann, den die Kirche unter dem Namen Jesus Christus faktisch überall und zu allen Zeiten verkündigt und geglaubt hat« (a.a.O., S. 139). Die ontischen Vorstellungen müssen aktualisiert werden. Nicht um das Einssein zweier Naturen geht es hier, sondern um Vereinigung, nicht um die Frage der Vereinbarkeit zweier Substanzen, sondern um diese erzählbare Geschichte, die bezeugt wird. Alles, was über Gottes und des Menschen Wesen und Sein zu sagen ist, kann nur nachträgliche Interpretation dieses Geschehens sein, das in unumkehrbarer Richtung verläuft.

Damit hängt aufs engste eine weitere Entscheidung Barths zusammen: Diese Geschichte Jesu Christi wird als Erniedrigung und Erhöhung verstanden, die sachlich scharf zu unterscheiden sind, aber zeitlich koinzidieren. In der Sprache der traditionellen Christologie bedeutet das: Die Zweinaturenlehre wird durch die Zweiständelehre interpretiert. Indem Gott sich erniedrigt, erhöht er den Menschen. Gott kann, ohne sein Gottsein aufzugeben, vielmehr in höchstem Erweis seines Gottseins Knechtsgestalt annehmen, nicht in Beschränkung, sondern in Betätigung seiner Doxa. Kein abstrakter Gottesbegriff, und sei es der der Allmacht oder der Liebe, sagt mir, wozu Gott fähig ist, sondern das läßt sich nur am Christusgeschehen ablesen. Aber hier wird auch offenbar, welcher Hoheit der Mensch gewürdigt wird, wo Gott sich seiner annimmt, zu welcher Partnerschaft des Bundes er dann fähig ist, daß also die Sünde nicht zu seinem Wesen gehört. Hier offenbart sich nicht nur, was bei Gott möglich ist, sondern daß er dabei von seiner Freiheit den im Sinn seiner eigenen Entscheidung notwendigen Gebrauch (a.a.O., S. 212) – entsprechend einem Oben und Unten im inneren Leben Gottes – macht. Gott handelt hier also »nicht ohne Grund in seinem Wesen . . ., nicht ohne Entsprechung zu der Geschichte – vielmehr in wunderbar konsequenter letzter Fortsetzung eben der Geschichte, in der er Gott ist« (S. 223). Die Übersetzung in Geschichte ist so radikal, daß geradezu von einer »ewigen Geschichte« geredet werden kann, zu der die Fleischwerdung als einmaliges, zeitliches Geschehen (als »Weg in die Fremde«) jedenfalls in Analogie steht. Mit alledem soll unterstrichen werden, daß Gott so ist, wie er sich offenbart. Man kann allerdings fragen, ob die hier mit Recht unternommene Aktualisierung der Christologie und des Gottesbegriffs so weit vorgetrieben wird, daß am Ende diese konsequente Transzendentalisierung des Versöhnungsgeschehens zu einer Gefährdung der eigentlichen Absicht führen könnte (vgl. dazu meine Besprechung der Versöhnungslehre Barths, in: ThLZ 1960, Sp. 81ff., bes. Sp. 89f.).

Um eine neue Interpretation des vere Deus et vere homo bemüht sich auch W. Pannenberg (Grundzüge der Christologie, 1964). Pannenberg spricht von einem proleptischen Vollmachtsanspruch in Auftreten und Geschick des irdischen Jesus, der erst durch die Auferweckung Jesu bestätigt wird, so daß sich erst von daher eine Personidentität zwischen Jesus und Gott aussagen läßt. Die menschliche Grundbestimmung, auf Gott, d. h. auf die Macht der Zukunft hin, offen zu sein, für die sich allgemeine anthropologische Phänomene aufzeigen lassen, wird vom irdischen Jesus erfüllt. In seiner völligen Hingabe an Gott integriert er das verschiedene Wesen Gottes und des Menschen zu einer Ganzheit, es kommt zur Persongemeinschaft mit Gott. Von dieser personalen Einheit Jesu mit Gott in seinem Daseinsvollzug unterscheidet Pannenberg die Personidentität zwischen Jesus und Gott, die erst von der Auferstehung her ausgesagt werden kann. Denn hier im Ereignis der Auferweckung wird über die Wirklichkeit und Wahrheit der Identität Jesu mit dem ewigen Sohn Gottes, dem Logos, seins- und erkenntnismäßig entschieden. Andererseits begründet und vermittelt aber die Hingabe Jesu die Persongemeinschaft mit Gott. Die Intention ist ohne Zweifel, die Einheit zwischen Jesus und Gott unter gleichzeitiger Unterscheidung beider verständlich zu machen. Auch hier soll also die Statik der alten Christologie in Geschichte übersetzt werden. Die Frage aber ist, wie die scheinbar widersprüchliche doppelte Begründungsrelation (vom menschlichen Dasein Jesu her – von der Auferweckung her) zu denken ist. Soll – worauf in diesem Zusammenhang bei Barth der Akzent liegt – Ostern offenbaren, wer dieser Jesus ist bzw. immer schon war, d. h. den göttlichen Seinsgrund seines menschlichen Daseins (wie Pannenberg sagen kann), so ist doch zugleich für ihn die personale Gemeinschaft des irdischen Jesus mit Gott offenbar nicht nur Erkenntnisbedingung, sondern auch eine Art ontologischer Begründung negativer Art für die Personidentität, von der die Rede war. Diese seltsame gegenseitige Verschränkung läßt sich wohl nur in ihrem Sinn verstehen, wenn man Pannenbergs ontologische Grundentscheidungen im Auge hat. Gott ist die Macht der Zukunft, das Seiende wird bestimmt (und ist) durch das, was aus ihm wird. Dieser Gott als Einheits- und Sinnprinzip der Geschichte steht und fällt sozusagen damit, daß er sich als Macht der Zukunft erweist an der Geschichte. Insofern steht sein Sein immer auf dem Spiel. Gott ist gewissermaßen angewiesen auf die Geschichte, die ihrerseits allerdings erst durch ihn zu ihrem Ziel kommt. Auf diesem Hintergrund ist es zu begreifen, daß beides gesagt werden kann: Die Persongemeinschaft Jesu mit Gott ist in der zu Ostern offenbarten Personidentität sowohl begründet, wie sie diese auch erst (negativ) ermöglicht. Daß man sich in diesem Entwurf dem christologischen Problem in origineller und geistvoller Weise gestellt hat, wird auch der anerkennen, der es für nicht möglich hält, mittels einer »Ontologie des Noch-nicht-Seins« den Gehalt des Christusbekenntnisses auf den Begriff zu bringen.

24. CHRISTUS EXTRA NOS UND PRO NOBIS

Die verschiedene Akzentuierung des Verhältnisses von Extra nos und Pro nobis, d. h. die verschiedene Antwort auf die Frage, wie sich die in Jesus Christus ein für allemal gefallene Entscheidung Gottes zu der im Glauben fallenden verhält, ist charakteristisch für das Gegenüber Bultmann–Barth in der Christologie. Bultmanns existentiale Interpretation will den Tod Jesu als das meine Existenz bestimmende Ereignis ins Blickfeld treten lassen – im Unterschied zu einer historischen Betrachtung oder einer Spekulation über Christi Naturen und Person. Das führt zugespitzt zu dem Satz: »An das Kreuz Christi glauben, heißt, das Kreuz als eigenes übernehmen.« Christologie ist Soteriologie, sie antwortet auf die Frage nach der Möglichkeit eines neuen Selbstverständnisses. Die Faktizität des damaligen Geschehens scheint vor allem deshalb für Bultmann nicht gleichgültig, weil die Verknüpfung der eschatologischen Heilsverkündigung mit dem geschichtlichen Ereignis dieses Todes Jesu das Evangelium vor einem idealistischen Mißverständnis bewahrt. Die Rede von Jesu Auferstehung und Erhöhung ist mythologische Umschreibung der kontingenten Inkraftsetzung des Kerygmas, dessen Ursprung sich historisch nicht weiter verfolgen läßt als bis zur Entstehung des Osterglaubens der Jünger. Die christologischen Titulaturen Jesu im Neuen Testament bezeichnen in verschiedener, je der Situation angepaßter Terminologie die Bedeutsamkeit des Kerygmas, während alle christologischen Ist-Sätze dem existentialen Kanon entsprechend uneigentliche Ausdrucksweise sind. Die Erwartung einer Wiederkunft Christi ist zeitbedingter Ausdruck für den eschatologischen Charakter der christlichen Existenz, ihrer jeweiligen Offenheit für die Zukunft.

Man würde Bultmann mißverstehen, wenn man hier das Extra nos geleugnet sähe, so daß der Mensch sich nur selbst begegne und sich nur »Bewußtsein« ereigne. Der Name Jesu wird nicht eliminiert, die Identifikation des Todes Jesu mit dem Heilsereignis nicht bestritten. Der Glaube steht nicht auf sich selbst, sondern auf diesem ihm begegnenden Kerygma. Aber dies Extra nos droht – jedenfalls bei konsequenter Anwendung der hermeneutischen Prämissen – nur als das Woher meines Bestimmtseins und als formales »Daß« im Rahmen der Entfaltung des glaubenden Selbstverständnisses geltend gemacht werden zu können. Alle darüber hinausgehenden christologischen Aussagen wären als »ungeschichtlich« anzusehen und darum theologisch unangemessen. Handhabt man dies hermeneutische Prinzip konsequent – was Bultmann m. E. nicht tut, wohin aber Herbert Braun tendiert –, dann wird in der Tat alle Christologie zur Anthropologie. Jesus, seine Person und Geschichte, geht dann auf im Ereignis der Verkündigung bzw. des Glaubens. Die im Neuen Testament vollzogene Gleichsetzung Jesu mit dem Erhöhten, die »historisch unberechtigt« ist, will lediglich verhindern, daß dieser Erhöhte zur »leeren Hülse« wird. Im Grunde ist für Braun Jesus Chiffre für das hier sich ereignende Selbstverständnis, das nicht nur bei dem irdischen Jesus, sondern auch ohne erkennbare historische Kontinuität in anderer Gestalt bei Paulus, Johannes usw. auftaucht. Die Christologie ist im Neuen Testament die Variable, die Anthropologie die Konstante. Das Bekenntnis zu Jesus als dem Christus will die Erwartung bzw. Gewißheit ausdrücken, daß »Jesus je und je geschehen will«.

Demgegenüber ist festzuhalten: So richtig es ist, daß die neutestamentliche Rede von Jesus Christus uns als kerygmatische Anrede begegnet, so erschöpft sich doch der neutestamentliche Begriff von Kerygma darin nicht. Wenn der Botschaftscharakter des Kerygmas, d. h. aber, wenn die inhaltliche christologische Aussage in dem Anredecharakter verschwindet, wenn also die Bedeutsamkeit der Botschaft das Kriterium für ihre Wahrheit und Wirklichkeit wird, dann träte der Fall ein, daß das »Pro nobis« zum ausschließlichen dogmatischen Prinzip würde.

Für K. Barths Christologie ist demgegenüber kennzeichnend, daß die Versöhnung Gottes mit uns in Jesus Christus in einer bestimmten Geschichte Ereignis geworden ist, so daß man sie geradezu erzählen kann. Aber so wenig wir auf den extra nos sich ereignenden Verlauf dieser Geschichte Einfluß haben, so gewiß es um ein »vollendetes« Geschehen geht, so wenig ist es doch ein bloß historisches Faktum, das vergangen ist. Diese Geschichte ist pro nobis geschehen, sie geht jeden an, sie »begründet und umfaßt ... prinzipiell und virtuell, aber wohl auch aktuell, die ursprünglichste Geschichte jedes Menschen«, ist »die erste und innerste Voraussetzung seiner Existenz und offenbart ... sich wohl auch als solche« (KD IV/1, S. 171). Sie ist übergreifende, zur Erkenntnis rufende, sich selbst potenzierende Geschichte (vgl. KD IV/3). In Jesus hat Gott das Menschsein überhaupt angenommen, so daß es keiner krampfhaften Vergegenwärtigung durch uns bedarf: Jeder Mensch gehört zu Gott. Ja, Barth spricht nicht nur von einem ontisch bereits Vollendeten und noetisch noch Ausstehenden, sondern auch die Erkenntnis Jesu Christi ist in gewissem Sinn bereits universal. Barth unterscheidet hier zwischen objektiver und subjektiver Erkenntnis. Erkenntnis ist in der Bibel nicht reflektierende

Betrachtung, Schau oder bloße Kenntnisnahme, sondern wenn Gott sich zu erkennen gibt, dann überbrückt er die Distanz zwischen sich und dem Menschen und beschlagnahmt ihn in seiner ganzen Existenz. Weil mit Jesu Auferweckung und Erhöhung dieser Übergriff Gottes über alle Menschen bereits geschehen ist, deshalb sind alle schon in dem Raum dieser Erkenntnis. Gewiß herrscht noch Blindheit und Nichterkenntnis seitens des Menschen. Aber indem der Mensch so total mit Jesus zusammen gesehen wird, zugleich aber auch in Auflehnung gegen ihn, kann Barth von jedem Menschen Teilhabe an dieser Erkenntnis wie an dieser Nichterkenntnis behaupten.

Hier zeigt sich, wie das Pro nobis ganz im Extra nos Jesu Christi begründet und von ihm umschlossen ist. Auf dem in Jesus bereits vollzogenen Übergang und unserer Teilhabe daran, nicht auf dem in Verkündigung und Glauben sich ereignenden Schritt liegt das eschatologische Gewicht. Die Unterschiede zwischen Christen und Nicht-Christen, Bekennern und Leugnern werden nicht geleugnet, aber sie sind fließend. Barth kann von »schlummernder, ja noch ungeborener, zurückgehaltener, scheinbar nur virtueller Erkenntnis« und zugleich »scheinbar totalitär herrschender Nicht-Erkenntnis« einerseits reden und von »fröhlich-triumphierender Erkenntnis« und »scheinbar nur noch zurückweichender ... Nicht-Erkenntnis« andererseits (KD IV/3, S. 219). Aber das ist keine absolute, sondern eine veränderliche Grenze. Alle sind angesichts der souveränen Offenbarung in Christus »im gleichen Boot«, unter gleicher Bestimmung, trotz großer Differenzen Erkennende und Nicht-Erkennende zugleich. Die Christologie ist hier nicht Prolegomenon zu dem anthropologisch abzuhandelnden eigentlichen Thema der Theologie, sondern alle anthropologischen Aussagen sind eher Epilegomenon zur Christologie (vgl. die entsprechende Gewichtsverteilung auch in der Bestimmung des Verhältnisses von objektivem und subjektivem bzw. ontischem und noetischem Moment in der Geschichte Christi im Sinne gegenseitiger Implikation, aber unumkehrbarer Rangordnung, (KD IV/3, S. 240ff.).

Wenn Barth also nicht von dem Pro nobis ausgeht, sondern von der extra nos sich ereignenden Geschichte Jesu Christi, so ist Geschichte für ihn nicht ein feststehender Begriff im Sinne einer Historie oder Übergeschichte. Er gibt sich alle Mühe, den von ihm angesichts einer drohenden Subjektivierung vorgezogenen Begriff Geschichte zu modifizieren und im Sinne dessen, was hier auszusagen ist, umzuschmelzen. Das »vollendete« Geschehen soll zugleich als heute sich ereignendes verstanden werden. Dem Begriff Geschichte werden Prädikate beigelegt, die ihm nur zukommen, weil Jesus Christus selbst als Herr dieser Geschichte bzw. als ihr Inhalt gedacht ist. Barth ist sich – genau wie bei den früher erwähnten »Neuerungen« in der Christologie, die er wagt (betr. Verhältnis von Person und Werk, von Erniedrigung und Erhöhung) – darüber klar, daß er unserm gewohnten Denken hier widerspricht. Er fragt selbst: »... wie kann von einer *damals* geschehenen Geschichte gesagt werden, daß sie als solche noch *heute* geschieht und als die damals geschehene und heute geschehende *wieder* geschehen wird?« (KD IV/2, S. 120). Aber er mutet uns das zu, weil er das Übergreifende und Überwältigende der in Jesus Christus geschehenen Versöhnung so am ehesten glaubt ausdrücken zu können. Jede Spur von Zweifel an der Endgültigkeit und Universalität der hier in Christus gefallenen Entscheidung soll getilgt werden, jeder Synergismus des Menschen, jede pharisäische Scheidung zwischen denen, die drinnen sind, und denen, die draußen stehen, ist überwunden. Gegenüber einer verbreiteten »Entscheidungstheologie« stellt er seine »Erwählungstheologie«, die das ewig gültige »Es ist vollbracht« strahlend ans Licht treten läßt.

Es ist in der Tat nicht leicht gedanklich zu fassen, daß eine in sich vollendete Geschichte sich zugleich heute ereignet, ein damaliges Geschehen die zeit-räumlichen Grenzen sprengt. Barth versucht öfter diesen Sachverhalt mit der Unterscheidung ontisch-noetisch zu umschreiben, freilich nicht, ohne den Begriff der »Erkenntnisgeschichte« noch einmal – subjektiv und objektiv – zu differenzieren, also zwischen dem prophetischen Handeln Jesu Christi selbst und dem dadurch bewirkten menschlichen Erkennen zu unterscheiden. So sehr der Akzent auf der Vollendetheit des Christusgeschehens liegt (gegen eine Hypostasierung des Glaubens), so soll doch die subjektive Erkenntnisgeschichte nicht bagatellisiert werden. Es geht dabei nicht um ein unbeteiligtes Zur-Kenntnis-nehmen, sondern um totale Beschlagnahmung des Menschen, die ihn zur freien Antwort ermächtigt (vgl. Barths Tauflehre!). Aber läßt sich der Begriff der Christusgeschichte so dehnen und modifizieren, daß er genügend erhellt? Kann man verhindern, daß dabei dennoch die »Erkenntnisgeschichte« zu sehr in den Schatten der bereits vollendeten Geschichte tritt, zumal sie offenbar bei allen Menschen schon mehr oder weniger im Gang ist? So befreiend Barths Darstellung gegenüber einer Selbstreflexion ist, die sich ständig um den eigenen Glauben dreht, so klar hier das Extra nos der gefallenen Entscheidung Gottes zum Ausdruck kommt (»Gott versöhnte in Christus die Welt«), so fragt es sich doch, ob das im gleichen Text (2. Kor. 5) von Paulus betonte: »Laßt euch versöhnen mit Gott!« dabei voll zu seinem Recht kommt. Um diesem Einwand Rechnung zu tragen, zogen wir es vor, den Zusammenhang zwischen dem Extra nos und dem Pro nobis mit der (in ihrer Weise natürlich ebenfalls fragwürdigen, aber u. E. relativ deutlicheren) juridischen Begrifflichkeit zu umschreiben und vom in Christus gefällten Urteils- bzw. Freispruch Gottes zu reden – Barths grundsätzliche Entscheidung aufnehmend, aber der Intention des Bultmannschen Einspruchs Rechnung tragend (s. W. Kreck, Tradition u. Verantwortung, 1974, S. 132ff.: »Christus extra nos und pro nobis« u. S. 145ff.: »Das reformatorische ›pro me‹ . . .«).

25. TYPEN DER VERSÖHNUNGSLEHRE

Um die Deutung der in Christus geschehenen Versöhnung ist in der Geschichte der Theologie und Kirche immer wieder gerungen worden. Die alte Kirche neigte dazu, den Gedanken des Sieges Jesu Christi über die Mächte des Teufels und des Todes in den Vordergrund zu stellen, ein Gedanke, den die Lunder Schule mit ihrer Parole vom Christus victor (G. Aulén) stark betonte. Es ist zwar eine Verzeichnung, wenn vor allem die ritschlsche Schule in der altkirchlichen Christologie ein Verständnis der Versöhnung oder besser Erlösung im Sinne eines pharmakologischen Prozesses zu finden meinte. Aber den Vätern lag allerdings daran, die Realität und Leiblichkeit der Erlösung zu unterstreichen. So kann Athanasius (in seiner Schrift über die »Menschwerdung des Logos«) sagen: »Klebte . . . der Tod an dem Leibe und hatte er, weil er mit ihm verbunden war, über diesen Gewalt, so mußte auch das Leben mit dem Leibe sich verbinden, damit der Leib nicht mehr mit dem Tode, sondern mit dem Leben bekleidet die Vergänglichkeit abwerfen möchte.« »Der Heiland hat also mit Recht einen Leib angezogen, damit der Leib, wenn er mit dem Leben verbunden wäre, nicht mehr als sterblich in dem Tode bliebe, sondern . . . in der Folge auferstehen und unsterblich fortdauern würde.« Die Botschaft vom Sieg über den Teufel und Tod hat zwar nicht die vom Sieg über die Sünde verdrängt, aber der Akzent liegt doch nicht darauf, wenn Athanasius sagen kann: »Wäre lediglich die Sünde und nicht auch die daraus folgende Vergänglichkeit vorhanden gewesen, so wäre die Reue am Platz gewesen.«

In der abendländischen Theologie trat bekanntlich der Gedanke der Versöhnung und Genugtuung in den Vordergrund, vor allem in dem berühmten Deutungsversuch Anselms von Canterbury »Cur Deus homo?«, der unter Verwendung früherer Argumente doch »eine (neue) Construktion des ganzen Dogmas von der Sünde und der Erlösung aus« (Harnack) unternahm. Es würde nach Anselm Gottes Ehre widersprechen, wenn er einfach die Sünde verziehe. Deshalb stellt er die These auf: necesse est, ut omne peccatum satisfactio aut poena sequatur (Cur Deus homo? 1,15). Nicht nur germanisches Rechtsdenken (so H. Cremer), sondern auch kirchliche Bußpraxis wirkt sich hier aus (so Loofs, Harnack). Gott wählt nicht die Strafe, sondern die Genugtuung, weil er sein wichtigstes und liebstes Geschöpf, den Menschen, nicht dem Untergang preisgeben wollte. Satisfactio erfordert nicht nur Rückerstattung des Geraubten, sondern auch Schmerzensgeld. Schon der kleinste Ungehorsam ist unendliche Schuld, deshalb muß die satisfactio unendlich sein. Da der Mensch solche Genugtuung nicht leisten kann, so bleibt nur ein Ausweg: Der Gottmensch (necesse est, ut eam faciat deus homo 2,6). Damit ist sowohl die Zweinaturenlehre wie der Tod Christi einleuchtend gemacht. Zwar mußte Christus als Gottmensch nicht sterben – tut er es doch, so erwirbt er ein meritum, das er selbst nicht nötig hat, deshalb dem Menschen zugute kommen lassen kann. So muß Gott dem vergeben, der im Namen des Gottmenschen zu ihm kommt, denn er ist gerecht.

Die Vorzüge dieser Konzeption sind auch von ihren Kritikern oft gewürdigt worden (z. B. von Harnack). Hier wird die Frage der Versöhnung bzw. der Schuld in den Mittelpunkt der Theologie gestellt, worauf eine lange Entwicklung bereits hinzielte. Man kann wohl auch die Reformation ohne diesen Hintergrund nicht verstehen. Der Tod Jesu wird nicht mehr nur historisch oder ästhetisch gesehen, es geht nicht um ein Lösegeld an den Teufel, sondern um Gottes Gerechtigkeit und Heiligkeit. Alles kreist um das Thema Sünde und Gnade. Nicht nur die Sinnfrage, sondern die Schuldfrage bewegt Anselm. Er möchte Gottes Barmherzigkeit und Heiligkeit zusammendenken. Freilich wie Anselm das versucht, erweckt Bedenken. Warum kann Gott nicht vergeben ohne Genugtuung? Muß dazu eine Bedingung erfüllt sein, weil ein freies Vergeben Gottes nicht würdig wäre? Damit wird, auch wenn Gott selbst in dem Gottmenschen diese Bedingung erfüllt, seine Gnade konditioniert. Ist aber nicht die Fleischwerdung und das Kreuz des Sohnes Gottes eigene bedingungslose Aktion, die in nichts als seinem freien gnädigen Willen begründet ist? Muß sich Gott dazu erst eine Möglichkeit schaffen? Und verrät es nicht doch eine seltsame Vorstellung von Schuld und von Vergebung, wenn der menschlichen Person Jesu durch sein Gottsein eine Wertbestimmung zugesprochen wird, die sie in die Lage versetzt, Genugtuung zu leisten, und wenn dann Gott das so erworbene Meritum uns zugute kommen läßt? So sehr Anselm begriffen hat und eindrücklich macht, daß Versöhnung nicht eine Selbstverständlichkeit sein kann angesichts des Gewichtes der Sünde, daß vielmehr Gott es »sein Bestes kosten« ließ, so sehr er bemüht ist, Gnade und Gerechtigkeit zusammenzudenken, so kann er doch nicht letztlich klarmachen, daß gerade in der Versöhnung Gott sich selbst treu bleibt und sein Recht aufrichtet.

Das gegenteilige Extrem ist A. Ritschls Versöhnungslehre, die von der selbstverständlichen Vaterliebe Gottes ausgeht und nur um eine Umstimmung des Menschen kreist. (Die christliche Lehre von der Rechtfertigung und Versöhnung 1870–74, 1888/89³.) Ritschl nähert sich damit dem Gegentypus von Anselm, Abälard. An Stelle einer juridisch vorgestellten Sühne und Genugtuung tritt bei Ritschl der Begriff der Verzeihung, d. h. es geht um die Wiederherstellung der Gemeinschaft mit dem Sünder, um Aufnahme in das Kindschaftsverhältnis, ja, im Grunde um Aufhebung des menschlichen Schuldbewußtseins. Dazu bedarf es keines richterlichen Handelns Gottes, geschweige einer Anrechnung eines Verdienstes Christi, denn sonst würde Schuld als eine übertragbare Sache erscheinen. Da Gott seinem Wesen nach Liebe ist, muß jeder Gedanke an Strafe und Vergeltung fallen. So wird Ritschl zum Kritiker der Rede vom Zorn Gottes. Nicht alle Menschen stehen unter Gottes Zorn und müssen erst von Christus daraus befreit werden. Auch die Sünde fällt unter die leitende Absicht Gottes, die Erlösungsgnade wirksam zu machen, sie ist nicht nur Widerspiel der Gnade, sondern auch Mittel zu ihrer Verwirklichung. Nur im Blick auf den eschatologischen Grenzfall, daß einer den Gehorsam gegen das Evangelium beharrlich und endgültig verweigert, kann man von einem Zorn Gottes reden. Auch Jesus hat am Kreuz nicht objektiv unter Gottes Zorn gestanden.

Aber so gewiß hier gesehen ist, daß Versöhnung Wiederherstellung der Gemeinschaft Gottes mit dem Sünder ist, so gewiß mit Recht die Superiorität der Gnade betont ist und kein Zorn Gottes denkbar ist, der nicht mit solcher Gnade in Übereinstimmung steht und ihr dient, so liegt hier doch eine Abschwächung dessen vor, was die Schrift unter Versöhnung versteht. Es geht nicht nur darum, daß der Mensch wieder Vertrauen zu Gott faßt, daß er im Gegensatz zu seiner falschen Vorstellung von einem zürnenden Gott den richtigen Gottesbegriff gewinnt, den des liebenden Vaters. Daß Gott zürnt,

daß er die Sünde haßt, ist die unaufgebbare Kehrseite seiner Gnade. Gott vergibt in Christus so, daß er zugleich die Sünde verurteilt, und es gibt kein Vernehmen des Freispruchs Gottes in Christus, ohne zugleich zu erkennen, daß unser alter Mensch unter dem Nein Gottes steht. Sowohl Anselms »objektive« wie Ritschls »subjektive« Versöhnungslehre weiß bereits zuviel von sich aus von Gott und von dem Menschen, anstatt, wie wir versuchten, Gottes Versöhnung in Christus, diese Koinzidenz von Gericht und Gnade zugunsten des Triumphes der Gnade streng aus dem Christusgeschehen selbst zu entnehmen, d. h. erst auf Grund der hier bezeugten Wirklichkeit über ihre Möglichkeit bzw. Notwendigkeit nachzudenken.

25a. ZUR KREUZESTHEOLOGIE

Das Verständnis des Todes Jesu, wie es in der Rede vom Kreuz Jesu Christi als Heilsereignis zum Ausdruck kommt, läßt sich nicht einfach ablesen aus dem bloßen Faktum dieses seines Sterbens. Jesu Tod ist weder ein Heldentod noch ein Märtyrertod, wie es beides tausendfach in der menschlichen Geschichte vorkam. Man kann ihn auch nicht dadurch allein begreifen, daß man ihn nur von seinem Leben und Wirken her (als dessen notwendige Konsequenz) versteht. Er könnte geradezu als im Widerspruch zu der von ihm beanspruchten Vollmacht stehend angesehen werden, wie er offenbar auch für die fliehenden Jünger Jesu seine Legitimation in Frage zu stellen schien. Nur im Zusammenhang mit der Auferweckung Jesu kann auch sein Kreuz recht erfaßt werden, wie umgekehrt auch seine Auferstehung nur im Zusammenhang mit diesem Fluchtod am Kreuz in ihrer Relevanz recht zu begreifen ist. Ostern erst wird offenbar, daß dieser Gescheiterte, nach dem Gesetz Hingerichtete und von Gott und Menschen Verworfene Recht hat und Recht bekommt von Gott. Hier erst tritt ans Licht, wer Jesus war bzw. ist, ja, hier in der Auferweckung des Gekreuzigten definiert sich Gott, in dessen Namen er kommt. Deshalb wird mit gutem Grund der Zusammenhang von Kreuz und Auferstehung Jesu auch als der eigentliche Schlüssel zur Interpretation des Christusgeschehens bezeichnet – im Unterschied zu einer bloß am historischen Jesus oder an einer Christusidee orientierten Sicht (vgl. hier das Votum des Theol. Ausschusses der EKU, hrsg. v. F. Viering, 1968, »Zum Verständnis des Todes Jesu«).

Die christliche Grundaussage, daß der Gekreuzigte lebt, d. h. daß dieser Jesus der Christus, der Kyrios ist, die nur mit Bezug auf das alttestamentliche Zeugnis recht interpretiert werden kann, enthält ein (synthetisches) Urteil, zu dem weder ein abstrakter Gottesbegriff noch ein abstrakter Begriff vom Menschen den Zugang erschließt. Die gängige Alternative zwischen einer Christologie »von oben« und einer Christologie »von unten« ist unsachgemäß. Denn ein Gott, der auf seiten des Verlorenen und Verdammten tritt, ist uns von Haus aus ebenso fremd wie ein Mensch, der das nötig hat. Das »Wort vom Kreuz« ist weder bloß ein historischer Bericht noch bloß Exempel und ethischer Appell sondern Proklamation des freisprechenden Urteils Gottes, d. h. des unbedingten Jas zu dem Menschen, der das im Kreuz Christi ebenfalls offenbar werdende vernichtende Nein verdient hätte. Das Wort vom Kreuz ist als Freispruch des Sünders zugleich die Verheißung des neuen Menschen und der neuen Schöpfung. Dieser Freispruch verheißt die künftige Erlösung von Leiden und Tod und ruft gegenwärtig in die Nachfolge des Gekreuzigten. Denn weil Gott in Jesus Christus sein gnädiges Recht aufgerichtet und offenbart hat, ist nicht nur die Sünde vergeben, sondern auch der Rechtsanspruch aller gottfeindlichen Mächte bestritten, der Kampf gegen sie geboten und der endgültige Sieg verheißen. (Näheres dazu s. m. Aufsatz »Das Wort vom Kreuz«, in F. Viering [Hrsg.], »Das Kreuz Jesu Christi als Grund des Heils«, 1967, S. 93ff., jetzt auch in m. Aufsatzband »Tradition und Verantwortung«, 1974, S. 169ff.).

Dies Verständnis des Kreuzes Jesu Christi berührt sich in mancher Hinsicht mit dem von Jürgen Moltmann (Der gekreuzigte Gott, 1972) Ausgeführten, steht aber auch zu anderem in Spannung. Mit Moltmann sage ich, daß das Verständnis des Gekreuzigten (zusammen mit dem des Auferstandenen) Ursprung aller Christologie ist. Mit ihm liegt mir daran, daß Gott nicht als der apathisch über dem Leiden und Sterben Jesu Schwebende verstanden wird, sondern der ist, als der er im Kreuz Jesu handelt bzw. leidet. Zuzustimmen ist auch, wenn Moltmann betont, daß der Tod Jesu, auch wenn er gewiß nicht von Haus aus politischer Revolutionär war, nicht ohne politische Dimension war und folglich rechte Kreuzesnachfolge damit rechnen muß, daß Konflikte mit den herrschenden politischen Mächten für den, der sich nicht anpaßt, entstehen. Aber folgende kritische Fragen stellen sich mir:

1. So richtig es ist (was bereits in manchen Aussagen Luthers, dann explizit in Barths Versöhnungslehre, aber auch in knapper Form in dem erwähnten Votum des EKU-Ausschusses herausgestellt wurde), die Einheit zwischen Gott in sich und Gott in Jesus Christus, und zwar gerade im Gekreuzigten, energisch zu betonen, so ist hier doch sorgfältig zu differenzieren. Gewiß ist der dreieinige Gott eben der, der im Kreuz Jesu – und gerade auch in seiner Gottverlassenheit – leidet. Daß Gott sich so tief herablassen kann und will, daran hängt für den Glauben alles. Aber hier soll nun nicht nur Gottes Sein im Tod Jesu, sondern der Kreuzestod Jesu im Sein Gottes gedacht werden. Es ist vom Riß, der durch Gott geht, die Rede, von dem Konflikt in der Geschichte, der in Gott selbst ausgetragen wird, von einer innertrinitarischen Kreuzesgeschichte, von einem Trinitätsprozeß, der sich erst mit der Übergabe des Reichs an den Vater vollendet. Aber Gott im Kreuz ist etwas andres als das Kreuz in Gott zu denken, Subjekt und Prädikat sind hier nicht einfach auswechselbar. Daß Gott selbst fähig und willens ist, in seinem Sohn den Weg in die Fremde, ans Kreuz, zu gehen, könnte sonst am Ende so verstanden werden, als werde diese Fremde im Wesen (oder gar Werden) Gottes angesiedelt, was doch wohl nicht Moltmanns Intention sein kann.

2. Damit hängt die von Moltmann vorgenommene Einebnung der Unterscheidung zwischen immanenter und ökonomischer Trinität zusammen. Mit der sog. inneren Trinität bezeichnet man bekanntlich in der Theologie das ewige Geschehen der Liebe zwischen Vater und Sohn im heiligen Geist, das in den opera ad extra, in dem Handeln des Schöpfers, Versöhners und Erlösers an und in dieser Geschichte gleichsam aus sich heraustritt und überfließt, indem es die Kreatur einbezieht. Im Kreuz Jesu Christi wird die Tiefe dieser Liebe offenbar. Daß Gottes Bund mit dem Menschen – veranlaßt durch den »Zwischenfall« der Sünde – diese Gestalt der Versöhnung im Kreuz annimmt, offenbart, wozu diese Liebe fähig ist, aber eben diese Liebe der (immanenten) Trinität. Die Unterscheidung (nicht Trennung) zwischen immanenter und ökonomischer Trinität will in keiner Weise die Identität dieser Liebe anzweifeln, wohl aber darauf aufmerksam machen, daß die im Kreuz Christi uns begegnende Liebe ewigen Grund hat und nicht erst durch die Existenz von Mensch und Welt konstituiert wird.

3. Die Grundfrage betrifft m. E. das rechte Verhältnis von Kreuz und Auferstehung Jesu und damit allerdings auch das Verhältnis von Versöhnung und Erlösung. Zuzugeben ist, daß unsre abendländische theologische Tradition oft einseitig betonte, wenn sie allen Nachdruck auf Vergebung, Rechtfertigung, Versöhnung legte – im Unterschied etwa zur Ostkirche. Das Kreuz Christi kann nur von Ostern her verstanden werden. Aber umgekehrt gilt auch, daß die Auferweckung nur als Gottes Ja zum Gekreuzigten verstanden werden kann. Ein schöpfungseschatologisches Denken, wie es bei Moltmann vorzuherrschen scheint, sieht die Auferwekkung Jesu vornehmlich als Prolepse der allgemeinen Totenauferweckung an. Die Verknüpfung mit dem Kreuz und damit die Heilsbedeutung wird darin gesehen, daß der Auferstandene durch sein Leiden und Sterben Gerechtigkeit und Leben zu den Ungerechten und Sterbenden bringt. »Das Kreuz Christi modifiziert also die Auferweckung Christi unter den Bedingungen der Leidensgeschichte der Welt aus einem reinen Zukunftsgeschehen zum Geschehen der befreienden Liebe« (a.a.O., S. 172). »Das Kreuz ist die Form des kommenden, erlösenden Reiches, und der Gekreuzigte ist die Inkarnation des Auferstandenen« (S. 173). Hier wird also wohl von einer stellvertretenden Bedeutung des Todes Jesu gesprochen, aber diese wird »aus der antizipatorischen Gestalt seiner Auferstehung uns voran« (S. 174) verstanden. Die Frage, die sich hier stellt, hat Bertold Klappert m. E. mit Recht so präzisiert: Es geht darum, ob »das Kreuz nur im Rahmen eines proleptischen, vorgreifenden Heilsgeschehens (Moltmann) oder ob das Kreuz selber als dieses übergreifende, vor-greifende Geschehen (Barth, Eichholz)

verstanden werden muß« (»Die Gottverlassenheit Jesu und der gekreuzigte Gott«, in »Verkündigung und Forschung«, 2/1975, S. 52). Je nachdem, wie man hier antwortet, wird sich zeigen, ob man letztlich von der geschehenen Versöhnung zur verheißenen Erlösung hindenkt oder umgekehrt die Versöhnung gleichsam als Auftakt und Modus der Erlösung versteht. Mir scheint (nach Röm. 8,32 und vielen anderen Stellen im Neuen Testament) das Erstere sachgemäßer zu sein.

26. ERNIEDRIGUNG UND ERHÖHUNG

Wenn Gott und Mensch grundsätzlich im Widerstreit lägen, dann gäbe es keine Offenbarung, keine menschliche Rede von Gott, auch keine Theologie. Daß wir von einem Reden und Handeln Gottes in der Geschichte sprechen, daß die Bibel oft so anthropomorph von Gott reden kann, daß trotz der von uns aus unüberbrückbaren Kluft zwischen Mensch und Gott menschliches Denken, Reden und Verhalten taugliches Instrument für Gott sein kann, das alles liegt letztlich in der Annahme und Indienststellung unsres Menschseins in dem Menschen Jesus begründet. Wo das übersehen wird, wo man nur von der Herablassung Gottes in der Christologie spricht, aber nicht von der damit zugleich erfolgenden Beschlagnahmung und Indienststellung des Menschen, hat das verhängnisvolle soteriologische Folgerungen: Man lehrt dann eine Rechtfertigung, die nicht mehr zugleich Heiligung ist, eine Passivität, die vergessen läßt, daß dieser Glaube, der mere passive das Heil empfängt, zugleich (nach Luther!) ein lebendig und geschäftig Ding ist. Diesen christologischen Zusammenhang und damit den Grund für die enge Verbindung von Rechtfertigung und Heiligung bei aller notwendigen Unterscheidung hat vor allem Calvin immer wieder betont. Christus ist die Sonne, die zugleich erleuchtet und wärmt. In der Unio mit Christus, die im heiligen Geist sich vollzieht, werden wir als sola gratia Gerechtfertigte zugleich zum Gehorsam berufen und befreit. Darum ist die Christuspredigt als Verkündigung des Freispruchs Gottes immer zugleich Proklamation seines Anspruchs auf unser ganzes Leben. Das alles ist nur möglich, weil wir – obwohl von uns aus nur untauglich und schuldig – um Christi willen nicht nur Vergebung der Sünden haben, sondern damit zugleich auch berufen und gewürdigt sind, ihm zu dienen.

Was bei Calvin in Ansätzen erkennbar, aber christologisch nicht näher ausgeführt ist, das hat K. Barth in KD IV/2 breit entfaltet, indem er unter dem Titel »Die Erhöhung des Menschensohnes« diese Partnerschaft des Menschen Jesus, diese Hinkehr zu Gott und sein Sein für Gott als zweiten Aspekt der Versöhnungslehre zur Geltung bringt, nachdem er in KD IV/1 von der Erniedrigung des Sohnes Gottes und seinem Gehorsam gesprochen hat. Hier muß zunächst beachtet werden, daß diese zweite Bewegung in keiner Weise selbständig gedacht ist oder mit der ersten konkurriert. Barth sieht sie vielmehr in die erste eingeschlossen. Er kann sagen: »die Teilnahme und Teilhabe seines göttlichen an seinem menschlichen Wesen ist nicht einfach die gleiche wie die seines menschlichen an seinem göttlichen ... es handelt sich um die Bestimmung seines göttlichen Wesens zu seinem menschlichen *hin* und es handelt sich um die Bestimmung seines menschlichen Wesens von einem göttlichen her ... Das Verhältnis zwischen beiden ist nicht umkehrbar. Das Geschehen zwischen beiden ist kein zyklisches« (S. 76). Die Erhöhung des Menschen in Jesus ist also begründet in der Erniedrigung Gottes und koinzidiert zeitlich mit ihr. Hier ist allerdings der Begriff der Erhöhung anders gebraucht als in der dogmatischen Tradition (wie übrigens auch der Begriff Menschensohn – Mensch ist). In der alten Zweiständelehre verstand man ja unter der exinanitio Jesu Christi sein irdisches Dasein, das in Leiden und Tod hineingeht. Unter Erhöhung aber verstand man im Sinne des Philipperhymnus die mit Ostern einsetzende exaltatio. Zu den entscheidenden Modifikationen der Christologie, die Barth vornimmt, gehört, daß er nicht nur Person und Werk Jesu Christi ineinanderschiebt, d. h. sein Sein als Geschichte interpretiert, sondern daß er zugleich auch statt eines Nacheinanders Erniedrigung und Erhöhung im zeitlichen Miteinander sieht. Ostern ist für ihn insofern das einschneidende Ereignis, als von hier aus erst in Wahrheit offenbar wird, was es mit dieser doppelgerichteten Geschichte Jesu Christi auf sich hat, d. h. daß der Gekreuzigte der Kyrios ist. Es handelt sich also nicht um zwei Akte eines Dramas, die aufeinander folgen, sondern Barth kann sagen: »Die Tat der Erniedrigung des Sohnes Gottes ist als solche die Erhöhung des Menschensohnes und in ihm des menschlichen Wesens« (KD IV/2, S. 111). Die Geschichtlichkeit des sich in seiner Gnade erniedrigenden »Gottes« ist »zugleich die des im Empfang der Gnade Gottes erhöhten Menschen« (S. 122). Er wendet sich energisch gegen eine Aufteilung, nach der Jesus Christus zuerst nur das Kindlein in der Krippe bzw. der Mann am Kreuz in seiner Preisgegebenheit sei und danach erst der in Gottes Glorie Versetzte. Er fragt: »Hängt nicht Alles an dem Zusammenhang, daß eben in und mit dem Geschehen der Erniedrigung des Gottessohnes die Erhöhung des Menschensohnes schon anhebt, ja vollendet wird und daß umgekehrt die Erhöhung des Menschensohnes die Erniedrigung des Gottessohnes noch in sich schließt, daß also der eine Jesus Christus in seiner Erniedrigung schon erhöht und in seiner Erhöhung noch erniedrigt ist?« (S. 122). Unter Hinweis auf vorösterliche Offenbarungen Jesu, wie sie gelegentlich in den synoptischen Texten begegnen (z. B. Petrusbekenntnis, Erkennen durch Dämonen, Verklärungsgeschichte), durchgehend aber bei Johannes, behauptet Barth, daß nirgends von einer Niedrigkeit ohne Hoheit zu reden sei, so wie auch nach Ostern der verkündigte Christus doch immer zugleich der Gekreuzigte und Verborgene sei. Infolge dieser Koinzidenz-Schau kann Barth von der einmal geschehenen Geschichte Jesu Christi, ohne ihr Damals und Dort zu leugnen, als von einer auch heute geschehenden reden, also z. B. sagen, daß er in gewissem Sinn noch immer den Weg nach Golgatha gehe.

Droht hier am Ende alles in einer Identitätsspekulation aufgelöst zu werden? Nimmt man hinzu, daß Barth auf Grund seiner Erwählungslehre dies Christusgeschehen als ein von Ewigkeit her von Gott geplantes ansehen und geradezu von einer »ewigen Geschichte« reden kann, dann könnte man fragen, ob hier diese konkrete Geschichte mit ihrer Verankerung in einem Damals und Dort nicht verdampfe und – wie v. Balthasar einmal fragt – trotz des beständigen Insistierens auf Geschichte am Ende nichts mehr geschehe, da alles immer schon geschehen sei. In ähnliche Richtung scheint G. Gloege zu zielen, wenn er (in Besprechung von KD IV/3, in: ThLZ 1960, S. 161ff.) bei Barth eine Auflösung von Geschichte in Geschichtlichkeit glaubt feststellen zu sollen: »Die Geschichte der Versöhnung ist, vor und abgesehen von allen Wertungen, in sich selbst gleichgültig. Denn ihre jeweils in Erscheinung tretenden Gehalte sind grundsätzlich wesenhaft identisch. Ihre Verschiedenheiten beziehen sich nur auf Formen, Gestalten und Stadien, die innerhalb der Zeitlichkeit an dem ewigen (teilgebenden) Wesen (teilnehmend) haften« (S. 180). Auch Berkouwer (Der Triumph der Gnade) sieht ähnliche Gefahren, wenn er bei Barth ein ungebührliches Zurücktreten des sog. Stufendenkens zugunsten eines Zugleich und Immer-schon fürchtet. Wird so nicht einer theologia gloriae auf Kosten einer theologia crucis das Wort geredet?

Aber nun kann sich Barth mit Recht darauf berufen, daß im Neuen Testament neben jenem »Stufendenken« ein solches Ineinander von Erniedrigung und Erhöhung behauptet werden kann. Er kann dies Denken im Johannesevangelium finden, er könnte auf Aussagen des Kolosserbriefs hinweisen, die das »Noch nicht« des Eschatons zurücktreten lassen. Er erinnert an die merkwürdige Literaturgattung der Evangelien, die in seine Richtung weist: »Je höher man die nachträglich formende Gewalt der Retrospektive von Ostern her in Anschlag bringt, desto merkwürdiger wird eigentlich der Sachverhalt: Was war das für eine Gewalt jenes letzten Ereignisses, die die Gemeinde zwang, die Geschichte des Mannes von Nazareth schon verhältnismäßig so bald nach ihrem Geschehen so ganz in dieses Licht zu rücken und in diesem Licht darzustellen, sie (gegen alle Gesetze der Dramatik!) bei aller Zurückhaltung so unverhohlen als eine Vorwegnahme ihrer eigentlichen Pointe zu schreiben? Und wiederum: Was war das für eine Geschichte, die sich der Gemeinde, als sie die ihr zugänglichen literarischen oder unliterarischen Überlieferungsfragmente zu den Bildern zusammenfügte, die wir nun in den Evangelien vor Augen haben, auf Schritt und Tritt so gefüllt mit eben der Pointe darstellte, die sie doch eigentlich ... erst an ihrem Ziel haben konnte?« (KD IV/2, S. 155). Das sachliche Recht solcher Redeweise liegt darin, daß in der Tat dieser Mensch Jesus als der Gehorsame, als der in Einklang mit Gott Stehende und vollmächtig im Namen Gottes Redende und Handelnde bezeugt werden soll, gerade in seinem Leiden und Sterben. Versteht man Erhöhung im Sinne dieser Einheit mit Gott, dann muß dies alles gesagt werden.

Daß freilich die andere neutestamentliche Redeweise, die von einem Nacheinander von Erniedrigung und Erhöhung spricht, nicht außer acht gelassen werden darf, das räumt auch Barth ein. Er bemerkt, daß es selbst bei Johannes trotz der weitgehenden Koinzidenz nicht zu einem völligen Auslöschen dieses Nacheinanders gekommen ist, nicht zu einer »Einebnung des Unterschiedes von Vorher und Nachher« (KD IV/2, S. 156). Es soll offenbar damit nicht nur zum Ausdruck kommen, daß dies Zugleich erst nachträglich erkannt werden konnte, d. h. erst von der Auferweckung her offenbar wurde, wer der Gekreuzigte ist, sondern es hier nicht um einen dialektischen Umschlag geht, der die echte Geschichte verflüchtigt. Deshalb gründet auch bei Barth die Erhöhung in der Erniedrigung und fehlt das Nacheinander jedenfalls nicht völlig. Es drohte sonst doch das, was Barth – darin mehr reformierter als lutherischer Tradition verpflichtet – um jeden Preis abwehren möchte: Das Mißverständnis einer Verwechslung von Erniedrigung und Erhöhung, d. h. letztlich die Vorstellung von einer Vergottung der Menschheit, wie er sie als »Wunderblume« deutschen »Tiefsinns« im Idealismus erblühen sieht. Indem Barth einerseits die Geschichte Jesu Christi als eine im Nacheinander »erzählbare« verstehen und dennoch dies Zugleich von Erniedrigung und Erhöhung zur Geltung bringen will, verrät er, daß ihm das hier gestellte Problem deutlich vor Augen steht, das jeder dogmatische Entwurf nur annähernd begrifflich zu fassen vermag.

27. TYPEN DER ESCHATOLOGIE

Man hat auf mancherlei Weise versucht, dies durch den biblischen Befund uns gestellte eschatologische Problem zu lösen. Daß die urchristliche Verkündigung eschatologisch bestimmt ist, ist unbestreitbar. Aber was eschatologisch bedeutet und wieweit eschatologische Aussagen austauschbare Interpretamente sind, darüber besteht keine Einigkeit, auch wenn die Zeitgebundenheit apokalyptischer Vorstellungen und die Notwendigkeit ihrer Interpretation auf der Hand liegt. Gerade eine »konsequente Eschatologie«, welche die apokalyptische Naherwartung des Endes als für die neutestamentliche Verkündigung konstitutiv ansieht und Jesus selbst als Apokalyptiker verstehen zu müssen glaubt, neigt zu radikalen Konsequenzen in der Ausdeutung dessen. Weil das Erhoffte ausblieb, also die Geschichte selbst die Naherwartung korrigiert hat, fällt alle futurische Eschatologie im traditionellen Sinn für sie hin. Es ist bezeichnend, wie Albert Schweitzer, der Inaugurator dieser konsequenten Eschatologie, diese Enttäuschung Jesu bzw. seiner Jünger schildert. Jesus glaubte an das baldige, plötzliche Hereinbrechen des angekündigten Reiches, er wollte es sogar wohl mit seinem Einzug in Jerusalem herbeizwingen. Er wagte den letzten Einsatz und starb mit dem Schrei: »Mein Gott, mein Gott, warum hast du mich verlassen?« auf den Lippen. Die Parusie blieb aus, und zwar nicht nur für ihn, sondern auch für die Seinen.

Aber die neutestamentliche Eschatologie steht und fällt keineswegs mit der Naherwartung der Parusie oder apokalyptischen Vorstellungen. Es ließe sich sonst nicht begreifen, daß die Urgemeinde an der Enttäuschung über das verzögerte oder ausgebliebene Eschaton trotz aller Probleme, die ihr damit aufbrachen, nicht zerbrochen ist. Diese sog. konsequente Eschatologie mutet trotz ihrer Wahrheitsmomente wie ein Verzweiflungsakt an, wenn der Sinn aller Eschatologie für sie in einer neuen Ethik aufgeht, in einem – zunächst schwärmerisch gefaßten – »Willen zum Leben«. Die »Ehrfurcht vor dem Leben«, die A. Schweitzer in eindrücklicher Weise lehrte und lebte, erschöpft doch wohl nicht das, was im Neuen Testament mit der Erwartung Jesu Christi gemeint ist.

Eine andere Sicht der Eschatologie ist die heilsgeschichtliche, die sich insonderheit auf Lukas berufen kann. Bei diesem Evangelisten, den man den ersten christlichen Historiker genannt hat, erscheint das Kommen Jesu als die Mitte und Erfüllung der Zeit (vgl. Conzelmann, Die Mitte der Zeit, 1954). Diese Sicht vertritt vor allem O. Cullmann in seinen Schriften, der sie nicht nur bei Lukas, sondern überhaupt im Neuen Testament als maßgeblich behauptet. Auf diese erfüllte Zeit in Jesus lief bereits die alttestamentliche Heilsgeschichte zu, und von ihr kommt die Zeit der Kirche her. Cullmann kann diese Heilsgeschichte graphisch darstellen als im Alten Bund immer mehr aufeinander zulaufende Linien, die sich in Jesus Christus zu einem Punkt verengen bzw. sich schneiden, um dann wieder auseinanderzulaufen, zur ganzen Menschheit sich ausweitend. Die Entscheidung ist in Jesus Christus gefallen, der »Siegestag« ist bereits gewesen, wenn auch noch Nachgefechte folgen. Von einem ausstehenden Eschaton wird hier im Sinne eines letzten Aktes des großen heilsgeschichtlichen Dramas geredet.

Hier ist richtig erkannt, daß es nach der biblischen Auffassung einen Unterschied der Zeiten gibt und die Relation Verheißung – Erfüllung einer zyklischen Geschichtsauffassung widerspricht. An Stelle einer Eschatologie, welche die lineare Heilsgeschichte in ein nunc aeternum auflöst, soll hier die zeitliche Spannung, die Horizontalität, zur Geltung gebracht werden – ein Moment, das sich in der abendländischen Geschichtsphilosophie folgenreich ausgewirkt hat. Aber es ist zu fragen, ob sich die neutestamentliche Eschatologie insgesamt in ein heilsgeschichtliches Schema einspannen läßt, das die Spannung zwischen dem »Schon« und dem »Noch nicht« im Sinne fortschreitender Ereignisfolge, womöglich einer linearen Entwicklung, deuten läßt.

Im Gegensatz zu der »konsequenten« wie zu dieser heilsgeschichtlichen Eschatologie steht der Begriff des Eschatologischen bei Bultmann und seinen Schülern. Er bezeichnet die Unweltlichkeit und Unverfügbarkeit der Offenbarung, die in Christus bzw. im Kerygma von ihm sich ereignet. Neutestamentlicher Kronzeuge ist hier das Johannesevangelium, in dem endgeschichtlich-eschatologische Aussagen nur am Rand erscheinen, weil alles Gewicht auf dem im Wort Jesu bzw. im Glauben gegenwärtigen Heil liegt. Wer dies Wort hört und ihm glaubt, der ist bereits dem Gericht entnommen, er sieht in dem Fleischgewordenen die Herrlichkeit Gottes, er ist vom Tod zum Leben hindurchgeschritten. Klassisch kommt diese Eschatologie im 11. Kapitel des Johannesevangeliums zur Sprache, wo der auf die künftige Totenauferweckung hoffenden Martha von Jesus zugerufen wird: »Ich bin die Auferstehung und das Leben. Wer an mich glaubt, der wird leben, ob er gleich stürbe. Und wer da lebt und glaubt an mich, der wird nimmermehr sterben« (Joh. 11,25f.). Hier verblaßt der futurische Aspekt gegenüber dem gegenwärtigen Eschaton. Wenn man bei Johannes die Eschatologie des Neuen Testaments zur reinsten Konsequenz gebracht sieht, dann erscheinen alle futurisch-eschatologischen Aussagen der Schrift als zu entmythologisierende Vorstellungen, die auf das in ihnen sich aussprechende eschatologische Selbstverständnis hin interpretiert werden müssen. Bultmann kann deshalb sagen: »Schau nicht um dich in die Universalgeschichte; vielmehr mußt du in deine eigene persönliche Geschichte blicken. Je in deiner Gegenwart liegt der Sinn der Geschichte, und du kannst ihn nicht als Zuschauer sehen, sondern nur in deinen verantwortlichen Entscheidungen. In jedem Augenblick schlummert die Möglichkeit, der eschatologische Augenblick zu sein. Du mußt ihn erwecken« (Geschichte und Eschatologie, 1958, S. 184).

Aber so gewiß hier mit Recht der existentiale Bezug der eschatologischen Aussagen betont wird, so droht doch bei solcher Verabsolutierung der johanneischen Sicht eine Reduktion der Verkündigung von der Zukunft Jesu Christi. (Vgl. näher zu den genannten drei Typen Eschatologie meine Schrift: Die Zukunft des Gekommenen, 1966², Teil A).

28. ZUR »THEOLOGIE DER HOFFNUNG«

Eine derartige Verschiebung des Akzents scheint mir in einer »Theologie der Hoffnung« vorzuliegen, welche Gotteserkenntnis als »antizipierendes Wissen um die Zukunft Gottes« definiert und den gekommenen Christus primär unter dem Gesichtspunkt der hier in Kraft gesetzten Verheißung sieht, deren Erfüllung aussteht (vgl. J. Moltmann, Theologie der Hoffnung, 1964, S. 106, 129 usw.). Der begreifliche Protest gegen eine einseitig perfektische bzw. existential-individualistische Deutung des Evangeliums droht hier ins andre Extrem umzuschlagen. Zwar gründen auch hier die eschatologischen Aussagen insofern auf dem Gekommensein Jesu Christi, als seine Auferweckung von den Toten der entscheidende Erkenntnisgrund sein soll. Aber wenn diese Auferweckung vor allem unter dem Gesichtspunkt gesehen wird, daß hier »ein eschatologisch bestimmter Geschichtsprozeß in Gang gekommen« sei, »der auf die Vernichtung des Todes in der Herrschaft des Lebens aus der Auferweckung zielt« (S. 148), dagegen die konstitutive Bedeutung des Kreuzes Jesu zurücktritt, und wenn die im Evangelium ergehende Zusage primär als Ansage eines Kommenden verstanden wird, verschieben sich die Gewichte. Die Hoffnung ist im Neuen Testament Implikat des Glaubens, nicht umgekehrt (vgl. hierzu das oben unter I c Gesagte). Deshalb sagt Paulus: »Wir sind gerecht geworden durch den Glauben, haben Frieden mit Gott«, um anschließend und daraufhin von der Hoffnung auf die künftige Herrlichkeit zu reden (Röm. 5,1ff.). Oder: »Sind wir denn Kinder, so sind wir auch Erben« (Röm. 8,17) – und nicht umgekehrt.

29. WORT UND GEIST BEI LUTHER UND CALVIN

Während Luther vor allem den sakramentalen Charakter des Wortes betont und Christus und seinen Geist aufs engste mit dem recht verkündigten Wort zusammenbindet, wird Calvin nicht müde, auf die freie Wirksamkeit des Geistes hinzuweisen. Obwohl auch er nicht nur die hl. Schrift, sondern auch das verkündigte Wort – vor allem in seinem Hebräerkommentar – als Gottes eigenes Wort hoch preisen kann, möchte er doch den Unterschied zwischen dem Menschenwort der Predigt und dem äußeren Geschehen im Sakrament einerseits und dem Wirken des Geistes selbst andrerseits nicht übersehen. In Auslegung von 2. Kor. 3,6ff. kann er sagen: »Denn mit dem Wort Buchstabe bezeichnet er (der Apostel) die äußere Predigt, die das Herz berührt, mit Geist aber die lebendige Lehre, die wirksam in den Herzen durch die Gnade des Geistes tätig ist« (CR 50, S. 39). Auch das Evangelium, der gepredigte Christus, ist nicht automatisch Geist: »Erfolglos und ein Nichts wird die äußere Verkündigung sein, wenn nicht das Lehramt des Geistes hinzutritt. Gott hat also in doppelter Weise zu lehren. Denn durch Menschenmund läßt er (sc. sein Wort) unseren Herzen ertönen, und inwendig bewegt er uns durch seinen Geist, und dies tut er bald in demselben Augenblick, bald zu verschiedener Zeit, wie es ihm gut scheint« (CR 47, S. 334). In Verbindung mit seiner Lehre von der doppelten Prädestination konnte diese Unterscheidung zu gefährlichen Konsequenzen führen, nämlich wie vor allem in der reformierten Orthodoxie zu einer Trennung von äußerem und innerem Wort, zu einer Auseinanderreißung des verkündigten Christus und des hl. Geistes. Aber die von Calvin aufgeworfene Frage als solche ist unausweichlich, und auch Luther hat sie gestellt. Daß der gekreuzigte und auferstandene Christus Gottes vollmächtiges Wort ist und sich in der Verkündigung der Gemeinde als solches erweisen will, heißt nicht, die Kirche verfüge über die wirksame Gegenwart Jesu Christi, indem sie predigt und Sakramente spendet. (Hier meldet sich das berechtigte Anliegen des oft mißverstandenen, auch bei Calvin selbst mißdeutbar gefaßten sog. Extra Calvinisticum). Wenn Calvin gegenüber den plerophoren Aussagen Luthers hier offenbar einen Vorbehalt anmeldet, so will er nicht die Wahrheit und Gültigkeit des recht verkündigten Evangeliums in Frage stellen, auch nicht das Wort Gottes von seiner Wirkung her definieren, wohl aber darauf hinweisen, daß Jesus Christus bzw. der hl. Geist allein über die Wirkung dieses Wortes entscheidet. In diesem Sinn kann er mit Recht sagen: »Die Worte Buchstabe und Geist (sc. in 2. Kor. 3) beziehen sich nicht auf die Definition, sondern auf die Kraft und Frucht« (CR 50, S. 41). Daß er sich sowohl gegen den Enthusiasmus der Schwärmer wie gegen einen Wortmechanismus abgrenzen möchte, das beweist seine Feststellung (Institutio I, 9,3): »Denn der Herr hat die Gewißheit seines Wortes und seines Geistes wechselseitig fest verknüpft. So kommt es einerseits erst dann in unsern Herzen zu einer festen Bindung an das Wort, wenn der Geist uns entgegenstrahlt, der uns darin Gottes Angesicht schauen läßt. Und andererseits empfangen wir den Geist ohne alle Furcht vor Täuschung, wenn wir ihn an seinem Bild, an dem Wort, wiedererkennen« (vgl. ausführlich zu diesem Problem bei Calvin: W. Krusche, Vom Wirken des heiligen Geistes nach Calvin, 1957, und meinen Aufsatz: Wort und Geist bei Calvin, Festschrift G. Dehn, 1957, S. 167ff., jetzt auch in »Tradition u. Verantwortung«, 1974, S. 60ff.).

29a. ZUR TRINITÄTSLEHRE

Die Trinitätslehre ist – rechtverstanden – gerade nicht die Definition Gottes, sondern sie sprengt unsre kurzschlüssigen Gottesbegriffe. Statt Gott in einen Begriff einzufangen, versucht sie vielmehr, ihn so zu umschreiben, daß unsre Erkenntnis Gottes nicht sein Geheimnis auflöst, daß er als der Offenbare zugleich der Verborgene bleibt und Herr seiner Offenbarung. So wie das christologische Dogma etwa in den Formulierungen des Chalcedonense mit seinen vier Abgrenzungen (unvermischt, unverwandelt, ungeschieden und ungetrennt) die Einheit und die Unterschiedenheit der Gottheit und der Menschheit in Jesus Christus betonen, aber das Geheimnis dieser Person nicht aufklären kann, sondern eher nur Verbotstafeln nach beiden Seiten hin aufstellt, so ist auch die Rede vom dreieinigen Gott keine ihren Gegenstand in den Griff bekommende Formel. Auf die Frage: »Wer ist der in Jesus Christus zu uns redende Gott?« antwortet sie mit einem dreifachen Satz: »Er ist der Vater, er ist der Sohn, er ist der heilige Geist.« Er ist der Vater, d. h. der Gott, der ganz a se ist, der Ursprung aller Dinge, der zu seinem Gottsein keines Geschöpfs bedarf. Er ist der Sohn, d. h. der Gott, der sich in Jesus Christus ganz für uns hingibt, in Raum und Zeit eingeht, sich als Mensch faßbar und hörbar macht, ja, leidet und stirbt. Und er ist der heilige Geist, als der er den Glauben wirkt und sich zugleich als der erweist, der selbst darüber entscheidet, wann und wo wir ihn erkennen. Er ist der eine Gott in dieser dreifachen Seinsweise und läßt sich nur in diesem Zugleich von Vater, Sohn und Geist erkennen.

Wir gehen hier nicht den subtilen Differenzierungen der altkirchlichen, scholastischen und altprotestantischen Trinitätslehre nach, die sich oft zu kühnen Spekulationen steigern, sondern beschränken uns hier auf die Herausstellung der gerade vom biblischen Zeugnis her zu begreifenden Intention in der Behauptung dieser Unterschiedenheit und Einheit in Gott. Man könnte darin umschrieben sehen, was das Evangelium in nuce, Joh. 3,16, sagen will: »Also hat Gott die Welt geliebt, daß er seinen eingeborenen Sohn gab, auf daß alle, die an ihn glauben, nicht verloren werden, sondern das ewige Leben haben.« Es ist nicht damit getan, daß wir Gott kommentarlos die Allmacht oder den Herrn über alles nennen, sondern es ist die Allmacht seiner Liebe, die in der Hingabe seines Sohnes sich offenbart, nicht ein blindes Alles-vermögen. Und es ist Gott auch nicht erfaßt, wenn man ihn unpräzisiert die Liebe nennt, sondern es ist die göttliche Liebe, die im Unterschied zu aller unsrer menschlichen Liebe in ihrer Begrenztheit und Unreinheit aus der Fülle göttlicher Allmacht fließt und gerade so den zu lieben vermag, der von sich aus nicht liebenswert ist. Und es ist wiederum nicht ein uferloses Verströmen solcher allmächtigen Liebe ins Nichts, sondern diese Liebe hat die Kraft, das Geliebte zu wandeln und sich gleichförmig zu machen, in Freiheit zur Anerkennung und Dankbarkeit zu führen. Dieser Gott, der uns als Herr und Schöpfer der Welt souverän gegenübersteht und nicht auf uns angewiesen ist, der sich aber in seinem Sohn an uns hingibt und im heiligen Geist Glauben und Gehorsam erweckt, das ist der in der hl. Schrift bezeugte dreieinige Gott. Trinitarische Aussagen über Gott entspringen, wenn sie theologisch legitim sind, nicht der freien Spekulation über einen Gottesbegriff, sondern sie versuchen nachzuzeichnen, wie der in der Geschichte sich uns offenbarende Gott mit uns umgeht. Sie haben ihre Wurzel nicht in den von uns angeblich in Natur und Geschichte entdeckbaren vestigia trinitatis, sondern in dem Zeugnis der hl. Schrift, und zwar nicht so sehr in einzelnen trinitarisch klingenden Versen, sondern in dem uns insgesamt hier begegnenden Verständnis von Offenbarung.

Aber in der theologischen Rede vom dreieinigen Gott geht es nicht nur um die sog. ökonomische Trinität, d. h. die opera Gottes ad extra, seinen Weltbezug, sondern auch um die sog. immanente Trinität, seine opera ad intra. Diese Unterscheidung der Väter ist nicht, wie heutige Theologen gern meinen, eine überflüssige Spitzfindigkeit, nur zu erklären aus der Metaphysikverhaftung der alten Dogmatik. Wenn Gott nicht erst durch seinen Bezug auf Welt und Schöpfung Gott ist, wenn er unser Schöpfer, Versöhner und Erlöser nicht sein muß, um dadurch erst zu seinem Gottsein zu gelangen, dann ist diese Unterscheidung und die damit behauptete Aseität Gottes notwendig. Gnade wäre nicht Gnade, wenn sie unter einem Zwang stünde, statt freie Zuwendung zu sein. Aber es kommt allerdings alles darauf an, daß dieser Gott, der in sich der Vater, der Sohn und der hl. Geist ist, kein anderer ist als der, der sich uns in der Geschichte offenbart. Diese Identität wird mit Recht gerade von K. Barth bei aller Unterscheidung von opera ad extra und opera ad intra der Trinität entschieden betont: Was Gott in seiner Erniedrigung in Jesus Christus tut, ebenso wie das, was er in seiner Schöpfung, der Vorgeschichte des Bundes, tut, das tut er »nicht ohne Grund in seinem Wesen, in seinem eigenen inneren Leben, nicht ohne Entsprechung zu der Geschichte – vielmehr in wunderbar konsequenter Fortsetzung eben der Geschichte, in der er Gott ist. Er braucht seine Gottheit nicht zu verleugnen, geschweige denn aufzugeben und hinter sich zu lassen oder auch nur zu mindern, um das zu tun« (KD IV, 1, S. 223). Barth entfaltet hier den Gedanken, daß die Erniedrigung, die Demut, der Gehorsam, in dem Jesus gegenüber dem Vater steht, dessen Willen er tut, einer Relation in Gott selbst entspricht, einem Oben und Unten, einem Prius und Posterius, einer Vor- und Nachordnung in der (inneren) Trinität. Indem Gott das, was er in sich ist, in der Fleischwerdung seines Sohnes auch äußerlich werden läßt in dieser Zeit und Welt, gilt doch: »Er ist nur auch in der Zeit, was er in Ewigkeit ist (und gerade vermöge seines ewigen Seins auch in der Zeit sein kann). Er ist nur in unserer Niedrigkeit, was er in seiner Höhe ist (und weil sie auch Tiefe ist, auch in unserer Niedrigkeit sein kann)« (S. 223). In alledem kämpft Barth gegen die Vorstellung einer statischen, der Geschichte gegenüber neutralen Gottheit. »Diese neutrale, diese pure, leere Gottheit, ihr Anspruch, das eigentlich Göttliche zu sein, ist das bekannte Blendwerk eines abstrakten ›Monotheismus‹, der auf der Höhe der Entwicklung aller heidnischen Religionen, Mythologien und Philosophien die Menschen aufs höchste zu narren pflegt. Der wahre, der lebendige Gott aber ist der, dessen Gottheit in jener Geschichte besteht, der also gerade in jenen drei Seinsweisen der Eine, der Ewige, der Allmächtige, der Heilige, der Barmherzige, der in seiner Freiheit Liebende und in seiner Liebe Freie ist« (S. 222).

Festzuhalten ist hier eine dreifache Erkenntnis: 1. Gottes Sein darf nicht im Gegensatz zu seinem Handeln in der Geschichte als unbewegte Starre vorgestellt werden, sondern Gott ist immer Aktion, er ist insofern immer Geschichte. 2. Darum gehört wesentlich zu Gottes Sein dies Sein im Gegenüber, zwar nicht notwendig und primär zu einem kreatürlichen Wesen, wohl aber so, daß er sich selbst gegenüber ist, d. h. in wirklicher Kommunikation steht (der Vater mit dem Sohn im hl. Geist, so daß er nie einsam ist). 3. Ja, in Gott ist sogar von einem Oben und Unten zu reden, und deshalb kann von einem Gehorsam, einem Weg in die Tiefe im Blick auf den Fleischgewordenen geredet werden, weil das dieser Relation in Gott entspricht. Gott kann in der Höhe und – ohne Schaden für seine Gottheit – in der Tiefe sein.

Nun ist bei dieser strengen Entsprechung zwischen Gottes Sein und seinem Handeln nach außen auch von Barth nie die Unterscheidung zwischen dem, was mit immanenter Trinität, und dem, was mit ökonomischer Trinität gemeint war, preisgegeben. Aus der am Kreuz

Christi gewonnenen Erkenntnis, daß Gott in seinem Sohn – veranlaßt durch des Menschen Sünde – leiden und sterben kann und will und daß dieser Weg in die Fremde die Tiefe der Liebe enthüllt, mit der der Vater den Sohn von Ewigkeit her liebt, wird nicht etwa ein ewiges Leiden und Sterben Gottes gefolgert. Gott steht als unser Versöhner in Jesus Christus in völliger Einheit mit seinem ewigen Wesen, mit der Liebe, in der der Vater den Sohn liebt, aber die Versöhnung ist nun doch ein einmaliges geschichtliches Ereignis. Ebenso gilt: Gott ist als Schöpfer in vollem Einklang mit seiner ewigen Gottheit, und dennoch darf man nicht von ewiger Schöpfung reden. Und schließlich: Gott ist als Erlöser und Vollender in unverbrüchlicher Einheit mit sich selbst, aber nicht erst dadurch wird Gott, was er ist. Man muß also beides festhalten: Einmal, daß Gott in allen seinen Werken ganz er selbst ist und sein Tun seinem Sein entspricht, so daß zwischen seinen opera ad extra und seinen opera ad intra kein Gegensatz oder Zwiespalt bestehen kann. In seinen Werken erschließt er sich als der, der er ist. Aber zugleich muß doch *unter*schieden werden zwischen beidem, so gewiß Gott nicht erst sein Gottsein dadurch gewinnt, daß er diese opera ad extra tut, oder sich durch diese erst zu dem hin verändert, was er als Gott anfänglich nicht war, sondern erst durch seinen Bezug zu Mensch und Welt würde. So ist also beides gewahrt: Die Gewißheit, daß Gott unverbrüchlich der ist, als der er uns in seinem Wort begegnet, und die Schranke, die es uns verwehrt, Prädikat und Subjekt zu verwechseln und sein geschichtliches Handeln zum creator Dei zu machen (d. h. analogatum und analogans auszutauschen). Die Treue, in der sich Gott in allen seinen Werken selbst treu bleibt, ist nicht eine starre immutabilitas, so wenig er in sich eine tote Einerleiheit wäre, sondern sie läßt uns immer neu staunen über die Art und Weise, wie Gott seine Verheißungen wahr macht. Aber wir werden ihn zwar immer besser erkennen und im Eschaton sogar von Angesicht zu Angesicht, aber wir werden ihn auch dann erkennen als den, der er von Ewigkeit her war, der in Freiheit Liebende.

Man kann fragen, welchen Sinn solche dogmatischen Erörterungen gerade über das Problem der Trinität, wie wir sie hier mehr andeuten als entfalten können, für Theologie und Kirche haben. Sie sind eine Art Skizze, wie sie uns beim Eintritt in eine Stadt oder ein Land zur Orientierung an die Hand gegeben wird. Eine Skizze betrachten, kann nicht das Reisen selbst ersetzen. Eine Skizze ist etwas Abgeleitetes, Sekundäres, sie ist dürftig gegenüber der Wirklichkeit, auf die sie verweist. Und doch kann sie uns große Irrwege ersparen. So ist alle Dogmatik und speziell auch die trinitarische Lehre von Gott eine Art Planskizze, die auf Grund bisheriger Erkenntnis der Schrift für künftiges Lesen und Auslegen hilfreich sein kann. Sie hat eine eminente hermeneutische Funktion, weil sie – weit entfernt, die Exegese in Fesseln zu legen – vielmehr den Blick öffnen kann für die in der Schrift bezeugte Einheit und Unterschiedenheit des Handelns Gottes und deren Entsprechung in Gott selbst. Sie stellt sich damit den Vorurteilen entgegen, die von vorgefaßten Gottes- und Menschenbildern ausgehen und so den Blick für den in Jesus Christus sich offenbarenden Gott, den Schöpfer, Versöhner und Erlöser, verstellen.

30. ZUM TRINITÄTSPROBLEM BEI HEGEL UND BARTH

Daß allerdings auch die Trinitätslehre zu einer Spekulation dienen kann, mit deren Hilfe man alle möglichen Analogien in der Welt entdecken zu können glaubte (vestigia trinitatis), ja, mit der man Gott geradezu auf den Begriff zu bringen versuchte, ist nicht zu leugnen. Das hervorragendste Beispiel dafür liefert Hegel. Mit gutem Grund spottet er über die Moderne, die über Gott keine Aussage mehr zu machen wagt. Sie meint »von allem und jedem, und zwar einer unendlichen Menge von Gegenständen zu wissen, nur nichts von Gott. Es macht unserm Zeitalter keinen Kummer mehr, von Gott nichts zu erkennen, vielmehr gilt es für die höchste Einsicht, daß diese Erkenntnis sogar nicht möglich sei« (Lasson, XII, 6). Was aber die Religion nur in Bildern oder mit Sinnlichem vermischten Vorstellungen ausdrücken kann, das soll der Philosoph auf den Begriff bringen. So versucht Hegel mit den Kategorien der Logik die Wirklichkeit Gottes zu erweisen. Das Unendliche hat das Endliche an sich als das andere, seine Verneinung, und ist ihm doch zugehörig – wie auch umgekehrt. Aber dies Unendliche, das am Endlichen seine Grenze hat, ist noch nicht das wahre Unendliche, sondern es muß das Endliche »aufheben« – in der doppelten Bedeutung dieses Begriffs. Gott als Idee ist die Tätigkeit, sich selbst als das unendlich Allgemeine zu verneinen, endlich zu werden und diese Verneinung wieder aufzuheben. Der tiefste Sinn der christlichen Trinitätslehre – der Summa des Dogmas – ist diese Bewegung der Liebe, die sich entäußert und zu sich selbst zurückkehrt. Die subtilsten Bestimmungen der Trinität scheinen nun wieder zu Ehren zu kommen und sinnvoll erklärt zu sein, wenn von dem Gott geredet wird, der sich selbst als seinen Sohn erzeugt und in ursprünglicher Identität mit diesem Unterschiedenen bleibt bzw. dahin zurückkehrt. Kein Wunder, daß die Theologen Morgenluft witterten, denn hier schien das vielgeschmähte Dogma neu begriffen und spekulativ geläutert. Hier schien der Schlüssel zu allen Schlössern gefunden, Subjekt und Objekt, Methode und System, Welt und Gott in vollkommener, bewegter Einheit, und zwar im Sinne des Pauluswortes: »Von ihm und durch ihn und zu ihm sind alle Dinge« (Röm. 11,36).

Aber ist dieser Geist, der zwar von Ewigkeit um sich weiß, aber doch das Wissen seiner selbst auf dem Umweg über den Menschengeist suchen und finden muß, der sich so als Prozeß verwirklicht, daß Sünde und Versöhnung in ihrer Notwendigkeit begriffen bzw. aufgeklärt werden, der Gott der Offenbarung? So imponierend es ist, wie hier die Gottesfrage und die Wahrheitsfrage verknüpft werden und statt eines statischen Gottesbegriffs von einer Selbstbewegung der Wahrheit die Rede ist, die in ihrem Dreitakt in der Tat an die christliche Trinitätslehre erinnert, so ist doch zugleich eine große Ferne zu konstatieren. Denn diese trinitarische Erkenntnis wird hier zu einem logischen und ontologischen Prinzip, das trotz aller Analogien zu christlichen Aussagen zu einer Apotheose der Vernunft führt, da die Selbstbewegung der Wahrheit mit der Selbstbewegung des menschlichen Denkens zusammenfällt und Schöpfung, Versöhnung und Erlösung für Gott notwendig werden, um wahrhaft zu sich selbst zu kommen. Hegels Trinitätslehre sprengt bewußt die für alles theologische Erkennen unumgängliche Regel: Credo ut intelligam.

In diesem Sinn hat K. Barth am energischsten in der neueren Theologie die Trinitätslehre wieder zu Ehren gebracht und ihre hermeneutische Funktion herausgestellt (vgl. schon Prolegomena, 1927, KD I/1, S. 332f. und II/1). Die Wirklichkeit der Offenbarung in Jesus Christus belehrt mich erst über die Möglichkeit und Bedingungen der Erkenntnis Gottes, denn Gott ist nur durch Gott, d. h. den in Christus sich offenbarenden Gott, erkennbar. Ja, Gotteserkenntnis ist primär Gottes eigene Erkenntnis seiner selbst, in der der Vater mit dem Sohn im hl. Geist von Ewigkeit steht und in die uns die Offenbarung aus Gnaden hineinnimmt. Jeder eigenmächtige Zugang, sei es von einer Theologie des 1., 2. oder 3. Artikels her, wird damit abgeschnitten. Jede natürliche Theologie, die von einem mir bekannten Begriff des Seins, der Geschichte oder des Bewußtseins ausgeht, ist kompromißlos unmöglich. Wie kommt es zur Erkenntnis Gottes? Barth redet von einer Selbstverhüllung, Selbstenthüllung und Selbstmitteilung Gottes, die mit seiner dreifachen Seinsweise als Schöpfer, Versöhner und Erlöser eng zusammenhängen. Gott ist als der Schöpfer Herr seiner Kreatur, auch der menschlichen Worte, so daß also die Erkenntnis Gottes in der Schöpfung ihre Voraussetzung hat. Aber jeder Weg zu einer direkten Erkenntnis Gottes des Schöpfers (via analogia entis) ist ausgeschlossen. Gerade das Ereignis der Offenbarung in Jesus Christus, an jenem singulären Ort der Geschichte, zeigt, daß die in der Schöpfung von Gott her bestehende Möglichkeit keine Verwirklichung durch uns findet, da es keine Bereitschaft des Menschen für Gott abgesehen von dem einen Menschen Jesus gibt. In ihm und durch ihn macht sich Gott in einem Stück der uns umgebenden Wirklichkeit, die er zu seinem Kleid, seinem Tempel oder Zeichen erwählt, »gegenständlich«. Barth verdeutlicht das am sakramentalen Geschehen, bei dem Worte, Zeichen und Handlungen ausgewählt und in den Dienst der Offenbarung gestellt werden, wobei allerdings Jesus selbst nach seiner menschlichen

Natur das eigentliche und grundlegende Sakrament ist. Aber – und das ist das dritte hier zu beachtende Moment – es handelt sich dabei um indirekte Gegenständlichkeit Gottes, da er seine Vollmacht nicht an ein Geschöpf abtritt, sondern es in seinen Dienst stellt, wobei er selbst Herr der Offenbarung bleibt, der sich im heiligen Geist zu erkennen gibt. Man kann also nicht von einer Tauglichkeit des Menschen, und wäre es der Mensch Jesus, als solchen sprechen, sondern es bleibt bei einer analogia fidei, d. h. Gott selbst verfügt darüber, daß wir ihn hier finden, wie er verheißt.

Die hier in kurzen Sätzen angedeutete Lehre von der analogia fidei impliziert ohne Zweifel die trinitarische Erkenntnis, daß Gott, der a se für uns unerreichbare, in Jesus Christus ganz pro me sich hingibt und doch der in Freiheit über seine Offenbarung verfügende Herr bleibt. In diesem Dreiklang handelt es sich nicht wie bei Hegel um ein am logischen Denkakt gewonnenes ontologisches Schema, das ohne weiteres als solches einleuchtet, sondern um ein der Offenbarung nachfolgendes Denken, das von dieser selbst nur seine Beglaubigung empfangen kann. Nicht durch uns kommt Gott erst zu sich selber, sondern Gott *ist* Gott! Aber Gott will nicht Gott sein ohne uns, ohne den ihn erkennenden Menschen. Daß in Jesus Christus Gotteserkenntnis Wirklichkeit geworden ist, in die wir im heiligen Geist einbezogen werden, ist Gnade.

31. Δικαιοσύνη IM NEUEN TESTAMENT

Dikaios bezeichnet nach Schrenk (Kittel, Wörterbuch zum Neuen Testament II, 176ff.) im Griechentum a) den, der rechtlich, zivilisiert, gesittet ist (also bezogen auf das Herkommen), b) den, der seine Pflichten gegen Menschen, u. U. auch gegen Gott erfüllt, c) den, der den rechtlichen Normen genügt, Achtung vor dem Gesetz hat, d) vor allem aber den Tugendhaften im ähnlichen Sinn wie kalos, agathos, prepos. Schon vor Plato ist dikaiosyne eine der vier Kardinaltugenden. In der Stoa bedeutet es sittliche Vollkommenheit. Nach Plato ist Gerechtigkeit in der Seele des Menschen, der zur inneren Ordnung und Einklang der Seelenkräfte kommt. Es handelt sich also um eine Qualität, um eine Beschaffenheit, die der Mensch dann betätigt. Ähnlich ist es bei Philo und Josephus. Auch im Neuen Testament gibt es einige Stellen, an denen im Sinne solcher Qualität von Gerechtigkeit gesprochen wird (vgl. Matth. 27,19 und 24; Luk. 23,47; Mark. 6,20; also vor allem da, wo Heiden reden).

Aber das ist nicht das Charakteristische des Begriffs im Neuen Testament, der wesentlich vom Alten Testament her geprägt ist, nicht von Griechentum und Hellenismus. Sofern ein menschliches Verhalten gemeint ist (wie oft in den Synoptikern, bei Johannes usw.), ist doch die Beziehung auf Gott und seine Offenbarung als entscheidend mitbedacht. Dikaiosyne bezeichnet insofern im Neuen Testament »fast durchweg das mit Gottes Willen übereinstimmende, ihm wohlgefällige, rechte Verhalten des Menschen, die Rechtschaffenheit des Lebens vor Gott, die Rechttat vor seinem Urteil« (so Schrenk). Gerechtigkeit ist also nicht eine Tugend, sondern auch in diesem Sinn angewandt, also auf den Menschen bezogen, eine Verhältnisbestimmung: das rechte Verhalten gegen Gott, gegen seine Gebote, seinem Wort gegenüber (vgl. Matth. 5,20; 3,15; 6,33; Luk. 1,75, Apg. 10,35 u. a.).

Nun wird aber dikaiosyne nicht nur vom Menschen sondern auch, ja in LXX und NT vornehmlich, von Gott ausgesagt. Gott ist gerecht, übt Gerechtigkeit und Gericht. Das besagt einmal, daß Gott der Richter ist, der dem Gerechten bzw. der gerechten Sache zum Siege verhilft, der die Feinde des Volkes Israel besiegt usw. (Bild vom Rechtsstreit). Dieser Gedanke von Gott, dem Richter, der gerecht ist, findet sich auch bei Paulus. Aber bezeichnend ist, daß schon im Alten Testament der Begriff ṣdqh nicht nur Gottes richterliches Handeln, etwa im Sinn der Strafe meint, sondern sein rettendes heilschaffendes Tun. Gott tritt mit seiner Gerechtigkeit für sein Volk ein. Sie ist die Ausführung der

Bundestreue, sein bundesgemäßes Verhalten. So kann in LXX dikaiosyne an vielen Stellen Übersetzung von ḥsd sein.

Ist also für den biblischen Begriff von dikaiosyne kennzeichnend, daß er ein Verhältnis bezeichnet, sei es des Menschen zu Gott, sei es Gottes zum Menschen, zu seinem Volk – im Unterschied zur griechisch-hellenistischen Auffassung im Sinne einer qualitas –, so wird doch die ganze Radikalität des Begriffs, wie er in der reformatorischen Theologie ans Licht trat, erst bei Paulus deutlich. Daß die Gerechtigkeit Voraussetzung des Heilsempfangs sei, ist kein neuer Gedanke, aber daß diese »Bedingung« von Gott selbst geschenkt wird und daß diese Gerechtigkeit, die Gerechtigkeit des Glaubens, der aus Werken in sich ausschließender Weise entgegengestellt wird, das ist von niemand so klar und grundsätzlich erfaßt worden wie von Paulus. Zwar findet sich schon im Alten Testament die Erkenntnis, daß dem Menschen die Bedingung zur Erlangung der Gerechtigkeit Gottes nicht einfach zur Verfügung steht, daß er also auf Vergebung angewiesen ist. Vor allem im Schrifttum der Qumran-Sekte gibt es erstaunliche Erkenntnisse in dieser Richtung. Auf dem Hintergrund eines metaphysischen Dualismus wird betont, daß Gott allein der Quell der Gerechtigkeit ist und sie aus Gnaden dem Menschen zuteil wird, so daß man in gewissem Sinn schon hier von einer iustitia aliena reden kann (vgl. dazu z. B. H. Braun, Röm. 7, 7–25 und das Selbstverständnis der Qumran-Frommen, in: ZThK 1959, 1ff.; und S. Schulz, Zur Rechtfertigung aus Gnaden in Qumran und bei Paulus, in: ZThK 1959, 155ff.). Aber soviel ist gewiß: Nicht nur der Bezug auf Christus fehlt natürlich, sondern die Geltung dieses sola gratia ist doch beschränkt bei Qumran (Novizenbelehrung), und von einem Gegensatz zwischen Gerechtigkeit aus Werken und Gerechtigkeit aus Gnaden kann im strengen Sinn nicht die Rede sein. Rechtfertigung ist die erneute Ausrichtung auf dem Weg der Gesetzeserfüllung. Die auch im vorpaulinischen Christentum bereits deutliche Kritik am Gesetz und das Verständnis der Rechtfertigung als Erlaß vergangener Sünden, wie es in dem von Paulus wohl modifizierten judenchristlichen Bekenntnis Röm. 3,24ff. anklingt, wird durch die Kommentierung des Paulus radikalisiert und führt zur typisch paulinisch geprägten Rechtfertigungslehre, um deren Verständnis es vor allem in der theologischen Auseinandersetzung heute geht.

32. ZUR DEUTUNG DES BEGRIFFS δικαιοσύνη θεοῦ

Unter den neueren Exegeten hat wohl am ersten und schärfsten A. Schlatter Protest gegen diese Paulusdeutung angemeldet. Er glaubt in seinem Römerbriefkommentar eine Diskrepanz zwischen Paulus und Luther feststellen zu müssen: »Daß zwischen der reformatorischen Auslegung und dem Text eine Entfernung entstand, ergab sich daraus, daß sie völlig vom Verlangen bestimmt war, zu hören, was der Glaubende empfange. Daß er Gerechtigkeit haben müsse, war gewiß; von welcher Art konnte diese Gerechtigkeit sein, da er ein Sünder war? Sie konnte nur eine zugerechnete, nur eine geschenkte sein, und eben dadurch war sie Gottes Gerechtigkeit. Hier gab das Bedürfnis des Lesers an, was Paulus zur Erfüllung seines Verlangens gesagt haben müsse. Paulus dagegen sagt, wie Gott sich dem Menschen als den offenbare, der ihn rettet. Der Ausleger ging von seinem Ich, Paulus von Gott aus; der Vordersatz des Auslegers war seine eigene Not, der des Paulus war die Sendung des Christus, sein Tod, durch den die Schuld von der Menschheit weggenommen ist, und seine Herrschaft, die ihn zum Geber des Lebens für sie machen wird« (S. 38). Schlatter fürchtet also in der reformatorischen Fassung der Rechtfertigungslehre eine anthropologisierende und letztlich synergistische Verengung: »Da mit dem Satz: Die rettende Kraft ist die von Gott uns bereitete Gerechtigkeit, dem Sünder die Vergebung zugesagt war, schuf er den Trost, den der Verschuldete bedarf. Wenn aber Luther und Calvin sagen, wie die Gemeinschaft Gottes mit dem Menschen zustande komme, dann verblaßt Gottes Gerechtigkeit fast ganz, und das Erbarmen

Gottes tritt an ihre Stelle. Mit dem Satz, daß uns das Erbarmen Gottes die Gemeinschaft mit ihm gewähre, war gesagt: unsere Not ist das, was Gott zu uns führt. Dieser Satz ist mit dem Synergismus nahe verwandt; denn nun entsteht Gottes Beziehung zu uns in dem, was der Mensch ist, nicht in seinem Verdienst – o nein! mit dem Aufgebot aller Kraft war dieser Gedanke vernichtet –, aber in seiner Sünde und seinem Jammer. Bei Paulus entsteht Gottes Werk aus Gottes Werk.« Nach Schlatter geht es Paulus gar nicht so sehr um Ruhe und Trost des Gewissens, sondern um die Durchsetzung der Gerechtigkeit Gottes gegenüber der menschlichen Schuld. Sonst komme es zu einer verzerrten Deutung des ganzen Römerbriefes: Mit Kap. 5 erlahme die Auslegung, Kap. 6–8 verdunkele danach die Rechtfertigungslehre mehr, als daß sie sie erhelle, weil hier mehr vom Gehorsam und Wandel nach dem Geist die Rede sei. Vollends die Deutung des Schicksals Israels Kap. 9–11 werde ebenso wie der paränetische »Anhang« Kap. 12 eine crux der Interpretation. Aus dem Handeln Gottes werde eine Unterrichtung über die Rechtfertigung, die Lehre trete an Stelle des göttlichen Handelns.

Nun ist diese Kritik Schlatters inzwischen mannigfach zurechtgerückt worden (vgl. E. Ellwein, Schlatters Kritik an Luthers Römerbriefvorlesung, ZZ 1927, S. 530ff.; P. Althaus, Paulus und Luther über den Menschen, 1938 u. a.). Ohne Zweifel ist Luthers Auffassung von Schlatter im Sinne späterer lutherischer Deutung verzeichnet. Luther ging es keineswegs bloß um Wissen und Lehre. Iwand zitiert (Glaubensgerechtigkeit nach Luthers Lehre, Th.Ex. 75, 1941, S. 58) folgendes Lutherwort: »so daß Gott und wir in ein und derselben Gerechtigkeit sind, wie auch Gott mit demselben Wort schafft und wir sind, was er schafft, so daß wir in ihm und sein Sein unser Sein ist« (WA 6, 144,17). Glauben heißt bei Luther: Gott rechtgeben. Seine Gerechtigkeit wird im Glauben aufgerichtet. P. Althaus (Gottes Gottheit als Sinn der Rechtfertigungslehre Luthers, in: Aufsätze II, S. 1ff.) hat den Zusammenhang zwischen Luthers Rechtfertigungslehre und dem ersten Gebot nachdrücklich herausgestellt. Nicht um des Menschen Leben ging es Luther zuerst und zuletzt, sondern um Gottes Ehre. Nicht daß hier eine Gesetzesordnung, wie sie eigentlich gelten sollte, um der menschlichen Sünde willen durch eine Gnadenordnung ersetzt wird, sondern erst in dieser Gnadenordnung, in der Rechtfertigung, kommt Gottes Gottheit, seine Herrlichkeit als Schöpfer, zum Zuge. Sünde ist Raub an der Gottheit Gottes, und Rechtfertigung ist demgegenüber die Behauptung seiner Gottheit gerade in der Begnadigung des Sünders. Es ist Gottes Freude, aus Nichts zu schaffen, und dies gerade erkennt und anerkennt der Glaube. »Das als Evangelium verstandene erste Gebot ist die Dominante seiner Theologie« (S. 29). Gerade die theologia crucis ist, recht verstanden, nicht anthropozentrisch oder hamartiozentrisch, sondern theozentrisch begründet (S. 26).

Ähnlich ist es bei Calvin, dem es in der Rechtfertigung um Gottes Ehre geht und der das sola fide aufs engste mit diesem Rühmen Gottes verknüpft. In seinem Römerkommentar sagt er (zu 1,17), die Formulierung iustitiae suae (Dei) communicationem sei als Übersetzung der an sich nicht falschen Deutung iustitia quae a Deo nobis donatur vorzuziehen. Auch Melanchthon kann ähnlich reden, allerdings nicht mehr in solcher Eindeutigkeit. Hier steht, wie Althaus bemerkt, der theozentrische Gedanke anderen gleichgeordnet. Vor allem aber ist in der lutherischen Tradition – aber auch auf reformierter Seite – zunehmend festzustellen, was Althaus eine Verkümmerung dieser Theozentrik nennt. Als modernes Beispiel sei nur auf W. Elert, Morphologie des Luthertums I. S. 39, hingewiesen, wo es heißt: »Vielmehr kann sich der Erkenntnis Luthers: Non implesti, non potes et tamen debes – niemand entziehen, der die Tatsachen des Sollens und Nichtkönnens, der Schuld und des Schicksals in gleicher Weise ernstnimmt. Wer im Sollen die Stimme Gottes, in der Schuld sein Urteil, im Schicksal sein Werk erkennt, steht wie Luther notwendig vor dem Deus absconditus, vor dem einem nur grauen kann.« Diese Einspannung der Rechtfertigung in eine vom Gesetz her bestimmte ontologische Fragestellung ist bis heute sehr wirksam. Das reformatorische »Urerlebnis« ist bedingt durch die Gesetzeserkenntnis, die in gewissem Sinn jedem Menschen in seinem

Gewissen widerfährt, wenn sie auch durch die Predigt erst radikalisiert wird. Hier trifft Schlatters Einwand zu, diese Auffassung sei nicht paulinisch.

Am konsequentesten hat wohl neuerdings K. Barth die Rechtfertigung als Aufrichtung und Durchsetzung des Rechtes Gottes interpretiert (KD IV 1,§ 61,2). Für ihn ist es geradezu das Rückgrat des Rechtfertigungsgeschehens, daß es in ihr selbst »richtig« zugeht, daß also Gott Recht hat und im Erweis seiner Gnade sich selbst treu bleibt, mit sich selbst übereinstimmt. Die Rechtfertigung aus den Werken ist nicht deshalb nur unmöglich, weil das Gesetz nicht erfüllt wird, sondern zutiefst darum, weil sie auf Unrecht insofern beruht, als sie Gottes Recht widerstreitet. Im Evangelium handelt es sich nicht nur, ja nicht einmal primär, um Hilfe für den Menschen, sondern es ist deshalb die Rechtfertigung des Menschen, weil sich Gott hier als gerecht erweist (Röm. 3,2: auf daß er gerecht sei und rechtfertige den, der aus Glauben an Jesus ist). Weil Gottes eigene Sache hier auf dem Spiel steht, darum ist die Rechtfertigung so gewiß und zuverlässig gegründet, also kein Wagnis. »Er, Gott, ist in ihr richtig, stimmt in ihr mit sich selbst überein, ist sich selbst in ihr treu: das ist ihr ontologischer Metallgehalt« (KD IV/1, S. 593). Denn nicht unter Preisgabe, sondern in Betätigung und Bestätigung seiner Gottheit spricht uns Gott hier gerecht. Im Eintreten für den Gottlosen erweist sich Gott als der, der er ist, er erfüllt hier, was er von Ewigkeit her in seiner Gnadenwahl beschlossen hat: seine von Anfang an zwar durch uns in Frage gestellte, aber seinerseits nie in Frage gestellte Gerechtigkeit in der Überlegenheit über die Sünde, in ihrer Verwerfung und der Annahme des Sünders. »Was Gott im Gnadenakt der Rechtfertigung des Gottlosen tut, ist kein Seitensprung, kein Taschenspielerkunststück, er selber in diesem Tun kein wunderlicher Deus ex machina, kein ungerechter, sondern der gerechte Richter. Es ist sein Tun gerade in seiner Gerechtigkeit von Haus aus das Walten seiner Gnade – das Tun seiner Gnade von Haus aus das Walten seiner Gerechtigkeit« (S. 600).

Aber ist das wirklich des Paulus Meinung? Interessant ist, daß diese zuerst von einem Dogmatiker aufgestellten Thesen in der gegenwärtigen Theologie überraschend von exegetischen Erkenntnissen Käsemanns her eine gewisse Bestätigung zu bekommen schienen. In seinem Aufsatz: Gottesgerechtigkeit bei Paulus (ZThK 1961, S. 367) fragt er, »ob die Genitivkonstruktion δικαιοσύνη θεοῦ subjektiv oder objektiv aufzulösen ist, also die Gott eignende und von ihm ausgehende oder die Gott gegenüber geltende und von ihm uns geschenkte Gerechtigkeit meint«. Käsemann weist gegenüber der üblichen Übersetzung als Gabe darauf hin, daß sie in Röm. 1,17 und 10,3ff. personifiziert als Macht erscheine, in 1. Kor. 1,30 mit Christus identifiziert werde und in Röm. 3,5 und 25f. als gen. subj. gemeint sei und in 2. Kor. 5,21 die Realität der erlösten Gemeinde umschreibe. Aus alledem schließt er, Paulus meine mit der von ihm selbst übernommenen Formel nicht primär eine Gabe, sondern Gottes Heilshandeln, seine gleichsam personifizierte göttliche Macht, wie auch ähnlich von seiner Kraft, seinem Frieden, der Liebe und dem Zorn Gottes geredet werden könne. Hier tritt also die Herrschaft Gottes auf den Plan, die für uns zugleich Gabe der Gerechtigkeit bedeute, aber nicht darin aufgehe. Denn diese göttliche Macht der dikaiosyne will sich stets realisieren, insofern ist die Gabe nicht von dieser Macht zu trennen. Die Herrschaft Gottes verwirklicht sich an uns, indem sie über uns Gewalt gewinnt, sonst wird sie mißbraucht. Aber gerade wenn man den entscheidenden Akzent auf den Macht- und Herrschaftsgedanken legt, also theologisch und nicht anthropologisch und individualistisch einsetzt, wird man auch der Anthropologie des Apostels eher gerecht, versteht man seine doppelte Eschatologie, den Ausschluß aller Werkgerechtigkeit bei strenger Betonung der empfangenen Gerechtigkeit. Gerechtigkeit ist für Paulus Beweis der göttlichen Gemeinschaftstreue wie im alten Bund gegenüber Israel, nur jetzt der ganzen Schöpfung gegenüber.

Wir können hier nicht auf die Argumentation im einzelnen eingehen, sondern fassen mit Käsemanns Worten zusammen, »daß δικαιοσύνη θεοῦ für Paulus die sich eschatologisch in Christus offenbarende Herrschaft Gottes über die Welt ist. Bedenkt man den griechischen Wortstamm, mag man auch sagen: jenes Recht, mit welchem sich Gott in der von ihm gefallenen und als Schöpfung doch unverbrüchlich ihm gehörenden Welt durchsetzt« (S. 377). So schließt Käsemann: »Seine (des Paulus) Lehre von der δικαιοσύνη θεοῦ beweist das: Gottes Macht greift nach der Welt, und Heil der Welt ist es, daß sie unter Gottes Herrschaft zurückgeführt wird. Eben darum ist es Gottes Gabe und das Heil auch des einzelnen, daß wir der Gottesgerechtigkeit gehorsam werden« (S. 378).

An Käsemanns These wird wohl auf alle Fälle das unbestreitbar bleiben, daß der Gabecharakter der Gerechtigkeit Gottes nicht vom Machtcharakter getrennt bzw. die Gabe nicht vom Geber gelöst werden darf. Über die Interpretation von δικαιοσύνη θεοῦ d. h. ob gen. subj. oder obj., geht die Diskussion weiter. Vor allem aber ist umstritten, ob an Stelle eines anthropologisch-individuellen Horizontes ein kosmisch-eschatologischer bzw. schöpfungsmäßiger Horizont treten kann. In dieser Richtung haben C. Müller, Gottes Gerechtigkeit und Gottes Volk, und P. Stuhlmacher, Gerechtigkeit Gottes bei Paulus, Käsemanns Intentionen aufgenommen und seine Thesen unterbaut. Müller will an der Auslegung von Röm. 9–11 zeigen, daß Gott in Christus das Recht des Schöpfers zum freien Begnaden handhabt. »Die Rechtfertigung ist ... Wirkung der prädestinierenden Neuschöpfung in Christus. Da Schöpfung Recht begründet, das die Rechtfertigungslehre verficht, ergibt sich, daß der eschatologische Schöpfungsgedanke Wurzel der Rechtfertigungslehre ist« (a.a.O., S. 89). Auch Stuhlmacher sagt: »Von Paulus her gesehen ist die Eschatologie allein die Verifizierung des Rechtes des Schöpfergottes an seiner Schöpfung« (a.a.O., S. 207). Die Christologie ist der »Realverzug« bzw. die »Spezifikation« dieser Eschatologie. Trotz der breiten begriffsgeschichtlichen Untermauerung dieser Thesen sind gewichtige Einsprüche dagegen erhoben worden, daß hier das Spezifische der paulinischen Auffassung von dikaiosyne getroffen sei. G. Klein (Gottes Gerechtigkeit als Thema der neuesten Paulus-Forschung, in: Verkündigung und Forschung 2/1967, S. 1ff.) wendet sich gegen ein Ausspielen des Machtcharakters gegenüber dem Gabecharakter, er findet die Argumente für ein Verständnis der Gerechtigkeit Gottes im Sinne eines gen. subj. nicht überzeugend und kritisiert vor allem das bei Stuhlmacher vorausgesetzte eschatologisch-ontologische (statt anthropologische) Grundverständnis. In der Tat ist zu fragen, ob man Paulus damit gerecht wird, daß man gegenüber einer verengenden anthropologischen Deutung eine kosmologisch-eschatologische setzt. Die Herrschaft Christi, um die es in der Gottesgerechtigkeit geht, schließt gewiß für Paulus (und erst recht die Deuteropaulinen) kosmische Konsequenzen ein, aber entscheidend ist doch, daß Gott sich in Christus als der erweist, der den Gottlosen gerechtspricht. In diesem »Verhalten« Gottes erweist sich, wer er ist, so daß – dogmatisch gesprochen – die Versöhnungslehre die Mitte der Theologie ist und Schöpfungslehre und Eschatologie deren notwendige Voraussetzung und Folge, nicht aber umgekehrt. Das Recht, das Gott aufrichtet, ist das Recht seiner freien Gnade, so daß es hier keine Konkurrenz zwischen Macht und Gabe geben kann, wenn anders es die Macht der Liebe ist, die sich in Christus offenbart.

33. ZUM RÖMISCH-KATHOLISCHEN VERSTÄNDNIS DER RECHTFERTIGUNG

Was wir bisher mit einigen reformatorischen Begriffen (der forensischen Gerechtigkeit, der Unterscheidung von iustia activa und passiva, von Gesetz und Evangelium, der Betonung des Wortcharakters) zu umschreiben versuchten als Inhalt des Evangeliums und als das Woran des Glaubens, das soll profiliert werden durch die Abgrenzung gegen das traditionelle römisch-katholische Verständnis der Rechtfertigung. Auch der katholischen Theologie geht es keineswegs um eine Selbsteinschätzung des Menschen oder sein Bestehen nur vor einer sittlichen Norm. Auch hier ist vom göttlichen Urteil die Rede, das den Menschen mit dem geist- und krafterfüllten Wort gerecht erklärt (vgl. etwa heute Schmaus und Küng). Der Geschenkcharakter wird von Schmaus folgendermaßen umschrieben: »Keine Anstrengung, kein Gebet und kein Opfer ist imstande, das Heil zu erzwingen, wenn Gott es nicht schenkt. Der Mensch kann ohne Gnade wohl sittlich Gutes tun, aber nicht so, daß es einen inneren Bezug hat zu dem Herrlichkeitsleben Christi« (Dogmatik III/2, S. 256f.). Weder de congruo noch gar de condigno kann der Mensch die Gnade verdienen. »Das nicht von der Gnade geformte Gebet kann geradezu zu einer Quelle der Selbsttäuschung und Verführung werden« (S. 281). Man kann auch hier sagen: Alles aus Gnaden, allein aus Gnaden! Wo liegt dennoch der Unterschied?

Auch hier geht es um ein Bestehen vor Gott. Aber entscheidend ist für das Verständnis der herkömmlichen katholischen Gnadenlehre, daß die Lehre von der analogia entis das Verhältnis Gott – Mensch grundlegend bestimmt, insofern ein rational einsichtiger Seinsbegriff göttliches und menschliches Sein umschließt. Nach Thomas von Aquin kann das Dascin Gottes aus der Vernunft erkannt werden. Das Vaticanum I hat das in aller Form dogmatisiert, wenn es betont, daß Gott als der Ausgang und das Ziel aller Dinge durch das natürliche Licht der Vernunft erkannt werden kann. Schon auf Grund der Gottesbeweise kommt man zu der Bestimmung Gottes als primum movens, actus purus, prima causa. Wie sich das nicht erst in Antithese zu der Reformation, sondern bereits bei Thomas auf die Gnaden- und Rechtfertigungslehre auswirkt, hat W. Link in seinem Buch: Das Ringen Luthers um die Freiheit der Theologie von der Philosophie, 1940, sehr eindrücklich gezeigt.

Thomas benutzt naturphilosophische Termini aus der aristotelischen Philosophie, um seine Gnadenlehre zu entwickeln. Gott ist die prima causa, der Mensch secunda causa im Heilsprozeß. Gott ist als causa causans der Alleinwirkende, aber als causa secunda – im Dienst der causa prima – ist auch das Wirken des Menschen conditio sine qua non. Obwohl die eigentliche Intention ohne Zweifel die ist, das menschliche Wirken von dem göttlichen abhängig sein zu lassen, also die Verschiedenheit zwischen Gott und Mensch zu respektieren, ist bei Anwendung dieser Terminologie doch ein Analogiedenken möglich, das eine cooperatio in der Rechtfertigung zuläßt. So ergibt sich für den philosophischen Betrachter ein Wettstreit zwischen zwei Partnern, den Link so darstellt: »Causa prima und causae secundae sind die zwei sich gegenüberstehenden oder irgendwie beisammenstehenden Partner. Die Position des ontologischen Betrachters ist die des Veranstalters des Wettstreits, der am Ausgang des Kampfes, am Übergewicht des einen Partners und der Unterlegenheit des andern kein Interesse hat, sondern allein daran, daß beide Partner da sind. Er steht über dem Streit der Parteien. Sie sind ihm beide eine Wirklichkeit, die er in ihrem Realitätscharakter würdigt. Diese ontologische Betrachtungsweise erlaubt jene bewunderungswürdige Beweglichkeit, bald auf die eine, bald auf die andere Seite zu treten, die Situation von hier und von dort aus zu sehen, hier und dort sich hinzustellen, die Kampfaussichten bald von dem einen, bald von dem andern Standpunkt aus zu beurteilen. Sobald aber ausdrücklich auf der einen oder auf der andern Seite Stellung bezogen und die Situation von dort her gedeutet wird, ist an die Stelle der beobachtenden ontologischen die bekennende Haltung getreten« (a.a.O., S. 177). So wird deutlich, wie man die Dinge in ganz verschiedenem Licht sehen kann: einerseits unter dem Gesichtspunkt der überragenden prima causa, wobei man dann zu überraschend reformatorischen Sätzen gelangt, andrerseits unter dem der menschlichen conditio als secunda causa, wodurch die menschliche Mitwirkung zum Zuge kommt. Das Schema der analogia entis, das Gott und Mensch in einem gemeinsamen und als einsichtig vorausgesetzten Seinsbegriff umspannt, erlaubt also trotz aller zugestandenen Differenz ein derartiges Mit- und Beieinander von beiden, bei dem der Gedanke des allein entscheidenden göttlichen Urteilsspruchs nicht mehr recht vollziehbar ist. In der reformatorischen Rechtfertigungslehre steht der Mensch vor Gott als dem Forum, das schlechterdings über Sein und Nichtsein entscheidet. Sie rechnet mit einer Alleinwirksamkeit Gottes, der in einer vorher nicht festzulegenden, nicht umkehrbaren Bewegung zum Menschen hin sich befindet. Hier kann die Möglichkeit der Gemeinschaft zwischen Gott und Mensch nicht vor ihrer Wirklichkeit gedacht werden. Anders in der katholischen Auffassung. Link sagt treffend: »Es besteht zwischen Gott und Mensch das Verhältnis gegenseitiger Zuordnung, und gerade der Gedanke des ordo wird so zur tödlichen Umklammerung des kerygmatischen Gedankens von der Alleinwirksamkeit Gottes. Indem an die Stelle des Kommens Gottes die natürliche ontologisch-entelechische Zuordnung tritt, wird die Botschaft vom Mediator zwischen Gott und Mensch ersetzt durch den Glauben an die Mediation« (S. 184). Gott ist zwar die causa causans, der Mensch nur causa sine qua non, aber als solche conditio. Dieser Konditionalismus kennzeichnet die thomistische Rechtfertigungslehre. Diesen Konditionalismus hat Luther, wieweit er auch im einzelnen Thomas kannte oder richtig verstand, beim Thomismus gewittert und gehaßt.

Man darf dabei gewiß nicht verkennen, daß die Intention bei Thomas eine ganz andre ist. Die katholische Gnadenlehre will den Gedanken abwehren, daß der Mensch als Klotz und Stein verstanden wird. Gott ruft in der Tat nicht einfach aus dem Nichts ins Sein, sondern den Sünder zur Buße. So faßt etwa U. v. Balthasar den katholischen Einspruch gegen die reformatorische Lehre auf: »Die katholische Kirche und Theologie nahm das Odium auf sich, zum ausgesprochenen, anscheinend einseitigen Anwalt der Natur und der Vernunft zu werden, wo die Häresie, auf das Schriftprinzip pochend, die geschichtliche Offenbarung für sich in Anspruch nehmend, in Wahrheit das Schöpfungswerk verkürzte und damit auch das Erlösungswerk untergrub« (Karl Barth, S. 277). Man braucht nur an gewisse reformatorische Sätze über den Verlust der imago Dei, an deren Stelle die imago diaboli trat, oder an psychologisch klingende Umschreibungen der Passivität in der Rechtfertigung zu denken, um das Mißtrauen der anderen Seite zu begreifen. Demgegenüber wird die analogia entis ins Feld geführt. v. Balthasar sagt: »Wenn Offenbarung sein soll, dann kann sie nur ergehen von Gott zu Geschöpf, zu einem Geschöpf, das als solches gerade in seinem Begriff Offenbarung nicht einschließt. Die ›Natur‹, die die Gnade sich voraussetzt, ist das Geschöpfsein als solches.« Besonders einleuchtend scheint dieser Einwand, wenn zu alledem betont wird, daß es faktisch nirgends in der Welt diese reine Natur mehr gibt, so daß ein doch behaupteter Konditionalismus christologisch begründet wird: »Von Christus her, der für sie alle starb, mögen sie vor oder nach ihm gelebt haben, von der Kirche, seiner Braut, her, außer welcher kein Heil ist, haben sie in offener oder verborgener Weise Anteil an den Gnaden der göttlich-christlich-kirchlichen Ordnung« (S. 299). Das klingt ganz ähnlich wie K. Barths christologisch-ontologische Begründung der Offenheit des Menschen für die Offenbarung. Hier will man eine Umklammerung der Theologie durch die Philosophie abwehren. Aber auch bei einer so wohlwollenden, dem reformatorischen Anliegen entgegenkommenden Interpretation des Thomas und der entsprechenden Thesen des Vaticanums, die mit bewegenden Worten von dem umgreifenden Prius der Gnadenordnung in Christus vor aller Naturordnung reden kann, kommt es zu Sätzen im Sinne der analogia entis: Man kennt dann doch »ein relatives Hinblicken von Adam zu Christus hin und von der geschöpflichen Vernunft zum Glauben des Bundes hin« (S. 313). Damit droht die Zweideutigkeit, welche die Reformatoren ausschließen wollten, dennoch wieder in die Rechtfertigungslehre einzudringen. Ein durch die analogia-entis-Lehre veranlaßter Konditionalismus und die reformatorische Auffassung der Rechtfertigung schließen sich aus.

Noch an einem andern Punkt der thomistischen Lehre zeigt sich diese Gefahr der philosophischen Umklammerung, nämlich bei dem Schema forma-materia. Gott ist die forma, das gestaltende Prinzip, die Seele die materia. Der Ton liegt durchaus auf der formierenden Gnade, so daß die infusio gratiae das wichtigste Stück der Rechtfertigungslehre ist. Die Seele erhält durch den Habitus der eingegossenen Gnade die sog. Übernatur, die Voraussetzung guten Handelns ist. In diesem Sinn kann von der Rechtfertigung als einem Wortgeschehen geredet werden. So sagt Schmaus (Dogmatik III/2, S. 113f.): »Wenn Gott den Menschen um Christi willen für gerecht erklärt, so ist dies nicht ein leeres, sondern ein geist- und krafterfülltes Wort, ein Wort von göttlicher Dynamik, welches in die innerste Schicht des Menschen eindringt und ihn dort verwandelt und umschafft. Der Gnadenspruch Gotts ist nicht eine bloße Aussage, sondern schöpferisches Handeln« (vgl. ähnlich: H. Küng, Rechtfertigung, 1957). In der Taufe geschieht diese Umwandlung. Hier werden die Züge Christi im Menschen herausgeformt, die unvergängliche Lebenskraft des auferstandenen Christus wird ihm eingeschaffen, das Menschsein in der Wurzel gewandelt. Auch hier kann nicht von einem plumpen Pelagianismus die Rede sein. Das Übergewicht der Gnade wird betont. Dennoch zeigt sich auch hier die Umklammerung mittels der benutzten Begrifflichkeit. Denn der Gedanke der Formierung läßt das schöpferische Handeln Gottes in der Rechtfertigung nicht wirklich zum Zuge kommen – trotz aller massiven Ausdrücke. Luther ahnte diese Gefahr, die in dem Begriff der Formierung liegt: »Vermaledeit sei dies Wort ›geformt‹; es nötigt einen ja geradezu, dies so zu verstehen, als bleibe die Seele nach und vor der Liebe gleich und als träte gewissermaßen im Augenblick des Handelns nur noch die Form hinzu, während es doch notwendig ist, daß sie selbst ganz und gar erstirbt und eine andere Seele wird, bevor sie die Liebe anlegt und handelt« (so zu Röm. 7,6, nach: E. Ellwein, Luthers Römerbrief, S. 251). Man kann nämlich auf diese Weise einerseits die radikalen Sätze über die Verlorenheit des Menschen, die unbedingte Notwendigkeit der Gnade usw. mitsprechen, denn ungeformt ist der Mensch nicht gerecht. Aber es bleibt doch eine nicht nur in Gott begründete, durch sein Wort sich ereignende Identität des Ichs, die sich abschwächend auswirkt. Mit Recht sagt Link: »So kann die einfache Aufnahme eines logischen Prinzips in die Theologie zu einer außerordentlich scharfen Waffe werden. Es handelt sich hier um alles andere als um eine müßige Spielerei des scholastischen Denkens. Das zeigen die Konsequenzen: Von hier aus bekommt der Thomismus die Möglichkeit, die Nichtigkeit des Menschen, auf die realen virtutes gesehen, als vorbehaltlos vollständige, und den Akt der Wiederbelebung ebenso vorbehaltlos als völlige Neuschöpfung zuzugeben und damit den Vorwurf abzuwehren, seine Sündenlehre sei quantitierend, Sünde für ihn nicht wirklich und restlos Sünde, Tod nicht Tod und Wiedererweckung nicht wirkliche Wiedererweckung, und nun doch auf dem Hintergrund einer neuen, in diesem Fall der logischen Seinsebene die ganze zugegebene Totalität wieder zu relativieren« (a.a.O., S. 195). Ganz anders die Reformatoren. So betont etwa Calvin die Berufung ex nihilo (zu Röm. 4,17) und bestreitet auch jede scintilla, die uns geeignet mache: »Ut enim potius idonei simus ad audiendam Dei vocationem, emori nos penitus nobismet oportet. Haec est vocationis conditio, ut, qui mortui sunt, a Domino suscitentur: qui nihil sunt, aliquid eius virtute esse incipiant.«

Auch gegen die Gleichsetzung von Rechtfertigung und Sündenvergebung wird katholischerseits Einspruch erhoben. Ausdrücklich stellt das Tridentinum fest, Rechtfertigung sei nicht nur Zudeckung oder Nichtanrechnung, sondern wahrhaft Tilgung der Sünde. Mit Berufung auf Paulus unterstreicht Schmaus, die Vergebung sei ein schöpferischer Akt. »Die Heiligen bleiben nicht für immer und ewig Sünder, welche begnadigt sind, sie hören vielmehr infolge des göttlichen Gnadenspruchs auf, Sünder zu sein« (a.a.O., S. 113f.). Das entspricht can. 11 der Sessio VI im Tridentinum: »Wenn jemand sagt, daß die Menschen gerechtfertigt werden allein durch die Zurechnung der Gerechtigkeit Christi oder allein durch die Vergebung der Sünden mit Ausschluß der Gnade und Liebe, welche durch den heiligen Geist in ihren Herzen ausgegossen wird und in ihnen bleibt, oder auch, daß die Gnade, durch die wir gerechtfertigt werden, nur eine Gunst Gottes sei, der sei ausgeschlossen« (vgl. auch can. 5 der Sess. V). Wieder ist nicht zu leugnen, daß man hier biblische Anliegen zur Geltung bringen will. Die heutige Exegese weist mit Recht darauf hin, daß Rechtfertigung bei Paulus zugleich Erneuerung bedeutet, daß der heilige Geist verliehen wird und Paulus ausdrücklich redet von dem Glauben, der in der Liebe tätig ist. Wenn die reformatorische Lehre das nicht leugnen wollte und konnte, so muß man genauer fragen, wo die Differenz liegt. Die »heiligmachende Gnade« ist – mit aristotelischen Kategorien ausgedrückt – nach Schmaus eine »geschaffene, bleibende, übernatürliche Wirklichkeit«, sie ist als eine »Art zuständlicher Bestimmtheit« (Habitus), als »dem menschlichen Ich einhaftende Qualität« zu verstehen (a.a.O., S. 135). Sie hat zwar keinen »Selbstand«, sondern sie inhäriert dem menschlichen Ich, sie ist Akzidens. Aber es ist keine bloß äußerlich anhaftende Wirklichkeit, sondern sie durchdringt, durchfärbt, durchglüht das Ich, wie das Feuer das Eisen durchglüht, und verwandelt es. Der Catechismus Romanus nennt sie eine qualitas in anima inhaerens. Damit soll ohne Zweifel die Realität der Gnade ausgedrückt werden, die den Menschen in seinem Wesenskern erfaßt und nicht nur psychologisch im Bereich des Verstandes, des Willens oder Gemüts wirksam ist. Die Gnade wird als Teilhabe an der göttlichen Natur verstanden, es geht um ein Sein, das auch die Physis betrifft und sich also nicht grundsätzlich gegen naturhafte Kategorien sperrt. Zugleich soll ihr aktualer Charakter betont werden. Schmaus sagt: »Wie Gott die Natur in ununterbrochenem schöpferischem Tun hervorbringt, so bringt er auch die Gerechtigkeit des Gerechtfertigten in immerwährendem heiligen Handeln hervor« (S. 133). Die Gnade ist zugleich Erfüllung und Überbietung der menschlichen Natur. So kann Schmaus das reiche und erfüllte Leben in der Gemeinschaft mit Gott plerophor umschreiben: »Sie wirkt Sicherheit und Ruhe. Indem der Mensch im Glauben der Gottesverbundenheit inne wird, gewinnt er das Gefühl der Geborgenheit, der Zuversicht und des Vertrauens (vgl. die romanische Kunst), der Freude und Heiterkeit (vgl. die Barockkunst). Ja, dem begnadeten Menschen allein ist echter Humor möglich, der auch das Leid aufnimmt und in Tränen lächeln kann. Er triumphiert ja mit Christus am Kreuz. So gibt es im Christentum auch keine Tragödie in dem Sinne, daß der Untergang das letzte Wort hätte. Es wird das Abgrundgefühl überwunden ...« (S. 161).

Wenn die Reformatoren dieser Bestimmung der Gnade als inhärierender Qualität widersprachen und in Aufnahme nominalistischer Begrifflichkeit von favor Dei und benevolentia sprachen, so geht diese Differenz über eine theologische Schulvariante hinaus. Zwar benutzt Luther nominalistische Terminologie, er nennt sich selbst gelegentlich einen Okkamisten. Und zweifellos half ihm diese Akt-Theologie, die alles auf die potentia absoluta ausrichtete und dem Menschen keine Qualität zuschrieb, das sola gratia zu umschreiben. Aber so gewiß die Vorstellung einer potentia absoluta, abstrakt verstanden, umschlagen konnte in eine Verabsolutierung des Menschen in seinen pura naturalia und im Endeffekt einen viel schlimmeren Pelagianismus erzeugen konnte, als es je der Thomismus tat, so gewiß ist der reformatorische Kampf nicht nur eine Fortsetzung des Nominalismus, wie z. B. Denifle meinte. Gegen die Seinskategorien werden nicht einfach Aktkategorien gestellt – man kann ja auch die Eingießung der Gnade sich als ständigen Akt vorstellen, wie wir sahen –, sondern alles kommt darauf an, wie Akt und Sein bzw. wie Gerechtsprechung und Gerechtmachung zueinander in Beziehung gesetzt werden ohne Abschwächung in der einen oder andern Richtung. Während katholische Theologie die Rechtfertigung, auch wenn sie von Sündenvergebung und Gerechtsprechung redet, entscheidend unter dem Aspekt der Wirkung sieht, d. h. als Ermöglichung des neuen, habitual verstandenen Seins des Menschen, liegt reformatorischer Theologie alles an diesem Relationscharakter, der freilich den gerechtfertigten Menschen nicht nur in einen neuen Status vor Gott versetzt, sondern auch erneuernde Wirkungen impliziert, aber niemals von diesen erfahrbaren Wirkungen her verstanden oder gar definiert werden kann. Deshalb betonten sie scharf: Jesus Christus ist unsere Gerechtigkeit, nicht aber eine durch Jesus Christus uns vermittelte Gnadenkraft.

Damit hängt aufs engste die Differenz in der Auffassung von der Übermittlung der Gnade zusammen, d. h. das katholische Insistieren auf dem sakramentalen Akt gegenüber der reformatorischen Betonung des Wortes. Nach der herkömmlichen katholischen Auffassung, die freilich heute nicht mehr unbestritten ist, spielt das Wort eine sehr untergeordnete Rolle. Nach Bartmann (Lehrbuch der Dogmatik, S. 494) »besteht die Rechtfertigungsgnade in einer inneren übernatürlichen Lebenskraft, welche der heilige Geist durch die Taufe in uns wirkt«. Die Gnadeneingießung ist die Ursache, die Sündenvergebung die Wirkung. So wie die Sünde vor allem als eine macula verstanden wird, als eine Deformation der Seele, so ist die Rechtfertigung ihre Formierung, eine Wiederherstellung der Deiformität durch schöpferische Mitteilung der verlorenen Kräfte, so daß der Zustand vor dem Fall restituiert wird. Diese neue Kraft fließt dem Menschen durch die Sakramente zu. In der Taufe wird dem Kind der neue habitus perfectus virtutum eingeflößt. Zwar ist das nicht einfach magisch zu verstehen, der Mensch hat ihn ja, sobald er dazu in der Lage ist, mit seinem Willen aufzunehmen und in Taten umzusetzen, auch die Wortverkündigung spielt an ihrem Ort hier eine Rolle. Aber entscheidend ist der sakramentale Akt. Das bei jedem, sofern er nicht einen Riegel (obex) vorschiebt, zum Tragen kommende Sakrament übermittelt ex opere operato die Gnade. Heute wird die Bedeutung des Wortes stärker akzentuiert. So kann E. Schick (Das biblische Verständnis von Heiligkeit, in: Hampe, die Autorität der Freiheit I, S. 391) Röm. 1,17 zitieren und sagen: »Im Alten wie im Neuen Testament sind die Heiligen diejenigen Menschen, die das Wort Gottes, das heißt eine Botschaft von Gott, empfangen und ihr im Glauben zustimmen.« Aber was in der dogmatischen Konstitution über die Kirche von der Heiligkeit gesagt wird, stößt doch nicht energisch in dieser Richtung vor. Es heißt dort: »Die Anhänger Christi sind von Gott nicht kraft ihrer Werke, sondern auf Grund seines gnädigen Ratschlusses berufen und in Jesus dem Herrn gerechtfertigt, in der Taufe des Glaubens wahrhaft Kinder Gottes und der göttlichen Natur teilhaftig und so wirklich heilig geworden. Sie müssen daher die Heiligung, die sie empfangen haben, mit Gottes Gnade im Leben bewahren und zur vollen Entfaltung bringen« (a.a.O., S. 397f.). Auch wird betont: »Da wir aber in vielem alle fehlen (vgl. Jak. 3,2), bedürfen wir auch ständig der Barmherzigkeit Gottes und müssen täglich beten: ›Und vergib uns unsere Schuld‹ (Matth. 6,12).« Aber der Wortcharakter und damit der Relationscharakter der Rechtfertigung wird auch hier nicht klar zum Ausdruck gebracht, wie auch die noch zu erörternde Diskussion über das Verständnis des simul iustus et peccator zeigt.

34. ZUR DEUTUNG DES »SIMUL IUSTUS ET PECCATOR«

Luthers Berufung auf den Römerbrief in seiner Deutung des simul iustus et peccator ist von der neueren Theologie in Frage gestellt worden. Man kann ja mit Recht bezweifeln, ob seine Auffassung der theologia crucis 1516/17 bereits die Höhe der reformatorischen Erkenntnis erreicht hat. Auch seine Exegese von Röm. 7, dem locus classicus für unser Problem, ist insofern nicht ganz zutreffend, als heutige Auslegung mit Recht wohl bestreitet, daß Paulus hier vom Zustand des Wiedergeborenen rede, anstatt rückblickend den Menschen unter dem Gesetz zu beschreiben. Aber auch Bultmann, der von einem Nacheinander des alten und des neuen Seins bei Paulus redet, gesteht zu, daß er dennoch ein Mit- und Gegeneinander im Sinne Luthers kenne, so daß Luther in der Intention recht behält. Bultmann (Christus des Gesetzes Ende, Beiträge zur Evangelischen Theologie I, S. 25) sagt: »Sofern das simul iustus, simul peccator nicht nur heißt, daß die Sünde, die im Glauben abgetan ist, sich in der Gegenwart immer noch als lebendig erweist und überwunden werden muß, sondern auch, daß die neue Gerechtigkeit mir überhaupt nicht in der Weise zu eigen ist, daß sie sich in meinem Tun vollzieht, sondern mir als aliena iustitia zugesprochen ist – und entsprechend, daß ich der peccator nicht erst darin bin, daß ich jeweils aktuell sündige, sondern darin, daß ich so, wie ich aus meiner Vergangenheit komme, vor Gott als Sünder dastehe, d. h. daß mein neues Sein das alte nur so überwunden hat, daß es dasselbe als vergebenes in jede Gegenwart mitbringt, daß ich also nie heilig bin, auch wenn ich kein Gebot mehr übertrete, sondern immer nur von der vergebenden Gnade lebe, – sofern also das ›iustus‹ nie eine Qualität, sondern eine Relation meint, also immer im paradoxen Verhältnis zum ›peccator‹ steht, – so entspricht auch das der Auffassung des Paulus.« Auch wenn er diese Dialektik nicht theologisch durchreflektiert habe, sei sie doch der Sache nach ausgesprochen, z. B. Phil. 3,12–14.

Die Reformatoren haben wohl bemerkt, daß sie sich an diesem entscheidenden Punkt auch auf ihren beliebten Kronzeugen Augustin nicht berufen konnten, obwohl er von Gnade und Erwählung wie kaum ein andrer tiefe Erkenntnisse hatte. Aber auch bei Augustin liegt der Nachdruck auf der Gnadenmitteilung im Sinne einer seinshaften Erneuerung, die Rechtfertigung ist ein Prozeß, der im wesentlichen mit der sittlichen Veränderung, der Heiligung identisch ist (vgl. Hamel, Der junge Luther und Augustin). Nicht der Name Jesu Christi, sondern die durch ihn vermittelte Gnadenkraft steht im Zentrum. Aber auch ein verdienstvoller Lutherforscher wie Karl Holl kommt jedenfalls in seiner Deutung Luthers nach seiner Römerbriefvorlesung der augustinischen Auffassung nahe (vgl. Gesammelte Aufsätze zur Kirchengeschichte I, Luther, S. 111ff.). Er sieht bei Luther die beiden, sich widersprechenden Behauptungen, daß Gott den Gottlosen rechtfertige, aber auch den faktisch Gerechten, der das Gesetz erfüllt. Wie vereint sich beides? Holl sagt: »Mit dem Sünder kann Gott nicht zusammensein. Denn Gott duldet nichts Unheiliges in seiner Nähe. Tritt er trotzdem mit dem Menschen in Beziehung, so ist das nicht vorstellbar ohne die weitergreifende Absicht Gottes, den Menschen in seinem Sinn umzubilden« (S. 11). Nach späterer Ansicht Luthers sei im Glaubensakt bereits keimhaft der neue Wille gesetzt, der das ganze Leben des Menschen umgestaltet. Das Ziel erlange er freilich erst im Tode. Wenn dennoch Luther den Menschen jetzt schon gerecht nenne, so deshalb, weil Gott die künftige Vollendung vor Augen habe (eine Auffassung, die in der Tat Luthers Bild vom Kranken nahelegt). Die Lösung des Widerspruchs sieht Holl also darin, daß Gott deshalb, weil er den Kranken heilen wolle, ihn vorwegnehmend bereits gesund nennen könne. So könne Luther beides sagen: Gott rechtfertigt den Gottlosen! und: Er rechtfertigt den Gerechten! Aber das letztere Urteil, das analytische, nicht das synthetische, sei theologisch genau. Aber diese Deutung wird doch wohl Luther, jedenfalls seiner späteren Auffassung, nicht gerecht.

Näher an das rechte Verständnis Luthers scheinen mir die Deutungen von R. Hermann und H. J. Iwand zu kommen. Hermann geht aus (in seinem Buch: Luthers These »Gerecht und Sünder zugleich«, 1930, 1960[2]) von Luthers Unterscheidung zwischen gratia und donum, d. h. zwischen Gottes prädestinierend-offenbarendem und seinem zeitlich-glaubenwirkendem Handeln. Beides ist in Christus verbunden. In der gratia geht es nicht um ein Mehr oder Weniger wie bei dem donum, wo es ein Wachstum gibt. Sein und Werden hängen unlöslich zusammen. Aber bei allem Werden wird der Mensch nie autonom, er bleibt immer Sünder und auf Vergebung angewiesen. Gerade als Werdender bleibt der Mensch in sich ohnmächtig, ja, erkennt erst sein totales Sündersein. Sich aber ganz von Gott getragen wissen, ist Gerechtigkeit. Luther sagt: »Deus non abit donatis suis donis et relinquit nos solos. Non fecit et abiit ... Sed creare est continuo conservare, fortificare. Sic spiritus sanctus adest praesens et operatur in nobis suum donum« (Hs. W. 421/22), zit. bei Hermann, S. 106). Deutlicher noch redet Iwand, indem er den eschatologischen Charakter des simul bei Luther stark unterstreicht. Er wendet sich vor allem gegen ein statisches Verständnis des simul: »Wenn darum Luther sagt, der Christ sei gerecht und Sünder zugleich, dann will er dies nicht verstanden wissen im Sinne eines unentschiedenen Ringens, sondern er fügt hinzu, dieses Ineinander der beiden Mächte sei immer schon ein Übereinander; der Mensch lebt wohl in der Dämmerung und die Schatten der Nacht ringen mit den Strahlen des Lichtes, aber es ist nicht die Dämmerung des sinkenden Tages, sondern die des anbrechenden Morgens. Die Sünde ist im Weichen, sie hat die Schlacht verloren, die neue Gerechtigkeit Gottes zieht herauf und wir leben bereits aus der Hoffnung auf sie« (Glaubensgerechtigkeit ..., S. 22). In einer Meditation über Röm. 6, 19–23 (GPM 1950/51, S. 163f.) sagt Iwand: »Nur kein ›spannungsvolles Nebeneinander‹ zwischen zwei Größen, von denen die eine weichen muß, wenn die andere kommt. Sie können weder in einem Herzen noch in einer Welt ›friedlich‹ miteinander wohnen. In dem Moment, da Gott selbst auf den Plan tritt, kann sich Sünde und Tod nicht mehr behaupten.« »Gnade Gottes bedeutet nach allem, was Paulus hier sagt, daß wir von jenseits des Todes her denken, leben und handeln dürfen! Daß die Freiheit, in der wir uns Gott zur Verfügung stellen, und zwar in dem

Bereich, in dem wir es zu verfügen haben, nämlich in dem unserer ›Glieder‹, aus jener Wirklichkeit stammt, wo der ›Tod nicht mehr herrscht‹ ... Es geht darum, ob wir, wenn wir Gnade sagen, die Gnade Gottes meinen, die uns in Jesus Christus sterben und auferstehen ließ, so daß wir – jetzt schon – in der Neuheit des Lebens wandeln.« Hier wird also auf die christologische Verankerung des simul iustus et peccator verwiesen, die uns für das Verständnis dieser Formel entscheidend zu sein scheint.

Wenn man das simul iustus et peccator in dem oben erklärten Sinn versteht, als ein ungleiches In- und Übereinander, als Weichen der Nacht und Kommen des Tags, d. h. also nicht im Sinne eines Waffenstillstandes, sondern eines Kampfes – taugt es dann als Vermittlungsformel zwischen den Konfessionen? Es ist in der Tat erstaunlich, wieweit man von römisch-katholischer Seite neuerdings Verständnis dafür aufbringt. Schmaus z. B. versucht die reformatorische Redeweise als aktualistisch-personalistische im Gegensatz zu einer metaphysischen Betrachtung zu verstehen. Er kann sagen: »Luthers Formel simul iustus et peccator wäre von der Verurteilung des Tridentinums nicht getroffen, wenn sie nicht metaphysisch, sondern konkret-geschichtlich gemeint ist« (Dogmatik III/2, S. 117). Das Zugleich ist offenbar denkbar, weil die Verbindung des Gerechtfertigten mit Gott durch läßliche Sünden nicht aufgehoben wird. »Der Gerechtfertigte ist so zugleich gerecht und sündig, nicht in dem Sinne, daß er in die Schuld der Sünde verstrickt bleibt und von Gott nur für schuldfrei erklärt wird, sondern in dem Sinn, daß er von der Schuldhaftigkeit der Sünde frei ist und doch immer wieder Sünden begeht, ohne sich hierbei ganz von Gott wegzuwenden« (S. 116). Mit dem Hinweis auf die Sündenbekenntnisse in der Liturgie bzw. die Bitte um Vergebung wird offenkundig, daß sich der Mensch nie der vollen Sündenfreiheit rühmen kann. Ähnlich argumentiert auch H. Küng (Rechtfertigung). Der Hinweis auf frühere Sünden, auf die Sünden anderer Glieder der Kirche und auf eigene läßliche Sünden soll das simul erklären.

Ist es also doch nur ein terminologischer Streit? Beiderseits kann es heißen: Wir brauchen täglich Vergebung. Beiderseits wird betont: Es geht in der Rechtfertigung auch um Erneuerung. Auch versichert man auf beiden Seiten, es sei kein »metaphysischer Dualismus« gemeint. Und doch besteht insofern ein Unterschied, als auf katholischer Seite die Tendenz besteht, das iustus im Sinne einer qualitativen Gerechtigkeit zu verstehen, peccator aber im Sinne restlicher Konkupiszenz, die als Versuchlichkeit oder läßliche Sünde den Gnadenstand nicht aufhebt, wenn auch u. U. schwächt. Nach reformatorischer Auffassung aber wird mit dem simul iustus et peccator der eschatologische Charakter der Rechtfertigung umschrieben – eschatologisch im Sinne des extra nos, in Christus, bestehenden, von uns nur im Bekenntnis des radikalen Verlorenseins zu empfangenden Gerechtseins, so daß trotz aller damit einsetzenden faktischen Erneuerung des Lebens doch Wort und menschliche Lebenswirklichkeit erst im erwarteten Eschaton zur Deckung kommen. Ist beides, das iustus und das peccator, nicht gleichgewichtig, ist das eine die bereits in Christus bestehende, von ihm her siegreich in die Gegenwart hereinragende Zukunft, das andre die noch immer mir anhängende Vergangenheit, so ist doch von einem simul in radikaler Paradoxie zu reden, weil beides ein Totalbekenntnis ist. Die Auflösung dieser Paradoxie ist durch keine Analyse und Beschreibung der neuen Existenz des Menschen als solcher möglich, sondern nur christologisch, d. h. indem das in Kreuz und Auferweckung Jesu erfolgende tötende und freisprechende Urteil Gottes vernommen wird. Hier erst wird deutlich, warum vom alten und neuen Menschen in radikaler Diskontinuität und zugleich in solcher Identität gesprochen werden kann, d. h. wieso ich um Christi willen, in ihm, als Verurteilter freigesprochen bin. Hier ist offenbar die Grenze des Verstehens auch für so wohlwollende Interpreten wie Schmaus, Küng oder Grosche. R. Grosche (Simul peccator et iustus, Pilgernde Kirche, S. 147ff.) gibt zu, daß im Bewußtsein des katholischen Christen heute die Erbsünde oft nicht die Bedeutung habe wie bei Thomas. Aber auch er wirft Luther vor, daß ein heilsgeschichtlicher Sachverhalt bei ihm nicht mehr dialektisch formuliert, sondern ontologisch oder doch »scheinbar ontologisch« mit seiner nominalistisch verstandenen Formel umschrieben werde, die das Gerechtsein faktisch aufzuheben drohe. Dagegen habe katholische Dogmatik mit Recht immer Bedenken gehabt. Aber ob man mit dieser berechtigten terminologischen Kritik der Sache gerecht wird, die Luther im Auge hatte, ist mir fraglich. Der hier von katholischer Seite erhobene Vorwurf der Umklammerung der Theologie durch Philosophie verkennt doch wohl, daß diese Terminologie für Luther nur Hilfsmittel ist, um zum Ausdruck zu bringen, daß der gekreuzigte und auferstandene Christus im Glauben meine Gerechtigkeit ist, nicht eine von ihm erworbene und uns mitgeteilte gratia, die allzu leicht als eine der Seele inhärierende Qualität gedacht ist.

Um diesem Abweg zu entgehen, genügt es freilich nicht, lediglich einseitig den forensischen und imputativen Charakter der Rechtfertigung zu betonen und sie objektiv im Kreuz Christi zu fundieren. Diesen Weg ging zunehmend bereits Melanchthon mit einer rational durchgebildeten Theorie, nach der Christus einst durch sein Opfer das Gut der Gerechtigkeit beschafft habe und wir es uns im Glauben aneignen. Die angeblich alles Verdienst des Menschen ausschaltende Verobjektivierung schlägt allzu leicht um in einen Subjektivismus, der den Glauben als Bedingung versteht, ja, dieser Subjektivismus ist wohl die eigentliche Wurzel dieses Denkens, weil man nach einem festen Grund für das angefochtene Gewissen sucht und durch eine radikale Fassung der forensischen Rechtfertigung diese Tröstung des Gewissens zu sichern bemüht ist. H. E. Weber (Reformation, Orthodoxie und Rationalismus) zeigt instruktiv, wie in der Folge Philippisten und Gnesiolutheraner Fortsetzer und Bahnbrecher dieser Entwicklung und damit der Orthodoxie werden. Bei M. Flacius sieht dies (nach Webers Schilderung, I, s. S. 113) so aus: »Gott sitzt wie der größte Kaufmann an seiner rationalis mensa, in den Händen sein Rechnungsbuch; in ihm sind in einem Teil aller Sterblichen Schulden eingeschrieben, im anderen aber der allerreichste Schatz Christi. Die Menschen stehen vor dem Tribunal, jedem wird seine unendliche Schuld vorgehalten und ewige Marterung angedroht. Dann bittet der Mittler, vom Sünder durch den Glauben angerufen, den Vater flehentlich (suppliciter) um Übertragung von seiner Bezahlung. Wie anders soll die Übertragung der bezahlenden (persolutiva) Gerechtigkeit geschehen als durch Imputation oder rationalis vel decreto facto communicatio et adscriptio, durch Überschreibung? Das sei Christi und des heiligen Geistes eigenes Gleichnis – nein, nicht Gleichnis, sondern echte Wahrheit, Bild, ›lebendiges Gesicht‹ der Sache, des ›Handels‹ selber.« Das Verdienst Christi erscheint wie ein Depositum, das der Glaube in Anspruch nimmt. Hier ist deutlich, wie die Extreme einer radikalen Objektivierung und einer gleichzeitigen konditionalen Subjektivierung sich berühren. Hier ist vergessen, daß Jesus Christus nicht eine solche objektve Größe der Vergangenheit ist, sondern das übergreifende Tatwort Gottes, das als Urteil und Freispruch Gottes uns immer schon einschließt und nicht erst durch unsre Reaktion darauf seine Wahrheit und Gültigkeit empfängt.

35. PROMISSIO UND FIDES

Luther insbesondere hat den unlöslichen Zusammenhang von promissio und fides energisch betont. Im Anschluß an Röm. 10,17 spricht er von der fides ex auditu, und er kann das verbum externum in seiner konstitutiven Bedeutung für den Glauben nicht genug rühmen entgegen einem schwärmerischen Insistieren auf dem inneren Licht, einem verbum internum, das keine Gewißheit gibt. So heißt es in den Schmalkaldischen Artikeln III,8: »Und in diesen Stücken, so das mündliche äußerliche Wort betreffen, ist fest darauf zu bleiben, daß Gott niemand seinen Geist oder Gnade gibt, ohne durch oder mit dem vorhergehenden äußerlichen Wort. Damit wir uns bewahren vor den Enthusiasten, das ist Geistern, so sich rühmen ohne und vor dem Wort den Geist zu haben, und danach die Schrift oder mündliche Wort richten, deuten und dehnen ihres Gefallens ... Denn das Papstthum auch ein eitel Enthusiasmus ist, darin der Papst rühmt, alle Rechte sind im Schrein seines Herzens, und was er mit seiner Kirchen urtheilet und heißt, das soll Geist und Recht sein, wenns gleich über und wider die Schrift oder das mündliche Wort ist. Das ist alles der alte Teufel und alte Schlange, der Adam und Heva auch zu Enthusiasten machte, vom äußerlichen Wort Gottes auf Geisterei und Eigendünkel führet ...« Ähnlich kann Calvin sagen, Glauben heiße: die Ohren aufmachen und die Augen schließen. (Vgl. auch Apol. IV,56 und XII.) Freilich hat Calvin zugleich doch den Unterschied zwischen dem Wort Gottes selbst und dem »äußeren« Wort des Predigers betonen können und sich dagegen verwahrt, daß der Geist an die Verkündigung und die Sakramente »angebunden« sei, ja, auch Gott nicht das Recht bestritten, unmittelbar Menschen zu berufen. Vollends K. Barth geht heute so weit, daß er nicht nur den Gnadenmittelcharakter der »Sakramente«, der Taufe und des Abendmahles, bestreitet, sondern auch nicht mehr, wie in KD I/1 und 2, von der Verkündigung oder auch der heiligen Schrift als der 3. bzw. 2. Gestalt des Wortes Gottes reden würde, weil Jesus Christus allein das Wort Gottes ist. Man muß sehen, daß in den hier genannten widersprüchlichen Formulierungen verschiedene Intentionen geltend gemacht werden, die jeweils ihr Recht an ihrem Ort haben. Der Glaube glaubt allein an den in Jesus Christus sich offenbarenden Gott und nicht in Konkurrenz dazu an Bibelworte oder Predigtsätze. Sofern alle Verkündigung und alle kirchliche Lehre zeit- und situationsbedingt sind und in fehlbaren menschlichen Worten das Evangelium zu uns kommt, ist die direkte Identifikation des verbum externum in der Predigt und Lehre mit dem Wort Gottes nicht möglich, sondern jeweils kritisch nach diesem zu fragen. Andererseits begegnet mir das Wort Gottes nicht unmittelbar, sondern in der Gestalt solcher menschlichen Worte, in, mit und unter dem verbum externum, und als rechtmäßiges Zeugnis von diesem Wort Gottes. Weil und sofern Jesus Christus rein verkündigt wird, er selbst durch den Mund seiner Zeugen redet und verheißen hat: »Wer euch hört, hört mich«, verdient das verbum externum vollen Respekt und ist Grund des Glaubens. Aber daß Christus sich des Kerygmas bedient, heißt nicht, daß er im Kerygma verschwindet. Nicht das Wort Gottes ist ein Element der Sprache, sondern die Sprache des Menschen ist bzw. kann werden zu einem Instrument des Wortes Gottes, und der Glaube ist nur insofern als Sprachgeschehen zu bezeichnen, als dies Zeugnis des Christusgeschehens ist.

36. RÖMISCH-KATHOLISCHE LEHRE UND DAS »SOLA FIDE«

Gegenüber diesem evangelischen Verständnis des sola fide vergegenwärtigen wir uns zusammenfassend die römisch-katholische Auffassung von Rechtfertigung und Glaube in ihren Hauptpunkten – jedenfalls nach dem traditionellen Verständnis. Die Rechtfertigung ist bei dem Erwachsenen durch eine sittliche Vorbereitung bedingt. Da der freie Wille nicht völlig erstorben oder ausgelöscht ist, kann er – von Gott bewegt und gelockt – zur Vorbereitung mitwirken. Die göttliche Initiative ist gewahrt, sofern die aktuelle Gnade erst zu dieser Vorbereitung befähigt. Darunter ist eine der eigentlichen Rechtfertigung vorangehende Gnadenwirkung in der Seele (gratia praeveniens) verstanden, die den Willen zum Guten anregt. Gedacht ist vor allem an die Einwirkung durch das Wort, das dem Menschen sagt, was er tun und glauben soll. So kommt es zur vocatio, die auf die eigentliche Gnadeneingießung, die gratia gratum faciens, die sakramental erfolgt, präpariert. Damit gelangt also der Mensch noch nicht zum seligmachenden Glauben, zur fides caritate formata, sondern allenfalls zu einer gewissen Disposition mittels einer fides (timor, spes) informis. Er kann es zu einem facere, quod in se est, bringen. Im einzelnen gehen hier die Meinungen auseinander. In Trient wurde lange und heftig um die Beschreibung und Beurteilung dieser praeparatio gerungen. Nach skotistischer Meinung kann man auf diese Weise bereits ein meritum de congruo erwerben, ein sog. Angemessenheitsverdienst, was die Thomisten bestritten. Im Tridentinum vermied man den Ausdruck de congruo, betonte aber energisch die Notwendigkeit dieser praeparatio. So heißt es VI,5, can. 4: »Wer behauptet, der freie Wille des Menschen wirke, wenn er von Gott bewegt und aufgeweckt wird, zu seiner Bereitung und Zurüstung für den Empfang der Rechtfertigungsgnade nichts mit, indem er dem weckenden und rufenden Gott zustimmt, auch könne er, selbst wenn er wolle, nicht widersprechen, sondern verhalte sich wie ein lebloses Ding vollkommen untätig und nur empfangend (vgl. Luthers pure passive, das damit getroffen sein soll), der sei ausgeschlossen.« Sehr vorsichtig redet Schmaus von dieser praeparatio als einer »von Gott gewirkten Empfänglichkeit für die Begegnung mit dem himmlischen Vater«, einer inneren Aufnahmefähigkeit. Er sucht es mit dem Gleichnis vom königlichen Gastmahl zu verdeutlichen: »Die Lahmen, die Blinden, die Bettler, die von der Straße und von den Zäunen zum königlichen Mahl geladen wurden, ... hatten weder die für das Mahl passende äußerliche Aufmachung noch das hierzu nötige innere Verständnis. Aber sie wurden vorher so bekleidet, belehrt und unterwiesen, daß sie an die königliche Tafel paßten. Ähnlich wird der unter dem Einwirken der Tatgnade zu Gott sich wendende Mensch so bereitet, daß er zur Teilnahme an Gottes Leben geeignet ist...« Es bleibt also dabei, daß der Sünder aus sich selbst keinerlei schöpferische Kraft zur Erwirkung des Heils hat, sondern wie ein Toter ist. »Aber in der Schöpferkraft Gottes kann er selbst aktiv sein. Was er aber tun kann, das muß er auch tun. Denn jede Gabe Gottes ist eine Aufgabe des Menschen« (Dogmatik III/2, S. 286f.).

Hier wird deutlich, wie nach dieser Auffassung Gottes Werk und menschliche Tat ineinander greifen und unlösbar verschlungen sind. Schmaus sagt: Die Umkehr ist »eine Tat Gottes und eine Tat des Menschen. Nicht derart, daß einen Teil hiervon Gott und einen andern Teil der Mensch wirkte, sondern so, daß den ganzen Vorgang Gott wirkt und daß den ganzen Vorgang der Mensch leistet« (S. 286). Man kann das Ganze eben unter doppeltem Aspekt betrachten, wie wir bereits sahen, und je nachdem, ob man es von oben oder von unten anschaut, sehr verschieden bewerten. Dabei ist klar erkennbar, daß der grobe Pelagianismus abgewehrt werden soll. Die Notwendigkeit der praeparatio bei Erwachsenen, die nicht wie die Kinder sofort die gratia infusa erhalten, wird damit begründet, daß die Rechtfertigung kein mechanischer Vorgang sei, sondern dem vernünftigen und freien Menschenwesen zu entsprechen habe. Sehr bezeichnend heißt es im Tridentinum (VI,5): »Declarat praeterea, ipsius iustificationis exordium adultis a dei per Christum Jesum praeveniente gratia sumendum esse, hoc est ab eius vocatione, qua nullis eorum existentibuns meritis vocantur, ut qui per peccata a Deo aversi erant, per eius excitantem atque adiuvantem gratiam ad convertendum se ad suam ipsorum iustificationem, eidem gratiae libere assentiendo et cooperando, disponantur ita, ut tangente deo cor hominis per spiritus sancti illuminationem neque homo ipse nihil omnio agat inspirationem illam recipiens, quippe qui illam et abiicere potest, neque tamen sine gratia Dei movere se ad iustitiam coram illo libera sua voluntate possit.« Sowohl das Nichtstun wie das eigene Verdient wird hier abgelehnt, wohl aber eine durch die gratia praeveniens ermöglichte Vorbereitung. Etwas vergröbernd ist die Auslegung Bartmanns, wenn er von einer »mit der Gnade in der Seele hergestellten Empfänglichkeit« redet, »auf die Gott frei und gnädig seine Heiligungsgaben verleiht, weil er durch seine Verheißung sich gleichsam dazu verpflichtet hat und in der hergestellten Disposition des Sünders eine moralische Veranlassung sieht, die Gnade frei zu erteilen«.

Zu diesen Vorbereitungsakten gehört als erster der Glaube, fides – aber nicht im Sinne von fiducia, sondern vor allem als Bekenntnisglaube, als Zustimmung zur offenbarten Wahrheit. Daneben wird eine Reihe sittlicher Akte genannt wie Furcht vor Gottes Gerechtigkeit, auch vor Höllenstrafen, Hinwendung zu seiner Barmherzigkeit in der Hoffnung auf Vergebung, anfängliche Liebe zu Gott, sowie der Vorsatz, die Sakramente zu empfangen (vgl. Trid. VI,6 über die modus praeparationis: Disponuntur autem ad ipsam iustitiam, dum excitati divina gratia et adiuti, fidem ex auditu concipientes, libere moventur in deum, credentes vera esse quae divinitus revelata et promissa sint, atque illud in primis, a deo iustificari impium per gratiam eius, per redemptionem, quae est in Christo Jesu; et, dum peccatores se esse intelligentes, a divinae iustitiae timore, quo utiliter concutiuntur, ad considerandam dei misericordiam se convertendo in spem eriguntur, fidentes deum sibi propter Christum propitium fore, illumque tanquam omnis iustitiae fontem deligere incipiunt, ac propterea moventur adversus peccata per odium aliquod et detestationem, hoc est per eam poenitentiam, quam ante baptismum agi oportet; denique dum proponunt suscipere baptismum, incoare novam vitam et servare divina mandata). Insofern der Glaube unerläßlicher Vorbereitungsakt ist, kann im Tridentinum von ihm als fundamentum et radix omnis iustificationis gesprochen werden. Ohne ihn kann niemand Gott gefallen.

Der reformatorische Einspruch gegen diese Lehre von der Präparation wird seiner Intention nach katholischerseits durchaus verstanden. Schmaus gesteht z. B. zu, daß »der tiefste Grund für die reformatorische Lehre die Sorge für die Ehre Gottes ist«. Aber er fragt, ob die Ehre Gottes nicht gerade dadurch bewahrt werde, daß Gott nicht als der gerühmt werde, der einen Toten als Toten in Bewegung setzt, sondern der ihn so zum Leben erweckt, daß er sich in der Kraft Gottes selbst bewegen kann. Luther mit seinen radikalen Aussagen über das pure passive habe nicht als Dogmatiker, sondern als Prediger geredet, um mit überspitzten Sätzen die Größe der göttlichen Gnade und die Verlorenheit des Menschen eindrücklich zu bezeugen. Aber auch er habe es wohl anders gemeint: »Darnach würde in der Aktivität Gottes der Sünder selbst aktiv. Wenn sein Verhalten dennoch passiv genannt wird, so hätte dies den Sinn, daß die menschliche Aktivität eine von Gott gewirkte ist« (S. 288). In diesem Fall wäre Luther durch das Verwerfungsdekret von Trient in diesem Punkt höchstens dem Wortlaut, nicht aber der Sache nach getroffen.

Der hier geforderte Glaube, der primär als Bekenntnisglaube bezeichnet werden kann, soll doch nicht eine bloße fides historica sein. Schmaus redet von einer fides specialis, in der der Gläubige Christus nicht nur als Vernichter der Sünde im allgemeinen, sondern seiner eigenen Sünde bekennt. Das gläubige Ja kommt nicht aus natürlicher Einsicht, es ist nicht das notwendige logische Ergebnis von Vernunftüberlegungen. Es ist vielmehr bereits eine Entscheidung, die nur ein von Gott Bewegter und Erleuchteter vollziehen kann. »Glauben heißt – so kann Schmaus sagen – Gott recht geben und zwar gegen sich selbst« (S. 307). Dies gläubige Ja ist der Anfang des Heils und der erste Schritt auf Christus hin. Begrifflich ist nach Schmaus der Glaube vom Tridentinum richtig beschrieben. Aber eine andere Frage sei, ob damit alles, was vom Glauben zu sagen ist, ausgesprochen sei. Dies »Wesensgefüge« des Glaubens könne wohl für sich allein verwirklicht werden, d. h. ohne Liebe, aber das sei anormal. Es sei dies ein toter Glaube, den selbst Teufel haben können. Der in der praeparatio geforderte Glaube sei zwar noch nicht lebendiger Glaube, aber doch auch nicht mehr toter, sondern er schwebe zwischen Tod und Leben. Er bewegt sich auf das Leben zu, ist ein erster Schritt dahin und wird normalerweise durch echte Reue, Hoffnung und Liebe erfüllt. Der durch Liebe erfüllte Glaube, der nichts Neues zu seiner Wesensbestimmung hinzubringt, ist der normale rechtfertigende Glaube. Denn die Antwort auf Gottes Liebe kann nur Liebe sein (Schmaus, a.a.O., S. 310).

Wenn der Glaube im Tridentinum nicht nur Anfang, sondern auch Wurzel und Grundlage der Rechtfertigung genannt wird, dann wird er nicht dahinten gelassen, so daß man über ihn hinwegschreiten könnte. »Er bleibt vielmehr die Grundlage, auf welcher sich alles erhebt, und die Wurzel, aus der wie bei einem Baume alles hervorwächst. Der Glaube trägt den ganzen Vorgang und wirkt ständig in alle seine Phasen hinein« (Schmaus, S. 313). So ist alles Folgende nur Vollzugsweise und Erscheinungsform des Glaubens, wie umgekehrt freilich auch dies alles erst den Glauben füllt und lebendig macht. Darum kann sich Schmaus auch gegen den Vorwurf wenden, das Tridentinum lehre eine Rechtfertigung durch Glaube und Werke. Der eingegossene Glaube ist die Rechtfertigung! Zwar heißt es im Tridentinum, der Glaube eine nicht vollkommen mit Christus und mache nicht zum lebendigen Glied seines Leibes, wenn nicht Hoffnung und Liebe dazutreten (VI,7). Aber man muß zwischen dem Glauben *vor* der Rechtfertigung und dem Glauben als Wurzel und Fundament jeder Rechtfertigung unterscheiden. Unterschieden wird auch zwischen der in der Taufe erfolgenden ersten Rechtfertigung und einer zweiten und dritten, wobei unter der zweiten das Wachstum in der Gnade und unter der dritten die Wiederherstellung der Rechtfertigung nach ihrem Verlust durch eine Todsünde verstanden ist.

Nachdem bisher von der praeparatio und dem Glauben als dem wesentlichsten Moment darin die Rede war, ist nun von der eigentlichen Gnade, der gratia iustificans bzw. gratia gratum faciens zu sprechen. Sie wird im Sakrament der Taufe geschenkt und ist eine innere, übernatürliche Lebenskraft. Hier gewinnt der Mensch Anteil an Tod und Auferstehung Christi. Die gratia infusa kann als eine physisch bleibende, nach Art eines Habitus der Seele anhaftende Qualität bezeichnet werden. Es gibt verschiedene Theorien darüber, wie diese den Sünder verwandelnde Kraft vorzustellen sei. Nach Ansicht des Lombarden ist diese heiligmachende Gnade nicht eine eingegossene, geschaffene Form, sondern der heilige Geist selbst. Nach nominalistischer Auffassung wird der favor Dei betont. Nach thomistischem Verständnis, das im allgemeinen gilt, ist es ein Seinshabitus (Bartmann: »Der Träger der heiligmachenden Gnade ist ... unmittelbar das Wesen der Seele, die durch die Gnade nicht nur in ihren Potenzen, sondern in sich selbst berührt und in die übernatürliche Seinsordnung erhöht wird«, Lehrbuch der Dogmatik, 1911[2]). Und schließlich kann sie als Teilnahme an der göttlichen Natur definiert werden. Wir brauchen auf diese Differenzen hier nicht näher einzugehen. Soviel aber ist klar: Durch diese sakramental vermittelte Gnade wird die Seele formiert. So wird der religiöse und sittliche Habitus vor dem Fall restauriert, es kommt zur freien Hingabe an Gott. Wenn mittels der gratia praeveniens und operans der nie ganz verlorene freie Wille gekräftigt wird, so bewegt hier der Wille mittels der gratia cooperans und subsequens selbst. Was die Zuordnung von Gnade und Wille anlangt, so kann man (nach Schmaus) hier drei oder vier systematische Versuche unterscheiden: 1. Der Thomismus betont, daß die Gnade der menschlichen Entscheidung übergordnet und das eigentlich kausierende sei. Diese Gnade »ist eine von Gott ausgehende Bewegung, welche durch ihre innere Kraft die Willenszustimmung mit unfehlbarer Sicherheit bewirkt und zwar nicht nur durch moralische Beeinflussung des Willens ...« (a.a.O., S. 337). 2. Der sog. Augustinismus ersetzt die physische Bestimmung durch die moralische: »Gott wirkt auf den menschlichen Geist nicht so ein, daß er ihn ergreift und zieht oder stößt wie ein Naturding, sondern so, daß er seine Liebe und Freude weckt. Die wirksame Gnade ist die von Gott geweckte Freude am Guten« (S. 339). 3. Der Molinismus sieht die Gnade »nicht auf Grund ihrer inneren Kraft, sondern infolge eines außerhalb der Gnade liegenden Grundes (ab extrinseco), nämlich infolge der freien Zustimmung des Willens wirksam« (S. 340). Gott sieht voraus, was der Mensch tun wird. »Wenn Gott also wirksam will, daß ein Mensch eine bestimmte Heilshandlung setzt, dann gibt er ihm eine Gnade, von der er unfehlbar weiß, daß ihm der menschliche Wille zustimmen wird.« 4. Und schließlich spricht man von einem Synkretismus, der einen Kompromiß aus den verschiedenen Anschauungen bildet.

Wenn also hier auch tiefgreifende Unterschiede walten und keine allseits befriedigende Antwort möglich ist, weil Gottes Wille zutiefst Mysterium ist, so sind doch die verschiedenen Wege und Systeme darin einig, daß die Allwirksamkeit und Oberherrschaft Gottes und die menschliche Freiheit nebeneinander und miteinander gewahrt werden müssen, wenn auch mit verschiedener Betonung. Das Ganze der Rechtfertigung erscheint als ein Prozeß der Heilung bzw. Heiligung, bei dem stets eine Korrespondenz zwischen göttlicher Aktion und menschlicher Reaktion durch die verschiedenen Stadien hindurch gewahrt wird. Unter dem Aspekt der Gnade kann man durchgehend sagen: Gott ists, der es schafft! Ohne Gnade ist der Mensch verloren. Und dennoch fällt auf die Mitwirkung des Menschen ein großes Gewicht, so daß im strengen Sinn von einem sola fide nicht zu reden ist.

Das sola fide besagt nicht, daß es je echten Glauben ohne Liebe, ohne die Gabe des Heiligen Geistes und beginnende Erneuerung des Menschen geben könne. Wohl aber behauptet es, daß alle Änderung und Erneuerung meiner Existenz niemals ganz oder teilweise konditional in Verbindung gebracht werden dürfe mit der in Jesus Christus allein begründeten Rechtfertigung vor Gott. Was ich durch Gottes Gnade bin oder zu sein beginne, ja, auch der Akt meines Glaubens selbst kann niemals diese Gnade begründen oder mitbegründen. Gott selbst darf niemals mit seinen Gaben, auch seinen geistlichen Gaben verwechselt werden. Gott rechtgeben heißt immer zugleich, sich als Sünder bekennen, dessen Tun – im Blick auf seine Geltung vor Gott – umsonst ist auch in dem besten Leben. Recht verstanden steht und fällt also der Glaube mit dieser particula exclusiva.

37. ZUM PROBLEM DES ANTINOMISMUS

Die Frage nach dem rechten Verhältnis von Gesetz und Evangelium im Zusammenhang mit der Bußlehre wurde sehr bald zu einem Zankapfel in der reformatorischen Theologie. Unter den sog. Antinomern ragt besonders Johann Agricola, der Schüler und Freund Luthers, hervor, der die Konsequenz aus der Lehrweise des Reformators glaubte ziehen zu sollen, die dieser selbst ablehnte. In der Tat hatte Luther oft gesagt, daß die wahre Buße erst aus der Erkenntnis der Güte und Wohltat Christi fließe. Andererseits aber hatte er die Predigt des Gesetzes in der Kirche immer für nötig gehalten, um die sicheren Sünder zu erschüttern. Den Gedemütigten, welche ihr Unvermögen erkennen, will das Evangelium zu Hilfe kommen. Das ist bei Luther nicht ein einmaliger Akt, sondern das ganze Leben des Christen soll eine ständige Buße sein (vgl. bereits die 1. These 1517). Ohne das Evangelium kann das Gesetz zwar nur einen dolor peccati hervorrufen. Es wird nur recht gepredigt, wenn es als Zuchtmeister auf Christus hin verstanden wird. Aber trotz der teleologischen Zuordnung von Gesetz und Evangelium und der dialektischen Verschränkung beider kann Luther von einer homiletischen Vorordnung des Gesetzes reden.

Diese Vorordnung des Gesetzes und der durch es bereits initiierten Buße schien nun eine Zuspitzung und maßgebliche Regelung in Melanchthons Unterricht der Visitatoren, 1528, zu erhalten (vgl. Stupperich, Melanchthons Werke I, S. 221). Dort klagt Melanchthon darüber, daß der Glaube gepredigt werde, ohne genugsam anzuzeigen, wie man zum Glauben komme: »Aber viel itzund sagen allein von der vergebung der sünde, und sagen nichts oder wenig von Busse. So doch on Busse key vergebung der sünden ist. Es kann auch vergebung der sünden nicht verstanden werden on busse.« Die Folge sei, daß die Leute sicher und furchtlos würden und der Irrtum größer werde als vor der Reformation. Agricola wurde dadurch herausgefordert zu dem Vorwurf, Melanchthon »kröche wieder rückwärts«. Das Gesetz wirke nicht Buße, sondern es sei – mit Luther zu reden – der Juden Sachsenspiegel und gehe den Christen nichts mehr an. Wer Gottes Güte glaubt, der kommt zur Buße und Erneuerung. Das Umgekehrte sei die päpstliche Lehrweise. Dieser erste antinomistische Streit endete unter Luthers Mitwirkung mit einem Kompromiß (Unterscheidung zwischen fides generalis, die der Buße vorausgehe, und rechtfertigendem Glauben, der unter Schrecken des Gewissens die Gnade ergreife). Härter wird der 2. antinomistische Streit (1537ff.) mit Luther selbst (vgl. Drews, Disputationen). Luther betont gegen Agricola, es gebe keine Rechtfertigung ohne contritio, die durch den heiligen Geist aus der Gesetzespredigt erwachsen kann. Zwar gibt Luther zu, früher anders gepredigt zu haben, um die erschrockenen Gewissen zu trösten, aber jetzt gehe es darum, die sicheren aufzurütteln. Trotz Revokation Agricolas kam es nie zu einer wirklichen Einigung. In der ihm abgenötigten widerrufenden Schrift von 1541 sagt Agricola, das Evangelium lehre Buße und Vergebung, indem es das Amt des Gesetzes in sich aufnehme.

Ohne Zweifel enthielt Agricolas Lehre eine Gefahr: Die Predigt des Gesetzes drohte aus der Kirche ganz zu verschwinden, sein Offenbarungscharakter verkannt zu werden, wenn Mose nur »aufs Rathaus« gehörte. Der weltliche Bereich konnte sich womöglich ganz vom Wort Gottes emanzipieren. Umgekehrt konnte das Evangelium zur Gesetzespredigt werden, das sola gratia nicht mehr rein erklingen. Worum es Luther ging, zeigt folgender Satz: »Die Buße schließt beides ein, das Gesetz und das Evangelium ... Hier werden beide im Namen Christi gelehrt, und diese zwei Stücke werden mit Notwendigkeit in der Kirche bleiben. Denn wenn so nicht gelehrt wird, werden die Menschen glauben, sie seien gerecht und werden nicht nach Christum trachten und würden so verdammt werden ...« (Drews, S. 330) Hebt man das Gesetz auf, so werden auch Tod und Hölle aufgehoben. Nun sind sie ja in Christus aufgehoben, wie Luther (z. B. im gr. Galaterkommentar) nicht genug betonen kann. Aber das erkennt der Glaube, während sie dem Unglauben noch auf der Welt liegen bleiben. Ja, Christus zeigt uns, wie sehr Tod und Hölle in der Welt noch herrschen. Ohne Zweifel will Luther hier festhalten, daß das Evangelium nicht Aufklärung über eine allgemeine Wahrheit ist, sondern Botschaft von einem Geschehen, das in der Überwindung des Widerspruchs siegt und seine Kraft beweist.

Aber man kann doch nicht so leicht mit Agricolas Einspruch, der seinerseits auch um die Reinheit des Evangeliums bangte, fertig werden. Trotz aller Einseitigkeit und gefährlicher Konsequenzen seiner Lehre hat er etwas gesehen, was von Luther aus begreiflich erscheint: die Gefahr einer gesetzlichen Buße. Das Gesetz konnte durch seine Vorordnung in der Verkündigung als ein andres, mit dem Evangelium konkurrierendes Wort Gottes aufgefaßt werden. Das gepredigte Gesetz konnte in engen Zusammenhang mit dem Naturgesetz, das dem Menschen ins Herz geschrieben sei, gebracht werden, wie es am deutlichsten bei Melanchthon geschieht. Der Nomos schien von dem Logos (Christus) zunächst getrennt zu sein und dementsprechend die durch das Gesetz eingeleitete Buße dem Glauben vorgeordnet zu werden. Niemals hatte zwar Melanchthon gelehrt, daß aus der Kenntnis der lex naturae wahre Buße erwachse oder auch daß eine dies Naturgesetz nur klärende und verschärfende Gesetzespredigt als solche bereits die wahre Buße hervorrufe. Aber vorbereitende Bedeutung erhielt diese gesetzliche Buße, die erst im Glauben zur wahren Buße wird. So konnte sich die Vorstellung einschleichen, daß diese anfängliche Buße eine Art Bedingung auf dem Wege zum rechten Glauben sei. Dieser Verdacht legte sich um so näher, als Melanchthon gern mit psychologischen Formeln den Vorgang beschreibt, d. h. Reue und Zerknirschung als eine Art Voraussetzung für den wahren Glauben anzusehen scheint. Die Konkordienformel will das Problem lösen, indem sie einerseits betont, daß Erkenntnis der Sünde aus dem Gesetz kommt, aber dies zu heilsamer Bekehrung nicht genüge, wenn nicht der Glaube an Christus hinzuträte. Das Gesetz als der offenbarte Wille Gottes sei in der Kirche immer zu predigen, Christus lege es geistlich aus, aber im Sinne eines fremden Werkes, während sein eigentliches Amt das Evangelium sei. Hier wird auf die scharfe Unterscheidung der beiden Worte Gottes geachtet, freilich die Predigt des Gesetzes, mit der die Verkündigung einsetzt, teleologisch auf das Evangelium bezogen.

Anders liegen die Dinge bei Calvin (vgl. Inst. III, 3,2), der sich scharf gegen die abgrenzt, welche die Buße dem Glauben voranstellen wollen. Die Buße folgt aus dem Glauben, sie gründet in ihm. Damit soll nicht ein zeitliches Nacheinander von Glaube und Buße gelehrt werden, aber Calvin betont, daß nur der ernstlich nach Buße trachte, der sich als Gottes Eigentum weiß. Ein erschrockenes Gewissen vor Erkenntnis der Gnade kann keine rechte Buße sein, denn wo der heilige Geist nicht am Werk ist, kann es keine aufrichtige Selbsterkenntnis geben. »Bei dir ist die Vergebung, daß man dich fürchte!« Vollends gegen eine Methodisierung der Wiedergeburt, wie er sie bei den Schwärmern und ihren »Genossen«, den Jesuiten, zu finden meint, wendet sich Calvin. Aber er grenzt sich auch – ohne Namensnennung – deutlich gegen Melanchthon ab (Inst. III, 3.3). Er spricht von »gelehrten Männern«, die bei der notwendigen Unterscheidung und Verbindung von mortificatio und vivificatio psychologisieren. Sie verstehen unter mortificatio »den Schmerz der Seele und das Erschrecken, das aus der Erkenntnis der Sünde und dem Empfinden des Zornes Gottes entsteht«. Contritio ist demnach Zerknirschung, vivificatio der Trost, der aus dem Evangelium erwächst. Mortificatio und vivificatio bezeichnen die Wiedergeburt, die aus dem Glauben kommt. Calvin versteht unter Gesetz nicht primär das tötende und richtende Wort Gottes, sondern er denkt vom Bundesgesetz bzw. von der in Christus erfolgten Erfüllung des Gesetzes aus und kann darum den usus legis in renatis, die Aufrichtung des Gebotes bei den Glaubenden, als den usus praecipuus bezeichnen.

Wieder anders liegen die Dinge bei K. Barth (vgl. seine Schrift: Evangelium und Gesetz, Theol. Ex. 32, 1935), der den Willen Gottes in Jesus Christus, in seinem Kreuz und seiner Auferstehung offenbart sieht. Gesetz ist das mit dem Evangelium zugleich aufgerichtete Gebot Gottes, dessen notwendige Form, nicht ein andres Wort Gottes. Wenn Gott spricht, so ist es immer Gnade, so gewiß Jesus Christus das eine Wort Gottes ist. Darum ist der Imperativ des Wortes Gottes im Grunde Verheißung (»du wirst nicht töten ...«). Daß es zum Auseinanderbrechen von Gesetz und Evangelium kommt, ja, zum tödlichen Gegensatz, und nun das Gesetz zur Offenbarung des Zornes wird, das Evangelium aber ebenfalls nicht verstanden wird, das ist Folge (freilich bei dem sündigen Menschen: notwendige Folge) unsres Mißbrauchs. Hier kann von einer Vorordnung des Gesetzes vor dem Evangelium keine Rede sein. Die Unterscheidung bzw. Antithese zwischen Gesetz und Evangelium ist für Barth nur möglich im Rahmen ihrer in Christus offenbarten Einheit. Buße ist hier – wie bei Calvin – dem Glauben eingeordnet, freilich mit dem entscheidenden Unterschied, daß dies alles im Horizont einer Erwählungslehre steht, nach der nicht wie bei Calvin die einen erwählt, die andern verworfen sind, sondern sich die Kuppel der Gnadenwahl über alle – Glaubende zur Rechten wie (Noch-) Nichtglaubende zur Linken – wölbt. Sofern auch nach Barth die Verkündigung des Wortes Gottes zugleich Widerspruch gegen uns enthält, ist es das Nein, das in alle Ewigkeit nicht mehr uns, nicht den Sünder trifft, sondern statt dessen ein für allemal Jesus Christus getroffen hat, also immer im unwiderruflichen Ja Gottes zu uns aufgehoben ist. Das Evangelium eröffnet uns nicht eine doppelte Möglichkeit, sondern stellt uns in die eine Wirklichkeit der Gnade, so daß die Verkündigung und der Bußruf bei Barth kein Appell an die Angst (sc. die Angst vor dem ewigen Verlorengehen) sein kann.

Hier ist erkannt, daß das Verhältnis Gesetz-Evangelium bzw. Evangelium-Gesetz wie entsprechend auch Buße-Glaube nur christologisch geklärt werden kann. Es geht um die Verkündigung und Annahme des in Jesus Christus ergangenen Nein Gottes, das nicht Selbstzweck ist, sondern um des hier zugleich ergehenden Ja willen gesprochen ist. Nicht meine Buße oder mein Glaube macht dies Ja Gottes erst gültig, nicht in mir also findet der entscheidende Umschlag vom Tod zum Leben statt, sondern in Christus. Aber man kann das Pro nobis Gottes in Christus nicht erkennen, ohne das von uns verdiente, Jesus Christus treffende Nein zugleich zu erkennen und als gerecht anzuerkennen.

38. ZUM BEGRIFF IMAGO DEI

Zur Lehre von der imago Dei des Menschen sagt E. Brunner mit Recht: »An der Interpretation dieses Ausdrucks (sc. Bild und Gleichnis) ... hängt die ganze christliche Lehre vom Menschen. Die Geschichte dieses Begriffs ist die Geschichte des abendländischen Menschenverständnisses, an der die beiden geistigen Großmächte der letzten zwei Jahrtausende, die griechische Philosophie und der christliche Glaube sozusagen zu gleichen Teilen beteiligt sind« (Der Mensch im Widerspruch, 1941, S. 82). Irenäus hat die Unterscheidung imago (zäläm, eikon) und similitudo (demuth, homoiosis) von den Valentinianern übernommen und im kirchlichen Sinn geprägt. Während beide Worte exegetisch in Gen. 1 im Grunde Ähnliches bedeuten, wurde ein charakteristischer Unterschied gemacht: imago ist danach das unverlierbare, bleibende Humanum, die Gottebenbildlichkeit des Menschen, die in der Vernünftigkeit und Freiheit seiner Natur besteht, similitudo dagegen das seit dem Fall verlorene rechte Gottesverhältnis, die iustitia originalis. Von dieser Unterscheidung zwischen der imago Dei als dem im wesentlichen erhaltenen geschöpflichen Sein des Menschen, wozu auch die Willensfreiheit gehört, und der verlorenen similitudo, wie sie die Scholastik lehrte, sagt E. Brunner: »Eine einfache und geniale Lösung des anthropologischen Zentralproblems – die Lösung, auf der das ganze Zweistockwerk-Gebäude der katholischen Theologie und Kulturauffassung ruht; eine Synthese von unermeßlichen Konsequenzen« (S. 83). Schon Augustin kann sagen: »Das Vermögen, den Glauben zu besitzen, wie das Vermögen, die Liebe zu besitzen, liegt in der Natur des Menschen; der Besitz des Glaubens aber wie der Besitz der Liebe ist eine Gnade der Gläubigen« (De praed, sancta, 6,7). Und Petrus Lombardus erläutert das: »Das ist nicht so gesagt, als wenn der freie Wille hinreichte zum Besitze von Glaube und Liebe, sondern weil der menschliche Geist eine natürliche Veranlagung (naturalis aptitudo) zum Glauben und Lieben besitzt, welche mit Unterstützung der Gnade Gottes (Dei gratia praeventa) glaubt und liebt, was sie ohne die Gnade nicht vermag« (Sent. 1,2, dist. 28 n. 7).

Gegen solche Auffassung wurde von reformatorischer Seite scharfer Protest eingelegt. Luther hat nicht nur diese Unterscheidung von imago und similitudo mit Recht exegetisch bestritten, sondern dies ganze Zweistockwerk-Denken verworfen. Die Gottesbeziehung kommt nicht als ein donum superadditum zum natürlichen Wesen des Menschen hinzu, so daß sie, ohne dies ernsthaft zu gefährden, verloren werden kann, jedenfalls das liberum arbitrium erhalten bleibt, sondern mit der Sünde, dem Bruch mit Gott, verliert der Mensch nicht nur eine Übernatur, sondern sich selbst. Als Gottloser wird er auch unmenschlich. Es gibt kein über den Fall gerettetes letztlich intaktes Wesen des Menschen als sein Besitz.

Aber nun kam man auf reformatorischer Seite in andrer Hinsicht in Schwierigkeiten. Ist nicht der Mensch als Sünder noch Gottes Geschöpf und Gott sein Erhalter? Kein Wunder, daß zunehmend die Hauptthese vom Verlust der imago Dei in der protestantischen Dogmatik eine Einschränkung erfuhr. Man sprach von gewissen Resten der Gottebenbildlichkeit, die – da der Mensch ja nicht zum Klotz oder Stein wurde – erhalten blieben. Er besitzt Vernunft, hat ein ethisches Unterscheidungsvermögen usw. Aber damit geriet man in einen Konflikt. Die reformatorische Rechtfertigungslehre ließ nicht zu, einen Rest von imago Dei dem Menschen zuzugestehen, sofern damit die Urstandsgerechtigkeit gemeint war. Andrerseits waren gewisse Merkmale des Humanums nicht zu leugnen, zumal die hl. Schrift selbst nicht die bleibende Geschöpflichkeit des Menschen bestritt. Mit einem quantitativen Denken (Reste!) konnte man dieser Problematik nicht Herr werden.

Entgegen dieser bedenklichen Rede von restlicher imago Dei versucht man in der modernen Dogmatik vielfach von einer Bestimmung zur Gemeinschaft mit Gott und einer ihr entsprechenden Struktur des Menschseins zu reden, einer Personhaftigkeit, geistigem Selbstbewußtsein und Verantwortlichkeit, die sowohl Voraussetzung für sein Sündigenkönnen wie auch für die Erlösung seien. So sagt z. B. P. Althaus (Die christliche Wahrheit II, S. 101f.): »Auch in dem sündigen Menschen wirkt, so gewiß er von Gott geschaffener Mensch bleibt, Gottes bedürftig, auf ihn bezogen und angewiesen, von ihm angeredet und zur Verantwortung gerufen und dessen bewußt, Gottes Geist. Das Erlösungswirken des Geistes Jesu knüpft an das schöpfungsmäßige Wirken des Geistes im Menschen an, nimmt es auf, führt es aus dem Widerspruch der Sünde und gegen ihn zum Ziele.« Trotz aller Bemühung, sich gegen eine analogia-entis im katholischen Sinn abzugrenzen, bleibt eine solche idealistische Auffassung der imago Dei m. E. ihr verhaftet. Auch E. Brunners Unterscheidung von formaler imago Dei, die der Mensch nicht verliert, und einer materialen, die durch die Sünde zerstört ist, weckt kritische Fragen. Zwar präzisiert Brunner in seinem Buch »Der Mensch im Widerspruch« die früher (in seiner Schrift »Natur und Gnade«) gemachten ungeschützten Formulierungen und dringt vor allem darauf, daß christologisch einzusetzen sei, d. h. daß nicht von der Vernunft aus die Gottesbeziehung, sondern von der Gottesbeziehung aus die Vernunft zu verstehen sei. Er betont die Rätselhaftigkeit und Widersprüchlichkeit des Humanums. »Das Menschliche als Form, als Struktur – nämlich als verantwortliches Sein – ist geblieben, das Menschliche als Inhalt, nämlich als Sein in der Liebe, ist verloren. Der Mensch hört nicht auf, ›vor Gott‹ zu sein; aber er ist jetzt verkehrt vor Gott und darum Gott auch verkehrt vor ihm« (S. 166). Aber er nimmt offenbar doch ein Humanum an, das sowohl positiv wie negativ gefüllt werden kann, d. h. dessen »Für Gott sein« nicht zur wesentlichen Bestimmung seiner Existenz gehört. Das ist der Einwand, den K. Barth trotz Milderung seines Protestes gegen Brunners ursprünglichen Standpunkt (vgl. Barths Schrift: Nein, Theol. Ex. 14, 1934) auch weiterhin erheben zu müssen glaubt: »daß der Mensch sündigen kann, scheint bei Brunner keine dem wahren, von Gott geschaffenen menschlichen Sein fremde, sondern eine ihm eigene, eine in ihm vorgesehene und vorbereitete Möglichkeit, der die andere, die positive Möglichkeit zwar immer gegenübersteht, von der diese andere, die positive Möglichkeit aber doch immer begrenzt und konkurrenziert wird. Der Mensch scheint bei Brunner frei, sein Sein und Wesen entweder in der Treue oder in der Untreue gegen Gott zu realisieren, entweder Gott oder auch sich selbst oder den Teufel zu seinem Herrn zu erwählen, seine Geschöpflichkeit und also sein Sein im Worte Gottes entweder zu bestätigen oder auch zu verleugnen« (KD III/2, S. 156).

Barth geht davon aus, daß die Anthropologie streng auf der Christologie gründet, d. h. auf dem hier realisierten unbedingten »Gott mit uns«. Bei der Bestimmung geschöpflichen Wesens kann also nicht von einem formalen Personsein her gedacht werden, das auch die Möglichkeit der Sünde einschließt, sondern hier heißt es lapidar: »Gottlosigkeit ist... keine Möglichkeit, sondern die ontologische Unmöglichkeit des Menschseins« (S. 162). Mit unsrer faktischen Gottlosigkeit leugnen wir nicht nur Gott, sondern wir verleugnen auch uns selbst: »Sein in der Gottlosigkeit ist ein Sein wider unser Menschsein« (S. 162). In Jesus Christus, d. h. in dem in ihm offenbarten Ur- und Grundwillen Gottes, seiner Gnadenwahl, hat der Mensch seine wirkliche Präexistenz. Von daher kommt Barth zur Annahme einer Grundgestalt der Humanität, »die auch im sündigen Menschen weder verschwunden und verloren gegangen, noch verändert, sondern eben nur unkenntlich gemacht ist« (S. 246). Zu dem unverlierbaren Kontinuum dieser Humanität gehört die Mitmenschlichkeit, die vor allem im Miteinander von Mann und Frau sich zeigt. Barth glaubt, 1. Mose 1,26f. so deuten zu können, daß die Erschaffung als Mann und Frau Explikation der imago Dei sei. Diese strukturelle Differenz und Zuordnung im Bereich des Humanums entspricht dem Gegenüber und Füreinander in Gott selbst, im Verhältnis des Vaters zum Sohn (analogia relationis). Diese Grundform der Humanität, die also streng theologisch und christologisch begründet wird, ist auch durch die Sünde nicht verloren. Im Unterschied zur reformatorischen Terminologie redet also Barth von einer auch dem gefallenen Menschen erhaltenen imago Dei. Hier wird die schöpfungsmäßige Zugehörigkeit des Menschen zu Gott (und damit auch zu seinem Mitmenschen) so unbedingt verstanden, daß es ohne Abstrich heißen kann: »Siehe, sehr gut!« (1. Mose 1,31). Nicht der Schatten eines Verdachtes oder Makels fällt auf den Schöpfer, aber auch keine Entschuldigung bleibt dem Geschöpf, wenn es sich dennoch in Ungehorsam zum Bösen wendet. Weit entfernt davon, die Sünde auf diese Weise zu bagatellisieren, will Barth sie gerade so als das Ungeheuerliche, das schöpfungsmäßig Unbegründete und »Unmögliche« hinstellen.

Zur Berufung Barths auf 1. Mose 1,26f. vgl. J. J. Stamm, Die Imago-Lehre K. Barths (in: Antwort, Festschrift K. Barth, S. 84ff.), der zwar die Gesamtrichtung der Auslegung Barths nach dem alttestamentlichen Zeugnis würdigt, aber die spezielle exegetische Fundierung zumal der analogia relationis hinsichtlich des Verhältnisses Mann–Frau kritisiert. Zu Barths Exegese von Röm. 5 (vgl. seine Schrift: Christus und Adam nach Röm. 5, Theol. Studien 35) vgl. R. Bultmann, Adam und Christus nach Röm. 5, in: ZNW 1959,

S. 145ff. und Egon Brandenburger, Adam und Christus, 1962, die an der Exegese Barths scharfe Kritik üben. Paulus behaupte Röm. 5 nicht, daß wir nachträglich die Ordnung des Reiches Christi bereits in der Welt Adams erkennen könnten, wie überhaupt, daß Christus im Grunde – wie in der Gnosis – der erste, Adam der zweite Mensch sei. In Verkennung der mythologischen Grundlage von Röm. 5,11ff. mache Barth Adam zur Idee des Menschen und daher drohe auch Christus zur Idee zu werden. Aber so gewiß mit Recht kritisiert wird, daß Barth hier den Skopus des Textes da suche, wo Paulus ihn offenbar nicht sieht, nämlich in dem Gedanken, daß sich von Christus her das Geheimnis der menschlichen Natur erschließe und sie ihn in gewissem Sinn bereits widerspiegele, so ist doch auch an Bultmanns theologische Voraussetzungen bei seiner Auslegung die Frage zu stellen, ob Paulus wirklich sagen wollte, daß durch Christus nur die Möglichkeit des Heils beschafft sei, deren Realisierung aber erst durch die Entscheidung des Glaubens geschehe. Aber Barths These steht und fällt nicht mit der Berufung auf Röm. 5. Immerhin kann H. Schlier (Vom Menschenbild des Neuen Testaments, in: Der alte und der neue Mensch, S. 24ff.) programmatisch sagen: »Das apostolische Zeugnis des Neuen Testaments kennt eine grundlegende Bestimmung des Menschen, die in zwei Sätzen ausgesprochen ist. So heißt es Röm. 8,29: ›Denn die er zuvor erkannt hat, die hat er zuvor bestimmt, dem Bilde seines Sohnes gleichgestaltet zu werden, auf daß Er der Erstgeborene unter vielen Brüdern sei‹. Und Epheser 1,5 sagt: ›indem er uns zuvor bestimmte zur Sohnschaft durch Jesus Christus zu ihm hin: Danach ist der Mensch in der ewigen Definition Gottes der nach dem Bilde Christi gestaltete Sohn Gottes und Bruder des Herrn. Erst als solcher erfüllt er sein Bild. Erst dieses Bild umschreibt seine letzte Wirklichkeit« (S. 24). Der Mensch ist wie alles Geschaffene in, durch und zu Christus hin (1. Kor. 8, 6b; Kol. 1,16f.). »So ist der Mensch, so wie er in das erleuchtete Dasein von Gott gerufen ist, ursprünglich schon in seinem (künftigen) Heil. Im Grunde seines Daseins empfängt er durch das ewige Wort Gottes, das ihm das unverdeckte Leben darreicht, die innere Form dieses Wortes, ist er also abbildhaft die Ausprägung dieses Wortes, nämlich Christi. Adam ist der typos tou mellontos, der Hinweis auf den Kommenden, Röm. 5,14. Er ist es, weil er durch den Kommenden als das Wort Gottes sein Dasein hat« (S. 25).

Wir können hier nicht auf die verwickelte Frage, wie die Gottebenbildlichkeit vor allem bei Paulus näher zu fassen sei, eingehen. Schon Althaus (Die christliche Wahrheit II, S. 92) geht davon aus, daß – auch bereits im Neuen Testament – ein doppelter Begriff von imago Dei anzunehmen sei. Nach 2. Kor. 4,4; Kol. 1,15 eigne sie Christus singulär, während wir anderen von Haus aus nicht Gottes Ebenbild sind, sondern erst durch Christi Erlösungstat ihm gleichgestaltet werden (Röm. 8,29; 2. Kor. 3,18; vgl. auch Kol. 3,10; Eph. 4,24). Nach 1. Kor. 15,45 scheint es so, daß Christus der erste Träger dieser imago ist. Andrerseits besteht auch (z. B. Röm. 3,23) die Auffassung, daß der Mensch die doxa Gottes (und damit doch wohl auch sein Bild) verloren, aber im Urstand besessen habe, so daß Christi Sendung Reaktion auf die Sünde ist und nicht Vollendung der Schöpfung. Dogmatisch ist uns jedenfalls das Problem gestellt, wie die in Christus uns erschlossene neue Existenz sich zu unsrer geschöpflichen Bestimmung verhält.

Gegen Barths Art der Ableitung der Anthropologie aus der Christologie und speziell seine These von der ontologischen Unmöglichkeit der Sünde richtet sich heftiger Protest, weil eine heillose Vermischung von Schöpfung und Versöhnung bzw. Erlösung gefürchtet wird. So sagt E. Brunner (Der neue Barth, in: ZThK 1951, S. 98): »Das hieße ..., daß jeder, auch der Gottlose, auch der ungläubige und unbußfertige Sünder, einfach darum, weil er Mensch ist, am Heilsplan Gottes teilhat, ja in diesem Bunde ist und aus diesem Bunde nicht fallen kann, auch nicht durch die Sünde ...« Oder Berkouwer (Der Triumph der Gnade, S. 213) bemerkt: »Er schließt das Sündigen-Können der gut geschaffenen menschlichen Natur aus, um dann doch wieder durch die Wirklichkeit der Sünde das ›Können‹ neu zu behaupten (als wahnsinniges Können). Dadurch entsteht eine eigenartige Spannung, die wir in der Schrift nirgends antreffen.« Ähnlich v. Balthasar und Bouillard in ihren Barth-Monographien. Offensichtlich meint Barth ja nicht nur eine geschöpfliche Bestimmung des Menschen, die unverlierbar ist und ihn von vornherein unter Gottes Verheißung stellt – dagegen hat z. B. Brunner nichts einzuwenden –, sondern einen ontologischen Sachverhalt, der auf Grund der Annahme des Menschseins durch Christus von jedem Menschen behauptet werden muß. Barth sagt ja nicht nur, was m. E. unbestreitbar ist: »Mensch sein heißt: von Jesus her ein Sein im Zeichen der dem Geschöpf von Jesus her widerfahrenden Errettung« (KD III/2, S. 194), sondern auch: »Es hat die Existenz des Menschen als solchen, vermittelt durch den einen Jesus, Anteil daran, daß Gott sich seines bedrohten Geschöpfs von Haus aus, von dessen Erschaffung her, annehmen wollte und angenommen hat« (S. 193f.). »Vermittelt durch Jesus« bedeutet nach Barth offenbar nicht vermittelt durch Verkündigung und angenommen im Glauben, sondern ohne Rücksicht darauf ist jeder Mensch »von vornherein« als Mitmensch Jesu Teilhaber an seinem Sieg. »Er ist damit, daß er Mensch ist – weil er als solcher in dem Menschen Jesus sein Haupt hat, weil er als solcher in der von ihm begründeten Kampfgemeinschaft, in der von ihm eröffneten Siegesgeschichte steht – von vornherein so bewahrt, so gesichert, so geborgen, wie er es, ohne selber dieser Mensch Jesus zu sein, nur sein kann« (S. 172). v. Balthasar versteht das so, daß eigentlich kein Mensch dann mehr ungläubig sein könnte, sondern: »Unglaube kann, wenn man seine Voraussetzungen ernst nimmt, nur das (ohnmächtige) Nichtwahrhabenwollen des je bestehenden Glaubens sein. Wohl hat der Mensch die Macht zu einem Nein, aber zu keinem so kräftigen, daß es das Ja Gottes zum Menschen aufheben oder in Frage stellen könnte« (Karl Barth, S. 257). Kann man so wie Barth reden?

Wenn Barth den Menschen als Geschöpf bereits als unbedingt zu Gott gehörig bezeichnet, so ist das von ihm nicht im Sinne einer dem Menschen inhärierenden Qualität gemeint, sondern er sagt das im Blick auf Jesus Christus, der unser Menschsein angenommen hat. Das Christusgeschehen, das in Gottes ewiger Erwählung gründet, ja, das von Barth wohl als ewige Geschichte bezeichnet werden kann, hat sich doch in der Zeit ereignet, wenn auch zugleich alle Zeiten betreffend und übergreifend. Es liegt also nicht in einer historischen Vergangenheit, geschweige in einer die Geschichte nicht tangierenden Zeitlosigkeit, sondern es ist als einmal sich ereignendes Geschehen zugleich immer noch im Gang. So kann er von dem Menschen sagen, »er *ist,* indem ihm das *geschieht,* dem Menschen Jesus gleich zu sein und also der in ihm sich ereignenden Geschichte teilhaftig zu sein« (a.a.O., S. 193). Man könnte hier das »Ist« im Sinne der göttlichen Verheißung deuten, d. h. als ein Ist, das auf Gottes unwiderruflichem gnädigen Willen beruhend höchste Realität hat, also kein leeres Versprechen ist, sondern gültiges Urteil, auf das man sich verlassen kann, und dennoch kein brutum factum. Die wahre menschliche Geschöpflichkeit wäre also weder als plumpe Tatsächlichkeit noch als bloße ambivalente Möglichkeit zu deuten, sondern im Sinne einer gültigen, von Gott gefällten Entscheidung für den Menschen.

Nun gibt es allerdings Aussagen bei Barth, die darüber hinauszugehen scheinen. Ist es z. B. nicht eine ungeschützte Redeweise, wenn es bei Barth heißt, unsre Geschichte, »die Geschichte der menschlichen Existenz als solcher und im Allgemeinen« sei – im Zusammenhang mit Jesus – »ein Stück Bundes-, Heils- und Offenbarungsgeschichte« (S. 194)? Und kann man, wie Barth es gelegentlich tut, die Schöpfung als solche bereits auf das Kreuz Jesu hinzielen lassen, also den Eindruck erwecken, als ob der »Bund«, die von Gott gewollte Gemeinschaft mit dem Menschen, von vornherein begrifflich mit der Erfüllung des Bundes in der Versöhnung auswechselbar sei? So kann Barth in der Lehre von der Schöpfung mitunter reden, wobei er freilich zu Beginn seiner Versöhnungslehre auch wieder einschränkende, differenzierende Aussagen macht. So wenig aus der Schöpfung die Versöhnung abzuleiten ist, wie Barth mit Recht gegen Schleiermacher betont, so wenig darf das Umgekehrte geschehen – obwohl der Schöpfer nur aus dem Christusgeschehen erkannt werden kann. So hatte Barth früher (KD I/1, S. 469) doch wohl mit Recht gewarnt: »Wenn man sich hier Umkehrungen erlaubt, wenn man sich nicht damit begnügt, den Schöpfer in der Offenbarung wiederzuerkennen, sondern dazu fortschreitet, die Schöpfung als solche aus der Offenbarung abzuleiten und zu begründen, dann ist das eine ebenso unerlaubte Spekulation, wie der früher besprochene Versuch, die Offenbarung als creatio continua zu verstehen. Wer die Kirche bzw. die Offenbarung schon der Schöpfung bzw. dem Schöpferwillen Gottes als solchen zuschreibt, der vergißt oder unterschlägt, daß Kirche bzw. Offenbarung nur Ereignis werden kann als Antwort auf die Sünde des Menschen, oder er muß es auf sich nehmen, auch die Sünde des Menschen in die Schöpfung einzubeziehen. Und auch die freie Güte Gottes, die diese Antwort gibt, muß er dann vergessen haben oder zu einem notwendigen Glied eines dialektischen Prozesses machen ...« Schöpfung und Versöhnung dürfen nicht ineinander verschwimmen. Der Satz, daß Jesus Christus bereits das Telos der Schöpfung sei, darf also nicht in solchem prinzipiellen Sinn verstanden werden, daß die als Antwort auf die Sünde des Menschen erfolgende neue Schöpfung ihren ungeschuldeten Charakter verliert. Denn Gott bestätigt in Christus seine Treue zur Schöpfung und geht doch zugleich in überraschender und überschwenglicher Weise über das hinaus, was er als Schöpfer tat.

39. ZUM BEGRIFF SÜNDE

Das theologische Verständnis der Sünde, wie wir es hier zu umreißen versuchten, ist abzugrenzen gegen unzulängliche Deutungen (vgl. dazu Julius Müller, Die christliche Lehre von der Sünde, 1844). Sünde kann nach biblischem Verständnis nicht als Folge einer metaphysischen Unvollkommenheit des Menschen verstanden werden, sonst würde ihr Schuldcharakter verkannt. Jede Ableitung der Sünde aus einem geschöpflichen Mangel des Menschen würde Gott zu ihrem Urheber machen. Die Endlichkeit und Begrenztheit des Menschen, die seiner Geschöpflichkeit wesentlich ist, darf nicht mit seiner Sündlichkeit verwechselt werden. Sünde ist nicht als Widerstreit zwischen Geist und Körper zu erklären. Sie ist ihrem Wesen nach nicht Konkupiszenz im Sinne unsrer Schwäche gegenüber der Triebhaftigkeit der Natur, sondern sie ist im Kern geistlicher Natur, superbia bzw. concupiscentia spiritualis. Aus dem Herzen, nicht aus der Sinnlichkeit als solcher, kommen die bösen Gedanken, wenn diese sich auch sinnlich auswirken. Der Gegensatz von Geist und Fleisch bei Paulus meint nicht einen solchen Zwiespalt zwischen geistigem Vermögen und sinnlicher Konstitution, sondern Fleisch ist der ganze Mensch in seiner Absonderung von Gott.

Kant, der wohl Sünde als Befriedigung der sinnlichen Neigungen bezeichnen kann und das Gesetz der praktischen Vernunft dieser Selbstliebe entgegenstellt, hat doch (in seiner »Religion innerhalb der Grenzen der bloßen Vernunft«) eine viel tiefere Auffassung des Bösen. Der Ursprung der Sünde wird von ihm gerade in das intelligible Sein des Menschen verlegt und ihr Wesen im Nichtwollen des Guten gesehen. Kant kann das Böse auf den ursprünglichen, durch seine Natur nicht geforderten Gebrauch der Willkür des Menschen zurückführen und zugleich die Unbegreiflichkeit des (nicht historisch gedachten) Sündenfalls betonen. Nur durch eine Revolution, nicht durch allmähliche Reform, in der Gesinnung des Menschen kann er »wiedergeboren« werden. So tief aber Kants oft angegriffene Auffassung vom »radikal Bösen« ist, so unannehmbar ist allerdings seine Behauptung, daß der Mensch aus eigener Kraft diese Revolution vollbringen könne: Du kannst, denn du sollst!

Auch bei Schleiermacher, der die Sünde als Hemmung der bestimmenden Kraft des Geistes durch die Selbständigkeit der sinnlichen Funktion bezeichnen kann, geht es nicht um eine simple Erklärung des Bösen aus der Sinnlichkeit, der Physis. Sinnlich nennt er vielmehr alle Bestimmtheit des Selbstbewußtseins (auch der geselligen und sittlichen Gefühle), in der die Welt, das endliche Sein in seiner Geteiltheit, mitbestimmender Faktor ist. Diese Hemmung des Gottesbewußtseins, d. h. des schlechthinnigen Abhängigkeitsbewußtseins, durch das sinnliche Bewußtsein ist Folge unsrer allmählichen geistigen Entwicklung, die aber gottgewollt erscheint, nämlich als Bedingung der Erlösung, die von

Schleiermacher als Vollendung der Schöpfung aufgefaßt wird. Schleiermacher bringt die Lehre von der Sünde – wie seine ganze Theologie – in engsten Zusammenhang mit der Christologie (Christus ist das Urbild vollkommenen Gottesbewußtseins) – und das ist das Bestechende bei ihm. Aber er stellt zugleich diese seine Christologie in den Rahmen einer Anthropologie, die letztlich auch sein Verständnis der Sünde beherrscht. Deshalb ist Sünde für ihn gleich Sündenbewußtsein, nämlich nicht völliges Abhängigkeitsbewußtsein, wie auch Erlösung letztlich Bewußtseinswandel ist, wodurch beides, Sünde wie Erlösung, relativiert zu werden droht.

Nach Hegel besteht das Böse in der Willkür, die eigene Besonderheit über das Allgemeine zu setzen. Es ist das Stehenbleiben des Geistes bei der Natürlichkeit. Hegel kann sagen: »Der Mensch muß vom Baume der Erkenntnis des Guten und Bösen essen, sonst ist er kein Mensch, sondern ein Tier« (Vorlesungen über die Geschichte der Philosophie, zit. nach Müller, a.a.O., I, S. 483). Der Mensch muß sich entzweien mit der Natur, das Natürliche sich gegenüberstellen und erst auf dem Wege über diese Entzweiung sich mit ihr versöhnen, und zwar nicht nur mit der Natur, sondern auch mit seinem Wesen. Hier bekommt das Böse eine Notwendigkeit, zwar nicht eine absolute, wohl aber eine durch die Notwendigkeit des Guten bedingte. Das Gute bedarf des Bösen, um sich selbst so zu verwirklichen. Es ist notwendig, um aufgehoben zu werden. Die Sünde droht zu einem unentbehrlichen Moment im absoluten Prozeß zu werden. Wer diesen Prozeß begreift, der weiß um die Versöhnung des Bösen mit dem Guten mittels der logischen Aufhebung des Gegensatzes von Einheit und Entzweiung.

J. Müller kritisiert an diesen (und anderen) Sündenbegriffen mit Recht, daß sie das Böse zu erklären, einzuordnen und damit zu bagatellisieren versuchen. Wenn er selbst freilich das Problem des Bösen, d. h. seinen Schuldcharakter einerseits und seine Unentrinnbarkeit andererseits, mit der Annahme einer außerzeitlichen Existenzweise der geschaffenen Persönlichkeit und einem hier vorausgesetzten Fall, von dem sein Leben in der Zeit abhängig ist, zu deuten versucht, so ist das ebenfalls wenig überzeugend. Aber recht hat er mit seiner streng festgehaltenen Intention, die Sünde in keiner Weise Gott anzulasten.

Abzugrenzen ist unser Verständnis der Sünde auch gegen solche modernen Auffasungen, die zwar wesentliche, bislang übersehene Auswirkungen des Bösen aufzeigen und insofern auch für die Theologie von Bedeutung sind, aber doch in Gefahr stehen, Phänomene mit der Sache zu verwechseln. So ist es ohne Zweifel das Verdienst der marxistischen Geschichtsauffassung, daß sie die soziale Komponente in unserm Problemkreis deutlich zum Bewußtsein bringt. Daß Sünde immer auch Inhumanität ist, Selbstentfremdung des Menschen, das ist keine neue Erkenntnis. Aber daß sie sich auch und gerade in gesellschaftlichen Bezügen äußert, indem der Mensch zur Ware wird, in der bürgerlich-kapitalistischen Welt zum Sachwert herabsinkt, das ist eine vorher nicht genügend begriffene Einsicht. Die Sündenbekenntnisse der Christen und Kirchen sind allzu oft spiritualisierend und individualistisch gewesen und haben mit ihrer Blindheit gegenüber dem gesellschaftlichen Bereich zur Zementierung ungerechter Verhältnisse beigetragen. Aber die unleugbare Wahrheit, daß das Böse sich auch und gerade im sozialen Bereich festsetzt und katastrophal auswirkt, darf nicht dazu verleiten, alles Böse lediglich hier verwurzelt zu sehen und alles Gute einzig davon zu erwarten, daß der Mensch zum »Subjekt seiner Bedürfnisse« wird.

Von ähnlich weittragender Relevanz für unsre Frage sind die psychoanalytischen Erkenntnisse Freuds. Auch sie sind – in andrer Weise wieder als der Marxismus – eine Bestätigung dafür, daß unser Sein nicht mit unserm Bewußtsein, Sünde also auch nicht mit Sündenbewußtsein identisch ist. Diese richtige Erkenntnis taucht hier freilich in anderem Zusammenhang und andrer Intention auf als in der Theologie. Hier geht es um die Aufdeckung des »unbewußten Schuldgefühls« bzw. seiner Wurzeln, die Freud in der Angst vor dem Über-Ich bzw. seiner im Gewissen verinnerlichten Gestalt findet. Aus Konflikten mit dem Vater bzw. der menschlichen Gemeinschaft erwächst die Angst vor

Liebesverlust, auf die Freud das sog. schlechte Gewissen letztlich zurückführt. Wir können hier nicht auf Freuds Entdeckung und ihre weitreichenden Konsequenzen eingehen. In unserm Zusammenhang sei nur darauf hingewiesen, daß diese Analyse der menschlichen Psyche, die um die beiden großen Triebe Eros und Aggression bzw. Selbstvernichtung kreist, also das Verhältnis des einzelnen zu seiner nächsten menschlichen Umgebung und die dabei auftauchenden Verdrängungen im Auge hat, auf Phänomene stößt, die auch für eine theologische Anthropologie und speziell eine Lehre von der Sünde aufschlußreich sein können. Was z. B. Freud in seinem Aufsatz »Das Unbehagen in der Kultur« über die Unvernunft des Liebesgebots sagt, vor allem unsere radikale Ablehnung des Gebots: Liebe deine Feinde!, könnte man geradezu als ein empirisches Symptom für die Wahrheit reformatorischer Sündenerkenntnis verstehen. Er steht damit turmhoch über einem Idealismus, der im Grunde den Menschen für gut oder zum Guten fähig ansieht. Aber auch hier wird man sich als Theologe hüten, solche Phänomene des Menschseins mit dem menschlichen Wesen zu verwechseln.

Die Theologie muß sich darüber klar sein, daß keine Analyse der menschlichen Existenz oder Gesellschaft zum Sündenbekenntnis im biblischen Sinn führt. Daß es wahr ist: »Wer Sünde tut, der ist der Sünde Knecht« und daß wir »allzumal Sünder« sind, das kann man nicht aus dem Menschen herauskatechisieren oder aus einem anerkannten Menschenbild derivieren, sondern daß ich das von mir und von allen sagen kann, ergibt sich gültig nur aus dem in Christus über uns gefällten Urteil Gottes, für dessen Wahrheit mir nur der heilige Geist die Augen öffnen kann. Die erfahrungsmäßige Erkenntnis einzelner Verfehlungen führt als solche niemals zu diesem Totalurteil, sondern kann nur zeichenhaft bestätigen und illustrieren, daß ich mit dem Widerspruch des Gesetzes Gottes gemeint bin. Daß ich mich davon getroffen fühle, statt bis aufs Blut zu widersprechen, steht letztlich nicht in meiner Macht.

40. ZUM BEGRIFF ERBSÜNDE

Daß das peccatum originale in der abendländischen Theologie eine solche Rolle spielte, ist vor allem Augustin zu danken. Nach Augustin wurde durch Adams Fall die menschliche Natur verwandelt: Non solum facta est peccatrix, verum etiam generat peccatores! In (fragwürdiger) Auslegung von Röm. 5,12f. sagt Augustin: in illo fuimus omnes: in Adam omnes tunc peccaverunt, quando in eius natura illa insita vi, qua eos gignere poterat, adhuc omnes ille unus fuerunt. Augustin sieht also das ganze Menschengeschlecht in Adam verkörpert, weil alle von ihm stammen. Sie sind alle mit Adams Schuld und Strafe behaftet. Sie empfangen durch Zeugung und Geburt jenen Zustand, in den Adam geraten war. Von dieser massa perditionis sind auch die unmündigen Kinder nicht ausgenommen. Sie stehen schon infolge der Erbsünde unter der Verdammnis. Während es hier so aussieht, als ob die Konkupiszenz des Adamskindes Folge der Anrechnung der Schuld Adams sei, kann auch der andre Gedanke bei Augustin auftauchen, daß Gott den Nachkommen Adams deshalb als Sünder ansieht, weil er selbst Konkupiszenz hat (vgl. dazu R. Seeberg, Dogmengeschichte II, S. 453). Mit dieser Unklarheit hängt zusammen, daß man über Augustins Auffassung von Erbsünde uneinig war. Dem Kern nach ist Sünde für ihn etwas Geistiges, aber es kann auch die Konkupiszenz (als Sinnlichkeit) als das Schuldhafte erscheinen. Die letztere Auffassung drängt sich vor in seiner These, die Sünde pflanze sich durch Zeugung fort. Obwohl die geschlechtliche Konkupiszenz jedenfalls bei dem Wiedergeborenen keine Sünde sei, soll doch die den Zeugungsakt begleitende Konkupiszenz die Erbsünde übermitteln. Weil die Sinnenlust hier den Geist unterdrückt, ist es etwas Unwürdiges. Wie durch Ansteckung scheint den Nachkommen die Sünde übermittelt zu werden (Augustin kann von einer qualitas mali und einem vitium seminis reden!). Neuplatonische und mönchische Vorstellungen fließen mit ein, und es bedarf keiner Beweise dafür, daß sich daraus für Theologie und Kirche folgenschwere

Konsequenzen ergaben. Man versteht das Zweideutige bei Augustin am ehesten, wenn man bedenkt, daß er bemüht ist, die absolute Verfallenheit aller Menschen an die Sünde und ihren Schuldcharakter zugleich zu wahren.

Um dies Verhältnis von poena und culpa geht es auch in der Scholastik, die in erstaunlichem Maß augustinische Gedanken oder doch Begriffe aufnahm und systematisch verarbeitete, ohne allerdings zu größerer Klarheit zu kommen. Carentia iustitiae originalis und concupiscentia sind die beiden Grundbegriffe. Die knappe klassische Formel bei Thomas lautet: »peccatum originale materialiter quidem est concupiscentia, formaliter vero est defectus originalis iustitiae«. Die Erbsünde ist ein Habitus, keine Handlung, aber ein realer und schuldhafter Defekt im Menschen, welcher der Konkupiszenz freien Lauf gewährt. Im Urstand war der Wille und mit ihm auch die Sinnlichkeit Gott unterworfen, die Natur von der Gnade formiert. Nach dem Fall fehlt die formierende Kraft, es tritt eine deformitas ein. Wie sich diese (auch hier durch die Zeugung) fortpflanzt, das wurde in der Scholastik meist im Sinne des Kreatianismus vorgestellt, während Augustin zwischen Kreatianismus und Traduzianismus schwankt. Unter Kreatianismus versteht man die Vorstellung, daß Gott jeweils bei der Zeugung die Seele neu erschafft, unter Traduzianismus die andre, daß die Seele tradiert wird, also gleichsam ein Ableger der Seele der Eltern ist. Thomas denkt es sich so, daß die Seele von dem unreinen Körper, der sie umschließt, befleckt wird. Alexander Halesius z. B. dachte es sich so, daß im Moment der Eingießung ins Fleisch (das in unreiner Lust gezeugte Adamsfleisch) die Seele (durch Gottes Strafe) so beschmutzt wird wie guter Wein durch ein schmutziges Gefäß. Gott verdirbt also nicht die Seele, aber er rechnet ihr diese Beschmutzung als Schuld an.

Luther betont den geistlichen Charakter der Sünde, er redet von der concupiscentia spiritualis. Hier ist erkannt, daß sarx im Neuen Testament nicht das »Fleisch im Fleischerladen«, auch nicht speziell die Sinnlichkeit meint, sondern alle Gottesferne, gerade auch in Gestalt einer am Gesetz sich klammernden Frömmigkeit. Es geht nicht um zwei Substanzen im Menschen (Geist und Fleisch), sondern um konträre Willensrichtungen, um zwei sich widersprechenden Strebungen im Menschen, die ihn jeweils ganz betreffen. Aber gerade bei solcher Auffassung ist es problematisch, von »Erbsünde« zu reden.

Auch Luther kann mit Augustin von einer Übermittlung der Sünde und des Todes durch die Zeugung reden. So heißt es: »Ipsa conceptio, augmentatio, nutritio in matris utero corrupta. Natura massa carnis, unde formatus ex parentibus, ista est vitio corrupta« (WA 40,2,380). Oder: »wie der Zeug in Vater und Mutter verderbt ist, also bleibet er auch in den Kindern« (EA 11,246, 19,15). So kann Luther von einer Vergiftung der Natur bzw. des Fleisches sprechen, von einem habitus ingenitus. Luther hält zwar den sexuellen Bereich nicht insonderheit für Sünde, wenn er auch wie alles von der Sünde korrumpiert ist. Entsprechend heißt es in der Konkordienformel (Fc I,21): »Denn die Erbsünde ist nicht eine Sünde, die man tut, sondern sie steckt in der Natur, Substanz und Wesen des Menschen; also: wenn gleich kein böser Gedanke nimmer im Herzen des verderbten Menschen aufstiege, kein unnützes Wort geredet noch böse Tat geschähe, so ist doch die Natur verderbt durch die Erbsünde, die uns im sündlichen Samen angeboren wird und ein Brunnquell ist aller anderen wirklichen Sünden, als böser Gedanken, Worte und Werke.« Hier ist eine gewiß auch bei Luther vorhandene Linie ausgezogen, aber doch alles in einer Begrifflichkeit fixiert, die es schwer verstehbar macht, inwiefern solches naturhafte Gebrechen Sünde ist.

Wenn auch bei Luther manche Aussagen sich finden, in denen ein erbsündiger Habitus von Tatsünden unterschieden wird, so läßt er doch keinen Zweifel daran, daß auch und gerade diese Erbsünde wirkliche Sünde sei, d. h. ein »Gott nicht fürchten, lieben und ihm vertrauen«. Luther bestreitet zugleich, daß wir als Adamssöhne unter einem äußeren Zwang zur Sünde stehen. Er unterscheidet (in De servo arbitrio) zwischen coactio und immutabilitas. Wir können nicht anders als sündigen, aber wir tun es willentlich. Gegenüber einer römisch-katholischen Auffassung, die von einem peccatum in den Getauften redet, das nicht eigentlich Sünde sei, wird dessen Schuldcharakter betont. (Vgl. dagegen Trid. V: »Manere autem in baptizatis concupiscentiam vel fomitem, haec s. synodus fatetur et sentit, quae cum ad agonem relicta sit, nocere non consentientibus, sed viriliter per Christi Jesu gratiam repugnantibus non valet; ... Hanc concupiscentiam, quam aliquando apostolus peccatum appellat (Rm 6,12; 7,8) s.s. declarat ecclesiam catholicam numquam intellexisse peccatum appellari, quod vere et proprie in renatis peccatum sit, sed quia ex peccato est et ad peccatum inclinat«.) Für die Reformatoren aber war dies peccatum wirklich Sünde. Auch Calvin kann sagen: »Denn wir alle, die wir aus unreinem Samen herstammen, werden befleckt von der Ansteckung der Sünde geboren, ja, ehe wir das Licht der Welt erblicken, sind wir vor Gottes Augen bereits verdorben und befleckt« (Inst. II, 1, 5). Mit Augustin (gegen die Pelagianer) wird behauptet, daß wir nicht durch Nachahmung, sondern durch Fortpflanzung und Ansteckung Sünder seien. Dabei ist nicht nur unser Fleisch, sondern genau so unser Geist betroffen, ja, der ganze Mensch ist nach Calvin von der Sünde von Kopf bis Fuß wie mit einer Sintflut bedeckt. Er bemüht sich krampfhaft, diese Unentrinnbarkeit und Totalität der sündigen Verderbnis mit dem Schuldcharakter zu vereinen. »So sind denn auch die Kindlein selber, die vom Mutterleibe an ihr Verdammungsurteil mit sich tragen, nicht in fremde, sondern in ihre eigene Sünde verstrickt. Denn obwohl sie die Früchte ihrer Sündhaftigkeit noch nicht hervorgebracht haben, so haben sie doch den Samen in sich, ja ihre ganze Natur ist gewissermaßen ein Same der Sünde, so daß sie unvermeidlich Gott verhaßt und abscheulich sein muß« (Inst. II, 1, 8).

Man kann gewiß nicht behaupten, daß reformatorische Aussagen dieser Art das Problem meisterten. Aber man kann verstehen, daß sie zu solchen paradoxen Umschreibungen kamen. P. Althaus kommt im Grunde nicht darüber hinaus, wenn er sagt: »Ich bin durch meine Abstammung, durch mein Blut gebunden. Aber das ist keine Vergewaltigung von außen; denn wir alle machen uns die Entscheidung, in der über uns entschieden ist, immer aufs neue willentlich zu eigen. Wir sind Erben, aber zugleich Eigene, nicht daneben, sondern darin, in der willentlichen Bejahung und Aneignung des Erbes. Wir sind bestimmt, aber so, daß wir uns in und zu dieser Bestimmtheit selber bestimmen« (Die christliche Wahrheit, S. 129).

Einen geistvollen Versuch, zwar nicht das Wesen der Sünde zu erklären, was unmöglich ist, wohl aber ihre Unerklärbarkeit verständlich zu machen, unternimmt Barth, wenn er die Sünde als die ontologisch unmögliche Möglichkeit bezeichnet (KD IV/1, 454), die keineswegs schöpfungsmäßig begründet ist, sondern das absurde Sich-einlassen des Menschen auf die von Gott gerade ausgeschlossene und verworfene Möglichkeit ist. Das »Nichtige« ist keine Kreatur Gottes und dennoch Wirklichkeit. Daß es besteht, hat seinen Grund nicht in Gottes Willen, sondern in seinem »Unwillen« (KD III/3, 407). Als Objekt der Verwerfung Gottes hat es also keinen wirklichen Bestand, es ist also nur per nefas. Barth kann sagen: »Eine reale Dimension wird auch damit eröffnet, einem Wirklichen sui generis wird auch damit – auch darin, daß Gott hier ganz und gar nicht Schöpfer ist – Existenz zugesprochen und Gestalt gegeben. Das Nichtige ist das, was Gott nicht will. Nur davon lebt es: Weil und indem nicht nur Gottes Wollen, sondern auch Gottes Nichtwollen kräftig ist und also nicht ohne reale Entsprechung sein kann« (KD III/3, S. 406). Hier ist zu fragen, ob solche Formulierungen nicht doch eine Notwendigkeit der Existenz des Nichtigen nahezulegen geeignet sind, also in die Nähe Hegels führen. Aber B.s Intention ist offenkundig eine ganz andere. Es fällt aus jeder Systematik heraus, ist dialektisch nicht zu überblicken, sagt er (S. 408). Daß das Geschöpf sich auf das Nichtige einläßt, ist nicht zu begründen und zu rechtfertigen, und daß Gott sich nun doch gerade des dem Nichtigen verfallenen Menschen annimmt, ist seine freie Tat und nicht notwendig, damit er sein Gottsein dadurch erhält oder gewinnt. Nicht das faktisch Nichtige und des Menschen Verfallenheit an es zu erklären, ist Barths Absicht, sondern er will ihm vielmehr allen Boden entziehen. Alles, was er über das Böse, dem der Mensch von sich aus rettungslos verfallen ist, sagt, soll doch nur deutlich machen, daß es entsprechend Gottes Erwählungsratschluß in Jesus Christus endgültig besiegt ist und daß es nur von daher recht erkannt, nämlich als erledigt erkannt werden kann. Eine Lehre von der Sünde kann theologisch also nur als Kommentar der Christologie und einer von dorther bestimmten Anthropologie in Frage kommen.

41. ZUM VERSTÄNDNIS DER BUSSE

Ein psychologisierendes und moralisierendes Verständnis sah die reformatorische Theologie in der katholischen Bußlehre nahegelegt. Man unterschied zwischen contritio (bzw. attritio) cordis, confessio oris und satisfactio operis. Zur rechten, vollständigen Buße gehören alle drei Stücke. Sie sind gewiß nicht willkürlich gewählt, sondern haben je an ihrem Ort ihre Berechtigung. Anerkennung des Urteils Gottes ist nicht möglich, ohne daß ich mich von ihm getroffen weiß und meine Schuld bereue. Sie ist nicht denkbar, ohne daß ich vor Gott meine Sünde bekenne, d. h. mein Sündersein eingestehe und gegebenenfalls auch vor Menschen bekenne. Und es wäre keine rechte Buße, wenn der Wille zu neuem Gehorsam fehlte. Dennoch droht hier eine Reglementierung, die den Glauben in der Wurzel angreift. So wenig man den Glauben (als notitia, assensus, fiducia) im Sinne eines Durchlaufens dreier Stadien psychologisch beschreiben kann, so wenig kann man die im Glauben implizierte Umkehr geradezu methodisch festlegen, vor allem mit der Forderung der Ohrenbeichte und bestimmter Bußleistungen.

Aber auch das Verständnis der Reue als Akt der Zerknirschung droht sie zu einem Werk zu machen. Man stellt die Frage nach dem ausreichenden Grad der Reue, man unterscheidet zwischen einer aus Furcht vor Strafe und nur schwacher Liebesempfindung gemischten Reue, die aber auch bereits einen gewissen Wert hat, und einer vollkommenen Reue, der contritio, in der die Sünden nicht um ihrer Folgen willen sondern um Gottes Willen beklagt werden. Weil niemand von sich sagen kann, daß er genügend bereut habe, stellt sich die quälende Frage, ob man auch alle bewußte Sünde vor Gott bereut habe. Aber auch die von Luther empfohlene Beichte vor Menschen droht zu einem gesetzlichen Werk zu werden, wenn der Blick auf die einzelnen Verfehlungen fixiert ist und auf die Frage, wieweit sie ausgesprochen werden müssen. Für Luther lag der Akzent dabei ganz auf der Absolution, nicht auf dem Aufzählen von Sünden, die für ihn nur Früchte an dem einen Baum – dem Unglauben – waren. Vollends mit dem Begriff der satisfactio wird ein gefährliches Mißverständnis geweckt. Zwar wird der wahre Glaube nicht ohne Früchte sein, aber irreleitend ist die Vorstellung einer Abtragung der nach der Absolution und dem Erlaß ewiger Strafen noch verbleibenden zeitlichen Sündenstrafen. Eine Festlegung dieser Bußakte durch den Priester, der angibt, wie der durch die Sünde entstandenen Unordnung gewehrt werden könne, oder gar das Ablaßverfahren, das sogar auf Verstorbene übergreift und jedenfalls indirekt einzuwirken vermochte auf einen Straferlaß im Fegfeuer, dies alles erkannten die Reformatoren als unvereinbar mit der wahren Reue und Buße.

Wenn Buße so unlösbar mit dem Glauben verbunden ist, der Glaube aber nie hinter uns liegt, sondern in immer neuer Hinwendung zu Gott, in diesem Gott-Rechtgeben besteht, dann ist begreiflich, daß Luther seine 95 Thesen mit der Feststellung begann, das ganze Leben des Christen sei eine unaufhörliche Buße. Glaube und Buße werden hier ganz von dem rettenden und richtenden Wort Gottes her verstanden bzw. – was sachlich dasselbe ist – von der Taufe her, die damit aufhört, ein isolierter sakramentaler Akt zu sein, dem andere Akte ergänzend oder restaurierend zur Seite treten. Sie greift vielmehr über das ganze Leben des Christen über, so daß er täglich »in seine Taufe kriechen« muß. Glaube und Buße sind also nichts andres als das rechte Verhalten des Menschen zu dem über ihn ergehenden Freispruch Gottes, zu dessen Gültigkeit und Wirksamkeit er weder vorbereitend noch ergänzend beitragen kann, sondern den er nur für sich gelten lassen kann.

42. ZUM »TERTIUS USUS LEGIS«

Die Frage, wie sich die Verkündigung des Evangeliums mit einer imperativischen Rede verträgt, ob dieser Imperativ immer nur im Sinne des usus elenchticus, der uns zur Erkenntnis der Sünde führen will, ergehen kann oder in dem paränetischen Sinn eines usus in renatis, wurde in der reformatorischen Theologie des 16. Jahrhunderts lebhaft erörtert. Für Luther ist der radikale Gegensatz von Gesetz und Evangelium charakteristisch. Weil er das Gesetz letztlich vom Kreuz Christi her verstand (vgl. seinen gr. Galaterkommentar vor allem!), darum konnte er es nur als tötende und richtende Macht ansehen, sein Werk ist Gottes opus alienum. Jesus Christus ist das Ende des Gesetzes, und wenn auch Luther im Antinomerstreit für die Predigt des Gesetzes mit Nachdruck eintritt, so doch deshalb, weil es zur Erkenntnis der Sünde führt. (Anders lautende Stellen – im Sinne eines tertius usus legis – hat W. Elert mit Recht als Fälschung erklärt.) Das schließt nicht aus, daß Luther natürlich einen Imperativ der Paränese kennt, wie seine Auslegung der Gebote zeigt. Mit Recht sagt W. Joest (Gesetz und Freiheit, S. 78): »Als gesichertes Ergebnis darf also gelten: Luther kennt ein Gebot, das nicht mehr vernichtende Anklage, sondern freundlich mahnende Weisung ist. Er kennt ein Gebot, das den Menschen, dem es begegnet, nicht nur von seiner Unerfüllbarkeit überzeugen, sondern auch zum unmittelbaren Erfüllen rufen will. Er kennt andererseits einen Glauben, der solcher Weisung bedarf, weil er die Aufgabe hat, den reliquiae peccati in konkreten Schritten zu Leibe zu gehen. Der Glaube ist nicht nur Transitus vom Nichts zum Alles, sondern auch progressus vom Weniger zum Mehr.« Allerdings ist wohl festzuhalten, daß Luther den Begriff Gesetz für diese Weisung nicht gern verwendet – es wäre allenfalls eine lex sine lege –, weil er diesen Begriff in der Tat sehr eng faßt: lex semper accusat!

Anders Melanchthon, der bereits ausdrücklich einen tertius usus legis lehrt. Für den Wiedergeborenen ist zwar der Fluch des Gesetzes abgetan, nicht aber sein weisender Charakter. Es ist und bleibt die gültige Regel des Lebens, ist aber seines verdammenden Charakters entkleidet in Christus. Das ist begreiflich, da für Melanchthon die Ausgangsfrage seiner Theologie die nach der recta forma vitae ist und das Gesetz als deren normative Wesensbestimmung fungiert, die zwar bei dem sündigen Menschen nicht zur Erfüllung kommt. Erst durch Christus wird das Gesetz erfüllt, und im Glauben an ihn beginnt der Christ, es zu erfüllen. Was W. Elert (Das christliche Ethos) im Blick auf Calvin meint feststellen zu sollen, das trifft wohl erst recht auf Melanchthon zu: »Der tertius usus legis ist hier zur Endregulierung des Verhältnisses zwischen Gott und den Menschen überhaupt geworden. Auch das Evangelium tritt in den Dienst dieser Regulierung« (S. 395). Es sei im Grunde ein nomistisches Denken, für das das Gesetz das A und O sei. Daß dies bei Melanchthon kein ungebrochen nomologisches Denken ist, sondern ein durch das Evangelium sozusagen kräftig gebrochenes, läßt sich freilich nicht leugnen. Auch in der Konkordienformel wird der tertius usus legis gelehrt, allerdings in dem Sinne, daß das Gesetz sein Strafamt auch an den Glaubenden, sofern sie noch im Fleisch sind, zu vollziehen hat, also ein usus elenchticus für die Wiedergeborenen.

Eine zentrale Stellung nimmt die Lehre vom tertius usus legis – d. h. dem usus in renatis – bei Calvin ein. Dieser Gebrauch ist der wichtigste (praecipuus) für die Gläubigen. Zwar ist ihnen das Gesetz ins Herz geschrieben durch den heiligen Geist, aber sie bedürfen der Festigung und Ermahnung, der Belehrung und des Stachels. Da die Verdammnis abgetan ist, wirkt hier das Gesetz nicht Tod, sondern es ist das Urbild der Gerechtigkeit und hilft zum steten Lauf auf der Kampfbahn (vgl. Inst. II, 7, 12). Hier kann das Gesetz als ewiger Gotteswille bezeichnet werden, als unveränderliche Regel eines heiligen Lebens. Schon die Offenbarung im Alten Bund hatte denselben Inhalt wie die in Christus, wenn auch die administratio verschieden ist. Die Kuppel des einen Bundes wölbt sich hier über die ganze heilige Schrift. So kann Calvin sagen: Das Evangelium »folgt dem Gesetz als ganzem nicht so, daß es einen verschiedenen Heilsweg brächte, sondern vielmehr so, daß es bekräftigte und als verbürgt erweise, was jenes versprach, und um zum Schatten den Körper hinzuzufügen«. Calvin kann geradezu komparativisch vom Unterschied zwischen Altem und Neuem Bund oder auch zwischen Gesetz und Evangelium reden und sich darin auch von Augustin distanzieren: »Ich unterscheide zwischen der Klarheit des Evangeliums und der dunkleren Verlautbarung des Wortes in der vergangenen Zeit; Augustin dagegen unterscheidet einfach das Gesetz in seiner Kraftlosigkeit vom Evangelium mit seiner Kraft und Sicherheit« (Inst. II, 11, 10). Oder er kann das Evangelium als complementum zum Gesetz bezeichnen (Evangeliumharmonie zu Matth. 5,17).

Solche und ähnliche in Fülle zu findende Äußerungen Calvins müssen den in lutherischer Terminologie Denkenden aufs höchste irritieren. So sagt W. Elert (a.a.O., S. 90): »Ein Gesetz, das nicht Vergeltungsgesetz wäre, kennt weder das Alte noch das Neue Testament. Infolgedessen kann auch der Dekalog als der von Christus und seinen Aposteln als bleibend anerkannte Teil des Sinaigesetzes niemals zu einer bloßen regula vitae werden, die dem Menschen nur zu sagen hätte, ›was er tun solle‹. Er steht im Dienst der Vergeltung, ist immer auch Drohung.« Wenn man das Gesetz wesentlich von seiner anklagenden und tötenden Funktion her versteht, also mit Luther feststellt: tria haec, lex, peccatum, mors sunt inseparabilia (WA 39/I, 354ff.), dann kann man hier nur widersprechen. Dann kann man, wie auch H. Thielicke in seiner Ethik (Bd. I), hier nur eine Abschwächung des notwendigen Gegensatzes zwischen Gesetz und Evangelium (im Sinne des Paulus) finden, also einen bloß quantitativen Unterschied zwischen Verdammnis und Gerechtigkeit, Tod und Leben, eine Auflösung des Paradoxes im Sinne einer Verrechenbarkeit, eine Preisgabe der Kontingenz der Offenbarung zugunsten eines Gnadenprinzips, ungeschichtliches Denken – und wie die Vorwürfe alle lauten. Sie richten sich mehr noch als gegen Calvin gegen K. Barth, in dessen Lehre von Evangelium und Gesetz man diesen Monismus (so Althaus, Thielicke u. a.) auf die Spitze getrieben sieht. Mit der radikalen Unterscheidung von Gesetz und Evangelium sieht man zugleich die Zwei-Reiche-Lehre in der Wurzel getroffen und verheerende Folgen für die Ethik. So sagt Elert: »Hier liegt die Fehlerquelle, aus der alle jene früher aufgedeckten Irrtümer fließen: daß Christus ein Gesetzgeber, daß Glaube Gehorsam sein soll. Jedes Mal wird dabei das Evangelium durch die Umgießung in gesetzliche Kategorien gesetzlich ›geformt‹, damit aber seiner erlösenden Kraft beraubt« (a.a.O., S. 396).

43. INDIKATIV UND IMPERATIV

Man kann sich diesen Zusammenhang zwischen Rechtfertigung und Heiligung, zwischen Indikativ und Imperativ wohl am besten klarmachen an der Argumentation des Paulus in Röm. 6,1ff. Der Apostel muß sich mit denen auseinandersetzen, die aus dem sola gratia libertinistische Konsequenzen zogen: »Sollen wir nicht in der Sünde verharren, damit die Gnade um so mächtiger werde?« Diese Möglichkeit weist er entsetzt ab mit dem Hinweis darauf, daß wir (in der Taufe) mit Christus gestorben sind, also teilhaben an seinem Tod. Hier hat Gott den Herrschaftsanspruch und die Macht der Sünde zunichte gemacht. Aber nun ist Christus nicht im Tode geblieben, sondern Gott hat ihn auferweckt. Wir werden hier angeredet als solche, die an dem Christus partizipieren, der nicht nur einmal gestorben ist, sondern der nun Gott lebt. Wir sind also als die zu Christus Gehörenden in diese Bewegung hineingerissen, in diesen Transitus vom Tod zur Auferstehung. Wir haben nicht nur Vergebung der Sünden bzw. sind nicht nur dem Rechtsanspruch der Sünde entzogen, sondern dürfen und sollen Anteil haben an seinem Leben. Hier wird deutlich, daß der Zuspruch der Gnade zugleich Anspruch an uns ist, weshalb der Imperativ sein Recht hat.

Aber nicht nur der unlösliche Zusammenhang zwischen Indikativ und Imperativ wird hier betont, sondern auch die Notwendigkeit der Unterscheidung. Es ist gewiß nicht zufällig, daß im Neuen Testament und zwar speziell im corpus Paulinum in verschiedener Weise von unserer Teilnahme an Christi Tod und an seinem Leben geredet wird. Während in Kol. 2,12 in andrem Zusammenhang gesagt wird, daß der Christ nicht nur in der Taufe mit Christus gestorben, sondern auch bereits mit ihm auferstanden sei, spricht Paulus hier in Röm. 6 anders. Vom Gestorbensein mit Christus redet er perfektisch, vom Leben mit Christus futurisch, aber zugleich imperativisch. Hier wird deutlich, daß mit dem Tod Christi bzw. mit der Taufe nicht automatisch der neue Mensch da ist, natürlich auch nicht die Erwedkung zum neuen Leben *unsre* Aufgabe sei, wohl aber die bereits in Christus vollzogene Wende zum neuen Wandel ermächtigt und verpflichtet. Als mit Christus Gestorbene sollen wir doch unsre »Glieder« töten. Von der Zugehörigkeit zu Christus bzw. von der Rechtfertigung kann also nur so recht geredet werden, daß die Seinsaussage sofort zur Kampfaussage wird, der Indikativ zum Imperativ, der Zuspruch zum Anspruch.

Unter den Reformatoren hat wohl Calvin die christologische Begründung des unlöslichen Zusammenhangs von Rechtfertigung und Heiligung bzw. von Glauben und Werken am entschiedensten betont. Im Glauben erhalten wir die Zugehörigkeit zu Christus (participatio bzw. unio cum Christo). Das umschließt sowohl Vergebung der Sünden wie Erneuerung. Beides zu trennen, hieße für Calvin: Christus in Stücke zu zerreißen. Diejenigen zertrennen Christus, »qui gratuitam ab ipso iustitiam nobis donari fingunt absque vitae novitate« (so zu Röm. 6,1). »Sic enim res habet, nunquam sine regenerationis dono reconciliari Deo fideles« (zu Röm. 6,2). Christus kann von seinem Geist nicht getrennt werden. Er, der unser Hohepriester ist, durch den wir Versöhnung mit Gott empfangen, ist auch unser König, dem wir angehören, so daß wir nicht mehr uns selbst gehören. Es kann für Calvin wie überhaupt für die Reformatoren keine Rede davon sein, daß Glaube ohne Werke sein könne, auch nicht, daß Rechtfertigung Gottes Tat, die Heiligung aber die unsre sei, sondern beides gründet untrennbar in dem Christusgeschehen.

Viel eingehender als Calvin und originell hat K. Barth die christologische Verankerung von Rechtfertigung und Heiligung erklärt. Er unterscheidet, wie wir es oben taten, zwischen dieser doppelten Bewegung von Gott zum Menschen und vom Menschen zu Gott in Jesus Christus, die zeitlich identisch, aber in unumkehrbarer Ordnung sich vollziehe. Und er versteht das Verhältnis von Rechtfertigung und Heiligung in strenger Entsprechung dazu (vgl. KD IV/2, § 66), und zwar im Sinne zweier Aspekte desselben Geschehens. Ja, nach Barth ist in Jesus Christus die Rechtfertigung und Heiligung aller bereits geschehen und wirksam, weil er als der erniedrigte Sohn Gottes zugleich der geheiligte Mensch ist, an dem wir andern Anteil haben. Und entsprechend jenem christologischen Doppelaspekt (Erniedrigung des Sohnes – Erhöhung des Menschen) ist von einer Struktur des Verhältnisses Rechtfertigung und Heiligung zu reden, die bei zeitlicher Identität sehr verschieden bestimmt werden muß. Wie die Heiligung erst durch die Rechtfertigung ermöglicht ist, so ist sie doch zugleich das Telos, auf das die Rechtfertigung zielt, die sie erst begründet. Hier kann die Frage gar nicht aufkommen, warum die Rechtfertigung notwendig Heiligung sei, denn hier ist nicht von einer Gnade die Rede, die wir zunächst einmal empfangen, deren Wirksamkeit an uns aber problematisch sein könnte. Dieser – rein auf uns gesehen – immer fragwürdige Übergang ist nach Barth in Christus längst unwiderruflich vollzogen, Gottes Tun und des Menschen darin gründendes Handeln sind gar nicht zu trennen in ihm, und wer im Glauben auf die hier geschehene Rechtfertigung antwortet, der kann nicht anders, als auch der hier geschehenen Heiligung zu entsprechen. Glaube kann also gar nicht ohne Werke sein. So kann Barth sagen: »Wir sind dadurch, daß sie (sc. die Heiligung) in Jesus als unserem Herrn und Haupt verwirklicht ist, nach unserem Gehorsam – um das höchste Wort zu nennen: nach unserer Liebe gefragt, wie wir durch unsere in ihm verwirklichte Rechtfertigung nach unserem Glauben gefragt sind. Zu ihrer Verwirklichung haben wir nichts beizutragen: weder vorbereitend noch nachträglich. Nach unserer Selbstrechtfertigung sind wir nicht gefragt und so auch nicht nach unserer Selbstheiligung. Unsere Heiligkeit besteht in unserer in der Wirksamkeit und Offenbarung der Gnade Jesu Christi begründeten Teilnahme an seiner Heiligkeit« (KD IV/2, S. 585). Nach Barth sind – in charakteristischem Unterschied zur reformatorischen Auffassung – Rechtfertigung und Heiligung de iure bereits in Christus an allen Menschen vollzogen, es geht im Glauben und im Gehorsam des Menschen um das de facto, d. h. die durch den heiligen Geist bewirkte Entsprechung, die darin besteht, daß das vollendete Heilsgeschehen durch den Christen bezeugt wird. Ohne auf die von Barth hier getroffene Grundentscheidung noch einmal näher einzugehen – nämlich das Verständnis des Christusgeschehens als alle bereits umgreifenden wirksamen Wortgeschehens –, ist soviel hier klar: Der Freispruch in Christus kann nur zusammen mit dem in ihm ergehenden Anspruch vernommen werden, der Glaube, der Gottes Rechtsspruch anerkennt, ist zugleich Gehorsam, der auch seinem Anspruch zustimmt. Und dieser Anspruch ist nicht eine unwirksame Forderung, sondern rechtskräftige Beschlagnahmung aller Menschen. Es kann also kein Zweifel darüber bestehen, daß der, welcher im Glauben zu Christus Ja sagt, damit zugleich sich mit Leib und Seele als Eigentum dieses Herrn bekennt, sich also nur als geheiligt, als Gott zugehörig verstehen kann. Die Frage, mit der sich Paulus Röm. 6 auseinandersetzen muß, ob wir in der Sünde verharren sollten, ist damit absurd geworden.

44. ZUR EINSCHRÄNKUNG DER NÄCHSTENLIEBE

Diese Einschränkung des Liebesgebotes hängt ohne Zweifel im Protestantismus eng zusammen mit einem bestimmten Verständnis der Zwei-Reiche-Lehre. Man muß ihre berechtigte Intention verstehen, um gegen ihren Mißbrauch begründet protestieren zu können. Gegenüber einer mittelalterlichen Vermischung der beiden Gewalten trat Luther mit Recht für ihre Unterscheidung ein. Es ging ihm darum, sowohl das geistliche wie das weltliche Regiment freizumachen zu ihrem jeweiligen Auftrag anstelle einer teuflischen Vermischung beider, nicht aber um eine absolute Trennung. Denn auch im weltlichen Regiment herrscht nicht schlechthinnige Eigengesetzlichkeit, sondern es untersteht Gottes Gebot, und zwar der lex charitatis (vgl. J. Heckel, Lex Charitatis, 1953). Der Christ als solcher steht im geistlichen Regiment, aber er unterstellt sich freiwillig dem weltlichen, das auf seine Weise dem Bösen wehrt. Daß also die Liebe im weltlichen Bereich eine andre Gestalt annimmt, bedeutet nicht, daß hier lediglich ein starres Vergeltungsgesetz herrsche. Luthers Unterscheidung von Gesetz und Evangelium, die sich in seiner Zwei-Reiche-Lehre auswirkt, läßt nicht außer acht, daß das Gesetz auf Christus bezogen ist und als opus alienum dem opus proprium dient. Mag es also bei Luther viele Stellen geben, an denen es so scheinen möchte, als stünden zwei Bereiche, ein innerer und äußerer, sich getrennt gegenüber, so entspricht dies doch wohl nicht seiner eigentlichen Intention.

Eindeutiger in Richtung dieser Trennung zielen allerdings bereits Melanchthons Ausführungen über die magistratus (vgl. vor allem seine loci von 1559). Hier herrscht nach ihm das zunächst vom Evangelium scharf getrennte Gesetz, die lex naturae, die mit dem Dekalog sachlich identisch ist und durch diesen recht interpretiert wird. Hier wird zwischen dem Inneren, dem Gewissensbereich, mit dem es das Evangelium zu tun hat, und dem Äußeren, dem bürgerlichen Bereich, in dem die lex naturae, allerdings ein durch die Sünde modifiziertes Naturrecht, regiert, unterschieden. In diesen Bereich einer rationalen, legitimen Ordnung hat das Evangelium nicht hineinzureden. Daß Christi Reich ein geistliches Reich ist, das heißt jetzt, daß der Christ wohl im weltlichen Bereich mitarbeiten kann, daß er auch gegen offensichtliche Übergriffe, die ihn zur Übertretung des göttlichen Gebots veranlassen, leidend protestieren muß, daß er aber im Grunde doch auf die private Existenz seines Christseins zurückgeworfen ist und die Eigengesetzlichkeit des wirtschaftlichen, politischen und gesellschaftlichen Lebens, das außerhalb der Verheißung des Evangeliums steht, zu respektieren hat. Wie Naturgegebenheiten, wie die Jahreszeiten, Sommer und Winter usw., sind gute und böse Regimente in dieser Welt zu betrachten. Eine aktive Mitverantwortung des Christen für ihre Gestaltung tritt kaum ins Blickfeld, vor allem aber nicht eine notfalls gewaltsame Änderung unerträglicher Zustände. Gewiß ist bei Melanchthon diese Eigengesetzlichkeit bzw. diese Bindung der weltlichen Ordnungen an die lex naturae dadurch begrenzt, daß diese von dem offenbarten Gesetz her auszulegen ist bzw. für Melanchthon selbstverständlich damit zusammenfloß, aber daß er hier kein Problem empfand und daß dies mit der lex naturae identische göttliche Gesetz von ihm unabhängig vom Evangelium definiert werden konnte, das mußte wohl in der Folge den Weg bereiten für eine Emanzipation dieser Ordnungen von dem in Christus offenbarten Anspruch Gottes auf unser ganzes Leben. Erträglich schien Melanchthons Lösung vielleicht, solange sich in dieser Welt der vom Gesetz bestimmten äußeren Ordnungen das »geistliche« Leben des Christen einigermaßen einfügen konnte. Aber mit Recht sagt H. J. Iwand (Gesetz und Evangelium, Nachgelassene Werke, Bd. IV, S. 357): »Wie, wenn eine Zeit kommen sollte, in der nun wirklich jene private Existenz aufgehoben würde? Man braucht nicht die Religion aufzuheben, sondern nur die private Existenz des Menschen – und man hat eben damit auch diese melanchthonische Position aus den Angeln gehoben.« Zwar ist, wie Iwand betont, das regnum Christi ein regnum spirituale, aber als solches gewinnt es Macht nicht nur über die Herzen, sondern auch über die Bindungen und Ordnungen, in denen wir stehen, so daß z. B. die Ehe hier etwas andres ist als unter Heiden, die Arbeit etwas andres ist als da, wo der Mensch Ware ist, das Geld etwas andres ist, wo man nicht mehr Gott *und* dem Mammon dienen kann.

45. ZUR KONKRETEN INTERPRETATION DES LIEBESGEBOTES

Konkret könnte das heißen: Die christliche Gemeinde sollte um sachgemäße Information bemüht sein, d. h. sie hat dafür einzutreten, daß nicht durch bewußte Ablenkung von wichtigen Problemen oder durch einseitige Berichterstattung der Mensch zum willenlosen Objekt einer herrschenden Meinung wird (z. B. tendenziöse Darstellung der Geschichte in Schulbüchern, Mißbrauch der Pressefreiheit, Aufrichtung ideologischer Tabus usw.). Die Kirche hat nicht allgemein von Versöhnung, Frieden und Entspannung zu reden, sondern zu fragen, wo bei uns nationale Wunschträume, vermeintliche Rechtsansprüche (z. B. Heimatrecht), unrealistisches Geltendmachen von Prinzipien eine echte Entspannung hemmen oder wo wirtschaftlicher Egoismus eine wirkliche Entwicklungshilfe verhindern. Die konkrete Interpretation des Liebesgebots muß es riskieren, Stellung zu beziehen, ohne doch das Gewissen des einzelnen durch gesetzliches Dekretieren zu überfahren. Wo immer das Recht und die Würde des Menschen tangiert werden, hat christliche Verkündigung und Belehrung gegen tiefeingefressene Vorurteile anzugehen (also z. B. gegen unterschiedliche Beurteilung von Diktaturen im Westen und im Osten, gegen ein Ordnungsdenken, das die Liebe vergißt, gegen Diskreditierung des politischen Gegners, gegen einen vom Sühnegedanken beherrschten Strafvollzug usw.). An Stelle pauschalen Urteilens und Verurteilens gilt es, um positive Lösungen bemüht zu sein, und zwar nicht nur allgemeine Zielsetzungen zu propagieren, sondern die Frage nach den anzuwendenden Mitteln zu bedenken (so ist z. B. zu fragen, ob Entwicklungshilfe vorhandene unerträgliche Verhältnisse wenigstens teilweise ändert oder das bestehende System nur verfestigt, ob Rüstungswettlauf und Kampf gegen den Hunger nicht in unerträglicher Konkurrenz zueinander stehen usw.). Wenn es wahr ist, daß Jesus Christus Gottes Anspruch auf unser ganzes Leben ist, dann gilt auch für das weite Feld der Sozialethik das Wort Jesu: »Was ihr getan habt einem dieser meiner geringsten Brüder, das habt ihr mir getan.«

46. ZUM LOHNGEDANKEN

G. Bornkamm hat in seinem Aufsatz: Der Lohngedanke im Neuen Testament (in: Ev. Theol. 1946, S. 143ff., jetzt in: Studien zu Antike und Urchristentum, S. 69ff.), gezeigt, daß der Lohngedanke im Neuen Testament selbstverständlich verwendet wird und insonderheit integrierender Bestandteil der Gerichtserwartung ist. Er betont, daß (bei Matthäus) der »Schatz im Himmel« die Gottesherrschaft selbst ist. »So wie das Reich Gottes die zu uns kommende, hier anbrechende, dieser unserer Welt begegnende, diese unsere Welt überwindende Gottesherrschaft ist, so ist auch der Lohn nicht primär die Belohnung der Frommen und selig Entschlafenen und zum Himmel Entrückten, sondern er meint das Urteil, das Gott sprechen, offenbaren und durchsetzen wird, wenn seine Herrschaft über diese Welt anbricht und vor der Welt offenbar wird« (S. 79). Darum kann auch von einem Lohn bereits in dieser Welt schon einmal gesprochen werden. Als Motiv des Gehorsams wird der Lohngedanke nicht in Anspruch genommen, wie Matth. 25,31ff. zeigt. Der Verdienstgedanke scheidet nach Matth. 20,1ff., dem Gleichnis von den Arbeitern im Weinberg, gerade aus. Der Lohngedanke ist radikaler Ausdruck dafür, daß wir ganz auf Gottes Gnade geworfen sind und gerade deshalb zum letzten Einsatz gerufen werden, wie Bornkamm an Phil. 2,12f. zeigt, wo der Imperativ: »Schaffet, daß wir gerettet werden ...« ausgerechnet damit begründet wird, daß Gott das Wollen und Vollbringen nach seinem Wohlgefallen schenkt. Der Lohngedanke ist »der Ausdruck für die unlösbare Bezogenheit der zeitlichen irdischen Existenz des Menschen auf die ewige Entscheidung Gottes« (S. 74), aber nicht in dem Sinn, daß Gottes Entscheidung durch unser Verhalten erst bewirkt wird, sondern daß hier eine Entsprechung vorliegt, die gerade in Gottes freier Entscheidung begründet ist. Wieweit jede Stelle im Neuen Testament freilich diesem Kanon sich unterstellen läßt, ist m. E. eine andere Frage. Aber Bornkamm zeigt die berechtigte Intention des Lohngedankens auf, von woher u. U. auch Sachkritik im einzelnen zu treiben wäre.

Unter den Reformatoren hat Calvin sich besonders eingehend mit dem Lohngedanken wie überhaupt mit der Frage nach dem Verhältnis von Rechtfertigung sola fide und Gericht nach den Werken befaßt (vgl. dazu auch die Studie von H. Braun, Gerichtsgedanke und Rechtfertigungslehre bei Paulus, 1930). Calvin möchte deutlich machen, daß die Rechtfertigung allein aus Gnaden ein Fortschreiten in der Heiligung nicht ausschließt und daß sich mit dem radikalen simul iustus et peccator dennoch verträgt, daß Gott an solchen Werken Wohlgefallen hat. So kommt er zu seiner Lehre von der Rechtfertigung *der* Werke der Glaubenden, die allein aus Gnaden gerechtfertigt sind. Mit Berufung auf Apg. 10,34ff. (»Wer ihn fürchtet und recht tut, der ist ihm angenehm«) will er z. B. (Inst. III, 17,4–5) eine Annahme des Gottlosen und eine Annahme der Werke des Glaubenden unterscheiden. So heißt es: »Nachdem aber Gott der Herr den Menschen aus dem Abgrund der Verlorenheit herausgerissen und ihn durch die Gnade der Aufnahme in die Kindschaft für sich abgesondert hat, da nimmt er ihn als eine neue Kreatur samt den Gaben des Geistes auf – weil er ihn ja wiedergeboren und zu neuem Leben geschaffen hat! Das ist die Annahme, die Petrus hier meint (Apg. 10,34, 35): Die Gläubigen gefallen Gott nach ihrer Berufung wohl, und zwar auch hinsichtlich der Werke; denn der Herr kann ja nicht anders, als das Gute zu lieben und gern zu haben, das er durch seinen Geist in ihnen gewirkt hat!« Droht hier nicht doch eine merkwürdige Unterscheidung zwischen den Glaubenden und denen, die zum Glauben kommen, so daß Calvin zwischen einer erstmaligen und einer das ganze Leben währenden Buße unterscheidet? »Solcher Buße (sc. der erstmaligen) bedürfen sie (die Glaubenden) nicht, die schon angefangen haben, nach der Regel des göttlichen Gesetzes ihr Leben zu gestalten, so daß sie beginnen, heilig und fromm zu leben, wie sehr sie auch noch unter den Schwachheiten ihres Fleisches seufzen und es nötig haben, auf deren Besserung Mühe zu verwenden« (Sn. Komm. zu Luk. 15,10). Ist also doch die Rechtfertigung der Glaubenden un peu diverse, wie Calvin (CR 23,719) behaupten kann? Calvin unterscheidet zwischen Grund und Modus der Gemeinschaft der Gläubigen mit Gott und kann sagen (Inst. III, 17,6): »Denn da (sc. wo von der Gerechtigkeit des Wandels geredet wird) wird nicht der Grund beschrieben, auf dem die Gläubigen vor dem Herrn bestehen könnten, sondern vielmehr die Art und Weise, wie sie der Herr bewahrt und stärkt. Denn er verabscheut die Sünde und liebt die Gerechtigkeit – und deshalb macht er die, welche er mit sich verbindet, durch seinen Geist rein, um sie so sich selber und seinem Reiche gleichförmig zu machen.« Dem Einwand, daß der Blick nun doch auf die Werke gerichtet sei, begegnet Calvin mit dem Hinweis darauf, daß Gott hier nur das annehme, was er selbst gewirkt hat, daß er also »sein eigenes Angesicht« in seinen Kindern liebt, nicht ihr Werk. Sie sind nur die Gefäße der Ehre, die er auserwählt hat.

Aber das Bild würde einseitig, wenn nicht sofort hinzugefügt würde, daß auch die Werke der Glaubenden als solche diese Anerkennung nicht verdienen. Denn selbst das Wirken des Geistes führt die Glaubenden nicht zu makellosen Werken, sondern alles wird durch ihre schmutzigen Hände verunreinigt. Man »muß mir also gezwungenermaßen zugeben, daß jedes Werk nicht nur um der neben ihm stehenden Übertretungen, sondern auch um seiner eigenen Verderbnis willen befleckt ist, so daß es also die Ehre, als Gerechtigkeit zu gelten, nicht in Anspruch nehmen kann« (Inst. III, 17,9). Wir sind also allemal angewiesen auf Gottes Vergebung, d. h. es werden alle unsre Werke nur durch den Glauben gerecht. Es gibt also auch für den Christen keine Rechtfertigung durch seine im Glauben getanen Werke, sondern diese seine Werke bedürfen alle ihrerseits der Rechtfertigung. So will Calvin die widersprüchlichen Schriftstellen – nicht zuletzt Paulus einerseits und Jakobus andrerseits – miteinander ausgleichen.

Dem entspricht, was Calvin über die Verheißung des Lohnes für die guten Werke sagt. Auch hier wird der Verdienstgedanke scharf abgelehnt. Der Lohn ist im Grunde das Erbe, das die Kinder Gottes empfangen. Wenn unser Tun damit in Zusammenhang gebracht wird, so nicht im Sinne einer Begründung des Lohnes, sondern es ist die von Gott festgesetzte Ordnung, in der er uns zum Besitz des Lebens führt. An Abraham wird demonstriert: »Der Herr belohnt die Werke der Gläubigen mit Gütern, die er ihnen bereits gegeben hat, ehe sie überhaupt an Werke gedacht haben« (Inst. III, 18,2). Wenn es trotzdem heißt, Gott vergelte uns nach unsern Werken, so deshalb, weil diese »Werke« der Weg sind, auf dem er uns zu diesem Ziel geleitet. Die sanctitas vitae ist ein Weg zur Herrlichkeit, »nicht etwa einer, der uns den Zugang zu der Herrlichkeit des Himmelreiches öffnete, sondern ein solcher, auf dem Gott seine Auserwählten zur Offenbarung dieser Herrlichkeit führt« (Inst. III, 18,4). Aber das schließt nicht aus, daß Gott um der Vergebung willen diese Werke gelten läßt, so daß es letztlich Gnadenlohn ist.

Auch wenn wir gegenüber Calvins Bemühen, alle Bibelstellen miteinander auszugleichen, Bedenken haben und nicht in seiner Weise von einer verschiedenen Buße der Glaubenden und zum Glauben Kommenden reden möchten, wenn wir vor allem auch nicht von einer »Rechtfertigung« der Werke sprechen sollten – um naheliegender Mißverständnisse willen –, sondern besser von ihrer Annahme durch Gott, so läßt sich doch nicht leugnen, daß ihn zwei sachgemäße Motive leiten: Auf der einen Seite will er alles Selbstvertrauen auf eigene Leistung ausschalten und das sola fide konsequent wahren. Andererseits geht es ihm darum, zu zeigen, daß Gottes Geist nicht vergeblich in den Seinen wirkt. Er will damit Mut machen, statt zu resignieren angesichts unsrer bleibenden Vergebungsbedürftigkeit, unser immer unvollkommenes Werk anzugreifen und in der Nachfolge Christi nicht zu ermatten. Die gratia, die uns in der Rechtfertigung geschenkt wird, ist nicht ohne die dona, d. h. Früchte des Geistes, die Gott gefallen, indem er unser stetes Versäumnis dabei gnädig übersieht. So steht diese »Rechtfertigung der Werke« nicht neben oder gar ergänzend der Rechtfertigung aus Glauben gegenüber, sondern sie ist in dieser begründet und bezeugt ihren Reichtum. Deshalb kann Calvin sagen: »Es ist aber nichts Widersinniges darin, wenn der Mensch durch den Glauben solchermaßen gerechtfertigt wird, daß er nun nicht nur selbst gerecht ist, sondern auch seine Werke über ihre Würdigkeit hinaus als gerecht angesehen werden« (Inst. III, 17,9).

47. SYLLOGISMUS PRACTICUS

Unter den Reformatoren hat wieder Calvin sich am eingehendsten mit der Frage nach der Erkennbarkeit der guten Werke befaßt. Er weiß wohl, daß das neue Leben im heiligen Geist verborgen ist, aber ihn beschäftigen doch sehr die Schriftstellen, in denen von Zeichen solchen Lebens die Rede ist. Sofern es sich dabei um ein Rühmen der Frommen gegenüber den Gottlosen handelt, wie oft in den Psalmen, kann er das – ähnlich wie auch Luther – als ein begreifliches Trotzen der Angefochtenen erklären, das mit der Demut vor Gott sehr wohl Hand in Hand geht. Aber Calvin geht darüber hinaus und sieht in solchen Früchten Zeichen und Zeugnisse der göttlichen Barmherzigkeit, die uns den Glauben stärken. Zwar wird die Gewißheit des Heils durch den Glauben allein begründet, aber zusätzlich treten diese signa benevolentiae Dei zur Bestärkung der Heils- und Erwählungsgewißheit hinzu. Man möchte fragen, weshalb der Glaube, der sich allein auf das Wort gründet – und das betont Calvin immer wieder – noch dieses Schauens auf Früchte als Zeichen der Erwählung bedarf. Calvin liegt viel daran, zu zeigen, daß nur das durch den Glauben (sola fide) bereits befestigte Gewissen von dieser Reflexion Gewinn hat (vgl. Inst. III, 14,18).

Man hat Calvin oft vorgeworfen, daß er hier den Weg zu einer Selbstbetrachtung des Glaubenden öffne, der fast zwangsläufig zu einem christlichen Pharisäismus führen müsse. Seine Verteidiger haben deshalb bestritten, daß Calvin einen Syllogismus practicus, in dem von den Früchten auf den Glauben bzw. die Erwählung geschlossen wird, gelehrt habe (so H. Otten, Calvins theologische Anschauung von der Prädestination, 1938, aber auch bereits W. Niesel, Syllogismus practicus, in: Aus Theologie und Geschichte, Festgabe für E. F. K. Müller, 1933, S. 158f.). Demgegenüber hat K. Barth (KD II/2, S. 369ff.) nicht nur behauptet, daß Calvin einen gewissen Syllogismus practicus lehre, sondern daß er damit auch eine berechtigte Intention verfolge. Nach Barth ist hier ein echtes Problem gesichtet: »Der höchst nachträglich auftretende, höchst unselbständig redende, höchst beiläufig anzuhörende, aber in dieser Stellung und Funktion nun doch höchst unentbehrliche letzte Zeuge Jesu Christi einem Jeden gegenüber ist nun einmal ein Jeder (in und mit dem, was er im Glauben an Jesus Christus ist) sich selber« (S. 369). Glaube ist nicht zu verwechseln mit Erfahrung, mit empirisch erkennbaren Wirkungen im Leben, und dennoch gibt es keinen Glauben ohne Erfahrung. Wenn der heilige Geist beginnt, den Menschen zu einem neuen Wandel zu erwecken, dann wird es auch nicht an Zeichen in seiner Existenz fehlen, die auf den Unterschied zwischen dem Einst und dem Jetzt in aller Zweideutigkeit hinweisen. Alles kommt freilich darauf an, daß hier von Früchten und nicht von zu rühmenden Leistungen geredet wird und daß man die Indirektheit beachtet, in der sie nur erkannt werden können als Früchte des Geistes. Beides aber will Calvin festhalten, denn es sind für ihn dona Dei und sie sind als solche nie an sich, sondern nur in Verbindung mit dem Glauben zu beurteilen (adminiculum inferius kann er sagen). Während also schon bald bei Calvins Schülern und Nachfolgern mittels des Syllogismus practicus die Heils- und Erwählungsgewißheit zutiefst begründet wurde (Barth führt charakteristische Belege dafür von Beza, Gomarus, Wolleb an, a.a.O., S. 370), stehen die so betrachteten Werke bei Calvin nie an erster Stelle, ihr Zeugnis darf nicht vom Glauben gelöst und an sich betrachtet werden, und alles, was sie an Gewißheit zusätzlich gewähren können, kommt erst ins Spiel für den, der allein auf die Verheißung des Wortes bereits alles Vertrauen gegründet hat.

So sehr aber mit alledem Calvin Sicherungen angebracht hat, um die Reflexion über die Früchte des Geistes mit dem sola fide in Einklang zu halten, so ist er doch nicht unschuldig an der angedeuteten unheilvollen Entwicklung. Seine Prädestinationslehre, die von einem Dekret eines absoluten Gottes zu reden wagt, das die einen in Ewigkeit erwählt und die andern verdammt, muß seine Lehre vom Wort und vom Glauben, mit der er sehr nahe bei Luther steht, in ein gewisses Zwielicht geraten lassen, sobald es um die Frage der Gewißheit geht. Zwar kann er unzählige Male beteuern, daß das Evangelium lautere Wahrheit ist und Glaubwürdigkeit verdient. Aber indem er zwischen der allgemeinen vocatio durch das äußere Wort und der besonderen vocatio durch Erleuchtung des heiligen Geistes unterscheidet, wobei letztere nur den von Ewigkeit Erwählten zuteil wird, muß die Frage nach einer weiteren Vergewisserung auftauchen. So sehr er den von ihm gelehrten Rückschluß von den Früchten auf den Glauben bzw. die Erwählung im Rahmen der Glaubensgewißheit, die sich allein auf Christus gründet, zu halten bemüht ist, so sehr er allem anderen nur subsidiäre Bedeutung zuerkennt, so wird damit doch der Blick auf die Erfahrung gelenkt, die unter dem Druck eines zunehmend konsequenten prädestinatianischen Denkens seiner Nachfolger im Blick auf die Heilsgewißheit eine entscheidende Stellung erhielt. So konnte es zu dem Kuriosum kommen, daß eine Erwählungslehre, die ihrer eigentlichen Intention nach allen menschlichen Ruhm ausschalten sollte zugunsten des soli Deo gloria, in ihren Konsequenzen dazu führte, daß der fromme, der von Gott geheiligte Mensch in das Zentrum der Reflexion trat.

48. ZUM »PRINZIP HOFFNUNG«

Die christliche Hoffnung ist also nicht mit Ernst Blochs »Prinzip Hoffnung« zu verwechseln, dessen Quintessenz er so zusammenfassen kann: »Der Mensch lebt noch überall in der Vorgeschichte, ja alles und jedes steht noch vor der Erschaffung der Welt als einer rechten. Die wirkliche Genesis ist nicht am Anfang, sondern am Ende, und sie beginnt erst anzufangen, wenn Gesellschaft und Dasein radikal werden, das heißt sich an der Wurzel fassen. Die Wurzel der Geschichte aber ist der arbeitende, schaffende, die Gegebenheiten umbildende und überholende Mensch« (Gesammelte Werke V, S. 1628). Knüpft Bloch bewußt an alttestamentliche Erkenntnisse an, wenn auch in einseitiger Auswahl (Exodusgott, nicht Schöpfungsgott), so ist doch das Ganze als ein umfassender ontologischer Entwurf gedacht. Originell ist, daß der überkommene Gedanke einer vertikal konstruierten Seinspyramide – wie G. Sauter, Zukunft und Verheißung, 1965, S. 296, treffend bemerkt – um einen rechten Winkel gedreht und auf der zeitlichen Horizontale eingezeichnet wird. So kommt er zu einer Ontologie des »Noch-nicht-Seins«, wobei das eigentliche Interesse auf den steten Prozeß, den Weg, nicht das Ziel gerichtet ist. Mensch und Welt sind also unterwegs zu ihrer eigentlichen Erschaffung bzw. Selbstverwirklichung, die nur als utopische Realität vorschwebt. Aber deren Entwurf wie auch der so ausgelöste Prozeß entsprechen dem, was potentiell in Mensch und Welt angelegt ist, wenn auch, was den existentiellen Verwirklichungsmodus anlangt, Risiko und Enttäuschung einzukalkulieren sind. Das Prinzip Hoffnung droht also trotz seines radikalen eschatologischen Charakters und des steten »Noch nicht« zu einer »fiktiven Eschatologie« zu werden (vgl. G. Sauter, a.a.O., S. 354), die von einem wirklichen Novum, d. h. der Erfüllung der Verheißung, die nicht dem Menschen selbst entstammt, nicht reden kann.

49. ZUM IDEOLOGIEPROBLEM

Nietzsches Mahnung: »Kinder, bleibt der Erde treu!« kann also durchaus – anders als er es meinte – als Ausdruck rechter eschatologischer Haltung verstanden werden. Die Hoffnung, die nicht aus dieser Welt geboren ist, aber dieser Welt gilt, macht fähig, in dieser Welt allen Gefahren und Enttäuschungen zum Trotz verantwortlich und zuversichtlich zu handeln. Ja, selbst der Vers der Internationale: »Es rettet uns kein höh'res Wesen, kein Gott, kein Kaiser noch Tribun, uns aus dem Elend zu erlösen, können wir nur selber tun« – so gottlos er in den Ohren des Christen klingt – zielt auf eine Wahrheit, sofern er eine »christliche« Haltung treffen will, die unter Berufung auf Gott oder ein Jenseits die Verantwortung für gerechtere Verhältnisse auf Erden lahmlegt. Eine Eschatologie, die dazu verführt, gerät mit Recht unter »Ideologieverdacht«. Eine Christenheit, die angesichts des Ringens um soziale Gerechtigkeit nur auf den Himmel vertröstete, eine

Mission, welche die Heiden bekehrte, aber sich gegen Kolonialmethoden des weißen Mannes nicht abgrenzte, eine Theologie, welche sich um das Seelenheil kümmerte, aber die gegebenen Ordnungen als gottgewollt deklarierte, kann sich über solchen Verdacht nicht wundern. Gegen ein derart entschärftes Christentum steht die rechte christliche Hoffnung, die K. Barth als das bei den beiden Blumhardts wiederentdeckte »Neue und Neutestamentliche« so beschreiben kann: »Hoffnung auf eine sichtbare und greifbare Erscheinung der Herrschaft Gottes über die Welt (im Gegensatz zu dem bloßen, oft so gotteslästerlichen Reden von der Allmacht Gottes), Hoffnung auf eine radikale Hilfe und Errettung aus dem gegenwärtigen Weltzustand (im Gegensatz zu jenem Vertrösten und Beschwichtigen, das allenthalben vor den unabänderlichen ›Verhältnissen‹ haltmachen muß), Hoffnung für alle, für die Menschheit (im Gegensatz zu der selbstsüchtigen Sorge um das eigene Seelenheil und zu all den Versuchen, religiöse Übermenschen und Aristokraten zu züchten), Hoffnung für die leibliche Seite des Lebens so gut wie für die geistige, in dem Sinn, daß nicht nur Sünde und Traurigkeit, sondern auch Armut, Krankheit und Tod einmal aufgehoben werden soll (im Gegensatz zu dem rein geistigen Ideal des sogen. ›religiös-sittlichen‹ Lebens)« (Vergangenheit und Zukunft, Anfänge der dialektischen Theologie I, 1962, S. 45). Wenn davon etwas außerhalb der Kirche, bei den »Gottlosen« erkannt war, scheute sich der jüngere Blumhardt nicht, »Gott die Ehre, und in diesem Fall den Gottlosen Recht zu geben« (a.a.O., S. 48).

Solche christliche Hoffnung ist alles andere als eine »Ideologie« ohne Bezug zur Wirklichkeit dieser Welt. Ideologie als Vorwurf meint ein gestörtes Verhältnis zwischen Denken und Wirklichkeit. So wirft der Marxist der bürgerlichen Philosophie vor, daß sie die materiellen, ökonomischen Lebensbedingungen nicht in ihrem Gewicht erkenne und würdige – und man kann beachtliche Argumente dafür anführen. Der Marxist seinerseits muß sich fragen lassen, ob seine Voraussetzungen, die nach Marx »keine willkürlichen, keine Dogmen« sind, sondern »wirkliche Voraussetzungen«, »von denen man nur in der Einbildung abstrahieren kann«, den absoluten Bezugspunkt alles Denkens und Handelns bilden können. Die notwendige Kritik der christlichen Theologie an jeder Ideologie, sofern sie sich absolut setzt und ihre Anerkennung als Glaubensbekenntnis verlangt, darf nicht zur generellen Verdächtigung vorläufiger Leitbilder für eine künftige gesellschaftliche Gestaltung ausarten. Das Gespräch mit Marxisten z. B. sollte sich nicht auf die Ablehnung einer atheistisch-materialistischen Weltanschauung beschränken, sondern sich der zugrundeliegenden Intention stellen: die Ausbeutung des Menschen durch Menschen, seine Selbstentfremdung und Degradierung zur Ware, zu beseitigen. Vor allem hat sich die Theologie zu hüten, selbst ideologisch in dem genannten Sinn zu verfahren. Sie gäbe sich selbst zwar auf, wenn sie die Wahrheit des Evangeliums in Frage stellte und an der Verheißung für Mensch und Welt, die in Christus aufgerichtet ist, zweifelte. Aber sie muß nicht nur bedenken, daß all unser Wissen und Erkennen Stückwerk ist, sondern darf nicht den Versuch machen, die Wahrheit des Evangeliums Menschen aufzuzwingen, wie es oft genug in der Kirchengeschichte geschah. Theologie und Kirche können sich nicht davon dispensieren, im Ringen um eine bessere Gestaltung der menschlichen Verhältnisse Stellung zu beziehen und konkret Partei zu ergreifen, wo es die Verantwortung für das Wohl des von Gott geliebten Menschen erfordert. Aber an Stelle pauschaler Verteufelung und emotionaler Reaktion in Verfolg einer absoluten Ideologie gilt es, in sachlicher Auseinandersetzung für das relativ Bessere einzutreten, auch da, wo es der eigenen Tradition widerspricht. Gerade weil die christliche Gemeinde aus der Hoffnung lebt, die Gott allein erfüllen kann und wird, resigniert sie nicht, sondern nimmt sie teil an dem Hoffen und Kämpfen der Menschheit auf dieser Erde.

BIBELSTELLENREGISTER

PERSONENREGISTER

18 Predigten des bekannten Bonner Theologen

Walter Kreck

. . . daß ich ein Feuer anzünde auf Erden

Predigten aus den Jahren 1966–74

Es ist gewiß problematisch, ein in eine bestimmte Situation hinein gesprochenes Wort gleichsam »gefrieren« zu lassen durch seine Drucklegung. Das gilt um so mehr, je mehr der Prediger in der Auslegung des Textes konkret Stellung bezieht, wie es in den meisten der vorliegenden Predigten versucht wird. Der Vorwurf, »parteiisch« zu reden, dh., nicht nach allen Seiten jeweils gleichgewichtig kritisch oder zustimmend sich zu äußern, legt sich besonders da nahe, wo aus dem gehörten Wort bis in den öffentlichen Lebensbereich hinein Fragen aufgeworfen oder auch Konsequenzen angedeutet oder auch ausgezogen werden.
Ich möchte nicht verschweigen, daß nach der gehaltenen Predigt bisweilen Stimmen laut wurden, die lebhafte Kritik anmeldeten. Bei der Auswahl konkreter Bezüge und bei der Setzung bestimmter Akzente glaube ich solche Fragen bevorzugen zu müssen, die in unserer traditionellen bürgerlich-kirchlichen Denkweise gern verdrängt werden. Daß das Evangelium eine befreiende Botschaft ist und uns gerade so bindet, daß es heilt, auch indem es schneidet, daß es um das große Ja Gottes zu uns geht und nur als dessen Schatten auch um ein Nein – das sollte jedenfalls der Grundtenor sein.

Aus dem Vorwort

Neukirchener Verlag · 4133 Neukirchen-Vluyn 2